海绵

MBA MPAcc CPA

MBA MPA MPAcc MEM

管理类综合能力

管综678题库

海绵教研组 编

编委组成员：李 焕 孙江媛 燕 子 江 龙
韩 超 张伟男 胡晓红 郭旭乐
常婕妤（排名不分先后）

图书在版编目(CIP)数据

管综678题库/海绵教研组编. 一上海:上海财经大学出版社,2024.5
ISBN 978-7-5642-4405-7/F·4405

Ⅰ.①管… Ⅱ.①海… Ⅲ.①管理学-研究生-入学考试-习题集
Ⅳ.①C93-44

中国国家版本馆CIP数据核字(2024)第100257号

管综678题库(数学册·逻辑册)

著　作　者:海绵教研组　编
责任编辑:袁　敏
封面设计:高智媛
出版发行:上海财经大学出版社有限公司
地　　址:上海市中山北一路369号(邮编200083)
网　　址:http://www.sufep.com
经　　销:全国新华书店
印刷装订:上海颛辉印刷厂有限公司
开　　本:787mm×1092mm　1/16
印　　张:45.5
字　　数:1130千字
版　　次:2024年5月第1版
印　　次:2024年5月第1次印刷
定　　价:158.00元(共两册)

增值内容及使用方法

1. 纸质题书——平时线下刷题

严格参考研究生考试大纲，按照知识点模块分类，一本逻辑册包含 678 道逻辑题目，一本数学册包含 678 道数学题目，共计 1356 道原创高质量好题。

2. 线上题库——碎片时间随手刷

本书免费赠送线上题库，考生收到书本后，用微信扫描封面二维码，刮开图层，输入专属兑换码即可免费领取，线上线下题目分类保持统一，碎片时间随时可刷。

3. 视频解析——做完题后随时看

每章节题目后均有二维码，使用海绵 MBA APP 扫码后即可看到视频解析，更好地辅助考生理解出题及解题思路。

4. 周测练习——每周末免费模考

678 月内的每个周末，海绵 MBA APP 上会进行免费的周测模考，按照不同主题进行专项测试，考生可在首页免费报名参加，及时检验学习效果。

5. 分析报告——考试后生成数据化分析报告

海绵独创模力值 & 安全区，通过打造海绵过考模型，直观展示各阶段安全分数线，让考生可以即时了解大部队备考水平，也可根据“模力值”及到达安全区次数，及时判断自己的吸收状态，发现成绩落差，尽快查漏补缺。

题型类型说明

一、问题求解： 从每题给出的 A、B、C、D、E 五个选项中选出最符合题目要求的一个选项 .

二、条件充分性判断： 判断每题给出的条件（1）和条件（2）能否充分支持题干所陈述的结论，A、B、C、D、E 五个选项为判断结果，选择一项符合题目要求的判断 .

1. 此类题目题干特征：

前提条件，则结论 .

（1）条件 1.

（2）条件 2.

2. 此类题目选项如下：

A. 条件（1）充分，但条件（2）不充分 .

B. 条件（2）充分，但条件（1）不充分 .

C. 条件（1）和条件（2）单独都不充分，但条件（1）和条件（2）联合起来充分 .

D. 条件（1）充分，条件（2）也充分 .

E. 条件（1）和条件（2）单独都不充分，条件（1）和条件（2）联合起来也不充分 .

3. 此类题目做题步骤：

①判断条件（1）能否推出结论

②判断条件（2）能否推出结论

如果两个条件都不能推出结论，则联合条件（1）和条件（2），判断能否推出结论。

判断结束后（√表示充分，× 表示不充分），把判断结果与选项进行匹配，匹配结果如下：

选项	A	B	C	D	E
条件（1）	√	×	×	√	×
条件（2）	×	√	×	√	×
联合			√		×

CONTENTS | 目录

数学试题篇

数学答案篇

数学试题篇
管综678题库

第一章 算 术

第一节 实 数

题型 1 有理数与无理数

题型识别	题干出现有理数（式）和无理数（式）的表达式
常见思路	①有理数、无理数的组合性质 ②平方去根号或内部配方去根号 ③循环小数和分数的等价转化

1 纯循环小数 $0.\dot{a}\dot{b}$ 写成最简分数时，分母与分子的和是 13，那么分母与分子差是（　　）.

A. 9　　B. 5　　C. 9 或 5　　D. 7　　E. 5 或 7

2 计算 $\sqrt{2+\sqrt{3}}+\sqrt{2-\sqrt{3}}=$（　　）.

A. 1　　B. 2　　C. 3　　D. 4　　E. $\sqrt{6}$

3 若 x,y 是有理数，且满足 $(1+2\sqrt{3})x+(1-\sqrt{3})y-2+5\sqrt{3}=0$，则 x^3+y^3 的值为（　　）.

A. 8　　B. 9　　C. 10　　D. 26　　E. 27

4 $\dfrac{\sqrt{23-6\sqrt{6-4\sqrt{2}}}}{3+\sqrt{2}}$ 的值为（　　）.

A. $3+\sqrt{2}$　　B. $3-\sqrt{2}$　　C. 1　　D. 2　　C. 3

题型 2 奇数与偶数

题型识别	题干出现奇偶性的判定或限制
常见思路	①奇数、偶数的定义 ②奇数、偶数的组合性质

5 已知 m，n 为实数，那么 m^2n^2-1 是奇数 .

（1）$m+n=3$.

（2）$m-n=1$.

6 已知 m,n 是正整数，则可以确定 m 是一个偶数 .

（1）$(m+n)^2+2m-n$ 是一个偶数 .

（2）m^2+2n是一个偶数.

7 已知m，n为整数，则$m+n$为奇数.

（1）$m-n$为奇数.

（2）m^2-n^2为奇数.

8 已知$5a^2+4a-7$是一个偶数，那么整数a一定是（　　）.

A. 偶数　　B. 奇数

C. 既可以是奇数又可以是偶数　　D. 任意数

E. 以上结论都不对

题型 3　质数与合数

题型识别	题干出现质数、合数的限制条件
常见思路	①质数、合数的定义（注意偶质数 2） ②质数、合数的运算性质（注意奇偶组合性质） ③质因数分解

9 m和n都是 20 以内的质数，并且$m+n$是 5 的倍数，满足这样条件的$\{m,n\}$共有（　　）组.

A. 5　　B. 6　　C. 7　　D. 10　　E. 14

10 已知m,n为质数，且$(m-n)(m+n)=5$，那么$2m+3n$的值为（　　）.

A. 5　　B. 10　　C. 12　　D. 13　　E. 15

11 已知a, b, c都是质数，且$a<b<c$，则能确定a,b,c的数值.

（1）三个数的乘积是它们之和的 11 倍.

（2）$a^2+2b+2c=52$.

12 正方体盒子的每个面上都写有一个自然数，并且相对两个面所写的两数之和都相等，若 18 对面所写的是质数a，14 对面写的是质数b，35 对面写的是质数c，则$a+b+c$的值为(　　).

A. 32　　B. 36　　C. 40　　D. 44　　E. 48

13 若三个合数a、b、c两两互质，且$a\times b\times c=11011\times 28$，则$a+b+c$的最大值是（　　）.

A. 1010　　B. 1211　　C. 1432　　D. 1626　　E. 1709

14 一工厂生产的某规格齿轮的齿数是一个三位数的质数，其个位、十位、百位数字各不相同且均为质数。若将该齿数的百位数字与个位数字对调，所得新的三位数比该齿数大 495，则该齿数的十位数字为（　　）.

A. 7　　B. 5　　C. 3　　D. 2　　E. 无法确定

题型 4 整除与余数

题型识别	题干出现整除、非整除（有余数）的描述
常见思路	①整除与非整除向乘法运算的转化 ②整除特点（重点记忆被 3、6、9、11 整除的特征） ③余数问题可以通过列举找规律

15 一个五位数 $\overline{8x35y}$ 既能被 2 整除，也能被 3 整除，还能被 5 整除，则 $x+y$ 的值是（　　）.

A. 2　　B. 5　　C. 2 或 7

D. 2 或 5 或 7　　E. 2 或 5 或 8

16 可以确定 n 除以 6 的余数 .

（1）已知 n 除以 8 余 1.

（2）已知 n 除以 9 余 2.

17 已知 n 是小于 200 的正整数，且 n 除以 5 余 3，除以 9 余 8，除以 7 余 6，那么 n 的各个数位之和是（　　）.

A. 8　　B. 9　　C. 17　　D. 18　　E. 7

18 已知 n 是正整数，则能确定 n 除以 7 的余数 .

（1）已知 $2n$ 除以 7 的余数是 6.

（2）已知 n 除以 14 的余数是 5.

19 某单位招录了 10 名新员工，按其应聘成绩排名 1 到 10，并用 10 个连续的四位自然数依次作为他们的工号，凑巧的是每个人的工号都能被他们的成绩排名整除，则排名第三的员工工号所有数字之和是（　　）.

A. 12　　B. 9　　C. 15　　D. 18　　E.17

题型 5 约数与倍数

题型识别	题干出现整除、最大公约数、最小公倍数的描述
常见思路	①利用短除法计算最大公约数、最小公倍数 ② a 和 b 的乘积等于它们的最大公约数与最小公倍数的乘积

20 已知 a 和 b 的最大公约数为 3，最小公倍数为 120，那么两数和的最小值为（　　）.

A. 36　　B. 40　　C. 42　　D. 39　　E. 45

21 设正整数 a 与 b 的最大公约数为 18，且 $5a+2b=540$，则 a 与 b 的最小公倍数为（　　）.

A. 180　　B. 360　　C. 180 或 360　　D. 540　　E. 540 或 360

22 有甲、乙、丙三辆公交车于上午 8:00 同时从公交总站出发，三辆车再次回到公交总站所用的时间分别为 40 分钟、25 分钟和 50 分钟，假设这三辆公交车中途不休息，请问它们下次同时到达公交总站将会是（　　）.

A. 11 点整　　B. 11 点 20 分

C. 11 点 40 分　　D. 12 点整

E. 12 点 10 分

海绵 MBA App 扫码对答案
查看解析和视频讲解

第二节 比 例

题型 6 比例性质

题型识别	题干出现比、比例
常见思路	①出现分数比利用最小公倍数转化为整数 ②出现连比利用设 k 法分析 ③出现多个比例可以统一不变量分析变量

23 已知 $x:y:z=1:2:3$，且 $\frac{1}{x}+\frac{1}{y}+\frac{1}{z}=\frac{11}{24}$，则 $x+y+z$ 的值为（　　）.

A. 12　　B. 18　　C. 24　　D. 32　　E. 48

24 已知 $\frac{x}{5}=\frac{y}{4}=\frac{z}{3}$（$x$、$y$、$z$ 均不为零），则 $\frac{x+y}{3y-2z}=$（　　）.

A. $\frac{1}{2}$　　B. $\frac{2}{3}$　　C. $\frac{3}{5}$　　D. $\frac{3}{2}$　　E. $\frac{7}{22}$

25 已知 $\frac{1}{x}:\frac{1}{y}:\frac{1}{z}=3:4:5$，那么 $(x+y):(x+z)=$（　　）.

A. 35 : 32　　B. 32 : 35　　C. 7 : 8　　D. 8 : 7　　E.4 : 3

26 已知甲：乙 =3 : 5，乙：丙 =2 : 1，并且甲比丙多 4，那么乙 =（　　）.

A. 10　　B. 40　　C. 20　　D. 8　　E. 50

题型 7 比例定理

题型识别	题干出现四大常用比例定理
常见思路	①和比定理：若 $\frac{a}{b}=\frac{c}{d}$，则有 $\frac{a+b}{b}=\frac{c+d}{d}$ ②差比定理：若 $\frac{a}{b}=\frac{c}{d}$，则有 $\frac{a-b}{b}=\frac{c-d}{d}$ ③更比定理：若 $\frac{a}{b}=\frac{c}{d}$，则有 $\frac{a}{c}=\frac{b}{d}$ ④等比定理：若 $\frac{a}{b}=\frac{c}{d}$，则有 $\frac{a}{b}=\frac{c}{d}=\frac{a\pm c}{b\pm d}$

27 若 a、b、c、d 均为实数，则 $\frac{a+b}{c+d}=\frac{\sqrt{a^2+b^2}}{\sqrt{c^2+d^2}}$.

（1）a、b、c、d 均为正数，且 $\frac{a}{b}=\frac{c}{d}$.

（2）a、b、c、d 均为负数，且 $\frac{a}{b}=\frac{c}{d}$.

28 已知 $\frac{a}{b+c}=\frac{b}{a+c}=\frac{c}{a+b}$，则 $\frac{a+b}{a+b+2c}=$（　　）.

A. -1 或 $\frac{1}{2}$　　B. $\frac{1}{2}$ 或 1　　C. ± 1　　D. 1　　E. $\frac{1}{2}$

29 已知 $\frac{a-b}{c-d}=\frac{a}{c}=\frac{1}{2}$，则 $\frac{a+b}{c+d}=$（　　）.

A. $\frac{1}{2}$　　B. $\frac{1}{3}$　　C. $\frac{1}{4}$　　D. $\frac{1}{6}$　　E. $\frac{1}{8}$

30 已知 a,b,c,d 均为正数，且 $\frac{a+b}{c+d}=\frac{a+d}{b+c}=\frac{a}{c}$，则 $\frac{b}{d}=$（　　）.

A. $\frac{1}{2}$　　B. 1　　C. $-\frac{1}{2}$　　D. -1　　E. 2

题型 8　正比与反比

题型识别	题干出现正比或反比概念
常见思路	①正比：若 $y=kx(k\neq 0)$，则 y 与 x 成正比 ②反比：若 $y=\frac{k}{x}(k\neq 0)$，则 y 与 x 成反比

31 已知 y 与 $x-1$ 成正比，比例系数为 k，且 $y^2-2x^2+4x=2$，则 k 的值为（　　）.

A. $\sqrt{2}$　　B. $\pm\frac{\sqrt{2}}{2}$　　C. $\pm\sqrt{2}$　　D. $\frac{\sqrt{2}}{2}$　　E. $-\sqrt{2}$

32 已知 x 与 y 成反比，比例系数为 k，且 $x^2y^2-4xy+4=0$，则 k 的值为（　　）.

A. 2　　B. $\pm\frac{\sqrt{2}}{2}$　　C. ± 2　　D. 1　　E. -2

海绵 MBA App 扫码对答案
查看解析和视频讲解

第三节 绝对值

题型 9 绝对值的代数意义

题型识别	题干出现绝对值运算类问题
常见思路	①非负数的绝对值等于它本身 ②负数的绝对值等于它的相反数

33 已知 $a<c<0<b$，且 $|b|<|c|$，则 $|b-c|-|b+c|+|a-c|-|a+c|-|a-b|+|a+b|=$（　　）.

A. 0　　B. $2c$　　C. $2a-2b$　　D. $2b-2c$　　E. $2c-2b$

34 已知 $a<0<c$，$ab>0$，$|b|>|c|>|a|$，那么 $|a+c|+|b+c|-|a-b|=$（　　）.

A. 0　　B. $2c$　　C. $2a-2b$　　D. $2b-2c$　　E. $2c-2b$

35 已知 $|a|=5$，$|b|=1$，那么 $|a-b|+|a+b|=$（　　）.

A. 10　　B. 6　　C. 10 或 6　　D. 4 或 6　　E.10 或 4

36 已知 $|a|=5$，$|a+b|=3$，那么 $b=$（　　）.

A. 8　　B. 2　　C. ±2　　D. ±2 或 ±8　　E. ±8

题型 10 绝对值的几何意义

题型识别	题干出现绝对值符号的运算类题目
常见思路	①形如 $|x-a|+|x-b|$ 有最小值 $|a-b|$，在 $a\leqslant x\leqslant b$ 取到；无最大值 ②形如 $|x-a|-|x+b|$ 有最小值为 $-|a+b|$，也有最大值为 $|a+b|$

37 $|x+3|+|x|+|x-2|=6$ 有唯一解.

（1）$x>0$.

（2）$x<0$.

38 方程 $|x-2|-|x+3|=5$ 有无穷多个解.

（1）$x\geqslant2$.

（2）$x\leqslant-3$.

39 若 $|x+2|+|1-x|=9-|y-5|-|1+y|$，则 $x+y$ 的最大值和最小值之差为（　　）.

A.3　　B.5　　C.6　　D.9　　E.10

40 方程 $|x-2|+|x+3|=5$ 有 2 个正整数解.

（1）$x\geqslant1$.

（2）$x\leqslant-1$.

题型 11 绝对值的性质

题型识别	题干出现绝对值非负性、等价性、自比性
常见思路	① $\lvert a\rvert+\sqrt{b}+c^2=0$，则 $a=b=c=0$ ② $\lvert a\rvert=\sqrt{a^2}$ ③ $\frac{\lvert a\rvert}{a}=\frac{a}{\lvert a\rvert}=\begin{cases}1,a>0\\-1,a<0\end{cases}$

41 已知 $\frac{a}{|a|}+\frac{b}{|b|}+\frac{c}{|c|}=1$，那么 $\frac{|abc|}{abc}+\frac{|ab|}{ab}+\frac{|bc|}{bc}$ 的值为（　　）.

A. 1　　B. -1　　C. 1 或 -1　　D. -3 或 -1　　E. -3 或 1

42 若 $-1<x<0$，则 $\frac{|x-2|}{x-2}-\frac{|x-1|}{1-x}+\frac{|x|}{x}$ 的值是（　　）.

A. -3　　B. -1　　C. 2　　D. 1　　E. -2

43 $|3x+2|+2x^2-12xy+18y^2=0$，则 $2y-3x=$（　　）.

A. $-\frac{14}{9}$　　B. $-\frac{2}{9}$　　C. 0　　D. $\frac{2}{9}$　　E. $\frac{14}{9}$

44 已知 $|x^2+2xy+2y^2|-2y+1+|y-1|=0$，那么 $x-y=$（　　）.

A. 0　　B. 2　　C. -2　　D. 1　　E. -1

海绵 MBA App 扫码对答案
查看解析和视频讲解

第二章 代数式、集合与函数

第一节 代数式

题型 1 整式公式运算

题型识别	整式类加减乘除运算题目
常见思路	①核心公式的应用：完全平方式、和差立方公式、平方差公式等 ②十字相乘因式分解 ③其他特殊方法：特值法、换元法等

45 已知 m,n 是正整数，则能确定 $|m-n|$ 的值 .

（1）$mn+2m+n=4$.

（2）$mn-2m-n=3$.

46 正数 a、b、c 满足 $ab+a+b=bc+b+c=ac+a+c=3$，则 $(a+1)(b+1)(c+1)$ 的值为（　　）.

A.3　　B.6　　C.8　　D.9　　E.12

47 已知 $(1-2x)^{2n}=a_0+a_1(x-2)+a_2(x-2)^2+\cdots+a_{2n}(x-2)^{2n}$，则 $a_0+a_2+a_4+\cdots+a_{2n}=$（　　）.

A. $\dfrac{25^n+1}{2}$　　B. 1　　C. 2　　D. 25^n+1　　E. 25^n

48 已知 $x^2-3x+1=0$，则 $x^4-6x^3+9x^2+x+\dfrac{3}{x^2+1}=$（　　）.

A. 0　　B. 1　　C. 2　　D. 3　　E. 4

49 若代数式 $|a+b|=4,|a^3+b^3|=36$，则 $a^2+b^2=$（　　）.

A. 6　　B. 8　　C. $\dfrac{34}{3}$　　D. 12　　E. 17

50 $\dfrac{2023^2+3\times2024-1}{2023^2+2021}=$（　　）.

A. $1+\dfrac{1}{1011}$　　B. $1+\dfrac{1}{2022}$　　C. $1+\dfrac{1}{2023}$

D. $1-\dfrac{1}{2023}$　　E. $1-\dfrac{1}{1011}$

51 若 a,b 都是实数，且 $a^2+2ab+2b^2+4a+8=0$，则 $ab=$（　　）.

A. -8　　B. 8　　C. 32　　D. 2004　　E. 1

题型2 因式定理与余式定理

题型识别	题干出现式子的整除或非整除运算
常见思路	①因式定理：多项式 $f(x)$ 含有因式 $x-a \Leftrightarrow f(a)=0$；多项式 $f(x)$ 含有因式 $ax-b \Leftrightarrow f(\frac{b}{a})=0$ ②余式定理：多项式 $f(x)$ 除以 $x-a$ 的余式为 $f(a)$；多项式 $f(x)$ 除以 $ax-b$ 的余式为 $f(\frac{b}{a})$

52 已知 $f(x)$ 是一个三次多项式，并且 $f(1)=f(2)=f(3)=2, f(0)=4$，则 $f(4)$ 的值为（　　）.

A. 0　　B. 1　　C. 2　　D. 3　　E. -4

53 多项式 $f(x)=x^3+2x^2-ax+b$ 除以 $x-2$ 余 1.

（1）$a=8, b=1$.

（2）$a=6, b=-3$.

54 已知 $x-m$ 是多项式 x^2+nx-8 的一个因式，则可确定 $m+n$ 的数值 .

（1）$x-m$ 也是 $x^2-7x+12$ 的一个因式 .

（2）$x-m$ 也是 $x^2-8x+16$ 的一个因式 .

55 设多项式 $f(x)$ 被 x^4+x^2+1 除得的余式为 x^3+2x^2-3x-4，那么 $f(x)$ 被 x^2-x+1 除得的余式为（　　）.

A. $x-5$　　B. $2x-3$　　C. $x-7$　　D. $-2x+3$　　E. $-x-7$

题型3 分式公式运算

题型识别	题干出现分式运算及长串表达式化简求值
常见思路	①核心公式的应用：完全平方式、和差立方公式、平方差公式等 ②十字相乘因式分解 ③其他特殊方法：特值法、换元法等 ④裂项相消法：分式裂项、根号裂项等

56 设 x 是非零实数，则 $x^4+\frac{1}{x^4}=47$.

（1）$x+\frac{1}{x}=3$.

（2）$x^2+\frac{1}{x^2}=7$.

57 已知$\frac{1}{a}-\frac{1}{b}=2$，则代数式$\frac{-3a+4ab+3b}{2a-3ab-2b}$的值为（ ）.

A. $-\frac{10}{7}$　B. $\frac{10}{7}$　C. $\frac{10}{9}$　D. $-\frac{10}{9}$　E. 10

58 若$a\in\mathbf{R}$，则$\sqrt[3]{a+\frac{a+8}{3}\sqrt{\frac{a-1}{3}}}+\sqrt[3]{a-\frac{a+8}{3}\sqrt{\frac{a-1}{3}}}$的值为（ ）.

A.1　B.2　C.3　D.4　E.8

59 已知x为正实数，则可以确定$x^2-\frac{1}{x^2}$的值.

（1）已知$x+\frac{1}{x}$的值.

（2）已知$x^3-\frac{1}{x^3}$的值.

60 若x为正实数，且$2x^4+3x^3-16x^2+3x+2=0$，则$x+\frac{1}{x}=$（ ）.

A. $\frac{1}{2}$　B. 2　C. $\frac{5}{2}$　D. $-2+\sqrt{3}$　E. -4

61 $\frac{1}{1\times3\times5}+\frac{1}{3\times5\times7}+\frac{1}{5\times7\times9}+\cdots+\frac{1}{99\times101\times103}=$（ ）.

A. $\frac{2600}{10403}$　B. 1　C. $\frac{2600}{31209}$

D. $\frac{10400}{10403}$　E. $\frac{10400}{31209}$

62 $\frac{1}{2!}+\frac{2}{3!}+\frac{3}{4!}+\cdots+\frac{9}{10!}=$（ ）.

A. $\frac{1}{2!}-\frac{1}{10!}$　B. 1　C. $\frac{1}{10!}$

D. $1+\frac{1}{10!}$　E. $1-\frac{1}{10!}$

63 $\frac{1}{1\times3}+\frac{1}{3\times5}+\cdots+\frac{1}{99\times101}=$（ ）.

A. $\frac{1}{101}$　B. 1　C. $\frac{100}{101}$

D. $\frac{50}{101}$　E. $\frac{102}{101}$

64 $\frac{1}{\sqrt{2}+\sqrt{4}}+\frac{1}{\sqrt{4}+\sqrt{6}}+\frac{1}{\sqrt{6}+\sqrt{8}}+\cdots+\frac{1}{\sqrt{98}+\sqrt{100}}=$（ ）.

A. $5+\sqrt{2}$　B. $5-\frac{\sqrt{2}}{2}$　C. $5-\sqrt{2}$

D. $10-\sqrt{2}$　E. $10+\sqrt{2}$

65 当$n=1,2,3,\cdots,2016,2017$时，二次函数$y=(n^2+n)x^2-(2n+1)x+1$的图像被x轴截得的线段

长度之和为（　　）.

A. $\frac{2014}{2015}$　　B. $\frac{2015}{2016}$　　C. $\frac{2016}{2017}$

D. $\frac{2017}{2018}$　　E. $\frac{2018}{2019}$

第二节　集合与函数

题型 4　集合

题型识别	题干出现集合符号、性质或运算等
常见思路	①集合的性质：确定性、互异性、无序性 ②集合和集合的关系：子集、非空子集、真子集、非空真子集 ③空集是任意集合的子集

66 已知集合 A：$\{x\mid a\leqslant x\leqslant a+1\}$，集合 B：$\{x\mid x^2-4x<0\}$，若 A 是 B 的充分不必要条件，则 a 的取值范围是（　　）.

A. $0<a<1$　　B. $0<a<3$　　C. $1<a<3$

D. $0\leqslant a\leqslant 1$　　E. $0\leqslant a\leqslant 3$

67 设集合 $A=\{m,n\}$，则集合 A 的子集个数为（　　）.

A. 0　　B. 1　　C. 2　　D. 3　　E. 4

68 已知集合 $A=\left\{(x,y)\mid (y-x^2-1)(y-x)=0\right\}$，集合 $B=\left\{(x,y)\mid y=kx\right\}$，两集合的交集有 8 个子集，那么 k 的取值范围是（　　）.

A. $(-\infty,-2]\cup[2,+\infty)$　　B. $(-\infty,-2)\cup(2,+\infty)$　　C. $(-2,2)$

D. $[-2,2]$　　E. $(-\infty,-2)\cup[2,+\infty)$

69 已知集合 $M:\left\{x\mid x\leqslant 9,x\in Z\right\}$，集合 $N:\left\{x\mid x\geqslant 1,x\in Z\right\}$，则 $M\cap N$ 的所有子集的元素的和为（　　）.

A. 45×2^8　　B. 45×2^9　　C. 45

D. 90　　E. 45×2^7

70 已知集合 $A=\left\{(x,y)\mid |x|+|y|\leqslant 2,x\in Z,y\in Z\right\}$，则 A 中元素的个数为（　　）.

A. 9　　B. 10　　C. 12　　D. 13　　E. 14

71 若 $-1\in\{2,a^2-a-1,a^2+1\}$，则 $a=$（　　）.

A. -1　　B. 0　　C. 1　　D. 0 或 1　　E. 0 或 -1

72 $a=1$.

（1）已知集合 $A=\left\{x\mid x^2-2x+1=0\right\}$，集合 $B=\left\{x\mid ax=1\right\}$，且 $B\subseteq A$.

（2）已知集合 $A=\{-1,1,3\}$，集合 $B=\left\{a+2,a^2+4\right\}$，且 $A\cap B=\{3\}$.

题型5 一次函数

题型识别	题干出现一次函数或直线方程
常见思路	①直线过象限的判定方法：画图或利用斜率和截距的正负判定 ②一次函数单调性：只和 x 的系数正负有关系

73 若 $abc<0$，且 $y=\frac{b}{a}x-\frac{a}{c}$ 的图像不过第四象限，则点 $(a+b,c)$ 在（　　）.

A. 第一象限　　B. 第二象限　　C. 第三象限

D. 第四象限　　E. 坐标轴上

74 已知一次函数 $y=kx+b$ 的图像经过第二、三、四象限，且该直线的倾斜角为 $150°$，则直线与两坐标轴围成三角形的面积为 $\frac{3\sqrt{3}}{2}$.

（1）$k\cdot b=1$.

（2）$k\cdot b=3\sqrt{3}$.

题型6 二次函数

题型识别	题干出现二次函数或相关量
常见思路	①二次函数与 x 轴的交点：利用△和0作比较 ②二次函数最值：越接近对称轴越接近最值 ③二次函数若 $f(a)=f(b)$，则对称轴为 $\frac{a+b}{2}$ ④注意二次函数三大系数的意义 ⑤一般式和零点式的相互转化

75 已知 $f\left(\frac{x+1}{x}\right)=\frac{x^2+1}{x^2}+\frac{1}{x}$，则 $f(x)$ 为（　　）.

A. $f(x)=x^2-x+1(x\neq 1)$　　B. $f(x)=x^2-x+1$

C. $f(x)=x^2-x+1(x\neq 0)$　　D. $f(x)=x^2+x+1(x\neq -1)$

E. $f(x)=x^2+x+1$

76 已知在 $x=2m+n+2$ 和 $x=m+2n$ 时，多项式 x^2+4x+6 的值相同，且 $m-n\neq -2$，则当 $x=3m+3n+3$ 时，多项式 x^2+4x+6 的值为（　　）.

A.1　　B.3　　C.6　　D.9　　E.15

77 若实数 x,y 满足条件 $2x^2-6x+y^2=0$，则 x^2+y^2+2x 的最大值是（　　）.

A. 12　　B. 13　　C. 14　　D. 15　　E. 16

78 已知抛物线$y=x^2+2x-n$与x轴交于A、B两点，抛物线$y=x^2-2x-n$与x轴交于C、D两点，其中$n>0$．若$AD=2BC$，则n的值为（　　）．

A. 2　　B. 4　　C. 6　　D. 8　　E. 10

79 已知函数$f(x)=x^2+ax+b$在区间$(0,1)$内有两个零点，则$3a+b$的取值范围是（　　）．

A. $(4,9)$　　B. $(-9,0)$　　C. $[-5,0]$　　D. $(-5,0)$　　E. $[4,9]$

80 设a为实数，函数$f(x)=x^2+|x-a|+1, x\in R$．若$a=2$时，$f(x)$的最小值是（　　）．

A. 3　　B. $2\frac{3}{4}$　　C. $1\frac{3}{4}$　　D. 1　　E. $\frac{3}{4}$

81 函数$f(x)$的最大值为3.

（1）函数$f(x)=\min\{|x|,12-x^2\}$．

（2）函数$f(x)=\min\{(x+2)^2,-x^2+10\}$．

82 二次函数$y=ax^2+bx+c$，则可确定a,b,c的值．

（1）已知抛物线过原点，且对称轴为$x=1$．

（2）已知抛物线过点$(2,0)$．

83 在同一平面直角坐标系中，抛物线$y=x^2+(2m-1)x+2m-4$与$y=x^2-(3m+n)x+n$关于y轴对称．

（1）$m=1$．

（2）$n=-2$．

84 二次函数$y=(2-a)x^2-x+\frac{1}{4}$的图像与x轴有交点．

（1）$a\neq 2$．

（2）$a\geqslant 1$．

85 已知a,b,c既成等差数列又成等比数列，且二次函数$y=ax^2+bx+c$的图像与直线$y=m$交于不同两点$A(x_1,y_1)$，$B(x_2,y_2)$，则$x_1+x_2=$（　　）．

A. 1　　B. 2　　C. -1　　D. -2　　E. 0

86 若$A(1,2),B(3,2),C(0,5),D(m,5)$是抛物线$y=ax^2+bx+c$上的四个不同的点，则$m$的值为（　　）．

A. 0　　B. 1　　C. 2　　D. 4　　E. 0或4

87 已知函数$y=x^2-1981x+2014$与x轴的交点是$(m,0)$和$(n,0)$，则$(m^2-1982m+2014)(n^2-1982n+2014)$的值为（　　）．

A. 1981　　B. 1982　　C. -1982　　D. 2014　　E. -2014

88 如图所示，已知二次函数$y=2x^2+m$，图像过点$(0,-4)$，正方形$ABCD$的顶点C、D在x轴上，

A、B 恰好在二次函数的图像上，则图中阴影部分的面积之和为（　　）.

A. 3　　B. 5　　C. 8　　D. 12　　E. 15

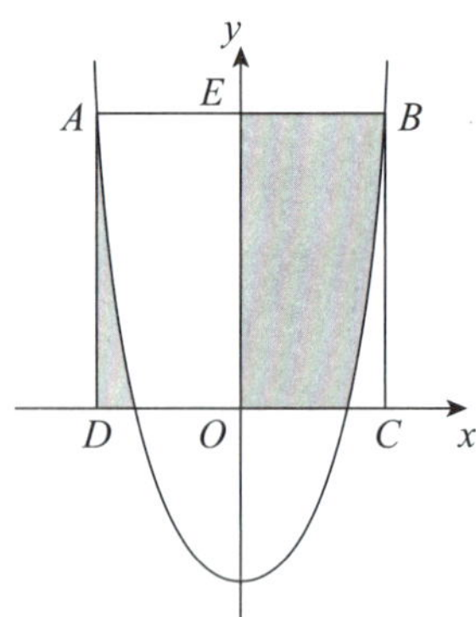

题型 7　指数函数与对数函数

题型识别	题干出现指对函数
常见思路	①指对函数的运算性质 ②指对函数的图像性质

89 若 $x>1, y>0$，且满足 $xy=x^y, \frac{x}{y}=x^{3y}$，则 $x+y$ 的值为（　　）.

A. 2　　B. 3　　C. 4　　D. $\frac{9}{2}$　　E. $\frac{11}{2}$

90 函数 $f(x)=\ln(x+1)-\frac{2}{x}$ 的根所在的大致区间是（　　）.

A.（0，1）　　B.（1，2）　　C.（2，e）　　D.（3，4）　　E.（4，5）

91 $f(x)=\lg(x^2-1)$ 是减函数 .

（1）$x<0$.

（2）$x<-1$.

92 函数 $y=\left(\frac{1}{4}\right)^{x-1}-4\left(\frac{1}{2}\right)^{x}+2$ 的最大值与最小值之差为 $\frac{1}{4}$.

（1）$-1\leqslant\log_{\frac{1}{2}}x\leqslant 1$.

（2）$\frac{1}{2}\leqslant x\leqslant 2$.

93 设函数 $f(x)=\frac{(\sqrt{2})^x-1}{(\sqrt{2})^x+1}$，则适合 $f(n)>\frac{n}{n+1}$ 的最小整数 n 取值为（　　）.

A. 7　　B. 8　　C. 9　　D. 10　　E. 11

94 函数$f(x)$的定义域为 **R** 且为增函数 .

（1）函数$f(x)=\mathrm{e}^{-x}$.

（2）函数$f(x)=x^3$.

95 已知$x\in(0,1)$，则$\log_a x^m>\log_a x^n$.

（1）$a>m>n>1$.

（2）$0<a<n<m<1$.

96 已知$a>0,b>0$且$a\neq1,b\neq1$，则$(b-1)(b-a)>0$.

（1）$\log_a b>1$.

（2）$\log_b a<1$.

海绵 MBA App 扫码对答案
查看解析和视频讲解

第三章 方程与不等式

第一节 方 程

题型 1 一次方程与不等式（组）

题型识别	题干出现一次方程（组）或一次不等式（组）
常见思路	①加减消元法和代入消元法的应用 ②错看系数只影响该参数的表达式 ③左右同乘正数不变号，同乘负数变号 ④不等式的性质

97 若实数a,b,c满足等式$2\sqrt{a}+3|b|=6$，$4\sqrt{a}-9|b|=6c$，则c可能取的最大值为（　　）.

A. 0　　B. 1　　C. 2　　D. 3　　E. 4

98 在解方程组$\begin{cases}ax+y=-8\\bx-cy=5\end{cases}$时，小王正确解得$\begin{cases}x=3\\y=1\end{cases}$，而小李因看错$a$解得$\begin{cases}x=7\\y=-1\end{cases}$，若两人的计算过程均没有错误，则$abc$的值为（　　）.

A. 1　　B. 6　　C. -12　　D. 24　　E. -36

99 若实数a,b,c，满足$a>b>c$，且$a+b+c=0$，则有（　　）.

A. $ab>ac$　　B. $ac>bc$　　C. $a|b|>c|b|$　　D. $a^2>b^2>c^2$　　E. $a^2<b^2<c^2$

100 $x\leqslant 2$或$y\leqslant 1$.

（1）$x+y\leqslant 2$.

（2）$2x-y\geqslant 4$.

101 已知a,b为实数，则$\min\{a,b\}\leqslant 1$.

（1）$a+b\leqslant 2$.

（2）$ab\leqslant 1$.

102 $ab^2<cb^2$.

（1）实数a,b,c满足$a+b+c=0$.

（2）实数a,b,c满足$a<c<b$.

题型 2 一元二次方程与不等式（组）

题型识别	题干出现一元二次方程与不等式（组）及相关量
常见思路	①有无实根的判定：利用△和 0 作比较 ②根的求解：十字相乘和求根公式 ③韦达定理 ④根的特征：画图分析 ⑤求解集：先求对应方程的根再画图定区间 ⑥恒成立问题：利用△和开口方向判定

103 已知一元二次方程 $(m-1)x^2+2(m+1)x-m=0$ 有两个正根，则 m 的取值范围是（　　）.

A.（−1，1）　B.（0，1）　C.（−1，0）　D. [0，1）　E.（−1，1]

104 设两条直线的方程分别为 $x+y+a=0$，$x+y+b=0$，已知 a,b 是方程 $x^2+x+c=0$ 的两个实根，且 $0\leqslant c\leqslant\frac{1}{8}$，则这两条直线之间的距离的最大值与最小值之差为（　　）.

A. $\frac{1-\sqrt{3}}{3}$　B. $\frac{\sqrt{3}-1}{3}$　C. $\frac{\sqrt{2}-1}{2}$

D. $\frac{1-\sqrt{2}}{2}$　E. 以上答案均不正确

105 设 n 为正整数，关于 x 的方程 $n(n+1)x^2-(2n+1)x+1=0$ 的根为 a_n，b_n，则 $|a_1-b_1|+|a_2-b_2|+\dots+|a_{2017}-b_{2017}|$ 的值为（　　）.

A. $\frac{2016}{2017}$　B. $\frac{2017}{2016}$　C. $\frac{2017}{2018}$

D. $\frac{1}{2017}$　E. $\frac{1}{2018}$

106 $2m^2+4n^2-6n=12$.

（1）已知 m,n 是方程 $x^2-3x+1=0$ 的两个实根.

（2）已知 m,n 是方程 $x^2-3x+2=0$ 的两个实根.

107 设一元二次方程 $x^2+2kx+k+2=0$ 的两个实根为 x_1 和 x_2，那么 $x_1^2+x_2^2$ 的最小值是（　　）.

A. $-\frac{17}{4}$　B. 2　C. 0　D. 4　E. 8

108 解方程 $9^x+3^{x+1}-4=0$，则（　　）.

A. 方程有两个正实根　B. 方程只有一个正实根

C. 方程只有一个负实根　D. 方程有一正一负两个实根

E. 以上都不正确

109 关于 x 的方程 $x^2-6x+(a-2)|x-3|+9-2a=0$ 有 4 个不同的实数根，则系数 a 的取值范围为（　　）.

A. $a>0$　B. $a<0$　C. $a\neq -2$　D. $a<0$ 且 $a\neq -2$　E. $\mathbf{R}$

110 设 α,β 是方程 $2x^2-3|x|-2=0$ 的两个实数根，则 $\dfrac{\alpha\beta}{|\alpha|+|\beta|}$ 的值为（　　）.

A. -1　B. $-\dfrac{2}{3}$　C. $-\dfrac{2}{5}$　D. $\dfrac{2}{3}$　E. $-\dfrac{1}{3}$

111 已知函数 $f(x)=x^2-1$，$g(x)=a|x-1|$，若关于 x 的方程 $|f(x)|=g(x)$ 只有一个实数解，则实数 a 的取值范围为（　　）.

A. $(-1,+\infty)$　B. $(-\infty,1)$　C. $(0,+\infty)$　D. $(-\infty,0)$　E. $(-\infty,-1)$

112 设 x_1,x_2 是关于 x 的二次方程 $ax^2+bx+c=0$ 的两个实根（$ac\neq 0$），则 $cx^2+bx+a=0$ 的两根平方和为 20.

（1）$x_1=\dfrac{1}{2},x_2=-\dfrac{1}{4}$.

（2）$x_1=-\dfrac{1}{2},x_2=\dfrac{1}{4}$.

113 已知 $x^2+(2k+1)x+k^2-2=0$ 的两个实数根的平方和等于 11，则（　　）.

A. $k=-3$ 或 1　B. $k=-3$　C. $k=1$

D. $k=3$　E. $k=2$

114 关于 x 的一元二次方程 $(a-2)x^2-2ax+a=6$ 有两个不相等的实数根.

（1）$a>\dfrac{3}{2}$.

（2）$a>2$.

115 x_1,x_2 是方程 $x^2+x-3=0$ 的两个根，则 $x_1^3-4x_2^2+19=$（　　）.

A. -4　B. 4　C. 0　D. -6　E. 6

116 方程 $3x^2+(m-5)x+m^2-m-2=0$ 的两根分别满足 $0<x_1<1$，$1<x_2<2$.

（1）$-\dfrac{3}{2}<m<0$.

（2）$0<m<1$.

117 已知 a,b,c,d 是非零实数，则 $a+b+c+d=-2$.

（1）a,b 是方程 $x^2+cx+d=0$ 的两个根.

（2）c,d 是方程 $x^2+ax+b=0$ 的两个根.

118 已知方程 $6x^2-3x-2=0$，使一个新的一元二次方程的根分别是该方程的根的平方，则新的方程为（　　）.

A. $36x^2-33x+3=0$　B. $y^2-y+\dfrac{1}{9}=0$

C. $3y^2+2y-5=0$　D. $12y^2-11y+\dfrac{4}{3}=0$

E. $y^2-3y+1=0$

119 方程$(a+1)x^2+ax-1=0$有两个不等的实根 .

（1）$a>-1$.

（2）$a<-1$.

120 已知函数 $y=x^2-1981x+2014$ 与 x 轴的交点是$(m,0)$，$(n,0)$，则$(m^2-1982m+2014)\cdot(n^2-1982n+2014)$的值为（　　）.

A. 1981　　B. 1982　　C. −1982　　D. 2014　　E. −2014

121 方程$x^2-(1+\sqrt{3})x+\sqrt{3}=0$的两根分别为等腰三角形的腰和底,则该三角形的面积是(　　).

A. $\frac{\sqrt{3}}{4}$　　B. $\frac{\sqrt{3}}{8}$　　C. $\frac{\sqrt{11}}{4}$

D. $\frac{\sqrt{11}}{8}$　　E. 以上全不对

122 已知m为整数，且关于x的一元二次方程$mx^2+4x+4-m=0$有 2 个互不相等的负整数根，则整数m有（　　）不同的取值

A. 1　　B. 2　　C. 3　　D. 4　　E. 6

123 已知m,n是方程$x^2-3x+1=0$的两个实根，则$2m^2+4n^2-6n$的值为（　　）.

A. 4　　B. 12　　C. 15　　D. 17　　E. 18

124 方程$2x^2+3x+5m=0$的一个根大于 1，另一个根小于 1.

（1）$m<-2$.

（2）$m<-1$.

125 方程$x^2+px+q=0$的根是方程$x^2+mx+n=0$的根的立方 .

（1）$p=m(m^2+3n)$.

（2）$p=m(m^2-3n)$.

126 关于x的方程$x^2+(m-1)x+m^2-2=0$有一个根小于 −1，另一个根大于 1，则实数m的取值范围是（　　）.

A. $(0,1)$

B. $\left[\frac{-1-2\sqrt{7}}{3},\frac{-1+2\sqrt{7}}{3}\right]$

C. $[0,1)$

D. $(0,1]$

E. 以上均不正确

127 已知方程$2x^2-(a-1)x+(a-3)=0$的两根之差为 2，则a的值是（　　）.

A. 1　　B. 9　　C. 2 或 5　　D. 1 或 9　　E. 3 或 6

128 已知方程 $x^2-4x+1=0$ 的两实根分别为 m,n，则 $3m^2+5n^2-8n$ 的值为（　　）.

A. 36　　B. 42　　C. 38　　D. 40　　E. 48

129 关于 x 的二次方程 $mx^2-(m-2)x+m-3=0$ 的两个实根 x_1,x_2 满足 $-1<x_1<0<x_2<1$，则 m 的取值范围是（　　）.

A. $1<m<3$　　B. $\frac{5}{3}<m<3$　　C. $1<m<\frac{5}{3}$

D. $m>3$或$m<1$　　E. $m>3$或$m<\frac{5}{3}$

130 方程 $x^2-2mx+m^2-4=0$ 有两个不相等的正根.

（1）$m>4$.

（2）$m>3$.

131 已知 $f(x)=\begin{cases}x^2-1,x\leqslant 0\\ f(x-2),x>0\end{cases}$，则 $f[f(1)]$ 的值为（　　）.

A. -1　　B. 0　　C. 1　　D. 2　　E. -2

132 若不等式 $x^2-mx+2m-3<0$ 的解集为空集，则实数 m 的取值范围是（　　）.

A. $(-\infty,-2)\cup(6,+\infty)$　　B. $[2,6)$　　C. $(2,6)$

D. $[2,6]$　　E. $(-\infty,-2]\cup[6,+\infty)$

133 若不等式 $kx^2-2kx+\frac{1}{k+1}>0$ 对一切实数 x 都成立，则实数 k 的取值范围是（　　）.

A. $k\geqslant 0$　　B. $k\leqslant\frac{\sqrt{5}-1}{2}$　　C. $\frac{-\sqrt{5}-1}{2}<k\leqslant 0$

D. $0\leqslant k<\frac{\sqrt{5}-1}{2}$　　E. $k\leqslant\frac{-\sqrt{5}-1}{2}$ 或 $k\geqslant\frac{\sqrt{5}+1}{2}$

134 关于 x 的不等式 $(a^2-3a+2)x^2+(a-1)x+2>0$ 的解为一切实数，则实数 a 的取值范围是（　　）.

A. $a<1$　　B. $1\leqslant a<2$　　C. $a>\frac{15}{7}$

D. $a<1$ 或 $a>\frac{15}{7}$　　E. $a\leqslant 1$ 或 $a>\frac{15}{7}$

135 $|x^2+2x+a|>2$ 恒成立.

（1）$a>3$.

（2）$a<-1$.

136 $(a^2-1)x^2-(a-1)x-1<0$ 对于一切实数 x 都恒成立.

（1）$-1\leqslant a<-\frac{3}{5}$.

（2）$-\frac{3}{5}<a\leqslant\frac{1}{2}$.

137 设a,b,c均为正数，则$ab+bc+ac\leqslant\frac{1}{3}$.

（1）$a+b+c=1$.

（2）$abc=1$.

题型3 分式方程、不等式

题型识别	题干出现分式方程、不等式
常见思路	①方法：左右同乘最简公分母化为整式分析 ②陷阱：注意验根（防止增根出现） ③若分母能确定正负，直接做乘法转化为整式分析 ④若分母不能确定正负，移项通分化为整式分析

138 关于x的分式方程$\frac{1}{x-2}+\frac{a-2}{2-x}=1$的解为非负数，则二次函数$y=a^2-12a+39$的最小值是（　　）.

A. 4　　B. 3　　C. −4　　D. −3　　E. 2

139 $x\in\mathbf{R}$，方程$\frac{3}{x^2+3x}=2+x^2+3x$所有根的和为（　　）.

A. 0　　B. 3　　C. 6　　D. −3　　E. −6

140 不等式$\frac{x+4}{x^2+3x+2}\leqslant 2$的解集是（　　）.

A. $-2<x<-1$或$x\leqslant-\frac{5}{2}$

B. $-2\leqslant x\leqslant-1$或$x\leqslant-\frac{5}{2}$

C. $x\geqslant 0$或$-2<x<-1$

D. $x\geqslant 0$或$-2<x<-1$或$x\leqslant-\frac{5}{2}$

E. $x\geqslant 0$或$-2\leqslant x\leqslant-1$或$x\leqslant-\frac{5}{2}$

141 已知分式$\frac{(a^2-4)x^2-(a+2)x-1}{2x^2+3x+5}$的值恒小于0，则$a$的取值范围为（　　）.

A. $a\leqslant-2$　　B. $-2<a<\frac{6}{5}$　　C. $\frac{6}{5}<a\leqslant 2$

D. $-2\leqslant a\leqslant 2$　　E. $-2\leqslant a<\frac{6}{5}$

题型4 高次方程、不等式

题型识别	题干出现次数超过2的方程、不等式
常见思路	①因式分解降次幂 ②穿针引线法

142 方程 $7x^3-5x^2-2x=0$，则满足方程的所有根的和是（　　）.

A. 0　　B. 1　　C. $\frac{2}{7}$　　D. $\frac{5}{7}$　　E. $-\frac{5}{7}$

143 方程 $(x^2+4x)^2-2(x^2+4x)-15=0$ 有（　　）个整数解.

A.2　　B.3　　C.4　　D. 5　　E.6

144 已知 x,y 是两个不相等的实数，且 $7(x+y)^3-5(x+y)^2-2(x+y)=0$，则 $x+y=$（　　）.

A.0　　B.1　　C. 1或 $-\frac{2}{7}$　　D. 0或1或 $-\frac{2}{7}$　　E. $-\frac{2}{7}$

145 $(x-1)(2x^2+3x+7)(x^2-7x+12)>0$.

（1）$x<4$.

（2）$x>3$.

146 $(x^2-2x-8)(2-x)(2x-2x^2-6)<0$.

（1）$x\in(-3,-2)$.

（2）$x\in[2,3]$.

147 不等式 $\frac{(2x+3)(x-2)}{(x+2)(2x-1)}\leqslant 0$ 的解集是（　　）.

A. $\left(-2,-\frac{3}{2}\right]\cup\left(\frac{1}{2},2\right]$　　B. $\left[-\frac{3}{2},\frac{1}{2}\right)\cup[2,+\infty)$

C. $\left[-2,-\frac{3}{2}\right]\cup\left[\frac{1}{2},2\right]$　　D. $\left(-2,-\frac{3}{2}\right]\cup\left[2,\frac{1}{2}\right)$

E. $\left(-\frac{1}{2},0\right)\cup(2,+\infty)$

题型5 指对方程、不等式

题型识别	题干出现指对方程、不等式
常见思路	①指对运算公式的应用 ②换元转化为二次方程、不等式分析（注意范围） ③利用指对函数单调性比大小

148 已知 $\log_3 a=\log_4 b=\log_{12}(a+b)$，那么 ab 的最小值是（　　）.

A. 1　　B. 2　　C. 4　　D. 8　　E. 12

149 已知$a=\log_3\pi$，$b=\log_5 4$，$c=\log_3 0.3$，则三个数的大小关系是（　　）.

A. $a>b>c$　　B. $b>a>c$　　C. $a>c>b$　　D. $c>b>a$　　E. $b>c>a$

150 $\left|\left(\frac{1}{2}\right)^x-2\right|-\left|2\left(\frac{1}{2}\right)^x-3\right|>\frac{1}{2}$的解集范围是（　　）.

A. $\varnothing$　　B. $\left(-\infty,\frac{2}{3}\right)$

C. $\left(\frac{2}{3},+\infty\right)$　　D. $(-\infty,0)\cup\left(\frac{3}{2},+\infty\right)$

E. $(-\infty,0)$

151 若a，b，$c\in\mathbf{R}_+$，且$a+b+c=6$，则$\log_2 a+\log_2 b+\log_2 c$的取值范围是（　　）.

A. $(-\infty,\log_2 6]$　　B. $(-\infty,3]$

C. $[\log_2 6,+\infty)$　　D. $[3,+\infty)$

E. $(3,+\infty)$

题型 6　绝对值方程、不等式

题型识别	题干出现绝对值方程、不等式
常见思路	①利用平方法、分段讨论法分析 ②利用几何意义图像分析

152 方程$|x|+|x-2|+|x-5|=6$所有根之和为（　　）.

A. 8　　B. 7　　C. 6　　D. 5　　E. 4

153 能使$|a+4|+|a-3|=9$成立的所有整数a的乘积为（　　）.

A. -30　　B. 30　　C. -20　　D. 20　　E. -5

154 关于x的不等式$|2x+1|-|2x-1|\geqslant\frac{5a}{a^2+1}$无解.

（1）$a>\frac{1}{2}$.　　（2）$a<2$.

155 关于实数x的不等式$\left|2x-\frac{1}{2}\right|+\left|2x+\frac{1}{2}\right|\leqslant a^2-a+1$的解集为空集.

（1）$0<a\leqslant 1$.　　（2）$0\leqslant a<1$.

156 $x^2+10\leqslant 7|x|$，则x的取值范围是（　　）.

A. $|x|\leqslant 5$　　B. $-4\leqslant x\leqslant -2$　　C. $3\leqslant x\leqslant 5$

D. $x\in[-5,-3]\cup[3,5]$　　E. $x\in[-5,-2]\cup[2,5]$

157 关于实数x的不等式$|x-1|+|x-2|\leqslant a^2-a+1$的解集是空集．

（1）$0<a\leqslant 1$．　　（2）$0\leqslant a<1$．

158 不等式$\left|8-|x-2|\right|\leqslant 6$的解集为（　　）．

A. $[-12,0]$　　B. $[4,16]$

C. $[-12,0]\cup[4,16]$　　D. $[10,16]$

E. $[-12,0]\cup[10,16]$

159 不等式$\left|\frac{ax-1}{x}\right|>a$的解集为$M$，且$3\notin M$，则$a$的取值范围为（　　）．

A. $\left(\frac{1}{6},+\infty\right)$　　B. $\left[\frac{1}{6},+\infty\right)$　　C. $\left(0,\frac{1}{4}\right)$　　D. $\left(0,\frac{1}{4}\right]$　　E. $\left(\frac{1}{4},+\infty\right)$

题型 7　根式方程、不等式

题型识别	题干出现带根号的方程、不等式
常见思路	①平方去根号（注意内部范围） ②整体代入变形化简求值

160 已知x,y满足$x-14\sqrt{xy}+\sqrt{y}=13$和$y+16\sqrt{xy}+\sqrt{x}=17$，则$\sqrt{x}+\sqrt{y}$的值为（　　）．

A. 5　　B. 7　　C. 9　　D. 12　　E. 13

161 方程$\sqrt{x+3}-1=x$的所有根之和为（　　）．

A. -2　　B. -1　　C. 1　　D. 2　　E. 3

162 $a>b$．

（1）实数a,b满足$a^3>b^3$．

（2）实数a,b满足$\sqrt{a}>\sqrt{b}$．

163 $-1\leqslant a\leqslant 1$.

（1）函数$f(x)=\sqrt{ax^2+4ax+3}$的定义域为$\mathbf{R}$.

（2）不等式$\frac{2}{a+1}>1$成立．

海绵 MBA App 扫码对答案
查看解析和视频讲解

第二节 不等式

题型8 均值不等式

题型识别	题干出现正数限定条件且求最值
常见思路	①取最值条件：一正且二定且三相等 ②配定值方法：利用加减配乘积为定值，利用乘除配和为定值 ③均值不等式的反向应用

164 若函数$f(x)=x+\frac{1}{(x-2)^2}(x>2)$在$x=a$处取到最小值，则$a=$（　　）.

A. $2+\sqrt[3]{2}$　　B. $2-\sqrt[3]{2}$　　C. 5　　D. 3　　E. 4

165 设x,y,z为正数，且$xyz(x+y+z)=4$，则$(x+y)(y+z)$的最小值为（　　）.

A. 1　　B. 2　　C. 3　　D. 4　　E. 8

166 设x为实数，则$f(x)=2x^2+2x+\frac{1}{x^2}$的最小值是（　　）.

A. -1　　B. 0　　C. 1　　D. 2　　E. 3

167 已知a,b为正实数，则$\frac{1}{ab}$存在最小值.

（1）$a^2+b^2+2ab-a-b=0$.

（2）a和b是方程$x^2-8x+ab=0$的两不同实根.

168 已知a,b,c,d是大于等于2的自然数，则$abcd$的最小值是48.

（1）$a+b+c+d=12$.

（2）$a+b+c+d=20$.

169 已知a,b,c为正实数，则可以确定$\frac{1}{a}+\frac{1}{b}+\frac{1}{c}$的最小值.

（1）已知$a+b+c$的值.

（2）已知abc的值.

170 若$x\in(3,+\infty)$，$f(x)=x+\frac{5}{x-3}$，则$f(x)$的最小值为（　　）.

A. $\sqrt{11}$　　B. $\sqrt{11}+3$　　C. $2\sqrt{5}$　　D. $2\sqrt{5}+3$　　E. 8

171 已知x,y为实数，则能确定$2x^2+3y^2$有最小值.

（1）$x+y=1$.

（2）$xy=1$.

172 能确定a^2+b^2的最小值.

（1）已知$a+b$的值.

（2）已知 ab 的值．

173 已知 $x>0$，函数 $y=\frac{6}{x}+3x^2$ 的最小值为（　　）．

A. 3　　B. 6　　C. 9　　D. 15　　E. 18

题型 9　三角不等式

题型识别	题干同时出现 $\lvert a\rvert$、$\lvert b\rvert$、$\lvert a\pm b\rvert$
常见思路	①三角不等式的定义 ②三角不等式各部分成立条件的讨论 ③三角不等式的配凑

174 已知 $\lvert x\rvert\leqslant 3$，$\lvert y\rvert\leqslant 2$，则 $\lvert 2x-3y\rvert$ 的最大值是（　　）．

A. 10　　B. 11　　C. 12　　D. 13　　E. 14

175 已知函数 $f(x)=\lvert x-a\rvert+\lvert x+b\rvert+c\ (a>0,b>0,c>0)$ 的最小值为 4，则 $a+b+c$ 的值为（　　）．

A. 1　　B. 2　　C. 4　　D. 0　　E. 3

176 已知 $\lvert a-b\rvert\leqslant 1$，则 $\lvert a+2b\rvert>2$．

（1）$b>1$．

（2）$b<-1$．

177 使 $\frac{\lvert a-b\rvert}{\lvert a\rvert+\lvert b\rvert}<1$ 成立．

（1）$ab>0$．

（2）$ab<0$．

海绵 MBA App 扫码对答案
查看解析和视频讲解

第四章 数列

题型1 等差数列

题型识别	题干出现等差数列
常见思路	①等差数列的通项公式 ②等差数列的求和公式 ③等差数列的性质 ④最值找对称轴或变号处

178 设等差数列$\{a_n\}$的前n项和为S_n，已知$S_5=20$，$S_{15}=100$，那么$S_{10}=$（　　）.

A. $\frac{160}{3}$　　B. 50　　C. 60　　D. 80　　E. $\frac{135}{3}$

179 已知S_n是等差数列$\{a_n\}$的前n项和，如果$2S_3=3S_2+6$，则公差$d=$（　　）.

A. 6　　B. 2　　C. 3　　D. 1　　E. 4

180 已知等差数列$\{a_n\}$的前n项和为S_n，则可以确定$S_{20}=200$.

（1）$a_1+a_{19}=20$.

（2）$a_2+a_{20}=20$.

181 已知等差数列$\{a_n\}$是一个递增数列，那么对于任意正整数n有$S_n\geqslant S_7$.

（1）$d=-\frac{1}{6}a_1$.

（2）$S_{13}=0$.

182 已知$\{a_n\}$为公差小于0的等差数列，那么对于该数列的前n项和有$S_n\leqslant S_{10}$.

（1）$S_{20}=0$.

（2）$S_{18}>0>S_{19}$.

183 $\{a_n\}$是等差数列，则$a_6+a_7=\frac{1}{6}$.

（1）$3(a_3+a_7)+2(a_6+a_8+a_{10})=1$.

（2）$a_1+a_2+\cdots+a_{12}=1$.

184 已知数列$\{a_n\}$是等差数列$(d\neq 0)$，且有$a_1=25$，则$S_k=169$.

（1）数列前n项和的最大值为S_k.

（2）$S_9=S_{17}$.

185 数列$\{a_n\}$满足$a_1=0,\frac{1}{1-a_n}-\frac{1}{1-a_{n-1}}=1(n\geqslant 2,n\in\mathbf{N}^+)$，则$a_{2020}=$（　　）.

A. $\frac{1}{2020}$ B. $\frac{1}{2019}$ C. $\frac{2018}{2019}$ D. $\frac{2019}{2020}$ E. $\frac{2021}{2020}$

186 已知等差数列$\{a_n\}$前n项和为210，则$n=6$.

（1）首项$a_1=25,d=4$.

（2）前四项的和为124，后四项的和为156.

187 方程$x^2+(a_3+a_7)x+1=0$有两个不同的实根.

（1）等差数列$\{a_n\}$中，$a_2+a_4+a_5+a_6+a_8=10$.

（2）等比数列$\{a_n\}$中，$a_2a_4a_6a_8=100$.

188 某成衣厂对9名缝纫工人进行技术比拼，9名工人的得分恰好成等差数列，9人的平均得分是86分，前5名工人的得分之和是460分，那么前7名工人的得分之和是（ ）.

A. 602 B. 631 C. 627 D. 623 E. 645

189 若等差数列$\{a_n\}$满足$a_7+a_8+a_9>0$，$a_7+a_{10}<0$，则$\{a_n\}$的前n项和最大.

（1）$n=7$.

（2）$n=8$.

190 设a_1,a_2,a_3,a_4是各项均不为零的等差数列，公差为d，则$a_1=d$.

（1）将此数列删去某一次后得到的数列（按原来顺序）是等比数列.

（2）$d\neq 0$.

191 已知在等差数列$\{a_n\}$中，则使其前n项和S_n取得最大值的自然数n是5或6.

（1）$|a_3|=|a_9|$.

（2）公差$d<0$.

192 下列通项公式表示的数列为等差数列的是（ ）.

A. $a_n=n^2+2n$ B. $a_n=n^2-1$ C. $a_n=5n+(-1)^n$

D. $a_n=\frac{1}{n}$ E. $a_n=3$

193 $a_2a_7<a_3a_6$.

（1）$\{a_n\}$为等差数列，且$a_1>0$.

（2）$\{a_n\}$为等差数列，且$d\neq 0$.

194 已知数列$\{a_n\}$的前n项和为S_n，则$\{a_n\}$为等差数列.

（1）$\sum_{i=1}^{n}\frac{1}{S_i}=\frac{n}{n+1}$.

（2）$a_{n+2}{}^2-4a_{n+1}{}^2+a_n{}^2+2a_na_{n+2}=0$.

195 数列$\{a_n\}$为等差数列.

（1）点(n,a_n)在直线$y=3x-2$上.

（2）点 (n,S_n) 在抛物线 $y=-x^2+2x$ 上．

196 已知等差数列 $\{a_n\}$ 中，$a_m+a_{m+10}=a$，$a_{m+50}+a_{m+60}=b,(a\neq b)$，$m$ 为常数，且 $m\in\mathbf{N}$，则 $a_{m+125}+a_{m+135}=$（　　）．

A. $2b-a$　　B. $\frac{b-a}{2}$　　C. $\frac{5b-3a}{2}$

D. $3b-2a$　　E. 以上全不对

197 等差数列 $\{a_n\}$ 中，它的前 11 项的平均值是 5，若从中抽取 1 项，余下 10 项的平均值是 4，则抽取的是第 11 项．

（1）$a_1=-5$．

（2）$a_2=-3$．

198 已知等差数列 $\{a_n\}$ 的前 n 项和为 S_n，$a_5=5,S_5=15$，则数列 $\left\{\frac{1}{S_n}\right\}$ 的前 100 项和为（　　）．

A. $\frac{100}{101}$　　B. $\frac{99}{100}$　　C. $\frac{200}{101}$

D. $\frac{101}{100}$　　E. $\frac{102}{101}$

199 在数列 $\{a_n\}$ 中，首项 $a_1=2$，且点 (a_n,a_{n+1}) 在直线 $x-y=2$ 上，则数列 $\{a_n\}$ 的前 n 项和 S_n 等于（　　）．

A. 3^n-1　　B. $-n^2+3n$　　C. 3^n+1　　D. n^2-3n　　E. $1-3^n$

200 等差数列 $\{a_n\}$ 的前 n 项和 S_n 有最大值．

（1）$a_1<0$．

（2）$d\leqslant 0$．

201 已知等差数列 $\{a_n\}$ 的前 n 项和为 S_n，已知 $\frac{a_5}{a_3}=\frac{5}{9}$，则 $\frac{S_9}{S_5}=$（　　）．

A. 1　　B. 2　　C. $\frac{5}{9}$　　D. $\frac{9}{5}$　　E. -1

题型 2　等比数列

题型识别	题干出现等比数列
常见思路	①等比数列的通项公式 ②等比数列的求和公式 ③等比数列的性质 ④单调性：利用首项和公比的正负分析

202 在等比数列 $\{a_n\}$ 中，$a_1=3$，$a_4=24$，则 $a_2+a_4+a_6$ 的值是（　　）．

A. 124　B. 125　C. 126　D. 127　E. 128

203 已知 S_n 是等比数列 $\{a_n\}$ 的前 n 项和，如果 $3S_3=a_4-2$，$3S_2=a_3-2$，则公比 $q=$（　　）.

A. 1　B. 2　C. 3　D. 4　E. 5

204 等比数列 $\{a_n\}$ 满足 $a_1+a_3+a_5=100$，则 $a_3+a_5+a_7=400$.

（1）$a_n=2a_{n-1}$.

（2）$a_n=3a_{n-1}$.

205 已知三角形 ABC 的面积为 8，A_1、B_1、C_1 分别是三角形 ABC 的各边中点，A_2、B_2、C_2 分别是三角形 $A_1B_1C_1$ 的各边中点，依次下去，得到三角形序列 $A_nB_nC_n(n=1,2,3,\cdots)$. 设 $A_nB_nC_n$ 的面积是 S_{n-1}，则 $S_1+S_2+S_3+\cdots=$（　　）.

A. $\frac{2}{3}$　B. $\frac{8}{3}$　C. $\frac{4}{3}$　D. $\frac{16}{3}$　E. $\frac{1}{3}$

206 已知数列 $\{a_n\}$ 为等比数列，那么可以确定 a_3 的值 .

（1）已知 a_1+a_5 的值 .

（2）已知 $a_2\times a_4$ 的值 .

207 已知数列 $\{a_n\}$ 中的各项均为正数，则数列 $\{a_n\}$ 为等比数列 .

（1）$a_n^2-4a_n\cdot a_{n-1}+4a_{n-1}^2=0$.

（2）$a_n^2-5a_n\cdot a_{n-1}+6a_{n-1}^2=0$.

208 我国古代数学名著《算法统宗》中有如下问题："远望巍巍塔七层，红光点点倍加增，共灯三百八十一，请问尖头几盏灯？"意思是：一座 7 层塔共挂了 381 盏灯，且相邻两层中的下一层灯数是上一层灯数的 2 倍，则塔的顶层共有灯（　　）.

A. 1 盏　B. 2 盏　C. 3 盏

D. 4 盏　E. 5 盏

209 已知数列 $\{a_n\}$ 是一个等差数列，其公差为 -2，且 a_7 是 a_3 和 a_9 的等比中项，那么该数列前 10 项的和为（　　）.

A. 100　B. 110　C. 120

D. 90　E. 130

210 已知 $a_1,a_2,a_3,\cdots$ 是各项为正数的等比数列，$a_5-a_1=90,a_2a_4=576$，则其前 5 项的和等于（　　）.

A. 256　B. 243　C. 186

D. 765　E. 968

211 在等比数列 $\{a_n\}$ 中，若 $a_1a_9=64$，$a_3+a_7=20$ 且 $a_7>a_3$，则 $a_{15}=$（　　）.

A. 16　B. 64　C. 96　D. 256　E. 32

212 已知$\{a_n\}$为等比数列，则能确定a_3的值 .

（1）$a_1+a_5=17$.

（2）$a_2a_4=16$.

213 数列$\{a_n\}$的前n项和为$S_n=A+Bq^n$，则此数列为等比数列 .

（1）$A=B$.

（2）$A+B=0$.

214 在正数组成的等比数列$\{a_n\}$中，公比$q=5$，且$a_1a_2\cdots a_{29}a_{30}=5^{30}$，则$a_3a_6a_9\cdots a_{30}=$（　　）.

A. 5^{10}　　B. 5^{20}　　C. 5^{16}　　D. 5^{15}　　E. 5^{14}

215 若等比数列$\{a_n\}$的前n项和为S_n，则$a_7=-\frac{1}{32}$.

（1）$a_1=-4$.

（2）$S_6:S_3=7:8$.

216 $\{a_n\}$为等比数列，$a_5+a_8=2$，$a_6a_7=-8$，则$a_2+a_{11}=$（　　）.

A. 5　　B. −7　　C. 3　　D. −5　　E. 7

217 等比数列$\{a_n\}$的前n项和为S_n，若$\frac{S_6}{S_3}=\frac{1}{2}$，则$\frac{S_9}{S_3}=$（　　）.

A. $\frac{1}{2}$　　B. $\frac{2}{3}$　　C. $\frac{2}{5}$

D. $\frac{1}{3}$　　E. $\frac{3}{4}$

218 等比数列$\{a_n\}$是递增数列 .

（1）$a_1>0, q>1$.

（2）$a_1<0, 0<q<1$.

219 数列$\{a_n\}$是等比数列 .

（1）数列$\{a_n\}$的前n项和满足$S_n=3+2a_n$.

（2）数列$\{a_n\}$的前n项和满足$S_n=3^n-1$.

220 在等比数列$\{a_n\}$中，$(a_4+a_5+a_6):(a_3+a_2+a_1)=8$.

（1）$a_2=6$，$a_5=48$.

（2）公比$q=2$.

221 数列$\{a_n\}$为等比数列 .

（1）数列$\{a_n\}$的前n项和$S_n=\frac{3^n+2^n}{2^n}$.

（2）数列$\{a_n\}$的前n项和$S_n=\frac{1}{8}(3^{2n}-1)$.

题型3 递推数列

题型识别	题干出现等差、等比数列
常见思路	①类等差数列利用叠加法分析 ②类等比数列利用叠乘法分析 ③构造等差、等比，利用公式法分析 ④ $a_n=\begin{cases}a_1=S_1\\S_n-S_{n-1} & (n\geqslant 2)\end{cases}$ ⑤列举找规律

222 在数列 $\{a_n\}$ 中，$a_1=2$，$a_{n+1}=a_n\times\dfrac{n}{n+1}$，那么 $a_{100}=$（　　）.

A. $\dfrac{1}{100}$　B. $\dfrac{2}{101}$　C. $\dfrac{2}{99}$　D. $\dfrac{1}{50}$　E. $\dfrac{1}{25}$

223 设数列 $\{a_n\}$ 中，$a_1=2$，$a_{n+1}=a_n+n$，则 $a_{100}=$（　　）.

A. 5052　B. 4948　C. 5050　D. 4950　E. 4952

224 已知数列 $\{a_n\}$ 满足 $a_1=2$，且 $a_{n+1}=\dfrac{2a_n}{a_n+1}$，那么 a_{100} 的值为（　　）.

A. $1+\dfrac{1}{2^{100}+1}$　B. $1-\dfrac{1}{2^{100}-1}$　C. $1+\dfrac{1}{2^{100}-1}$　D. $1-\dfrac{1}{2^{100}+1}$　E. $1+\dfrac{2^{100}}{2^{100}-1}$

225 已知数列 $\{a_n\}$ 满足：$2a_{n+1}=a_n+3$，且 $a_1=1$，那么 $a_{100}=$（　　）.

A. $3-\dfrac{1}{2^{99}}$　B. $3-\dfrac{1}{2^{98}}$　C. $-\dfrac{1}{2^{99}}$　D. $3+\dfrac{1}{2^{99}}$　E. $3+\dfrac{1}{2^{98}}$

226 设 $a_1=1$，$a_na_{n+1}=\left(\dfrac{1}{2}\right)^n$,则$S_{16}=a_1+a_2+\cdots+a_{16}=$（　　）.

A. $\dfrac{3}{2}\left[1-\left(\dfrac{1}{2}\right)^{10}\right]$　B. $2\left[1-\left(\dfrac{1}{2}\right)^{16}\right]$　C. $\dfrac{2}{3}\left[1-\left(\dfrac{1}{2}\right)^{16}\right]$　D. $\dfrac{3}{4}\left[1-\left(\dfrac{1}{2}\right)^{8}\right]$　E. $3\left[1-\left(\dfrac{1}{2}\right)^{8}\right]$

227 如图所示：

1

2　2

3　4　3

4　7　7　4

5　11　14　11　5

…　…　…　…　…　…

三角形数阵第 n 行（$n\geqslant 2$）的第二个数是（　　）.

A. n^2-n+2　B. $n+1$　C. $\dfrac{n^2+n+2}{2}$　D. $\dfrac{n^2-n+2}{2}$　E. n^2+n+2

228 已知数列$\{a_n\}$满足$a_1=\frac{1}{2}$，$a_{n+1}=\frac{a_n-1}{a_n}$，则使$a_1+a_2+\cdots+a_k\leqslant 100$成立的最大正整数是（　　）.

A. 199　　B. 200　　C. 201　　D. 202　　E. 203

229 数列$\{a_n\}$的前n项和$S_n=\frac{1}{2}n^2+\frac{1}{2}n$，设$b_n=\frac{1}{a_n\cdot a_{n+1}}$，那么数列$\{b_n\}$的前100项的和为(　　).

A. 1　　B. $\frac{1}{101}$　　C. $\frac{102}{101}$　　D. 2　　E. $\frac{100}{101}$

230 已知$\frac{2S_n}{n}+n=2a_n+1$，那么数列$\{a_n\}$是（　　）.

A. 公差为1的等差数列　　B. 公比为1的等比数列

C. 公差为2的等差数列　　D. 公比为2的等比数列

E. 非等差等比数列

231 设数列$\{a_n\}$的前n项和满足$S_n=2a_n-n$，则$a_n=$（　　）.

A. 2^n　　B. $2n-1$　　C. $2n+1$　　D. 2^n-1　　E. 以上都不正确

232 数列$\{a_n\}$的前n项和是$S_n=4n^2+n-2$，则它的通项公式是（　　）.

A. $a_n=8n-3$　　B. $a_n=2n+1$

C. $a_n=8n-1$　　D. $a_n=2n+3$

E. 以上全不对

233 已知数列$\{a_n\}$的前n项和为S_n，则$\{a_n\}$为等比数列.

（1）$S_n=3^{n+1}-3$.

（2）$S_n=3n$.

234 已知数列$\{n\cdot 2^n\}$的前n项和等于（　　）.

A. $n\cdot 2^n-2^n+2$　　B. $n\cdot 2^{n+1}-2^{n+1}+2$

C. $n\cdot 2^{n+1}-2^n$　　D. $n\cdot 2^{n+1}-2^{n+1}$

E. $n\cdot 2^{n+1}-2^n+2$

235 培养皿上有2个细菌，1小时后分裂成4个并死去1个，2小时后分裂成6个并死去1个，3小时后分裂成10个并死去1个，按此规律下去，第8小时后细胞存活（　　）个.

A. 256　　B. 257　　C. 258　　D. 128　　E. 129

236 设$S_n=1-2+3-4+...+(-1)^{n-1}n$，则$S_{2004}+S_{2005}=$（　　）.

A. 2　　B. 1　　C. 0　　D. −1　　E. −2

237 数列6，a，b，16，则前三项成等差数列，后三项成等比数列.

（1）$4a+b=0$.

（2）a，b是$x^2+3x-4=0$的解．

238 数列$\{a_n\}$中有$a_1+a_3=10$，则$a_4=1$．

（1）$\{a_n\}$为等差数列，$a_4+a_6=2$．

（2）$\{a_n\}$为等比数列，$a_4+a_6=\frac{5}{4}$．

239 已知函数$f(x)=\log_a x(a>0,a\neq 1)$，则数列$\{a_n\}$是等比数列.

（1）$f(a_n)=2n\quad(n=1,2,3,\cdots)$．

（2）$f(a_n)=2^n\quad(n=1,2,3,\cdots)$．

海绵 MBA App 扫码对答案
查看解析和视频讲解

第五章 应用题

题型 1 比例问题

海绵 MBA App 扫码对答案
查看解析和视频讲解

题型识别	比例问题
常见思路	①部分量 = 总量 × 部分量对应比例 ②现值 = 原值 ×（1+ 变化率） ③变化率 = 变化量 ÷ 变前量 ④单次增长率：$a \to b$ 的增长率为：$\frac{b-a}{a} \times 100\%$ ⑤多次增长率：连续 2 次的增长率为 p 和 q，则复合增长率为：$(1+p)(1+q)-1$ ⑥平均增长率：假设平均增长率为 q，初试值为 x，终值为 y，增长次数为 n，则有：$x \cdot (1+q)^n = y$，即 $q=\sqrt[n]{\frac{y}{x}}-1$

240 工厂共有 A、B、C 三个车间，已知 A、B 两车间人数之比为 3 ∶ 5，C 车间人数是全部车间人数的 $\frac{1}{3}$，A 车间比 B 车间少 14 人，那么该工厂车间的人数为（　　）.

A. 88　　B. 86　　C. 84　　D. 82　　E. 80

241 某企业前 5 个月的销售额为全年计划的 $\frac{3}{8}$，6 月的销售额为 600 万元，其上半年销售额占全年计划的 $\frac{5}{12}$，则其下半年平均每个月要实现（　　）万元的销售额才能完成全年的销售计划 .

A. 1600　　B. 1800　　C. 1500　　D. 1400　　E. 1300

242 某工厂人员由生产人员、管理人员和技术人员组成，其中生产人员数量是技术人员数量的 2 倍，管理人员占全体人员的 10%，且比生产人员的人数少 80 人，那么该工厂共有（　　）人 .

A. 130　　B. 160　　C. 170　　D. 180　　E. 190

243 甲、乙、丙三种物品，已知甲与乙的价格之和与丙的价格之比为 7 ∶ 3，乙与丙的价格之和与甲的价格之比为 5 : 4，则甲与丙的价格之和与乙的之比是（　　）.

A. 32 ∶ 11　　B. 4 ∶ 1　　C. 9 ∶ 5　　D. 3 ∶ 2　　E. 67 ∶ 23

244 现有一筐苹果，第一天吃了 $\frac{1}{9}$，以后 7 天每天依次吃了头一天剩下的苹果的 $\frac{1}{8},\frac{1}{7},\frac{1}{6},\cdots$，

$\frac{1}{3},\frac{1}{2}$. 吃了 8 天还剩 10 个，若原来筐里有 m 个苹果，则 m 的各个数位之和为（　　）.

A. 9　　B. 13　　C. 14　　D. 15　　E. 11

245 甲区人口数是全城的 $\frac{4}{13}$ ，乙区的人口数是甲区的 $\frac{5}{6}$，丙区的人口数是前两区人口数的 $\frac{4}{11}$，丁区比丙区多 4000 人，全城共有人口（　　）人 .

A.18.6 万　　B. 15.6 万　　C. 21.8 万　　D. 22.3 万　　E. 以上都不正确

246 数学系和化学系共有 410 人参加比赛，则数学系有 160 人 .

（1）数学系人数的 $\frac{5}{8}$ 等于化学系人数的 $\frac{2}{5}$.

（2）数学系人数占化学系的 64%.

247 一口袋中装有红、黄、绿、白四种颜色的小球，红球与黄球数量之比为 2 ∶ 3，黄球与绿球数量之比为 2 ∶ 1，绿球与白球数量之比为 3 ∶ 5，则绿球占袋中总球数的（　　）.

A. $\frac{1}{4}$　　B. $\frac{1}{5}$　　C. $\frac{1}{6}$　　D. $\frac{1}{9}$　　E. $\frac{1}{12}$

248 某厂生产的一批产品经质量检验，一等品与二等品的比是 5 ∶ 3，二等品与三等品的比是 4 ∶ 1，则该批产品的合格率（合格品包括一等品和二等品）为（　　）.

A. 90%　　B. 91.4%　　C. 92.3%　　D. 93.1%　　E. 94.2%

249 甲、乙、丙三个人合买一份礼物共用 250 元，他们商定按年龄比例来分担支出，则这个约定顺利执行了 .

（1）乙是甲年龄的一半 .

（2）丙是乙年龄的 $\frac{1}{3}$.

250 某汽车厂商生产甲、乙、丙三种车型，其中乙车型产量的 3 倍与丙车型产量的 6 倍之和等于甲车型产量的 4 倍，甲车型产量与乙车型产量的 2 倍之和等于丙车型产量的 7 倍，则甲、乙、丙三种车型产量之比为（　　）.

A. 5∶4∶3　　B. 4∶3∶2　　C. 4∶2∶1　　D. 3∶2∶1　　E. 5∶3∶22

251 修路工程队要修理一条大路 . 第一天修理了全程的 20%，第二天修理了 300 米 . 这时剩下未修的长度与已修长度的比为 3∶2，则第一天修理了（　　）米 .

A. 200　　B. 300　　C. 350　　D. 450　　E. 500

252 在股票市场上，某只股票首日上市就上涨了 25%，而第二天该股票的价格下跌至首日的开盘价，第二天股票下跌（　　）.

A. 25%　　B. 20%　　C. 22%　　D. 30%　　E. 18%

253 某企业的职工人数今年比前年增加了 30%.

（1）去年比前年减少了 20%.

（2）今年比去年增加了 50%.

254 小王在银行购买了 10 万元的理财产品，小王在持有三年后全部卖掉，则可以确定小王这三年每年的平均收益率 .

（1）已知这三年每年的年收益率 .

（2）已知小王卖掉后收回的金额 .

255 某公司生产收益连续增加，则这两年的年平均增长率为 $\sqrt{(a+1)(b+1)}-1$.

（1）第一年的增长率为 a，第二年的增长率为 b .

（2）第一年的增长率为 b，第二年的增长率为 a .

256 某单位用分期付款方式为职工购买 20 套住房，总房价为 1150 万元，约定：2021 年 7 月 1 日先付款 150 万元，以后每月 1 日都交付 50 万元，并加付此前欠款利息，月利率 1%，当付清全部房款时，单位付款的总和为（　　）万元 .

A. 1205　　B. 1255　　C. 1305　　D. 1355　　E. 1360

题型 2　利润问题

海绵 MBA App 扫码对答案
查看解析和视频讲解

题型识别	利润问题
常见思路	① 利润率$=\frac{利润}{进价}\times100\%=\frac{售价-进价}{进价}\times100\%=\left(\frac{售价}{进价}-1\right)\times100\%$ ②原值先降 $p\%$，再增 $\frac{p\%}{1-p\%}$ 才能恢复原值；原值先增 $p\%$，再降 $\frac{p\%}{1+p\%}$ 才能恢复原值

257 某商家先将商品价格提高 40% 后再按 8 折销售，此时比按原价销售多赚 12 元 . 如果按原价销售的利润率是 25%，那么按照“折后价”销售的利润率是（　　）.

A. 40%　　B. 45%　　C. 50%　　D. 55%　　E. 60%

258 某商场将某种手表按进价提高 35% 后，打出“九折优惠酬宾，外送 50 元出租车费”的广告，结果每只仍旧获利 466 元，那么每只手表的进价是（　　）元 .

A. 2400　　B. 1935　　C. 2167　　D. 2000　　E. 2320

259 有一本畅销书，今年每册的成本比去年增加 10%，因此每册书的利润下降了 20%，但是今年的销售量比去年增加了 70%，则今年销售该书的总利润比去年增加了（　　）.

A. 36%　　B. 25%　　C. 20%　　D. 15%　　E. 30%

260 一家商店为了回收资金，把两件商品同时以480元一件卖出，其中一件赚了20%，另一件亏了20%，则商店结果为（　　）.

A. 赚了40元　　B. 赚了50元　　C. 亏了40元　　D. 亏了50元　　E. 不亏不赚

261 某家商店决定将一批苹果的价格降到原来的60%卖出，这样所得的利润就只有原计划的$\frac{1}{3}$，已知这批苹果的进价是每千克6元，原计划可获利润4500元，那么这批苹果共有（　　）千克.

A. 520　　B. 510　　C. 500　　D. 480　　E. 460

题型3 浓度问题

题型识别	浓度问题
常见思路	①浓度＝溶质÷溶液、溶质＝浓度×溶液、溶液＝溶质＋溶剂 ②杠杆原理 ③设已知溶液质量（或体积）为M，每次操作中先倒出M_0的溶液，再加入M_0的溶剂（清水），重复n次，$c_n=c_0\left(\frac{M-M_0}{M}\right)^n=c_0\left(1-\frac{M_0}{M}\right)^n$

海绵MBA App扫码对答案
查看解析和视频讲解

262 甲容器中有浓度为5%的盐水120克，乙容器中有某种浓度的盐水若干.从乙中取出480克盐水，放入甲中混合成浓度为13%的盐水，则乙容器中的盐水浓度是（　　）.

A. 8%　　B. 12%　　C. 15%　　D. 10%　　E. 16%

263 有盐水若干升，加入一定量的水后，盐水浓度降到3%，又加入同样多的水后，盐水浓度又降到2%，再加入同样多的水，此时浓度是（　　）.

A. 1.65%　　B. 1.5%　　C. 1.15%　　D. 1%　　E. 0.86%

264 甲杯中有纯酒精12克，乙杯中有水15克.第一次将甲杯中的部分纯酒精倒入乙杯，使酒精与水混合；第二次将乙杯中的部分混合溶液倒入甲杯.这样，甲杯中纯酒精含量为50%，乙杯中纯酒精含量为25%，则第二次从乙杯倒入甲杯的混合溶液是（　　）克.

A. 13　　B. 14　　C. 15　　D. 16　　E. 17

265 甲、乙两瓶酒精溶液分别重300克和120克，其中甲含酒精120克，乙含酒精90克，现要兑成浓度为50%的酒精溶液140克，则需从两瓶中分别取（　　）.

A. 甲 70 克，乙 70 克　　B. 甲 90 克，乙 50 克

C. 甲 110 克，乙 30 克　　D. 甲 80 克，乙 60 克

E. 甲 100 克，乙 40 克

266 一桶浓度为 100% 的消毒溶液，倒出 10L 后，用纯净水补满，再倒出 6L，再以纯净水补满，则此时桶内纯消毒原液与水的体积之比为 3 : 1.

（1）桶的容积为 60L.

（2）桶的容积为 40L.

267 一瓶水，倒出 $\frac{1}{3}$ 后，倒入同样多酒精搅拌均匀，再将此溶液倒出 $\frac{1}{4}$ 后又倒进同样多酒精搅拌均匀，第三次倒出此溶液的 $\frac{1}{5}$ 后又倒进同样多的酒精，则此时瓶内酒精的浓度为（　　）.

A. 70%　　B. 60%　　C. 50%　　D. 40%　　E. 30%

268 甲瓶中酒精的浓度为 75%，乙瓶中酒精的浓度为 65%，两瓶酒精混合后的浓度是 71%. 如果两瓶酒精各用去 4 升后再混合，则混合后的浓度是 71.25%. 则原来甲、乙两瓶酒精各有（　　）升 .

A. 24，16　　B. 30，20　　C. 28，20　　D. 16，24　　E. 20，30

269 一满桶浓度为 80% 的酒精倒出 3 升后，用水加满，搅拌均匀，再倒出 3 升后，用水加满，则该桶的容积是 6 升 .

（1）第二次加满水后，桶中的纯酒精和水的比为 2 : 3.

（2）第二次加满水后，桶中的纯酒精和水的比为 1 : 4.

270 一杯糖水，第一次加入一定量的水后，糖水的含糖百分比变为 15%；第二次又加入同样多的水，糖水的含糖百分比变为 12%；第三次再加入同样多的水，糖水的含糖百分比将变为（　　）.

A. 10.5%　　B. 10%　　C. 9.6%　　D. 9%　　E. 8.87%

题型 4　平均值问题

海绵 MBA App 扫码对答案
查看解析和视频讲解

题型识别	平均值问题
常见思路	①杠杆原理十字交叉法 ②全体人数 × 全体平均分 = 男生人数 × 男生平均分 + 女生人数 × 女生平均分 ③全体平均分 = 男生平均分 × 男生人数占比 + 女生平均分 × 女生人数占比

271 某工厂近日进行了一次技能考核，已知男工的人数是女工的一半，男工的平均成绩是 84 分，

比全体员工的平均成绩高 20%，那么女工的平均成绩是（　　）分．

A. 60　　B. 63　　C. 66　　D. 67　　E. 70

272 已知某次考试某班级全体的平均成绩，则能确定该次考试该班男生的平均成绩．

（1）已知女生的平均成绩和女生的占比．

（2）已知男生的占比．

273 某班男同学的平均成绩比女同学的平均成绩高 2 分，则能确定该班级全体的平均成绩．

（1）已知男女人数之比．

（2）已知男女平均成绩之比．

274 已知某次考试某班级全体的平均成绩，则能确定该次考试该班男生的平均成绩．

（1）已知女生比全体平均成绩高 2 分．

（2）已知女生人数的占比．

275 某班同学一次测试中，全班的平均成绩为 75 分，女生的平均成绩为 84 分，比男生的平均成绩高 20%，则可以确定全班人数．

（1）女生得分之和为 1200 多分．

（2）男生共有 27 人．

276 A 班的一次考试结果发布后，如果把所有女生的成绩换成男生的平均成绩，那么全班平均分会下降 2 分，则可以确定 A 班男女人数之比．

（1）如果把所有男生的成绩换成女生的平均成绩，全班平均分会上升 1 分．

（2）已知女生平均成绩与男生平均成绩之差为 4.

277 某校有 100 名学生参加数学竞赛，平均分为 63 分，则能确定男生的数量．

（1）男生的平均分是 60 分．

（2）女生的平均分是 70 分．

278 已知某班男生人数比女生人数多 80%，若在一次考试中全班平均成绩为 75 分，而女生的平均成绩比男生高 20%，则女生的平均成绩为（　　）分．

A. 88　　B. 86　　C. 84　　D. 82　　E. 80

279 某班男同学的平均成绩比女同学的平均成绩高 2 分，则能确定该班级的平均成绩．

（1）已知该班级的总人数．

（2）已知该班级男、女同学人数之比．

280 甲班有 42 名学生，乙班有 48 名学生．在某次考试中按百分制评分，则甲班的平均成绩比乙班高 12 分.

（1）甲、乙两班的总成绩相同，且两班的平均成绩为整数．

（2）甲、乙两班的平均成绩均高于 80 分.

281 甲、乙两人在河边钓鱼，甲钓了5条，乙钓了3条，正准备享用时，有一个过路人请求跟他们一起享用，于是三个人将8条鱼平分了，为了表示感谢，过路人留下了一些钱，则甲能拿到14元.

（1）乙拿到了2元.

（2）过路人留下了20元.

题型5 行程问题

海绵 MBA App 扫码对答案
查看解析和视频讲解

题型识别	行程问题
常见思路	①直线相遇：路程 = 速度和 × 时间；直线追及：路程 = 速度差 × 时间 ②跑圈相遇：两人相遇一次路程和为一圈；跑圈追及：两人每追上一次路程差为一圈 ③直线多次相遇，相遇 n 次，则有 $(2n-1)s=(v_1+v_2)\times t$ ④比例法：时间一定，路程和速度成正比等 ⑤顺流而下时的速度为：$v_{船}+v_{水}$；逆流而上时的速度为：$v_{船}-v_{水}$ ⑥相对速度：同向 v_1-v_2，相向 v_1+v_2

282 甲、乙二人以均匀的速度分别从A、B两地同时出发，相向而行，他们第一次相遇地点离A地4千米，相遇后二人继续前进，走到对方出发点后立即返回，在距B地3千米处第二次相遇，则两次相遇地点之间的距离是（　　）千米.

A. 6　　B. 2　　C. 5　　D. 4　　E. 8

283 某人从A地出发前往B地，若步行所需的时间比骑车所需的时间多1小时，那么可以确定AB两地的距离.

（1）已知步行和骑车的速度之比.

（2）已知骑车到达B地所需的时间.

284 四名运动员参加 4×100 米接力，他们100米速度分别为 v_1、v_2、v_3、v_4. 若不考虑其他影响因素，则能确定运动员跑400米全程的平均速度.

（1）已知 $v_1+v_2+v_3+v_4$ 的值.

（2）已知 $\frac{1}{v_1}+\frac{1}{v_2}+\frac{1}{v_3}+\frac{1}{v_4}$ 的值.

285 甲乙两人从一条长为1800米的道路两端出发，往返行走. 已知甲的速度是每分钟行走100米，乙每分钟行走80米. 如果甲晚出发9min，则两人在第三次相遇时，乙距离出发点（　　）米.

A. 1000　　B. 800　　C. 600　　D. 400　　E. 200

286 某人从 A 地出发前往 B 地，若步行所需的时间比骑车所需的时间多 1 小时，那么可以确定某人步行的速度 .

（1）已知步行和骑车的速度之比 .

（2）已知步行全程所需要的时间 .

287 小明从家到图书馆自习，先上坡再下坡，到达图书馆以后，发现没带资料，于是立即返回，往返共用了 36 分钟，假设小明上坡每分钟走 80 米，下坡每分钟走 100 米，则从家到图书馆的距离是（　　）米 .

A. 1600　　B. 1200　　C. 1720　　D. 2000　　E. 2400

288 甲、乙两人在一条 90 米的直路上来回跑步，甲的速度 3 米 / 秒，乙的速度 2 米 / 秒 . 如果他们同时分别从直路的两端 A、B 两点出发，当他们跑 12 分钟，共相遇了（　　）次 .

A. 16　　B. 20　　C. 24　　D. 28　　E. 32

289 甲、乙、丙三人在学校到体育场的路上练习竞走，甲每分钟比乙多走 10 米、比丙多走 31 米 . 上午 9 点三人同时从学校出发，上午 10 点甲到达体育场后立即返回学校，则在距体育场 310 米处遇到乙 .

（1）从学校到体育场的距离是 9300 米 .

（2）甲每分钟走 155 米 .

290 小张（速度为 v_1）与小王（速度为 v_2）分别从甲、乙两村同时出发，在两村之间往返行走（到达另一村后就马上返回），他们在离甲村 3.5 千米处第一次相遇，在离乙村 2 千米处第二次相遇 . 则两人在第四次相遇（相遇指迎面相遇）时的地点离乙村的距离为（　　）.

A. 1 千米　　B. 1.5 千米　　C. 2 千米　　D. 6.5 千米　　E. 7 千米

291 甲、乙两人从 400 米的环形跑道的一点 A，同时出发，背向而行 8 分钟后，两人第三次相遇 . 已知甲每秒钟比乙多行 0.1 米，那么，两人第三次相遇的地点与 A 点沿跑道上的最短距离是（　　）米 .

A. 166　　B. 176　　C. 224　　D. 234　　E. 244

292 甲、乙两人分别从 A、B 两地出发相向而行，已知甲每分钟走 50 米，乙走完全程要 18 分钟，出发 3 分钟后，甲、乙仍相距 450 米，则还要过（　　）分钟，甲、乙两人才能相遇 .

A. 2　　B. 3　　C. 4　　D. 5　　E. 6

293 甲、乙两车从 A 地驶往 90 千米外的 B 地，若两车的速度比为 5 : 6，甲车于上午 10:30 出发，乙车比甲车晚出发 10 分钟，最终乙车比甲车早 2 分钟到达 B 地，则两车的时速相差（　　）千米 / 小时 .

A. 8　　B. 10　　C. 11　　D. 12.5　　E. 15

294 甲、乙两人分别从 A,B 两地同时出发相向匀速行驶，t 小时后相遇于中途的 C 地，此后，甲用 8 小时从 C 到 B，乙用 2 小时从 C 到 A，则 $t=$（　　）.

A. 2　　B. 3　　C. 4　　D. 5　　E. 6

295 长途汽车从 A 站出发，匀速行驶，1 小时后突然发生故障，车速降低了 40%，到 B 站终点延误达 3 小时，若汽车能多跑 50 千米后，才发生故障，坚持行驶到 B 站能少延误 1 小时 20 分钟，那么 A、B 两地相距（　　）千米 .

A. 412.5　　B. 125.5　　C. 146.5　　D. 137.5　　E. 152.5

296 甲步行上午 6 时从 A 地出发于下午 5 时到达 B 地，乙骑自行车上午 10 时从 A 地出发，于下午 3 时到达 B 地，则乙是（　　）追上甲的.

A. 13:10　　B. 13:15　　C. 13:20　　D. 13:25　　E. 13:30

297 某海关缉私巡逻船在执行巡逻任务时，发现其所在位置南偏东 30 度方向 12 海里处有一涉嫌走私船只，正以 20 海里 / 小时的速度向正东方向航行。若巡逻船以 28 海里 / 小时的速度追赶，在涉嫌走私船只不改变航向和航速的前提下，最快（　　）小时能追上走私船 .

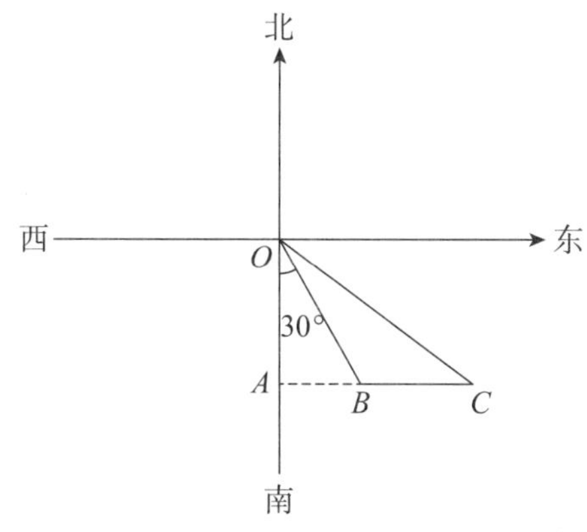

A. 1　　B. 1.25　　C. 1.5　　D. 1.75　　E.1.8

298 两列火车分别从 A，B 两站同时出发，相向而行，第一列车的速度比第二列车每小时快 10 km，两车在距 A，B 中点 28 km 处相遇，若第一列车比原来晚出发 45 分钟，则两车恰在 A，B 中点相遇，则 A，B 两地的距离为（　　）km .

A. 840　　B. 850　　C. 860　　D. 870　　E. 420

299 一列队伍沿直线匀速前进，某时刻一传令兵从队尾出发，匀速向队首前进传送命令，他到达队首后马上原速返回，当他返回队尾时，队伍行进的距离正好与整列队伍的长度相等。则传令兵从出发到最后到达队尾行走的整个路程是队伍长度的（　　）倍 .

A. 1.5　　B. 2　　C. 3　　D. $1+\sqrt{2}$　　E. $1+\sqrt{3}$

300 汽车从甲地开往乙地，若汽车匀速行驶 2 h 后减速 20%，则到乙地后会延误 1h；若汽车匀速行驶至最后 100 km 才减速 20%，到乙地只延误 20 min，那么，甲、乙两地相距（　　）km.

A. 380　　B. 410　　C. 450　　D. 460　　E. 470

301 一位少年选手，顺风跑 90 米用 10 秒，在同样的风速下，逆风跑了 70 米，也用了 10 秒，则在无风的时候，他跑 100 米要用（　　）秒 .

A. 9.5　　B. 11　　C. 12　　D. 12.5　　E. 13

302 某列火车通过静止的站牌用时 15 秒，接着这列火车与另一列长 120 米、速度为每秒 22 米的列车错车而过用时 10 秒，则这列火车通过 100 米的隧道需要（　　）秒 .

A. 30　　B. 48　　C. 32　　D. 12　　E. 20

303 甲、乙两人在环形跑道上同时同地同向出发，匀速跑步，甲比乙快，则可以确定甲的速度是乙速度的 1.5 倍 .

（1）甲第一次追上乙时，乙跑了 2 圈 .

（2）甲第一次追上乙时，甲立即转身背道而驰，两人再次相遇时，乙又跑了 $\frac{2}{5}$ 圈 .

304 甲地到乙地，步行比骑车速度慢 75%，骑车比公交慢 50%，如果一个人步行从甲地到乙地，再坐公交从乙地回甲地共用 1 个半小时，则骑车从甲地到乙地需要（　　）.

A. 10 分钟　　B. 20 分钟　　C. 30 分钟　　D. 40 分钟　　E. 42 分钟

305 如图的统计图表示甲、乙两车同时从 A 地出发驶向 B 地的行驶时间和路程情况. 图中表示甲车已经到达 B 地，那么乙车在速度不变的情况下从 A 地行驶到 B 地一共需要（　　）分钟.

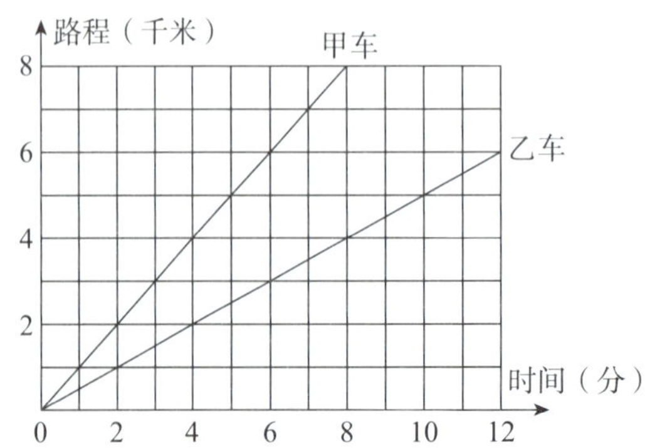

A. 8　　B. 12　　C. 16

D. 17　　E. 18

题型 6 工程问题

海绵 MBA App 扫码对答案
查看解析和视频讲解

题型识别	工程问题
常见思路	①基本公式：工作量＝工作效率 × 工作时间 ②牛吃草问题：存量＋增量＝工作时间 × 工作效率 ③轮流工作问题：确定周期锁定收尾人

306 甲、乙、丙、丁四人完成一项工程．他们四人完成该工程需要的时间分别是：5 天、6 天、7 天、8 天．则能在 3 天内完成任务．

（1）安排两个效率最快的人合作．

（2）安排 3 个人合作．

307 甲、乙、丙三个施工队，乙的工效与甲、丙两队合作的工效相等，丙的工效是甲、乙两队合作工效的 $\frac{1}{4}$，现有一项工程，据测算三队合作 30 个工作日可完成，则甲单独做需要（　　）个工作日．

A. 60　　B. 72　　C. 96　　D. 100　　E. 150

308 某电视机厂计划 15 天生产 1500 台电视机，结果生产 5 天后，由于引进新的生产线，生产效率提高 25%，则这个电视机厂会提前（　　）天完成计划．

A. 2　　B. 3　　C. 3.5　　D. 4　　E. 5

309 某项工程，甲、乙合作 10 天，完成了全部工程的 $\frac{11}{60}$；乙、丙接着合作 10 天，这 10 天完成了全部工程的 $\frac{3}{20}$；甲、丙又接着合作 15 天，这 15 天完成了全部工程的 $\frac{1}{3}$，接下来甲、乙、丙合作完成了剩余的工程．在这个过程中乙一共做了（　　）天.

A. 18　　B. 24　　C. 28　　D. 32　　E. 34

310 一部书稿，甲单独打字要 14 小时完成，乙单独打字要 20 小时完成．如果先由甲打 1 小时，然后由乙接替甲打 1 小时，再由甲接替乙打 1 小时，两人如此交替工作，那么打完这部书稿时，甲、乙两人共用（　　）小时．

A. 16　　B. $16\frac{2}{5}$　　C. $18\frac{2}{5}$　　D. $18\frac{3}{5}$　　E. 18

311 某项工程，由甲、丙合作 5 天能完成全部工程的 $\frac{2}{3}$．

（1）甲、乙两队合作 6 天完成，如果单独做，甲比乙快 5 天完成．

（2）乙、丙两队合作 10 天完成，如果单独做，丙比乙慢 15 天完成．

312 一个蓄水池装有两个水管，一个进水管，一个出水管，若单开进水管 20h 可以将空水池注满；若单开出水管 30h 可以将满池水放完，如果两管齐开，将空水池注满需要（　　）h.

A. 40　　B. 45　　C. 50　　D. 55　　E. 60

313 某道路整修，7 天修完一半，可以提前 3 天完工 .

（1）7 天后的施工进度提高 75%.

（2）7 天后的施工进度提高 70%.

314 A 工程队的效率是 B 工程队的 2 倍，某工程交给两队共同完成需要 6 天。如果两队的工作效率均提高一倍，且 B 队中途休息了 1 天，则要保证工程按原来的时间完成，A 队中途最多可以休息（　　）天 .

A. 5　　B. 4　　C. 3　　D. 2　　E. 1

315 某项工程由甲、乙、丙三个工程队负责施工，他们将工程总量等额分成了三份同时开始施工。当乙队完成了自己任务的一半时，甲队派出一半的人力加入丙队工作。最后三队同时完成任务。则甲、乙、丙三队的施工速度比为（　　）.

A. 3 ∶ 2 ∶ 1　　B. 4 ∶ 2 ∶ 1

C. 4 ∶ 3 ∶ 2　　D. 6 ∶ 3 ∶ 2

E. 5 ∶ 4 ∶ 3

316 某项工程计划 300 天完成，开工 100 天后，由于施工人员减少，工作效率下降 20%，则完成该工程比原计划推迟（　　）天 .

A. 40　　B. 50　　C. 60　　D. 70　　E. 72

题型 7　不定方程问题

海绵 MBA App 扫码对答案
查看解析和视频讲解

题型识别	不定方程问题（未知数个数 > 方程个数）
常见思路	①利用奇偶、倍数、质数、各位特征讨论求解 ②整体代入法求解

317 给小朋友分苹果，可以确定苹果的个数 .

（1）每人 4 个剩下 2 个，每人 5 个则有 1 人不够 .

（2）每人 4 个剩下 8 个，每人 5 个则有 1 人不够 .

318 给一些小朋友分苹果，则可以确定苹果的个数 .

（1）若每人 4 个那么会剩下 10 个 .

（2）若每人 7 个则会有 1 人不够 .

319 某生产小组开展劳动竞赛后，每人一天多做 10 个零件，这样 8 个人一天做的零件超过 200 个，后来改进技术，每人一天又多做 27 个零件，这样他们 4 个人一天所做零件就超过劳动竞赛中 8 个人做的零件数量，则他们改进技术后的生产效率是劳动竞赛前的（　　）倍 .

A. 2.5　　B. 3　　C. 3.3　　D. 4　　E. 4.2

320 数学测试卷有 20 道题，做对一道得 7 分，做错一道扣 4 分，不答得 0 分，则小明只有 1 道题没答 .

（1）小明得了 100 分 .

（2）小明答错了 3 道题 .

321 某人计划举办婚礼，宴请了北京若干好友，为保证好友准时参加婚礼，好友需要提前 1 天入住酒店，则可以确定好友共入住了 6 间豪华套房 .

（1）若每间豪华套房住 4 人，则还剩 20 人未住下 .

（2）若每间豪华套房住 8 人，则仅有 1 间未住满 .

322 用一队卡车运一批货物，则这批货物共有 115 吨 .

（1）若每辆卡车装 7 吨货物，则尚余 10 吨货物装不完 .

（2）若每辆卡车装 8 吨货物，则最后一辆卡车只装 3 吨货物就装完了这批货物 .

323 给小朋友分苹果，可以确定苹果的个数 .

（1）每人 3 个剩下 8 个，每人 5 个则有 1 人不够 .

（2）每人 4 个剩下 8 个，每人 5 个则有 1 人不够 .

324 小明用 60 元恰好买两种商品，则能确定购买商品的个数 .

（1）甲种商品 7 元一个 .

（2）乙种商品 3 元一个 .

325 55 人去游园划船，只有大船与小船，则能确定大、小船的条数 .

（1）小船每条坐 4 人，且不能坐满 .

（2）大船每条坐 7 人，且不能坐满 .

326 某咖啡厅提前准备当日所需咖啡豆，该店有大、中、小三种杯型，则能确定 1 个大杯、2 个中杯、3 个小杯所需要的咖啡豆量 .

（1）已知 2 个大杯、3 个中杯、5 个小杯需要 210g 咖啡豆 .

（2）已知 3 个大杯、4 个中杯、9 个小杯需要 320g 咖啡豆 .

327 某次田径运动会中，选手参加各单项比赛计入所在团体总分的规则为：一等奖得 9 分，二等奖得 5 分，三等奖得 2 分 . 甲队共有 10 位选手参赛且均获奖 . 现知甲队最后总分为 61 分，则该队最多有（　　）位选手获得一等奖 .

A. 3　　B. 4　　C. 5　　D. 6　　E. 7

328 某人到商场购买甲、乙两种商品，甲每件16元，乙每件12元，此人打算用一张100元的购物券付账，但购物券不能找零，此人应该购买的甲种商品件数为（　　）.

A. 2　　B. 3　　C. 4　　D. 5　　E. 6

329 某校参加军训队列表演比赛，组织一个方阵队伍，则能确定这个方阵的人数.

（1）如果每班60人，这个方阵至少要有4个班的同学参加.

（2）如果每班70人，这个方阵至少要有3个班的同学参加.

题型8　集合问题

海绵 MBA App 扫码对答案
查看解析和视频讲解

题型识别	集合问题
常见思路	① $A\cup B=A-B-A\cap B$ ② $A\cup B\cup C=A+B+C-A\cap B-A\cap C-B\cap C+A\cap B\cap C$ ③画图法

330 某高校大学生数学建模竞赛协会共有240名会员，今欲调查参加过国家级竞赛和省级竞赛的会员人数，发现每个会员至少参加过一个级别的竞赛.调查结果显示：有$\frac{7}{12}$的会员参加过国家级竞赛，有$\frac{1}{4}$的会员两个级别的竞赛都参加过.则参加过省级竞赛的会员人数是（　　）.

A. 160　　B. 120　　C. 100　　D. 140　　E. 144

331 某次数学考试，共有A，B，C三题，每题或得0分或得满分.竞赛结果无人得0分，三题全部答对的有1人，只答对两题的有15人.答对A题的人数为60人，答对B题的人数为25人，答对C题的人数为35人，那么只答对一题的人数为（　　）.

A. 70　　B. 75　　C. 80　　D. 85　　E. 87

332 某个班级有60名同学，有30名同学报名参加了数学知识竞赛，其中的12名同学同时报名参加了物理竞赛，占报名参加物理竞赛总人数的60%，那么没有报名参加这两项竞赛的同学有（　　）名.

A. 20　　B. 22　　C. 24　　D. 26　　E. 28

333 老师统计了某班65名同学周测情况，数学得满分的有36人，逻辑得满分的有30人，英语得满分的有15人，数学和逻辑同时得满分的有17人，逻辑和英语同时满分的有5人，数学和英语同时满分的有7人，若有2人三科同时满分，则三科成绩均没有满分的学生人数为（　　）.

A. 23　　B. 21　　C. 19　　D. 17　　E. 11

334 某公司有 46 名财务人员，现在统计他们所持有初级会计证和中级会计证的情况，统计发现：持有初级会计证的有 22 人，只有中级证书的人数与两种证书都有的人数之比为 5 : 3，两种证书都没有的人数为 14，则只有初级会计证的有（　　）人.

A. 8　　B. 10　　C. 12　　D. 14　　E. 16

335 某班有学生 48 人，参加数学小组的有 15 人，参加物理小组的有 30 人，则两个小组都参加的人数的最大值与最小值之差为（　　）.

A. 5　　B. 10　　C. 15　　D. 20　　E. 30

题型 9　最值问题

海绵 MBA App 扫码对答案
查看解析和视频讲解

题型识别	集合问题
常见思路	①代数类最值：利用二次函数、均值不等式分析 ②线性优化类最值：边界点（交点）处取最值 ③至少至多问题：分蛋糕原理、构建不等式（方程）等

336 某地投入资金进行环境改善以此来发展旅游业 . 根据计划，本年度投入 800 万元，以后每年投入比上年少 20%. 本年度的旅游行业总收入为 400 万元，由于环境改善带来的效应，预计今后旅游业的收入每年会比上年多 25%. 那么至少经过（　　）年旅游业的总收入可以超过总投入 .

A. 2　　B. 3　　C. 4　　D. 5　　E. 6

337 某商店对单价为 55、70、80 元的商品进行促销，促销方式是每满 200 抵扣 m 元 . 如果采用这样的促销政策后实际收入不低于促销前收入的 80%，那么 m 的最大值为（　　）.

A. 40　　B. 41　　C. 43　　D. 44　　E. 48

338 由张伟男、李焕、玖玖三大巨星主演的电视剧《赘婿》引发全民热议，出版人计划引入国际巨星韩超拍摄《赘婿 2》，共 32 集，若要求每天播放的集数互不相等，则《赘婿 2》最多可以播放（　　）天 .

A. 10　　B. 9　　C. 8　　D. 7　　E. 6

339 某宾馆客房部有 60 个房间供游客居住，每个房间定价为每天 200 元时，房间可住满，每个房间每天的定价增加 10 元时，就会有一个房间空闲，对有游客入住的房间，宾馆需对每个房间每天支出 20 元的各种费用，则每个房间定价为（　　）元时利润最大 .

A. 510　　B. 410　　C. 310　　D. 210　　E. 110

340 假期学校组织 360 名师生外出旅游，某客车出租公司有两种大客车可供选择，甲种客车每辆有 40 个座位，租金 400 元；乙种客车每辆有 50 个座位，租金 480 元，则租用该公司客车最少需用租金（　　）元．

A. 3320　　B. 3640　　C. 3600　　D. 3520　　E. 3800

341 某种生产设备购买时费用为 10 万元，每年的设备管理费共计 0.9 万元，这种生产设备的维修费各年为：第一年 0.2 万元，第二年 0.4 万元，第三年 0.6 万元……以每年 0.2 万元的增长量递增．则这种生产设备最多使用 n 年报废最合算．（即使用多少年平均费用最少）

（1）$n=10$．

（2）$n=9$．

342 把 100 个苹果分给若干个人，每人至少分一个，且每人分的数目各不相同，那么至多有（　　）人．

A. 11　　B. 12　　C. 13　　D. 14　　E. 15

343 常姐计划把 600 万元投资到 A，B 两个项目中，若投资 A 项目收益率为 8%，投资 B 项目收益率为 12%，要求 A 项目至少投资 100 万元且 B 项目投资额不得超过 A 项目投资额的 2 倍，则常姐合理投资后，最多可收益（　　）万元．

A. 56　　B. 60　　C. 64　　D. 68　　E. 72

344 已知变量 x、y 满足以下约束条件 $\begin{cases}2x+y-2\geqslant 0\\ x-2y+4\geqslant 0\\ 3x-y-3\leqslant 0\end{cases}$，则 $z=x^2+y^2$ 的最大值和最小值分别为（　　）．

A. 13，1　　B. 13，2　　C. 13，$\frac{4}{5}$

D. $\sqrt{13}$，$\frac{2\sqrt{5}}{5}$　　E. $\sqrt{13}$，1

345 若 x,y 满足约束条件 $\begin{cases}x-y+6\geqslant 0\\ x+y\leqslant 0\\ 2x+y-6\leqslant 0\end{cases}$，则 $z=x+2y$ 的最大值为（　　）．

A. 0　　B. 3　　C. 12　　D. −6　　E. 14

346 若实数满足 $\begin{cases}x\geqslant 0\\ x+3y-3\geqslant 0\\ 4x+3y-12\leqslant 0\end{cases}$，则 $z=\frac{y+3}{x+1}$ 的取值范围是（　　）．

A. $[\frac{3}{4}, 4]$　　B. $[\frac{3}{4}, 7]$　　C. $[\frac{2}{3}, 7]$　　D. $[4, 7]$　　E. $[\frac{2}{3}, 5]$

347 若实数满足条件$\begin{cases}x+y\geqslant 0\\x-y+3\geqslant 0\\x-3\leqslant 0\end{cases}$，则$2x-y$的最小值为（　　）.

A. $-\dfrac{9}{2}$　　B. -4　　C. -3　　D. 0　　E. 3

348 A 班有 30 名学生，在一次满分为 100 分的考试中，全班的平均成绩为 80 分，那么成绩不低于 90 分的学生至多有（　　）个.

A. 25　　B. 26　　C. 27　　D. 28　　E. 29

349 某公司统计员工所持证书情况. 部分统计数据如下：持有研究生毕业证的有 40 人，持有英语六级证书的有 50 人，持有汽车驾驶证的有 30 人. 经过进一步统计发现：有 20 人同时持有研究生毕业证和汽车驾驶证，并且该公司员工至少持有上述三种证书中的一种. 那么该公司员工至多有（　　）人.

A. 100　　B. 90　　C. 80　　D. 70　　E. 60

350 某网店统计了连续三天售出商品的种类情况：第一天售出 19 种商品，第二天售出 13 种商品，第三天售出 18 种商品；前两天都售出的商品有 3 种，后两天都售出的商品有 4 种，则该网店这三天售出的商品最多有（　　）种.

A. 48　　B. 47　　C. 46　　D. 44　　E. 43

351 局长找甲、乙、丙三位处长谈话，计划与甲交谈 10 分钟，与乙交谈 12 分钟，与丙交谈 8 分钟且三人需要同时在等候室等候，现办公室助理通过合理调整三人交谈的顺序，使得三人交谈和等待的总时间最少，则调整后的总时间为（　　）分钟.

A. 40　　B. 46　　C. 48　　D. 50　　E. 56

352 某班 45 人参加数学考试，共有四个考题，结果有 37 人答对了第一题，有 25 人答对了第二题，有 40 人答对了第三题，有 39 人答对了第四题，则四道题都答对的同学至少有（　　）人.

A. 7　　B. 6　　C. 5　　D. 4　　E. 3

353 箱子里有 5 种不同品牌的果冻各 20 粒，则至少摸出（　　）粒果冻才能保证摸到 4 粒品牌相同的果冻.

A. 12　　B. 13　　C. 14　　D. 15　　E. 16

354 某个班的学生去买数学书、逻辑书、写作书、英语书，买书的情况是有买一本的、两本的、三本的，则至少要去（　　）位学生才能保证一定有两位同学买到相同的书（每种书最多买一本）.

A. 5　　B. 10　　C. 15　　D. 20　　E. 21

题型 10 分段计费问题

海绵 MBA App 扫码对答案
查看解析和视频讲解

题型识别	分段计费问题
常见思路	按段对应规则逐级计费

355 某企业发放奖金是根据利润提成的，利润低于或等于 10 万元时可提成 10%；低于或等于 20 万元时，高于 10 万元的部分按 7.5% 提成，高于 20 万元的部分按 5% 提成 . 当利润为 40 万元时，应发放奖金（　　）万元 .

A. 5　　B. 4.5　　C. 3　　D. 2.75　　E. 2

356《中华人民共和国个人所得税法》中的个人所得税税率表（工资、薪金所得适用）如下：

级数	全月应纳税所得额	税率%
1	不超过 500 元的部分	5
2	超过 500 元至 2000 元的部分	10
3	超过 2000 元至 5000 元的部分	15

表中“全月应纳税所得额”是指从工资、薪金收入中减去 3000 元后的余额 . 已知王老师某个月应交纳此项税款 295 元，则王老师这个月的工资、薪金收入是（　　）元 .

A. 5400　　B. 5600　　C. 5800

D. 6000　　E. 6300

357 某商场对顾客实行优惠，规定：(1) 如一次购物不超过 200 元的，则不予优惠；(2) 如一次购物超过 200 元但不超过 500 元的，按标价给予九折优惠；(3) 如一次购物超过 500 元的，其中 500 元按第 (2) 条给予优惠，超过 500 元的部分则给予八折优惠 . 某人两次去购物，分别付款 168 元与 423 元，如果他只去一次购买同样的商品，则应付款（　　）元 .

A. 522.8　　B. 510.4　　C. 560.4

D. 472.8　　E. 532.1

358 某地居民用水价格分二级阶梯，户年用水量在 0~180（含）吨的水价 5 元 / 吨；180 吨以上的水价 7 元 / 吨。户内人口在 5 人以上的，每多 1 人，阶梯水量标准增加 30 吨。老张家 5 人，老李家 6 人，去年用水量都是 210 吨。则老李家的人均水费比老张家少约（　　）元 .

A. 12　　B. 35　　C. 47

D. 52　　E. 60

题型 11 基本运算类问题

海绵 MBA app 扫码对答案
查看解析和视频讲解

题型识别	基本运算类问题
常见思路	①植树问题：直线型植树棵数＝（距离 ÷ 间隔）+1；封闭环形植树棵数＝距离 ÷ 间隔 ②年龄问题：年龄差不变、同步增长 ③基本等量（不等）关系问题：根据题干信息构建方程（不等式）

359 兄弟两人三年后的年龄和是 26 岁，弟弟今年的年龄恰好是兄弟两人年龄差的 2 倍，问 3 年后弟弟（ ）岁 .

A. 9　　B. 10　　C. 11　　D. 13　　E. 15

360 有一对父子，父亲对儿子说："我在你这么大年龄的时候，你的年龄是我今年年龄的 $\frac{1}{6}$."儿子对父亲说："我到你这么大年龄的时候，你的年龄是我今年年龄的 2 倍加 15 岁 ."则父亲和儿子今年分别为（ ）岁 .

A. 60，40　　B. 60，35　　C. 50，30　　D. 50，25　　E. 30，5

361 小小、小海、小绵的年龄为 3 个连续的自然数，小小年龄最大 . 今年他们三人与爷爷的年龄之和为 100 岁 .17 年后，他们三人的年龄和恰好等于爷爷的年龄 . 那么，今年小小（ ）岁 .

A. 10　　B. 11　　C. 12　　D. 13　　E. 14

362 园林工人要在周长为 300m 的圆形花坛边等距离地栽上树 . 他们先沿着花坛边每隔 3m 挖 1 个坑，当挖完 30 个坑时，突然接到通知：改为每隔 5m 栽一棵树 . 这样，他们还要挖（ ）个坑才能完成任务 .

A. 53　　B. 54　　C. 55　　D. 56　　E. 58

363 在一条公路的两边种树，每隔 3 米种一棵，从公路的东头种到西头还剩 5 棵，如果改成每隔 2.5 米种一棵，还缺 115 棵树，则这条公路长（ ）米 .

A. 1800　　B. 1500　　C. 1200　　D. 900　　E. 600

364 在一条长 3600m 的公路一边，从一端开始每隔 40m 竖立电线杆，挖好坑之后发现电线杆数量不够，因此改为每隔 60m 立一根电线杆，则需重挖坑和填坑的个数分别为（ ）.

A. 31，61　　B. 30，61　　C. 60，30　　D. 30，60　　E. 31，60

365 有七位考官对一位应聘者评分，如果去掉一个最高分和一个最低分，则平均分为 7 分；如果只去掉一个最高分，则平均分为 6.75 分；如果只去掉一个最低分，则平均分为 7.25 分 . 那么，这位应聘者所得的 7 个分数中，最高分与最低分的差值为（　　）.

A. 1.5　　B. 2　　C. 3　　D. 3.5　　E. 4

366 公司组织员工外出游玩，先乘汽车，每个人都要有座位，需要每辆有 60 个座位的汽车 4 辆，然后再乘船，需要定员为 100 人的船 3 条，到达地方后分组游玩，分的组数与每组的人数恰好相同，则这个单位外出游玩的有（　　）人 .

A. 180　　B. 225　　C. 230　　D. 240　　E. 无法确定

367 青蛙从井底向上跳，井深 6 米，青蛙每次向上跳 2 米，又滑下 1 米，则青蛙需 n 次可以跳出 .

（1）$n=4$.

（2）$n=5$.

368 某运输队运一批大米，第一天运走总数的 $\frac{1}{5}$ 多 60 袋，第二天运走总数的 $\frac{1}{4}$ 少 60 袋，还剩下 220 袋没有运走，则这批大米原来一共有（　　）袋 .

A. 420　　B. 400　　C. 340　　D. 320　　E. 300

369 某散装商品以大包装和小包装两种规格售出，买大包装比买小包装合算 .

（1）大包装比小包装重 25%，小包装比大包装售价低 20% .

（2）小包装比大包装轻 20%，大包装比小包装售价高 20% .

370 某工厂两次改进操作方法，用电量比原来减少 15%，则平均每次节约（　　）.

A. 42.5%　　B. 7.5%

C. $(1-\sqrt{0.85})\times100\%$　　D. $(1+\sqrt{0.85})\times100\%$

D. 以上均不正确

371 一种挥发性药水，原来有一整瓶，第二天挥发后变为原来的 $\frac{1}{2}$ 瓶，第三天变为第二天的 $\frac{2}{3}$ 瓶，第四天变为第三天的 $\frac{3}{4}$ 瓶，…，第（　　）天时药水还剩下 $\frac{1}{30}$ 瓶 .

A. 30　　B. 40　　C. 50　　D. 60　　E. 70

372 在毕业晚会上，张老师收到了来自 50 名同学送出的共计 100 张明信片，每位同学都送出了明信片，且最多送出了 3 张明信片，则可以确定送出 3 张明信片的同学人数 .

（1）已知送出 3 张明信片的同学比送出 2 张明信片的同学多 1 人 .

（2）已知送出 1 张明信片的同学人数 .

第六章 平面几何

题型1 直线与角度

题型识别	题干出现相交直线、平行直线求角度问题，直线关系问题
常见思路	①对顶角相等、同位角相等、内错角相等 ②同旁内角互补 ③三条直线构成三角形则必须有三个交点

373 同一平面内A,B,C三点，经过任意两点画直线，共可画（ ）.

A. 1条 B. 3条 C. 1条或3条 D. 2条 E. 不能确定

374 下列说法中，正确的个数有（ ）.

（1）若$a//b,b//d$，则$a//d$；

（2）过一点有且只有一条直线与已知直线平行；

（3）两条直线不相交就平行；

（4）垂直于同一直线的两共面直线平行.

A. 1个 B. 2个 C. 3个 D. 4个 E. 全都不正确

375 在同一平面内，已知直线a,b,c两两平行，则能确定b与c的距离.

（1）a与b的距离为3 cm.

（2）a与c的距离为4 cm.

376 如图，$\angle AFE=125°$，如果$AB//CD$，那么$\angle C$的度数为（ ）.

A. 75°

B. 65°

C. 55°

D. 45°

E. 35°

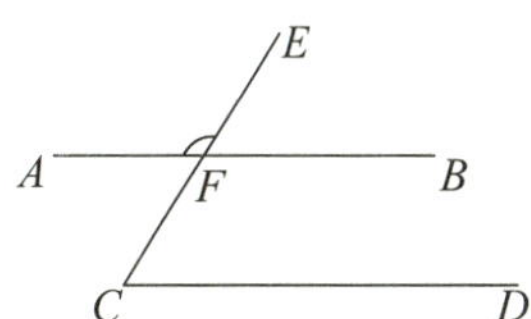

377 已知Rt△ABC中．$\angle BAC=30°,\angle ACB=90°$，过顶点$A$、$C$的两条直线$a$、$b$，满足$a//b$，若$\angle 1=25°$，则$\angle 2$的度数是（ ）.

A. 25° B. 30° C. 35° D. 40°

E. 45°

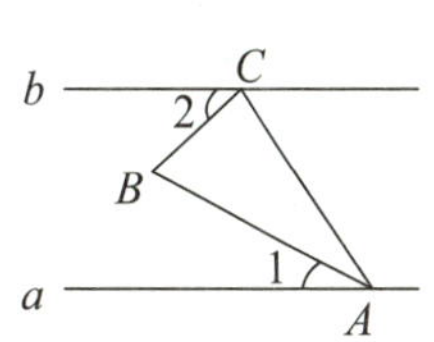

378 如图，则可确定 $AB//DF$.

（1）$\angle 2+\angle A=180°$.

（2）$\angle 1=\angle A$.

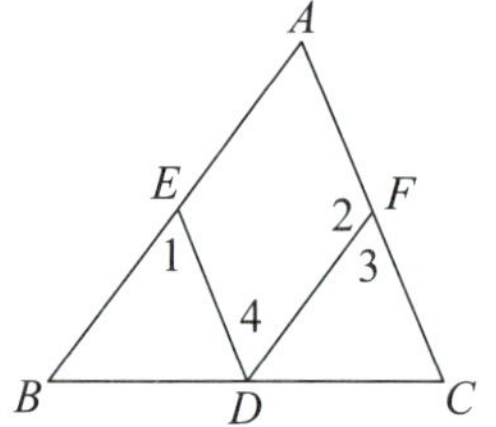

题型 2 三角形的边与角

题型识别	题干出现三角形边关系、角边关系
常见思路	①三条线段构成三角形的充要条件是任意两边之和大于第三边或任意两边之差小于第三边 ②正弦定理、余弦定理

379 长度分别为 3 cm、5 cm、7 cm、9 cm 的四根木棒，能搭成（首尾连接）三角形的个数为（　　）.

A. 1　　B. 2　　C. 3　　D. 4　　E. 11

380 一个三角形的两边长为 2 和 7，则能确定第三边长度.

（1）第三边长为偶数.

（2）第三边长为质数.

381 如图，直线 a，b 被直线 c 所截，$a//b$，$\angle 2=\angle 4$，若 $\angle 1=50°$，则 $\angle 3$ 等于（　　）.

A. 80°

B. 70°

C. 60°

D. 50°

E. 40°

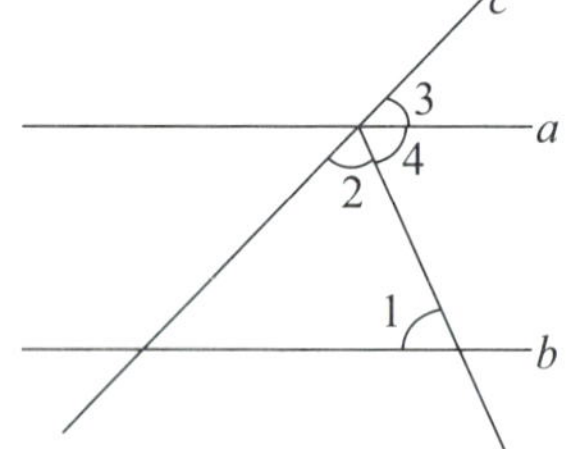

382 若 $AB=AC$，$BG=BH$，$AK=KG$，则 $\angle BAC=$（　　）.

A. 18°　　B. 36°

C. 45°　　D. 72°

E. 以上结论均不正确

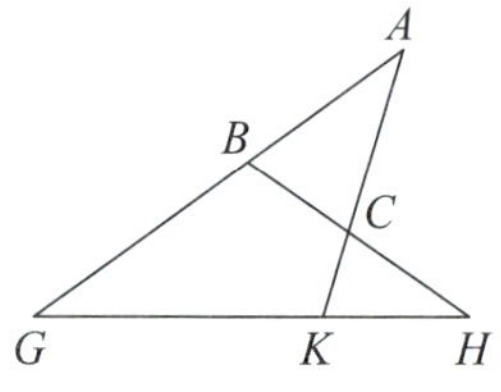

题型 3 正弦定理与余弦定理

383 在 $\triangle ABC$ 中，角 A、B、C 所对的边分别为 a、b、c，若 $a^2-b^2=\sqrt{3}bc$，$\sin C=2\sqrt{3}\sin B$，则 $\angle A$ 为（　　）.

A. $\frac{\pi}{3}$　　B. $\frac{\pi}{4}$　　C. $\frac{\pi}{5}$　　D. $\frac{\pi}{6}$　　E. $\frac{\pi}{8}$

题型 4 三角形面积

题型识别	题干出现求三角形面积或已知面积求相关量
常见思路	①特殊三角形的面积公式 ② $S=\frac{1}{2}ah$ ③ $S=\frac{1}{2}ab\sin C$ ④ $S=\sqrt{p(p-a)(p-b)(p-c)}$，$p=\frac{1}{2}(a+b+c)$

384 点 A,B 是平面直角坐标系中 x 轴上的两点，且 $AB=2$，有一点 P 与 AB 构成三角形，若 $\triangle PAB$ 的面积为 3，则点 P 的纵坐标为（　　）.

A. 3　　B. 3 或 −3　　C. 2　　D. 2 或 −2　　E. |3|

385 如图，已知点 P 是 $\triangle ABC$ 的边 AB 上一个动点，$AB=6$，$\triangle ABC$ 的面积为 12，则 CP 的长度的最小值是（　　）.

A. 1　　B. 2　　C. 3　　D. 4　　E. 5

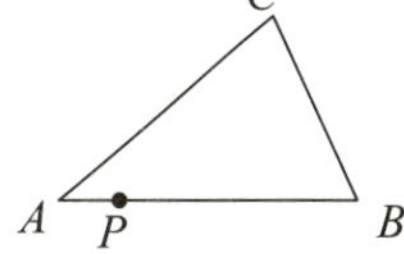

386 如图，$\triangle ABC$ 的面积为 1，分别取 AC，BC 两边的中点 A_1,B_1，则四边形 A_1ABB_1 的面积为 S_1，再分别取 A_1C,B_1C 的中点 A_2,B_2，则四边形 $A_2A_1B_1B_2$ 的面积为 S_2，再分别取 A_2C,B_2C 的中点 A_3,B_3，依次取下去，则 $S_1+S_2+\dots+S_n=$（　　）.

A. 1　　B. $\frac{4^{n-1}}{4^n}$　　C. $1-\frac{1}{4^n}$　　D. $\frac{4^n+1}{4^n}$　　E. $1+\frac{1}{4^n}$

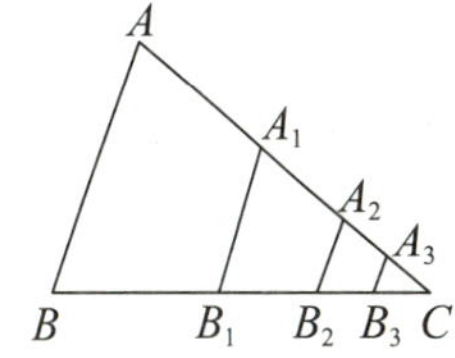

387 在 $\triangle ABC$ 中，则 $\frac{S_{\triangle DEF}}{S_{\triangle ABC}}=\frac{2}{9}$.

（1）$\frac{AD}{AB}=\frac{BE}{BC}=\frac{CF}{CA}=\frac{1}{3}$.

（2）$\frac{AD}{AB}=\frac{BE}{BC}=\frac{CF}{CA}=\frac{2}{3}$.

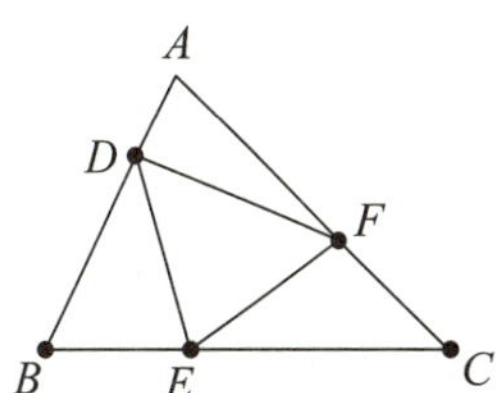

388 在$\triangle ABC$中，BD和CE分别是AC和AB边上的中线，且$BD\perp CE,BD=8,CE=12$，则$\triangle ABC$的面积为（　　）.

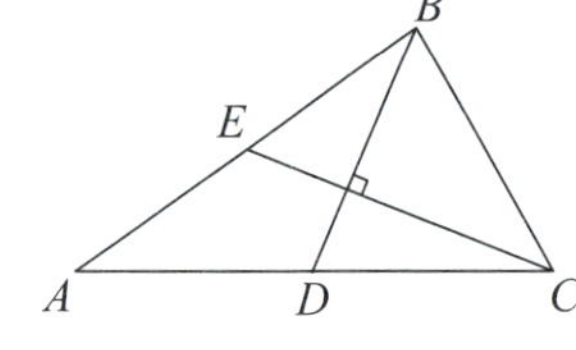

A. 32　　B. 48　　C. 52　　D. 64

E. 81

389 已知$\triangle ABC$的周长为120，三条边之比为13：12：5，则这个三角形的面积为（　　）.

A. 520　　B. 480　　C. 360　　D. 300　　E. 240

390 已知Rt$\triangle ABC$的三条边长分别为a,b,c，则能确定$\triangle ABC$的面积.

（1）a,b满足$\sqrt{a-8}+(2b-12)^2=0$.

（2）a,b满足$\sqrt{a-3}+|3b-12|^5=0$.

391 如图，在$\triangle ABC$中，$\angle B=22.5°,\angle C=45°$，若$AC=2$，则$\triangle ABC$的面积是（　　）.

A. $\dfrac{3+\sqrt{2}}{2}$　　B. $1+\sqrt{2}$

C. $2\sqrt{2}$　　D. $2+\sqrt{2}$

E. $\dfrac{1+\sqrt{2}}{3}$

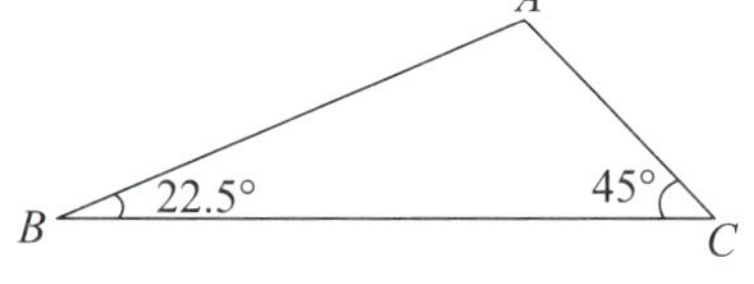

392 已知三角形三边长为4、6、8，则由其三条中位线所围成的三角形面积为S.

（1）$S=3\sqrt{210}$.

（2）$S=\dfrac{3\sqrt{15}}{4}$.

393 在等腰$\triangle ABC$中，一腰上的高为3cm，这条高与底边的夹角为30°，则$S_{\triangle ABC}=$（　　）cm^2.

A. 3　　B. $\sqrt{3}$　　C. $2\sqrt{3}$

D. $3\sqrt{3}$　　E. 以上均不正确

394 在Rt$\triangle ABC$中，$\angle C=90°,\angle A=15°,BC=1$，则$\triangle ABC$的面积为（　　）.

A. $\sqrt{2}+1$　　B. $\sqrt{2}$　　C. $\dfrac{\sqrt{3}}{2}+1$　　D. $\sqrt{3}$　　E. 1

395 如图所示，在$\triangle ABC$中，$AB=AC$，$\angle C=30°$，$AB\perp AD$，$AD=3$，则$BC=$（　　）.

A. 6　　B. 7　　C. 8　　D. 9

E. 10

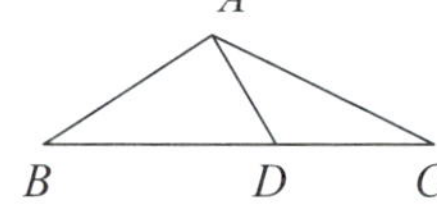

396 如图，在$\triangle ABC$中，点E是AC的中点，点F是BE的中点，且$S_{\triangle ABC}=6\text{ cm}^2$，则阴影部分的面积为（　　）.

A. 2 cm^2　　B. 2.5 cm^2

C. 3 cm^2　　D. 3.5 cm^2

E. 4 cm^2

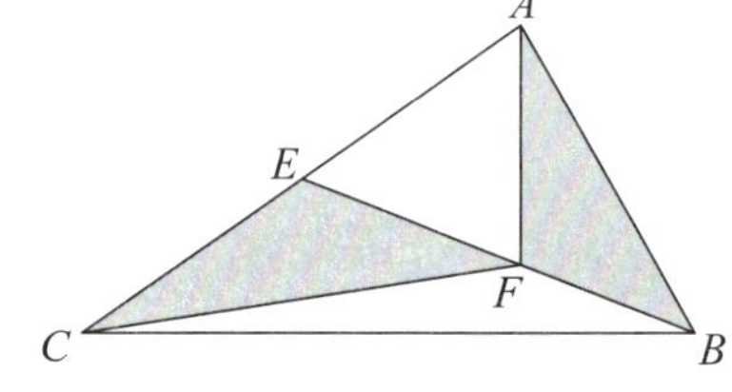

397 如图，D、E、F 分别是 BC、AD、AC 边上的中点．若阴影部分的面积为 9，则 $\triangle ABC$ 的面积为（　　）．

A. 24　　B. 22

C. 20　　D. 18

E. 16

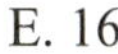

398 如图，在 $\triangle ABC$ 中，D 是 BC 边上的一点（不与点 B，C 重合），点 E，F 是线段 AD 的三等分点，记 ΔBDF 的面积为 S_1，$\triangle ACE$ 的面积为 S_2，若 $S_1+S_2=3$，则 $\triangle ABC$ 的面积为（　　）．

A. 6

B. 8

C. 9

D. 10

E. 12

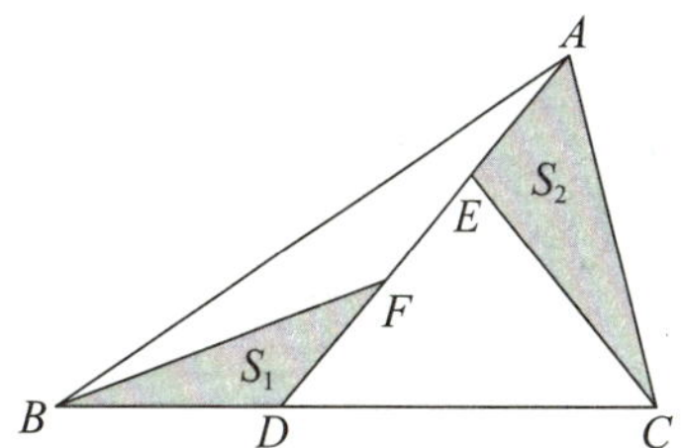

399 如图，在 $\triangle ABC$ 中，点 D 在边 BC 上，且 $BD=2DC$，点 E 是 AC 的中点，AD，BE 交于一点 G，连接 CG，已知 $\triangle BGD$ 的面积是 8，$\triangle AGE$ 的面积是 3，则 $\triangle ABC$ 的面积是（　　）．

A. 25　　B. 30　　C. 35

D. 40　　E. 48

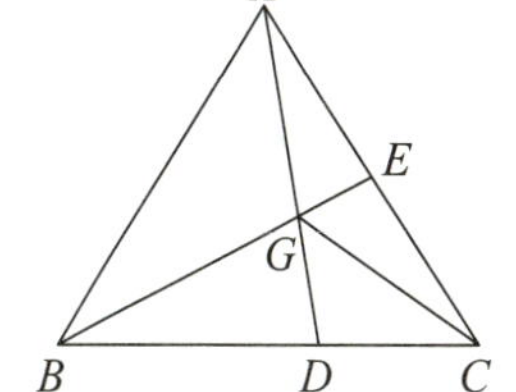

题型 5　三角形形状、长度

题型识别	题干要求判定三角形形状或求解某条线段长度
常见思路	①特殊三角形的面积公式 ②特殊三角形的边关系：等腰直角三角形的三边之比为 $1:1:\sqrt{2}$；内角为 30°、60°、90° 的三角形三边之比为 $1:\sqrt{3}:2$ ③勾股定理：(3，4，5)；(6，8，10)；(5，12，13)；(7，24，25)；(8，15，17)

400 如图，D、E、F 分别是等边 $\triangle ABC$ 各边上的点，且 $AD=BE=CF$，则 $\triangle DEF$ 的形状是（　　）．

A. 等边三角形

B. 腰和底边不相等的等腰三角形

C. 直角三角形

D. 不等边三角形

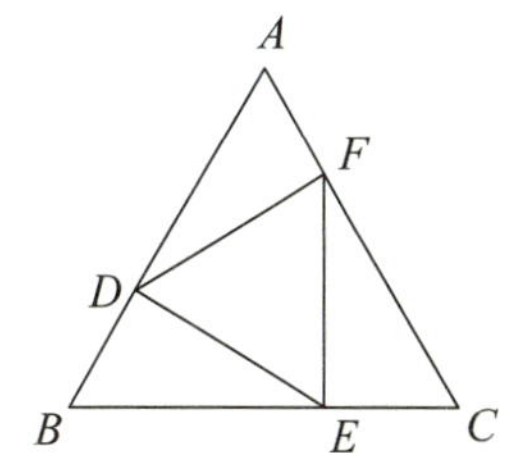

E. 无法判断

401 已知a,b,c为三角形的三边，则$\triangle ABC$是等腰三角形.

（1）a,b,c为质数，且$a+b+c=16$.

（2）$a^2(b-c)+b^2c-b^3=0$.

402 已知$\triangle ABC$的三边a,b,c满足$bc=a^2-12a+52$，则$\triangle ABC$是等腰三角形 .

（1）$b+c=8$.

（2）$b+c=-8$.

403 已知a,b,c为三角形的三边，则$\triangle ABC$是等腰三角形 .

（1）$\triangle ABC$的三边满足$a^2-2bc=c^2-2ab$.

（2）$\triangle ABC$的三个角之比为1：1：2.

404 若a,b,c是直角三角形的三条边长，h为斜边c上的高，则能构成直角三角形 .

（1）以$a+b,c+h,h$为边的三条线段.

（2）以$\frac{1}{a},\frac{1}{b},\frac{1}{h}$为边的三条线段.

405 在$\triangle ABC$中，AB边上的中线$CD=3,AB=6,BC+AC=8$，则$\triangle ABC$的面积为（　　）.

A.7　　B.11　　C.13　　D.14　　E.16

406 如图，等边三角形ABC中，D、E分别是AB、AC上的点，F、G分别是DE、BC的中点，已知$BD=8$，$CE=6$，则$FG=$（　　）.

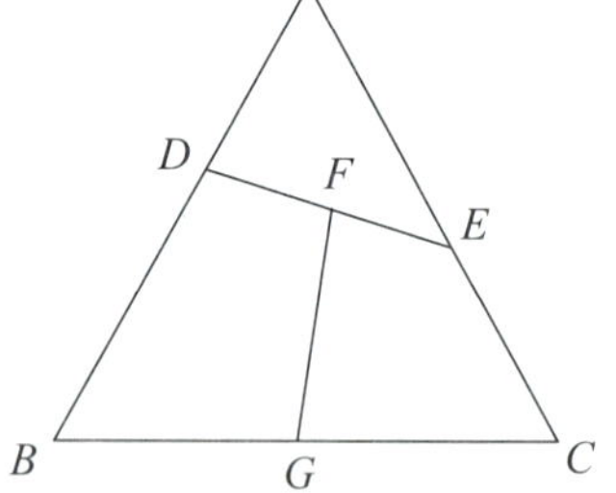

A. $\sqrt{13}$　　B. $\sqrt{37}$

C. $\sqrt{48}$　　D. 7

E. 7.3

题型 6　三角形的相似与全等

题型识别	题干需要判定两个三角形相似或全等
常见思路	①全等证明： SSS（边边边）：三边对应相等的三角形全等 SAS（边角边）：两边及其夹角对应相等的三角形全等 ASA（角边角）：两角及其夹边对应相等的三角形全等 AAS（角角边）：两角及其一角的对边对应相等的三角形全等 ②相似证明：三边对应成比例的两个三角形相似；两角对应相等的两个三角形相似；两边对应成比例且夹角相等的两个三角形相似

407 如图所示$\mathrm{Rt}\triangle ABC,\mathrm{Rt}\triangle BCD$，其中$\angle ABC=90°,\angle BCD=90°$，则$\triangle AOB$与$\triangle DOC$的面积

之比等于（　　）.

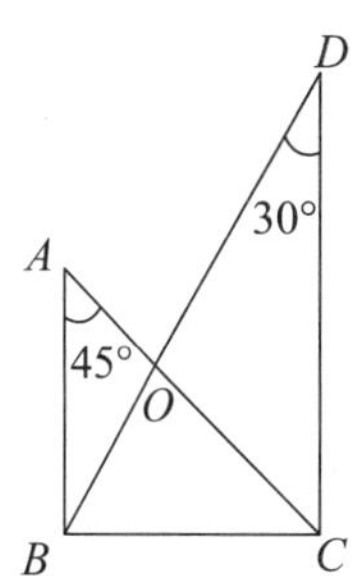

A. $\frac{\sqrt{3}}{3}$　　B. $\frac{1}{2}$

C. $\frac{\sqrt{2}}{2}$　　D. $\frac{1}{3}$

E. $\frac{1}{4}$

408 如图，将 $\triangle ABC$ 沿着射线 BC 方向平移后得到 $\triangle DEF$，点 B 的对应点 E 在 BC 边上，且 $EC=2BE$，AC、DE 交于点 G，若 $\triangle ABC$ 的面积为 18，则 $\triangle ABC$ 与 $\triangle DEF$ 的重叠部分（即 $\triangle CEG$ 的面积）为（　　）.

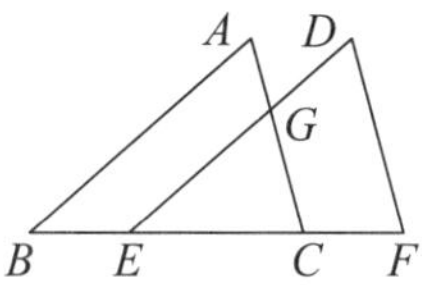

A. 6　　B. 8　　C. 9　　D. 10　　E. 12

409 已知 $\triangle ABC$ 的面积为 27，P、Q 是边 AB 的三等分点，则从 AB 边上某点 D 沿平行 BC 的方向可以剪下一个面积为 7 的三角形 .

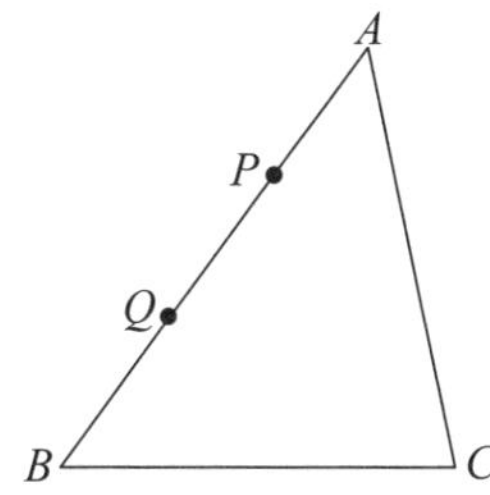

（1）点 D 在线段 AP 上 .

（2）点 D 在线段 PQ 上 .

410 如图，在等腰三角形 ABC 中，$AB=6$，$\angle A=90°$，点 E 为腰 AC 中点，点 F 在底边 BC 上，且 $FE\perp BE$，则 $\triangle CEF$ 的面积为（　　）.

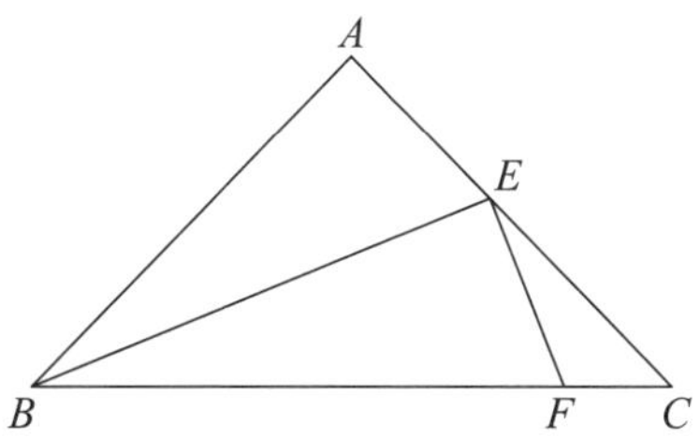

A. 1.6　　B. 1　　C. 1.2　　D. 1.4　　E. 1.5

411 如图，在 $\triangle ABC$ 中，点 D、E、F 分别在 AC、AB、BC 边上，且四边形 $CDEF$ 是正方形，

$AC=3$，$BC=2$，则 $\triangle ADE$ 、$\triangle EFB$ 的周长之比和面积之比分别为（　　）.

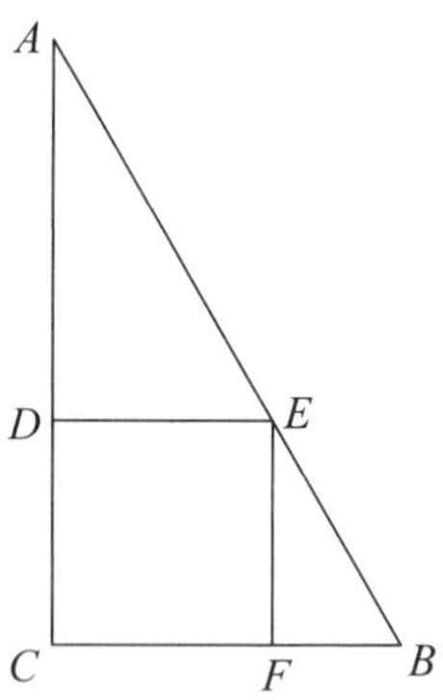

A. 9 ∶ 4 和 3 ∶ 2　　B. 9 ∶ 4 和 9 ∶ 4

C. 3 ∶ 2 和 9 ∶ 4　　D. 3 ∶ 2 和 3 ∶ 2

E. 2 ∶ 3 和 4 ∶ 9

题型 7　三角形的四心五线

题型识别	题干出现四心或五线概念
常见思路	①重心：重心分中线上下两部分之比为 2 : 1，重心平分三角形面积，即 $S_{\triangle AOB}=S_{\triangle BOC}=S_{\triangle COA}=\frac{1}{3}S_{\triangle ABC}$（$O$ 为重心） ②内心：三角形面积 $S=\frac{1}{2}(a+b+c)\cdot r$；直角三角形中，内切圆半径 $r_{内}=\frac{a+b-c}{2}$（两直角边相加减斜边除以 2） ③外心：外心到三角形各顶点距离相等；直角三角形外心为斜边中点；直角三角形斜边中点到各顶点距离相等 ④中位线：连接三角形两边中点的线段叫做三角形的中位线，EF 平行于 BC，$EF=\frac{1}{2}BC$；三角形的三条中位线将三角形分成面积相等的四份

412 如图，在 $\triangle ABC$ 中，$AB=7$，$AC=4$，AD 为 BC 边上的中线，则 $\triangle ABD$ 与 $\triangle ACD$ 的周长之差为（　　）.

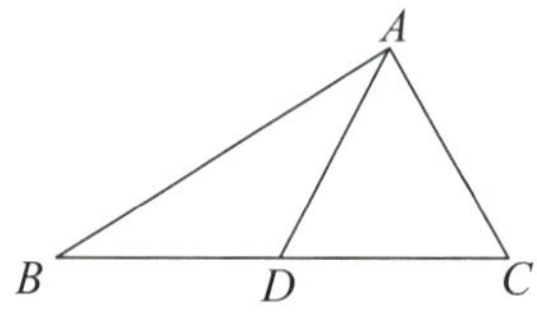

A. 2　　B. 3　　C. 3.5　　D. 4　　E. 5

413 三角形的三边长分别为 a,b,c，则其外接圆与内切圆面积之比为4.

（1）三角形为等边三角形.

（2）$a^3+b^3+c^3=3abc$.

414 三角形的周长为40，则三角形的面积为60.

（1）等边三角形内一点到三边的距离之和为9.

（2）内切圆半径为3.

415 在正方形网格中，每个小正方形的顶点称为格点，如图，点 A、B、C 均为格点，BD 是 $\triangle ABC$ 的高，设小正方形的边长为1，则 BD 的长为（　　）.

A. $\frac{7}{2}$　　B. $\frac{5}{2}$　　C. $\sqrt{5}$　　D. $\frac{13\sqrt{13}}{7}$

E. $\frac{7\sqrt{13}}{13}$

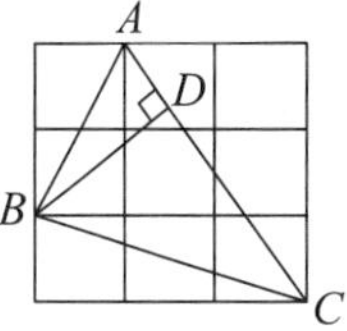

416 三角形的内切圆面积与外接圆面积的比值为 $3-2\sqrt{2}$.

（1）等腰三角形.

（2）直角三角形.

417 等腰直角三角形的腰长为 $\sqrt{2}$，该三角形的重心到斜边的距离为（　　）.

A. $\frac{2\sqrt{2}}{3}$　　B. $\frac{\sqrt{2}}{3}$　　C. $\frac{2}{3}$　　D. $\frac{1}{3}$　　E. $\frac{\sqrt{3}}{3}$

418 P 是 $\triangle ABC$ 的一个内点，则 P 为 $\triangle ABC$ 的重心.

（1）AP,BP,CP 将 $\triangle ABC$ 分成3个面积相等的小三角形.

（2）过点 P 且平行于三角形任一边的直线把三角形分为的两部分中较小部分与较大部分的面积比 4∶5.

419 如图，在 $\mathrm{Rt}\triangle ABC$ 中，$\angle ACB=90°$，边 AC,AB 上的中线 BE,CD 相交于点 F，若 $AC=6,BC=4$，则 $BF=$（　　）.

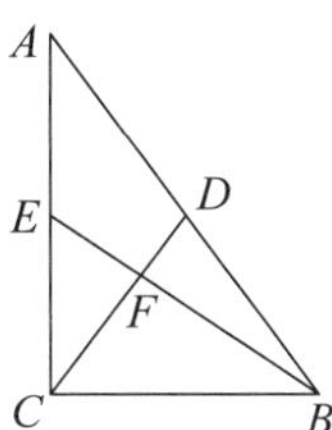

A. $\frac{10}{3}$　　B. $\frac{5}{2}$　　C. $\frac{4\sqrt{13}}{3}$　　D. $\sqrt{13}$　　E. $\frac{13}{3}$

题型 8 特殊四边形

题型识别	题干出现平行四边形、长（正）方形、菱形、梯形等
常见思路	①平行四边形：两条对角线 AC 和 BD 互相平分；两条对角线 AC 和 BD 将整个平行四边形面积四等分；平行四边形面积 = 底 × 高；过平行四边形中心（对角线交点）的任意一条直线都可以平分平行四边形的面积 ②长方形：周长 $=2(a+b)$；面积 $=ab$；对角线 $=\sqrt{a^2+b^2}$；平行四边形的所有性质都满足；矩形的对角线相等（a, b 为长和宽） ③菱形：两条对角线 AC 和 BD 互相垂直且平分；菱形面积等于对角线乘积的一半，即 $S=\frac{1}{2}l_1l_2$（l_1,l_2 为两条对角线长度） ④梯形：EF 平行于上底和下底，$EF=\frac{1}{2}(a+b)$；面积：$S=\frac{(a+b)\cdot h}{2}$ = 中位线×高；蝶形定理（EF 为中位线，a, b 为上下底长）

420 在四边形 $ABCD$ 中，若 $AD/\!/BC$，E 是 AB 的中点，则 $CD=AD+BC$.

（1）$DE\perp CE$.

（2）$\angle DEC=60°$.

421 如图，大长方形被平行于边的直线分成了 9 个小长方形，其中位于角上的 3 个小长方形的面积已经标出，则右下角小长方形（阴影部分）的面积等于 20.

（1）矩形 $IHKJ$ 面积是 3.

（2）矩形 $EFGH$ 面积是 3.

422 如图，长方形 $ABCD$ 由 4 个等腰直角三角形和一个正方形 $EFGH$ 构成，若长方形 $ABCD$ 的面积为 S，则正方形 $EFGH$ 的面积为（　　）.

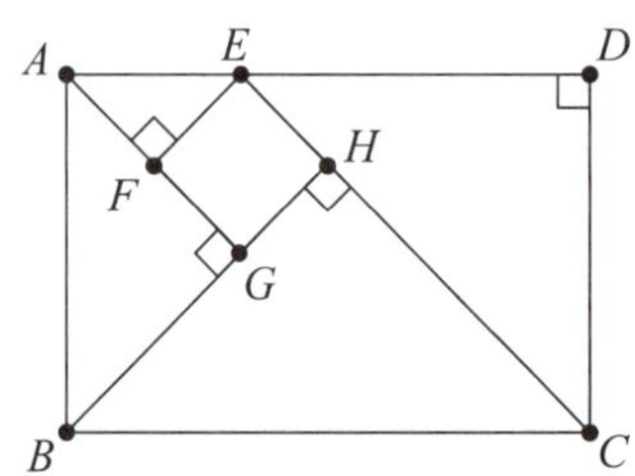

A. $\frac{S}{8}$　　B. $\frac{S}{10}$　　C. $\frac{S}{12}$　　D. $\frac{S}{14}$　　E. 以上均不对

423 四边形不具有稳定性．四条边长都确定的四边形，当内角的大小发生变化时，其形状也随之改变．如图，改变正方形 $ABCD$ 的内角，使正方形 $ABCD$ 变为菱形 $ABC'D'$，如果 $\angle DAD'=30°$，那么菱形 $ABC'D'$ 与正方形 $ABCD$ 的面积之比是（　　）．

A. $\frac{\sqrt{3}}{2}$　　B. $\frac{\sqrt{3}}{4}$

C. $\frac{\sqrt{3}}{3}$　　D. 1

E. $\frac{\sqrt{2}}{2}$

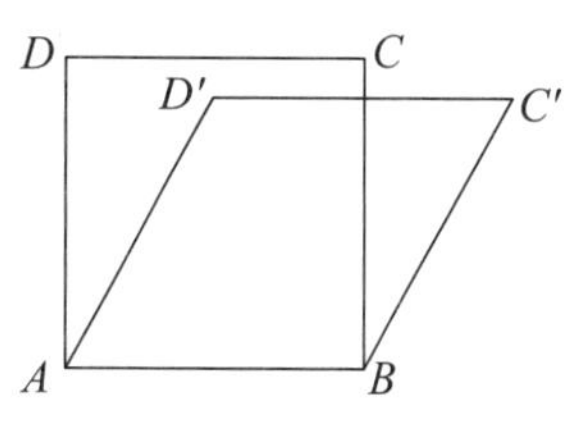

424 凸四边形的面积等于其两条对角线长乘积的一半．

（1）该四边形是菱形．

（2）该四边形的对角线互相垂直．

425 菱形 $ABCD$ 的对角线 $AC=24$，则菱形周长 $L=52$．

（1）$BD=10$．

（2）$BD=8$．

426 如图所示，在梯形 $ABCD$ 中，E 为 AD 上一点，连接 BE 和 CE，其中上底 AD=8 cm，高为 10 cm，则阴影部分的面积为（　　）cm^2.

A. 30　　B. 35　　C. 38　　D．40

E. $\frac{80}{3}$

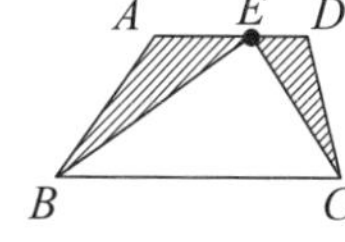

427 等腰梯形的对角线互相垂直，两底之和为 16，则这个梯形的面积是（　　）．

A. 44　　B. 48　　C. 52　　D. 56　　E. 64

428 在梯形 $ABCD$ 中，$AB /\!/ CD$，对角线 AC、BD 交于点 O，CD=2，AB=5，则 $S_{\triangle BOC}:S_{\triangle ADC}$=（　　）．

A. 2 ： 5　　B. 5 ： 2

C. 2 ： 7　　D. 5 ： 7

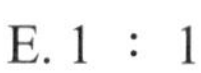

E. 1 ： 1

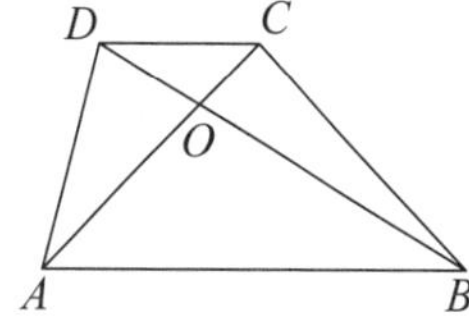

429 如图所示，在正方形网格中，A、B、C、D 均为格点，AB 与 CD 交于点 O，则能确定四边形 $ACBD$ 的面积．

（1）已知每个正方形小网格的面积．

（2）已知 $\frac{OA}{OB}$ 的值．

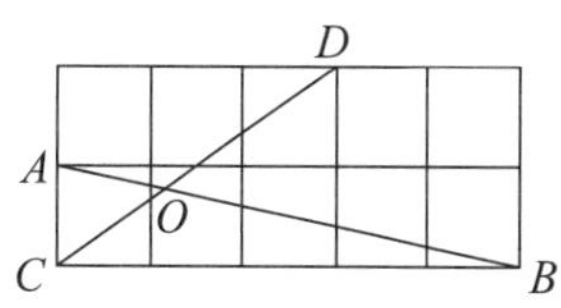

题型9 其他多边形

题型识别	题干出现五边形、六边形、八边形等
常见思路	①n边形内角和为$(n-2)\times180^\circ$ ②正六边形和正八边形求面积时可以拆分为若干个三角形分析

430 如图，小海绵从 A 点出发，沿直线前进 10 m 向左转 30° 再沿直线前进 10 m，又向左转 30°，照这样走下去，她第一次回到出发地 A 点时，一共走了（　　）m.

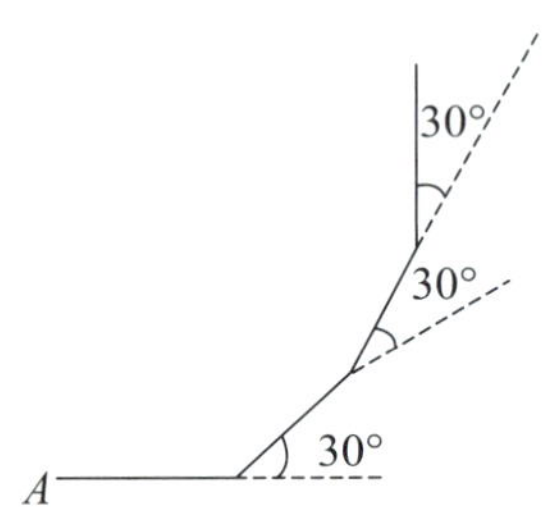

A. 100　　B. 110　　C. 120　　D. 130　　E. 无法确定

431 该组瓷砖能够铺满地面.

（1）足够量的正六边形和正四边形瓷砖.

（2）足够量的正方形和正八边形瓷砖.

432 老王围着边长为 50 米的正六边形的草地跑步，他从某个角点出发，跑了 500 米之后，与出发点相距有（　　）米.

A. $50(\sqrt{3}-1)$　　B. $50\sqrt{3}$　　C. $25(\sqrt{2}-1)$　　D. $50\sqrt{2}$　　E. $50(\sqrt{3}-\sqrt{2})$

题型10 圆与扇形

题型识别	题干出现圆、扇形、弓形等
常见思路	①求弧长：弧长=圆心角 × 半径 ②求面积：割补法、等面积转化法、对称图形倍数法等 ③同弧所对的圆周角相等，同弧所对的圆周角等于圆心角的一半

433 如图，$\triangle ABC$ 内接于 $\odot O$，$AB=AC$，$\angle BAC=120^\circ$，AD 为 $\odot O$ 的直径，$AD=8$，那么 AB 的值为（　　）.

A. 4　　B. $4\sqrt{3}$

C. $2\sqrt{3}$　　D. 2

E. $3\sqrt{2}$

434 如图，AB 是 $\odot O$ 的弦，$AB=8\sqrt{3}$，点 C 是 $\odot O$ 上的一个动点，且 $\angle ACB=60°$，若点 M，N 分别是 AB，BC 的中点，则 MN 的最大值是（　　）.

A. $4\sqrt{3}$　　B. 8

C. $8\sqrt{3}$　　D. 16

E. $16\sqrt{3}$

435 小海绵用圆与扇形设计了一个问号（如图中阴影部分所示），已知图中的大圆半径为 4，两个小圆的半径均为 2，则问号的面积为（　　）.

A. 13π

B. 14π

C. 15π

D. 16π

E. 18π

436 如图所示，两圆半径都是 1 厘米，长方形 ABO_1O 的面积为 1.57 平方厘米（$\pi=3.14$）.

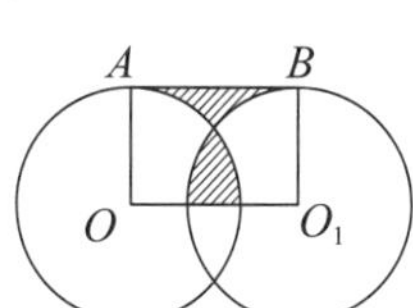

（1）图中两个阴影部分的面积相等.

（2）$OO_1=1.5\,\text{cm}$.

437 如图，在半径为 2，圆心角为 90° 的扇形内，以 BC 为直径作半圆，交弦 AB 于点 D，则图中阴影部分的面积是（　　）.

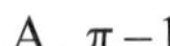

A. $\pi-1$　　B. $\pi-2$

C. $\frac{1}{2}\pi-1$　　D. $\frac{1}{2}\pi+1$

E. $2\pi+1$

438 如图，正方形 $ABCD$ 的边长为 2，O 为对角线的交点，点 E,F 分别为 BC,AD 的中点，以 C 为圆心，2 为半径作弧 BD，再分别以 E、F 为圆心，1 为半径作弧 BO、弧 OD，则图中阴影部分的面积为（　　）.

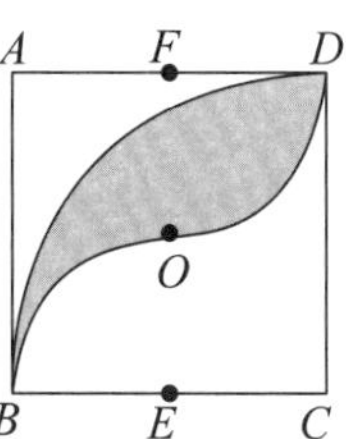

A. $\pi-1$　　B. $\pi-2$　　C. $\pi-3$　　D. $4-\pi$　　E. $2\pi-3$

439 如图所示，AB是圆O的直径，点C是圆上一点，BD平分$\angle ABC$，交AC于D，且$AC=6$，$CD=2$，则圆O的面积为（　　）.

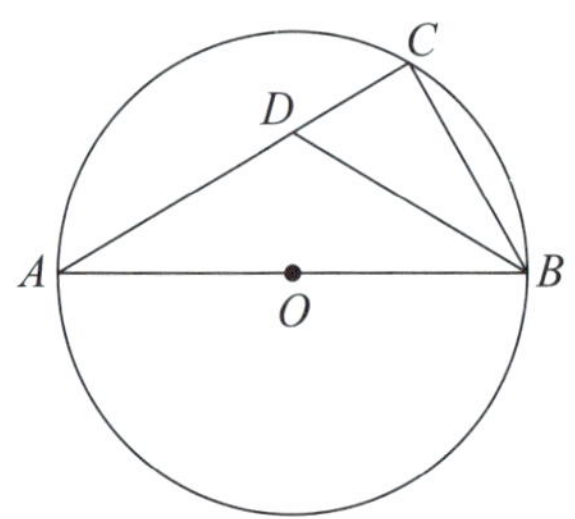

A. 48π

B. 36π

C. 24π

D. 12π

E. 6π

第七章 立体几何

题型1 长（正）方体

题型识别	题干出现长（正）方体求相关量
常见思路	① 全面积：$F=2(ab+bc+ac)$ ② 体积：$V=abc$ ③ 体对角线：$d=\sqrt{a^2+b^2+c^2}$ ④ 所有棱长和：$l=4(a+b+c)$

440 如图，从一个棱长为 2 的正方体两相邻边的中点 A、B 垂直向下截去一个三棱柱，则剩余几何体的表面积为（　　）.

A. 19　　B. $19+2\sqrt{2}$　　C. $19+4\sqrt{2}$　　D. $20+2\sqrt{2}$　　E. $20+4\sqrt{2}$

441 将棱长为 1 的正方体一刀切割为 2 个多面体，其表面积之和最大为（　　）.

A. $6+2\sqrt{2}$　　B. $6+2\sqrt{3}$　　C. $6+\sqrt{2}$　　D. $6+\sqrt{3}$　　E. $2\sqrt{3}+2\sqrt{2}$

442 已知某长方体的上底面周长为 16，与该长方体等体积的一个圆柱的轴截面是面积为 16 的正方形，则该长方体高的取值范围是（　　）.

A. $(0,\pi]$　　B. $(0,4\pi]$　　C. $[\pi,+\infty)$　　D. $[4\pi,+\infty)$　　E. $[3\pi,+\infty)$

443 某公司设计了一款纪念品，它的形状可视为一个正四棱锥，以该四棱锥的高为边长的正方形面积等于该四棱锥一个侧面三角形的面积，则其侧面三角形底边上的高与底面正方形边长的比值为（　　）.

A. $\dfrac{\sqrt{5}+1}{2}$　　B. $\dfrac{\sqrt{5}-1}{2}$　　C. $\dfrac{\sqrt{5}+1}{4}$　　D. $\dfrac{\sqrt{5}-1}{4}$　　E. $\dfrac{1}{2}$

444 如图所示，幼儿园老师用边长为 10 cm 的正八边形纸皮，裁去四个同样大小的等腰直角三角形，做成长方体包装盒 . 如果用该包装盒存放体积为 $8\,\text{cm}^3$ 的正方体积木（不得凸出包装盒外沿），则这个盒子最多可以放入（　　）块积木 .

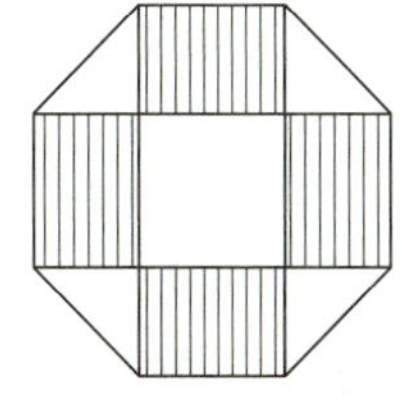

A. 75　　B. 80　　C. 85　　D. 90　　E. 95

445 把一个正方体和一个等底面积的长方体拼成一个新的长方体，拼成的长方体的表面积比原来的长方体的表面积增加了 60 cm^2，那么原来正方体的表面积是（　　）cm^2 .

A. 60　　B. 70　　C. 75　　D. 80　　E. 90

446 一个棱长为 6 cm 的正方体木块，把它的表面涂上红色，然后把它锯成棱长为 1 cm 的小正方体，设一面红色的有 a 块，两面红色的有 b 块，三面红色的有 c 块，没有红色的有 d 块，则 a，b，c，d 的最大公约数等于（　　）.

A. 2　　B. 4　　C. 6　　D. 8　　E. 12

447 有一块长方形铁皮长 24 cm，宽 14 cm，如图所示，剪掉同样的 4 个角（阴影部分），再沿虚线折起，做成一个无盖铁盒，则这个铁盒的容积为（　　）cm^3.

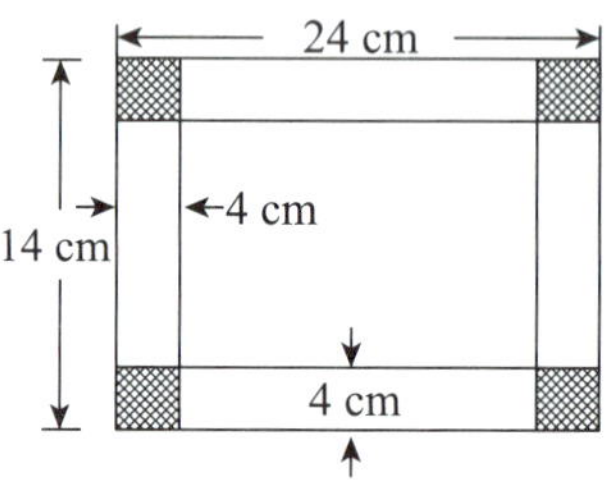

A. 348　　B. 362　　C. 368　　D. 384　　E. 392

题型 2　圆柱体

题型识别	题干出现圆柱体求相关量
常见思路	① 体积：$V=\pi r^2 h$ ② 侧面积：$S=2\pi rh$ ③ 全面积：$F=S_{侧}+2S_{底}=2\pi rh+2\pi r^2$

448 已知圆柱的上、下底面的中心分别为 O_1、O_2，过直线 O_1O_2 的平面截该圆柱所得的截面是面积为 4 的矩形，则该圆柱的侧面积为（　　）.

A. 12π　　B. 8π　　C. 6π　　D. 4π　　E. 3π

449 如图所示，几何体的上下底面平行，且均为扇环形（扇环是指圆环被扇形截得的部分），它的高为 2，AA_1、BB_1、CC_1、DD_1 均与曲池的底面垂直，底面扇环对应的两个圆的半径分别为 1 和 2，对应的圆心角为 180°，则该几何体的表面积为（　　）.

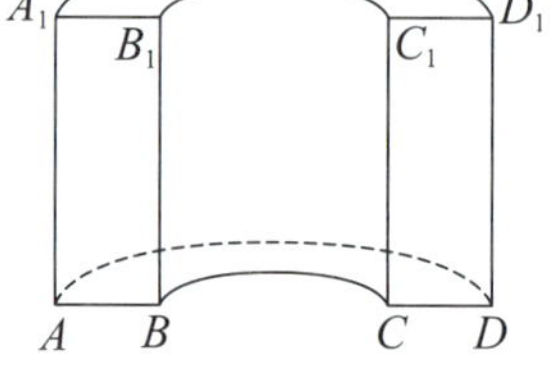

A. $\frac{15\pi}{2}+2$　　B. $\frac{15\pi}{2}$　　C. $7\pi-2$　　D. $9\pi+4$　　E. 9π

450 某几何体的直观图如图所示（一个长方体，半个圆柱），则该几何体的表面积为（   ）.

A. $36+12\pi$

B. $40+12\pi$

C. $36+16\pi$

D. $40+16\pi$

E. 9π

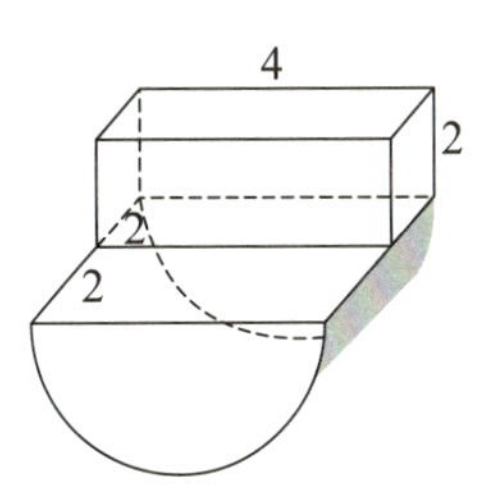

451 一个圆柱形的容器，半径为 4，高为 3，里面装有 $\frac{15}{16}$ 的水，则容器的水能溢出.

（1）放入 2 个半径为 1 的铁球.

（2）放入 4 个棱长为 1 的正方体铁块.

452 如图所示，圆柱形容器盛满液体，在 B 处发现了一个洞，为了减少液体的流失，现将其倾斜放置，保持 BH 水平，已知 $AB=1$，圆柱的底面半径为 1，则流失液体的体积为（   ）.

A. π

B. 2π

C. $\frac{\pi}{2}$

D. $\frac{2\pi}{3}$

E. $\frac{\sqrt{2}\pi}{2}$

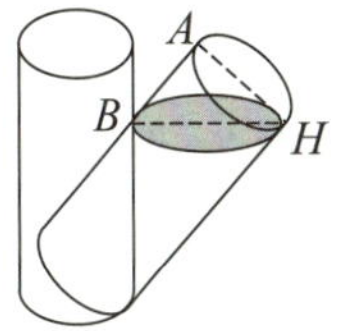

453 侧面积相等的两个圆柱体的体积之比为 3 ∶ 2.

（1）圆柱底半径分别为 6 和 4.

（2）圆柱底半径分别为 3 和 2.

454 一个圆柱体，如果它的高增加 2 cm，则它的侧面积就增加 50.24 cm^2.（取 $\pi=3.14$）

（1）该圆柱体的底面半径为 4 cm.

（2）该圆柱体的底面半径为 6 cm.

题型 3 球体

题型识别	题干出现球体求相关量
常见思路	① 球的表面积：$S=4\pi R^2$ ② 球的体积：$V=\frac{4}{3}\pi R^3$

455 已知 A、B、C 为球 O 的球面上的三个点，$\odot O_1$ 为 $\triangle ABC$ 的外接圆，且 $AB=BC=AC$

$=OO_1$，则球 O 的表面积为 64π .

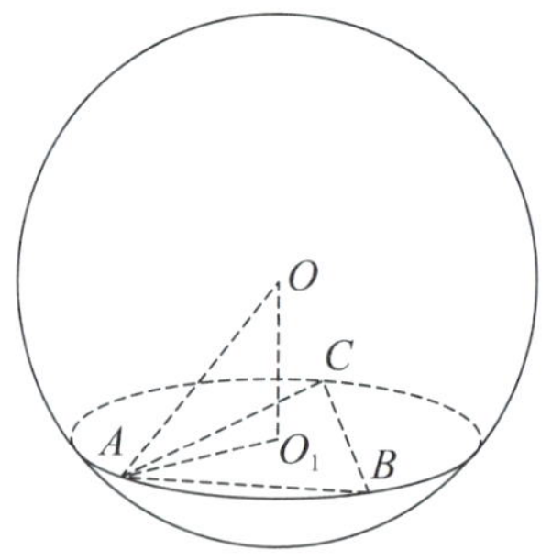

（1）$\odot O_1$ 的面积为 4π .

（2）$\odot O_1$ 的面积为 3π .

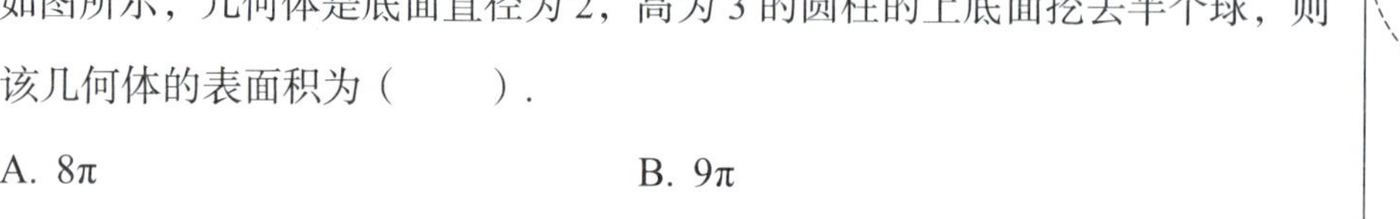

456 如图所示，几何体是底面直径为 2，高为 3 的圆柱的上底面挖去半个球，则该几何体的表面积为（　　）.

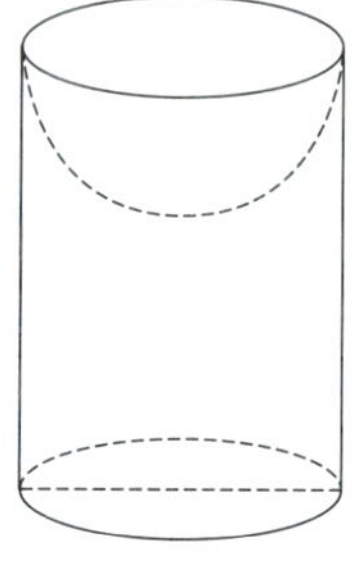

A. 8π　　B. 9π

C. 10π　　D. 11π

E. 12π

457 某药厂制造一种药物胶囊，如图所示，胶囊的两端为半球形，半径 $r=\sqrt{2}$，中间可视为圆柱，若该种胶囊的表面积为 16π，则该种胶囊的体积为（　　）.

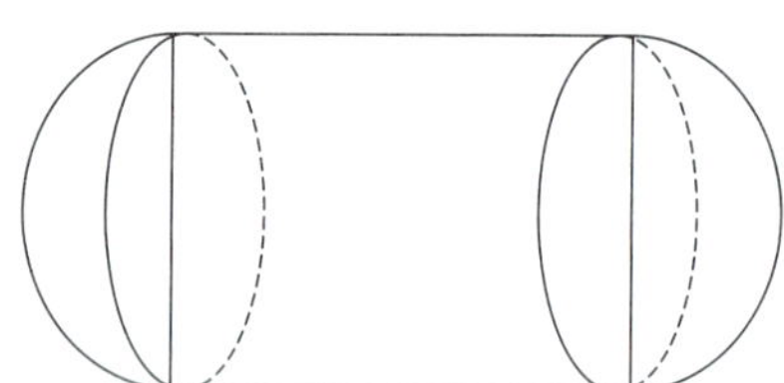

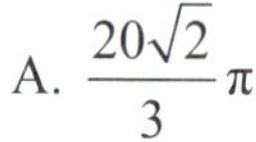

A. $\frac{20\sqrt{2}}{3}\pi$　　B. $\frac{32}{3}\pi$

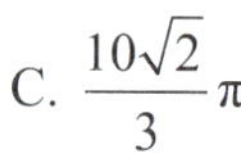

C. $\frac{10\sqrt{2}}{3}\pi$　　D. $\frac{16}{3}\pi$

E. 9π

458 如图，将半径为 1 的球与棱长为 1 的正方体组合在一起，使正方体的一个顶点正好是球的球心，则这个组合体的体积为（　　）.

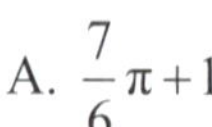

A. $\frac{7}{6}\pi+1$　　B. $\frac{7}{6}\pi+\frac{5}{6}$

C. $\frac{7}{6}\pi-1$　　D. $\pi+1$

E. $\frac{7}{8}\pi+1$

459 水平桌面上放置了 4 个半径为 2 的小球，4 个小球的球心构成正方形，且相邻的两个小球相切. 若用一个半球形的容器罩住四个小球，则半球形容器内壁的半径的最小值为（　　）.

A. 4　　B. $2\sqrt{2}+2$　　C. $2\sqrt{3}+2$　　D. 6　　E. 9π

460 三个半球的半径之比为 1 ∶ 2 ∶ 3，那么最大球的表面积是其余两个球的表面积之和的（　　）.

A. 1 倍　　B. 2 倍　　C. $\frac{9}{5}$ 倍　　D. $\frac{7}{4}$ 倍　　E. $\frac{8}{3}$ 倍

461 若与球心距离为 4 的平面截球所得的截面圆的面积是 9π，则球的表面积是（　　）.

A. 100π　　B. 25π　　C. 50π　　D. 150π　　E. 200π

462 平面 α 截球 O 的球面所得圆的半径为 1，球心 O 到平面 α 的距离为 $\sqrt{2}$，则此球的体积为 m.

（1）$m=4\sqrt{3}\pi$.

（2）$m=2\sqrt{3}\pi$.

题型 4　几何体中的截面面积、截线长度

题型识别	题干出现立体几何求某个截面的面积
常见思路	①立体几何求长度可以构建直角三角形套勾股定理 ②立体几何截面可以拿出直接用平面几何分析

463 已知正方体 $ABCD-A_1B_1C_1D_1$ 的棱长为 2，M、N 分别为 A_1B_1、B_1C_1 的中点，过 M、N 的平面所得截面为四边形，则该截面最大面积为（　　）.

A. $2\sqrt{2}$　　B. $2\sqrt{5}$　　C. $\dfrac{3\sqrt{10}}{2}$　　D. $\dfrac{9}{2}$

E. 5

464 如图，正三棱柱 $ABC-A_1B_1C_1$ 的各棱长为 2，E、F 分别是 AB、A_1C_1 的中点，则 EF 的长为 n.

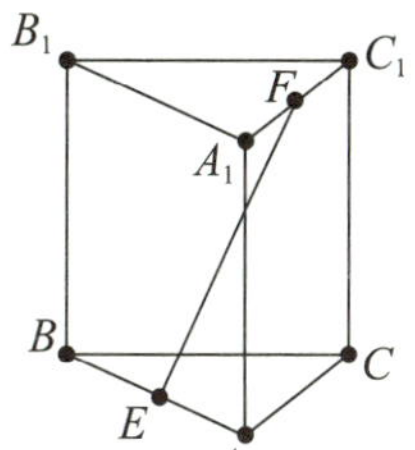

（1）$n=\sqrt{3}$.

（2）$n=\sqrt{5}$.

题型 5　内切球与外接球

<table>
<tr><td>题型识别</td><td colspan="3">题干出现内切球与外接球</td></tr>
<tr><td rowspan="4">常见思路</td><td></td><td>内切球</td><td>外接球</td></tr>
<tr><td>长方体</td><td>无，只有正方体才有</td><td>体对角线 $l=2R$</td></tr>
<tr><td>正方体</td><td>棱长 $a=2R$</td><td>体对角线 $l=2R(2R=\sqrt{3}a)$</td></tr>
<tr><td>圆柱</td><td>只有轴截面是正方形的圆柱才有，此时有 $2r=h=2R$</td><td>$\sqrt{h^2+(2r)^2}=2R$</td></tr>
</table>

465 在长方体 $ABCD-A_1B_1C_1D_1$ 中，底面 $ABCD$ 为正方形，$AA_1=2$，其外接球的体积为 36π，则此长方体的表面积为（　　）.

A. 34　　B. 64　　C. $4\sqrt{17}+17$　　D. $8\sqrt{17}+34$　　E. $4\sqrt{17}+34$

466 已知圆柱的两个底面的圆周都在表面积为 8π 的球面上，若该圆柱的高是底面半径的 2 倍，则该圆柱的侧面积为（　　）.

A. 2π　　B. 3π　　C. 4π　　D. 6π　　E. 8π

467 已知圆柱的两个底面的圆周都在表面积为 20π 的球面上，则该圆柱的侧面积的最大值为（　　）.

A. 9π　　B. 10π　　C. 11π　　D. 12π　　E. 15π

468 在三棱柱 $ABC-A_1B_1C_1$ 中，$AB=BC=AC$，侧棱 $AA_1\perp$ 底面 ABC，若该三棱柱的所有顶点都在同一个球 O 的表面上，且球 O 的表面积为 4π，则该三棱柱的侧面积的最大值为（　　）.

A. $6\sqrt{3}$　　B. $3\sqrt{3}$　　C. $3\sqrt{2}$　　D. 3　　E. $2\sqrt{3}$

469 在直三棱柱 $ABC-A_1B_1C_1$ 中，$\triangle ABC$ 为等腰直角三角形，若三棱柱 $ABC-A_1B_1C_1$ 的体积为 32，则该三棱柱外接球表面积的最小值为（　　）.

A. 12π　　B. 24π　　C. 48π　　D. 96π　　E. 120π

海绵 MBA App 扫码对答案

查看解析和视频讲解

第八章 解析几何

题型1 直线的方程

题型识别	题干出现直线的方程或参数
常见思路	①求斜率：倾斜角的正切值为斜率，记为 $k=\tan\alpha\left(\alpha\neq\frac{\pi}{2}\right)$ ②求截距：截距分为横截距和纵截距，横截距是直线与 x 轴交点的横坐标，纵截距是直线与 y 轴交点的纵坐标。要求出横截距只需令 $y=0$，求出 x，求纵截距就令 $x=0$，求出 y ③求直线方程：点斜式、斜截式、截距式、一般式 ④距离公式：两点 $A(x_1,y_1)$ 与 $B(x_2,y_2)$ 之间的距离 $d=\sqrt{(x_2-x_1)^2+(y_2-y_1)^2}$； 点 (x_0,y_0) 到直线 $l:ax+by+c=0$ 的距离是 $d=\frac{\lvert ax_0+by_0+c\rvert}{\sqrt{a^2+b^2}}$； 直线 $ax+by+c_1=0$ 与直线 $ax+by+c_2=0$ 的距离 $d=\frac{\lvert c_1-c_2\rvert}{\sqrt{a^2+b^2}}$

470 已知 $A(a,2),B(-2,-3),C(1,6)$ 三点，且 $|AB|=|AC|$，则实数 a 的值为（　　）.

A. -2　　B. -1　　C. 1　　D. 2　　E. 0

471 若 $P_1(2,4)$，$P_2(5,1)$，且 P 是线段 P_1P_2 靠近 P_1 的一个三等分点，则点 P 的坐标为（　　）.

A. $(2,1)$　　B. $(2,2)$　　C. $(3,1)$　　D. $(3,3)$　　E. $(3,2)$

472 若 $A(-2,3)$，$B(2,m)$，$C(6,5)$ 为平面直角坐标系的三点，且 A，B，C 三点共线，则 $m=$（　　）.

A. -4　　B. 4　　C. -6　　D. 6　　E. 5

473 如图，已知直线 PM、QP、QM 的斜率分别为 k_1、k_2、k_3，则 k_1、k_2、k_3 的大小关系为（　　）.

A. $k_1<k_2<k_3$

B. $k_1<k_3<k_2$

C. $k_2<k_1<k_3$

D. $k_3<k_2<k_1$

E. $k_2<k_3<k_1$

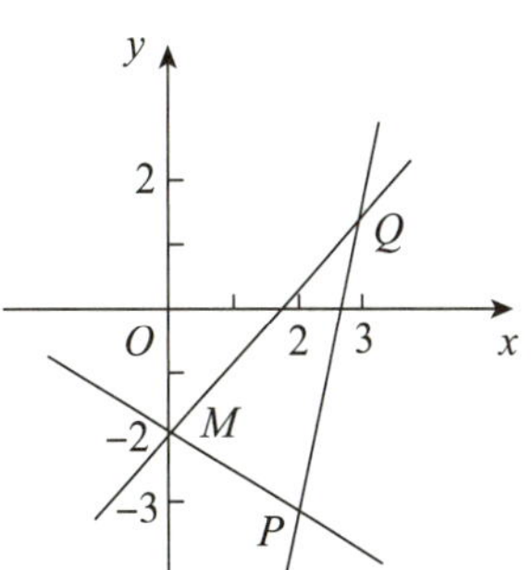

474 若直线 l 经过点 $P(2,3)$，且在 x 轴上的截距的取值范围是 $(-1,3)$，则其斜率 k 的取值范围是（　　）.

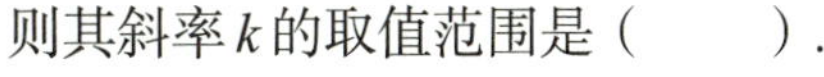
A. $(-\infty,-3)\cup(1,+\infty)$　　B. $\left(-1,\frac{1}{3}\right)$

C. $(-3,1)$　　D. $(-\infty,-1)\cup\left(\frac{1}{3},+\infty\right)$

E. $(-\infty,-3]\cup[1,+\infty)$

475 已知点 $P(-2,1)$ 到直线 l：$3x-4y+m=0$ 的距离为 1，则 m 的值为（　　）.

A. -5 或 -15　　B. -5 或 15　　C. 5

D. 5 或 15　　E. 15

476 直线 $ax+by+c=0$ 经过第一、二、四象限.

（1）$ab>0$.

（2）$bc<0$.

477 直线 l：$kx-y+2k-2=0$（$k\in\mathrm{R}$），则直线 l 不经过第二象限.

（1）$0<k\leqslant 1$.

（2）$0\leqslant k<1$.

478 已知点 $A(3,2)$，$B(-1,4)$，则经过点 $C(2,5)$ 且经过线段 AB 的中点的直线方程为（　　）.

A. $2x+y-1=0$　　B. $2x-y-1=0$

C. $2x-y+1=0$　　D. $2x+y+1=0$

E. $x-2y+1=0$

479 若直线 l 将圆 $(x+2)^2+(y-1)^2=9$ 平分，且在两坐标轴上的截距相等，则直线 l 的方程为（　　）.

A. $x+y-1=0$　　B. $x+y+1=0$

C. $x-2y=0$ 或 $x+y-1=0$　　D. $x+2y=0$ 或 $x+y+1=0$

E. $x-2y=0$

480 直线 l 为 $4x+y+3=0$.

（1）直线 l 过点 $P(-1,1)$，且 $A(2,3)$，$B(4,-5)$ 两点到直线 l 的距离相等 .

（2）直线 l 的斜率是直线 $y-4x+1=0$ 的斜率的相反数，在 y 轴上的截距为 -3 .

481 如果直线 l 将圆 $x^2+y^2-2x-6y=0$ 平分，且不通过第四象限，那么直线 l 的斜率的取值范围是（　　）.

A. $[0,3]$　　B. $[0,1]$　　C. $\left[0,\frac{1}{3}\right]$

D. $\left[0,\frac{1}{3}\right)$　　E. $(0,3]$

482 已知圆 $x^2+y^2-4x-6y=0$，则过点 $M(1,1)$ 的最短弦所在的直线方程是（　　）.

A. $2x+y-1=0$　　B. $2x-y-1=0$　　C. $x-2y+1=0$

D. $x+2y-3=0$　　E. $x-2y+3=0$

题型 2 圆的方程

题型识别	题干出现圆的方程或参数
常见思路	①标准方程：当圆心为(x_0,y_0)，半径为r时，圆的标准方程为：$(x-x_0)^2+(y-y_0)^2=r^2$ ② 一般方程：$x^2+y^2+ax+by+c=0$，配方后得到：$\left(x+\frac{a}{2}\right)^2+\left(y+\frac{b}{2}\right)^2=\frac{a^2+b^2-4c}{4}$， 要求$a^2+b^2-4c>0$．圆心坐标$\left(-\frac{a}{2},-\frac{b}{2}\right)$，半径$r=\frac{\sqrt{a^2+b^2-4c}}{2}>0$ ③对于圆的标准方程$(x-x_0)^2+(y-y_0)^2=r^2$的四个半圆方程如下： 左半圆：$(x-x_0)^2+(y-y_0)^2=r^2$（$x\leqslant x_0$）$\to x=x_0-\sqrt{r^2-(y-y_0)^2}$； 右半圆：$(x-x_0)^2+(y-y_0)^2=r^2$（$x\geqslant x_0$）$\to x=x_0+\sqrt{r^2-(y-y_0)^2}$； 上半圆：$(x-x_0)^2+(y-y_0)^2=r^2$（$y\geqslant y_0$）$\to y=y_0+\sqrt{r^2-(x-x_0)^2}$； 下半圆：$(x-x_0)^2+(y-y_0)^2=r^2$（$y\leqslant y_0$）$\to y=y_0-\sqrt{r^2-(x-x_0)^2}$

483 已知圆C经过两点$A(0,2)$，$B(4,6)$，且圆心C在直线$l:2x-y-3=0$上，则圆C的方程为（　　）．

A. $x^2+y^2-6x-6y-16=0$　　B. $x^2+y^2-2x+2y-8=0$

C. $x^2+y^2-6x-6y+8=0$　　D. $x^2+y^2-2x+2y-56=0$

E. $x^2+y^2-2x+2y-16=0$

484 已知点$A(1,-2)$，$B(-1,4)$，则过点A、B且周长最小的圆的标准方程是（　　）．

A. $(x-1)^2+(y-2)^2=10$　　B. $(x-1)^2+y^2=\sqrt{10}$

C. $(x-1)^2+y^2=10$　　D. $x^2+(y-1)^2=\sqrt{10}$

E. $x^2+(y-1)^2=10$

485 方程$|x|-1=\sqrt{2y-y^2}$表示的曲线为（　　）．

A. 两个半圆　B. 一个圆　C. 半个圆　D. 两个圆　E. 四个半圆

486 $m=-3$．

（1）方程$x^2+y^2-2x+my+m=0$表示圆．

（2）圆$x^2+y^2-3x+my+1=0$关于$y=x$对称．

487 已知圆C：$x^2+y^2+2x-2my-4-4m=0(m\in R)$，则当圆$C$的面积最小时，圆上的点到坐标原点的距离的最大值为（　　）．

A. $\sqrt{5}$　B. 6　C. $\sqrt{5}-1$　D. $\sqrt{5}+1$　E. 4

488 已知半径为1的圆过点$(1,\sqrt{3})$，则该圆圆心到原点距离的最大值为（　　）.

A. 1　　B. $\sqrt{3}$　　C. 3　　D. $\sqrt{3}+1$　　E. 4

489 已知圆心在第一象限，且过点$(2,1)$的圆与两坐标轴都相切，则圆心到直线$x-y-3=0$的距离为（　　）.

A. $\sqrt{2}$　　B. $\frac{3}{2}\sqrt{2}$　　C. 1或$\frac{3}{2}\sqrt{2}$　　D. 2　　E. $2\sqrt{2}$或1

490 已知圆$C:x^2+y^2-2mx+2m+3=0$的一条切线过点$P(2,1)$，则实数m的取值范围是（　　）.

A. $(-\infty,4]$　　B. $(-\infty,4)$　　C. $(3,4)$　　D. $(-\infty,-1)\cup(3,4]$

E. $(-\infty,-1)\cup(3,4)\cup(4,+\infty)$

491 若点$M(x,y)$在圆$x^2+(y-2)^2=1$上运动，则$\frac{xy}{4x^2+y^2}$的取值范围是（　　）.

A. $\left[-\frac{1}{4},\frac{1}{4}\right]$　　B. $\left(-\frac{1}{4},\frac{1}{4}\right)$　　C. $\left[-\frac{1}{5},\frac{1}{3}\right]$

D. $\left(-\frac{1}{5},\frac{1}{3}\right)$　　E. $[-1,1]$

题型3　直线与直线的位置关系

题型识别	题干判定两直线的位置关系		
常见思路	位置关系	斜截式 $l_1:y=k_1x+b_1$ $l_2:y=k_2x+b_2$	一般式 $l_1:a_1x+b_1y+c_1=0$ $l_2:a_2x+b_2y+c_2=0$
	平行$l_1/\!/l_2$	$k_1=k_2,b_1\neq b_2$	$\frac{a_1}{a_2}=\frac{b_1}{b_2}\neq\frac{c_1}{c_2}$
	相交	$k_1\neq k_2$	$\frac{a_1}{a_2}\neq\frac{b_1}{b_2}$
	垂直$l_1\perp l_2$	$k_1k_2=-1$	$a_1a_2+b_1b_2=0$

492 两直线$3x+y-3=0$与$6x+my-1=0$平行，则它们之间的距离为（　　）.

A. $\frac{\sqrt{10}}{4}$　　B. $\frac{3}{4}$　　C. $\frac{\sqrt{10}}{3}$　　D. $\frac{1}{2}$　　E. $\frac{\sqrt{13}}{4}$

493 已知三角形三个顶点的坐标分别为$A(4,2)$，$B(1,-2)$，$C(-2,4)$，则BC边上的高的斜率为（　　）.

A. 2　　B. -2　　C. $\frac{1}{2}$　　D. $-\frac{1}{2}$　　E. $\frac{\sqrt{2}}{2}$

494 若三条直线 $x+3y+7=0$，$x-y-1=0$，$x+2ny+n=0$ 能围成一个三角形，则 n 的值可能是（　　）.

A. $\frac{3}{2}$　　B. 1　　C. $-\frac{1}{3}$　　D. $-\frac{1}{2}$　　E. 不存在

495 $m+n-p=0$.

（1）已知直线 l_1：$mx+4y-2=0$ 与 $l_2:2x-5y+n=0$ 互相垂直，其垂足为 $(1,p)$.

（2）过圆 $C:(x+2)^2+y^2=1$ 的圆心且与直线 $x+y=0$ 平行的直线的方程是 $mx+ny+p=0$.

496 曲线 $y=|x|$ 与 $y=kx+1$ 的交点的情况是（　　）.

A. 最多有两个交点　　B. 两个交点　　C. 一个交点

D. 无交点　　E. 无法判断

题型 4　圆与圆的位置关系

题型识别	题干要求判定两圆的位置关系
常见思路	①利用两圆心的距离与半径之和、半径之差作比较 ②两圆无交点包括内含和外离，两圆只有 1 个交点包括内切和外切

497 圆 $C_1:x^2+y^2+2x+4y+1=0$ 与圆 $C_2:x^2+y^2-4x-4y-1=0$ 的位置关系为（　　）.

A. 外切　　B. 相交　　C. 相离　　D. 内切　　E. 内含

498 已知圆 $(x-1)^2+(y+2)^2=r^2(r>0)$ 与圆 $(x-4)^2+(y-2)^2=16$ 有公共点，则 r 的取值范围为（　　）.

A. $(0,1]$　　B. $[1,5]$　　C. $[1,9]$　　D. $[5,9]$　　E. $[1,9)$

499 在平面直角坐标系中，已知两点 $O(0,0)$，$A(3,4)$ 到直线 l 的距离分别是 1 与 4，则满足条件的直线 l 共有（　　）.

A. 1 条　　B. 2 条　　C. 3 条　　D. 4 条　　E. 0 条

500 已知圆 $O_1:x^2+y^2=4$ 与圆 $O_2:x^2+y^2-2x-6=0$ 交于 A，B 两点，则 $|AB|=$（　　）.

A. $2\sqrt{3}$　　B. $\sqrt{3}$　　C. 2　　D. 4　　E. 3

501 已知圆 $O_1:(x-m)^2+(y+2)^2=9$ 与圆 $O_2:(x+n)^2+(y+2)^2=1$ 内切，则 m^2+n^2 的最小值为（　　）.

A. 1　　B. $\frac{3}{2}$

C. 2　　D. 3

E. $\frac{2}{3}$

题型5 直线与圆的位置关系

题型识别	题干要求判定直线与圆的位置关系
常见思路	①利用圆心到直线的距离与半径作比较 ②联立方程利用△与0作比较 ③弦长公式、最长弦、最短弦问题

502 圆$(x+1)^2+y^2=1$的圆心到直线$y=\sqrt{3}x-\sqrt{3}$的距离是（　　）.

A. 0　　B. 1　　C. $\frac{\sqrt{3}}{2}$　　D. $\sqrt{3}$　　E. $2\sqrt{3}$

503 设a，b为实数，若直线$ax+by=1$与圆$x^2+y^2=1$相切，则点$P(a,b)$与圆的位置关系是(　　).

A. 在圆上　　B. 在圆外　　C. 在圆内　　D. 不在圆上　　E. 不能确定

504 已知圆心为$(-2,3)$的圆与直线$x-y+1=0$相切，则该圆的标准方程是（　　）.

A. $(x+2)^2+(y-3)^2=8$　　B. $(x-2)^2+(y+3)^2=8$

C. $(x+2)^2+(y-3)^2=2\sqrt{2}$　　D. $(x-2)^2+(y+3)^2=2\sqrt{2}$

E. $(x+2)^2+(y-3)^2=18$

505 已知点$P(a,b)$在圆$x^2+y^2=r^2$的内部，则直线$ax+by=r^2$与圆的位置关系是（　　）.

A. 相交　　B. 相离　　C. 相切　　D. 外切　　E. 内含

506 已知圆C：$x^2+y^2=r^2(r>0)$，直线l：$x+\sqrt{3}y-2=0$，则直线l与圆C相交.

（1）$r>3$.

（2）$r<5$.

507 直线$x+3y+\sqrt{5}=0$被圆$x^2+y^2=3$所截得的弦长为（　　）.

A. $\sqrt{10}$　　B. 3　　C. $\sqrt{3}$　　D. $\sqrt{2}$　　E. 1

508 圆$x^2+y^2-4x-4y-10=0$上的点到直线$x+y-14=0$的最大距离是（　　）.

A. 36　　B. $8\sqrt{2}$　　C. 18　　D. $6\sqrt{2}$　　E. 15

509 已知直线$l:kx-y-2k+2=0$被圆$C:x^2+(y+1)^2=25$所截得的弦长为整数，则满足条件的直线l有（　　）.

A. 6条　　B. 7条　　C. 8条　　D. 9条　　E. 10条

510 已知圆$C_n:(x-a_n)^2+(y-2a_n)^2={a_n}^2(a_n\neq 0)$，直线$l:y=kx+b$是它们的一条公切线，则$k+b=$（　　）.

A. $\frac{3}{4}$　　B. 1　　C. $\frac{5}{4}$　　D. 2　　E. $\frac{3}{2}$

511 过直线$l:x+y-5=0$上的点作圆$C:(x-1)^2+(y+2)^2=6$的切线，则切线段长的最小值为（　　）.

A. $\sqrt{6}$　　B. $2\sqrt{3}$　　C. $\sqrt{15}$　　D. $3\sqrt{2}$　　E. $3\sqrt{7}$

512 设圆 $C:x^2-2x+y^2-3=0$，若直线 l 在 y 轴上的截距为 1，则 l 与 C 的交点个数为（　　）.

A. 0　　B. 1　　C. 2　　D. 0 或 1　　E. 1 或 2

513 已知圆 $x^2+y^2+5-m=0$ 上至多有两个点到直线 $3x+4y-5=0$ 的距离等于 1，则实数 m 的取值范围为（　　）.

A. $(5,7]$　　B. $(5,7)$　　C. $(5,9]$　　D. $(5,9)$　　E. $[5,9]$

514 已知圆 $(x+1)^2+(y+2)^2=4$ 关于直线 $ax+by+2=0$ 对称，则 $\frac{1}{a}+\frac{2}{b}$ 的最小值为（　　）.

A. 2　　B. 4　　C. 9　　D. $\frac{9}{2}$　　E. $\frac{9}{4}$

515 过点 (p,q) 做圆 $x^2+y^2=1$ 的两条切线，则两条切线夹角的最大值为 $\frac{\pi}{3}$.

（1）$3p+4q-10=0$.

（2）$p^2+q^2=4$.

题型 6　直线与抛物线的位置关系

题型识别	题干判定直线与抛物线的位置关系
常见思路	联立方程利用△与 0 作比较

516 对于任意实数 b，二次函数 $y=x^2-2bx+1$ 和直线 $y=-\frac{1}{2}x+\frac{m}{2}$ 总有交点.

（1）$m=2$.

（2）$m>2$.

题型 7　对称问题

题型识别	轴对称、特殊对称问题
常见思路	①点关于直线的对称：$pp'\perp l$ 且 p 和 p' 的中点在对称轴上 ②圆关于直线的对称：即求圆心关于直线的对称 ③特殊对称：关于原点、x 轴、y 轴、$x=y$、$x=-y$ 的对称

517 若 A（4，0）与 B 点关于点（2，1）对称，则 B 点坐标为（　　）.

A.（0，4）　　B.（0，2）　　C.（−2，4）　　D.（4，−2）　　E. $\left(\frac{3}{13},\frac{67}{13}\right)$

518 已知点$A(2,6)$与点$B(0,2)$关于直线$ax+y+b=0$对称，则$a+b$的值为（　　）.

A. 0　　B. 3　　C. -3　　D. 4　　E. -4

519 直线$ax+y+3a-1=0$恒过定点M,则点M关于直线$2x+3y-6=0$对称的点N坐标为(　　).

A. $\left(\frac{67}{13},0\right)$　　B. $\left(\frac{3}{13},-\frac{67}{13}\right)$

C. $\left(-\frac{3}{13},\frac{67}{13}\right)$　　D. $\left(-\frac{3}{13},-\frac{67}{13}\right)$

E. $\left(\frac{3}{13},\frac{67}{13}\right)$

520 直线$ax+y+3a-1=0$恒过定点M,则直线$2x+3y-6=0$关于点M对称的直线方程为(　　).

A. $2x+3y-12=0$　　B. $2x+3y+12=0$

C. $3x-2y-6=0$　　D. $2x+3y+6=0$

E. $3x+2y+12=0$

521 军营所在区域为$x^2+y^2\leqslant 4$，若将军从点$A(3,1)$处出发，先到河边饮马后再回军营，河岸线所在直线方程为$y=-x-5$，假定将军只要到达军营所在区域即回到军营，那么“将军饮马”的最短总路程为（　　）.

A. 10　　B. 9　　C. 8　　D. 7　　E. 6

522 已知点P在直线$y=x+3$上，A（1，0），B（3，0），则$|PA|+|PB|$的最小值为（　　）.

A. $\sqrt{10}$　　B. 5　　C. $\sqrt{42}$　　D. $2\sqrt{13}$　　E. $\sqrt{73}$

523 若直线l_1：$2x-y-3=0$关于直线l：$4x-2y+5=0$对称的直线为l_2，则直线l_2的斜率为（　　）.

A. 1　　B. -1　　C. 2　　D. -2　　E. 3

524 已知圆C的圆心坐标为$(-3,4)$，半径为2，圆C'与圆C关于x轴对称，则圆C'的方程为（　　）.

A. $(x+3)^2+(y-4)^2=4$　　B. $(x-3)^2+(y-4)^2=2$

C. $(x+3)^2+(y+4)^2=4$　　D. $(x+3)^2+(y+4)^2=2$

E. $(x-3)^2+(y+4)^2=4$

525 光线从$P(2,0)$出发，经$x=4,y=x$两直线反射后，仍返回到P点. 则光线从P点出发回到P点所走的路程长度（即图中$\triangle PDE$周长）为（　　）.

A. 2　　B. $2\sqrt{3}$

C. 6　　D. $2\sqrt{10}$

E. $\sqrt{58}$

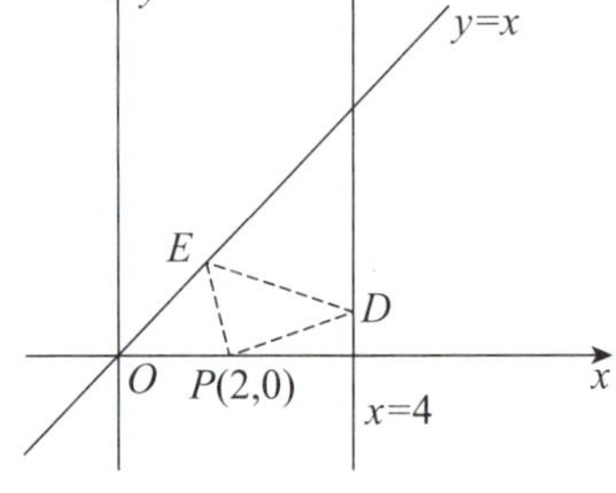

题型8 解析几何最值问题

题型识别	解析几何求最值问题
常见思路	①利用距离公式分析 ②利用边界点（切点）分析 ③利用对称分析 ④利用数形结合分析

526 已知圆 $C:x^2+(y-1)^2=r^2(r>0)$ 上的点 $Q(a,b)$ 均满足 $\begin{cases}a-b+2\geqslant 0\\a-3b\leqslant 0\end{cases}$，则 r 的最大值为（　　）.

A. $\frac{\sqrt{2}}{2}$　　B. $\frac{\sqrt{6}}{3}$　　C. $\frac{2\sqrt{5}}{5}$　　D. $10\sqrt{3}$　　E. $\frac{3\sqrt{10}}{10}$

527 若实数 x，y 满足条件：$x^2+y^2-2x=0$，则 $y-3x$ 的最小值为（　　）.

A. $-2-\sqrt{10}$　　B. $-2+\sqrt{10}$　　C. $-1+\sqrt{5}$　　D. $-3+\sqrt{10}$　　E. $-3-\sqrt{10}$

528 已知直线 $l_1:x+y+2=0$ 与直线 $l_2:x+my-2m=0$ 相交于点 P，圆 $C:x^2+y^2-4x-2y=0$ 交 y 轴正半轴于 M，若 N 是圆 C 上的动点，则 $|PM|+|PN|$ 的最小值是（　　）.

A. $\sqrt{5}$　　B. $2\sqrt{5}$　　C. $3\sqrt{5}$　　D. $4\sqrt{5}$　　E. $\frac{\sqrt{5}}{2}$

529 若 $a,b\in\mathbf{R}$ 且 $ab\neq 0$，圆 $C_1:(x+a)^2+y^2=4$ 和圆 $C_2:x^2+(y-b)^2=9$ 有且只有一条公切线，则 $\frac{1}{a^2}+\frac{1}{b^2}$ 的最小值为（　　）.

A. 1　　B. 2　　C. 3　　D. 4　　E. 5

530 $y=\sqrt{x^2+4}+\sqrt{x^2-8x+17}$ 的最小值为（　　）.

A. $\sqrt{17}$　　B. 5　　C. 0　　D. $2\sqrt{5}$　　E. $2\sqrt{6}$

531 若过点 $P(0,-1)$ 的直线 l 与圆 $(x-\sqrt{3})^2+y^2=1$ 有公共点，则直线 l 的倾斜角的最大值为（　　）.

A. $\frac{\pi}{6}$　　B. $\frac{\pi}{4}$　　C. $\frac{\pi}{3}$　　D. $\frac{2\pi}{3}$　　E. $\frac{\pi}{2}$

532 已知实数 x,y 满足 $\begin{cases}2x+y-8\leqslant 0\\2x-y\geqslant 0\\x+y-3\geqslant 0\end{cases}$，若直线 $kx-y+1=0$ 经过该可行域，则实数 k 的最大值为（　　）.

A. 1　　B. $\frac{3}{2}$　　C. 2　　D. 3　　E. $\frac{2}{3}$

533 若直线 $ax+by=ab(a>0,b>0)$ 过点（1，1），则该直线在 x 轴与 y 轴上的截距之和的最小值为（　　）.

A. 1　　B. 2　　C. 3　　D. $2\sqrt{2}$　　E. 4

534 若x,y满足约束条件$\begin{cases}x+y\geqslant 4\\x-y\leqslant 2\\y\leqslant 3\end{cases}$，则$z=3x+y$的最小值为（　　）.

A. 18　　B. 10　　C. 6　　D. 4　　E. 2

题型9 平面区域问题

题型识别	题干出现表达式围成的区域求相关量问题
常见思路	① 利用直线、圆、半圆、抛物线等图形画图分析 ② 利用绝对值相关图像画图分析

535 在直角坐标系中，若平面区域D中所有点的坐标为(x,y)均满足：$|x|\leqslant y$，$|x-y|\leqslant 2$，$0\leqslant y\leqslant\sqrt{4-x^2}$，则平面区域$D$的面积是（　　）.

A. π　　B. $\frac{\pi}{4}$　　C. $1+\frac{\pi}{2}$　　D. $\frac{2}{3}\pi$　　E. $\frac{2}{5}\pi$

536 已知x,y为实数，则$(x-2)^2+(y-2)^2\geqslant 2$.

（1）$x\leqslant 0,y\geqslant 1$.　　（2）$|x-1|+|y+1|\leqslant 2$.

537 设直线l的方程为$2x+(k-3)y-2k+2=0(k\neq 3,k\neq 1)$，则该直线与坐标轴的正半轴所围成三角形面积的最小值为（　　）.

A. $2\sqrt{2}$　　B. $4\sqrt{2}$　　C. 8　　D. $7\sqrt{5}$　　E. 10

538 已知圆$M:(x+2)^2+(y+1)^2=16$，过点P（6，5）作圆M的一条切线，切点为N，则$\triangle PMN$的面积为（　　）.

A. $4\sqrt{21}$　　B. $2\sqrt{21}$　　C. 8　　D. 16　　E. $8\sqrt{21}$

539 已知点$A(-2,0)$,$B(2,0)$,在$\triangle PAB$中，$|PA|=\sqrt{2}|PB|$,则$\triangle PAB$面积的最大值为（　　）.

A. $16\sqrt{2}$　　B. $10\sqrt{2}$　　C. $8\sqrt{2}$　　D. $4\sqrt{2}$　　E. $2\sqrt{2}$

540 已知直线L的方程为$kx+y-k-2=0$，则直线L可以将区域D分成面积相等的两部分.

（1）区域D：$|2x-2|+|y-2|\leqslant 10$.

（2）区域D：$x^2+y^2-2x-4y\leqslant 10$.

第九章 排列组合

题型 1 加法原理与乘法原理

题型识别	完成题干所陈述的事情需要分类或分步
常见思路	① 若完成某事情的情况不唯一、不确定时可以分类处理，分类用加法 ② 若完成某事情一步做不完可以分步处理，分步用乘法

541 设 a、b、$c\in\{1,2,3,4\}$，若以 a、b、c 为三条边，则能够成（　　）个不同的等腰三角形 .

A.4　　B.6　　C.10　　D.12　　E.16

542 已知集合 $A=\{0,3,4\}$,$B=\{1,2,7,8\}$，集合 $C=\{x\mid x\in A或x\in B\}$，则当集合 C 中有且只有一个元素时，C 的情况有（　　）种.

A. 3　　B. 4　　C. 7　　D. 12　　E. 24

543 图中的自来水管线 A,B 间有 4 个法兰螺栓的连接口 1，2，3，4，若螺栓脱落导致水流断路，则水路不通，那么螺栓脱落导致水不通的情况有（　　）种.

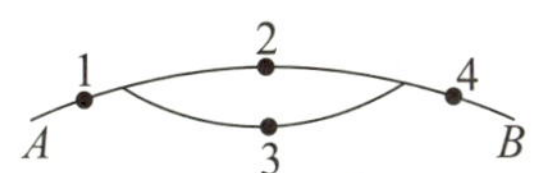

A. 9　　B. 11　　C. 13　　D. 15　　E. 18

544 从集合 {1, 2, 3} 和 {3, 4, 5, 6} 中各取 1 个元素作为点的坐标，则在直角坐标系中能确定不同的点（　　）个.

A. 7　　B. 11　　C. 12　　D. 23　　E. 24

545 古代举人考试时，为了避免作弊每人安排一个房间，某个考场如图所示共 8 个房间，现要给海家两兄弟和绵家两兄弟安排考试房间，要求同一家的两兄弟不在同一行也不在同一列，则不同安排方法总数为（　　）.

1	2	3	4
5	6	7	8

A. 288　　B. 336　　C. 576　　D. 672　　E. 1680

546 现有 3 名老师，8 名男生和 5 名女生共 16 人，则有 120 种不同选法 .

（1）若有一项活动需老师、男生、女生各 1 人参加 .

（2）若有一项活动需 1 名老师和 1 名学生参加 .

547 有 2 名医生和 4 名护士共 6 人组成两个志愿者队伍去甲、乙两个社区，要求每队既有医生又有护士，则不同的分配方法有（　　）种.

A. 8　　B. 12　　C. 28　　D. 56　　E. 64

548 本周日有 5 所不同的高校来我校作招生宣传，学校要求每位同学可以从中任选 1 所或 2 所去咨询了解，甲、乙、丙三位同学的选择没有一所是相同的，则不同的选法共有（　　）种.

A. 330　　B. 420　　C. 510　　D. 600　　E. 720

549 2022 年 6 月成都将举办第 31 届世界大学生夏季运动会，现有 4 名同学分别到东安湖体育公园、凤凰山体育公园、四川省体育馆这三个场馆做志愿者，每名同学只能去 1 个场馆，东安湖体育公园安排 1 名，凤凰山体育公园安排 1 名，四川省体育馆安排 2 名，则不同的安排方法共有（　　）种.

A. 6　　B. 12　　C. 24　　D. 48　　E. 36

题型 2　排列数与组合数

题型识别	排列数与组合数
常见思路	① 组合的本质是只取不排，组合用 C ② 排列的本质是先取再排，排列用 A

550 从 4 名男生，3 名女生中选派 3 人参加学科竞赛，一人参加数学竞赛、一人参加物理竞赛、一人参加化学竞赛，若 3 人中既有男生又有女生，则不同的选派方法有（　　）种.

A. 30　　B. 60　　C. 120　　D. 180　　E. 240

551 如图，用大小相同的木棍构造一个大正方体（由 8 个大小相同的小正方体构成），若一只蚂蚁从 A 点出发，沿着木棍到达 B 点，则蚂蚁选择的不同的最短路径共有（　　）种.

A. 180

B. 150

C. 120

D. 90

E. 24

552 海绵医院上午有 4 台手术，现从 6 名医生中安排 4 人各做一台手术，如果甲、乙两人不能安排在第一台，丙必须做最后一台，则不同的安排方案有（　　）种.

A. 48　　B. 36　　C. 24　　D. 18　　E. 12

553 海绵学院启动志愿者招募工作，小海、小绵等 6 人报名参加了甲、乙、丙三个项目的志愿者工作，因工作需要，每个项目仅需 1 人. 若小海不能参加甲、乙项目，小绵不能参加乙、丙项目，那么共有（　　）种不同的选拔志愿者的方案.

A. 52　　B. 48　　C. 36　　D. 24　　E. 18

554 排课老师正在对一周中六节不同的课程排序，第一节只能排数学或英语，最后一节不能排数学，则不同的排法共有（　　）种.

A. 192　　B. 216　　C. 240　　D. 288　　E. 360

555 将 3 颗相同的红色小球和 2 颗相同的黑色小球装入四个不同盒子，每个盒子至少 1 颗，不同的分装方案种数为（　　）.

A. 4　　B. 28　　C. 60　　D. 120　　E. 240

556 各大学在高考录取时采取专业志愿优先的录取原则. 一考生从某大学所给的 7 个专业中，选择 3 个作为自己的第一、二、三专业志愿，其中甲、乙两个专业不能同时兼报，则该考生有（　　）种不同的填报专业志愿的方法.

A. 180　　B. 120　　C. 60　　D. 220　　E. 260

557 哈三中招聘了 8 名教师，平均分配给南岗群力两个校区，其中 2 名语文教师不能分配在同一个校区，另外 3 名数学教师也不能全分配在同一个校区，则不同的分配方案共有(　　)种.

A. 18　　B. 24　　C. 36　　D. 48　　E. 52

558 现有 20 个分别标有不同编号的球，其中有 17 个红球，3 个黑球，若从这 20 个球中取出 3 个球，则至少取到 2 个黑球的取法总数为（　　）.

A. 52　　B. 56　　C. 72　　D. 82　　E. 164

559 某班班会准备从甲、乙等 7 名学生中选派 4 名学生发言，要求甲、乙两名同学至少有一人参加，那么不同的发言顺序的种数为（　　）.

A. 840　　B. 720　　C. 360　　D. 60　　E. 30

560 从 3 名逻辑老师、4 名数学老师和 5 名英语老师中选派 5 人组成一个小组，则逻辑、数学和英语老师都至少有 1 人的选派方法种数是（　　）.

A. 590　　B. 570　　C. 360　　D. 210　　E. 160

561 现将 6 个相同的笔记本分给 5 个人，其中甲、乙两人每人至少 2 本，则不同的分配方案共有（　　）种.

A. 13　　B. 15　　C. 20　　D. 30　　E. 60

562 在上海高考改革方案中，要求每位高中生必须在 3 门理科学科，3 门文科学科中选择 3 门学科参加等级考试，小丁同学理科成绩较好，决定至少选择两门理科学科，那么小丁同学的选科方案有（　　）种.

A. 10　B. 20　C. 30　D. 40　E. 50

563 用 1，2，3，4，5，6 组成没有重复数字的六位数，要求任何相邻两个数字的奇偶性不同，且 1 和 2 相邻. 则这样的六位数的个数是（　　）.

A. 40　B. 56　C. 84　D. 120　E. 168

564 将 1 ~ 9 这 9 个数平均分成 3 组,则每组的 3 个数都成等差数列的分组方法的种数是(　　).

A. 3　B. 5　C. 7　D. 9　E. 16

565 车间有 11 名工人，其中 5 名是钳工，4 名是车工，另外 2 名老师傅既能当钳工又能当车工. 现要从这 11 名工人中选派 4 名钳工，4 名车工修理一台机床，则有（　　）种选派方法.

A. 48　B. 72　C. 96　D. 144　E. 185

566 3 名男生、4 名女生按照不同的要求排队，则共有 1440 种不同的排队方案.

（1）全体站成一排，男生不能站在一起 .

（2）全体站成一排，男生不站排头也不站排尾 .

567 8 名同学合影，站成了前排 2 人，后排 6 人的队形，现摄影师要从后排 6 人中抽 2 人调整到前排，若其他人相对顺序不变，则不同的调整方法的种数为（　　）.

A. 120　B. 136　C. 148　D. 180　E. 196

568 一楼梯有 10 级台阶，某老年人欲分 8 步登上这 10 级台阶，则有 28 种走法.

（1）一步最多迈 3 级台阶 .

（2）一步最多迈 2 级台阶.

题型 3　相邻与不相邻问题

题型识别	题干出现相邻、不相邻
常见思路	① 相邻问题：先把有相邻需求的元素捆绑（排序）再将捆绑的整体与剩余元素排列 ② 不相邻问题：先将其他元素排列再把有不相邻需求的元素进行插空

569 四位女老师和三位男老师站一排，指定的某男老师站在最中间，三位男老师均不相邻，则不同的排法有（　　）种 .

A. 24　B. 48　C. 96　D. 192　E. 384

570 将诗集《诗经》《唐诗三百首》,戏剧《牡丹亭》,四大名著《红楼梦》《西游记》《三国演义》《水浒传》7 本书放在一排，下面结论成立的是（　　）.

A. 戏剧放在中间的不同放法有 7！种

B. 诗集相邻的不同放法有 6！种

C. 诗集放在两端的不同放法有 2！×4！种

D. 四大名著互不相邻的不同放法有 4！×3！种

E. 四大名著不放在两端的不同放法有 6×4！种

571 某次联欢会要安排 3 个歌舞类节目，2 个小品类节目和 1 个相声类节目的演出顺序，则同类节目不相邻的排法种数是（　　）.

A. 72　　B. 120　　C. 144　　D. 168　　E. 248

572 6 把椅子排成一排，3 人随机就座，任何两人不相邻的坐法种数为（　　）.

A. 144　　B. 120　　C. 72　　D. 24　　E. 18

573 现有 5 人站成一排照相，其中甲、乙相邻，且丙、丁不相邻，这样的排法有（　　）种.

A. 12　　B. 24　　C. 36　　D. 48　　E. 56

574 某项实验要先后实施 6 个程序，其中程序 A 只能出现在第一或最后一步，程序 B 和 C 在实施时必须相邻，则实验顺序的编排方法共有（　　）种.

A. 34　　B. 48　　C. 96　　D. 144　　E. 156

575 5 位男生与 5 位女生排成一排，男生甲与男生乙之间有且只有 2 位女生，女生不排在两端，这样的排列种数为（　　）.

A. 5760　　B. 57600　　C. 2880　　D. 28800　　E. 156000

题型 4　涂色问题

题型识别	题干给某区域、点、直线涂色
常见思路	①非环形区域：按照乘法原理逐一涂色 ②环形区域：按照非相邻区域同色或不同色分类

576 现有 5 种不同颜色要对如图所示的四个部分进行着色，要求有公共边界的两块不能用同一种颜色，则不同的着色方法种数为（　　）.

A. 80　　B. 96

C. 120　　D. 180

E. 210

577 在一个正六边形的六个区域涂色（如图），要求同一区域同一种颜色，相邻的两块区域（有公共边）涂不同的颜色，现有 5 种不同的颜色可供选择，则不同涂色方案有（　　）种.

A. 720　　B. 2160

C. 4100　　D. 4400

E. 1620

578 某家装修时发现浴室里有一个扇形窗户（如图所示），为了美观，业主打算分别用红、黄、蓝、绿四种不同颜色的玻璃放置在图中这六个区域，若要求相邻的区域不能用同色玻璃，则共有（　　）种不同的安置玻璃的方法.

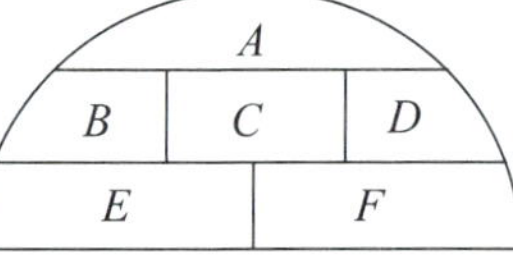

A. 48　　B. 72　　C. 96　　D. 120　　E. 169

579 现用5种不同的颜色对这四个直角三角形和一个正方形区域涂色，要求相邻的区域不能用同一种颜色，则不同的涂色方案有（　　）种.

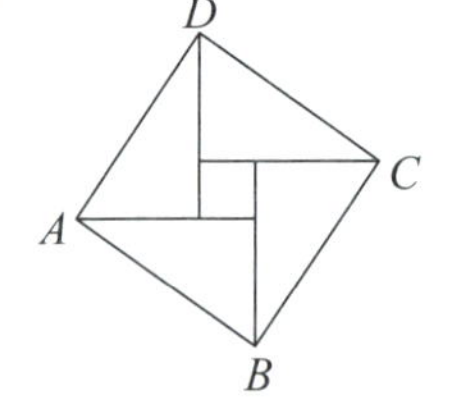

A. 168　　B. 192　　C. 300　　D. 420　　E. 500

题型5　错排问题

题型识别	题干出现对号入座或不对号入座问题
常见思路	①2对元素错排共有1种排法；　②3对元素错排共有2种排法； ③4对元素错排共有9种排法；　④5对元素错排共有44种排法

580 甲、乙、丙、丁四名同学在节日当天分别手工制作了一张卡片，送给除本人外的三人中的某一个人（每人只得一张卡片），可能的结果共有（　　）种.

A. 9　　B. 45　　C. 54　　D. 84　　E. 96

581 把五个标号为1到5的小球全部放入标号为1到4的四个盒子中，不许有空盒且任意一个小球都不能放入标有相同标号的盒子中，则不同的放法有（　　）种 .

A. 36　　B. 45　　C. 54　　D. 84　　E. 96

题型6　定序问题

题型识别	题干出现局部定序问题
常见思路	n个元素排序，其中m个元素定序或m个元素相同，则： 法①：共有$\frac{n!}{m!}$种排法 . 法②：共有$C_n^m(n-m)!$种排法

582 安排6名歌手演出顺序时，要求歌手乙、丙都排在歌手甲的前面或者后面，则不同排法的种数是（　　）.

A. 180　　B. 240　　C. 360　　D. 480　　E.120

583 小海绵忘记了皮箱的开锁密码，但记得是由一个 1，一个 2，两个 5 组成的四位数，于是用这四个数随意排成一个四位数输入尝试，那么他找到密码最多要尝试（　　）次.

A. 9　　B. 12　　C. 36　　D. 72　　E. 120

584 从 1、2、3、4、5 这五个数字中任取三个组成无重复数字的三位数，当三个数字有 2 和 3 时，则 2 需排在 3 的前面，这样的三位数有（　　）个.

A. 51　　B. 54　　C. 12　　D. 45　　E. 78

585 如图，某城市的街区由 12 个全等的矩形组成（实线表示马路），CD 段马路由于正在维修，暂时不通，则从 A 到 B 的最短路径有（　　）条.

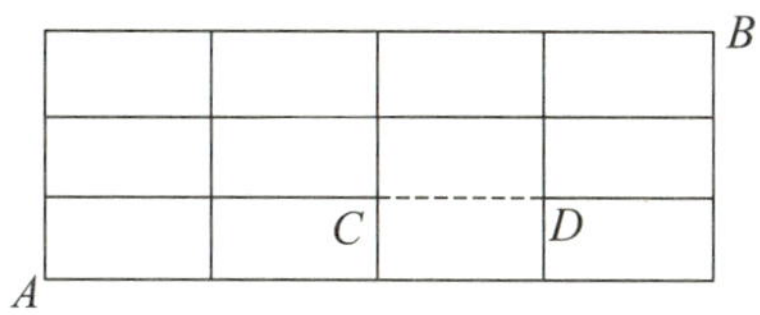

A. 23　　B. 24　　C. 25　　D. 26　　E. 35

题型 7　分组、分配、分房问题

题型识别	题干出现分堆、分组问题
常见思路	①只要出现等数量分堆都要除以等数量堆数的阶乘消序，若堆与堆不同还需要再分配 ②无限制条件（任意分）：方幂法 ③有限制条件（每间房至少住 1 个人）：先分堆再分配

586 若从 4 名数学教师中任意选出 2 人，分配到 4 个班级任教，每人任教 2 个班级，则不同的任课方案有（　　）种.

A. 9　　B. 12　　C. 36　　D. 72　　E. 120

587 某班级有 6 名同学去报名参加校学生会的 4 项社团活动，若甲、乙两位同学不参加同一社团，每个社团都有人参加，每人只参加一个社团，则不同的报名方案数为（　　）.

A. 4320　　B. 2400　　C. 2160　　D. 1320　　E. 2016

588 某县精准扶贫攻坚办公室决定派遣 8 名干部（5 男 3 女）分成两个小组，到该县甲、乙两个贫困村去参加扶贫工作，若要求每组至少 3 人，且每组均有男干部参加，则不同的派遣方案共有（　　）种.

A. 40　　B. 60　　C. 180　　D. 240　　E. 80

589 将 6 名教师 4 名学生平均分成 2 个小组（每个小组的学生数相同），分别安排到甲、乙两地参加社会实践活动，则不同的安排方案的种数为（　　）.

A. 40　　B. 60　　C. 120　　D. 240　　E. 80

590 5 个大学生分配到三个不同的村庄当村官，每个村庄至少有 1 名大学生，其中甲村庄恰有 1 名大学生的分法种数为（　　）.

A. 14　　B. 35　　C. 70　　D. 100　　E. 20

591 疫情期间，某医院召集 4 位医生，1 位护士共 5 人赶赴 A、B、C 三个核酸检测点进行核酸采样工作，每个检测点至少派 1 人，且护士不去 A 检测点，则不同的安排方法有（　　）种.

A. 76　　B. 88　　C. 100　　D. 124　　E. 160

592 在抗疫期间，某医院选派 4 位医护人员到 A、B、C 三个社区做防疫知识讲座，每位医护人员只去一个社区，且每个社区都有医护人员去，不同的选派方法种数为（　　）.

A. 24　　B. 36　　C. 72　　D. 81　　E. 48

593 为庆祝共青团建团 100 周年，团市委就“为什么出发”“怎样走到现在”“如何走向未来”进行主题知识宣讲. 现派 4 名团员去学习，每人参加一个主题，每个主题都有人参加，则甲参加“如何走向未来”的安排有（　　）种.

A. 6　　B. 12　　C. 18　　D. 24　　E. 9

594 北京冬奥会期间，将 5 名志愿者全部分配到花样滑冰、短道速滑、高山滑雪 3 个项目进行服务，每名志愿者只分配到一个项目，每个项目至少分配一名志愿者，并且甲、乙两名志愿者必须分配在一起，则不同的分配方式有（　　）种.

A. 24　　B. 36　　C. 54　　D. 72　　E. 48

595 为了提高学生综合能力，某高校每年安排大三学生在暑假期间进行社会实践活动，现将 8 名学生平均分配给甲、乙两家单位，其中两名外语系学生不能分给同一家单位；另三名艺术系学生也不能同时分给同一家单位，其余学生随机分配，则不同的分配方案有（　　）种.

A. 114　　B. 38　　C. 108　　D. 36　　E. 39

596 某省示范高中将 6 名教师分配至 3 所农村学校支教，每所学校至少分配一名教师，其中甲必去 A 校，乙、丙两名教师不能分配在同一所学校的不同分配方法数为（　　）.

A. 36　　B. 96　　C. 114　　D. 130　　E. 72

597 上海车展，宝马 mini 展台给参展人员免费分发冰激凌，现在还有 6 个口味不同的冰激凌，展台前有 2 名中国人和 1 名外国人，现将 6 个冰激凌分配给这 3 个人，若每人至少分 1 个，则共有（　　）种不同的分法.

A. 280　　B. 320　　C. 392　　D. 445　　E. 540

598 一共有 3^6 种选法 .

（1）6 名同学参加 3 个知识讲座，每名同学只能随机参加其中的一个讲座 .

（2）车上有 6 名乘客，沿途有 3 个车站，每名乘客可任选 1 个车站下车 .

599 4 名学生报名参加同一时间安排的 3 项课外活动方案有 a 种，这 4 名学生在运动会上共同争夺 100 米、跳远、铅球 3 项比赛的冠军的可能结果有 b 种 .

（1）$a=3^4$.

（2）$b=4^3$.

600 一栋 5 层的商场配有电梯，在一楼有甲、乙、丙三人进了电梯，则只有一人在 5 层下电梯，且丙不在 3 层下电梯的所有可能情况有（　　）种 .

A. 12　　B. 21　　C. 48　　D. 66　　E. 84

题型 8　隔板法

题型识别	题干出现 n 个相同元素分给 m 个不同对象
常见思路	①无限制条件（可空）：共有 C_{n+m-1}^{m-1} 种方式 ②有限制条件（非空）：共有 C_{n-1}^{m-1} 种方式

601 10 个相同小球分到 3 个不同盒子，每盒至少 1 球，有（　　）种方法.

A. 12　　B. 36　　C. 48　　D. 66　　E. 84

602 方程 $x+y+z=10$ 的正整数解有（　　）种.

A. 12　　B. 36　　C. 48　　D. 66　　E. 84

603 方程 $x+y+z=10$ 的非负整数解有（　　）种.

A. 12　　B. 36　　C. 48　　D. 66　　E. 84

604 10 个相同小球分到 3 个不同盒子，有（　　）种方法.

A. 12　　B. 36　　C. 48　　D. 66　　E. 84

605 学校将 5 个参加知识竞赛的名额全部分配给高一年级的 4 个班级，其中甲班级至少分配 2 个名额，其它班级可以不分配或分配多个名额，则不同的分配方案共有（　　）种 .

A. 20　　B. 24　　C. 26　　D. 30　　E. 84

606 将 10 个相同的小球放入 3 个不同的盒子，要求每个盒子中至少有一个小球，且每个盒子里的小球个数都不相同，则不同的放法种数为（　　）.

A. 12　　B. 16　　C. 18　　D. 21　　E. 24

题型 9 穷举法

题型识别	题干出现很多类别或情况可以分类列举
常见思路	穷举时务必先固定一个标准再按照顺序逐一列举

607 设 $I=\{1, 2, 3, 4\}$，A 与 B 是 I 的子集，若 $A\cap B=\{1, 2\}$，则称（A，B）为一个理想配集．若将（A，B）与（B，A）看成不同的“理想配集”，则符合此条件的“理想配集”的个数是（　　）．

A. 4　　B. 8　　C. 9　　D. 16　　E. 18

608 某对新婚夫妻买了一套毛巾礼盒，内装 12 条，分别编号为 1 ~ 12 的毛巾，夫妻两人从礼盒中各选一条毛巾自用，则其毛巾所选数字大小至少相差 3 的情况有（　　）种．

A. 56　　B. 72　　C. 90　　D. 101　　E. 112

609 8 个点将半圆分成 9 段弧，以 10 个点（包括 2 个端点）为顶点的三角形中钝角三角形有（　　）个．

A. 55　　B. 112　　C. 156　　D. 120　　E. 78

610 某群主发了 15 元的红包，分成四份，四人领取，均为正整数元，已知其中“运气王”（“运气王”是指领到红包金额最多的人）领到 7 元，则这四个人领取红包的方法总数为（　　）．

A. 84　　B. 96　　C. 108　　D. 120　　E. 72

611 某省新高考采用“3+1+2”模式：“3”为全国统考科目语文、数学、外语，所有学生必考；“1”为首选科目，考生须在物理、历史科目中选择 1 个科目；“2”为再选科目，考生可在思想政治、地理、化学、生物 4 个科目中选择 2 个科目．那么考生可选择的方案共有（　　）种．

A. 6　　B. 8　　C. 12　　D. 14　　E. 10

612 立德幼儿园王老师和李老师给小朋友发水果．王老师的果篮有草莓、苹果、芒果 3 种水果．李老师的果篮里有苹果、樱桃、香蕉、猕猴桃 4 种水果．小华可以在两个老师的果篮里分别选一种水果．则小华拿到两种不同水果的情况有（　　）种．

A. 6　　B. 7　　C. 11　　D. 12　　E. 9

613 设 $x_1, x_2, x_3, x_4\in\{-1, 0, 2\}$，那么满足 $2\leqslant|x_1|+|x_2|+|x_3|+|x_4|\leqslant 4$ 的所有有序数对 (x_1, x_2, x_3, x_4) 的组数为（　　）．

A. 45　　B. 28　　C. 41

D. 38　　E. 39

614 如图，从甲地到乙地有 3 条路，从乙地到丁地有 2 条路；从甲地到丙地有 2 条路，从丙地到丁地有 4 条路. 则从甲地到丁地不同的路线有（　　）条 .

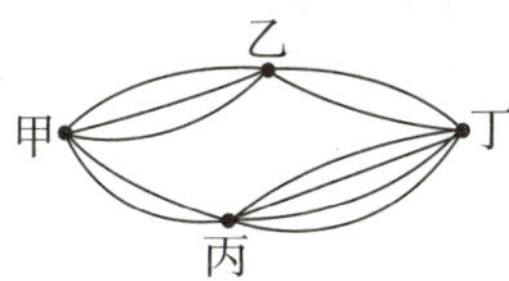

A. 11　　B. 12　　C. 13

D. 14　　E. 15

第十章 概　率

题型1 古典概型

题型识别	已知元素的数量求概率
常见思路	①基本公式$P(A)=\dfrac{A包含的基本事件的个数}{基本事件的总数}=\dfrac{m}{n}$ ②分子、分母均用排列组合计算 ③取样问题注意取样方式（逐次取样需要注意顺序）

615 一个口袋中有编号为1,2,3的3个白球和编号未知但皆是正整数的3个黑球，从中摸出2球，若颜色不同，则黑球编号大于白球编号的概率不小于$\frac{1}{3}$.

（1）3个黑球的编号之和为7.

（2）3个黑球中编号最小的是2.

616 连续2次抛掷一枚骰子，则此时满足条件的概率最大.

（1）若两次向上的数字之和为7.

（2）若两次向上的数字之和为8.

617 袋中有大小相同的黄、红、白球各一个，每次任取一个，有放回地取3次，则该事件的概率为$\frac{8}{9}$.

（1）取出小球的颜色不全同.

（2）取出小球的颜色全不同.

618 一个口袋内有4个不同的红球，6个不同的白球，若取一个红球记2分，取一个白球记1分，从中任取5个球，使总分不少于7分的概率为（　　）.

A. $\frac{31}{42}$　　B. $\frac{11}{42}$　　C. $\frac{5}{7}$　　D. $\frac{2}{7}$　　E. $\frac{3}{5}$

619 一个袋子中装有大小完全相同的3个红球和2个白球．若每次均从袋中随机摸出1个球，记录其颜色后放回袋中，同时再在袋中放入2个与摸出的球颜色、大小相同的球，则第二次摸出白球的概率为（　　）.

A. $\frac{3}{5}$　　B. $\frac{2}{5}$　　C. $\frac{13}{35}$　　D. $\frac{11}{35}$　　E. $\frac{22}{35}$

620 从标有1,2,3,…,9的9张卡片中任取2张，则这2张纸片数字之积为偶数的概率是(　　).

A. $\frac{1}{2}$　　B. $\frac{7}{18}$　　C. $\frac{13}{18}$　　D. $\frac{11}{18}$　　E. $\frac{5}{18}$

621 从 1，2，3，4 中任取 2 个不同的数，则取出的 2 个数之差的绝对值为 2 的概率是（　　）.

A. $\frac{1}{3}$　　B. $\frac{1}{2}$　　C. $\frac{1}{4}$　　D. $\frac{1}{6}$　　E. $\frac{2}{3}$

622 某三位数密码，每位数字可在 0 ~ 9 这 10 个数字中任选一个，则该三位数密码中，恰有两位数字相同的概率是（　　）.

A. $\frac{1}{3}$　　B. $\frac{2}{5}$　　C. $\frac{1}{4}$　　D. $\frac{27}{100}$　　E. $\frac{3}{5}$

623 小海绵打开计算机时，忘记了开机密码的前两位，只记得第一位是 M，I，N 中的一个字母，第二位是 1,2,3,4,5 中的一个数字,则小海绵输入一次密码能够成功开机的概率是（　　）.

A. $\frac{8}{15}$　　B. $\frac{1}{8}$　　C. $\frac{1}{15}$　　D. $\frac{1}{30}$　　E. $\frac{1}{9}$

624 从 3 名男同学和 2 名女同学中任选 2 名同学参加志愿者服务，则选出的 2 名同学中至少有 1 名女同学的概率是（　　）.

A. $\frac{8}{15}$　　B. $\frac{3}{10}$　　C. $\frac{2}{5}$　　D. $\frac{3}{5}$　　E. $\frac{7}{10}$

625 若某公司从 5 位大学毕业生甲、乙、丙、丁、戊中录用三人，这 5 人被录用的机会均等，则甲或乙被录用的概率为（　　）.

A. $\frac{1}{10}$　　B. $\frac{1}{5}$　　C. $\frac{3}{5}$　　D. $\frac{4}{5}$　　E. $\frac{9}{10}$

626 某考试多选题有 A、B、C、D 四个选项，在给出选项中，有多项符合题目要求全部选对的得 2 分，部分选对的得 1 分，有选错的不得分 . 已知某道多选题正确答案为 B、D，小海绵完全不会做这道题,他随机地填涂了至少一个选项,则小海绵这道题能得分的概率为(　　).

A. 0.1　　B. 0.2　　C. 0.4　　D. 0.6　　E. 0.8

627 A 站每天均有 3 辆车开往 B 站，3 辆车分别为商务座车、一等座车、二等座车，某天小海绵准备在 A 站乘车前往 B 站，但他不知道车况和发车顺序，为了尽可能乘上商务座车，他打算先放过第一辆，如果第二辆比第一辆好，则上第二辆，否则上第三辆，那么他乘上商务座车的概率为（　　）.

A. $\frac{1}{2}$　　B. $\frac{1}{3}$　　C. $\frac{1}{4}$　　D. $\frac{2}{3}$　　E. $\frac{3}{4}$

628 已知关于 x 的一元二次函数为 $f(x)=ax^2-2bx+1$. 设集合 $P=\{1,2,3\}$ 和 $Q=\{-2,2,3,4,5\}$，分别从集合 P 和 Q 中随机取一个数作为 a 和 b，则函数 $y=f(x)$ 在区间 $[1,+\infty)$ 上是增函数的概率为（　　）.

A. $\frac{2}{5}$　　B. $\frac{3}{5}$　　C. $\frac{2}{3}$　　D. $\frac{1}{3}$　　E. $\frac{1}{2}$

629 某三位数恰有两个数字相同的概率为 $\frac{3}{16}$.

（1）由小于 10 的质数组成的可重复数字的三位数．

（2）由小于 10 的合数组成的可重复数字的三位数．

630 某停车场有 7 个连成一排的空车位，现有 3 辆车随机停在这排车位中，则任意两辆车之间至少间隔一个车位的概率为（　　）．

A. $\frac{1}{5}$　　B. $\frac{2}{7}$　　C. $\frac{3}{7}$　　D. $\frac{7}{15}$　　E. $\frac{8}{15}$

631 从一个装有三个红球、两个白球的盒子里逐次不放回摸球，则连续两次摸中红球的概率为（　　）．

A. $\frac{1}{5}$　　B. $\frac{2}{5}$　　C. $\frac{3}{5}$　　D. $\frac{4}{5}$　　E. $\frac{3}{10}$

632 盒子里有红、黄、绿三种颜色的大小相等的球，其中红球有 7 个、黄球有 5 个，从盒中任意拿出一个球，拿到黄球的概率为$\frac{1}{3}$，则拿到绿球的概率为（　　）．

A. $\frac{1}{3}$　　B. $\frac{2}{3}$　　C. $\frac{1}{5}$　　D. $\frac{2}{5}$　　E. $\frac{4}{5}$

633 将 4 个 1 和 2 个 0 随机排成一行，则 2 个 0 不相邻的概率为（　　）．

A. $\frac{1}{3}$　　B. $\frac{2}{5}$　　C. $\frac{2}{3}$　　D. $\frac{4}{5}$　　E. $\frac{3}{5}$

634 甲、乙两人随意入住两间空房，则甲、乙两人各住一间房的概率是（　　）．

A. $\frac{1}{3}$　　B. $\frac{1}{4}$　　C. $\frac{1}{2}$　　D. $\frac{1}{5}$　　E. $\frac{2}{5}$

635 将标号为 1，2，3，4，5，6 的 6 张卡片放入 3 个不同的信封中，每个信封放 2 张，则标号为 1，2 的卡片在同一信封的概率为（　　）．

A. $\frac{1}{5}$　　B. $\frac{1}{4}$　　C. $\frac{1}{3}$　　D. $\frac{1}{2}$　　E. $\frac{2}{5}$

636 某高中计划举办足球比赛，每个年级有 2 个队，把全校 6 个队分为甲、乙两组，每组 3 个队，则每个年级的队都不在同一组的概率是（　　）．

A. $\frac{3}{10}$　　B. $\frac{2}{5}$　　C. $\frac{3}{5}$　　D. $\frac{4}{5}$　　E. $\frac{1}{2}$

637 从长度分别为 1，2，3，4，5 的五条线段中，任取三条的不同取法共有 n 种．在这些取法中，以取出的三条线段为边可组成的钝角三角形的个数为 m，则$\frac{m}{n}$等于（　　）．

A. $\frac{1}{10}$　　B. $\frac{1}{5}$　　C. $\frac{3}{10}$　　D. $\frac{2}{5}$　　E. $\frac{1}{2}$

638 设 O 为正方形 $ABCD$ 的中心，则满足条件的概率不超过$\frac{3}{5}$．

（1）在 O，A，B，C，D 中任取 3 点，若取到的 3 点共线．

（2）在 O，A，B，C，D 中任取 2 点，若这 2 个点的距离不小于该正方形边长．

639 如图是一个正方体纸盒的展开图，若把 1、2、3、4、5、6 随机填入小正方形内，按虚线折成正方体，则所得正方体对面上两个数的和都相等的概率为（　　）.

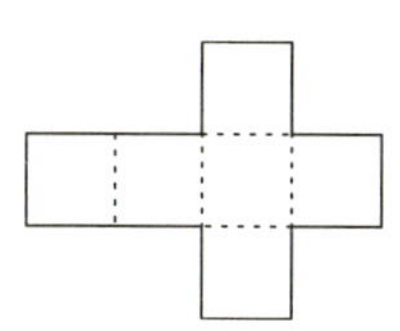

A. $\frac{1}{10}$　　B. $\frac{1}{15}$　　C. $\frac{3}{10}$　　D. $\frac{2}{5}$

E. $\frac{1}{5}$

640 已知集合 $M=\{-3,-2,-1,0,1,2,3\}$，若 $a,b\in M$，则满足条件的 $P=\frac{9}{49}$.

（1）点 $P(a,b)$ 在第二象限.　　（2）点 $P(a,b)$ 在第四象限.

641 一块各面均涂有油的正方体被锯成 27 个同样大小的小正方体，从中随机地取出一个小正方体，其两面有油漆的概率是（　　）.

A. $\frac{6}{27}$　　B. $\frac{7}{27}$　　C. $\frac{5}{9}$　　D. $\frac{20}{27}$　　E. $\frac{4}{9}$

题型 2　几何概型

题型识别	已知长度、面积、体积求概率
常见思路	基本公式 $P(A)=\frac{A\text{长度、面积、体积}}{\text{总长度、面积、体积}}=\frac{m}{n}$

642 在区间 $[-1,1]$ 上任取一个实数 k，则使得直线 $y=kx$ 与圆 $(x-2)^2+y^2=1$ 有公共点的概率是（　　）.

A. $\frac{\sqrt{3}}{2}$　　B. $\frac{\sqrt{2}}{2}$　　C. $\frac{\sqrt{3}}{3}$　　D. $\frac{1}{2}$　　E. $\frac{1}{20}$

643 已知 A、B 两点在半径为 2 的圆上，且 $AB=2$，现从圆上任选一点 C，则△ ABC 的面积大于 $2\sqrt{3}$ 的概率为（　　）.

A. $\frac{5}{6}$　　B. $\frac{1}{3}$　　C. $\frac{1}{4}$　　D. $\frac{1}{6}$　　E. $\frac{1}{12}$

题型 3　独立事件

题型识别	已知事件的概率求概率
常见思路	① $P(A+B)=P(A)+P(B)-P(AB)$；A,B 互斥时，$P(A+B)=P(A)+P(B)$ ② $P(\bar{A})=1-P(A)$ ③设 A,B 是两相互独立事件，则 $P(AB)=P(A)P(B)$

644 甲、乙两人参加“社会主义价值观”知识竞赛，甲、乙两人能荣获一等奖的概率分别为 $\frac{2}{3}$

和$\frac{3}{4}$，甲、乙两人是否获得一等奖相互独立，则这两个人中恰有一人获得一等奖的概率为（　　）.

A. $\frac{3}{4}$　　B. $\frac{2}{3}$　　C. $\frac{5}{7}$　　D. $\frac{5}{12}$　　E. $\frac{7}{12}$

645 甲、乙两名同学参加一项射击比赛游戏，其中任何一人每射击一次击中目标得 2 分，未击中目标得 0 分. 若甲、乙两人射击的命中率分别为$\frac{3}{5}$和p，假设甲、乙两人射击互不影响，则甲、乙两人各射击一次得分之和为 2 的概率为$\frac{9}{20}$.

（1）$p=\frac{3}{4}$.　　（2）$p=\frac{1}{4}$.

646 甲、乙两人独立地破解同一个谜题，破解出谜题的概率分别为$\frac{1}{2}$、$\frac{2}{3}$，则谜题没被破解的概率为（　　）.

A. $\frac{1}{6}$　　B. $\frac{1}{3}$　　C. $\frac{5}{6}$　　D. $\frac{5}{12}$　　E. $\frac{7}{12}$

647 设甲乘汽车、火车前往目的地的概率分别为 0.6、0.4，汽车和火车正点到达目的地的概率分别为 0.9、0.8，则甲正点到达目的地的概率为（　　）.

A. 0.48　　B. 0.56　　C. 0.68　　D. 0.78　　E. 0.86

648 已知甲、乙两球落入盒子的概率分别为$\frac{1}{2}$和$\frac{1}{3}$. 假定两球是否落入盒子互不影响，则甲、乙两球至少有一个落入盒子的概率为（　　）.

A. $\frac{3}{4}$　　B. $\frac{2}{3}$　　C. $\frac{5}{7}$　　D. $\frac{5}{12}$　　E. $\frac{7}{12}$

649 某工厂有A,B两套生产线，每周需要维护的概率分别为 0.2 和 0.25，且每周A,B两套生产线是否需要进行维护是相互独立的，则至多有一套生产线需要维护的概率为（　　）.

A. 0.95　　B. 0.6　　C. 0.35　　D. 0.15　　E. 0.12

650 甲、乙两队进行排球决赛，现在的情形是甲队只要再赢一次就获冠军，乙队需要再赢两局才能得冠军，若两队胜每局的概率相同，则甲队获得冠军的概率为（　　）.

A. $\frac{1}{2}$　　B. $\frac{3}{5}$　　C. $\frac{2}{3}$　　D. $\frac{3}{4}$　　E. $\frac{1}{4}$

651 甲、乙两队进行篮球决赛，采取七场四胜制. 根据前期比赛成绩，甲队的主客场安排依次为“主主客客主客主”. 设甲队主场取胜的概率为 0.6，客场取胜的概率为 0.5，且各场比赛结果相互独立，则甲队以 4∶1 获胜的概率是（　　）.

A. 0.18　　B. 0.24　　C. 0.36　　D. 0.48　　E. 0.56

652 甲、乙、丙三位同学进行羽毛球比赛，约定赛制如下：累计胜两场者获胜；比赛前抽签决定首先比赛的两个人，另一个人轮空；每场比赛的胜者与轮空者进行下一场比赛，负者下一场轮空，直至产生最终的胜者．经抽签，甲、乙首先比赛，丙轮空．设每场比赛双方获胜的概率都为．则丙最终获胜的概率为（　　）．

A. $\frac{1}{2}$　　B. $\frac{7}{16}$　　C. $\frac{7}{32}$　　D. $\frac{1}{8}$　　E. $\frac{1}{4}$

653 某电视台的夏日水上闯关节目中的前四关的过关率分别为$\frac{5}{6}$、$\frac{4}{5}$、$\frac{3}{5}$、$\frac{1}{2}$，只有通过前一关才能进入下一关，其中，第三关有两次闯关机会，且通过每关相互独立．一选手参加该节目，则该选手能进入第四关的概率为（　　）．

A. $\frac{7}{25}$　　B. $\frac{2}{5}$　　C. $\frac{11}{25}$　　D. $\frac{12}{25}$　　E. $\frac{14}{25}$

654 某商场搞活动，共设有 5 题，必须依次答题，甲答对每一题的概率都是 0.5，则甲能获奖的概率为$\frac{1}{4}$．

（1）四次以内答对 3 题则获奖．

（2）连续答对 3 题则获奖．

655 如图，用K、A_1、A_2三个不同的元件连接成一个系统．当K正常工作且A_1、A_2至少有一个正常工作时，系统正常工作，已知K、A_1、A_2正常工作的概率依次是 0.9、0.8、0.8，则系统正常工作的概率为（　　）．

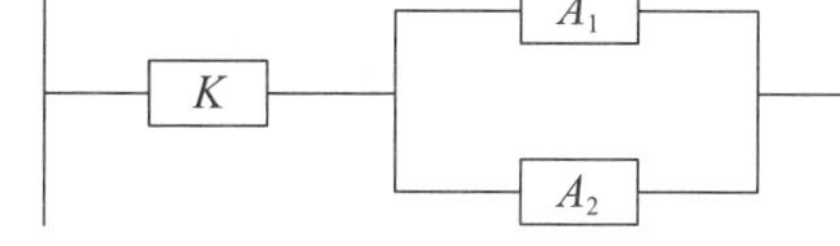

A. 0.960　　B. 0.864　　C. 0.720

D. 0.576　　E. 0.567

656 A,B,C,D这 4 个电器元件出故障的概率分别为$\frac{1}{2},\frac{1}{3},p_1,p_2$，按下图的两种连接方式，图一连通的概率为$\frac{55}{72}$，图二连通的概率为$\frac{17}{24}$，其中电路是否连通只与电器元件是否出故障有关，则$p_1+p_2=$（　　）．

A. $\frac{5}{12}$　　B. $\frac{1}{2}$　　C. $\frac{7}{12}$

D. $\frac{2}{3}$　　E. $\frac{1}{3}$

图一　　图二

657 乒乓球比赛的规则是五局三胜制，甲、乙两球员的胜率分别为 0.6 和 0.4，在一次比赛中，若甲先连胜了前面两局，则甲最后获胜的概率为（　　）．

A. 0.622　　B. 0.732　　C. 0.864　　D. 0.936　　E. 0.999

658 王某打电话时忘记了对方电话号码最后一位数字，但记得这个数字不是“0”，王某尝试用其他数字代替最后一位数字，则恰好第二次尝试成功的概率是（　　）．

A. $\frac{1}{10}$　　B. $\frac{1}{9}$　　C. $\frac{1}{5}$　　D. $\frac{2}{9}$　　E. $\frac{3}{7}$

题型 4 伯努利模型

题型识别	已知事件的概率求概率（特殊的独立事件）
常见思路	设在一次试验中，事件 A 发生的概率为 $p(0<p<1)$，则在 n 重伯努利试验中，事件 A 恰好发生 k 次的概率为 $P_n(k)=C_n^k p^k(1-p)^{n-k}$，$k=0,1,2,\cdots,n$

659 投篮测试中，每人投 3 次，至少投中 2 次才能通过测试．已知某同学每次投篮投中的概率为 0.6，且各次投篮是否投中相互独立，则该同学通过测试的概率为（　　）．

A. 0.648　　B. 0.432　　C. 0.36　　D. 0.312　　E. 0.288

660 甲、乙两人在每次猜谜活动中各猜一个谜语，若一方猜对且另一方猜错，则猜对的一方获胜，否则本次平局．每次活动中甲、乙猜对与否互不影响，各次活动也互不影响，则 3 次活动中，甲至少获胜 2 次的概率为 $\frac{20}{27}$．

（1）已知每次活动中甲、乙猜对谜语的概率分别为 $\frac{5}{6}$ 和 $\frac{1}{5}$．

（2）已知每次活动中甲获胜的概率为 $\frac{2}{3}$．

661 已知的调查可知，大学生创业成功与失败的概率分别为 a、b，且 $a=2b$，则某高校 4 名大学生毕业后自主创业，其中至少有 2 名大学生创业成功的概率为（　　）．

A. $\frac{8}{81}$　　B. $\frac{8}{9}$　　C. $\frac{7}{24}$　　D. $\frac{5}{23}$　　E. $\frac{1}{6}$

662 甲、乙两人各射击一次，击中目标的概率分别是 $\frac{1}{2}$ 和 $\frac{3}{4}$，假设两人每次射击是否击中目标相互之间没有影响．则两人各射击 3 次，甲恰好比乙多击中目标 2 次的概率为（　　）．

A. $\frac{5}{128}$　　B. $\frac{3}{128}$　　C. $\frac{7}{24}$　　D. $\frac{3}{512}$　　E. $\frac{9}{512}$

663 将一枚均匀的硬币投掷 6 次，则正面出现的次数比反面出现的次数多的概率为（　　）．

A. $\frac{25}{64}$　　B. $\frac{7}{16}$　　C. $\frac{11}{32}$　　D. $\frac{21}{32}$　　E. $\frac{9}{16}$

第十一章 数据描述

题型1 平均值

题型识别	求平均值
常见思路	①算术平均值法：用总数 ÷ 总量计算平均值 ②平移法：给一组数据都减掉一个数再计算余下数的平均值 ③权重法：A 平均值 $\times A$ 占比 $+B$ 平均值 $\times B$ 占比＝总平均值

664 $x_1, x_2, \ldots, x_{10}$ 的平均数为 a，$x_{11}, x_{12}, \ldots, x_{50}$ 的平均数为 b，则 $x_1, x_2, \ldots, x_{50}$ 的平均数为（　　）.

A. $a+b$　　B. $\frac{a+b}{2}$　　C. $\frac{10a+50b}{60}$

D. $\frac{10a+40b}{50}$　　E. $\frac{a+b}{50}$

665 果品店把 2 千克酥糖、3 千克水果糖、5 千克奶糖混合成什锦糖，已知酥糖每千克 4.40 元、水果糖每千克 4.20 元、奶糖每千克 7.20 元，则什锦糖每千克（　　）元.

A. 5.20　　B. 5.52　　C. 5.60

D. 5.74　　E. 5.82

666 甲、乙、丙、丁四位同学，在一次考试中四人的平均分数是 90 分，可是丙在抄分时，把甲的成绩错抄成 87 分，因此算得四人的平均分为 88 分，则甲在这次考试中得了（　　）分.

A. 98　　B. 97　　C. 96

D. 95　　E. 94

667 有 4 箱水果，已知苹果、梨、橘子平均每箱 42 个，梨、橘子、桃平均每箱 36 个，则可以确定每箱苹果及桃的数量.

（1）苹果和桃平均每箱 37 个.

（2）苹果每箱 36 个.

668 甲、乙两个数的平均数是 34，则可以确定甲、乙、丙三个数的数值.

（1）乙丙两个数的平均数是 31.

（2）甲丙两个数的平均数是 32.

题型2 方差与标准差

题型识别	求方差
常见思路	①极差可以大致反映方差 ②设一组样本数据，其平均数为$\bar{x}$，则方差$S^2=\frac{1}{n}\left[(x_1-\bar{x})^2+(x_2-\bar{x})^2+\cdots+(x_n-\bar{x})^2\right]=\frac{1}{n}\sum_{i=1}^{n}(x_i-\bar{x})^2$ ③性质：$x_1,x_2,\cdots,x_n$的方差为S^2，则有以下结论： $x_1+b,x_2+b,\cdots,x_n+b$的方差为S^2； $kx_1,kx_2,\cdots,kx_n$的方差为k^2S^2； $kx_1+b,kx_2+b,\cdots,kx_n+b$的方差为$k^2S^2$

669 某人5次射击成绩为6，a，10，8，b. 若这组数据的平均数为8，方差为$\frac{8}{5}$，则ab的值是（　　）.

A. 48　　B. 50　　C. 64　　D. 68　　E. 70

670 甲、乙、丙、丁四名同学参加立定跳远训练，他们成绩的平均数相同，方差如下：$S_{甲}^2=2.1$，$S_{乙}^2=3.5$，$S_{丙}^2=9$，$S_{丁}^2=0.7$，则成绩最稳定的是（　　）.

A. 甲　　B. 乙　　C. 丙　　D. 丁　　E. 无法判断

671 新数据的方差比原数据小.

（1）原数据的方差为s^2，将这组数据中的每个数都除以2，得到一组新数据.

（2）原数据a、b、c、d的平均数是3，在这组数据后再添加数据3得到一组新数据a、b、c、d、3.

672 甲，乙两人在相同的条件下，各射靶10次，经过计算：甲、乙射击成绩的平均数都是8环，甲的方差是1.2，乙的方差是1.8，则下列说法中不一定正确的是（　　）.

A. 甲、乙射中的总环数相同

B. 甲的成绩稳定

C. 乙的成绩波动较大

D. 甲、乙的众数相同

E. 以上结论均不正确

673 某特警部队为了选拔“神枪手”，举行了1000米射击比赛，最后由甲、乙两名战士进入决赛，在相同条件下，两人各射靶10次，则甲的成绩比乙的成绩稳定.

（1）甲有8次击中10环.

（2）乙有7次击中10环.

题型3 图表

题型识别	图表问题
常见思路	①频率分布直方图：组数=$\frac{极差}{组距}$；频率=$\frac{频数}{数据容量}$；频率直方图下的总面积等于1 ②饼图：某部分所占的百分比等于对应扇形所占整个圆周的比例

674 某高校调查了200名学生每周的自习时间（单位：小时），制成了如图所示的频率分布直方图，其中自习时间的范围是[17.5,30]，样本数据分组为[17.5,20)，[20,22.5)，[22.5,25)，[25,27.5)，[27.5,30]．根据直方图，这200名学生中每周的自习时间不少于22.5小时的人数是（　　）．

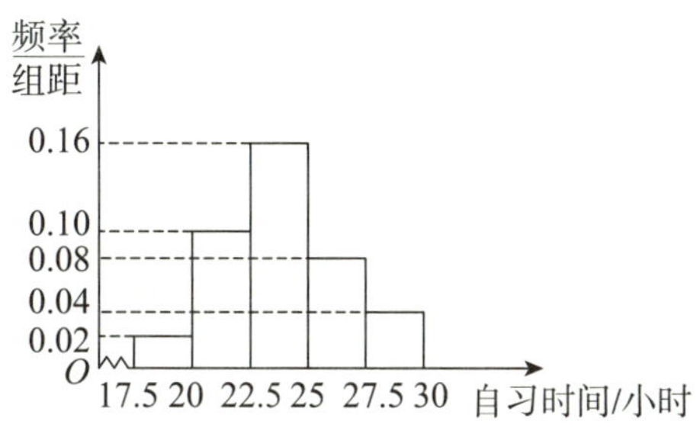

A. 56　　B. 60　　C. 120　　D. 140　　E. 150

675 为了研究某药品的疗效，选取若干名志愿者进行临床试验．所有志愿者的舒张压数据（单位：kPa）的分组区间为[12,13)，[13,14)，[14,15)，[15,16)，[16,17]，将其按从左到右的顺序分别编号为第一组，第二组，…，第五组．如图是根据试验数据制成的频率分布直方图．已知第一组与第二组共有20人，第三组中没有疗效的有6人，则第三组中有疗效的人数为（　　）．

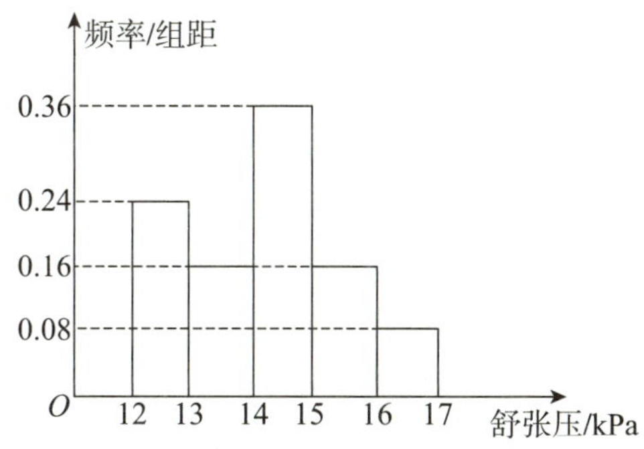

A. 6　　B. 8　　C. 12　　D. 18　　E. 20

676 隆湖中学举办“我爱读书”主题活动，根据学校调查数据，学校绘制了如下饼状图，其中喜欢文学类书目的同学有 150 人、喜欢体育类书目的有 50 人，则喜欢科普类书目的同学有（　　）人.

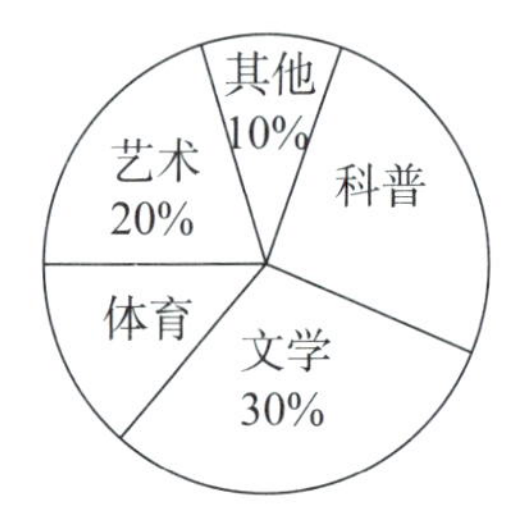

A. 150

B. 160

C. 165

D. 170

E. 180

677 某市电信公司每年“双十一”那天对办理应用套餐的客户进行优惠，优惠方案如下：选择套餐 1 的客户可获得优惠 200 元，选择套餐 2 的客户可获得优惠 500 元，选择套餐 3 的客户可获得优惠 300 元. 根据以往的统计结果绘出当天参与活动的统计图，现将频率视为概率. 则两位客户选择同一套餐的概率为（　　）.

A. $\frac{1}{2}$　　B. $\frac{7}{16}$

C. $\frac{9}{16}$　　D. $\frac{19}{32}$

E. $\frac{13}{32}$

678 某地发生自然灾害，学校组织同学捐款，某人对捐款情况进行了抽样调查，抽取了 40 名同学的捐款数据，把数据进行分组、列频数分布表后，绘制了频数分布直方图. 如图，从左到右各长方形高度之比为 3 ∶ 4 ∶ 5 ∶ 7 ∶ 1.

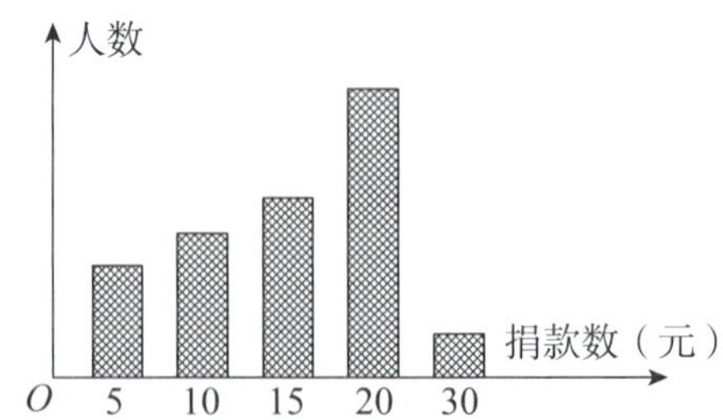

若该校捐款金额不少于 34500 元，则该校捐款同学的人数至少有（　　）名.

A. 2000　　B. 2100　　C. 2200　　D. 2300　　E. 2400

管综
数学答案篇
678题库

第一章 算 术

第一节 实 数

题型 1 有理数与无理数

1 【答案】A

【解析】已知 $0.\dot{a}\dot{b}=\frac{ab}{99}$，写成最简分数时，分母与分子的和是 13，因此需要约分化简，分子和分母同时除以 9 或 11，此时分母分别为 11 或者 9，均小于 13，所以分数为 $\frac{2}{11}$ 或者 $\frac{4}{9}$（舍，因为 a 与 b 不相等），所以分母与分子的差是 $11-2=9$，故选 A.

2 【答案】E

【解析】$(\sqrt{2+\sqrt{3}}+\sqrt{2-\sqrt{3}})^2=2+\sqrt{3}+2-\sqrt{3}+2\sqrt{(2+\sqrt{3})(2-\sqrt{3})}=4+2\times1=6$，则 $\sqrt{2+\sqrt{3}}+\sqrt{2-\sqrt{3}}=\sqrt{6}$，故选 E.

3 【答案】D

【解析】将原方程转化为 $(1+2\sqrt{3})x+(1-\sqrt{3})y-2+5\sqrt{3}=(x+y-2)+(2x-y+5)\sqrt{3}=0$ 可以得到 $x+y-2=0$ 且 $2x-y+5=0$，解得 $x=-1,\ y=3$，所以 $x^3+y^3=26$，故选 D.

4 【答案】C

【解析】$\frac{\sqrt{23-6\sqrt{6-4\sqrt{2}}}}{3+\sqrt{2}}=\frac{\sqrt{23-6\sqrt{6-2\sqrt{8}}}}{3+\sqrt{2}}=\frac{\sqrt{23-6(2-\sqrt{2})}}{3+\sqrt{2}}=\frac{\sqrt{11+2\sqrt{18}}}{3+\sqrt{2}}=\frac{3+\sqrt{2}}{3+\sqrt{2}}=1$，故选 C.

题型 2 奇数与偶数

5 【答案】C

【解析】条件（1）和条件（2）都没有确定 m 和 n 是否为整数，所以两条件单独不成立；联立两条件可以得到，$m=2,n=1$，所以 $m^2n^2-1=3$ 为奇数，可以推出结论，故选 C.

6 【答案】D

【解析】$(m+n)^2+2m-n=(m+n)^2+m-n+m$ 为偶数，而 $(m+n)$ 与 $(m-n)$ 奇偶性相同，故 m 为偶数，条件（2）m^2 + 偶数 = 偶数，故 m^2 为偶数，则 m 是偶数，故选 D.

7 【答案】D

【解析】条件（1），因为 $m-n+m+n=2m$ 为偶数，所以 $m-n$ 与 $m+n$ 奇偶性相同，条件（1）显然充分；条件（2），$m^2-n^2=(m+n)(m-n)$ 为奇数，则 $m+n$ 为奇数，条件（2）亦充分 . 故选 D.

8 【答案】B

【解析】$4a$ 必为偶数 $\Rightarrow 5a^2-7$ 为偶数 $\Rightarrow 5a^2$ 为奇数 $\Rightarrow a^2$ 为奇数 $\Rightarrow a$ 为奇数，故选 B.

题型 3　质数与合数

9【答案】C

【解析】20 以内质数：2、3、5、7、11、13、17、19. 通过观察尾数，可以找到和为 5 的倍数的组合：$2+3$; $2+13$; $3+7$; $3+17$; $7+13$; $11+19$; $13+17$，共 7 组，故选 C.

10【答案】C

【解析】$(m-n)(m+n)=5 \Rightarrow m=3, n=2$，则 $2m+3n=2\times3+3\times2=12$，故选 C.

11【答案】C

【解析】（1）$abc=11(a+b+c)$，令 $a=11$，则 $bc=11+b+c$，因式分解得到：$(b-1)(c-1)=12$，又因为三个数都是质数，所以 $\begin{cases}b=13\\c=2\end{cases}$ 或 $\begin{cases}b=7\\c=3\end{cases}$，因为 $a<b<c$，则 $\begin{cases}a=2,b=11,c=13\\a=3,b=7,c=11\end{cases}$，有两组，故条件（1）不充分；（2）由条件可知，$a$ 是偶数，即 $a=2$，则有：$\begin{cases}a=2,b=11,c=13\\a=2,b=7,c=17\\a=2,b=5,c=19\end{cases}$，有三组，故条件（2）不充分 . 联立可得：$a=2$，$b=11$，$c=13$，充分，故选 C.

12【答案】D

【解析】由题目知，$18+a=14+b=35+c$，18 和 14 是偶数，而 35 是奇数，除 2 之外所有质数都是奇数，因为 $18+a$ 和 $14+b$ 的和肯定是奇数，所以 $35+c$ 也只能是奇数，那么 c 只能是偶质数 2，得出 $c=2$ 后，也可以得出 $b=23$，$a=19$，则 $a+b+c=44$，故选 D.

13【答案】D

【解析】$11011\times28=(7\times11\times11\times13)\times(2\times2\times7)$，乘积为定值，和要想最大则 a、b、c 相差越大，因为 a、b、c 为合数且两两互质，所有当 $a=11\times11\times13=1573$，$b=7\times7=49$，$c=2\times2=4$ 时，$a+b+c$ 的最大值是 1626，故选 D.

14【答案】B

【解析】三位数数字各不相同且均为质数，可知三位数字应在 2、3、5、7 中选择。调换位置后所得新数字比原数字大 495，则根据尾数判断原数字的个位（调换后的百位）应为 7，原数字的百位（调换后的个位）应为 2，则十位数字只能是 3 或 5，如果是 3，则原数字 $237=3\times79$，不是质数，不符合题意，因此原十位数字只能为 5，故选 B.

题型 4　整除与余数

15【答案】E

【解析】该五位数既能被 2 整除也能被 5 整除，则个位必须是 0，所以 $y=0$，同时该五位数也能被 3 整除，所以 $8+x+3+5+0$ 一定是 3 的倍数，因为数位上只能放一位数，所以 $x=2,5,8$，因此 $x+y=2,5,8$，故选 E.

16【答案】C

【解析】显然两个条件单独不充分，联立可确定 n 除以 $[8,9]=72$ 的余数，又因为 6 是 72 的因数，故

可以确定 n 除以 6 的余数，故选 C.

17【答案】C

【解析】n 除以 9 余 8、除以 7 余 6，可得 n 是 63 的倍数减 1，200 以内 63 的倍数减 1 有 62、125、188，再根据 n 除以 5 余 3，故 $n=188$，所以各个数位之和为 $1+8+8=17$，故选 C.

18【答案】D

【解析】条件（1）：因为 2 和 7 互质，所以已知 $2n\div7$ 的余数，可以确定 $n\div7$ 的余数，充分；条件（2）：已知 $n\div14$ 的余数，可以确定 $n\div7$ 的余数，充分，故选 D.

19【答案】A

【解析】由于每个人的工号都是连续的，因为能被 5 整除的尾数只能为 0 或 5，若为 0，向前推第 2 名尾数为 7，不能被 2 整除，故第 5 名的尾数只能为 5，所以第 1 名至第 10 名的尾数分别为：1，2，3，4，5，6，7，8，9，0。观察第 3 名与第 9 名，工号分别为：×××3，×××9，也就是 ×××9 能被 9 整除，利用数的整除特性，得到这两个四位数的前三位的和一定是 9 的倍数，也就是对于第 3 名的工号而言，工号前三位数字和加上 6 之后是 9 的倍数，只有 A 项满足条件，故选 A.

题型 5 约数与倍数

20【答案】D

【解析】设 $a=3m$，$b=3n$，则 $(m,n)=1$，$ab=9mn=360$，所以 $mn=40$. 又因为 m 和 n 互质，所以 $m+n$ 的最小值为 $5+8=13$，所以两数和的最小值为 $3\times13=39$. 故选 D.

21【答案】B

【解析】因为 a 与 b 的最大公约数为 18，所以设 $a=18m$，$b=18n$（m 与 n 互质），根据题意可得 $5\times18m+2\times18n=540$，即 $5m+2n=30$，所以 $m=4, n=5$. a 与 b 的最小公倍数为 360，故选 B.

22【答案】B

【解析】40，25，50 的最小公倍数为 200（分钟），也就是 3 小时 20 分钟，因此在 11 点 20 分时三辆公交车再次回到公交总站. 故选 B.

第二节 比 例

题型 6 比例性质

23【答案】C

【解析】由题意可得 $\frac{1}{x}:\frac{1}{y}:\frac{1}{z}=1:\frac{1}{2}:\frac{1}{3}=6:3:2$，则 $\frac{1}{x}=\frac{11}{24}\div(6+3+2)\times6=\frac{1}{4}$，同理 $\frac{1}{y}=\frac{1}{8}, \frac{1}{z}=\frac{1}{12}$，则 $x+y+z=4+8+12=24$，故选 C.

24【答案】D

【解析】设 $x=5k$，$y=4k$，$z=3k(k\neq0)$，则 $\frac{x+y}{3y-2z}=\frac{5k+4k}{12k-6k}=\frac{3}{2}$，故选 D.

25【答案】A

【解析】设$\frac{1}{x}=3k$，$\frac{1}{y}=4k$，$\frac{1}{z}=5k$，则$x=\frac{1}{3k}$，$y=\frac{1}{4k}$，$z=\frac{1}{5k}$，所以$(x+y):(x+z)=\left(\frac{1}{3k}+\frac{1}{4k}\right):\left(\frac{1}{3k}+\frac{1}{5k}\right)=35:32$，故选 A.

26【答案】B

【解析】甲：乙：丙=6：10：5，因为甲比丙多4，所以一份是4，乙=10×4=40，故选 B.

题型 7　比例定理

27【答案】D

【解析】由条件（1）可得$\frac{a}{b}=\frac{c}{d}$，设$\frac{a}{b}=\frac{c}{d}=k$，则$a=bk$，$c=dk$，此时$\frac{a+b}{c+d}=\frac{bk+b}{dk+d}=\frac{b}{d}$，$\frac{\sqrt{a^2+b^2}}{\sqrt{c^2+d^2}}=\frac{\sqrt{(bk)^2+b^2}}{\sqrt{(dk)^2+d^2}}=\frac{\sqrt{b^2}}{\sqrt{d^2}}=\frac{|b|}{|d|}=\frac{b}{d}$，所以条件（1）充分；由条件（2）可得$\frac{a}{b}=\frac{c}{d}$，设$\frac{a}{b}=\frac{c}{d}=k$，则$a=bk$，$c=dk$ $a=bk$，$c=dk$，此时$\frac{a+b}{c+d}=\frac{bk+b}{dk+d}=\frac{b}{d}$，$\frac{\sqrt{a^2+b^2}}{\sqrt{c^2+d^2}}=\frac{\sqrt{(bk)^2+b^2}}{\sqrt{(dk)^2+d^2}}=\frac{\sqrt{b^2}}{\sqrt{d^2}}=\frac{|b|}{|d|}=\frac{-b}{-d}=\frac{b}{d}$，所以条件（2）也充分．故选 D.

28【答案】A

【解析】当$a+b+c=0$时，$\frac{a}{b+c}=\frac{-a}{-a}=-1$；当$a+b+c\neq0$时，$\frac{a}{b+c}=\frac{b}{a+c}=\frac{c}{a+b}=\frac{a+b+c}{2(a+b+c)}=\frac{1}{2}$．故选 A.

29【答案】A

【解析】$\frac{a-b}{c-d}=\frac{a}{c}=\frac{(a-b)-a}{(c-d)-c}=\frac{b}{d}$，所以$\frac{a+b}{c+d}=\frac{a}{c}=\frac{b}{d}=\frac{1}{2}$，故选 A.

30【答案】B

【解析】$\begin{cases}\frac{a+b}{c+d}=\frac{a}{c}=\frac{b}{d}\\ \frac{a+d}{b+c}=\frac{a}{c}=\frac{d}{b}\end{cases}\Rightarrow\frac{b}{d}=\frac{d}{b}\Rightarrow\frac{b}{d}=1$，故选 B.

题型 8　正比与反比

31【答案】C

【解析】$y^2=2x^2-4x+2=2(x-1)^2$，则$\frac{y^2}{(x-1)^2}=2\Rightarrow\frac{y}{x-1}=\pm\sqrt{2}$，所以$k=\pm\sqrt{2}$，故选 C.

32【答案】A

【解析】$x^2y^2-4xy+4=0\Rightarrow(xy-2)^2=0$，则$xy=2$，故选 A.

第三节 绝对值

题型 9 绝对值的代数意义

33【答案】B

【解析】根据绝对值内部正负性，去掉绝对值可得：$b-c+b+c-a+c+a+c+a-b-a-b=2c$，故选 B.

34【答案】A

【解析】根据条件可以确定 $a+c>0$，$b+c<0$，$a-b>0$，则原式可化简为 $a+c-(b+c)-(a-b)=a+c-b-c-a+b=0$，故选 A.

35【答案】A

【解析】由题意可得：$a=\pm5$，$b=\pm1$，代入计算均可得原式为 10，故选 A.

36【答案】D

【解析】$|a|=5\Rightarrow a=\pm5$，当 $a=5$ 时 $b=-8$ 或 -2；当 $a=-5$ 时，$b=8$ 或 2，故选 D.

题型 10 绝对值的几何意义

37【答案】D

【解析】$|x+3|+|x-2|$ 的最小值为 5，此时 $-3\leqslant x\leqslant2$，故当 $x=1$ 或 $x=-1$ 时，$|x+3|+|x|+|x-2|=6$，则条件（1）和条件（2）单独都充分，故选 D.

38【答案】B

【解析】和差模型 $f(x)=|x-2|-|x+3|$ 的图像如下所示：

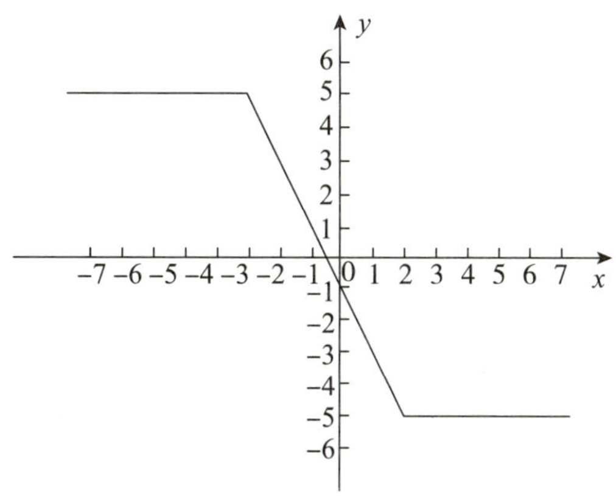

故当 $x\leqslant-3$ 时，方程 $|x-2|-|x+3|=5$ 有无穷多个解；当 $x\geqslant2$ 时，方程 $|x-2|-|x+3|=5$ 无解．则条件（1）不充分，条件（2）充分，故选 B.

39【答案】D

【解析】原式可变形为 $|x+2|+|x-1|+|y-5|+|y+1|=9$，由绝对值的几何意义可知 $|x+2|+|x-1|\geqslant3$，$|y-5|+|y+1|\geqslant6$，两式相加为 9，所以 $|x+2|+|x-1|=3$ 且 $|y-5|+|y+1|=6$，所以可解出 $-2\leqslant x\leqslant1$ 且 $-1\leqslant y\leqslant5$，所以 $-3\leqslant x+y\leqslant6$，故最大值与最小值的差为 9，故选 D.

40【答案】A

【解析】根据几何意义可知，当$x\in[-3,2]$时，符合题意，条件（1）当$x\geq 1$时，有$x=1,2$两个整数解，充分；条件（2），有3个整数解，不充分，故选A.

题型11 绝对值的性质

41【答案】D

【解析】根据绝对值的自比性可知，三个数的正负分布为两正一负，当a、b为正，c为负时，$\frac{|abc|}{abc}+\frac{|ab|}{ab}+\frac{|bc|}{bc}=-1$；当$a$、$c$为正，$b$为负时，$\frac{|abc|}{abc}+\frac{|ab|}{ab}+\frac{|bc|}{bc}=-3$．故选D.

42【答案】A

【解析】因为$-1<x<0$，所以$x-2<0$，$x-1<0$，$x<0$，所以原式$=-1-1-1=-3$，故选A.

43【答案】E

【解析】$|3x+2|+2x^2-12xy+18y^2=|3x+2|+2(x-3y)^2=0$，根据非负性：$\begin{cases}3x+2=0\\x-3y=0\end{cases}\Rightarrow\begin{cases}x=-\frac{2}{3}\\y=-\frac{2}{9}\end{cases}$，则$2y-3x=\frac{14}{9}$，故选E.

44【答案】C

【解析】原式可变形为$(x+y)^2+(y-1)^2+|y-1|=0$，根据非负性可得$y=1,x=-1$，故选C.

第二章　代数式、集合与函数

第一节　代数式

题型 1　整式公式运算

45【答案】A

【解析】条件（1），$mn+2m+n=4\Rightarrow(m+1)(n+2)=6$，由于$m,n$是正整数，所以满足$(m+1)(n+2)=6$的$m$，$n$只能是$m=1$，$n=1$，充分；条件（2），$mn-2m-n=3\Rightarrow(m-1)(n-2)=5$，由于$m$，$n$是正整数，所以满足$(m-1)(n-2)=5$的$m$，$n$有$m=2$，$n=7$或$m=6$，$n=3$，不充分．故选A.

46【答案】C

【解析】依题可得$\begin{cases}(a+1)(b+1)=4\\(b+1)(c+1)=4\\(a+1)(c+1)=4\end{cases}$，所以$(a+1)(b+1)(c+1)=8$，故选C.

47【答案】A

【解析】当$x=1$时可得$(1-2x)^{2n}=1=a_0-a_1+a_2-\cdots+a_{2n}$，当$x=3$时可得$(1-2x)^{2n}=25^n=a_0+a_1+a_2+\cdots+a_{2n}$，两式相加可得$a_0+a_2+a_4+\cdots+a_{2n}=\dfrac{25^n+1}{2}$，故选A.

48【答案】E

【解析】将$x^2=3x-1$代入可得$(3x-1)^2-6x(3x-1)+9x^2+x+\dfrac{1}{x}=x+\dfrac{1}{x}+1$，等式$x^2=3x-1$左右两边同时除以$x$可得$x=3-\dfrac{1}{x}$，即$x+\dfrac{1}{x}=3$，代入可得原式等于4，故选E.

49【答案】C

【解析】$\left|(a+b)(a^2+b^2-ab)\right|=36\Rightarrow\left|(a+b)^2-3ab\right|=9$，即$16-3ab=9$或$16-3ab=-9$解得$ab=\dfrac{7}{3}$或$\dfrac{25}{3}$，所以$a^2+b^2=(a+b)^2-2ab=\dfrac{34}{3}$或$-\dfrac{2}{3}<0$（舍）．故选C.

50【答案】A

【解析】令$x=2023$，则原式$=\dfrac{(x+2)(x+1)}{(x+2)(x-1)}=\dfrac{x+1}{x-1}=\dfrac{2024}{2022}=1+\dfrac{1}{1011}$，故选A.

51【答案】C

【解析】$a^2+2ab+2b^2+4a+8=\dfrac{a^2}{2}+2ab+2b^2+\dfrac{a^2}{2}+4a+8=2\left(\dfrac{a^2}{4}+ab+b^2\right)+\dfrac{a^2+8a+16}{2}=2\left(\dfrac{a}{2}+b\right)^2+\dfrac{(a+4)^2}{2}=0$，解得：$a=-4,b=2$，则$ab=-8$，故选A.

题型 2 因式定理与余式定理

52【答案】A

【解析】不妨令 $f(x)=a(x-1)(x-2)(x-3)+2$，代入 $f(0)=4$ 解得 $a=-\frac{1}{3}$，故 $f(x)=-\frac{1}{3}(x-1)(x-2)(x-3)+2$，当 $x=4$ 时，解得 $f(4)=0$，故选 A.

53【答案】D

【解析】由余式定理可得 $f(2)=1$，即 $f(2)=8+8-2a+b=1$，显然条件（1）（2）都能满足以上条件，都充分，故选 D.

54【答案】B

【解析】$x-m$ 是多项式 x^2+nx-8 的一个因式，则有：$m^2+nm-8=0$.

对于条件（1），$x-m$ 也是 $x^2-7x+12$ 的一个因式，则有 $m^2-7m+12=0$，解得 $m=3$ 或 4，代入 $m^2+nm-8=0$ 可得：$n=-\frac{1}{3}$ 或 $n=-2$，故 $m+n=\frac{8}{3}$ 或 2，不唯一，不成立；对于条件（2），$x-m$ 也是 $x^2-8x+16$ 的一个因式，则有 $m^2-8m+16=0$，解得 $m=4$，代入 $m^2+nm-8=0$ 可得：$n=-2$，故 $m+n=2$，成立，故选 B.

55【答案】E

【解析】因为 $x^4+x^2+1=(x^2+1+x)(x^2+1-x)$，所以 $f(x)$ 除以 x^2-x+1 的余式即为 x^3+2x^2-3x-4 除以 x^2-x+1 的余式，利用长除法可得 x^3+2x^2-3x-4 除以 x^2-x+1 的余式为 $-x-7$. 故选 E.

题型 3 分式公式运算

56【答案】D

【解析】$x^4+\frac{1}{x^4}=\left(x^2+\frac{1}{x^2}\right)^2-2=47$，即 $\left(x^2+\frac{1}{x^2}\right)^2=49$. 条件（1），$x+\frac{1}{x}=3\Rightarrow\left(x+\frac{1}{x}\right)^2=9$，即 $x^2+\frac{1}{x^2}=7$，可以推出结论；条件（2），$x^2+\frac{1}{x^2}=7$，可以推出结论 . 故选 D.

57【答案】A

【解析】分子和分母同时除以 ab，则 $\frac{-3a+4ab+3b}{2a-3ab-2b}=\frac{-\frac{3}{b}+4+\frac{3}{a}}{\frac{2}{b}-3-\frac{2}{a}}=\frac{3\left(\frac{1}{a}-\frac{1}{b}\right)+4}{2\left(\frac{1}{b}-\frac{1}{a}\right)-3}=\frac{3\times2+4}{2\times(-2)-3}=-\frac{10}{7}$，故选 A .

58【答案】B

【解析】令 $\sqrt{\frac{a-1}{3}}=x$，则 $a=3x^2+1$，$\frac{a+8}{3}=x^2+3$，所以原式可化简为 $\sqrt[3]{3x^2+1+(x^2+3)x}+\sqrt[3]{3x^2+1-(x^2+3)x}=\sqrt[3]{x^3+3x^2+3x+1}-\sqrt[3]{x^3-3x^2+3x-1}=\sqrt[3]{(x+1)^3}-\sqrt[3]{(x-1)^3}=(x+1)-(x-1)=2$，故选 B.

59【答案】B

【解析】条件（1），$x+\frac{1}{x}$ 为对勾函数，根据函数图像可得，给定一个值，有可能有两个 x 与其对应，故不能确定，不充分；条件（2），已知 $x^3-\frac{1}{x^3}$ 的值就可以确定 x^3 的值，也就可以确定 x 的值，所以可以

确定 $x^2-\frac{1}{x^2}$ 的值，充分．故选 B.

60【答案】C

【解析】由于 $x\neq 0$，因此方程两边同时除以 x^2 有 $2\left(x^2+\frac{1}{x^2}\right)+3\left(x+\frac{1}{x}\right)-16=0\Rightarrow 2\left(x^2+\frac{1}{x^2}+2\right)+3\left(x+\frac{1}{x}\right)-20=0\Rightarrow 2\left(x^2+\frac{1}{x^2}+2\right)+2\left(x+\frac{1}{x}\right)^2+3\left(x+\frac{1}{x}\right)-20=0$，解得 $x+\frac{1}{x}=\frac{5}{2}$ 或 -4（舍），故选 C.

61【答案】C

【解析】原式 $=\frac{1}{4}\left(\frac{1}{1\times 3}-\frac{1}{3\times 5}+\frac{1}{3\times 5}-\frac{1}{5\times 7}+\cdots+\frac{1}{99\times 101}-\frac{1}{101\times 103}\right)=\frac{1}{4}\left(\frac{1}{3}-\frac{1}{10403}\right)=\frac{2600}{31209}$，故选 C.

62【答案】E

【解析】原式 $=\left(1-\frac{1}{2!}\right)+\left(\frac{1}{2!}-\frac{1}{3!}\right)+\cdots+\left(\frac{1}{9!}-\frac{1}{10!}\right)=1-\frac{1}{10!}$，故选 E .

63【答案】D

【解析】原式 $=\frac{1}{2}\left(1-\frac{1}{3}+\frac{1}{3}-\frac{1}{5}+\cdots+\frac{1}{99}-\frac{1}{101}\right)=\frac{50}{101}$，故选 D .

64【答案】B

【解析】原式 $=\frac{1}{2}(\sqrt{4}-\sqrt{2}+\sqrt{6}-\sqrt{4}+\sqrt{8}-\sqrt{6}+\cdots+\sqrt{100}-\sqrt{98})=5-\frac{\sqrt{2}}{2}$，故选 B.

65【答案】D

【解析】线段 $a_n=|x_1-x_2|=\frac{\Delta}{|a|}=\frac{1}{n^2+n}=\frac{1}{n(n+1)}=\frac{1}{n}-\frac{1}{n+1}$，则 $S_{2017}=a_1+a_2+\cdots+a_{2017}=1-\frac{1}{2}+\frac{1}{2}-\frac{1}{3}+\cdots+\frac{1}{2017}-\frac{1}{2018}=1-\frac{1}{2018}=\frac{2017}{2018}$，故选 D .

第二节　集合与函数

题型 4　集合

66【答案】B

【解析】因为 A 是 B 的充分不必要条件，所以集合 A 是集合 B 的真子集，又因为集合 A 不能为空集，所以需满足 $\begin{cases}a>0\\a+1<4\end{cases}$ 即 $0<a<3$，故选 B.

67【答案】E

【解析】集合 $A=\{m\ ,\ n\}$，则其子集有 $2^2=4$ 个，故选 E.

68【答案】B

【解析】集合 A 即 $y=x^2+1$ 或 $y=x$，集合 B 即 $y=kx$，A 与 B 的交集有 8 个子集说明交集里含有 3 个元素，即 $y=x^2+1$ 与 $y=kx$ 有两个不同的实数解，且 $y=x$ 与 $y=kx$ 有一个实数解，即 $x^2-kx+1=0$ 的 $\Delta>0$ 且 $k\neq 1$，解得：$k<-2$ 或 $k>2$，故选 B.

69【答案】A

【解析】$M\cap N=\{1,2,3,4,5,6,7,8,9\}$，该集合中一共含有 9 个元素，共有 2^9 个子集，其中 1 出现的次数是剩余 8 个元素所组成的子集之外的集合个数，其余 8 个元素出现的次数为 2^8，则 1 共出现 $2^9-2^8=2^8$ 次，同理可得其他元素出现的次数，故和为 $(1+2+3+4+5+6+7+8+9)\times 2^8=45\times 2^8$，故选 A.

70【答案】D

【解析】因为 $|x|+|y|\leqslant 2$，$x\in\mathbf{Z}$，$y\in\mathbf{Z}$，当 $x=0$ 时，$y=-2,-1,0,1,2$；当 $x=1$ 时，$y=-1,0,1$；当 $x=-1$ 时，$y=-1,0,1$；当 $x=2$ 时，$y=0$；当 $x=-2$ 时，$y=0$. 所以满足条件的数对为 13，即集合 A 中元素的个数为 13. 故选 D.

71【答案】B

【解析】①若 $a^2-a-1=-1$，则 $a^2-a=0$，解得 $a=0$ 或 $a=1$，当 $a=1$ 时，$\{2,a^2-a-1,a^2+1\}=\{2,-1,2\}$，舍去，所以 $a=0$；②若 $a^2+1=-1$，则 $a^2=-2$，a 无实数解. 由①和②知：$a=0$，故选 B.

72【答案】B

【解析】条件（1），集合 $A=\{x\,|\,x^2-2x+1=0\}=\{1\}$，当 $a=0$ 时，$B=\varnothing$，此时 $B\subseteq A$；当 $a\neq 0$ 时，由 $B\subseteq A$ 可得 $a=1$，因此满足的 a 为 0 或 1，不充分；条件（2），因为 $A\cap B=\{3\}$，因此 $a+2=3$ 或 $a^2+4=3$，当 $a^2+4=3$ 时，a 无实数解；当 $a+2=3$ 时，$a=1$，充分，故选 B.

题型 5　一次函数

73【答案】D

【解析】直线不过第四象限，有 $\frac{b}{a}>0$，$-\frac{a}{c}>0$，可知 a、b 同号，a、c 异号. 又有 $abc<0$，所以 $a>0,b>0,c<0$，点 $(a+b,c)$ 在第四象限，故选 D.

74【答案】A

【解析】因为倾斜角为 150°，所以 $k=\tan 150°=-\frac{\sqrt{3}}{3}$. 条件（1），$k\cdot b=1$，解得 $b=-\sqrt{3}$，则 $y=-\frac{\sqrt{3}}{3}x-\sqrt{3}$，$S=\frac{1}{2}\times 3\times\sqrt{3}=\frac{3\sqrt{3}}{2}$，充分；条件（2），$k\cdot b=3\sqrt{3}$，解得 $b=-9$，则 $y=-\frac{\sqrt{3}}{3}x-9$，$S=\frac{1}{2}\times 9\times 9\sqrt{3}\neq\frac{3\sqrt{3}}{2}$，不充分，故选 A.

题型 6　二次函数

75【答案】A

【解析】设 $\frac{x+1}{x}=t$，则 $x=\frac{1}{t-1}(t\neq 1)$，所以 $f(t)=\frac{\left(\frac{1}{t-1}\right)^2+1}{\left(\frac{1}{t-1}\right)^2}+\frac{1}{\frac{1}{t-1}}=1+(t-1)^2+(t-1)=t^2-t+1$. 因此 $f(x)=x^2-x+1(x\neq 1)$，故选 A.

76【答案】B

【解析】设二次函数 $y=x^2+4x+6$，因为 $x=2m+n+2$ 和 $x=m+2n$ 时，多项式 x^2+4x+6 的值相同，

且 $m-n\neq-2$，所以有 $\frac{2m+n+2+m+2n}{2}=-2$，化简得 $3m+3n=-6$，因此 $x=3m+3n+3=-6+3=-3$，所以此时函数值为 $9-12+6=3$，故选 B.

77【答案】D

【解析】由已知得：$y^2=-2x^2+6x$，所以 $x^2+y^2+2x=x^2-2x^2+6x+2x=-x^2+8x=-(x-4)^2+16$，又 $y^2=-2x^2+6x\geqslant0$，解得 $0\leqslant x\leqslant3$．当 $x=3$ 时，$y=0$，所以 x^2+y^2+2x 的最大值为 15，故选 D.

78【答案】D

【解析】根据图像性质可知，两个抛物线关于 y 轴对称，$AD=2BC\Rightarrow AC=CO=OB=BD$，此时设 A、B 的坐标分别为 $(a,0),(-2a,0)$，过 A、B 的抛物线的对称轴为 -1，故 $\frac{-2a+a}{2}=-1$，解得 $a=2$，根据韦达定理可得 $n=8$，故选 D.

79【答案】D

【解析】由题意可得：$f(x)=(x-x_1)(x-x_2),0<x_1<1,0<x_2<1$，则 $f(3)=(3-x_1)(3-x_2)\in(4,9)$，又由于 $f(3)=9+3a+b$，可知 $3a+b\in(-5,0)$，故选 D.

80【答案】B

【解析】若 $a=2$，则 $f(x)=x^2+|x-2|+1$，当 $x\leqslant2$ 时，$f(x)=x^2-x+3=\left(x-\frac{1}{2}\right)^2+\frac{11}{4}$，此时当 $x=\frac{1}{2}$ 时，函数 $f(x)$ 的最小值为 $f\left(\frac{1}{2}\right)=\frac{11}{4}$；当 $x\geqslant2$ 时，函数 $f(x)=x^2+x-1=\left(x+\frac{1}{2}\right)^2-\frac{5}{4}$，函数 $f(x)$ 在 $[2,+\infty)$ 上的最小值为 $f(2)=5$．综上，$x=\frac{1}{2}$ 时，函数 $f(x)$ 有最小值，最小值为 $\frac{11}{4}=2\frac{3}{4}$，故选 B．

81【答案】A

【解析】条件（1），当 $x\geqslant0$ 时，$y=|x|$ 与 $y=12-x^2$ 的交点为 $(3,3)$，当 $x<0$ 时，$y=|x|$ 与 $y=12-x^2$ 的交点为 $(-3,3)$，所以 $f(x)=\min\{|x|,12-x^2\}$ 的最大值为 3，充分．条件（2），当 $(x+2)^2=-x^2+10$ 时，$f(x)$ 取最大值，可得 $x=-3$ 或 1，$x=1$ 时，$f(x)=(x+2)^2=9$；$x=-3$ 时，$f(x)=(x+2)^2=1$，故最大值为 9，不充分，故选 A.

82【答案】E

【解析】由条件（1）可知 $\begin{cases}c=0\\-\frac{b}{2a}=1\end{cases}$，不能确定 a,b 的值，不充分；由条件（2）可知 $4a+2b+c=0$，不充分；联立条件后，当 $c=0$ 时，$4a+2b+c=0$ 与 $-\frac{b}{2a}=1$ 等价，仍不充分，故选 E.

83【答案】C

【解析】两个条件单独显然不成立，联立后 $y=x^2+x-2$ 的对称轴为 $x=-\frac{1}{2}$，$y=x^2-x-2$ 的对称轴为 $x=\frac{1}{2}$，两条抛物线关于 y 轴对称，充分，故选 C.

84【答案】C

【解析】当 $a\neq2$，且 $\Delta\geqslant0$ 时，该函数与 x 轴有交点，即 $1-(2-a)\geqslant0$，$a\geqslant1$．综上，需要满足 $a\geqslant1$ 且 $a\neq2$，才可以推出结论，即条件（1）和（2）联合充分，故选 C．

85【答案】C

【解析】根据题意，a,b,c 既成等差数列又成等比数列，则 $a=b=c\neq0$，则 $y=ax^2+bx+c=ax^2+ax+a=a(x^2+x+1)$，是对称轴为 $x=-\frac{1}{2}$ 的二次函数，若函数的图像与直线 $y=m$ 交于不同两点 $A(x_1,y_1)$，$B(x_2,y_2)$，则 A、B 两点关于直线 $x=-\frac{1}{2}$ 对称，则有 $x_1+x_2=-1$，故选 C.

86【答案】D

【解析】因为 A、B 两点纵坐标相同，所以 A、B 两点关于对称轴对称，同理 C、D 两点纵坐标相同，所以 C、D 两点关于对称轴对称，因此当 $m\neq0$ 时，则 $\frac{1+3}{2}=\frac{0+m}{2}$，解得 $m=4$，故选 D.

87【答案】D

【解析】由题意可得 $m^2-1981m+2014=0$，$n^2-1981n+2014=0$，则 $(m^2-1982m+2014)(n^2-1982n+2014)=(-m)(-n)=mn$. 由韦达定理可得：$mn=2014$，故选 D.

88【答案】C

【解析】函数图像过点 $(0,-4)$，所以有 $m=-4$，故函数 $y=2x^2-4$，由对称可知，阴影部分的面积之和为矩形 $OCBE$ 的面积，因为四边形 $ABCD$ 是正方形，所以设点 B 的坐标为 $(t,2t)$，因此有 $2t^2-4=2t$，解得 $t=2$ 或 -1（舍，因为点 B 在第一象限），所以 B 的坐标为 $(2,4)$，则矩形 $OCBE$ 的面积为 $2\times4=8$，故选 C.

题型 7　指数函数与对数函数

89【答案】D

【解析】两式相乘可得 $xy\cdot\frac{x}{y}=x^y\cdot x^{3y}$，化简可得 $x^2=x^{4y}$，所以有 $4y=2,y=\frac{1}{2}$，再将 $y=\frac{1}{2}$ 代入 $xy=x^y$ 可得 $\frac{1}{2}x=\sqrt{x}$，解得 $x=4$，所以 $x+y=\frac{9}{2}$，故选 D.

90【答案】B

【解析】当 $x=1$ 时，$\ln(x+1)-\frac{2}{x}=\ln2-2<0$；当 $x=2$ 时，$\ln(x+1)-\frac{2}{x}=\ln3-1>0$，故选 B.

91【答案】B

【解析】根据对数函数定义域得：$x^2-1>0$，即 $x>1$ 或 $x<-1$；且该对数函数在定义区间是一个递增函数. 根据复合函数单调性的可知，当 x^2-1 递减，即 $x<0$ 时，该函数是一个减函数，联立得：$x<-1$，因此条件（2）充分，故选 B.

92【答案】D

【解析】由 $-1\leqslant\log_{\frac{1}{2}}x\leqslant1$ 得 $\frac{1}{2}\leqslant x\leqslant2$. 令 $t=\left(\frac{1}{2}\right)^x$，则 $\frac{1}{4}\leqslant t\leqslant\frac{\sqrt{2}}{2}$，$y=4t^2-4t+2=4\left(t-\frac{1}{2}\right)^2+1$.

当 $t=\frac{1}{2}$，即 $\left(\frac{1}{2}\right)^x=\frac{1}{2},x=1$ 时，$y_{\min}=1$；当 $t=\frac{1}{4}$，即 $\left(\frac{1}{2}\right)^x=\frac{1}{4}$，$x=2$ 时，$y_{\max}=\frac{5}{4}$.

因此条件（1）件（2）都充分，故选 D.

93【答案】C

【解析】$f(n)=1-\frac{1}{\frac{(\sqrt{2})^n+1}{2}}$，而 $\frac{n}{n+1}=\frac{n+1-1}{n+1}=1-\frac{1}{n+1}$，即 $1-\frac{1}{\frac{(\sqrt{2})^n+1}{2}}>1-\frac{1}{n+1}$，把 n 的数值代入

可得最小值在 $n=9$ 处取得，故选 C.

94【答案】B

【解析】条件（1）中函数在 **R** 上为减函数，不充分；条件（2）中函数在 **R** 为增函数，充分，故选 B.

95【答案】B

【解析】对于条件（1），由于 $a>1$，所以要证 $\log_a x^m > \log_a x^n$，即证 $x^m > x^n$，又由于 $x\in(0,1)$，$m>n>1$，所以 $x^m < x^n$，不充分；对于条件（2），由于 $0<a<1$，所以要证 $\log_a x^m > \log_a x^n$，即证 $x^m < x^n$，又由于 $x\in(0,1)$，$0<n<m<1$，所以 $x^m < x^n$，充分．故选 B.

96【答案】D

【解析】条件（1），$\log_a b>1=\log_a a$．当 $a>1$ 时，有 $b>a>1$；当 $0<a<1$ 时，有 $0<b<a<1$，因此 $(b-1)(b-a)>0$，充分．条件（2），$\log_b a=\dfrac{1}{\log_a b}<1\Rightarrow \log_a b>1$，因此也充分，故选 D.

第三章　方程与不等式

第一节　方　程

题型 1　一次方程与不等式（组）

97【答案】C

【解析】将两个等式进行化简，分别消去 a, b 得到等式 $\begin{cases}15|b|=12-6c\\10\sqrt{a}=18+6c\end{cases}$，得到 $-3\leqslant c\leqslant 2$，所以 c 可能取的最大值为 2，故选 C.

98【答案】B

【解析】依题可得 $\begin{cases}3a+1=-8\\3b-c=5\\7b+c=5\end{cases}$，解得 $\begin{cases}a=-3\\b=1\\c=-2\end{cases}$，所以 $abc=6$，故选 B .

99【答案】A

【解析】由 $a>b>c$，且 $a+b+c=0$，可得：$a>0$，$c<0$，b 的正负未知 . $b>c$，两边同乘以正数 a，可得：$ab>ac$，故选 A.

100【答案】A

【解析】条件（1）：采用反证法，若 $x>2$ 且 $y>1$，则 $x+y>3$，与条件矛盾，因此可以推出结论，充分；条件（2）：举反例，当 $x=3, y=2$ 时，显然不能推出结论，不充分 . 故选 A.

101【答案】D

【解析】要证 $\min\{a, b\}\leqslant 1$ 成立，即证 $a\leqslant 1$ 或 $b\leqslant 1$ 成立，即证 $a>1$ 且 $b>1$ 不成立，即证 $a+b>2$ 且 $(a-1)(b-1)>0$ 不成立，即证 $a+b\leqslant 2$ 或 $(a-1)(b-1)\leqslant 0$ 成立（两个成立一个即可），显然条件（1）充分；条件（2），要证 $ab\leqslant 1$ 能推出 $a\leqslant 1$ 或 $b\leqslant 1$，即证 $a>1$ 且 $b>1$ 能推出 $ab>1$，显然成立，充分 . 故选 D.

102【答案】C

【解析】对条件（1）取特值 $a=-1, b=0, c=1$，则 $ab^2=cb^2=0$，故条件（1）不充分 . 对条件（2）取特值 $a=-2, c=-1, b=0$，则 $ab^2=cb^2=0$，故条件（2）也不充分；联立条件（1）（2），实数 a, b, c 满足 $a+b+c=0$，且 $a<c<b$，故 b 一定是大于 0 的，又因 $a<c$，则两边同乘以 $b^2(b^2>0)$，有 $ab^2<cb^2$. 故选 C.

题型 2　一元二次方程与不等式（组）

103【答案】B

【解析】不妨设该方程的两个根为 x_1，x_2，根据题意可得 $x_1+x_2=-\dfrac{2(m+1)}{m-1}>0$，$x_1x_2=\dfrac{-m}{m-1}>0$，联立取交集可得 m 的范围是（0，1），故选 B.

104【答案】C

【解析】由韦达定理可知 $a+b=-1, ab=c$，两直线的距离 $d=\frac{|a-b|}{\sqrt{2}}=\frac{\sqrt{1-4c}}{\sqrt{2}}$，因为 $0\leqslant c\leqslant\frac{1}{8}\Rightarrow$ $\frac{1}{2}\leqslant d\leqslant\frac{\sqrt{2}}{2}$，两直线距离最大值与最小值之差为 $\frac{\sqrt{2}-1}{2}$，故选C.

105【答案】C

【解析】化简方程 $n(n+1)x^2-(2n+1)x+1=0$ 得 $(nx-1)[(n+1)x-1]=0$，两根分别为 $\frac{1}{n}$，$\frac{1}{n+1}$，则 $|a_1-b_1|+|a_2-b_2|+\ldots+|a_{2017}-b_{2017}|=1-\frac{1}{2}+\frac{1}{2}-\frac{1}{3}+\ldots+\frac{1}{2017}-\frac{1}{2018}=\frac{2017}{2018}$，故选C.

106【答案】A

【解析】条件（1），根据方程求解可得两根分别为 $x_1=\frac{3+\sqrt{5}}{2}$，$x_2=\frac{3-\sqrt{5}}{2}$，令 $m=\frac{3+\sqrt{5}}{2}$，$n=\frac{3-\sqrt{5}}{2}$，得到 $2m^2+4n^2-6n=12$，将 m 和 n 的值互换代入，依然成立，故充分. 条件（2），解得 $x_1=1, x_2=2$，令 $m=1, n=2$，得 $2m^2+4n^2-6n=6$，令 $m=2, n=1$，得到 $2m^2+4n^2-6n=6$，不充分，故选 A.

107【答案】B

【解析】一元二次方程有实根，则 $\Delta=(2k)^2-4(k+2)\geqslant0$，即 $k\leqslant-1$ 或 $k\geqslant2$，根据韦达定理，$x_1+x_2=-2k$, $x_1x_2=k+2$, 所以 $x_1^2+x_2^2=(x_1+x_2)^2-2x_1x_2=4k^2-2(k+2)$, 当 $k=-1$ 时，$x_1^2+x_2^2$ 取到最小值 2，故选 B.

108【答案】E

【解析】$9^x+3^{x+1}-4=0$ 即 $(3^x)^2+3\cdot3^x-4=0$，令 $3^x=t>0$，即 $t^2+3t-4=0$，解得 $t=1$ 或 $t=-4$（舍），即 $3^x=1, x=0$，故选 E.

109【答案】D

【解析】$x^2-6x+(a-2)|x-3|+9-2a=0$，即 $|x-3|^2+(a-2)|x-3|-2a=0$，令 $|x-3|=t$，$t^2+(a-2)t-2a=0$，即 $t=2$ 或 $t=-a$，由于 x 要有四个不同的实数根，意味着 t 必须有两个不同的正根，即 $\begin{cases}-a>0\\-a\neq2\end{cases}$，即 $a<0$ 且 $a\neq-2$，故选 D.

110【答案】A

【解析】由题设得 $2|x|^2-3|x|-2=0$，从而解得 $(|x|-2)(2|x|+1)=0$，于是得 $x=2$ 或 $x=-2$，由此得 $\alpha\beta=-4$，$|\alpha|+|\beta|=4$，进而得所求式子的值为 -1，故选 A.

111【答案】D

【解析】方程 $|f(x)|=g(x)$，即 $|x^2-1|=a|x-1|$，变形得 $|x-1|(|x+1|-a)=0$，显然，$x=1$ 已是该方程的根，因为原方程只有一解，即要求方程 $|x+1|=a$ 有且仅有一个等于 1 的解或无解，可得 $a<0$，故选 D.

112【答案】D

【解析】一元二次方程 $ax^2+bx+c=0$ 的根为 x_1，x_2，故由韦达定理知 $x_1+x_2=-\frac{b}{a}$，$x_1x_2=\frac{c}{a}$. 设一元二次方程 $cx^2+bx+a=0$ 的两个根为 y_1，y_2，则 $y_1+y_2=-\frac{b}{c}$，$y_1y_2=\frac{a}{c}$. 从而两根的平方和为 $y_1^2+y_2^2=(y_1+y_2)^2-2y_1y_2=\left(\frac{b}{c}\right)^2-\frac{2a}{c}=\left(\frac{x_1+x_2}{x_1x_2}\right)^2-\frac{2}{x_1x_2}$. 条件（1），$x_1=\frac{1}{2}$，$x_2=-\frac{1}{4}$，则 $x_1+x_2=\frac{1}{4}$，

$x_1x_2=-\frac{1}{8}$，于是$y_1^2+y_2^2=20$，因此条件（1）充分．条件（2），$x_1=-\frac{1}{2}$，$x_2=\frac{1}{4}$，则$x_1+x_2=-\frac{1}{4}$，$x_1x_2=-\frac{1}{8}$，于是$y_1^2+y_2^2=20$，因此条件（2）充分，故选 D.

113【答案】C

【解析】设x_1,x_2是方程的两个实数根，则$x_1+x_2=-(2k+1),x_1x_2=k^2-2$，根据题意得，$x_1^2+x_2^2=11\Rightarrow(x_1+x_2)^2-2x_1x_2=11$，则$(2k+1)^2-2(k^2-2)=11\Rightarrow k_1=-3,k_2=1$．根据判别式验证$k=-3$不符合题意，舍去，故$k=1$，故选 C.

114【答案】B

【解析】由题干得$a-2\neq0$且$\Delta=(-2a)^2-4(a-2)\times(a-6)>0$，解得$a>\frac{3}{2}$且$a\neq2$．因此条件（1）不充分，条件（2）充分，故选 B.

115【答案】C

【解析】由题意可得：$x_1^2=3-x_1$，$x_2^2=3-x_2$，$x_1+x_2=-1$，则$x_1^3=(3-x_1)x_1=3x_1-x_1^2=3x_1-(3-x_1)=4x_1-3$，$x_1^3-4x_2^2+19=4x_1-3-4(3-x_2)+19=4(x_1+x_2)+4=0$．故选 C.

116【答案】E

【解析】若结论成立，令$f(x)=3x^2+(m-5)x+m^2-m-2$，则$f(0)>0$，$f(1)<0$，$f(2)>0$，解得：$-2<m<-1$．故条件（1）（2）单独不成立，联立也不成立．故选 E.

117【答案】C

【解析】条件（1）$a+b=-c$，$ab=d$，不充分；条件（2）$c+d=-a$，$cd=b$，不充分．

联立条件（1）（2），由$a+b=-c$，$c+d=-a$可得：$b=d$．再由$ab=d$，$cd=b$，$b=d$，$a+b=-c$可得：$a=c=1$，则$b=d=-2$．故$a+b+c+d=1-2+1-2=-2$．故选 C.

118【答案】D

【解析】$\begin{cases}x_1+x_2=\frac{1}{2}\\x_1x_2=-\frac{1}{3}\end{cases}\Rightarrow x_1^2+x_2^2=(x_1+x_2)^2-2x_1x_2=\frac{11}{12}$，$x_1^2x_2^2=\frac{1}{9}$，$y^2-\frac{11}{12}y+\frac{1}{9}=0\Rightarrow12y^2-11y+\frac{4}{3}=0$，故选 D.

119【答案】A

【解析】当$a+1=0$即$a=-1$时，方程为$-x-1=0$，解得$x=-1$，不满足题意；当$a+1\neq0$时，则有：$\Delta>0$，即$a^2-4(a+1)\times(-1)>0$，解得：$a\neq-2$，故条件（1）充分，条件（2）不充分，故选 A.

120【答案】D

【解析】由题意可得：$m^2-1981m+2014=0$，$n^2-1981n+2014=0$，则$(m^2-1982m+2014)(n^2-1982n+2014)=(-m)(-n)=mn$，由韦达定理可得：$mn=2014$，故选 D.

121【答案】E

【解析】$x^2-(1+\sqrt{3})x+\sqrt{3}=(x-1)(x-\sqrt{3})=0$，故$x_1=1,x_2=\sqrt{3}$．当$\sqrt{3}$作为两腰时，$S_1=\frac{1}{2}\times1\times\sqrt{(\sqrt{3})^2-\left(\frac{1}{2}\right)^2}=\frac{\sqrt{11}}{4}$．当1作为两腰时，$S_2=\frac{1}{2}\times\sqrt{3}\times\sqrt{1-\frac{3}{4}}=\frac{\sqrt{3}}{4}$．该三角形的面积不能确定，故选 E.

122【答案】A

【解析】将 $mx^2+4x+4-m=0$ 十字相乘因式分解可得 $(x+1)(mx+4-m)=0$，解得 $x_1=-1$，$x_2=\frac{m-4}{m}$，因为 $x_2=\frac{m-4}{m}$ 为负整数，所以 $x_2=\frac{m-4}{m}=1-\frac{4}{m}$ 为负整数，经检验 $m=1$ 时，$x_2=-3$ 符合题意，故选 A.

123【答案】B

【解析】由题意可得：$\begin{cases}m^2-3m+1=0\\n^2-3n+1=0\end{cases}$，即 $\begin{cases}m^2=3m-1\\n^2=3n-1\end{cases}$. 则 $2m^2+4n^2-6n=2(3m-1)+4(3n-1)-6n=6(m+n)-6$，又由韦达定理可得：$m+n=3$，故 $2m^2+4n^2-6n=6(m+n)-6=6\times3-6=12$，故选 B.

124【答案】D

【解析】开口向上，一个根大于 1，另一个根小于 1，画图像可得约束条件：$f(1)=5+5m<0$，解得：$m<-1$，则条件（1）、（2）单独均充分，故选 D.

125【答案】B

【解析】设方程 $x^2+px+q=0$ 的两根分别是 x_1,x_2，方程 $x^2+mx+n=0$ 的两根分别是 x_3,x_4，若结论成立，即 $x_1+x_2=x_3^3+x_4^3\Rightarrow x_1+x_2=(x_3+x_4)\left[(x_3+x_4)^2-3x_3x_4\right]\Rightarrow -p=-m(m^2-3n)\Rightarrow p=m(m^2-3n)$，则条件（1）不充分，条件（2）充分，故选 B.

126【答案】A

【解析】根据方程根的分布画图可得：$\begin{cases}f(-1)<0\\f(1)<0\end{cases}$，解得 $0<m<1$，故选 A.

127【答案】D

【解析】由题意可得：$|x_1-x_2|=\frac{\sqrt{\Delta}}{a}=\frac{\sqrt{(a-1)^2-4\times2\times(a-3)}}{2}=2$，解得 $a=1$ 或 9，故选 D.

128【答案】D

【解析】由题意可得：$\begin{cases}m^2-4m+1=0\\n^2-4n+1=0\end{cases}\Rightarrow\begin{cases}m^2=4m-1\\n^2=4n-1\end{cases}$，则 $3m^2+5n^2-8n=3\times(4m-1)+5\times(4n-1)-8n=12(m+n)-8=12\times4-8=40$，故选 D.

129【答案】B

【解析】根据题意可得：$\begin{cases}f(-1)f(0)=(3m-5)(m-3)<0\\f(0)f(1)=(m-3)(m-1)<0\end{cases}$，联立解得：$\frac{5}{3}<m<3$，故选 B.

130【答案】D

【解析】由题干可得：$\begin{cases}4m^2-4(m^2-4)>0\\x_1+x_2=2m>0\\x_1x_2=m^2-4>0\end{cases}$，解得：$m>2$，则条件（1）（2）均充分，故选 D.

131【答案】A

【解析】因为 $f(x)=\begin{cases}x^2-1,\ x\leqslant0\\f(x-2),\ x>0\end{cases}$，所以 $f(1)=f(1-2)=f(-1)=(-1)^2-1=0$，则 $f[f(1)]=f(0)=-1$，故选 A.

132【答案】D

【解析】$x^2-mx+2m-3<0$ 的解集为空集，即 $x^2-mx+2m-3\geqslant0$ 恒成立，即 $\Delta\leqslant0$，则有：$(-m)^2-4\times1\times(2m-3)\leqslant0$，解得：$2\leqslant m\leqslant6$，故选 D.

133【答案】D

【解析】当 $k=0$ 时，$1>0$，恒成立；当 $k>0$ 时，不等式左边的函数需与 x 轴无交点，则 $\Delta<0$，即 $4k^2-4k\times\frac{1}{1+k}<0$，解得 $0<k<\frac{\sqrt{5}-1}{2}$；当 $k<0$ 时，不成立，故选 D.

134【答案】E

【解析】当 $a^2-3a+2=0$ 时，即 $a=1$ 或 $a=2$. $a=1$ 时，有 $2>0$，恒成立，满足；当 $a=2$ 时，$(a-1)x+2>0$ 不可能恒成立，不满足，排除 A、C、D 选项 . 当 $a\neq1$ 且 $a\neq2$ 时，$(a^2-3a+2)x^2+(a-1)x+2>0$ 恒成立，则有 $\Delta<0$，即 $(a-1)^2-8(a^2-3a+2)<0$，解得：$a<1$ 或 $a>\frac{15}{7}$. 综上，故选 E.

135【答案】A

【解析】$|x^2+2x+a|>2$ 恒成立，即 $x^2+2x+a>2$ 恒成立或 $x^2+2x+a<-2$ 恒成立，即 $x^2+2x+a-2>0$ 恒成立或 $x^2+2x+a+2<0$ 恒成立，因为 $x^2+2x+a+2$ 开口向上，不可能恒小于 0，故只有 $x^2+2x+a-2>0$ 恒成立，则有：$\Delta=2^2-4\times1\times(a-2)<0$，解得：$a>3$，故条件（1）充分，条件（2）不充分，故选 A.

136【答案】B

【解析】若 $a^2-1=0$，即 $a=1$ 或 $a=-1$ 时，原不等式的解集分别为 $\mathbf{R}$ 和 $x<\frac{1}{2}$；若 $a^2-1\neq0$，即 $a\neq\pm1$ 时，要使原不等式的解集为 $\mathbf{R}$，必须 $\begin{cases}a^2-1<0\\ \Delta<0\end{cases}\Rightarrow\begin{cases}a^2-1<0\\ (a-1)^2-4(a^2-1)(-1)<0\end{cases}$，解得：$-\frac{3}{5}<a<1$. 综上所述，$-\frac{3}{5}<a\leqslant1$，故条件（1）不成立，条件（2）成立，故选 B.

137【答案】A

【解析】条件（1）：$1=(a+b+c)^2=a^2+b^2+c^2+2ab+2bc+2ac$.

左右两边同乘 2 可得：$2=2a^2+2b^2+2c^2+4ab+4bc+4ac$.

因为 $2a^2+2b^2+2c^2=a^2+b^2+b^2+c^2+c^2+a^2\geqslant2ab+2bc+2ac$，所以 $2\geqslant6ab+6bc+6ac$，即 $ab+bc+ac\leqslant\frac{1}{3}$，充分.条件（2）：若 a,b,c 的值均为 1，则不满足，不充分 . 故选 A.

题型 3　分式方程、不等式

138【答案】A

【解析】$\frac{1}{x-2}+\frac{a-2}{2-x}=1\Rightarrow x=5-a$，由题意得 $5-a\geqslant0$ 且 $5-a\neq2$，解得 $a\leqslant5$ 且 $a\neq3$，该二次函数对称轴为 $-\frac{b}{2a}=6$，当 $a<6$ 时，该函数单调递减，故当 $a=5$ 时，该二次函数取得最小值 4，故选 A.

139【答案】D

【解析】令 $x^2+3x=t$，则有 $\frac{3}{t}=2+t$，即 $t^2+2t-3=0$，解得：$t=-3$ 或 $t=1$.

则 $x^2+3x=-3$ 或 $x^2+3x=1$，即 $x^2+3x-1=0$ 或 $x^2+3x+3=0$（舍，$\Delta<0$，无实数根）.

由韦达定理可得：所有根的和为 -3，故选 D.

140【答案】D

【解析】因为 $x^2+3x+2\neq0$，所以 $x\neq-1$，$x\neq-2$.

$\frac{x+4}{x^2+3x+2}\leqslant 2 \Rightarrow \frac{x+4-2x^2-6x-4}{x^2+3x+2}\leqslant 0 \Rightarrow \frac{x(2x+5)}{(x+1)(x+2)}\geqslant 0 \Rightarrow x(2x+5)(x+1)(x+2)\geqslant 0$，即 $x\geqslant 0$ 或 $-2<x<-1$ 或 $x\leqslant -\frac{5}{2}$，故选 D.

141【答案】E

【解析】$\frac{(a^2-4)x^2-(a+2)x-1}{2x^2+3x+5}<0$，由于分母 $2x^2+3x+5$ 的 $\Delta=3^2-4\times 2\times 5<0$，则分母恒大于 0，故分子 $(a^2-4)x^2-(a+2)x-1<0$．当 $a^2-4=0$，即 $a=\pm 2$ 时，其中 $a=-2$ 时，有 $-1<0$ 恒成立，满足；当 $a^2-4\neq 0$ 时，有 $\begin{cases} a^2-4<0 \\ \Delta<0 \end{cases} \Rightarrow -2<a<\frac{6}{5}$；综上，$-2\leqslant a<\frac{6}{5}$，故选 E.

题型 4 高次方程、不等式

142【答案】D

【解析】根据题干可得 $7x^3-5x^2-2x=x(7x^2-5x-2)=x(x-1)(7x+2)=0$，解得它们的根分别是 $0, 1, -\frac{2}{7}$．所以方程的所有根的和为 $0+1-\frac{2}{7}=\frac{5}{7}$，故选 D.

143【答案】C

【解析】将原方程式左边分解因式，可得 $(x^2+4x+3)(x^2+4x-5)=0$，$(x+1)(x+3)(x-1)(x+5)=0$．因此原方程的解是 $-1, -3, 1, -5$，故选 C.

144【答案】D

【解析】$7(x+y)^3-5(x+y)^2-2(x+y)=0 \Rightarrow (x+y)[7(x+y)^2-5(x+y)-2]=0 \Rightarrow (x+y)(x+y-1)(x+y+\frac{2}{7})=0$．因此，$x+y=0$ 或 $x+y=1$ 或 $x+y=-\frac{2}{7}$，故选 D.

145【答案】E

【解析】由于 $2x^2+3x+7$ 的判别式 $\Delta<0$，故 $2x^2+3x+7$ 恒大于 0，所以不等式转化为求 $(x-1)(x^2-7x+12)>0$ 的解集，即 $(x-1)(x-3)(x-4)>0$，解得 $1<x<3$ 或 $x>4$，则条件（1）（2）单独不充分，联立也不充分，故选 E.

146【答案】A

【解析】令 $f(x)=2x-2x^2-6$，$\Delta=2^2-4\times(-2)\times(-6)<0$，则 $f(x)=2x-2x^2-6$ 恒小于 0. 题干不等式可转化为 $(x^2-2x-8)(2-x)>0$，即 $(x-4)(x+2)(x-2)<0$，使用穿针引线法解得 $x<-2$ 或 $2<x<4$．则条件（1）充分，条件（2）不充分，故选 A.

147【答案】A

【解析】由题干可得 $(2x+3)(x-2)(x+2)(2x-1)\leqslant 0$，且 $x\neq -2$，$x\neq \frac{1}{2}$．由穿线法可得

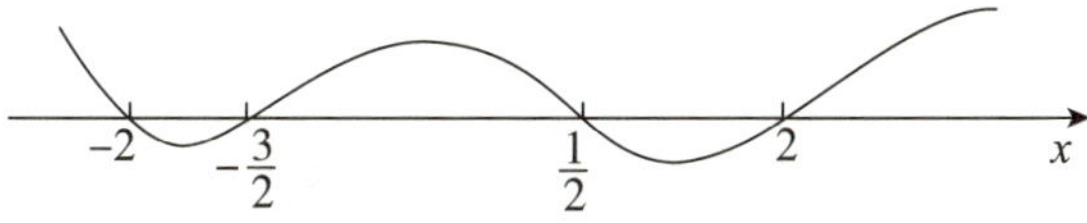

所以，不等式的解集为 $x\in\left(-2,-\frac{3}{2}\right]\cup\left(\frac{1}{2},2\right]$，故选 A．

题型5　指对方程、不等式

148【答案】C

【解析】根据换底公式：$\log_3 a=\frac{\lg a}{\lg 3}$，$\log_4 b=\frac{\lg b}{\lg 4}$，$\log_{12}(a+b)=\frac{\lg(a+b)}{\lg 12}$．根据等比定理：$\frac{\lg a}{\lg 3}=\frac{\lg b}{\lg 4}=\frac{\lg a+\lg b}{\lg 3+\lg 4}=\frac{\lg ab}{\lg 12}$，所以$\frac{\lg ab}{\lg 12}=\frac{\lg(a+b)}{\lg 12}$，即$ab=a+b$，由题可知$a>0$，$b>0$，所以根据均值不等式$a+b\geqslant 2\sqrt{ab}$，即$ab\geqslant 2\sqrt{ab}$，所以$ab\geqslant 4$，故选C.

149【答案】E

【解析】$a=\log_3\pi>\log_3 3=1$，$0=\log_5 1<b=\log_5 4<\log_5 5=1$，$c=\log_3 0.3<\log_3 1=0$．故$a>b>c$，故选A.

150【答案】A

【解析】令$\left(\frac{1}{2}\right)^x=t>0$，则原式等于$|t-2|-|2t-3|>\frac{1}{2}$，将区间分为$(0,\frac{3}{2})$，$(\frac{3}{2},2)$，$(2,+\infty)$三段，均为空集，故选A.

151【答案】B

【解析】因为$a,b,c\in\mathbf{R}_+$，所以$abc\leqslant(\frac{a+b+c}{3})^3=8$，当且仅当$a=b=c$时等号成立，所以$\log_2 a+\log_2 b+\log_2 c=\log_2(abc)\leqslant\log_2 8=3$，则$\log_2 a+\log_2 b+\log_2 c$的取值范围是$(-\infty,3]$，故选B.

题型6　绝对值方程、不等式

152【答案】E

【解析】根据绝对值几何意义可得，该方程表示数轴上的点到0，2，5的距离之和等于6的所有点，经分析可得，在0~5之间的任意一点到0和5的距离之和为5，故只要满足到2的距离为1，即能保证三个绝对值之和是6，当x取1，3时，均可满足，故所有根之和=1+3=4，故选E.

153【答案】C

【解析】$|a+4|+|a-3|=9$表示点a到-4的距离与点a到3的距离之和为9，因为点-4到点3的距离为7，所以a有两个值，一个在-4的左侧，另一个在3的右侧，因为$\frac{9-7}{2}=1$，所以左侧a的值为-5，右侧a的值为4，即所有整数a的乘积为$-5\times 4=-20$，故选C．

154【答案】C

【解析】不等式左边$|2x+1|-|2x-1|=2\left(\left|x+\frac{1}{2}\right|-\left|x-\frac{1}{2}\right|\right)$，故其有最小值$-2$，有最大值2．$|2x+1|-|2x-1|\geqslant\frac{5a}{a^2+1}$无解，即$|2x+1|-|2x-1|<\frac{5a}{a^2+1}$恒成立，则只需$\frac{5a}{a^2+1}>2$，即$\frac{5a-2a^2-2}{a^2+1}>0$．因$a^2+1$恒大于0，故只需$5a-2a^2-2>0$，解得：$\frac{1}{2}<a<2$．故联立（1）（2）充分，故选C.

155【答案】C

【解析】不等式左边$=\left|2x-\frac{1}{2}\right|+\left|2x+\frac{1}{2}\right|=2\left(\left|x-\frac{1}{4}\right|+\left|x+\frac{1}{4}\right|\right)$，其有最小值1.

$\left|2x-\frac{1}{2}\right|+\left|2x+\frac{1}{2}\right|\leqslant a^2-a+1$ 无解，即 $\left|2x-\frac{1}{2}\right|+\left|2x+\frac{1}{2}\right|>a^2-a+1$ 恒成立．

则只需 $a^2-a+1<1$，解得：$0<a<1$，故条件（1）（2）单独不成立，联立成立．故选 C.

156【答案】E

【解析】$x^2+10\leqslant 7|x| \Rightarrow x^2+10\leqslant 7x$ 或 $x^2+10\leqslant -7x \Rightarrow 2\leqslant x\leqslant 5$ 或 $-5\leqslant x\leqslant -2$，故选 E.

157【答案】C

【解析】$|x-1|+|x-2|\leqslant a^2-a+1$，因为 $|x-1|+|x-2|\geqslant 1$，所以结论等价于 $a^2-a+1<1$，即 $0<a<1$．条件（1）和（2）均单独不充分，联合可得 $0<a<1$，充分．故选 C.

158【答案】C

【解析】差异化代入法

当 $x=-1$ 时，代入不等式满足，故排除 B、D.

当 $x=5$ 时，代入不等式满足，故排除 A、E.

故选 C.

159【答案】B

【解析】由 $3\notin \mathbf{M}$ 可得：$\left|\frac{3a-1}{3}\right|\leqslant a$，即 $-a\leqslant \frac{3a-1}{3}\leqslant a$，解得：$a\geqslant \frac{1}{6}$，故选 B.

题型 7　根式方程、不等式

160【答案】A

【解析】依题可得 $\begin{cases} x-14\sqrt{xy}+\sqrt{y}=13 \\ y+16\sqrt{xy}+\sqrt{x}=17 \end{cases}$，两式相加可得 $x+y+2\sqrt{xy}+\sqrt{x}+\sqrt{y}=30$，变形可得 $(\sqrt{x}+\sqrt{y})^2+(\sqrt{x}+\sqrt{y})-30=0$，十字相乘因式分解可得 $(\sqrt{x}+\sqrt{y}+6)(\sqrt{x}+\sqrt{y}-5)=0$，因为 $\sqrt{x}+\sqrt{y}+6>0$，所以解得 $\sqrt{x}+\sqrt{y}=5$，故选 A.

161【答案】C

【解析】原方程等价于 $\begin{cases} x+3=(x+1)^2 \\ x+1\geqslant 0 \\ x+3\geqslant 0 \end{cases}$，解得 $x=1$，故选 C.

162【答案】D

【解析】对于条件（1）$a^3>b^3$，则 $a>b$ 一定成立；对于条件（2）$\sqrt{a}>\sqrt{b}$，则 $a>b$ 也一定成立．故选 D.

163【答案】C

【解析】条件（1），$ax^2+4ax+3\geqslant 0$，当 $a=0$ 时满足；当 $a\neq 0$ 时，有 $\begin{cases} a>0 \\ \Delta\leqslant 0 \end{cases} \Rightarrow 0<a\leqslant \frac{3}{4}$，综上，$0\leqslant a\leqslant \frac{3}{4}$，充分；条件（2），$0<a+1<2 \Rightarrow -1<a\leqslant 1$，充分．故选 C．

第二节　不等式

题型 8　均值不等式

164【答案】A

【解析】将函数变形为 $f(x)=\frac{x-2}{2}+\frac{x-2}{2}+\frac{1}{(x-2)^2}+2$，通过配凑可以利用均值不等式可知在 $\frac{x-2}{2}=\frac{x-2}{2}=\frac{1}{(x-2)^2}$ 取得最值，此时解得 $x=2+\sqrt[3]{2}$，故选 A.

165【答案】D

【解析】$(x+y)(y+z)=xy+xz+y^2+yz=y(x+y+z)+xz\geqslant 2\sqrt{xyz(x+y+z)}=4$，故选 D.

166【答案】C

【解析】$f(x)=2x^2+2x+\frac{1}{x^2}=x^2+x^2+2x+\frac{1}{x^2}=x^2+\frac{1}{x^2}+(x+1)^2-1$，其中 $x^2+\frac{1}{x^2}\geqslant 2\sqrt{x^2\cdot\frac{1}{x^2}}=2$，当且仅当 $x^2=\frac{1}{x^2}$，即 $x=\pm 1$ 时，$x^2+\frac{1}{x^2}$ 取到最小值 2. 而当 $x=-1$ 时，$(x+1)^2$ 取到最小值 0，因此当 $x=-1$ 时，$f(x)=x^2+\frac{1}{x^2}+(x+1)^2-1$ 取到最小值 1，故选 C.

167【答案】A

【解析】条件（1），$a^2+b^2+2ab-a-b=(a+b)^2-(a+b)=(a+b)(a+b-1)=0$，由于 a,b 为正实数，故 $a+b\neq 0$，则 $a+b=1$，由均值不等式可求得 ab 的最大值为 $\frac{1}{4}$（当且仅当 $a=b$ 时，取到最大值），故 $\frac{1}{ab}$ 存在最小值 4，充分；由条件（2）可知 $a+b=8$，但由于 $a\neq b$，取不到 ab 的最大值，也就无法取得 $\frac{1}{ab}$ 的最小值，不充分 . 故选 A.

168【答案】A

【解析】根据均值不等式原理可得：当和一定的时候，取到乘积的最大值，当数值差距越大，乘积越小，故 $a=b=c=2, d=6$ 时乘积最小，此时 $abcd=48$，故条件（1）成立，同理可得，条件（2）不成立，故选 A.

169【答案】D

【解析】条件（1），由柯西不等式可得 $(a+b+c)\left(\frac{1}{a}+\frac{1}{b}+\frac{1}{c}\right)\geqslant(1+1+1)^2$，可以推出结论；条件（2），根据均值不等式积定和小，可以推出结论 . 故选 D.

170【答案】D

【解析】依据均值定理得的 $f(x)=x-3+\frac{5}{x-3}+3\geqslant 2\sqrt{5}+3$，故选 D.

171【答案】D

【解析】条件（1），$y=1-x$，代入 $2x^2+3y^2$ 可得 $2x^2+3(1-x)^2=5\left(x-\frac{3}{5}\right)^2+\frac{6}{5}$，所以当 $x=\frac{3}{5}$ 时，有最小值，充分；条件（2），$2x^2+3y^2\geqslant 2\sqrt{2x^2\cdot 3y^2}=2\sqrt{6(xy)^2}=2\sqrt{6}$，充分，故选 D.

172【答案】D

【解析】条件（1），设$a+b=k$，则$a^2+b^2=a^2+(k-a)^2$，根据二次函数可求最值，充分．条件（2），设$ab=k$，则$b=\frac{k}{a}$，$a^2+b^2=a^2+\frac{k^2}{a^2}$，由于$a^2$，$\frac{k^2}{a^2}$均大于0，故$a^2+\frac{k^2}{a^2}\geqslant 2\sqrt{a^2\cdot\frac{k^2}{a^2}}=2|k|$，充分，故选D.

173【答案】C

【解析】$y=\frac{6}{x}+3x^2=\frac{3}{x}+\frac{3}{x}+3x^2\geqslant 3\sqrt[3]{\frac{3}{x}\cdot\frac{3}{x}\cdot 3x^2}=3\sqrt[3]{27}=9$，即最小值为9，当且仅当$\frac{3}{x}=3x^2$时成立．故选C．

题型9　三角不等式

174【答案】C

【解析】利用三角不等式：$|2x-3y|\leqslant|2x|+|3y|=2|x|+3|y|\leqslant 12$，所以最大值为12，故选C.

175【答案】C

【解析】因$f(x)=|x-a|+|x+b|+c\geqslant|(x-a)-(x+b)|+c=|a+b|+c$，当且仅当$-a=b$时，等号成立．又因$a>0,b>0$，所以$|a+b|=a+b$，即$f(x)$的最小值为$a+b+c$，故$a+b+c=4$，故选C.

176【答案】D

【解析】$|a-b|\leqslant 1\Rightarrow -1<a-b<1$．条件（1），$b>1\Rightarrow 3b>3$，所以$a+2b=a-b+3b>-1+3=2\Rightarrow|a+2b|>2$，充分；条件（2），$b<-1\Rightarrow 3b<-3$，所以$a+2b=a-b+3b<1-3=-2\Rightarrow|a+2b|>2$，充分．故选D.

177【答案】A

【解析】$\frac{|a-b|}{|a|+|b|}<1\Rightarrow\frac{|a-b|}{|a|+|b|}<\frac{|a|+|b|}{|a|+|b|}\Rightarrow|a-b|<|a|+|b|\Rightarrow ab>0$，则条件（1）充分，条件（2）不充分，故选A.

第四章　数列

题型 1　等差数列

178【答案】A

【解析】由等差数列片段和公式可得 $2(S_{10}-S_5)=S_5+S_{15}-S_{10}$，解得：$S_{10}=\frac{160}{3}$，故选 A.

179【答案】B

【解析】因为 $\{a_n\}$ 为等差数列，所以 $2S_3=3S_2+6\Rightarrow 2a_3=a_1+a_2+6\Rightarrow d=2$，故选 B.

180【答案】C

【解析】单独不充分，两条件联立可得 $d=0$，故 $a_1=a_{20}=a_2=a_{19}=10$，则 $S_{20}=20\times 10=200$，故选 C.

181【答案】D

【解析】由已知得，其为递增数列，故 $d>0$. 由条件（1）知，$a_1=-6d$，$a_2=-5d$，$a_3=-4d$，$\cdots$，$a_6=-d$，$a_7=0$，所以 $S_n\geqslant S_7$. 条件（2）知，$a_1+a_{13}=0$，由等差中项得，$a_7=0$，所以 $S_n\geqslant S_7$. 故选 D.

182【答案】A

【解析】等差数列的和是一个关于项数 n 的特殊的二次函数，当 $S_{20}=0$，对称轴为 $n=10$，故在第 10 项取得最大值，故条件（1）充分，由条件（2）可知对称轴的范围为（9，9.5），此时在第 9 项取最大值，故条件（2）不充分，故选 A.

183【答案】D

【解析】条件（1），$3(a_3+a_7)+2(a_6+a_8+a_{10})=3a_6-9d+3a_7+2a_6+2a_8+2a_{10}=3a_6-9d+3a_7+2a_6+a_6+2d+a_7+d+2a_7+6d=6a_6+6a_7=1\Rightarrow a_6+a_7=\frac{1}{6}$，充分；条件（2）$a_1+a_2+\cdots+a_{12}=6(a_6+a_7)=1\Rightarrow a_6+a_7=\frac{1}{6}$，充分 . 故选 D.

184【答案】C

【解析】单独两个条件显然不能推出结论，联合两个条件：由 $S_9=S_{17}\Rightarrow 9\times 25+36d=17\times 25+136d\Rightarrow d=-2$. 则 $S_n=25n+\frac{n(n-1)}{2}\times(-2)=-n^2+26n=-(n-13)^2+169$，最大值为 $S_{16}=169$，故选 C .

185【答案】D

【解析】因为 $a_1=0$，所以 $\frac{1}{1-a_1}=1$，因为 $\frac{1}{1-a_n}-\frac{1}{1-a_{n-1}}=1$，所以数列 $\left\{\frac{1}{1-a_n}\right\}$ 是以 1 为首项，以 1 为公差的等差数列，所以 $\frac{1}{1-a_n}=1+(n-1)=n$，故 $\frac{1}{1-a_{2020}}=2020$，得到 $a_{2020}=\frac{2019}{2020}$. 故选 D .

186【答案】D

【解析】条件（1），数列前 n 项和为 $S_n=a_1\cdot n+\frac{n(n-1)}{2}d=25n+2n(n-1)=210$，解 $n=6$，充分；条件（2），前 n 项和为 $S_n=\frac{124+156}{8}n=210$，解得 $n=6$，充分，故选 D.

187【答案】D

【解析】条件（1），易得 $5a_5=10\Rightarrow a_5=2$，所以 $(a_3+a_7)^2-4=4a_5^2-4=12>0$，有两个不同实根，充分；条件（2），易得 $a_3a_7=10$，所以 $a_3+a_7\geq 2\sqrt{a_3a_7}=2\sqrt{10}$，同理可知条件（2）也充分，故选 D.

188【答案】D

【解析】$S_9=9a_5\Rightarrow a_5=86$，$S_5=5a_3\Rightarrow a_3=92$，所以 $a_4=\dfrac{86+92}{2}=89$，则 $S_7=7a_4=623$，故选 D.

189【答案】B

【解析】$a_7+a_8+a_9=3a_8>0\Rightarrow a_8>0$，又 $a_7+a_{10}=a_8+a_9<0\Rightarrow a_9<0$，所以前 8 项和最大，故选 B.

190【答案】E

【解析】对于条件（1），比如数列：4，3，2，1；去掉第二项得到的新数列 4，2，1 为等比数列，但 $a_1=4\neq d=-1$，不充分．对于条件（2），比如数列：4，3，2，1，不充分．联立（1）（2），比如数列：4，3，2，1，也不充分．故选 E.

191【答案】C

【解析】对于条件（1），常数列满足 $|a_3|=|a_9|$，但常数列无最值，故条件（1）不充分．对于条件（2）公差 $d<0$，递减数列，故不可能使其前 n 项和 S_n 取得最大值的自然数 n 是 5 或 6，不充分．

联立（1）（2），$|a_3|=|a_9|$，且公差 $d<0$，故 a_3 与 a_9 一定互为相反数，即 $a_3=-a_9$，解得：$a_1=-5d$，则有：$a_2=-4d$，$a_3=-3d$，$a_4=-2d$，$a_5=-d$，$a_6=0$．故使其前 n 项和 S_n 取得最大值的自然数 n 是 5 或 6. 故选 C.

192【答案】E

【解析】等差数列的通项公式为 $a_n=a_1+(n-1)d=dn+a_1-d$，是关于 n 的一次函数，故排除 A、B、C、D 项．常数列是公差为 0 的等差数列，故选 E.

193【答案】B

【解析】$\{a_n\}$ 为等差数列时，则：$a_2a_7-a_3a_6=(a_1+d)(a_1+6d)-(a_1+2d)(a_1+5d)=-4d^2$，故要使 $a_2a_7<a_3a_6$，只需 $d\neq 0$ 即可．因此条件（2）充分，故选 B.

194【答案】A

【解析】条件（1）$\sum\limits_{i=1}^{n}\dfrac{1}{S_i}=\dfrac{n}{n+1}$，$\sum\limits_{i=1}^{n-1}\dfrac{1}{S_i}=\dfrac{n-1}{n}(n\geq 2)$，两式相减得：$\dfrac{1}{S_n}=\dfrac{n}{n+1}-\dfrac{n-1}{n}=\dfrac{1}{n(n+1)}(n\geq 2)$，由于 $\dfrac{1}{S_1}=\dfrac{1}{1+1}=\dfrac{1}{2}$ 也符合上式，所以 $\dfrac{1}{S_n}=\dfrac{1}{n(n+1)}(n\in\mathbf{N}^*)$，所以 $S_n=n(n+1)(n\in\mathbf{N}^*)$，则 $a_n=S_n-S_{n-1}=n(n+1)-(n-1)n=2n(n\geq 2)$，$a_1=S_1=2$ 也符合上式，所以 $a_n=2n(n\geq\mathbf{N}^*)$，故 $\{a_n\}$ 为等差数列，充分；条件（2）$a_n^2+2a_na_{n+2}=(a_{n+2}+a_n)^2-(2a_{n+1})^2=(a_{n+2}+a_n+2a_{n+1})(a_{n+2}+a_n-2a_{n+1})=0$ 即 $a_{n+2}+a_n+2a_{n+1}=0$ 或 $a_{n+2}+a_n-2a_{n+1}=0$，其中 $a_{n+2}+a_n+2a_{n+1}=0\Rightarrow 2a_{n+1}=-(a_{n+2}+a_n)$，说明 a_{n+1} 是 $-a_{n+2}$ 和 $-a_n$ 的等差中项，所以 $\{a_n\}$ 不是等差数列，而 $a_{n+2}+a_n-2a_{n+1}=0\Rightarrow 2a_{n+1}=a_{n+2}+a_n$，说明 a_{n+1} 是 a_{n+2} 和 a_n 的等差中项，所以 $\{a_n\}$ 为等差数列，因此条件（2）不充分．故选 A.

195【答案】D

【解析】根据等差数列通项公式 $a_n=a_1+(n-1)d=dn+a_1-d$ 可知：a_n 是关于 n 的一次函数；根据等差数列求和公式 $S_n=\dfrac{d}{2}n^2+\left(a_1-\dfrac{d}{2}\right)n$ 可知：S_n 是关于 n 的没有常数项的二次函数．对于条件（1）有：$a_n=3n-2$，满足 a_n 是关于 n 的一次函数，充分．对于条件（2）有：$S_n=-n^2+2n$，满足 S_n 是关于 n 的没

有常数项的二次函数，充分，故选 D.

196【答案】C

【解析】$\begin{cases}a_m+a_{m+10}=2a_m+10d=a\\a_{m+50}+a_{m+60}=2a_m+110d=b\end{cases}\Rightarrow\begin{cases}2a_m=\dfrac{11a-b}{10}\\d=\dfrac{b-a}{100}\end{cases}$，则 $a_{m+125}+a_{m+135}=2a_m+260d=\dfrac{5b-3a}{2}$，故选 C.

197【答案】D

【解析】由题意可知：$a_6=5, S_{11}=5\times11=55$，抽取 1 项后余下的 10 项之和为 $4\times10=40$，故抽掉的数是 55–40=15. 根据条件（1）$a_1=-5$，可得：$d=\dfrac{a_6-a_1}{5}=\dfrac{5+5}{5}=2$，此时可知第 2 项到第 11 项的值分别为 –3[与条件（2）等价]，–1，1，3，5，7，9，11，13，15，则刚好抽掉的是第 11 项，故选 D.

198【答案】A

【解析】$S_5=5a_3$，则 $a_5=3$，根据 $a_5=a_3+2d=5$，解得 $d=1, a_1=1$，则数列 $\left\{\dfrac{1}{a_na_{n+1}}\right\}$ 的前 100 项和 $=\dfrac{1}{1\times2}+\dfrac{1}{2\times3}+\dfrac{1}{3\times4}+\cdots+\dfrac{1}{100\times101}=1-\dfrac{1}{101}=\dfrac{100}{101}$，故选 A .

199【答案】B

【解析】将该点代入直线方程可得 $a_n-a_{n+1}=2$，即 $a_{n+1}-a_n=-2$，则该数列是以 2 为首项，–2 为公差的等差数列 . 故 $S_n=\dfrac{d}{2}n^2+(a_1-\dfrac{d}{2})n=-n^2+3n$，故选 B.

200【答案】C

【解析】对于条件（1），$a_1<0$ 显然无法知道 S_n 的情况，故不充分；对于条件（2），$d\leqslant0$，当 $d<0$ 时，S_n 图像的开口向下，显然有最大值但当 $d=0$ 时，若 $a_1>0$，则 $S_n=na_1$ 无最大值，只有当 $a_1<0$ 时，$S_n=na_1$ 有最大值 a_1，故条件（2）单独不充分，只有和条件（1）联立时充分，故选 C.

201【答案】A

【解析】根据等差数列性质可得：$S_9=9a_5, S_5=5a_3$，故 $\dfrac{S_9}{S_5}=\dfrac{9a_5}{5a_3}=1$，故选 A.

题型 2　等比数列

202【答案】C

【解析】设等比数列 $\{a_n\}$ 的公比为 q，则 $a_4=a_1q^3=24$，联立 $a_1=3$，解得 $q=2$，$a_2+a_4+a_6=a_1q+a_1q^3+a_1q^5=126$，故选 C.

203【答案】D

【解析】两式相减得 $3(S_3-S_2)=a_4-a_3\Rightarrow3a_3=a_4-a_3$，所以 $q=\dfrac{a_4}{a_3}=4$，故选 D.

204【答案】A

【解析】由条件（1）可得 $q=2$，故 $a_3+a_5+a_7=(a_1+a_3+a_5)q^2=100\times4=400$，故充分；条件（2）同理可得不充分，故选 A.

205【答案】A

【解析】根据中位线的性质，内层三角形面积是外层的$\frac{1}{4}$．所以该无穷递缩等比数列的首项为$8\times\left(\frac{1}{4}\right)^2=\frac{1}{2}$（即$S_1$是$A_2B_2C_2$的面积），公比为$\frac{1}{4}$，所以所求表达式为$\frac{\frac{1}{2}}{1-\frac{1}{4}}=\frac{2}{3}$，故选 A.

206【答案】C

【解析】由条件（1）可知，$a_1+a_5=a_1+a_1q^4$，无法推出结论，不成立；由条件（2）可知，$a_2\times a_4=a_1q\times a_1q^3=a_1^2q^4=a_3^2$，无法确定正负，所以无法推出结论，不成立；联立两条件，通过a_1+a_5的值的正负情况即可确定a_3的正负，可以推出结论．故选 C.

207【答案】A

【解析】对于条件（1），推出$(a_n-2a_{n-1})^2=0\Rightarrow a_n-2a_{n-1}=0\Rightarrow\frac{a_n}{a_{n-1}}=2$，又因为数列$\{a_n\}$的各项为正，所以数列$\{a_n\}$是以$a_1>0$为首项，2 为公比的等比数列；对于条件（2），推出$(a_n-2a_{n-1})(a_n-3a_{n-1})=0\Rightarrow a_n-2a_{n-1}=0$或$a_n-3a_{n-1}=0$，得到公比为 2 或 3，因此不能唯一确定等比数列$\{a_n\}$（可能存在同一个数列中后一项与前一项的比值一会儿是 2，一会儿是 3 的情况，即公比可能不是恒为 2 或者恒为 3），故选 A.

208【答案】C

【解析】根据题意设顶层有x盏灯，所以下一层有$2x$，依次$2^2x, 2^3x, \cdots, 2^6x$，构成等比数列，利用等比数列求和公式，得出$x=3$，故选 C.

209【答案】B

【解析】因为a_7是a_3和a_9的等比中项，所以$a_7^2=a_3\cdot a_9$，即$(a_1+6d)^2=(a_1+2d)\cdot(a_1+8d)\Rightarrow(a_1-12)^2=(a_1-4)(a_1-16)$，解得$a_1=20$，所以$a_n=-2n+22$，$S_n=\frac{(a_1+a_{10})\times10}{2}=\frac{(20+2)\times10}{2}=110$，故选 B.

210【答案】C

【解析】由题意和等比数列的性质可知，$a_n>0, q>0$，$a_2a_4=a_1a_5=576$，又因$a_5-a_1=90$，解得$a_5=96, a_1=6\Rightarrow q=2$，所以$S_5=6\times\frac{2^5-1}{2-1}=186$，故选C．

211【答案】D

【解析】$a_1a_9=a_3a_7=64$，结合$a_3+a_7=20$且$a_7>a_3$可得：$a_3=4$，$a_7=16$，则$\frac{a_7}{a_3}=q^4=4$．$a_{15}=a_7q^8=16\times4^2=256$，故选 D.

212【答案】C

【解析】条件（1）$a_1+a_5=\frac{a_3}{q^2}+a_3q^2=17$，有两个未知数，求不出；条件（2）$a_2a_4={a_3}^2=16\Rightarrow a_3=\pm4$，不能确定．联立（1）（2），$a_1+a_5=17\Rightarrow$奇数项为正$\Rightarrow a_3=4$，故选 C.

213【答案】B

【解析】等比数列求和公式为：$\begin{cases}S_n=na_1(q=1)\\S_n=\frac{a_1}{1-q}-\frac{a_1}{1-q}q^n(q\neq1)\end{cases}$，故当$q\neq1$时，等比数列求和公式可表示为：$S_n=A+Bq^n(A+B=0\Rightarrow A=-B=\frac{a_1}{1-q})$，故选 B.

214【答案】B

【解析】由题意可得：$a_1a_2a_3a_4a_5a_6\cdots a_{28}a_{29}a_{30}=\frac{a_3}{q^2}\frac{a_3}{q}a_3\frac{a_6}{q^2}\frac{a_6}{q}a_6\cdots\frac{a_{30}}{q^2}\frac{a_{30}}{q}a_{30}=5^{30}$，即 $\frac{(a_3a_6a_9\cdots a_{30})^3}{(q^3)^{10}}=5^{30}$，则 $a_3a_6a_9\cdots a_{30}=\sqrt[3]{5^{30}5^{30}}=5^{20}$，故选B.

215【答案】E

【解析】条件（1）只已知首项，显然无法求出第7项，不充分；条件（2）$\frac{S_6}{S_3}=\frac{a_1+a_2+a_3+a_4+a_5+a_6}{a_1+a_2+a_3}=1+\frac{a_1q^3+a_2q^3+a_3q^3}{a_1+a_2+a_3}=1+q^3=\frac{7}{8}\Rightarrow q=-\frac{1}{2}$，显然只知道公比也无法求出第7项，不充分；联立可得：$a_7=a_1\times q^6=(-4)\times\left(-\frac{1}{2}\right)^6=-\frac{1}{16}$，不充分，故选E.

216【答案】B

【解析】由等比数列可得：$\begin{cases}a_5+a_8=2\\a_6a_7=a_5a_8=-8\end{cases}\Rightarrow\begin{cases}a_5=4\\a_8=-2\\q^3=-\frac{1}{2}\end{cases}$ 或 $\begin{cases}a_5=-2\\a_8=4\\q^3=-2\end{cases}$，则 $a_2+a_{11}=\frac{a_5}{q^3}+a_8q^3=-7$，故选B.

217【答案】E

【解析】由 $\frac{S_6}{S_3}=\frac{1}{2}\Rightarrow S_6-S_3=\frac{1}{2}S_3-S_3=-\frac{1}{2}S_3$，根据等比数列片段和公式有：$\frac{S_6-S_3}{S_3}=\frac{S_9-S_6}{S_6-S_3}$ 可得：$S_9=\frac{3}{4}S_3$，故 $\frac{S_9}{S_3}=\frac{3}{4}$，故选E.

218【答案】D

【解析】对于条件（1），$a_1>$ 且 $q>1$，$a_2-a_1=a_1q-a_1=a_1(q-1)>0$，故等比数列 $\{a_n\}$ 是递增数列，充分．对于条件（2），$a_1<0$ 且 $<q<1$，$a_2-a_1=a_1q-a_1=a_1(q-1)>0$，故等比数列 $\{a_n\}$ 是递增数列，充分，故选D.

219【答案】D

【解析】条件（1）$S_n=3+2a_n$，则 $S_{n-1}=3+2a_{n-1}(n\geqslant2)$，两式相减得：$a_n=2a_n-2a_{n-1}\Rightarrow a_n=2a_{n-1}\Rightarrow\frac{a_n}{a_{n-1}}=2(n\geqslant2)$，故数列 $\{a_n\}$ 是等比数列，充分；条件（2）根据等比数列求和公式 $S_n=\frac{a_1}{1-q}-\frac{a_1}{1-q}q^n(q\neq1)\left(S_n=A-Aq^n,A=\frac{a_1}{1-q}\right)$ 可得 $S_n=3^n-1$ 满足该形式，其中 $q=3$，$\frac{a_1}{1-q}=-1\Rightarrow q=3$，$a_1=2$，推断出数列 $\{a_n\}$ 是等比数列，充分．故选D.

220【答案】D

【解析】$(a_4+a_5+a_6):(a_3+a_2+a_1)=a_4:a_1=q^3:1$．条件（1）中 $a_5=a_2q^3=48$，解得 $q^3=8$ 符合，条件（2）中 $q^3=8$ 符合，故选D.

221【答案】B

【解析】根据等比数列求和公式 $S_n=\frac{a_1}{1-q}-\frac{a_1}{1-q}q^n(q\neq1)$，即 $S_n=A-Aq^n$，$A=\frac{a_1}{1-q}$．只要 S_n 满足 $S_n=A-Aq^n$ 这样的形式，则可推断出数列 $\{a_n\}$ 为等比数列．对于条件（1），$S_n=\frac{3^n+2^n}{2^n}=\left(\frac{3}{2}\right)^n+1$，

$\left(\frac{3}{2}\right)^n$ 的系数和常数项都是 1，不符合 $S_n = A - Aq^n$ 这样的形式，不充分；对于条件（2），$S_n=\frac{1}{8}(3^{2n}-1)=\frac{1}{8}\cdot 9^n-\frac{1}{8}$，故 $A=-\frac{1}{8}$，充分．故选 B.

题型 3 递推数列

222【答案】D

【解析】因为 $a_{n+1}=a_n\times\frac{n}{n+1}\Rightarrow(n+1)a_{n+1}=na_n\Rightarrow\frac{(n+1)a_{n+1}}{na_n}=1$，所以 $\{na_n\}$ 是每项均为 2 的常数列，即 $na_n=2$，$a_n=\frac{2}{n}$，所以 $a_{100}=\frac{2}{100}=\frac{1}{50}$，故选 D.

223【答案】E

【解析】由 $a_{n+1}-a_n=n$ 可知 $a_2-a_1=1$，$a_3-a_2=2$，…，$a_{100}-a_{99}=99$，累加得 $a_{100}-a_1=1+2+3+\cdots+99=\frac{99(1+99)}{2}=4950$，故 $a_{100}=4952$，故选 E.

224【答案】C

【解析】因为 $a_{n+1}=\frac{2a_n}{a_n+1}$，所以 $\frac{1}{a_{n+1}}=\frac{a_n+1}{2a_n}=\frac{1}{2}\times\frac{1}{a_n}+\frac{1}{2}$，即 $\frac{1}{a_{n+1}}-1=\frac{1}{2}\times(\frac{1}{a_n}-1)$，所以数列 $\left\{\frac{1}{a_n}-1\right\}$ 是以 $\frac{1}{a_1}-1=-\frac{1}{2}$ 为首项，$\frac{1}{2}$ 为公比的等比数列，所以 $\frac{1}{a_n}-1=-\frac{1}{2}\times\frac{1}{2^{n-1}}=-\frac{1}{2^n}$，所以 $a_n=1+\frac{1}{2^n-1}$，$a_{100}=1+\frac{1}{2^{100}-1}$，故选 C.

225【答案】B

【解析】$2a_{n+1}=a_n+3$，即 $2(a_{n+1}-3)=a_n-3$，故数列 $\{a_n-3\}$ 是以 $a_1-3=-2$ 为首项，公比为 $\frac{1}{2}$ 的等比数列，则 $a_{100}-3=(a_1-3)\cdot\left(\frac{1}{2}\right)^{99}=-2\cdot\left(\frac{1}{2}\right)^{99}=-\frac{1}{2^{98}}$，故 $a_{100}=3-\frac{1}{2^{98}}$，故选 B.

226【答案】E

【解析】$a_na_{n+1}=\left(\frac{1}{2}\right)^n$，则 $a_{n+1}a_{n+2}=\left(\frac{1}{2}\right)^{n+1}$，两式相除得：$\frac{a_{n+2}}{a_n}=\frac{1}{2}$，故此数列相隔一项成等比，则 $S_{16}=$

$$a_1+a_3+a_5+\cdots+a_{15}+a_2+a_4+a_6+\cdots+a_{16}=\frac{1\times\left[1-\left(\frac{1}{2}\right)^8\right]}{1-\frac{1}{2}}+\frac{\frac{1}{2}\times\left[1-\left(\frac{1}{2}\right)^8\right]}{1-\frac{1}{2}}=3\left[1-\left(\frac{1}{2}\right)^8\right]$$，故选 E.

227【答案】D

【解析】从第 2 行起，每行第 2 个数为：2，4，7，11，⋯.

方法一：代入排除法，当 $n=2$ 时，结果为 2，排除 A、B、C、E. 故选 D.

方法二：当 $n=2$ 时，$a_2=2$；$n=3$ 时，$a_3=4$；$n=4$ 时，$a_4=7$；$n=5$ 时，$a_5=11$；则有：$a_3-a_2=2$，$a_4-a_3=3$，$a_5-a_4=4$，⋯，$a_n-a_{n-1}=n-1$，累积相加可得：$a_n-a_2=\frac{(2+n-1)(n-2)}{2}\Rightarrow a_n=\frac{(2+n-1)(n-2)}{2}+2=\frac{n^2-n+2}{2}$，故选 D.

228【答案】E

【解析】$a_1=\frac{1}{2}$，$a_2=1-\frac{1}{a_1}=-1$，$a_3=1-\frac{1}{a_2}=2$，$a_4=1-\frac{1}{a_3}=\frac{1}{2}=a_1$，因此$\{a_n\}$是周期为3的周期数列，且每个周期内的三个数的和为定值$\frac{3}{2}$．当$k=198=3\times66$时，$a_1+a_2+\cdots+a_{198}=\frac{3}{2}\times66=99<100$；当$k=199=3\times66+1$时，$a_1+a_2+\cdots+a_{199}=\frac{3}{2}\times66+\frac{1}{2}=99+\frac{1}{2}<100$；当$k=200=3\times66+2$时，$a_1+a_2+\cdots+a_{200}=\frac{3}{2}\times66+\frac{1}{2}-1=99-\frac{1}{2}<100$；当$k=201=3\times67$时，$a_1+a_2+\cdots+a_{201}=\frac{3}{2}\times67=\frac{201}{2}>100$．当$k=202=3\times67+1$时，$a_1+a_2+\cdots+a_{202}=\frac{3}{2}\times67+\frac{1}{2}=101>100$；当$k=203=3\times67+2$时，$a_1+a_2+\cdots+a_{203}=\frac{3}{2}\times67+\frac{1}{2}-1=100$；因此，使$a_1+a_2+\cdots+a_k\leqslant100$成立的最大正整数是203，故选E.

229【答案】E

【解析】当$n\geqslant2$时，$S_{n-1}=\frac{1}{2}(n-1)^2+\frac{1}{2}(n-1)$，所以$a_n=S_n-S_{n-1}=\frac{1}{2}n^2+\frac{1}{2}n-\left[\frac{1}{2}(n-1)^2+\frac{1}{2}(n-1)\right]=n$，即数列$\{b_n\}$的前100项和为：$T_{100}=\frac{1}{1\cdot2}+\frac{1}{2\cdot3}+\cdots+\frac{1}{100\cdot101}=1-\frac{1}{2}+\frac{1}{2}-\frac{1}{3}+\cdots+\frac{1}{100}-\frac{1}{101}=1-\frac{1}{101}=\frac{100}{101}$，故选E.

230【答案】A

【解析】由已知得，$2S_n=n(2a_n+1-n)$．当$n\geqslant2$时，$2S_{n-1}=(n-1)(2a_{n-1}+2-n)$，所以$2a_n=2S_n-2S_{n-1}=n(2a_n+1-n)-(n-1)(2a_{n-1}+2-n)\Rightarrow(n-1)(a_n-a_{n-1}-1)=0$，故$a_n-a_{n-1}=1$．所以数列$\{a_n\}$是公差为1的等差数列，故选A.

231【答案】D

【解析】由题意可得：$S_1=2a_1-1$，即$a_1=2a_1-1$，得$a_1=1$．

$S_n=2a_n-n$，当$n\geqslant2$时，$S_{n-1}=2a_{n-1}-(n-1)$，则$a_n=S_n-S_{n-1}=2a_n-n-2a_{n-1}+(n-1)=2a_n-2a_{n-1}-1$，即$a_n=2a_{n-1}+1$，两边同时加1，则有$a_n+1=2(a_{n-1}+1)$．

故新数列$\{a_n+1\}$是以$a_1+1=2$为首项、2为公比的等比数列，则有$a_n+1=(a_1+1)\cdot2^{n-1}=2^n$，故$a_n=2^n-1$，故选D.

232【答案】E

【解析】$S_n=4n^2+n-2$，则$S_{n-1}=4(n-1)^2+n-1-2(n\geqslant2)$，两式相减得：$a_n=8n-3(n\geqslant2)$，而$S_1=a_1=4\times1^2+1-2=3$，即$a_n=\begin{cases}3 & (n=1)\\8n-3 & (n\geqslant2)\end{cases}$，故选E.

233【答案】D

【解析】条件（1），$a_1=6$，$S_{n+1}=3^{n+2}-3, S_{n-1}=3^n-3$；$a_{n+1}=S_{n+1}-S_n=3^{n+2}-3-3^{n+1}+3=2\cdot3^{n+1}$．$a_n=S_n-S_{n-1}=3^{n+1}-3-3^n+3=2\cdot3^n$，$\frac{a_{n+1}}{a_n}=3$，故$\{a_n\}$为等比数列．同理，由条件（2）也可推出$\{a_n\}$为等比数列．故选D.

234【答案】B

【解析】由于$S_n=1\times2^1+2\times2^2+3\times2^3+\cdots+n\cdot2^n$，$2S_n=1\times2^2+2\times2^3+3\times2^4+\cdots+n\cdot2^{n+1}$，$S_n-2S_n$得：$-S_n=2^1+2^2+2^3+...+2^n-n\cdot2^{n+1}$，整理得：$S_n=n\cdot2^{n+1}-2^{n+1}+2$，故选B.

235【答案】B

【解析】根据题意，1 小时后分裂成 4 个并死去 1 个，剩 3 个，$3=2^1+1$；2 小时后分裂成 6 个死去 1 个，剩 5 个，$5=2^2+1$；3 小时后分裂成 10 个并死去 1 个，剩 9 个，$9=2^3+1$；…；由此可发现 n 小时后细胞存活的数量满足数列 $a_n=2^n+1$，所以第 8 小时后细胞存活 257 个，故选 B.

236【答案】B

【解析】$S_{2004}=1-2+3-4+\cdots+2003-2004=(1+3+5+\cdots+2003)-(2+4+6+\cdots+2004)=\dfrac{(1+2003)\times1002}{2}-\dfrac{(2+2004)\times1002}{2}=-1002$，则 $S_{2005}=-1002+2005=1003$，$S_{2004}+S_{2005}=1$，故选 B.

237【答案】C

【解析】条件（1）显然不能确保题设一定成立．由条件（2）可得到，$a=1,b=-4$ 或 $a=-4,b=1$，同样无法保证题设．两个条件联立可得 $a=1,b=-4$，则可以使题设成立．故选 C.

238【答案】B

【解析】条件（1），$\{a_n\}$ 为等差数列，$a_4+a_6=a_1+6d\Rightarrow d=-\dfrac{4}{3}$，又 $a_4+a_6=2a_4+2d\Rightarrow a_4=\dfrac{7}{3}$，不充分；条件（2），$\{a_n\}$ 为等比数列，则 $a_4+a_6=(a_1+a_3)q^3\Rightarrow q=\dfrac{1}{2}$，$a_4+a_6=a_4(1+q^2)=\dfrac{5}{4}a_4=\dfrac{5}{4}\Rightarrow a_4=1$，充分．故选 B.

239【答案】A

【解析】$f(a_n)=\log_a a_n(a>0,a\neq1)$．条件（1），当 $f(a_n)=2n$ 时，可得 $a_n=a^{2n}$，则 $\dfrac{a_n}{a_{n-1}}=\dfrac{a^{2n}}{a^{2(n-1)}}=a^2$，为常数，此时数列 $\{a_n\}$ 是以首项为 $a_1=a^2$，公比为 a^2 的等比数列，充分；条件（2），当 $f(a_n)=2^n$ 时，可得 $a_n=a^{2^n}$，则 $a_1=a^2$，$a_2=a^4$，$a_3=a^8$，因为 $a>0$ 且 $a\neq1$，所以 $\dfrac{a_2}{a_1}=a^2\neq\dfrac{a_3}{a_2}=a^4$，此时数列 $\{a_n\}$ 不是等比数列，不充分．故选 A.

第五章　应用题

题型 1　比例问题

240【答案】C

【解析】$14\div(5-3)\times(5+3)\div\left(1-\frac{1}{3}\right)=84$，故选 C.

241【答案】D

【解析】由题意可得全年计划为 $\dfrac{600}{\dfrac{5}{12}-\dfrac{3}{8}}=14400$ 万元，则下半年的销售额为 $14400\times\left(1-\frac{5}{12}\right)=8400$ 万元，所以下半年平均每月 1400 万元，故选 D.

242【答案】B

【解析】因为管理人员占全体人员的 10%，所以生产人员和技术人员共占 1−10% = 90%. 又因为生产人员数量是技术人员数量的 2 倍，所以生产人员占全体人数的 60%. 所以全体人数 = 80÷(60%−10%)=160 人，故选 B .

243【答案】E

【解析】设甲的价格为 a，乙的价格为 b，丙的价格为 c，则有：$\frac{a+b}{c}=\frac{7}{3}$，$\frac{b+c}{a}=\frac{5}{4}$，得到方程组：$\begin{cases}3(a+b)=7c\\4(b+c)=5a\end{cases}$，计算得：$\frac{a+c}{b}=\frac{67}{23}$，故选 E.

244【答案】A

【解析】由题意可知每天吃掉一筐苹果的 $\frac{1}{9}$，则 8 天后这筐苹果还剩下 $\frac{1}{9}$，对应的是 10 个苹果，从而得 $m=10\div\frac{1}{9}=90$，于是知各个数位之和为 9，故选 A.

245【答案】B

【解析】由题意可得：甲占全城的 $\frac{4}{13}$；乙占全城的 $\frac{4}{13}\times\frac{5}{6}=\frac{10}{39}$；丙占全城的 $\left(\frac{4}{13}+\frac{10}{39}\right)\times\frac{4}{11}=\frac{8}{39}$；丁占全城的 $1-\frac{4}{13}-\frac{10}{39}-\frac{8}{39}=\frac{9}{39}$，则有 $\left(\frac{9}{39}-\frac{8}{39}\right)\times$ 全城人口 $=4000$，解得全城人口 $=15.6$ 万人，故选 B.

246【答案】D

【解析】已知数学系和化学系共有 410 人参加比赛，可设数学系人数有 a 人，化学系人数有 b 人 . 由条件（1）可得：$\frac{5}{8}a=\frac{2}{5}b$，整理得 $a:b=16:25$，此时可以算出数学系的人数为 $410\times\frac{16}{16+25}=160$ 人，推出结论成立，条件（1）是充分条件 . 在条件（2）中，可得 $\frac{a}{b}=64\%$，且 $a+b=410$，从中解得 $a=160$，推出结论成立，条件（2）是充分条件 . 故选 D.

247【答案】C

【解析】由题意可得：红，黄，绿，白四种颜色的小球的数量之比为 $4:6:3:5$，故绿球占袋中总球数的 $\frac{3}{4+6+3+5}=\frac{1}{6}$，故选 C.

248【答案】B

【解析】根据题意，一等品：二等品：三等品 $=20:12:3$，所以该产品的合格率是 $\frac{20+12}{20+12+3}=\frac{32}{35}\approx 91.4\%$. 故选 B.

249【答案】C

【解析】条件（1）中只知道甲乙的年龄关系，无法得出甲、乙、丙三人年龄的比例关系，无法按照比例来分担支出，条件（1）不是充分条件. 同理，条件（2）中只知道丙、乙之间的年龄比例关系，是不充分的. 条件（1）、（2）联合起来看，可知甲、乙、丙三人之间的年龄比例关系，进而能按照比例来分担支出. 故选 C.

250【答案】D

【解析】设甲、乙、丙三车型的产量分别为 a,b,c，由题意可得：$\begin{cases}3b+6c=4a\\a+2b=7c\end{cases}\Rightarrow a:b:c=3:2:1$，故选 D.

251【答案】B

【解析】设全程的长度为 x 米，所以第一天修理了 $0.2x$ 米，根据题意有：$(0.2x+300):(0.8x-300)=2:3$，解得 $x=1500$，所以第一天修理了 $1500\times 0.2=300$ 米，故选 B.

252【答案】B

【解析】设该股票上市的开盘价是每股 a 元，则首日为 $1.25a$，第二天下跌至 a，因此所求为 $\frac{1.25a-a}{1.25a}=\frac{0.25}{1.25}=20\%$. 故选 B.

253【答案】E

【解析】条件（1）、（2）显然单独不充分，考虑联合，设前年的职工人数为 a，则去年的职工人数为 $a(1-20\%)=0.8a$，今年的职工人数为 $0.8a(1+50\%)=1.2a$.

职工人数今年比前年增加了 $\frac{1.2a-a}{a}=20\%$，联立（1）（2）也不充分，故选 E.

254【答案】D

【解析】对于条件（1），知道这三年每年的年收益率，也就知道了三年后的总收益（末项），设这三年每年的平均收益率为 q，还知道首项是 10 万元，则可以利用等比数列通项公式求出每年的平均收益率 q，充分；对于条件（2），知道卖掉后收回的金额，也就知道了三年后的总收益，此时与条件（1）等价，也充分. 故选 D.

255【答案】D

【解析】对于条件（1），设这两年生产总值的平均增长率为 x，则 $(1+x)^2=(1+a)(1+b)$，推出平均增长率为 $\sqrt{(1+a)(1+b)}-1$，充分；对于条件（2），设这两年生产总值的平均增长率为 x，则 $(1+x)^2=(1+b)(1+a)$，推出平均增长率为 $\sqrt{(1+b)(1+a)}-1$，充分. 故选 D.

256【答案】B

【解析】由于购房时先付了 150 万元，则欠款 1150−150=1000 万元，依题意分 1000÷50=20 次支付，则单位从第一个月起依次支付的利息为 $1000\times1\%$，$950\times1\%$，…，$50\times1\%$，所以当付清全部房款时，单位付款的总和为 $150+1000+(50+100+\cdots+1000)\times1\%=1255$ 万元，故选 B.

题型 2　利润问题

257【答案】A

【解析】设商品的原价为 x，由题意得：$x(1+40\%)\cdot0.8-x=12\Rightarrow x=100$. 又该商品按原价销售的利润率是 25%，所以商品的进价为 80，折后价为 112. 故那么按照“折后价”销售的利润率是 40%，故选 A.

258【答案】A

【解析】定价是进价的 $1+35\%$，打九折后，实际售价是进价的 $135\%\times90\%=121.5\%$. 每只手表实际盈利：$466+50=516$ 元，则每只手表进价为 $516\div(121.5\%-1)=2400$ 元，故选 A.

259【答案】A

【解析】设去年每册书的利润是 a，销售量是 m，则依题意可得：$\dfrac{(1-20\%)a\times(1+70\%)m-am}{am}\times100\%=36\%$，故选 A.

260【答案】C

【解析】设第一件商品的成本为 a，另一件商品的成本为 b，根据题意：

$\begin{cases}a(1+20\%)=480\\b(1-20\%)=480\end{cases}\Rightarrow\begin{cases}a=400\\b=600\end{cases}$. 则利润 $=480\times2-(a+b)=960-1000=-40$，故亏了 40 元，故选 C.

261【答案】C

【解析】可设苹果的原售价是每千克 a 元，对于每千克的苹果，依题意可列式：$\dfrac{1}{3}(a-6)=60\%a-6$，解得 $a=15$. 设这批苹果有 x 千克，有 $(15-6)x=4500$，解得 $x=500$. 即这批苹果有 500 千克，故选 C.

题型 3　浓度问题

262【答案】C

【解析】原甲容器的溶质为 $120\times5\%=6$ 克，混合后甲容器溶质为 $(120+480)\times13\%=78$ 克，所以推出乙容器溶质为 72 克，即乙容器浓度为 $72\div480=15\%$，故选 C.

263【答案】B

【解析】浓度为 3%，也就是盐 3 份水 97 份，共 100 份，浓度下降为 2%，原来 3 份盐就成了 2%. 第二次加水后盐和水总共：$3\div2\%=150$ 份，第二次加水 $150-100=50$ 份，即每次加水 50 份，所以，第三次加水后浓度 $\dfrac{3}{150+50}\times100\%=1.5\%$，故选 B .

264【答案】B

【解析】设第一次将甲杯中的 m 克纯酒精倒入乙杯，第二次从乙杯倒入甲杯的混合溶液是 x 克 . 经过第一次之后，甲杯中的溶液有 $12-m$ 克，乙杯中的溶液有 $15+m$ 克；经过第二次之后，乙杯中纯酒精含量为 25%，由于第二次的操作没有改变乙杯中的纯酒精含量，所以第一次之后乙杯中纯酒精含量也为 25%，则有：$\dfrac{m}{15+m}\times100\%=25\%\Rightarrow m=5$，故经过第一次之后，甲杯中的溶液有 $12-5=7$ 克，则第二次的操作可转化为：7 克的 100% 的甲溶液和 x 克的 25% 的乙溶液混合成 50% 的溶液，由十字交叉法可得：

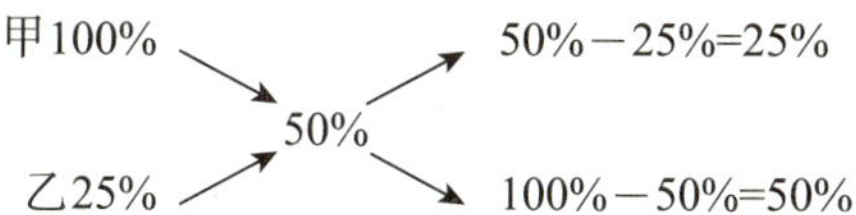

$\frac{25\%}{50\%}=\frac{7}{x}\Rightarrow x=14$，故选 B.

265【答案】E

【解析】十字交叉法：

甲的浓度为：$\frac{120}{300}\times 100\%=40\%$. 乙的浓度为：$\frac{90}{120}\times 100\%=75\%$.

甲40%　　　　25%
　　　50%
乙75%　　　　10%

故混合溶液中甲、乙两溶液的质量之比为 $\frac{25\%}{10\%}=\frac{5}{2}$，故设混合溶液中甲乙两溶液的质量分别为：$5m$ 克、$2m$ 克，则有：$5m+2m=140$，解得：$m=20$，故 $5m=100$，$2m=40$，故选 E.

266【答案】A

【解析】由条件（1）可列式 $\frac{60-10-\frac{50}{60}\times 6}{10-\frac{10}{60}\times 6+6}=\frac{45}{15}=3:1$，能推出结论，可知该条件是充分的 . 由条件（2）可列式：$\frac{40-10-\frac{30}{40}\times 6}{10-\frac{10}{40}\times 6+6}=\frac{51}{29}\neq 3:1$，条件（2）不充分 . 故选 A.

267【答案】B

【解析】一瓶水，倒出 $\frac{1}{3}$，倒入同样多的酒精，此时酒精含量占 $\frac{1}{3}$.

再将此溶液倒出 $\frac{1}{4}$ 后又倒进同样多酒精，此时酒精含量占 $\frac{1}{3}\times\frac{3}{4}+\frac{1}{4}=\frac{1}{2}$.

第三次倒出此溶液的 $\frac{1}{5}$ 后又倒进同样多的酒精，则此时瓶内酒精含量占 $\frac{1}{2}\times\frac{4}{5}+\frac{1}{5}=\frac{3}{5}$，则此时瓶内酒精浓度为 $\frac{\frac{3}{5}}{1}\times 100\%=60\%$，故选 B.

268【答案】A

【解析】根据题意，第一次混合后的浓度为 71%，画出示意图：

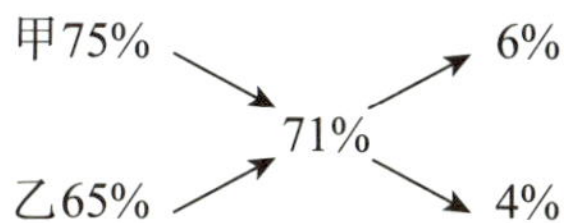

可知甲、乙原本的溶液体积之比是甲：乙 =3：2. 甲、乙溶液各取出 4 升之后，第二次混合后的浓度为 71.25%，即

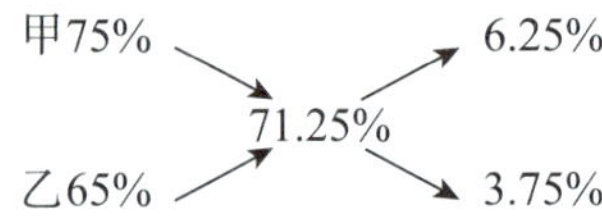

则甲、乙各取出 4 升之后的溶液体积比是甲：乙 =6.25%：3.75% = 5：3. 设最初甲溶液的体积是 $3x$ 升，乙溶液的体积是 $2x$ 升 . 列出关系式：$\frac{3x-4}{2x-4}=\frac{5}{3}$，解得 $x=8$. 所以甲溶液有 24 升，乙溶液有 16 升 . 故选 A.

269【答案】B

【解析】根据条件（1）可得：$\frac{0.8\times(V-3)^2}{V^2}=\frac{2}{2+3}\Rightarrow V=6\pm3\sqrt{2}$，不充分；根据条件（2）可得：$\frac{0.8\times(V-3)^2}{V^2}=\frac{1}{1+4}\Rightarrow V=6$ 或 $V=2$（舍），充分 . 故选 B.

270【答案】B

【解析】第一次加入一定量的水后，糖水的含糖百分比变为 15%，即糖占 15 份，水占 85 份，糖水总共 100 份，第二次加入同样多的水后，浓度变为 12%，则此时的糖水是：15÷12%=125 份，所以每次加入的水是：125−100=25 份，则第三次加入同样多的水后，含糖比是：$\frac{15}{100+25+25}\times100\%=0.1\times100\%=10\%$，故选 B.

题型 4　平均值问题

271【答案】B

【解析】由题意可得，全体员工的平均成绩为 $\frac{84}{(1+20\%)}=70$ 分 . 设女工的平均成绩为 x 分，则利用十字交叉法可得：$\frac{70-x}{84-70}=\frac{1}{2}$，解得 $x=63$，故选 B.

272【答案】A

【解析】已知女生占比，即可确定男生占比，根据加权平均计算均值公式，可以计算男生的平均成绩，故选 A.

273【答案】C

【解析】设女同学的平均成绩为 a，则男同学的平均成绩为 $a+2$，该班级全体的平均成绩为 b . 条件(1)，已知男女人数之比为 k，则由十字交叉法可得：$\frac{b-a}{a+2-b}=k$，不知道 a 的值，就没法求得 b 的值，不充分；条件（2）已知男女平均成绩之比为 m，即 $\frac{a+2}{a}=m$，则可求得 a 的值，但依然无法求得 b 的值，不充分；显然联立后知道 a 的值，也就知道了 b 的值，故选C .

274【答案】C

【解析】单独显然不成立，考虑联立，知道女生人数的占比，也就知道了男女生的人数之比，又知道全体以及女生的平均成绩，根据十字交叉法，从而能确定该次考试该班男生的平均成绩，故选 C.

275【答案】D

【解析】已知男生的平均成绩为 70 分，由交叉原理可得男女人数之比为 9：5.（1）女生得分之和在 1200 ~ 1300 之间，且为 84 和 5 的倍数，可得女生人数为 15 人，则男生人数为 27 人，总人数可定为 42 人，

充分 .（2）明显充分，故选 D.

276【答案】D

【解析】公共条件可得：全平 − 男平 = 2，由条件（1）可得女平 − 全平 = 1，故可确定男女人数之比 = 女平 − 全平：全平 − 男平 = 1 : 2，充分；由条件（2）可得女平 − 男平 = 4，则女平 − 全平 =（女平 − 男平）−（全平 − 男平）= 4 − 2 = 2，故可确定男女人数之比 = 女平 − 全平 : 全平 − 男平 = 1 : 1，充分 . 故选 D.

277【答案】C

【解析】显然单独都不充分，联合两条件可得男女数量之比，故联合可确定男生的数量，故选 C.

278【答案】C

【解析】十字交叉法：

设男生的平均成绩为 a，则女生的平均成绩为 $1.2a$.

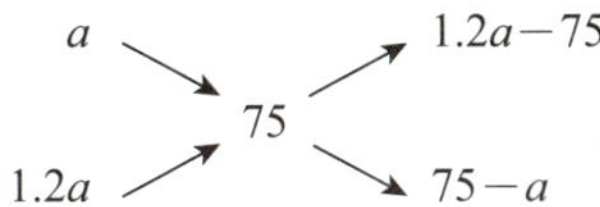

根据题意男生女生人数之比为（1+ 0.8）: 1 = 9 : 5. 则有 $\frac{1.2a-75}{75-a}=\frac{9}{5}$，解得：$a=70$. 故女生的平均成绩为 $1.2\times70=84$，故选 C.

279【答案】E

【解析】已知条件中没有给出任何关于平均成绩的具体数值，无论给出其他什么关于人数的条件都不能推出结论，故选 E.

280【答案】C

【解析】条件（1）（2）单独不充分，联合条件（1）（2），设甲乙两班的平均成绩为 x, y，则有 $42x=48y\Rightarrow x=\frac{8}{7}y$，由于两班的平均成绩为整数，则可知 $y=84, x=96$，故甲班的平均成绩比乙班高 12 分，充分，故选 C.

281【答案】A

【解析】8 条鱼，每人 $\frac{8}{3}$ 条，则乙给过路人提供 $3-\frac{8}{3}=\frac{1}{3}$ 条，所以对于条件（1），乙拿到的 2 元对应 $\frac{1}{3}$ 条的价格，而甲给过路人提供 $5-\frac{8}{3}=\frac{7}{3}$ 条，所以甲能拿到 $7\times2=14$ 元，充分；由于甲、乙提供给过路人的鱼量之比是 7 : 1，所以得到过路人的钱之比也是 7 : 1，对于条件（2），过路人留下 20 元，甲应该拿到 $20\times\frac{7}{8}=17.5$ 元，不充分，故选 A.

题型 5 行程问题

282【答案】B

【解析】设 AB 两地之间的距离是 S 千米，时间一定，则两人的路程之比等于速度之比，甲、乙两人第一次相遇时所走的路程之比为 $4:(S-4)$，从第一次相遇到第二次相遇甲乙两人所走的路程之比为 $(S-4+3):(4+S-3)$，则有 $\frac{4}{S-4}=\frac{S-4+3}{4+S-3}$，解得：$S=0$（舍）或 $S=9$，故两次相遇地点之间的距离是 9-4-3=2 千米，故选 B.

283【答案】E

【解析】条件（1）：由两者速度比可以推出两者的时间比，结合时间差，可以计算步行和骑车各自需要的时间，但无法推出速度，不充分．条件（2）与条件（1）所能推出的信息相同，也不充分．两条件联合也无法推出结论，故选 E．

284【答案】B

【解析】全程的平均速度等于总路程除以总时间，所以依题可得平均速度为 $\dfrac{400}{\dfrac{100}{v_1}+\dfrac{100}{v_2}+\dfrac{100}{v_3}+\dfrac{100}{v_4}}$，化简可得 $\dfrac{4}{\dfrac{1}{v_1}+\dfrac{1}{v_2}+\dfrac{1}{v_3}+\dfrac{1}{v_4}}$，所以条件（2）充分，故选 B.

285【答案】B

【解析】第一次相遇甲走的路程为（1800 − 9×80）÷（100 + 80）×100 = 600 米，第一次到第三次相遇甲走的路程为 1800÷（100 + 80）×100×4 = 4000 米，故甲一共走（4000 + 600）÷1800 = 2……1000，即 2 个全程多 1000 米．故相遇地点距离乙的出发点为 800 米，故选 B．

286【答案】E

【解析】条件（1）：由两者速度比可以推出两者的时间比，结合时间差，可以计算步行和骑车各自需要的时间，但无法推出速度．条件（2）与条件（1）所能推出的信息相同．故两者无法推出结论，联合也无法推出结论，故选 E．

287【答案】A

【解析】设全长为 x 米，则根据题意可得 $\dfrac{x}{80}+\dfrac{x}{100}=36$，解得 $x=1600$，故选 A.

288【答案】B

【解析】利用柳卡图，可以得出在 180 秒（3 分钟）内两人共相遇了 5 次，且又回到了彼此的出发状态．所以在 12 分钟内共会重复上述过程 12÷3=4 次，一共会相遇 4×5=20 次，故选 B.

289【答案】D

【解析】条件（1）可得：甲的速度为：$9300\div60=155$ 米／分，可知条件（1）（2）等价，第一次甲和乙相遇合走两个全长，故相遇时间为 $9300\times2\div(155+155-10)=62$ 分钟，故甲到达体育场以后，再走 2 分钟与乙相遇，故相遇地点距离体育场的距离为 $155\times2=310$ 米，故选 D.

290【答案】A

【解析】设甲、乙两地的距离为 S，第二次相遇两人共同走了 3S，因此小张走了 $3.5\times3=10.5$ 千米，又第二次相遇在离乙村 2 千米，所以 S=8.5 千米．第四次相遇时，小张走了 $3.5\times7=24.5$ 千米，即 24.5 千米为 2 个全程加 7.5 千米，所以离乙村 1 千米，故选 A.

291【答案】B

【解析】设乙的速度为 v 米／秒，则甲的速度是 $v+0.1$ 米／秒，第一次相遇用时 $\dfrac{8}{3}$ 分钟 = 160 秒，且甲乙的路程和 $=160\times(v+v+0.1)=400$，解得 $v=1.2$，则第三次相遇乙走了 $1.2\times480=576$ 米，距离起点 A 的最短距离是 $576-400=176$ 米，故选 B.

292【答案】D

【解析】甲 3 分钟可以走 $50\times3=150$ 米，此时甲乙相距 450 米，则可推出乙距离终点剩 600 米，需要 15 分钟，故乙的速度为 $600\div15=40$ 米 / 分钟，$450\div(50+40)=5$ 分钟，故选 D.

293【答案】E

【解析】根据题意得，$\frac{v_甲}{v_乙}=\frac{5}{6}$，假若甲、乙两车同时出发，那么乙比甲早到 12 分钟（$\frac{1}{5}$小时），可得关系式 $\frac{90}{v_甲}-\frac{90}{v_乙}=\frac{1}{5}$，推出 $v_乙=90$ 千米 / 时，$v_甲=75$ 千米 / 时，即两车的速度差为 15 千米 / 时，故选 E.

294【答案】C

【解析】设甲的速度为 v_1，乙的速度为 v_2，则：$\begin{cases}v_1t=v_2\times2\\v_1\times8=v_2t\end{cases}$，解得 $t=4$，故选 C.

295【答案】D

【解析】设原来车速为 V 千米 / 小时，则有 $\frac{50}{(1-40\%)V}-\frac{50}{V}=1+\frac{1}{3}\Rightarrow V=25$（千米 / 小时），再设原来需要 t 小时到达，由已知 $25t=25+(t+3-1)\times25(1-40\%)$，得到 $t=5.5$ 小时，所以 A、B 两地相距 $25\times5.5=137.5$ 千米，故选 D.

296【答案】C

【解析】设总路程为 S，则甲的速度为 $\frac{S}{11}$，乙的速度为 $\frac{S}{5}$，乙出发时甲行进了 $\frac{4S}{11}$，所以乙追上甲所需要的时间是 $\frac{4S}{11}\div\left(\frac{S}{5}-\frac{S}{11}\right)=\frac{10}{3}$ 小时，所以乙追上甲的时间是下午 1：20，故选 C.

297【答案】A

【解析】设过 t 小时后，可以追上走私船，如图所示，$OB=12,\angle AOB=30^\circ$，所以 $AB=6,OA=6\sqrt{3}$，依题可得 $BC=20t,OC=28t$，再由勾股定理可得 $(20x+6)^2+108=(28x)^2$，解得 $x=1$，故选 A .

298【答案】A

【解析】设 A，B 两站之间的距离为 $2S$，慢车的速度为 v，则快车的速度为 $v+10$，由题意可得：$\begin{cases}\frac{S+28}{v+10}=\frac{S-28}{v}\\\frac{S}{v+10}=\frac{S}{v}-\frac{3}{4}\end{cases}$，解得：$S=420$，故 $2S=840$，故选 A.

299【答案】D

【解析】设队伍长度为 1，队伍行走的速度为 a，传令兵的速度为 b，传令兵从出发到到达队尾的时间为 t，则有 $at=1$，$\frac{1}{b-a}+\frac{1}{b+a}=t$，解得 $bt=1+\sqrt{2}$，故选 D.

300【答案】C

【解析】设汽车正常速度为 v km/h，正常时间为 t，根据题意：$\begin{cases}2v+(1-20\%)v(t-2+1)=vt\\(1-20\%)v(\frac{100}{v}+\frac{20}{60})=100\end{cases}$，解得 $\begin{cases}v=75\\t=6\end{cases}$，则甲、乙两地相距 $75\times6=450$ 千米，故选 C.

301【答案】D

【解析】设少年的速度是 v m/s，风速是 v_0 m/s，由题意可得：$\begin{cases}\dfrac{90}{v+v_0}=10\\ \dfrac{70}{v-v_0}=10\end{cases}$，解得：$v=8$，$v_0=1$，故在无风的时候跑 100 米要用 $\dfrac{100}{8}=12.5$ 秒，故选 D.

302【答案】E

【解析】设火车的速度为 v 米 / 秒，火车的长度为 l 米，则 $l=15v$，根据题意：$120+l=10(22+v)$，解得 $v=20$ 米 / 秒，$l=300$ 米，火车通过 100 米的隧道所走的路程为 $l+100$，所以火车通过 100 米的隧道需要 $\dfrac{l+100}{20}=\dfrac{300+100}{20}=20$ 秒，故选 E.

303【答案】D

【解析】条件（1）：同向环形追及问题，第一次相遇时，甲比乙多跑了一圈，跑步时间相同，所以 $\dfrac{v_甲}{v_乙}=\dfrac{S_甲}{S_乙}=\dfrac{3}{2}=1.5$，充分 . 条件（2）：甲背道而驰时，由甲乙追及变为甲乙相遇，再次相遇时乙跑了 $\dfrac{2}{5}$ 圈，则甲跑了 $\dfrac{3}{5}$ 圈，所以 $\dfrac{v_甲}{v_乙}=1.5$，充分 . 故选 D.

304【答案】B

【解析】设骑车的速度为 x 千米 / 小时，则步行速度为 $0.25x$ 千米 / 小时，公交车的速度为 $2x$ 千米 / 小时 . 设甲、乙两地距离为 s 千米，则 $\dfrac{s}{0.25x}+\dfrac{s}{2x}=1.5$，解得 $\dfrac{s}{x}=\dfrac{1}{3}$ 小时＝ 20 分钟，因此骑车从甲地到乙地需 20 分钟，故选 B.

305【答案】C

【解析】由图可知 A、B 两地距离为 8km，乙车的速度是 $\dfrac{1}{2}$ km/min，乙车在速度不变的情况下从 A 地行驶到 B 地一共需要 $t=\dfrac{s}{v}=\dfrac{8}{\frac{1}{2}}=16$ 分钟，故选 C.

题型 6　工程问题

306【答案】D

【解析】条件（1）：$\dfrac{1}{5}+\dfrac{1}{6}>\dfrac{1}{3}$，充分 . 条件（2）：$\dfrac{1}{6}+\dfrac{1}{7}+\dfrac{1}{8}>\dfrac{1}{3}$，充分 . 故选 D.

307【答案】D

【解析】设总的工作量为 300，根据题意可知，三队合作 30 天完成，故三个人的工效和为 $300\div30=10$，其中乙的工效等于甲、丙之和，故乙的工效为 5，则甲工效 + 丙工效 = 5，又因为 4 丙工效 = 工效甲 + 5，可推出，甲的工效为 3，丙的工效为 2，故甲单独完成需要 $300\div3=100$ 天，故选 D.

308【答案】A

【解析】原计划每天生产 $1500\div15=100$ 台，5 天生产了 $100\times5=500$ 台，还剩 $1500-500=1000$ 台，现在计划每天生产 $100+100\times25\%=125$ 台，则 1000 台按照原计划、新计划各需要 10 天、8 天，则会提前 $10-8=2$ 天完成，故选 A.

309【答案】D

【解析】设甲、乙、丙单独做分别需要x、y、z天，有$\begin{cases}\dfrac{1}{x}+\dfrac{1}{y}=\dfrac{11}{600}\\\dfrac{1}{y}+\dfrac{1}{z}=\dfrac{3}{200}\\\dfrac{1}{x}+\dfrac{1}{z}=\dfrac{1}{45}\end{cases}\Rightarrow\dfrac{1}{x}+\dfrac{1}{y}+\dfrac{1}{z}=\dfrac{1}{36}$.剩下工作量为$1-\dfrac{11}{60}-\dfrac{3}{20}-\dfrac{1}{3}=\dfrac{1}{3}$，也就是需要$\dfrac{\frac{1}{3}}{\frac{1}{36}}=12$天，也就是乙一共做了$10+10+12=32$天，故选D.

310【答案】B

【解析】甲、乙2小时完成的工作量为$\dfrac{1}{14}+\dfrac{1}{20}=\dfrac{17}{140}$，8个2小时完成$\dfrac{17}{140}\times8=\dfrac{34}{35}$，余下的甲需要再做$\dfrac{\left(1-\frac{34}{35}\right)}{\frac{1}{14}}=\dfrac{2}{5}$小时，所以一共$16\dfrac{2}{5}$小时，故选B.

311【答案】C

【解析】显然条件单独不充分，考虑联立.设甲、乙、丙单独做分别需要x、y、z天，则有：

$$\begin{cases}\dfrac{1}{x}+\dfrac{1}{y}=\dfrac{1}{6}\\\dfrac{1}{y}+\dfrac{1}{z}=\dfrac{1}{10}\\y-x=5\\z-y=15\end{cases}\Rightarrow\begin{cases}\dfrac{1}{x}-\dfrac{1}{z}=\dfrac{1}{15}\\z-x=20\end{cases}\Rightarrow x=10,z=30\Rightarrow\left(\dfrac{1}{x}+\dfrac{1}{z}\right)\times5=\dfrac{2}{3}$$，故选C.

312【答案】E

【解析】设蓄水池的总容量为单位“1”，单开进水管20h可将空水池注满，则进水管每时进水量是$\dfrac{1}{20}$.单开出水管30h可将水放完，则出水管每时的出水量是$\dfrac{1}{30}$.当两管齐开时，每时的进水量为$\dfrac{1}{20}-\dfrac{1}{30}=\dfrac{1}{60}$，要将空水池注满需要$1\div\dfrac{1}{60}=60$ h. 故选E.

313【答案】A

【解析】设总工程量为“1”，一半为“$\dfrac{1}{2}$”，则原本每天工作效率为$\dfrac{1}{14}$，提前3天完工即提速后半程完成时间为4天，设提速后效率为v，则$4v=\dfrac{1}{2}$，解得$v=\dfrac{1}{8}$，施工进度提高了$\dfrac{\frac{1}{8}-\frac{1}{14}}{\frac{1}{14}}\times100\%=75\%$，故选A.

314【答案】B

【解析】A工程队的效率是B工程队的2倍，可以赋值A队效率为2，B队效率为1，此时工程总量为$6\times(2+1)=18$。如果两队的工作效率均提高一倍，A队效率即为4，B队效率为2。设A队休息t天，则有$4\times(6-t)+2\times(6-1)=18$，解得$t=4$. 故选B.

315【答案】C

【解析】设甲、乙、丙三队的施工速度分别为 x、y、z，用时为 t . 依题可得 $\frac{t}{2}x+\frac{t}{2}\cdot\frac{x}{2}=\frac{t}{2}z+\frac{t}{2}\left(\frac{x}{2}+z\right)=ty$，解得 $x:y:z=4:3:2$，故选 C.

316【答案】B

【解析】根据工作总量一定，工作效率与工作时间成反比可得 $\frac{v_{计}}{v_{实}}=\frac{1}{0.8}=\frac{5}{4}$，所以 $\frac{t_{计}}{t_{实}}=\frac{4}{5}$，正常 200 天的工作，实际需要 250 天才能完成，故需推迟 50 天，故选 B.

题型 7　不定方程问题

317【答案】E

【解析】设有 x 位小朋友，最后一个小朋友分得 m 个苹果 . 条件（1）：$4x+2=5(x-1)+m(0<m<5)$，$m=7-x$，$x=3,4,5,6$，不能确定人数，即不能确定苹果数；条件（2）：$4x+8=5(x-1)+m(0<m<5)$，$m=13-x$，$x=9,10,11,12$，也不能确定苹果数 . 联合后依然不充分，故选 E.

318【答案】E

【解析】显然两个条件单独都不能推出结论 . 联合两个条件，设小朋友人数为 x，每人分 7 个苹果，不够的小朋友分得了 y 个苹果 $(0<y<7)$. 则有方程：$4x+10=7(x-1)+y$，即 $3x+y=17$，解得 $x=4$ 或 5，$y=5$ 或 2，所以联合两个条件也不能确定苹果的个数，故选 E .

319【答案】C

【解析】设劳动竞赛前每人一天做 x 个零件，由题意 $\begin{cases}8(x+10)>200\\4(x+10+27)>8(x+10)\end{cases}$，解得 $15<x<17$，因为 x 是整数，故 $x=16$，从而 $(16+37)\div16=3.3$ 倍，故选 C.

320【答案】A

【解析】设小明做对了 x 道题，答错了 y 道题，由（1）条件可得 $7x-4y=100$，且 $14<x\leqslant20$，解得 $x=16, y=3$，可知小明只有 1 道题没答；条件（2），小明答错 3 道，但总分未知，则无法确定没答的题目 . 故选 A.

321【答案】C

【解析】单独明显不充分，故联合分析，设好友共入住了 m 间豪华套房，则好友人数为 $4m+20$，依题可得 $8(m-1)<4m+20<8m$，解得 $5<m<7$，故 $m=6$，故选 C.

322【答案】C

【解析】卡车和货物的量都不知道，即有两个未知数，故条件单独均不充分，考虑联立 . 设卡车和货物的数量分别是 x, y，则有：$y=7x+10, y=8(x-1)+3$，解得：$x=15, y=115$，故选 C.

323【答案】E

【解析】设有 x 位小朋友，最后一个小朋友分得 m 个苹果 . 条件（1）：$3x+8=5(x-1)+m(m<5)$，$m=13-2x, x=5,6$，不能确定人数，即不能确定苹果数；条件（2）：$4x+8=5(x-1)+m(m<5)$，$m=13-x, x=9,10,11,12,13$，也不能确定苹果数 . 联合后依然不充分，故选 E.

324【答案】E

【解析】两个条件单独均不充分，联合后设小明买甲商品 x 份，乙商品 y 份，则有 $7x+3y=60$. 由于 3、

60 均为 3 的倍数，且 $60-7x\geqslant 0$，即 $x\leqslant 8$，又因为 $7x$ 一定能被 3 整除，所以当 $x=3$ 时，$y=13$，此时 3+13=16；当 $x=6$ 时，$y=6$，此时 6+6=12. 所以小明用 60 元买两种商品 16 个或 12 个，不能确定具体数量，故选 E.

325【答案】E

【解析】单独坐小船或单独坐大船，都不能坐满，故条件（1）和（2）单独均不充分，考虑联立 . 设大船有 x 条，小船有 y 条，则 $7x+4y=55$，即 $x=\dfrac{55-4y}{7}$，且 $y\geqslant 0$，则 $x\leqslant\dfrac{55}{7}$，且 x 为整数，则 $0\leqslant x\leqslant 7$. 因为 y 为非负数，则 $55-7x$ 为 4 的倍数，故 x=1 或 x=5，所以原方程有 $x=1, y=12$ 或 $x=5, y=5$ 两组解，故不能确定大、小船条数各杯咖啡豆量 . 故选 E.

326【答案】E

【解析】单独显然不成立，考虑联合，设大、中、小杯各需 x、y、z 克咖啡豆，则有：$\begin{cases}2x+3y+5z=210\\3x+4y+9z=320\end{cases}\Rightarrow$ $\begin{cases}4x+6y+10z=420\\3x+4y+9z=320\end{cases}\Rightarrow x+2y+z=100$，无法确定各杯咖啡豆的重量，故选 E.

327【答案】C

【解析】设一等奖、二等奖、三等奖的获奖人数分别是 x, y, z 人，根据题意可得：$x+y+z=10$，$9x+5y+2z=61$，联立消 z 可得：$7x+3y=41$，让 x 尽可能大时，解得 $x=5$，故选 C.

328【答案】C

【解析】设此人购买得甲乙两种商品得件数分别是 x、y，则有 $16x+12y=100$，即 $4x=25-3y$，经分析 y 只能取奇数，且 $25-3y$ 一定是 4 的倍数，故 $y=3$，此时 $x=4$，故选 C.

329【答案】C

【解析】设这个方阵的人数为 x，则 x 一定是某个整数的平方数，对于条件（1）有：$60\times 3<x\leqslant 60\times 4$，即 $180<x\leqslant 240$，满足此区间的平方数有：14^2、15^2，不充分；对于条件（2）有：$70\times 2<x\leqslant 70\times 3$，即 $140<x\leqslant 210$，满足此区间的平方数有：12^2、13^2、14^2，不充分；联立（1）（2）即 $180<x\leqslant 210$，满足此区间的平方数即为 14^2，则这个方阵的人数为 196，充分，故选 C.

题型 8　集合问题

330【答案】A

【解析】依题可得参加国家级竞赛的人数为 $240\times\dfrac{7}{12}=140$，参加两个级别竞赛的人数为 $240\times\dfrac{1}{4}=60$，两个级别竞赛都没有参加的有 0 人，所以由集合公式可得 $A\cup B=A+B-A\cap B=\Omega-\bar{A}\cap\bar{B}$，设参加过省级竞赛的会员人数是 x，即 $140+x-60=240-0$，解得 $x=160$，故选 A.

331【答案】E

【解析】设只答对 1 题的有 x 人，$60+25+35=1\cdot x+15\times 2+1\times 3$，解得 $x=87$，故选 E.

332【答案】B

【解析】报名参加物理竞赛的有 $12\div 60\%=20$ 名，至少参加一项竞赛的同学有 $30+20-12=38$ 名，则一项都没有参加的同学有 $60-38=22$ 名，故选 B.

333【答案】E

【解析】A表示数学得满分的，B表示逻辑得满分的，C表示英语得满分的．$A\cup B\cup C=36+30+15-17-5-7+2=54$人，则三科成绩均没有满分的学生人数为$65-A\cup B\cup C=65-54=11$人，故选E.

334【答案】E

【解析】设只有中级证书的人数为$5x$，两种证书都有的人数为$3x$．根据题意有：$5x+22+14=46$，解得$x=2$，则两种证书都有的人为6人．所以，只有初级会计证的有$22-6=16$人，故选E．

335【答案】C

【解析】由题意可知，两组都参加的最大人数是15人（即参加数学的人数），最小人数为0人（即没有一人两项都参加），所以既参加数学小组又参加物理小组的人数最大值与最小值之差为15. 故选C.

题型9　最值问题

336【答案】D

【解析】由题意可得：每年的投资金额以$\frac{4}{5}$为公比进行递减，每年的旅游行业总收入以$\frac{5}{4}$为公比进行递增，设经过n年旅游业的总收入可以超过总投入，则有：$\frac{400\left[1-\left(\frac{5}{4}\right)^n\right]}{1-\frac{5}{4}}>\frac{800\left[1-\left(\frac{4}{5}\right)^n\right]}{1-\frac{4}{5}}$，即$\left(\frac{5}{4}\right)^n>\frac{5}{2}$，故$n=5$满足，故选D.

337【答案】A

【解析】由题意可得$(5\times80)-2m\geqslant(5\times80)\times80\%$，解得$m\leqslant40$，故选A.

338【答案】D

【解析】要想播放的天数最多，则每天播放的集数越少．因为每天播放的集数互不相等，所以第一天播1集，第2天播2集，…，第6天播6集，若第7天播7集，此时共播放28集，剩下的4集无法单独播出，故第7天播11集，此电视剧最多可以播放7天，故选D.

339【答案】B

【解析】设每个房间的定价增加x个10元时利润y最大，则有：$y=(200+10x-20)\cdot(60-x)$，故当$x=21$时，$y$取到最大值，所以每个房间定价为410元时利润最大，故选B.

340【答案】D

【解析】若只租甲种客车需要$360\div40=9$辆. 若只租乙种客车需要8辆，因而两种客车用共租8辆. 设甲车有x辆，乙车有$8-x$辆，则$40x+50(8-x)\geqslant360$，解得$x\leqslant4$．汽车的租金$W=400x+480(8-x)=-80x+3840$．$W$的值随$x$的增大而减小，因而当$x=4$时，$W$最小，最小值是3520元，故选D.

341【答案】A

【解析】平均费用$=\frac{10+0.9n+0.2+0.4+0.6+\cdots+0.2n}{n}=\frac{10+0.9n+\frac{(0.2+0.2n)\times n}{2}}{n}=\frac{10}{n}+0.1n+1$．由均值不等式可得：当且仅当$\frac{10}{n}=0.1n$，即$n=10$时，平均费用最少，故选A.

342【答案】C

【解析】由题意，设有 n 人，分苹果数分别为 $1,2,\cdots,n$，故 $1+2+3+\cdots+n=\frac{n(n+1)}{2}\leqslant 100$，得：$n\leqslant 13$，所以至多有 13 人，故选 C.

343【答案】C

【解析】假设投资 A 项目 x 万元，投资 B 项目 y 万元，最大收益 z 万元，根据题意可得：$\begin{cases}x+y\leqslant 600\\x\geqslant 100\\0\leqslant y\leqslant 2x\end{cases}$，$z=0.08x+0.12y$，在可行域区域内，当 $x=200$，$y=400$ 时，收益最大，为 64 万元，故选 C.

344【答案】C

【解析】作出可行域，可行域是顶点为（0，2）、（2，3）、（1，0）的三角形，x^2+y^2 是点 (x,y) 到原点的距离的平方，最大值为点（2，3）到原点的距离的平方，等于 13，最小值为原点到直线 $2x+y-2=0$ 的距离的平方，即为 $\frac{4}{5}$，故选 C.

345【答案】C

【解析】作出可行域，可行域是顶点为（-3，3）、（0，6）、（6，-6）的三角形，将 $z=x+2y$ 转化为 $y=-\frac{1}{2}x+\frac{z}{2}$，即直线截距最大时，z 取最大值，由图可知，直线过点（0，6）时，截距最大，此时 $z=0+2\times 6=12$，故选 C.

346【答案】B

【解析】作出可行域，可行域是顶点为 A（3，0）、B（0，4）、C（0，1）的三角形，由于 $z=\frac{y+3}{x+1}$ 的几何意义是可行域内的点 (x,y) 与点 P（-1，-3）连线的斜率，数形结合，可知 $k_{PA}\leqslant z\leqslant k_{PB}$，因为 $k_{PA}=\frac{3}{4}$，$k_{PB}=7$，所以 $z\in[\frac{3}{4},7]$，故选 B.

347【答案】A

【解析】作出可行域，可行域是顶点为（3，-3）、（3，6）、$\left(-\frac{3}{2},\frac{3}{2}\right)$ 的三角形，令 $z=2x-y$，转化为 $y=2x-z$，即直线截距最大时，z 取最小值，直线过点 $\left(-\frac{3}{2},\frac{3}{2}\right)$ 时，截距最大，此时 $z=-\frac{9}{2}$，故选 A.

348【答案】B

【解析】临界状态是成绩不低于 90 分的学生都 90 分，低于 90 分的学生都 0 分．此时不低于 90 分的学生人数取到最大值．此时不低于 90 分的人数是 $30\times 80\div 90\approx 26.6$ 人，所以至多有 26 人，故选 B.

349【答案】A

【解析】要想使得该公司员工至多，那么同时持有多种证书的人应该最少．即全公司只有 20 个人同时持有两种证书，其余都只持有一种证书．所以最多有 $40+30+50-20=100$ 人，故选 A.

350【答案】E

【解析】要使售出的商品最多，那就让三天售出的商品中相同的少，所以三天售出的商品分布情况如下，则总共售出 $16+3+6+4+14=43$ 种，故选 E.

351【答案】E

【解析】尽量先安排交谈时间少的人，故安排顺序应该是丙、甲、乙，丙交谈8分钟，甲、乙等候$8+8=16$分钟，甲交谈10分钟，乙等候10分钟，最后乙交谈12分钟，则调整后三人交谈和等待的总时间$8+16+10+10+12=56$分钟，故选E.

352【答案】B

【解析】要想四道题都答对的同学最少，则同学们答错的题尽量各不相同，答错的题目数量为$45-37+45-25+45-40+45-39=39$道，这错误的39道题均不相同，则四道题都答对的同学有$45-39=6$人，故选B.

353【答案】E

【解析】最不利的情况是第一种品牌摸3粒，第二种品牌摸3粒，第三种品牌摸3粒，第四种品牌摸3粒，第五种品牌摸3粒，所以至少摸出$3+3+3+3+3+1=16$粒果冻才能保证摸到4粒品牌相同的果冻，故选E.

354【答案】C

【解析】依题可得买一本图书共有$C_4^1=4$种，买两本图书共有$C_4^2=6$种，买三本图书共有$C_4^3=4$种，所以共有$4+6+4=14$种不同的方式，由最不利原则可知，要想保证一定有两位同学买到相同的书至少要去$14+1=15$位学生，故选C.

题型10 分段计费问题

355【答案】D

【解析】$10\times10\%+10\times7.5\%+20\times5\%=2.75$万元，故选D.

356【答案】C

【解析】不超过500元的部分需缴纳税款：$500\times5\%=25$元，超过500元至2000元的部分需缴纳税款：$1500\times10\%=150$元，还剩$295-25-150=120$元税款，故超过2000元至5000元的部分有$\frac{120}{15\%}=800$元需要交税，则王老师这个月的工资、薪金收入是$3000+500+1500+800=5800$元，故选C.

357【答案】C

【解析】$200\times0.9=180>168$，所以说明168元是商品原价；$500\times0.9=450>423$，所以说明423元是商品原价打九折价格；故两次购物的原价为：$168+\frac{423}{0.9}=638$元，应付款$500\times0.9+138\times0.8=560.4$元，故选C.

358【答案】C

【解析】由题意可得：老张家人均水费$\frac{5\times180+7\times(210-180)}{5}=222$元，老李家人均水费$\frac{5\times210}{6}=175$元，则老李家人均水费比老张家约少$222-175=47$元，故选C.

题型11 基本运算类问题

359【答案】C

【解析】设弟弟今年x岁，哥哥y岁，则$\begin{cases}x+y+6=26\\x=(y-x)\times2\end{cases}\Rightarrow\begin{cases}x=8\\y=12\end{cases}$，三年后弟弟年龄为$8+3=11$，故选C.

360【答案】B

【解析】设父亲和儿子今年分别为 a、b 岁，根据父亲和儿子年龄差不变可得：$a-b=b-\frac{1}{6}a=2b+15-a$，解得：$a=60, b=35$，所以父亲和儿子今年分别为 60 岁和 35 岁，故选 B.

361【答案】C

【解析】设小小的年龄为 x 岁，爷爷的年龄为 y 岁，根据题意可知：$\begin{cases}x+x-1+x-2+y=100\\x+17+x-1+17+x-2+17=y+17\end{cases}$，解得 $\begin{cases}x=12\\y=67\end{cases}$，故选 C.

362【答案】B

【解析】由题意得：还要 $\frac{300}{5}-\frac{90}{15}=60-6=54$ 个，故选 B.

363【答案】D

【解析】设这条公路长 x 米，则有：$2\left(\frac{x}{3}+1\right)+5=2\left(\frac{x}{2.5}+1\right)-115$，解得 $x=900$，故选 D.

364【答案】D

【解析】原来间隔 40 米时，挖了 $\frac{3600}{40}+1=91$ 个坑 . 现在间隔 60 米，需要 $\frac{3600}{60}+1=61$ 个坑，其中重复的坑有 $\frac{3600}{[40,60]}+1=\frac{3600}{120}+1=31$ 个 . 需要重挖的坑 = 改后需要的坑 – 重复的坑 =61–31=30 个，要填的坑为 = 原来挖的坑 – 重复的坑 =91–31=60 个，故选 D.

365【答案】C

【解析】设最高分为 x，最低分为 y，根据七位考官所评分的总和不变可得：$6.75\times6+x=7.25\times6+y$，化简可得 $x-y=7.25\times6-6.75\times6=3$，故选 C.

366【答案】B

【解析】设这个单位外出游玩的有 x 人，由题意可得：$200<x\leqslant240$，且 x 是个平方数，则 $x=15^2=225$，故选 B.

367【答案】B

【解析】第一次实际 1 米，第二次 2 米，…，第四次 4 米，第五次 4+2=6 米跳出，$n=5$. 故选 B.

368【答案】B

【解析】设这批大米原来一共有 x 袋，由题意可得：$x-\left(\frac{1}{5}x+60\right)-\left(\frac{1}{4}x-60\right)=220$，解得：$x=400$，故选 B.

369【答案】B

【解析】对于条件（1），令小包装的重量为 1，则大包装的重量为 1.25；令大包装的售价为 1，则小包装的售价为 0.8. 故小包装的单价为 $\frac{0.8}{1}=0.8$，大包装的单价为 $\frac{1}{1.25}=0.8$，则条件（1）不充分 .

对于条件（2），令大包装的重量为 1，则小包装的重量为 0.8；令小包装的售价为 1，则大包装的售价为 1.2. 故小包装的单价为 $\frac{1}{0.8}=1.25$，大包装的单价为 $\frac{1.2}{1}=1.2$，即买大包装比买小包装合算，则条件（2）充分 . 故选 B.

370【答案】C

【解析】设原先的用电量为a，平均每次节约x，则有：$a(1-x)^2=(1-15\%)a$，解得：$x=(1-\sqrt{0.85})\times 100\%$，故选C.

371【答案】A

【解析】第二天挥发后变为原来的$\frac{1}{2}$；第三天变为原来的$\frac{1}{2}\times\frac{2}{3}=\frac{1}{3}$；第四天变原来的$\frac{1}{3}\times\frac{3}{4}=\frac{1}{4}$；…；故第三十天变原来的$\frac{1}{30}$，故选A.

372【答案】D

【解析】设送出1张明信片的同学有x人，送出2张明信片的同学有y人，送出3张明信片的同学有z人，对于条件（1）有$\begin{cases}x+y+z=50\\x+2y+3z=100\\z=y+1\end{cases}\Rightarrow\begin{cases}x=17\\y=16\\z=17\end{cases}$，充分；对于条件（2），$x$已知，方程组是关于$y,z$的二元一次方程组，两个未知数，两个方程，可以确定具体值，充分．故选D.

第六章　平面几何

题型 1　直线与角度

373【答案】C

【解析】如图，过平面上A, B, C三点中的任意两点作直线，可作 1 条或 3 条，故选 C.

374【答案】A

【解析】(1) 若$a//b, b//d$，则$a//d$，故 (1) 正确；(2) 同一平面内，过直线外一点有且只有一条直线与已知直线平行，故 (2) 不正确；(3) 同一平面内，两条直线不相交就平行，故 (3) 不正确；(4) 同一平面内，垂直于同一直线的两共面直线平行，故 (4) 不正确. 故选 A.

375【答案】E

【解析】(1) 与 (2) 单独不充分. 联立后当直线b在a、c之间时，b与c的距离$=4-3=1\text{cm}$；当直线b不在a、c之间时，b与c的距离$=4+3=7\text{cm}$，因此不能确定，故选 E.

376【答案】C

【解析】因为$\angle AFE=125°$，所以$\angle EFB=180°-\angle AFE=55°$，$AB//CD$，$\angle C=\angle EFB=55°$，故选 C.

377【答案】C

【解析】因为直线$a//b$，所以$\angle 2+\angle BAC+\angle ACB+\angle 1=180^\circ \Rightarrow \angle 2=35^\circ$，故选 C.

378【答案】A

【解析】条件 (1)，同旁内角互补，两直线平行，AB // DF，充分；条件 (2)，同位角相等，两直线平行，$AC // DE$，不充分. 故选 A.

题型 2　三角形的边与角

379【答案】C

【解析】根据三角形的三边关系，得 3，5，7；3，7，9；5，7，9 三组木棒能组成三角形. 故选 C.

380【答案】B

【解析】设第三边长为c，则有$7-2<c<7+2 \Rightarrow 5<c<9$. 条件 (1)，第三边长为偶数，可知$c$可以是 6 或 8，不能确定，不充分；条件 (2)，第三边长为质数，则c只能是 7，充分，故选 B.

381【答案】A

【解析】因为$a//b \Rightarrow \angle 1=\angle 4=\angle 2=50^\circ$. 所以$\angle 3=180^\circ-\angle 4-\angle 2=180^\circ-50^\circ-50^\circ=80^\circ$，故选 A.

382【答案】B

【解析】因为 $AB=AC, BG=BH, AK=KG$，所以有 $\angle 1=\angle 2, \angle G=\angle H, \angle A=\angle G \Rightarrow \angle A=\angle H$.

又因为 $\angle 1=\angle G+\angle H=2\angle A=\angle 2, \angle 2=\angle 3, \angle 4=\angle A+\angle G=2\angle A$，且 $\angle 4+\angle 3+\angle H=180^{\circ}$，所以 $5\angle A=180^{\circ} \Rightarrow \angle A=36^{\circ}$，故选 B.

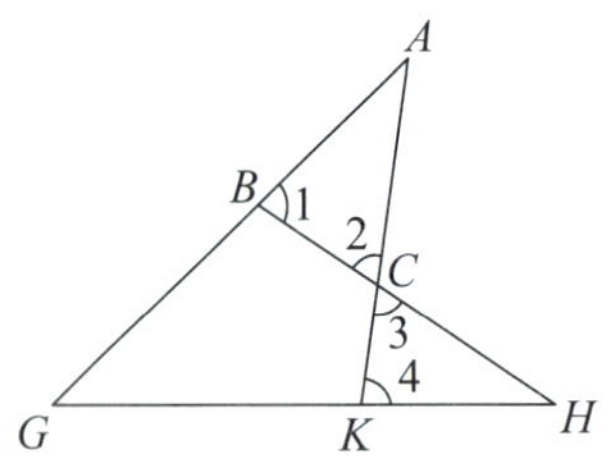

题型 3　正弦定理与余弦定理

383【答案】D

【解析】因为 $a^2-b^2=\sqrt{3}bc$，所以 $b^2-a^2=-\sqrt{3}bc$，又因为 $\sin C=2\sqrt{3}\sin B$，所以 $c=2\sqrt{3}b$，因此有 $c^2=2\sqrt{3}bc$，所以 $\cos A=\dfrac{b^2+c^2-a^2}{2bc}=\dfrac{-\sqrt{3}bc+2\sqrt{3}bc}{2bc}=\dfrac{\sqrt{3}}{2}$，所以 $\angle A=\dfrac{\pi}{6}$，故选 D.

题型 4　三角形面积

384【答案】B

【解析】因为 $S_{\triangle PAB}=\dfrac{1}{2}|AB|\times|y_p|$，所以 $\dfrac{1}{2}\times 2\times|y_p|=3 \Rightarrow y_p=\pm 3$，故选 B.

385【答案】D

【解析】当 $CP\perp AB$ 时，CP 的长度最短，此时 CP 为 AB 边上的高，$\triangle ABC$ 的面积为 $S_{\triangle ABC}=\dfrac{1}{2}AB\times CP \Rightarrow CP=4$，故选 D.

386【答案】C

【解析】A_1, B_1 分别是 AC、BC 两边的中点，且 $S_{\triangle ABC}=1$，所以 $S_{\triangle A_1B_1C}=\dfrac{1}{4}$，因此四边形 A_1ABB_1 的面积 $S_1=S_{\triangle ABC}-S_{\triangle A_1B_1C}=1-\dfrac{1}{4}=\dfrac{3}{4}$；所以四边形 $A_2A_1B_1B_2$ 的面积 $S_2=S_{\triangle A_1B_1C}-S_{\triangle A_2B_2C}=\dfrac{1}{4}-\dfrac{1}{4^2}=\dfrac{3}{4^2}$，…，所以第 n 个四边形的面积 $S_n=\dfrac{1}{4^{n-1}}-\dfrac{1}{4^n}=\dfrac{3}{4^n}$，因此 $S_1+S_2+\ldots+S_n=\left(1-\dfrac{1}{4}\right)+\left(\dfrac{1}{4}-\dfrac{1}{4^2}\right)+\ldots+\left(\dfrac{1}{4^{n-1}}-\dfrac{1}{4^n}\right)=1-\dfrac{1}{4^n}$，故选 C.

387【答案】E

【解析】条件（1），因为△ ADF 和△ ABC 有公共角 A，所以 $\dfrac{S_{\triangle ADF}}{S_{\triangle ABC}}=\dfrac{AD\cdot AF}{AB\cdot AC}=\dfrac{\frac{1}{3}AB\cdot\frac{2}{3}AC}{AB\cdot AC}=\dfrac{2}{9}$，同理 $\dfrac{S_{\triangle BED}}{S_{\triangle ABC}}=\dfrac{2}{9}$，$\dfrac{S_{\triangle CFE}}{S_{\triangle ABC}}=\dfrac{2}{9}$，所以 $\dfrac{S_{\triangle DEF}}{S_{\triangle ABC}}=\dfrac{1}{3}$，故条件（1）是不充分的．条件（2）同理可证得：

$\frac{S_{\triangle DEF}}{S_{\triangle ABC}}=\frac{1}{3}$，故条件（2）也是不充分的．故选 E.

388【答案】D

【解析】D, E 为 AC 和 AB 的中点，连接 DE，则 $DE \parallel CB$，且 $DE:CB=1:2$，故 $S_{\triangle AED}:S_{\triangle ABC}=1:4$，其中四边形 $DEBC$ 的面积为 $12\times 8\div 2=48$，且四边形占了 3 份，故三角形的面积为 $48\div 3\times 4=64$，故选 D.

389【答案】B

【解析】由三条边之比为 $13:12:5$ 可知 $\triangle ABC$ 为直角三角形，又因为 $\triangle ABC$ 的周长为 120，可得三边长分别是 52、48、20，因此这个三角形的面积是 $\frac{1}{2}\times 20\times 48=480$，故选 B.

390【答案】E

【解析】条件（1）：$\sqrt{a-8}+(2b-12)^2=0\Rightarrow a=8, b=6$，①当 $a=8$ 是直角边时，6 也是直角边，则 $\triangle ABC$ 的面积 $\frac{1}{2}\times 8\times 6=24$；②当 $a=8$ 是斜边时，则另一直角边为 $\sqrt{8^2-6^2}=2\sqrt{7}$，则 $\triangle ABC$ 的面积 $\frac{1}{2}\times 2\sqrt{7}\times 6=6\sqrt{7}$，不充分．同理，条件（2）也不充分．故选 E.

391【答案】D

【解析】如图，过点 A 作 $AD=AC$，交 BC 于 D，故 $\triangle ADC$ 是等腰直角三角形，$AC=AD=2\Rightarrow CD=2\sqrt{2}$．又因为 $\angle ADC=\angle B+\angle BAD\Rightarrow \angle BAD=\angle B=22.5^\circ$，所以 $AD=BD=2\Rightarrow BC=2+2\sqrt{2}$．过点 A 作 $AE\perp BC$，交 BC 于 E，在等腰直角 $\triangle ADC$ 中 $AE=\frac{1}{2}CD=\sqrt{2}$，所以 $\triangle ABC$ 的面积 $=\frac{1}{2}\times BC\times AE=2+\sqrt{2}$，故选 D.

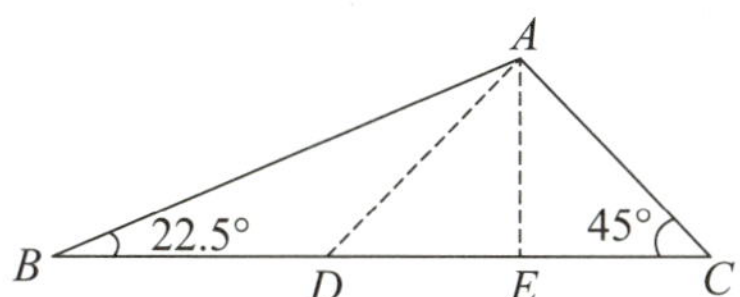

392【答案】B

【解析】因为三角形三边长为 4、6、8，由于中位线长度等于它所对应底边的一半，则三条中线的长度分别是 2、3、4，则其围成的三角形的面积 $S=\sqrt{p(p-2)(p-3)(p-4)}$，其中 $p=\frac{1}{2}(2+3+4)$，计算得到 $S=\frac{3\sqrt{15}}{4}$，因此条件（1）不充分，条件（2）充分，故选 B.

393【答案】D

【解析】因为这条高与底边的夹角是 30°，那么底角就为 $90^\circ-30^\circ=60^\circ$，即等腰三角形的底角为 60°，因此 $\triangle ABC$ 为等边三角形．又因为高为 3cm，所以边长 $=2\sqrt{3}$ cm，所以 $S_{\triangle ABC}=\frac{1}{2}\times 2\sqrt{3}\times 3=3\sqrt{3}$ cm^2，故选 D.

394【答案】C

【解析】在 AC 上取点 D，使 $BD=AD\Rightarrow CD=\sqrt{3}$，$BD=2\Rightarrow AD=2\Rightarrow S_{\triangle ABC}=\frac{\sqrt{3}}{2}+1$，故选 C.

395【答案】D

【解析】在 $\triangle ABC$ 中，$AB=AC$，$\angle C=30^\circ$，所以 $\angle B=30^\circ$，因为 $AB\perp AD$，$AD=3$，所以 $BD=6$，

又因为在直角三角形 ABD 中，$\angle B=30^\circ$，所以 $\angle ADB=60^\circ$，故 $\angle DAC=30^\circ$，所以 $AD=CD=3$，因此 $BC=BD+CD=6+3=9$，故选 D.

396【答案】C

【解析】因为点 E 是 AC 的中点，所以 $S_{\triangle BCE}=S_{\triangle BAE}=3\text{cm}^2$，又因为 F 是 BE 的中点，所以 $S_{\triangle BCF}=S_{\triangle CEF}=\frac{3}{2}\text{cm}^2$，$S_{\triangle ABF}=S_{\triangle AEF}=\frac{3}{2}\text{cm}^2$，所以阴影部分面积为 $\frac{3}{2}+\frac{3}{2}=3\text{cm}^2$，故选 C.

397【答案】A

【解析】因为 D 为 BC 的中点，所以 $S_{\triangle ABD}=S_{\triangle ACD}=\frac{1}{2}S_{\triangle ABC}$．因为 E、F 分别是边 AD、AC 上的中点，所以 $S_{\triangle BDE}=\frac{1}{2}S_{\triangle ABD}$，$S_{\triangle ADF}=\frac{1}{2}S_{\triangle ADC}$，$S_{\triangle DEF}=\frac{1}{2}S_{\triangle ADF}$，故 $S_{\triangle BDE}=\frac{1}{4}S_{\triangle ABC}$，$S_{\triangle DEF}=\frac{1}{4}S_{\triangle ADC}=\frac{1}{8}S_{\triangle ABC}$，$S_{\triangle BDE}+S_{\triangle DEF}=\frac{3}{8}S_{\triangle ABC}$，$S_{\triangle ABC}=\frac{8}{3}S_{yin}=\frac{8}{3}\times 9=24$，故选 A.

398【答案】C

【解析】E,F 是线段 AD 的三等分点 $\Rightarrow DF=\frac{1}{3}AD\Rightarrow S_{\triangle ABD}=3S_1$，同理 $S_{\triangle ADC}=3S_2$，所以 $S_{\triangle ABC}=S_{\triangle ABD}+S_{\triangle ADC}=3S_1+3S_2=3(S_1+S_2)=9$，故选 C.

399【答案】B

【解析】因为点 E 是 AC 的中点，所以 $S_{\triangle AGE}=S_{\triangle CGE}=3,S_{\triangle ABE}=S_{\triangle CBE}$．又因为 $BD=2DC$，所以 $S_{\triangle GCD}=\frac{1}{2}S_{\triangle BGD}=4$，故 $S_{\triangle BCE}=8+4+3=15$，因此 $S_{\triangle ABC}=2S_{\triangle BCE}=30$，故选 B.

题型 5　三角形形状、长度

400【答案】A

【解析】因为 $\triangle ABC$ 为等边三角形，且 $AD=BE=CF$，所以 $AF=BD=CE$．又因为 $\angle A=\angle B=\angle C=60^\circ$，所以 $\triangle ADF\cong\triangle BED\cong\triangle CFE$，故 $DF=ED=EF$，因此 $\triangle DEF$ 是一个等边三角形，故选 A.

401【答案】D

【解析】条件（1）由于 a,b,c 为质数，且三个数之和为偶数，可知必有一个为质数 2，不妨设 $a=2$，$b+c=14$，则 $b=3$，$c=11$（舍去）或 $b=c=7$，充分；条件（2）$a^2(b-c)+b^2c-b^3=0\Rightarrow(a+b)(a-b)(b-c)=0\Rightarrow a=b$ 或 $b=c$，也充分．故选 D.

402【答案】A

【解析】(1)：$b+c=8\Rightarrow b=8-c$，则 $bc=c(8-c)\Rightarrow a^2-12a+36+c^2-8c+16=0\Rightarrow(a-6)^2+(c-4)^2=0\Rightarrow a=6$，$c=4$ 且 $b=8-c=4$，充分；条件（2）显然不充分，故选 A.

403【答案】D

【解析】(1)：等式可变形为 $a^2-2bc-c^2+2ab=0\Rightarrow(a^2-c^2)+(2ab-2bc)=0$，整理得 $(a-c)(a+c+2b)=0$，因为 a,b,c 为三角形三边，所以 $a+c+2b>0$，$a-c=0\Rightarrow a=c$，即 $\triangle ABC$ 为等腰三角形，充分；(2)：$180^\circ=x+x+2x\Rightarrow x=45^\circ$，三角形三个角分别为 $45^\circ,45^\circ,90^\circ$，即 $\triangle ABC$ 为等腰直角三角形，充分，故选 D.

404【答案】D

【解析】(1)：显然有 $(a+b)^2+h^2=a^2+b^2+2ab+h^2=c^2+2ch+h^2=(c+h)^2$，则能构成直角三角形，充分；(2)：$\frac{1}{a^2}+\frac{1}{b^2}=\frac{a^2+b^2}{a^2b^2}=\frac{c^2}{c^2h^2}=\frac{1}{h^2}$，则能构成直角三角形，充分．故选 D.

405【答案】A

【解析】如图，因为 $CD=3$, $AB=6$，斜边上的中线等于斜边的一半，所以 ΔABC 为直角三角形，故 $S_{\triangle ABC}=\frac{1}{2}\cdot AC\cdot BC$，又因为 $BC+AC=8$，所以有 $\begin{cases}BC+AC=8\\BC^2+AC^2=6^2\end{cases}$，故 $AC\cdot BC=\frac{(AC+BC)^2-(AC^2+BC^2)}{2}=14$，所以 $S_{\triangle ABC}=\frac{1}{2}\cdot AC\cdot BC=7$，故选 A.

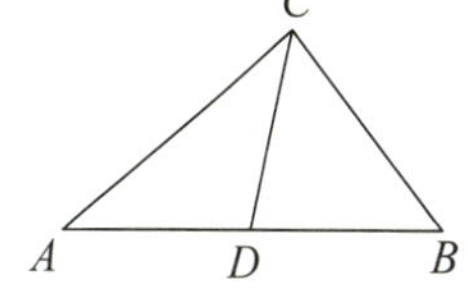

406【答案】B

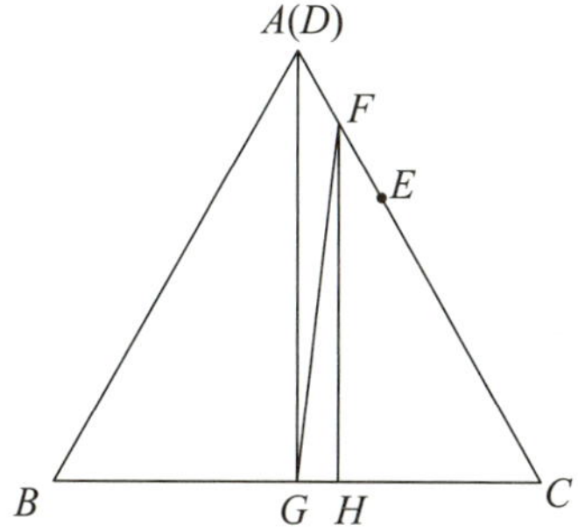

【解析】不妨设等边三角形边长为 8，如图：作 FH 垂直于 BC，可在直角三角形 FCH 中解出 FH 长为 $\frac{7}{2}\sqrt{3}$，在直角三角形 FHG 中，斜边 $FG=\sqrt{37}$，故选 B.

题型 6 三角形的相似与全等

407【答案】D

【解析】因为 $\angle ABC=90^\circ$, $\angle BCD=90^\circ$，所以 $AB//CD$，有 $\triangle AOB\backsim\triangle COD$，由于 $AB:CD=BC:CD=\tan 30^\circ=1:\sqrt{3}$，所以 $\triangle AOB$ 与 $\triangle COD$ 的面积之比等于 $1:3$. 故选 D.

408【答案】B

【解析】$EC=2BE\Rightarrow EC:BC=2:3$．又因为 $AB//DE\Rightarrow\triangle ABC\backsim\triangle GEC$，所以 $\frac{S_{\triangle GEC}}{S_{\triangle ABC}}=\left(\frac{EC}{BC}\right)^2\Rightarrow\frac{S_{\triangle GEC}}{18}=\frac{4}{9}\Rightarrow S_{\triangle GEC}=8$，故选 B.

409【答案】B

【解析】(1) 过 P 点作 $PE//BC$，与 AC 交于点 E，有 $\triangle APE\backsim\triangle ABC\Rightarrow\frac{S_{\triangle APE}}{S_{\triangle ABC}}=\left(\frac{AP}{AB}\right)^2\Rightarrow\frac{S_{\triangle APE}}{27}=\frac{1}{9}\Rightarrow S_{\triangle APE}=3<7$，因此不充分．(2) 过 Q 点作 $QF//BC$，与 AC 交于点 F，有 $\triangle AQF\backsim\triangle ABC\Rightarrow\frac{S_{\triangle AQF}}{S_{\triangle ABC}}=\left(\frac{AQ}{AB}\right)^2\Rightarrow\frac{S_{\triangle AQF}}{27}=\frac{4}{9}\Rightarrow S_{\triangle AQF}=12>7$，充分．故选 B.

410【答案】E

【解析】过点F作$FD \perp AC$,垂足为D,$\angle AEB=\angle C+\angle EBC=45^\circ+\angle EBC$,$\angle DFE=180^\circ-\angle DFC-\angle EFB=135^\circ-\angle EFB=135^\circ-(90^\circ-\angle EBC)=45^\circ+\angle EBC=\angle AEB$,所以$\triangle ABE \backsim \triangle DEF$.设$CD$长为$x$,$\frac{AB}{DE}=\frac{AE}{DF}$,即$\frac{6}{3-x}=\frac{3}{x}$,解得$x=1$,则$S_{\triangle CEF}=\frac{1}{2}CE\cdot FD=1.5$,故选E.

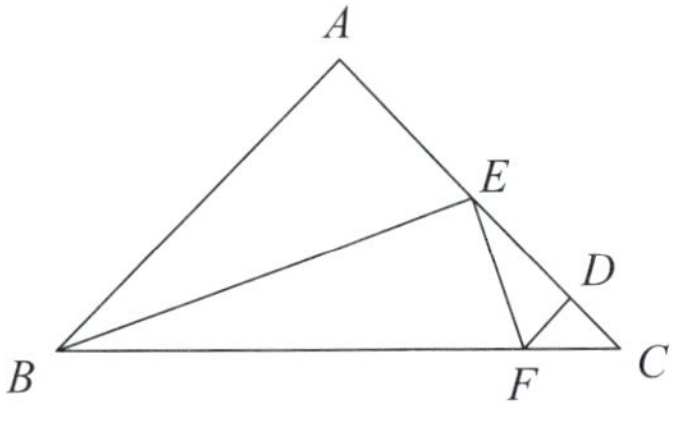

411【答案】C

【解析】因为$CDEF$是正方形,所以$\triangle ABC$为直角三角形,因此$\triangle ADE$与$\triangle EFB$相似,设正方形边长为a,所以有$\frac{3-a}{a}=\frac{a}{2-a}$,解得$a=\frac{6}{5}$,$\triangle ADE$与$\triangle EFB$相似,且相似比为$\frac{AD}{EF}=\frac{3-\frac{6}{5}}{\frac{6}{5}}=\frac{3}{2}$,$\triangle ADE$、$\triangle EFB$的周长之比即相似比3:2,$\triangle ADE$、$\triangle EFB$的面积之比即相似比平方9:4.故选C.

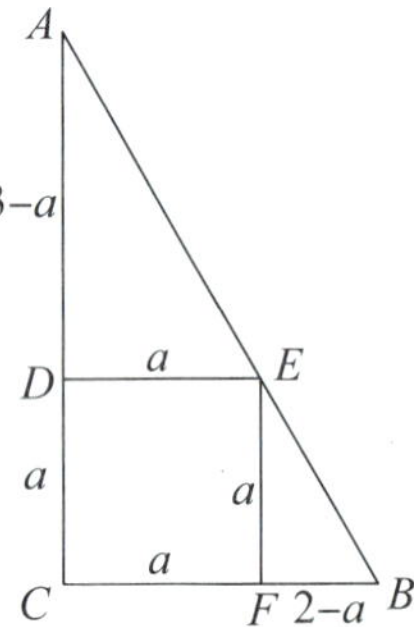

题型7 三角形的四心五线

412【答案】B

【解析】因为AD为BC边上的中线,所以$BD=CD$,因此ΔABD与ΔACD的周长之差为$(AB+BD+AD)-(AC+CD+AD)=7-4=3$,故选B.

413【答案】D

【解析】条件(1)三角形外接圆与内切圆半径之比为2:1,故其面积之比为4:1,充分;条件(2)变形后得到$(a+b+c)(a^2+b^2+c^2-ab-ac-bc)=0$,又$a+b+c\neq 0$,故$a^2+b^2+c^2-ab-ac-bc=\frac{1}{2}\left[(a-b)^2+(b-c)^2+(c-a)^2\right]=0$,得$a=b=c$,也充分.故选D.

414【答案】B

【解析】条件(1)等边三角形周长为40时,面积恒为$\frac{400\sqrt{3}}{9}$,不充分;条件(2)内切圆半径为3时,面积$S=\frac{1}{2}\times 3\times 40=60$,充分,故选B.

415【答案】E

【解析】依题可得$\triangle ABC$的面积等于大正方形的面积减去三个直角三角形的面积,所以有$\frac{1}{2}\times AC\times BD=9-\frac{1}{2}\times 2\times 1-\frac{1}{2}\times 3\times 1-\frac{1}{2}\times 2\times 3$,由勾股定理可得$AC=\sqrt{2^2+3^2}=\sqrt{13}$,所以$BD=\frac{7\sqrt{13}}{13}$,故选E.

416【答案】C

【解析】条件单独无法确定半径之比,故单独都不充分.两条件联合,为等腰直角三角形,三边之比为$a:b:c=1:1:\sqrt{2}$.$R_{外}=\frac{c}{2}$,$R_{内}=\frac{a+b-c}{2}$,$\frac{S_{内}}{S_{外}}=\frac{\left(\frac{a+b-c}{2}\right)^2}{\left(\frac{c}{2}\right)^2}=3-2\sqrt{2}$,故选C.

417【答案】D

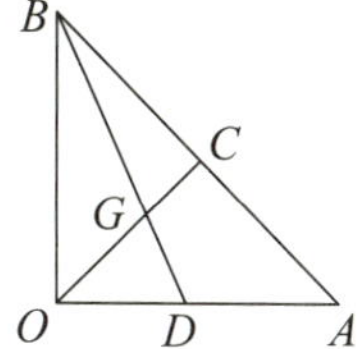

【解析】如图，$\triangle OAB$ 是等腰直角三角形，O 是直角顶点，C 是斜边 AB 中点，则 $OC \perp AB$，$OA=OB=\sqrt{2}$，则 $AB=2$，$OC=\frac{1}{2}AB=1$，G 是 $\triangle OAB$ 的重心，则 G 在 OC 上，且 $GC=\frac{1}{3}OC=\frac{1}{3}$. 所以重心到斜边的距离为 $\frac{1}{3}$，故选 D.

418【答案】D

【解析】(1) 延长 AP，交 BC 于点 D，由于 $\triangle ABP$ 和 $\triangle ACP$ 面积相等，由燕尾定理可知，$BD=DC$，即 AD 为中线，同理，延长 BP，交 AC 于点 E，延长 CP，交 AB 于点 F，可证，AE，AF 为中线，即 P 为 $\triangle ABC$ 的重心，充分；(2) 由较小部分与较大部分的面积比 $4:5$，可知小三角形的面积与 $\triangle ABC$ 的面积之比为 $4:9$，即点 P 在过重心且平行于底边的直线上，由于平行于三角形任一边的直线均有如上的性质，可知点 P 即为 $\triangle ABC$ 的重心，充分，故选 D.

419

【答案】A

【解析】连接 DE，如下图，由题意可知 DE 为 $\mathrm{Rt}\triangle ABC$ 的中位线，因此有 $DE=\frac{1}{2}BC=2$，$CE=AE=3$，则在 $\mathrm{Rt}\triangle BCE$ 中，$BE=5$. 因为 $DE//BC$，所以 $\triangle DEF \backsim \triangle CBF \Rightarrow \frac{DE}{CB}=\frac{DF}{CF}=\frac{EF}{BF}=\frac{1}{2} \Rightarrow EF=\frac{1}{2}BF$. 因此 $BE=EF+BF=\frac{3}{2}BF=5 \Rightarrow BF=\frac{10}{3}$，故选 A.

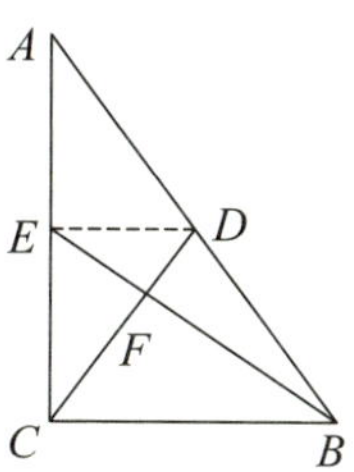

题型 8　特殊四边形

420【答案】A

【解析】作 CD 的中点 F，连接 EF，由条件（1）$DE \perp CE$，可得 $\angle DEC=90^\circ$，因此在直角 $\triangle CDE$ 中，$EF=\frac{1}{2}CD$，又因为 E、F 均为中点，所以 EF 为梯形 $ABCD$ 的中位线，故有 $EF=\frac{1}{2}(AD+BC)$，所以有 $CD=AD+BC$，条件（1）充分；由条件（2）$\angle DEC=60^\circ$，无法得到 $EF=\frac{1}{2}CD$，所以条件（2）不充分，故选 A.

421【答案】D

【解析】$\frac{FD}{AE}=\frac{15}{9}=\frac{5}{3}$，$\frac{BJ}{AI}=\frac{12}{9}=\frac{4}{3}$，阴影部分的面积是 $FD\times BJ=\frac{5}{3}AE\times\frac{4}{3}AI=\frac{20}{9}AE\times AI=20$，因此条件（1）和（2），都充分，故选 D.

422【答案】C

【解析】设正方形面积为 1，则其边长为 1，$AF=EF=1$，$AG=2$，$AB=2\sqrt{2}$，$BH=BG+GH=3$，$BC=3\sqrt{2}$，故矩形 $ABCD$ 面积为 $AB\times BC=12$，知正方形面积为矩形面积的 $\frac{1}{12}$，故选 C.

423【答案】A

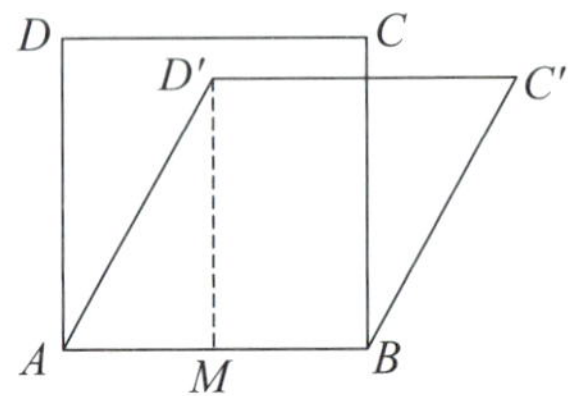

【解析】过 D' 作 $D'M\perp AB$ 于 M，如图所示，有 $\angle D'MA=90°$，因为四边形 $ABCD$ 是正方形，所以正方形 $ABCD$ 的面积 $=AB^2$，$AB=AD$，$\angle BAD=90°$，因为 $\angle DAD'=30°$，所以 $\angle D'AM=90°-30°=60°$，则 $\angle AD'M=30°$，故 $AM=\frac{1}{2}AD'$，$D'M=\sqrt{3}AM=\frac{\sqrt{3}}{2}AD'$．因为四边形 $ABC'D'$ 是菱形，所以 $AB=AD'=AD$，菱形 $ABC'D'$ 的面积 $=AB\times D'M=\frac{\sqrt{3}}{2}AB^2$，因此菱形 $ABC'D'$ 与正方形 $ABCD$ 的面积之比 $=\frac{\frac{\sqrt{3}}{2}AB^2}{AB^2}=\frac{\sqrt{3}}{2}$，故选 A.

424【答案】D

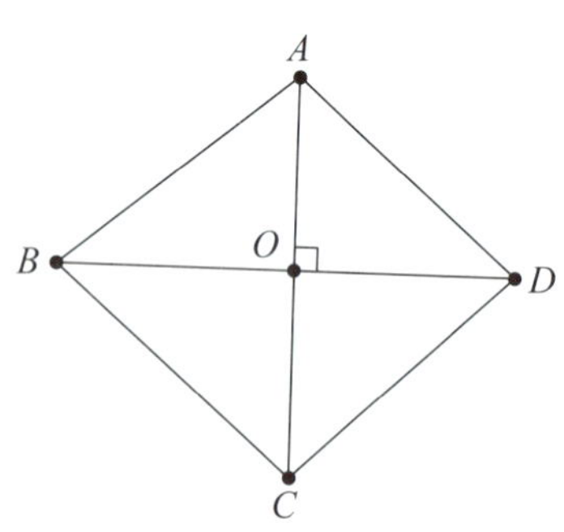

【解析】对于任意一个对角线互相垂直的四边形，其面积都可以用对角线长乘积的一半来表示，如图：四边形 $ABCD$ 两条对角线 AC 与 BD 互相垂直，垂足为 O，则 $S_{ABCD}=S_{\triangle ABD}+S_{\triangle BCD}=\frac{1}{2}BD\times AO+\frac{1}{2}BD\times CO=\frac{1}{2}BD\times(AO+CO)=\frac{1}{2}BD\times AC$．条件（2）充分，菱形的对角线互相垂直，条件（1）也充分，故选 D.

425【答案】A

【解析】菱形 $ABCD$ 的边长为 $\sqrt{\left(\frac{AC}{2}\right)^2+\left(\frac{BD}{2}\right)^2}=52\div4=13$，又因为 $AC=24$，则 $BD=10$，故条件（1）充分，条件（2）不充分，故选 A.

426【答案】D

【解析】连接 BD，因为 $\triangle DEB$ 和 $\triangle DEC$ 同底等高，所以有 $S_{\triangle DEB}=S_{\triangle DEC}$，所以阴影部分的面积等价于 $\triangle ABD$ 的面积，又因为梯形上底 $AD=8$cm，高为 10cm，所以 $S_{\triangle ABD}=\frac{1}{2}\times8\times10=40\ \text{cm}^2$，故选 D.

427【答案】E

【解析】过点 D 作 $DE//AC$ 交 BC 的延长线于 E，则四边形 $ACED$ 为平行四边形，所以 $AD=CE$，

$AC=DE$，则 $BE=BC+CE=BC+AD=16$，$S_{\triangle DCE}=S_{\triangle DAB}$，因此该等腰梯形与 $\triangle DBE$ 面积相等．因为 $AC\perp BD$，所以 $DE\perp BD$，又因为四边形 $ABCD$ 为等腰梯形，所以 $AC=BD$，$BD=DE=\frac{\sqrt{2}}{2}BE=8\sqrt{2}$，$S_{\triangle DBE}=\frac{1}{2}\times 8\sqrt{2}\times 8\sqrt{2}=64$，因此梯形面积为 64，故选 E.

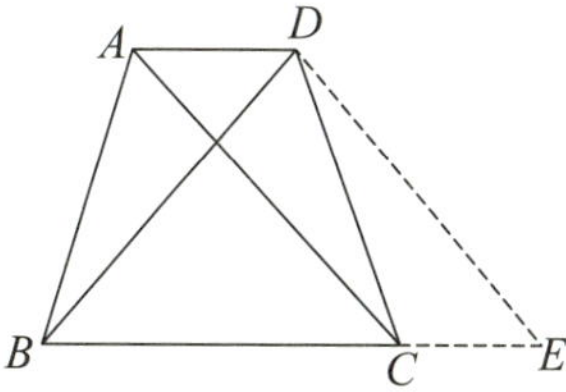

428【答案】D

【解析】因为 $AB\,/\!/\,CD$，所以 $\triangle AOB\backsim\triangle COD$，所以 $\frac{S_{\triangle AOB}}{S_{\triangle COD}}=\left(\frac{AB}{CD}\right)^2=\frac{25}{4}$．由三角形及梯形性质可知 $\begin{cases}S_{\triangle AOB}\times S_{\triangle COD}=S_{\triangle AOD}\times S_{\triangle BOC}=100\\ S_{\triangle AOD}=S_{\triangle BOC}\end{cases}\Rightarrow S_{\triangle AOD}=S_{\triangle BOC}=10$，因此 $\frac{S_{\triangle BOC}}{S_{\triangle ADC}}=\frac{10}{14}=\frac{5}{7}$，故选 D.

429【答案】A

【解析】设正方形边长为 a，则 $S_{\triangle ACD}=\frac{3}{2}a^2$，$S_{\triangle BCD}=5a^2$．条件（1），已知每个正方形小网格的面积，即 a 已知，所以能确定四边形 $ACBD$ 的面积，条件（1）充分；条件（2），已知 $\frac{OA}{OB}$ 的值，此时无法求出 a 的值，条件（2）不充分，故选 A.

题型 9　其他多边形

430【答案】C

【解析】由已知可得小海绵走过的图形是正多边形，边数 $n=360^\circ\div 30^\circ=12$，因此她第一次回到出发点 A 时，一共走了 $12\times 10=120\text{m}$，故选 C.

431【答案】B

【解析】条件（1），正六边形的每个内角是 120°，正方形的每个内角是 90°，有 $120^\circ m+90^\circ n=360^\circ$，显然 n 取任何正整数时，m 不能得正整数，故不充分；条件（2），正方形的每个内角为 90°，正八边形的每个内角为 135°，两个正八边形和一个正方形刚好能铺满地面，充分，故选 B.

432【答案】B

【解析】如图所示：

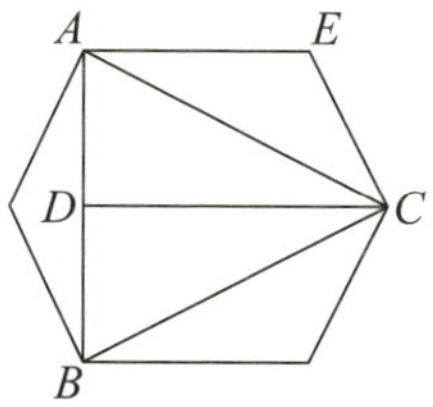

正六边形的边长为 50 米，则一圈为 300 米，假设老王顺时针从 A 点跑，500 米后应在 B 点，此时

与出发点的距离为 AB，作 CD 垂直于 AB，三角形 AEC 为顶点是 120° 的等腰三角形，所以三边之比为 $1:1:\sqrt{3}$，因此边 AB 应为 $50\sqrt{3}$ 米，故选 B.

题型 10　圆与扇形

433【答案】A

【解析】因为 $AB=AC$，$\angle BAC=120^\circ$，所以 $\angle C=\frac{1}{2}(180^\circ-\angle BAC)=30^\circ=\angle D$. 因为 AD 为 $\odot O$ 的直径，所以 $\angle ABD=90^\circ$，在 Rt$\triangle ABD$ 中，$AB=\frac{1}{2}AD=4$，故选 A.

434【答案】B

【解析】因为点 M，N 分别是 AB，BC 的中点，所以 $MN=\frac{1}{2}AC$. 当 AC 为 $\odot O$ 直径时 AC 长度最大，此时 $\triangle ABC$ 是直角三角形，又因为 $\angle ACB=60^\circ$，$AB=8\sqrt{3}$，所以 $AC=16\Rightarrow MN=\frac{1}{2}AC=8$，故选 B.

435【答案】A

【解析】$S_{阴影}=\frac{3}{4}$（$S_{大圆}-S_{小圆}$）$+S_{小圆}=\frac{3}{4}\times(\pi\times4^2-\pi\times2^2)+\pi\times2^2=13\pi$，故选 A.

436【答案】A

【解析】条件（1），两圆的半径相等，所以两个扇形中空白部分的面积相等. 又因为图中两个阴影部分的面积相等，所以扇形的面积等于长方形面积的一半，即长方形面积为 $3.14\times1^2\times\frac{1}{4}\times2=1.57$（平方厘米），充分；条件（2）显然不充分，故选 A.

437【答案】A

【解析】在 Rt$\triangle ACB$ 中，$AB=\sqrt{2^2+2^2}=2\sqrt{2}$，因为 BC 是半圆的直径，所以 $\angle CDB=90^\circ$. 在等腰 Rt$\triangle ACB$ 中，CD 垂直平分 AB，$CD=BD=\sqrt{2}$，因此 D 为半圆的中点，则 $S_{阴影}=S_{扇形ABC}-S_{\triangle ADC}=\frac{1}{4}\pi\times2^2-\frac{1}{2}\times(\sqrt{2})^2=\pi-1$，故选 A.

438【答案】B

【解析】连接 BD，由题意 $S_{阴影}=S_{扇形CBD}-S_{\Delta BCD}=\frac{1}{4}\times\pi\times2^2-\frac{1}{2}\times2\times2=\pi-2$，故选 B.

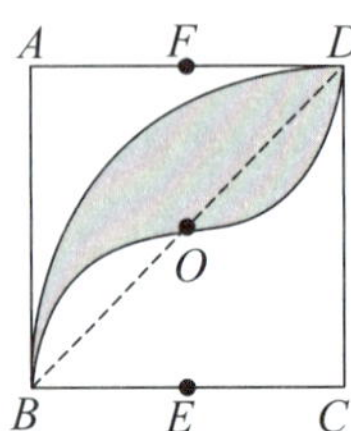

439【答案】D

【解析】由角平分线定理可得：$\frac{CD}{AD}=\frac{BC}{AB}=\frac{1}{2}$，再根据 $AC^2+BC^2=AB^2$ 可得：$BC=2\sqrt{3}$，$AB=4\sqrt{3}$，所以圆 O 的面积为 $\pi\times(2\sqrt{3})^2=12\pi$，故选 D.

第七章　立体几何

题型1　长（正）方体

440【答案】B

【解析】截去的三棱柱的侧面积分别为：$1\times2=2, 1\times2=2, \sqrt{1^2+1^2}\times2=2\sqrt{2}$，两个底面积均为：$\frac{1}{2}\times1\times1=\frac{1}{2}$，故剩余几何体的表面积为：$6\times2\times2-2-2-\frac{1}{2}-\frac{1}{2}+2\sqrt{2}=19+2\sqrt{2}$，故选B.

441【答案】A

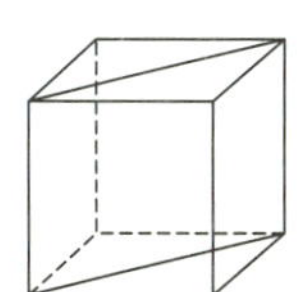

【解析】为了使表面积最大，如右图，原来6个表面的表面积是6，后来增加了两个切割面，长为$\sqrt{2}$，宽为1，所以总的表面积为$6+2\sqrt{2}$，故选A.

442【答案】C

【解析】不妨设该长方体底面的长和宽分别为a, b，高为h，则$a+b=8$，轴截面是面积为16的正方形的圆柱，其底面圆的半径为2，高为4，体积为$4\times2^2\pi=16\pi=abh\Rightarrow h=\frac{16\pi}{ab}$，又因为$0<ab\leqslant\left(\frac{a+b}{2}\right)^2=16\Rightarrow\frac{1}{ab}\geqslant\frac{1}{16}$，故$h\geqslant16\pi\times\frac{1}{16}=\pi$，故选C.

443【答案】C

【解析】设正四棱锥的高为a，底面边长为b，侧面三角形底边上的高为c，则根据题意可得：$a^2=\frac{1}{2}bc$，$a^2=c^2-\left(\frac{b}{2}\right)^2$，解得：$\frac{c}{b}=\pm\frac{\sqrt{5}+1}{4}$，其中负数舍掉，故选C.

444【答案】A

【解析】等腰直角三角形斜边为10cm，则直角边为$5\sqrt{2}$cm，即长方体的高为$5\sqrt{2}$cm。立方体积木的体积为8cm^3，则积木的棱长为2cm，长方体底面积为$10\times10=100\text{cm}^2$，则每层可放$\frac{100}{4}=25$块，因为$5\sqrt{2}\div2\approx3.5$层，由于不得凸出包装盒外沿，所以最多放3层，因此这个盒子最多可以放$25\times3=75$块积木，故选A.

445【答案】E

【解析】由题意可知相接的部分是两个正方形，因此新的长方体比原来的多了四个正方形的面积，因此每个正方形的面积为$60/4=15\text{cm}^2$，所以原来正方体的表面积为$15\times6=90\text{cm}^2$，故选E.

446【答案】D

【解析】在涂漆问题中，若锯成n^3个小正方体，则有：三面涂漆的为8个顶点位置，共8个，两面涂漆的为每条棱边位置（但要除去8个顶点），共12（n−2）个，一面涂漆的为每个面上的位置（但要除去棱边和顶点的位置），共6$(n-2)^2$个，没有涂漆的是除了表面的位置，共$(n-2)^3$个，本题n=6，一面有红色的有$6\times(6-2)^2=96$块，两面红色的有$12\times(6-2)=48$块，三面红色的有8块，没有红色的有$(6-2)^3=64$块，96，48，8，64的最大公约数为8，故选D.

447【答案】D

【解析】由题意可知，剪去四个角后，长为 $24-4\times2=16$cm，宽为 $14-4\times2=6$cm，故容积为 $16\times6\times4=384\text{cm}^3$，故选 D.

题型 2　圆柱体

448【答案】D

【解析】设圆柱的底面半径为 r，则高为 $\frac{4}{2r}$，所以圆柱的侧面积为 $2\pi r\cdot\frac{4}{2r}=4\pi$，故选 D.

449【答案】D

【解析】此几何体为两个半圆柱的组合体：一个大的半圆柱中间挖去一个小的同轴半圆柱，$S=\frac{1}{2}\pi(2^2-1^2)\times2+\frac{1}{2}(2\pi\times2+2\pi\times1)\times2+1\times2\times2=9\pi+4$，故选 D.

450【答案】B

【解析】由题意可知几何体的表面积为：$4\times(2+2+2+2)+2\times2\times2+4\pi+\frac{1}{2}\times4\pi\times4=40+12\pi$. 故选 B.

451【答案】C

【解析】圆柱形容器的体积 $=\pi\times4^2\times3=48\pi$，条件（1），2 个半径为 1 的铁球的体积 $=\frac{4}{3}\times\pi\times1^2\times2=\frac{8}{3}\pi$，它占圆柱形容器的 $\frac{\frac{8}{3}\pi}{48\pi}=\frac{1}{18}<\frac{1}{16}$，故不能使容器的水溢出，不充分；条件（2），4 个棱长为 1 的正方体铁块的体积 $=1^3\times4=4$，它占圆柱形容器的 $\frac{4}{48\pi}=\frac{1}{12\pi}<\frac{1}{16}$，故也不能使容器的水溢出，不充分．联立两条件，可计算出大于 $\frac{1}{16}$，充分，故选 C.

452【答案】C

【解析】根据题意可得，流失液体的体积为其所在的底面半径为 1，高为 1 的圆柱的体积的一半，即 $V=\frac{1}{2}\pi\times1^2\times1=\frac{\pi}{2}$，故选 C.

453【答案】D

【解析】条件（1），圆柱底半径分别为 6 和 4，两圆柱体侧面面积相等，所以 $2\pi\times6\times h_1=2\pi\times4\times h_2$，即 $\frac{h_1}{h_2}=\frac{4}{6}=\frac{2}{3}$，因此两圆柱的体积比 $\frac{\pi\times6^2\times h_1}{\pi\times4^2\times h_2}=\frac{3}{2}$，所以条件（1）充分；同理，条件（2）也充分，故选 D.

454【答案】A

【解析】依题可得，圆柱底面周长 $=2\pi r=50.24\div2=25.12$cm，因此 $r=25.12\div2\div3.14=4$cm，故条件（1）充分，（2）不充分．故选 A.

题型 3　球体

455【答案】A

【解析】条件（1），由 $\odot O_1$ 的面积为 4π 可得，$O_1A=2$，则 $\frac{3}{2}AO_1=AB\sin60^\circ$，$\frac{3}{2}AO_1=\frac{\sqrt{3}}{2}AB$，所以

$AB=BC=AC=OO_1=2\sqrt{3}$，外接球的半径为 $R=\sqrt{AO_1^2+OO_1^2}=4$，球 O 的表面积为 $4\times\pi\times4^2=64\pi$，充分；条件（2），同理可得，不充分，故选 A.

456【答案】B

【解析】根据题意，该几何体的表面积是圆柱的侧面积、圆柱的一个底面面积和半个球面面积的和. 因为圆柱底面直径为 2，高为 3，所以圆柱的侧面积为 $2\pi\times1\times3=6\pi$，一个底面面积为 $\pi\times1^2=\pi$，半个球面的面积为 $2\pi\times1^2=2\pi$，所以该几何体的表面积为 $6\pi+\pi+2\pi=9\pi$. 故选 B.

457【答案】A

【解析】设圆柱高为 h，左、右两端半球形半径为 r，其表面积为 S，胶囊的体积为 V，依题意有 $S=4\pi r^2+2\pi rh=16\pi\Rightarrow h=2\sqrt{2}$，因此 $V=\frac{4}{3}\pi r^3+\pi r^2h=\frac{20\sqrt{2}}{3}\pi$，故选 A.

458【答案】A

【解析】该组合体的体积 $V=V_{球}+V_{正方体}-\frac{1}{8}V_{球}=\frac{7}{8}V_{球}+V_{正方体}=\frac{7}{8}\times\frac{4}{3}\pi\times1^3+1^3=\frac{7}{6}\pi+1$，故选 A.

459【答案】C

【解析】要使半球形容器内壁的半径最小，只需保证小球与 $\frac{1}{8}$ 球各面（含球面部分）都相切，此时，如右图示，O 为半球的球心，A 为其中一个小球球心，则 OA 是棱长为 2 的正方体的体对角线，且该小球与半球球面上的切点与 O，A 共线，所以半球形容器内壁的半径的最小值为小球半径与 OA 长度之和，即 $2\sqrt{3}+2$，故选 C.

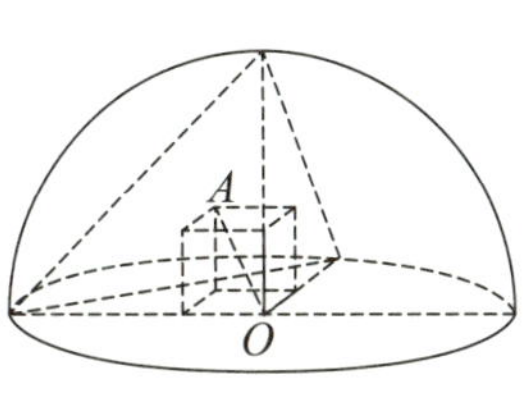

460【答案】C

【解析】设最小球的半径为 r，则另两个球的半径分别为 $2r$、$3r$，所以各球的表面积分别为 $4\pi r^2, 16\pi r^2, 36\pi r^2$，所以最大球的表面积与其余两个球的表面积之和的比为 $\frac{36\pi r^2}{4\pi r^2+16\pi r^2}=\frac{9}{5}$，故选 C.

461【答案】A

【解析】由题得，与球心距离为 4 的平面截球所得的截面圆的面积是 9π，所以截面圆半径为 3，又因为 $d=4$，因此由勾股定理可得该球的半径为 5，即球的表面积 $S=4\pi\times5^2=100\pi$，故选 A.

462【答案】A

【解析】依题得，球半径 $r=\sqrt{1^2+(\sqrt{2})^2}=\sqrt{3}$，所以球的体积为 $\frac{4}{3}\pi(\sqrt{3})^3=4\sqrt{3}\pi$，故选 A.

题型 4　几何体中的截面面积、截线长度

463【答案】D

【解析】根据题意，如图：过 M、N 的平面所得截面为四边形，当截面为 $ACNM$ 时，其面积最大，此时四边形 $ACNM$ 为梯形，$MN=\sqrt{2}$，$AC=2\sqrt{2}$，$AM=\sqrt{2^2+1^2}=\sqrt{5}$，梯形的高 $h=\sqrt{5-\frac{1}{2}}=\frac{3\sqrt{2}}{2}$，其面积 $S=\frac{1}{2}(\sqrt{2}+2\sqrt{2})\times\frac{3\sqrt{2}}{2}=\frac{9}{2}$，故选 D.

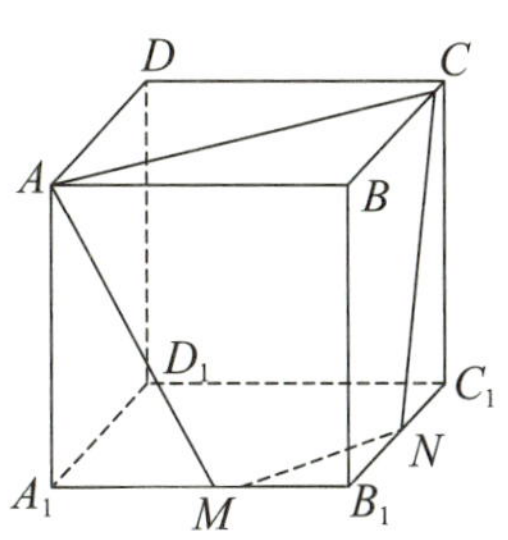

464【答案】B

【解析】过点 F 作 AC 的垂线交 AC 于 G，连接 EG，依题可得正三棱柱 $ABC-A_1B_1C_1$ 的各棱长为 2，所以 $FG=A_1A=2$，EG 为正三角形 ABC 的中位线，所以 $EG=\frac{1}{2}BC=1$. 在直角三角形 EGF 中，$FG=2$，$EG=1$，由勾股定理可得 $EF=\sqrt{FG^2+EG^2}=\sqrt{2^2+1^2}=\sqrt{5}$，故选 B.

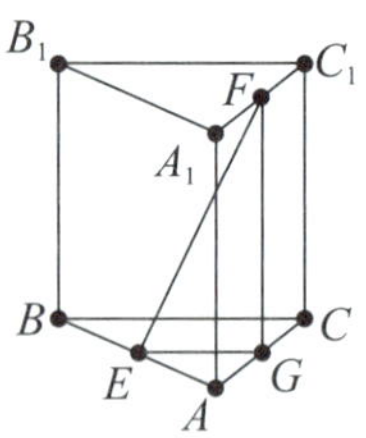

题型 5　内切球与外接球

465【答案】B

【解析】设外接球的半径为 R，由题意有 $V=\frac{4}{3}\pi R^3=36\pi\Rightarrow R=3$. 设底面正方形 $ABCD$ 边长为 a，因为长方体外接球的球心在体对角线中点，球直径为长方体体对角线，有 $\sqrt{a^2+a^2+2^2}=2R=6\Rightarrow a=4$. 所以长方体的表面积为 $2\times(4\times4+2\times4+2\times4)=64$，故选 B.

466【答案】C

【解析】设圆柱外接球半径为 R，圆柱的底面半径为 r，则其高为 $h=2r$，已知球 O 的表面积为 8π，可知 $4\pi R^2=8\pi\Rightarrow R=\sqrt{2}$，由于圆柱的体对角线长度等于其外接球直径，所以 $\sqrt{(2r)^2+(2r)^2}=2R\Rightarrow r=1\Rightarrow h=2$，所以圆柱的侧面积为 $S=2\pi rh=2\pi\times1\times2=4\pi$，故选 C.

467【答案】B

【解析】设球 O 的半径为 R，圆柱的底面半径为 r，高为 h，由已知可得 $S=4\pi R^2=20\pi\Rightarrow R=\sqrt{5}$，由于圆柱的体对角线长度等于其外接球直径，所以 $r^2+\left(\frac{h}{2}\right)^2=R^2=5$，有 $5=r^2+\frac{h^2}{4}\geqslant2\sqrt{r^2\times\frac{h^2}{4}}=rh$，当且仅当 $r=\frac{h}{2}\Rightarrow r=\frac{\sqrt{10}}{2}$，$h=\sqrt{10}$ 时，等号成立，此时圆柱的侧面积最大为 $S=2\pi rh=10\pi$，故选 B.

468【答案】B

【解析】取三棱柱上底面和下底面的外心分别为 O''，O'，连接 $O''O'$，取其中点为 O，连接 OA，如图所示. 易知 O 即为该三棱柱外接球的球心，设 $AA_1=h$，$AB=a$，在 ΔABC 中，由等边三角形性质得 $AO'=\frac{\sqrt{3}}{3}a$，则该棱柱外接球半径 $R=|AO|=\sqrt{\frac{h^2}{4}+\frac{a^2}{3}}$，又 $4\pi R^2=4\pi\Rightarrow R=1$，故可得 $\frac{h^2}{4}+\frac{a^2}{3}=1\geqslant2\sqrt{\frac{h^2\cdot a^2}{12}}\Rightarrow ah\leqslant\sqrt{3}$，当且仅当 $a=\frac{\sqrt{6}}{2}$，$h=\sqrt{2}$ 时取得等号，则该棱柱的侧面积 $S=3ah\leqslant3\sqrt{3}$，故选 B.

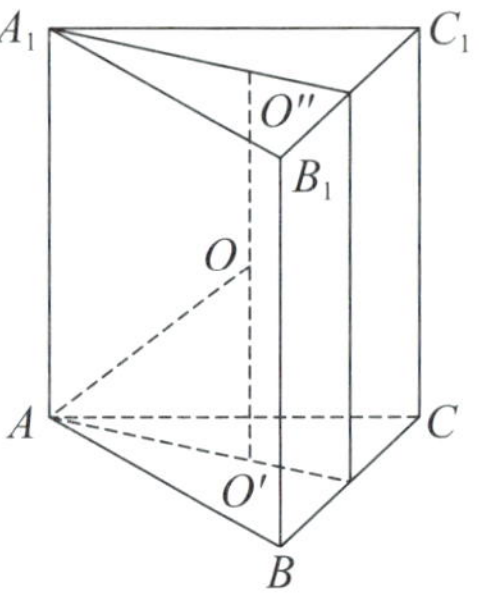

469【答案】C

【解析】因为 $\triangle ABC$ 为等腰直角三角形，设腰长为 a，则直三棱柱 $ABC-A_1B_1C_1$ 的侧棱长为 $\frac{64}{a^2}$，所以 $(2R)^2=a^2+a^2+\left(\frac{64}{a^2}\right)^2 \geqslant 3\sqrt[3]{a^2\times a^2\times\frac{64^2}{a^4}}=48$，当且仅当 $a^2=\left(\frac{64}{a^2}\right)^2$，即 $a=4$ 取等号，所以该三棱柱外接球表面积的最小值为 $4\pi R^2=48\pi$. 故选 C.

第八章　解析几何

题型 1　直线的方程

470【答案】A

【解析】已知$|AB|=|AC|$，由两点间距离公式有$\sqrt{(a+2)^2+(2+3)^2}=\sqrt{(a-1)^2+(2-6)^2}\Rightarrow a=-2$，故选A.

471【答案】D

【解析】因为$P_1(2,4)$，$P_2(5,1)$，且P是线段P_1P_2靠近P_1的一个三等分点，由定比分点坐标公式可得点P分有向线段P_1P_2靠近的比为$\lambda=\frac{P_1P}{PP_1}=\frac{1}{2}$，设点$P$的坐标为$(x,y)$，则$x=\frac{2+\frac{1}{2}\times 5}{1+\frac{1}{2}}=3$，$y=\frac{4+\frac{1}{2}\times 1}{1+\frac{1}{2}}=3$，所以点$P(3,3)$，故选D.

472【答案】B

【解析】根据题意，若$A(-2,3)$，$B(2,m)$，$C(6,5)$为平面直角坐标系的三点，则$k_{AC}=\frac{5-3}{6+2}=\frac{1}{4}$，$k_{AB}=\frac{m-3}{4}$，若三点共线，则有$\frac{1}{4}=\frac{m-3}{4}\Rightarrow m=4$，故选B.

473【答案】B

【解析】根据函数的图像$k_1<0$，$k_2>k_3>0$，有$k_2>k_3>k_1$，故选B.

474【答案】A

【解析】因为直线l经过点$P(2,3)$，且在x轴上的截距的取值范围是（-1，3），则该直线与x轴的交点在$A(-1,0)$、$B(3,0)$之间. 因为PA的斜率为$\frac{3-0}{2-(-1)}=1$，PB的斜率为$\frac{3-0}{2-3}=-3$，则其斜率k的取值范围是$(-\infty,-3)\cup(1,+\infty)$，故选A.

475【答案】D

【解析】因为点$P(-2,1)$到直线l：$3x-4y+m=0$的距离为1，所以$\frac{|3\times(-2)-4\times 1+m|}{\sqrt{3^2+(-4)^2}}=1$，解得$m=15$或5，故选D.

476【答案】C

【解析】直线的斜截式方程为$y=-\frac{a}{b}x-\frac{c}{b}$，因为直线$ax+by+c=0$通过第一、二、四象限. 即直线的斜率$k=-\frac{a}{b}<0$，截距$-\frac{c}{b}>0$，所以$ab>0$，$bc<0$，条件（1），（2）单独不充分，联立后充分，故

选 C.

477【答案】D

【解析】由方程可知：当 $k\neq 0$ 时，直线在 x 轴与 y 轴上的截距分别为 $\frac{2-2k}{k}$，$2k-2$，因为直线不经过第二象限，所以 $\begin{cases}\frac{2-2k}{k}\geqslant 0\\ 2k-2\leqslant 0\end{cases}\Rightarrow 0<k\leqslant 1$．当 $k=0$ 时，直线变为 $y=-2$ 满足题意．综上可得：k 的取值范围是 [0，1]，条件（1）和（2）均充分，故选 D.

478【答案】C

【解析】因为点 $A(3,2)$，$B(-1,4)$，所以线段 AB 的中点 $M(1,3)$，利用直线方程两点式可得 $\frac{y-3}{5-3}=\frac{x-1}{2-1}$，即 $2x-y+1=0$，故选 C.

479【答案】D

【解析】因为直线 l 将圆 $(x+2)^2+(y-1)^2=9$ 平分，所以直线 l 经过点 $(-2,1)$，（1）当截距都为 0 时，直线方程为 $y=-\frac{1}{2}x$．（2）当截距都不为 0 时，设直线方程为 $\frac{x}{a}+\frac{y}{a}=1$，代入点 $(-2,1)$，得 $a=-1$，所以直线方程为 $x+y+1=0$．综上所述，直线方程为 $y=-\frac{1}{2}x$ 或 $x+y+1=0$，故选 D.

480【答案】B

【解析】条件（1），分 2 种情况讨论．当直线和 AB 平行时，$k_{AB}=\frac{-5-3}{4-2}=-4$，则此时要求直线的方程为 $y-1=-4(x+1)$，变形可得 $4x+y+3=0$，当直线经过 AB 的中点时，A、B 中点的坐标为 $(3,-1)$，要求直线的斜率 $k=\frac{1+1}{-1-3}=-\frac{1}{2}$，此时直线的方程为 $y-1=-\frac{1}{2}(x+1)$，变形可得 $x+2y-1=0$，综合可得直线的方程为 $4x+y+3=0$ 或 $x+2y-1=0$，条件（1）不充分．条件（2），可知直线 l 的斜率是 -4，在 y 轴上的截距为 -3，$y=-4x-3\Rightarrow 4x+y+3=0$，充分，故选 B.

481【答案】A

【解析】将圆的方程化为标准方程得 $(x-1)^2+(y-3)^2=10$，圆心 $C(1,3)$，由已知有直线 l 过圆心 $C(1,3)$，且不过第四象限，作图如下，则直线 l 斜率 k 的范围为 $[0,3]$．故选 A.

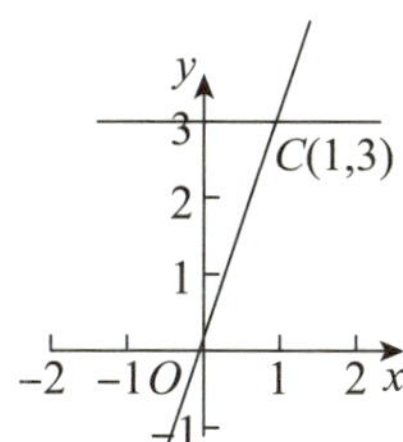

482【答案】D

【解析】弦最短时，圆心与点 M 的连线与弦（设为）l 垂直，所以圆 $x^2+y^2-4x-6y=0$ 即 $(x-2)^2+(y-3)^2=13$，圆心为：$O(2,3)$，所以 $k_l=-\frac{1}{k_{OM}}=-\frac{1}{2}$，由点斜式有 $y-1=-\frac{1}{2}(x-1)\Rightarrow x+2y-3=0$，故选 D.

题型 2　圆的方程

483【答案】C

【解析】设圆的一般方程为 $x^2+y^2+Dx+Ey+F=0$，圆心坐标为 $\left(-\dfrac{D}{2},-\dfrac{E}{2}\right)$，因为圆 C 经过两点 $A(0,2)$，$B(4,6)$，且圆心 C 在直线 $l:2x-y-3=0$ 上，所以 $\begin{cases}2\times\left(-\dfrac{D}{2}\right)-\left(-\dfrac{E}{2}\right)-3=0\\0+2^2+2E+F=0\\4^2+6^2+4D+6E+F=0\end{cases}$，解得 $\begin{cases}D=-6\\E=-6\\F=8\end{cases}$，所以圆 C 的方程为 $x^2+y^2-6x-6y+8=0$．故选 C.

484【答案】E

【解析】当 AB 为直径时，过点 A、B 的圆的半径最小，则其周长最小，所以圆心为 AB 中点 $(0,1)$，半径 $r=\dfrac{1}{2}|AB|=\dfrac{1}{2}\sqrt{(1+1)^2+(-2-4)^2}=\sqrt{10}$，所以所求圆的标准方程为 $x^2+(y-1)^2=10$，故选 E.

485【答案】A

【解析】两边平方整理得 $(|x|-1)^2=2y-y^2\Rightarrow(|x|-1)^2+(y-1)^2=1$，由 $|x|-1\geqslant0\Rightarrow|x|\geqslant1\Rightarrow x\geqslant1$ 或 $x\leqslant-1$．当 $x\geqslant1$ 时，方程为 $(x-1)^2+(y-1)^2=1$，表示圆心为 $(1,1)$ 且半径为 1 的圆的右半圆；当 $x\leqslant-1$ 时，方程为 $(x+1)^2+(y-1)^2=1$，表示圆心为 $(-1,1)$ 且半径为 1 的圆的左半圆．综上所述，得方程 $|x|-1=\sqrt{2y-y^2}$ 表示的曲线为两个半圆，故选 A.

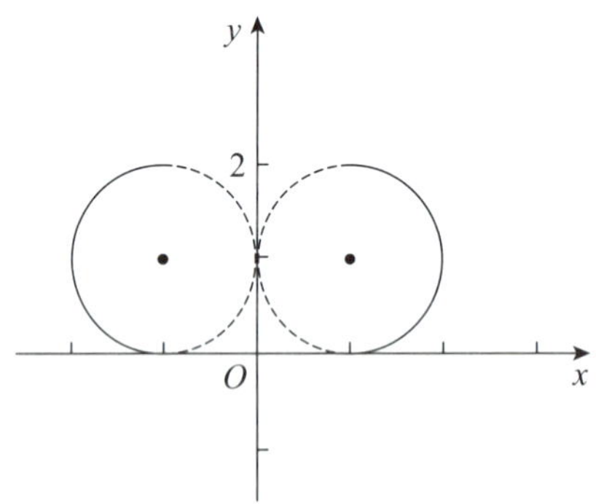

486【答案】B

【解析】条件（1），若方程 $x^2+y^2-2x+my+m=0$ 表示圆，则有 $(-2)^2+m^2-4m>0\Rightarrow m\neq2$，即 m 的取值范围为 $(-\infty,2)\cup(2,+\infty)$，不充分；条件（2），圆 $x^2+y^2-3x+my+1=0$ 化为标准方程 $\left(x-\dfrac{3}{2}\right)^2+\left(y+\dfrac{m}{2}\right)^2=\dfrac{9+m^2}{4}-1$，所以圆心 $\left(\dfrac{3}{2},-\dfrac{m}{2}\right)$，又因圆关于直线 $y=x$ 对称，所以直线过圆心，即 $\dfrac{3}{2}=-\dfrac{m}{2}\Rightarrow m=-3$，充分，故选 B.

487【答案】D

【解析】根据题意，圆 C：$x^2+y^2+2x-2my-4-4m=0(m\in R)$，变形可得 $(x+1)^2+(y-m)^2=m^2+4m+5$，其圆心为 $(-1,m)$，半径为 r，则 $r^2=m^2+4m+5=(m+2)^2+1$，当圆 C 的面积最小时，必有 $m=-2$，此时 $r^2=1$，圆 C 的方程为 $(x+1)^2+(y+2)^2=1$，圆心 C 到原点为距离 $d=\sqrt{1+4}=\sqrt{5}$，则圆上

的点到坐标原点的距离的最大值为 $d+r=\sqrt{5}+1$，故选 D.

488【答案】C

【解析】设该圆圆心为 (x,y)，因为半径为 1 的圆过点 $(1,\sqrt{3})$，所以 $(x-1)^2+(y-\sqrt{3})^2=1$，所以该圆圆心的轨迹是以点 $(1,\sqrt{3})$ 为圆心，1 为半径的圆，因为 $(1,\sqrt{3})$ 到原点的距离为 2，所以该圆圆心到原点的距离的最大值为 $2+1=3$，故选 C.

489【答案】B

【解析】已知圆心在第一象限，设圆心为 (a,a)，则半径为 a 且 $a>0$. 故圆的方程为 $(x-a)^2+(y-a)^2=a^2$，再把点 $(2,1)$ 代入，求得 $a=5$ 或 1，故要求的圆的方程为 $(x-5)^2+(y-5)^2=25$ 或 $(x-1)^2+(y-1)^2=1$，所求圆的圆心为 $(5,5)$ 或 $(1,1)$，故圆心到直线 $x-y-3=0$ 的距离 $d=\frac{|5-5-3|}{\sqrt{1^2+(-1)^2}}=\frac{3\sqrt{2}}{2}$ 或 $d=\frac{|1-1-3|}{\sqrt{1^2+(-1)^2}}=\frac{3\sqrt{2}}{2}$，故选 B.

490【答案】D

【解析】方程 $x^2+y^2-2mx+2m+3=0$ 表示圆，则 $(2m)^2-4(2m+3)>0$，$m^2-2m-3=(m-3)(m+1)>0$，解得 $m<-1$ 或 $m>3$，由于圆 C 的一条切线过点 $P(2,1)$，因此 P 点在圆 C 外或圆上，所以 $2^2+1^2-4m+2m+3=8-2m\geqslant 0$，$m\leqslant 4$，所以 m 的取值范围是 $(-\infty,-1)\cup(3,4]$，故选 D.

491【答案】A

【解析】因为点 $M(x,y)$ 在圆 $x^2+(y-2)^2=1$ 上运动，所以由圆 $x^2+(y-2)^2=1$ 的圆心 $(0,2)$，半径为 1，可知 $x\in[-1,1]$，当 $x>0$ 时，$y>0$，则 $0<\frac{xy}{4x^2+y^2}=\frac{1}{\frac{4x}{y}+\frac{y}{x}}\leqslant\frac{1}{2\sqrt{\frac{4x}{y}\cdot\frac{y}{x}}}=\frac{1}{4}$，当且仅当 $y=2x=\frac{6}{5}$ 或 $y=2x=2$ 时取等号. 由圆的对称性可知，当 $x<0$ 时，$\frac{xy}{4x^2+y^2}\in\left[-\frac{1}{4},0\right)$；当 $x=0$ 时，$\frac{xy}{4x^2+y^2}=0$，则 $\frac{xy}{4x^2+y^2}$ 的取值范围是 $\left[-\frac{1}{4},\frac{1}{4}\right]$，故选 A.

题型 3 直线与直线的位置关系

492【答案】A

【解析】两直线 $3x+y-3=0$ 与 $6x+my-1=0$ 平行，故 $m=2$，所以 $6x+2y-1=0$ 转换为 $3x+y-\frac{1}{2}=0$，所以 $d=\frac{\left|-3+\frac{1}{2}\right|}{\sqrt{3^2+1^2}}=\frac{\sqrt{10}}{4}$. 故选 A.

493【答案】C

【解析】根据题意，$B(1,-2)$，$C(-2,4)$，则 $k_{BC}=\frac{4+2}{-2-1}=-2$，则 BC 边上的高的斜率为 $\frac{1}{2}$，故选 C.

494【答案】B

【解析】由 $\begin{cases}x+3y+7=0\\x-y-1=0\end{cases}$ 得 $\begin{cases}x=-1\\y=-2\end{cases}$，所以两条直线交于点 $(-1,-2)$，当 $x+2ny+n=0$ 也过 $(-1,-2)$

时，$-1+2n\cdot(-2)+n=0$，解得 $n=-\dfrac{1}{3}$，此时三条线交于同一点，不能构成三角形，当 $x+3y+7=0$ 与 $x+2ny+n=0$ 平行时，有 $2n=3$，则 $n=\dfrac{3}{2}$，也不能构成三角形，当 $x-y-1=0$ 与 $x+2ny+n=0$ 平行时，有 $2n=-1$，则 $n=-\dfrac{1}{2}$，也不能构成三角形，综上所述，所以 $n\neq\dfrac{3}{2}$，$-\dfrac{1}{2}$，$-\dfrac{1}{3}$，故选 B.

495【答案】D

【解析】条件（1），因为直线 $mx+4y-2=0$ 与 $2x-5y+n=0$ 互相垂直，所以 $\dfrac{m}{-4}\times\dfrac{2}{5}=-1$，则 $m=10$，直线 $mx+4y-2=0$，即 $5x+2y-1=0$，将垂足 $(1,p)$ 代入得，$5+2p-1=0$，所以 $p=-2$．把 $p(1,-2)$ 代入 $2x-5y+n=0$，可得 $n=-12$，所以 $m+n-p=10-12+2=0$，充分；条件（2），因为圆 $C:(x+2)^2+y^2=1$ 的圆心为 $(-2,0)$，故过圆心 $(-2,0)$ 且与直线 $x+y=0$ 平行的直线为 $y=-x-2$，即 $x+y+2=0$．所以 $m+n-p=1+1-2=0$，充分，故选 D.

496【答案】A

【解析】联立两条直线方程 $\begin{cases}y=|x|\\y=kx+1\end{cases}$，得到 $|x|=kx+1$，两边平方得：$(k^2-1)x^2+2kx+1=0$，当 $k^2-1\neq0$ 即 $k\neq\pm1$ 时，$\Delta=(2k)^2-4(k^2-1)=4>0$，得到方程有两个不相等的实数解，所以曲线与直线有两个交点．当 $k=\pm1$ 时，得到 $y=\pm x+1$，与曲线只有一个交点．所以曲线 $y=|x|$ 与 $y=kx+1$ 最多有两个交点，故选 A.

题型 4　圆与圆的位置关系

497【答案】A

【解析】圆 $C_1:x^2+y^2+2x+4y+1=0$，即 $(x+1)^2+(y+2)^2=4$，圆心为 $(-1,-2)$，半径为 2；圆 C_2：$x^2+y^2-4x-4y-1=0$，即 $(x-2)^2+(y-2)^2=9$，圆心为 $(2,2)$，半径为 3；圆心距为 $\sqrt{(2+1)^2+(2+2)^2}=5$，因为 $5=3+2$，所以两个圆的位置关系是外切，故选 A.

498【答案】C

【解析】圆 $(x-1)^2+(y+2)^2=r^2(r>0)$ 的圆心为 $(1,-2)$，半径为 r，圆 $(x-4)^2+(y-2)^2=16$ 的圆心为 $(4,2)$，半径为 4，因为两个圆有公共点，可得 $|4-r|\leqslant\sqrt{(4-1)^2+(2+2)^2}\leqslant4+r$，解得 $1\leqslant r\leqslant9$．故选 C.

499【答案】C

【解析】以 $O(0,0)$ 为圆心，$r_1=1$ 为半径作圆 O，以 $A(3,4)$ 为圆心，$r_2=4$ 为半径作圆 A，如图所示：

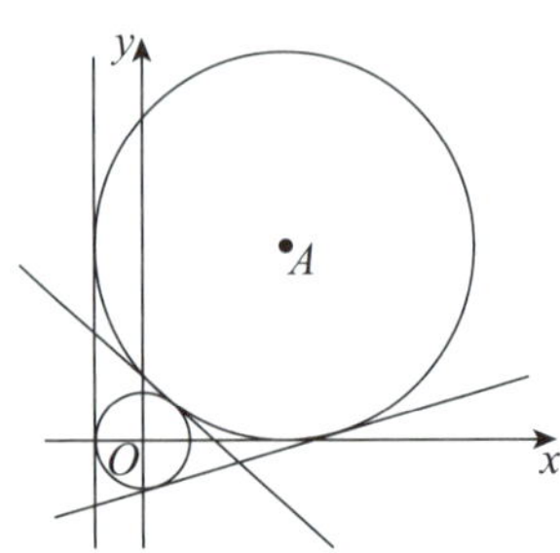

因为 $|OA|=\sqrt{(0-3)^2+(0-4)^2}=r_1+r_2$，所以两圆外切，有三条公切线，故满足条件的直线 l 共有 3 条，

故选 C.

500【答案】A

【解析】圆 $O_1: x^2+y^2=4$ 与圆 $O_2: x^2+y^2-2x-6=0$ 的方程相减可得 AB 所在的直线方程为 $x=-1$，由于圆 $O_1: x^2+y^2=4$ 的圆心到直线 $x=-1$ 的距离为 1，且圆 O_1 的半径为 2，故 $|AB|=2\sqrt{2^2-1^2}=2\sqrt{3}$，故选 A.

501【答案】C

【解析】圆 O_1 的圆心为 $(m,-2)$，半径为 $r_1=3$，圆 O_2 的圆心为 $(-n,-2)$，半径为 $r_2=1$，则两圆的圆心距 $d=|m+n|$，因为两圆内切，所以 $|m+n|=2$，可得 $m^2+n^2+2mn=4 \Rightarrow 4-(m^2+n^2)=2mn \leqslant m^2+n^2$，解得 $m^2+n^2 \geqslant 2$. 当且仅当 $m=n=1$ 时，取得最小值，m^2+n^2 的最小值为 2. 故选 C.

题型 5　直线与圆的位置关系

502【答案】D

【解析】圆 $(x+1)^2+y^2=1$ 的圆心（-1，0）到直线 $y=\sqrt{3}x-\sqrt{3}$ 的距离 $d=\dfrac{|-\sqrt{3}-\sqrt{3}|}{\sqrt{(\sqrt{3})^2+(-1)^2}}=\sqrt{3}$，故选 D.

503【答案】A

【解析】因为圆 $x^2+y^2=1$ 的圆心为 $(0,0)$，半径为 1，且直线与圆相切，则圆心到直线的距离 $d=\dfrac{|-1|}{\sqrt{a^2+b^2}}=1$，即 $a^2+b^2=1$，点 $P(a,b)$ 坐标满足圆的方程，所以点 P 在圆上，故选 A.

504【答案】A

【解析】依题意设该圆的半径为 r，因为圆与直线 $x-y+1=0$ 相切，则 $r=d=\dfrac{|-2-3+1|}{\sqrt{1+1}}=2\sqrt{2}$，因此圆的方程为 $(x+2)^2+(y-3)^2=8$，故选 A.

505【答案】B

【解析】因为点 $P(a,b)$ 在圆 $x^2+y^2=r^2$ 的内部，所以 $0<a^2+b^2<r^2$，所以圆心 $(0,0)$ 到直线 $ax+by=r^2$ 的距离为 $d=\dfrac{r^2}{\sqrt{a^2+b^2}}>r$，所以直线 $ax+by=r^2$ 与该圆的位置关系是相离，故选 B.

506【答案】A

【解析】圆 C：$x^2+y^2=r^2(r>0)$，直线 l：$x+\sqrt{3}y-2=0$，所以圆心 $(0,0)$ 到直线 $x+\sqrt{3}y-2=0$ 的距离 $d=\dfrac{|-2|}{\sqrt{1+3}}=1$，因此条件（1），当 $r>3$ 时，直线与圆相交，充分；条件（2），若 $r=\dfrac{1}{2}$，直线与圆相离，不充分，故选 A.

507【答案】A

【解析】由圆的方程 $x^2+y^2=3$ 可知圆心为 $(0,0)$，半径为 $\sqrt{3}$，圆心到直线 $x+3y+\sqrt{5}=0$ 的距离 $d=\dfrac{|\sqrt{5}|}{\sqrt{1^2+3^2}}=\dfrac{\sqrt{2}}{2}$，故直线被圆所截得的弦长为 $2\sqrt{(\sqrt{3})^2-\left(\dfrac{\sqrt{2}}{2}\right)^2}=\sqrt{10}$，故选 A.

508【答案】B

【解析】由圆 $x^2+y^2-4x-4y-10=0$ 知圆心坐标为 $(2,2)$，半径为 $3\sqrt{2}$，则圆上的点到直线

$x+y-14=0$ 的最大距离为 $d+r=\dfrac{|2+2-14|}{\sqrt{2}}+3\sqrt{2}=8\sqrt{2}$．故选 B.

509【答案】B

【解析】由圆 $C:x^2+(y+1)^2=25$，得圆心 $C(0,-1)$，直线 $l:kx-y-2k+2=0$ 可化为 $k(x-2)+(-y+2)=0$，即直线过定点 $(2,2)$．因为圆心到定点 $(2,2)$ 的距离为 $\sqrt{13}$，所以直线 $l:kx-y-2k+2=0$ 被圆 $C:x^2+(y+1)^2=25$ 所截得的最短弦长为 $2\sqrt{25-13}=4\sqrt{3}$，又因过定点（2，2）的最长的弦长为 10，所以弦长可以取整数 7、8、9、10，其中被截弦长为整数 7、8、9 的直线各有 2 条，被截弦长为 10 的直线只有 1 条，符合条件的直线共有 7 条．故选 B.

510【答案】A

【解析】由圆 $C_n:(x-a_n)^2+(y-2a_n)^2=a_n{}^2(a_n\neq 0)$，知圆心 $C_n(a_n,2a_n)$，半径为 $|a_n|$，由题意圆心 C_n 到直线 $l:y=kx+b$ 的距离 $d=\dfrac{|ka_n-2a_n+b|}{\sqrt{k^2+1}}=|a_n|$，则 $(-4k+3)a_n{}^2+2(k-2)b\cdot a_n+b^2=0$，对任意 $a_n\neq 0$ 恒成立，只能是 $\begin{cases}-4k+3=0\\ 2(k-2)b=0\\ b^2=0\end{cases}\Rightarrow k=\dfrac{3}{4},b=0$，故 $k+b=\dfrac{3}{4}$，故选 A.

511【答案】B

【解析】设直线上任意一点为 P，过 P 作圆的切线，切点为 M，圆心 C 为 $(1,-2)$，半径 $r=\sqrt{6}$，则 $|MP|=\sqrt{|PC|^2-r^2}=\sqrt{|PC|^2-6}$，要使 $|MP|$ 最小，则 $|PC|$ 最小，易知 $|PC|$ 最小值为圆心 C 到直线 l 的距离，即 $|PC|\geqslant\dfrac{|1-2-5|}{\sqrt{1^2+1}}=3\sqrt{2}$，因此 $|MP|\geqslant\sqrt{(3\sqrt{2})^2-6}=2\sqrt{3}$．故选 B.

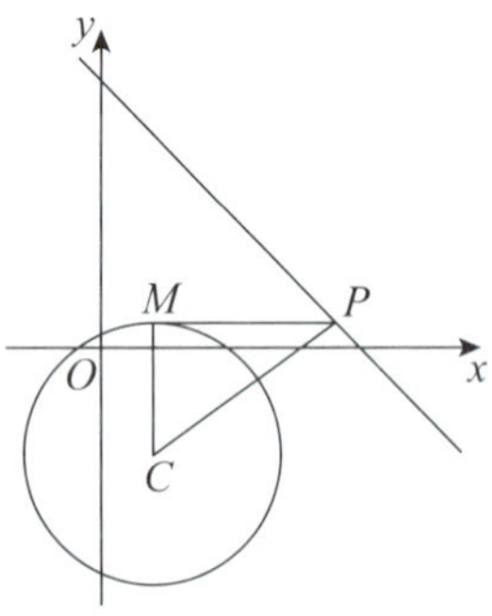

512【答案】C

【解析】因为直线 l 在 y 轴上的截距为 1，所以直线 l 过定点 $(0,1)$，因为 $0^2-2\times 0+1^2-3=-2<0$，所以点 $(0,1)$ 在圆内，所以直线 l 与 C 的交点个数为 2 个．故选 C.

513【答案】D

【解析】由 $x^2+y^2+5-m=0$ 可得 $x^2+y^2=m-5$，所以圆心为 $(0,0)$，半径 $r=\sqrt{m-5}>0$，圆心 $(0,0)$ 到直线 $3x+4y-5=0$ 的距离 $d=\dfrac{|-5|}{\sqrt{3^2+4^2}}=1$，因为圆上至多有两个点到直线 $3x+4y-5=0$ 的距离等于 1，所以 $|\sqrt{m-5}-1|<1\Rightarrow 5<m<9$，故选 D.

514【答案】D

【解析】依题意圆心 $(-1,-2)$ 在直线 l：$ax+by+2=0$ 上，所以 $-a-2b+2=0$，所以 $a+2b=2$，

$\frac{1}{a}+\frac{2}{b}=\left(\frac{1}{a}+\frac{2}{b}\right)\times(a+2b)\times\frac{1}{2}=\frac{1}{2}\left(1+\frac{2b}{a}+\frac{2a}{b}+4\right)\geqslant\frac{1}{2}\left(5+2\sqrt{\frac{2b}{a}\times\frac{2a}{b}}\right)=\frac{1}{2}(5+4)=\frac{9}{2}$，当且仅当 $a=b$ 时，$\frac{1}{a}+\frac{2}{b}$ 有最小值 $\frac{9}{2}$，故选 D.

515【答案】D

【解析】条件（1），设点 (p,q) 为 A，圆心为 O，切点为 B，则 $\sin\angle OAB=\frac{OB}{OA}=\frac{1}{OA}$，当 OA 越小，该角正弦值越大，该角度越大，OA 最小为点到直线距离，即 $d=\frac{|-10|}{\sqrt{3^2+4^2}}=2$，此时 $\sin\angle OAB=\frac{OB}{OA}=\frac{1}{2}$，$\angle OAB$ 最大，即 $\angle OAB=\frac{\pi}{6}$，其中两条切线的夹角为 $\angle OAB$ 的二倍，即 $\frac{\pi}{3}$，充分．条件（2），过 A 点做圆的切线交圆 O 于点 C，则在三角形 AOC 中，$OC=1$，$OA=2$，故 $\angle OAC=30^\circ=\frac{\pi}{6}$，则两切线的夹角为 $\frac{\pi}{3}$，充分．故选 D.

题型 6　直线与抛物线的位置关系

516【答案】D

【解析】根据题意 $x^2-2bx+1=-\frac{1}{2}x+\frac{m}{2}$，$\Delta=\left(\frac{1}{2}-2b\right)^2-4\left(1-\frac{m}{2}\right)\geqslant0\Rightarrow m\geqslant-2b^2+b+\frac{15}{8}$，$-2b^2+b+\frac{15}{8}$ 的最大值为 2，则 $m\geqslant2$，故选 D.

题型 7　对称问题

517【答案】B

【解析】设 B（a，b），由题意可知，A，B 的中点为（2，1），则 $\begin{cases}\frac{4+a}{2}=2\\\frac{0+b}{2}=1\end{cases}\Rightarrow a=0,b=2\Rightarrow B(0,2)$，故选 B.

518【答案】E

【解析】点 $A(2,6)$ 与点 $B(0,2)$ 关于直线 $ax+y+b=0$ 对称，所以 $a\frac{2+0}{2}+\frac{6+2}{2}+b=0\Rightarrow a+b=-4$，故选 E.

519【答案】C

【解析】直线 $ax+y+3a-1=0\Rightarrow y-1=-a(x+3)\Rightarrow$ 恒过定点 M（-3，1），设点 M 关于直线 $2x+3y-6=0$ 对称的点 N 坐标为（m，n），则 $\begin{cases}\frac{n-1}{m+3}\times\left(-\frac{2}{3}\right)=-1\\2\times\frac{-3+m}{2}+3\times\frac{1+n}{2}-6=0\end{cases}\Rightarrow\begin{cases}m=-\frac{3}{13}\\n=\frac{67}{13}\end{cases}\Rightarrow\left(-\frac{3}{13},\frac{67}{13}\right)$，故选 C.

520【答案】B

【解析】直线 $ax+y+3a-1=0\Rightarrow y-1=-a(x+3)\Rightarrow$ 恒过定点 M（-3，1），设直线 $2x+3y-6=0$ 关于点 M 对称的直线方程为 $2x+3y+C=0(C\neq-6)$，所以 $\frac{|-6+3-6|}{\sqrt{4+9}}=\frac{|-6+3+C|}{\sqrt{4+9}}\Rightarrow C=12$ 或 $C=-6$（舍去），所以直线 $2x+3y-6=0$ 关于点 M 对称的直线方程为 $2x+3y+12=0$，故选 B.

521【答案】C

【解析】设点 A 关于直线 $y=-x-5$ 的对称点坐标为 $B(a,b)$ 有 $\begin{cases}\frac{b-1}{a-3}=1\\ \frac{a+3}{2}+\frac{b+1}{2}+5=0\end{cases}\Rightarrow\begin{cases}a=-6\\ b=-8\end{cases}\Rightarrow$ $B(-6,-8)$，故原点到点 B 的距离 $d=\sqrt{(-6-0)^2+(-8-0)^2}=10$，所以最短距离为 10−2 ＝ 8，故选 C.

522【答案】D

【解析】由题知，过点 A 做关于直线 $y=x+3$ 的对称点 C（x，y），则有 $\begin{cases}\frac{y-0}{x-1}=-1\\ \frac{x+1}{2}-\frac{y}{2}+3=0\end{cases}\Rightarrow$ $\begin{cases}x=-3\\ y=4\end{cases}\Rightarrow C(-3,4)$，所以 $(|PA|+|PB|)_{\min}=|BC|=\sqrt{(3+3)^2+(0+4)^2}=2\sqrt{13}$，故选 D.

523【答案】C

【解析】由题意知 $l_1//l$，l_1 与 l_2 关于 l 对称，故 $l_1//l_2$，可设 l_2 的方程为：$2x-y+D=0$（$D\neq-3$），在直线 l 上任取一点（0，$\frac{5}{2}$）. 则 l 到 l_1 的距离 $d_1=\frac{11}{2\sqrt5}$，l 到 l_2 的距离 $d_2=\frac{\left|\frac{5}{2}-D\right|}{\sqrt5}$. 由 $d_1=d_2$ 得 $\frac{11}{2\sqrt5}=\frac{\left|\frac{5}{2}-D\right|}{\sqrt5}$，即 $D=8$. 因此直线 l_2 的方程为：$2x-y+8=0$，故选 C.

524【答案】C

【解析】圆 C 的圆心坐标为 $(-3,4)$，圆 C' 与圆 C 关于 x 轴对称，对称圆 C' 的圆心 $(-3,-4)$，半径为 2，所以圆 C' 的方程为 $(x+3)^2+(y+4)^2=4$. 故选 C.

525【答案】D

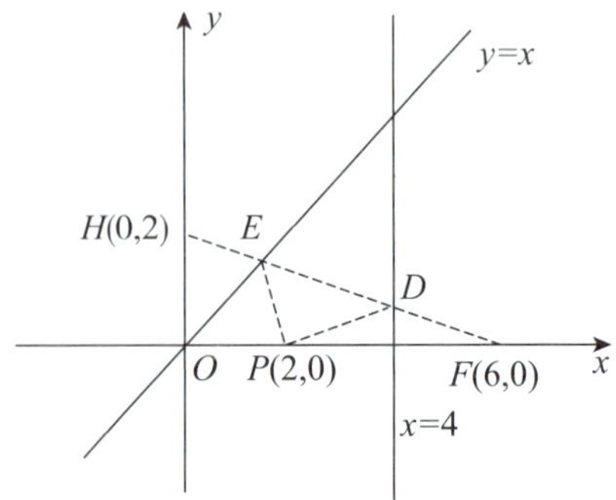

【解析】显然 P 关于直线 $x=4$ 的对称点 $F(6,0)$，由反射光线性质知 $DF=DP$，$P(2,0)$ 关于直线 $y=x$ 的对称点 $H(0,2)$，由反射光线性质知 $EH=EP$. 所以△ PDE 各边即为光线所走的路线，其周长等于线段 FH 的长度，且 $FH=\sqrt{(6-0)^2+(0-2)^2}=2\sqrt{10}$，故选 D.

题型 8　解析几何最值问题

526【答案】A

【解析】圆心 $C(0,\ 1)$ 到直线 $l_1: x-y+2=0$ 的距离 $d_1=\frac{|0-1+2|}{\sqrt{1+1}}=\frac{\sqrt{2}}{2}$，点 $C(0,\ 1)$ 到直线 $l_2: x-3y=0$ 的距离 $d_2=\frac{|0-3|}{\sqrt{1+9}}=\frac{3\sqrt{10}}{10}>\frac{\sqrt{2}}{2}$，所以 r 的最大值为 $\frac{\sqrt{2}}{2}$，故选 A.

527【答案】E

【解析】设 $y-3x=c$，则 $3x-y+c=0$ 可看作斜率为 3 的无数条平行直线，c 表示直线在 y 轴截距（截距有正负之分）. 当该直线与圆 $x^2+y^2-2x=0$ 相切时（圆心到直线的距离等于半径），取到最值，又因为圆心 $(1,0)$，半径 $r=1$，所以 $d=\frac{|3+c|}{\sqrt{10}}=r=1$，解得 $c=-3\pm\sqrt{10}$，则 $y-3x$ 的最大值为 $-3+\sqrt{10}$，最小值为 $-3-\sqrt{10}$，故选 E.

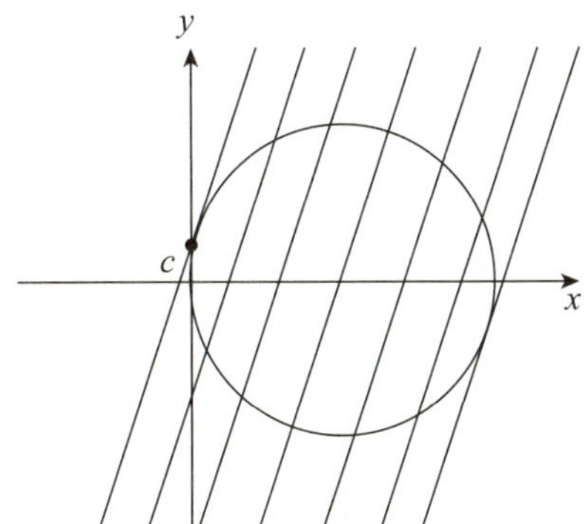

528【答案】B

【解析】由直线 $l_1: x+y+2=0$ 与直线 $l_2: x+my-2m=0$ 相交于点 P，故 P 为直线 l_1 上任意一点，圆 $C: x^2+y^2-4x-2y=0$，得圆心为 $C(2,\ 1)$，半径 $r=\sqrt{5}$，与 y 轴正半轴交于点 $M(0,\ 2)$，设 $M(0,\ 2)$ 关于直线 $x+y+2=0$ 对称点 D 的坐标为 (m,n)，则 $\begin{cases}\frac{n-2}{m-0}\times(-1)=-1\\ \frac{m}{2}+\frac{n+2}{2}+2=0\end{cases}$，解得 $m=-4,\ n=-2$，所以 $D(-4,-2)$，所以 $|DC|=\sqrt{(-4-2)^2+(-2-1)^2}=3\sqrt{5}$，所以 $|PM|+|PN|=|PD|+|PN|\geqslant|DN|\geqslant|DC|-\sqrt{5}=2\sqrt{5}$，故选 B.

529【答案】D

【解析】圆 C_1 的圆心为 $(-a,\ 0)$，半径为 2；圆 C_2 的圆心为 $(0,\ b)$，半径为 3. 因为圆 C_1 和圆 C_2 只有一条公切线，所以圆 C_1 与圆 C_2 内切，圆心距等于 3−2 = 1，所以 $a^2+b^2=1$，所以 $\frac{1}{a^2}+\frac{1}{b^2}=\left(\frac{1}{a^2}+\frac{1}{b^2}\right)(a^2+b^2)=2+\frac{b^2}{a^2}+\frac{a^2}{b^2}\geqslant 2+2\sqrt{\frac{b^2}{a^2}\times\frac{a^2}{b^2}}=4$，当且仅当 $a^2=b^2$ 时取等号，又 $a^2+b^2=1$，则 $a^2=b^2=\frac{1}{2}$ 时等号成立，所以 $\frac{1}{a^2}+\frac{1}{b^2}$ 的最小值为 4，故选 D.

530【答案】B

【解析】$y=\sqrt{x^2+4}+\sqrt{x^2-8x+17}=\sqrt{(x-0)^2+(0-2)^2}+\sqrt{(x-4)^2+(0-1)^2}$，即求 x 轴上的点 $A(x,0)$

分别到点$B(0,2)$、点$C(4,1)$的距离之和的最小值，作点$B(0,2)$关于x轴的对称点$B'(0,-2)$，则有$AB+AC=AB'+AC$，因此$(AB'+AC)_{\min}=B'C=\sqrt{(0-4)^2+(-2-1)^2}=5$，故选B.

531【答案】C

【解析】直线的倾斜角最大时，直线与圆相切，此时斜率存在，如图所示：

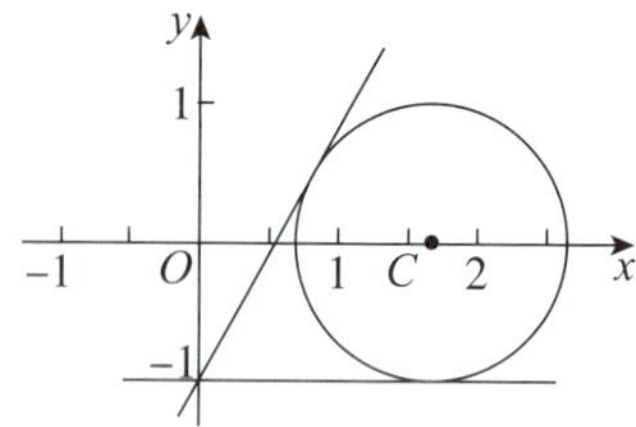

圆$(x-\sqrt{3})^2+y^2=1$的圆心为$C(\sqrt{3},0)$，半径$r=1$，设直线方程$y=kx-1$，即$kx-y-1=0$，所以圆心到直线的距离为$d=\dfrac{|\sqrt{3}k-1|}{\sqrt{k^2+1}}=1\Rightarrow k=\sqrt{3}$或$k=0$，当$k=\sqrt{3}$时，倾斜角最大为$\dfrac{\pi}{3}$，故选C.

532【答案】B

【解析】直线$kx-y+1=0$过定点P（0，1），作可行域如图所示，由$\begin{cases}2x+y-8=0\\2x-y=0\end{cases}$，得$A$（2，4）. 定点$P$（0，1）和$A$点连线的斜率最大，为$k=\dfrac{4-1}{2-0}=\dfrac{3}{2}$，则$k$的最大值为$\dfrac{3}{2}$. 故选B.

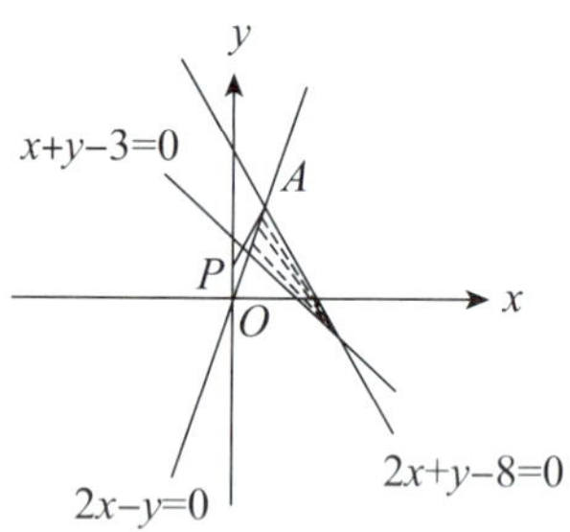

533【答案】E

【解析】因为直线$ax+by=ab$过点（1，1），所以$a+b=ab$，又因为$a>0,b>0$，所以$\dfrac{1}{b}+\dfrac{1}{a}=1$，所以直线$\dfrac{x}{b}+\dfrac{y}{a}=1$在$x$轴与$y$轴上的截距之和为$a+b=(a+b)\left(\dfrac{1}{b}+\dfrac{1}{a}\right)=2+\dfrac{a}{b}+\dfrac{b}{a}\geqslant 2+2\sqrt{\dfrac{a}{b}\times\dfrac{b}{a}}=4$，当且仅当$a=b=2$时取等号，所以直线在$x$轴与$y$轴上的截距之和最小值为4，故选E.

534【答案】C

【解析】由约束条件作出可行域如图，联立$\begin{cases}y=3\\x+y=4\end{cases}$，解得$A$（1，3），由$z=3x+y$，得$y=-3x+z$，由图可知，当直线$y=-3x+z$过$A$时，直线在$y$轴上的截距最小，$z$有最小值为$3\times1+3=6$. 故选C.

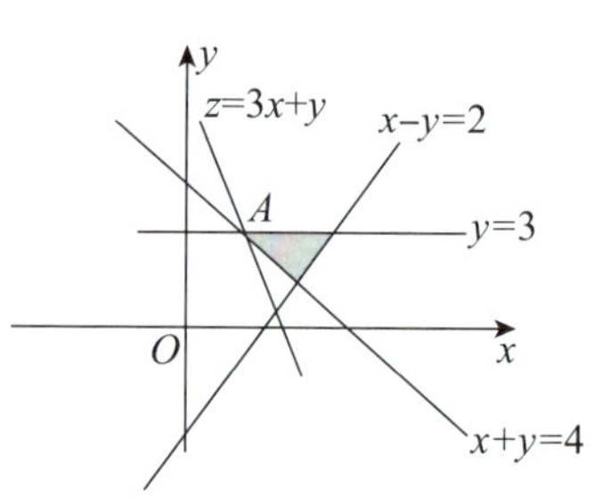

题型 9　平面区域问题

535【答案】C

【解析】根据绝对值公式法，$|x|\leqslant y$ 等价于 $-y\leqslant x\leqslant y$，表示两平行直线 $x-y\leqslant 0$ 与 $x+y\geqslant 0$ 之间区域，根据绝对值公式法，$|x-y|\leqslant 2$ 等价于 $-2\leqslant x-y\leqslant 2$，表示两平行直线 $x-y\leqslant 2$ 与 $x-y\geqslant -2$ 之间区域，因为 $0\leqslant y\leqslant\sqrt{4-x^2}$，两边平方后，整理得 $x^2+y^2\leqslant 4$，表示圆心在坐标原点，半径为 2 的上半圆．围成图形面积如图中阴影部分所示，其面积是由等腰直角三角形 OFC 与扇形 OCD 两部分构成，所以，$S_{yin}=S_{Rt\Delta OFC}+S_{shanOCD}=\frac{1}{2}\times OC\times\frac{OC}{2}+\frac{45^\circ}{360^\circ}\times\pi\times 2^2=1+\frac{\pi}{2}$，故选 C.

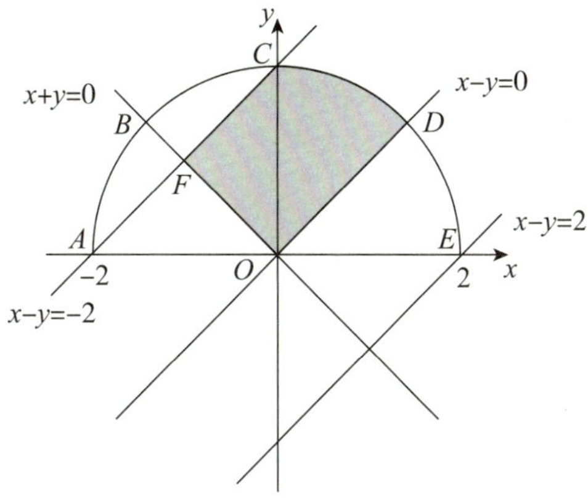

536【答案】D

【解析】如图所示，条件（1），由于区域 $x\leqslant 0, y\geqslant 1$ 内的点和点 $(2,2)$ 的最小距离为 2，因此 $(x-2)^2+(y-2)^2\geqslant 4\geqslant 2$，充分；条件（2），$|x-1|+|y+1|\leqslant 2$ 表示中心在 $(1,-1)$，四个顶点分别为 $(1,1)$、$(1,-3)$、$(-1,-1)$、$(3,-1)$ 的正方形所围成的区域，而该区域内的点到点 $(2,2)$ 的最小距离为 $\sqrt{2}$，因此 $(x-2)^2+(y-2)^2\geqslant 2$，充分，故选 D.

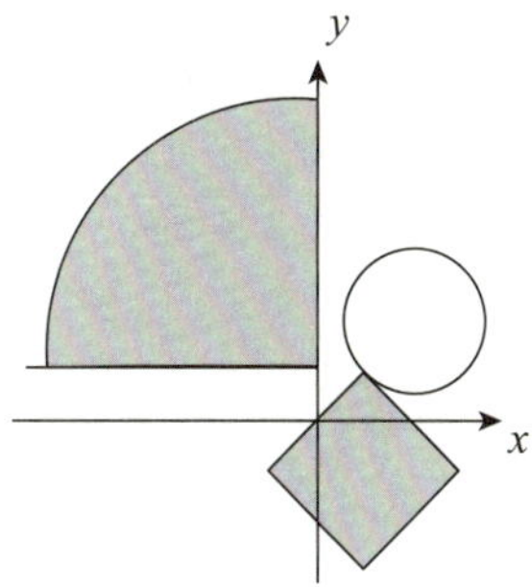

537【答案】C

【解析】根据题意直线 l 与 y 轴的交点为 $\left(0,\frac{2k-2}{k-3}\right)$，与 x 轴的交点为 $(k-1,0)$，由于该直线与坐标轴的正半轴所围成三角形，则有 $\begin{cases}\frac{2k-2}{k-3}>0\\ k-1>0\end{cases}\Rightarrow k>3$，则直线 l 与正半轴所围成三角形面积

$S=\frac{1}{2}\times\frac{2k-2}{k-3}\times(k-1)=\frac{(k-1)^2}{k-3}=\frac{4}{k-3}+(k-3)+4$、又因为 $k-3>0$，则 $\frac{4}{k-3}+(k-3)\geqslant 2\sqrt{\frac{4}{k-3}\times(k-3)}=4$，当且仅当 $k-3=2$ 时等号成立，则 $S=\frac{4}{k-3}+(k-3)+4\geqslant 4+4=8$，即该直线与坐标轴的正半轴所围成三角形面积的最小值为 8，故选 C.

538【答案】A

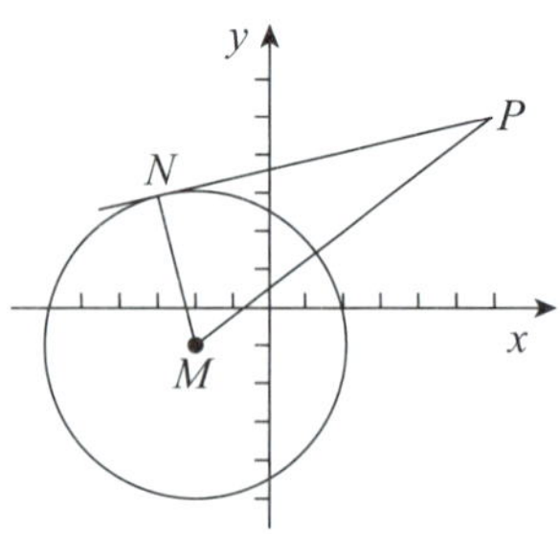

【解析】因为圆 $M:(x+2)^2+(y+1)^2=16$ 的圆心 $M(-2,-1)$，半径为 4，因为 PN 是圆 $M:(x+2)^2+(y+1)^2=16$ 的切线，所以 $PN\perp MN$，即 $\triangle MNP$ 是以 $\angle N$ 为直角的直角三角形，则 $S_{\triangle MNP}=\frac{1}{2}MN\cdot NP$，又因为 $PM=\sqrt{(6+2)^2+(5+1)^2}=10$，又因为 $MN=4$，所以 $PN=\sqrt{PM^2-MN^2}=2\sqrt{21}$，所以 $S_{\triangle MNP}=\frac{1}{2}MN\cdot NP=\frac{1}{2}\times4\times2\sqrt{21}=4\sqrt{21}$，故选 A.

539【答案】C

【解析】设 P（x，y），由 $|PA|=\sqrt{2}|PB|$，由两点间距离公式有 $(x+2)^2+y^2=2(x-2)^2+2y^2$，整理得 $x^2+y^2-12x+4=0(x\neq0)\Rightarrow(x-6)^2+y^2=32(x\neq0)$，故点 P 在以（6，0）为圆心，$4\sqrt{2}$ 为半径的圆上，所以当点 P 处在圆的上（下）顶点时 $\triangle PAB$ 面积的最大，最大值为 $S_{\max}=\frac{1}{2}|AB|\times4\sqrt{2}=\frac{1}{2}\times4\times4\sqrt{2}=8\sqrt{2}$，故选 C.

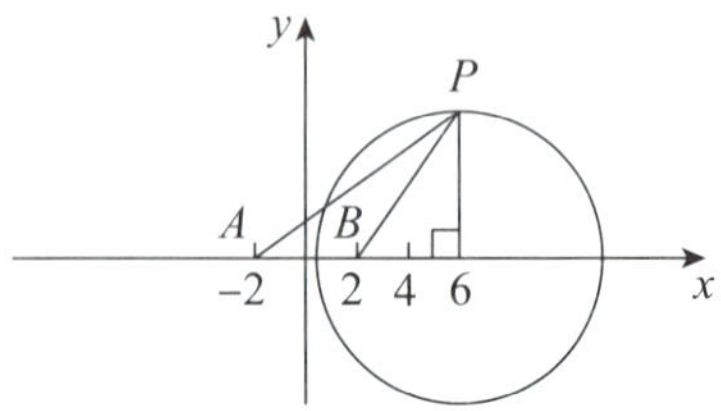

540【答案】D

【解析】直线 L：$kx+y-k-2=0$，即 $k(x-1)+y-2=0$，直线 L 恒过点（1，2）. 画图可知条件（1）表示的区域 D 为菱形及其内部、条件（2）表示的区域 D 为圆上及其圆内，它们的中心都是点（1，2），故直线 L 可以将区域 D 分成面积相等的两部分，故选 D.

第九章　排列组合

题型 1　加法原理与乘法原理

541【答案】D

【解析】设 a、b 为腰，本题可以分为 4 类：第一类：当 $a=b=1$ 时，$c<a+b=2$，则 $c=1$；第二类：当 $a=b=2$ 时，$c<a+b=4$，则 $c=1、2、3$；第三类：当 $a=b=3$ 时，$c<a+b=6$，则 $c=1、2、3、4$；第四类：当 $a=b=4$ 时，$c<a+b=8$，则 $c=1、2、3、4$；所以总共有 $1+3+4+4=12$ 个不同的等腰三角形，故选 D.

542【答案】C

【解析】当集合 C 中的元素：①属于集合 A 时，有 3 种情况，②属于集合 B 时，有 4 种情况. 因为集合 A 与集合 B 无公共元素，所以集合 C 的情况共有 $3+4=7$ 种. 故选 C.

543【答案】C

【解析】若脱落 1 个，则有（1）（4）共 2 种情况；若脱落 2 个，则有（1，2）（1，3）（1，4）（2，3）（2，4）（3，4）共 6 种情况；若脱落 3 个，则有（1，2，3）（1，2，4）（2，3，4）（1，3，4）共 4 种情况；若脱落 4 个，则有（1，2，3，4）共 1 种情况．综上，共有 $2+6+4+1=13$ 种情况. 故选 C.

544【答案】D

【解析】先在集合 $\{1,2,3\}$ 中取出一个元素，共有 3 种取法，再在集合 $\{3,4,5,6\}$ 中取出一个元素，共有 4 种取法，取出两数作为点的坐标有 2 种方法，注意到 $(3,3)$ 被计算了 2 次，故共有 $3\times4\times2-1=23$ 种不同方法，即在直角坐标系中可确定 23 个不同的点，故选 D.

545【答案】B

【解析】第一步：排“海家兄弟”，第一行选一个位置，则第二行有三个位置可选，两兄弟是不相同的元素，因此“海家兄弟”有 $4\times3\times2=24$ 种，第二步，排“绵家兄弟”，若“海家兄弟”选“1，6”，则“绵家兄弟”有“2，5”，“2，7”，“2，8”，“3，5”，“3，8”，“4，5”，“4，7”共 7 种选择，两兄弟是不相同的元素，故“绵家兄弟”有 $2\times7=14$ 种，根据分步计数原理，共有 $24\times14=336$ 种. 故选 B.

546【答案】A

【解析】（1）有 $3\times8\times5=120$ 种不同选法，充分；（2）有 $3\times13=39$ 种不同选法，不充分，故选 A.

547【答案】C

【解析】第一类：甲 3 名护士 1 名医生，乙 1 名护士 1 名医生时，有 $C_4^3C_2^1=8$ 种；第二类：甲 2 名护士 1 名医生，乙 2 名护士 1 名医生时，有 $C_4^2C_2^1=12$ 种；第三类：甲 1 名护士 1 名医生，乙 3 名护士 1 名医生时，有 $C_4^1C_2^1=8$ 种；所以共有 $8+12+8=28$ 种，故选 C.

548【答案】A

【解析】第一类：若都选 1 所，有 $A_5^3=60$ 种；第二类：若有 1 人选 2 所，则有 $C_3^1C_5^2A_3^2=180$ 种，第三类：若有 2 人选 2 所，则有 $C_3^2C_5^2C_5^2C_3^2=90$ 种，故共有 $60+180+90=330$ 种，故选 A.

549【答案】B

【解析】先从 4 名同学中选 1 名安排到东安湖体育公园，有 $C_4^1=4$ 种选法，再从剩余的 3 名同学中选 1 名安排到凤凰山体育公园，有 $C_3^1=3$ 种选法，最后将剩下的 2 名同学安排到四川省体育馆，有 $C_2^2=1$ 种选法，由分步乘法计数原理：共有 $4\times3\times1=12$ 种不同的安排方法，故选 B.

题型 2　排列数与组合数

550【答案】D

【解析】第一步：选人，分为 2 男 1 女和 1 男 2 女，因此共 $C_4^2C_3^1+C_4^1C_3^2=18+12=30$ 种，第二步：排序，有 $A_3^3=6$ 种，因此不同的选派方法有 $30\times6=180$ 种，故选 D.

551【答案】D

【解析】由题意可知，从 A 到 B 最少需要 6 步完成，其中有 2 步是横向的，2 步是纵向的，2 步是竖向的 . 则蚂蚁选择的不同的最短路径共有 $C_6^2C_4^2C_2^2=90$ 种 . 故选 D.

552【答案】B

【解析】第一步：安排第一台手术，从除甲、乙、丙之外的 3 人中任选 1 人，第二步：最后一台手术丙上，第三步：中间的两台手术从剩下的 4 人中任选 2 人，则不同的安排方案种数为 $C_3^1A_4^2=36$ 种. 故选 B.

553【答案】A

【解析】根据题意，分 4 种情况讨论：①小海、小绵都不参加志愿活动，在剩下 4 人中任选 3 人参加即可，有 $A_4^3=24$ 种选拔方法；②小海参加、小绵不参加志愿活动，小海只能参加丙项目，在剩下 4 人中任选 2 人参加甲、乙项目即可，有 $A_4^2=12$ 种选拔方法；③小海不参加、小绵参加志愿活动，小绵只能参加甲项目，在剩下 4 人中任选 2 人参加乙、丙项目即可，有 $A_4^2=12$ 种选拔方法；④小海、小绵都参加志愿活动，小海只能参加丙项目，小绵只能参加甲项目，在剩下 4 人中任选 1 人参加乙项目，有 $A_4^1=4$ 种选拔方法 . 则有 $24+12+12+4=52$ 种选拔方法，故选 A.

554【答案】B

【解析】第一类：第一节是数学，共有 $A_5^5=120$ 种，第二类：第一节是英语，最后一节不是数学，有 $A_4^1A_4^4=96$ 种，共有 $120+96=216$ 种. 故选 B.

555【答案】B

【解析】第一类：若 2 颗相同的黑色小球装入同一个盒子，则 3 颗相同的红色小球分别装入另外 3 个盒子，故有 $C_4^1=4$ 种，第二类：若 1 颗红色小球和 1 颗黑色小球装入同一个盒子，则剩余的 1 颗黑色小球装入另外一个盒子，另外的 2 个红色小球分别装入另外 2 个盒子，故有 $C_4^1C_3^1=12$ 种，第三类：若 2 颗相同的红色小球装入同一个盒子，则剩余的 1 颗红色小球装入另外一个盒子，另外的 2 个黑色小球分别装入另外 2 个盒子，故有 $C_4^1C_3^1=12$ 种，根据分类计数原理可得共有 $4+12+12=28$，故选 B.

556【答案】A

【解析】甲、乙都不选时，有 $A_5^3=60$ 种；甲、乙两个专业选 1 个时，有 $C_2^1C_5^2A_3^3=120$ 种，根据分类计数原理，可得共有 $60+120=180$ 种不同的填报专业志愿的方法. 故选 A.

557【答案】C

【解析】由题意知，先将 2 名语文老师分到两个校区，有 2 种方法，再将 3 名数学老师分成 2 组，一组 1 人另一组 2 人，有 C_3^1 种分法，然后再分到两个校区，共有 $C_3^1A_2^2$ 种方法，最后只需将其他 3 人分成 2 组，一组 1 人另一组 2 人，由于每个校区各 4 人，故分组后两人所去的校区就已确定，共有 C_3^1 种方法．根据分步乘法计数原理共有 $2C_3^1C_3^1A_2^2=36$ 种．故选 C.

558【答案】A

【解析】第一类：2 黑 1 红，有 $C_3^2\cdot C_{17}^1=51$ 种；第二类：3 黑，有 $C_3^3=1$ 种，因此一共有 51+1=52 种，故选 A.

559【答案】B

【解析】第一类：甲、乙两人中恰有一人参加，方法种数为 $C_2^1C_5^3A_4^4=480$ 种，第二类：甲、乙两人同时参加，方法种数为 $C_5^2A_4^4=240$ 种，因此共有 $480+240=720$ 种，故选 B.

560【答案】A

【解析】第一类：3 名逻辑、1 名数学和 1 名英语，有 $C_3^3C_4^1C_5^1=20$ 种；第二类：1 名逻辑、3 名数学和 1 名英语，有 $C_3^1C_4^3C_5^1=60$ 种；第三类：1 名逻辑、1 名数学和 3 名英语，有 $C_3^1C_4^1C_5^3=120$ 种；第四类：2 名逻辑、2 名数学和 1 名英语，有 $C_3^2C_4^2C_5^1=90$ 种；第五类：1 名逻辑、2 名数学和 2 名英语，有 $C_3^1C_4^2C_5^2=180$ 种；第六类：2 名逻辑、1 名数学和 2 名英语，有 $C_3^2C_4^1C_5^2=120$ 种．共计 $20+60+120+90+180+120=590$ 种，故选 A.

561【答案】B

【解析】第一类：先给甲、乙两人分，若每个人 2 本，由于是相同元素，故只有 1 种情况，其次将剩余的 2 个本分给其他 3 人，若有一人 2 本，其他的没有，有 3 种情况，若有两人各 1 本，另一人没有，有 $C_3^2=3$ 种情况，共有 6 种情况．第二类：若甲、乙两人其中一人 3 本，另一人 2 本，有 2 种情况，其次将剩余的 1 本分给其他 3 人，有 3 种情况，共 $2\times3=6$ 种情况．第三类：若给甲、乙两人分 3 本，有 1 种情况．第四类：若甲、乙两人其中一人 4 本，另一人 2 本，有 2 种情况，因此共 $6+6+1+2=15$ 种情况，故选 B.

562【答案】A

【解析】选择两门理科学科，一门文科学科，有 $C_3^2C_3^1=9$ 种；选择三门理科学科，有 1 种，故共有 10 种．故选 A.

563【答案】A

【解析】第一步：先将 3、5 排列，共有 A_2^2 种排法；第二步：再将 4、6 插空排列，插空时要满足奇偶性不同的要求，共有 $2A_2^2$ 种排法；第三步：将 1、2 放到 3、5、4、6 形成的空中，共有 C_5^1 种排法．由分步乘法计数原理得共有 $A_2^2\cdot2A_2^2\cdot C_5^1=40$ 种，故选 A.

564【答案】B

【解析】设 3 组中每组正中间的数分别是 a，b，c 且 $a<b<c$，则 $3a+3b+3c=45$，$a+b+c=15$，而 $2\leqslant a\leqslant4$，故（a，b，c）所有可能取的值为（2，5，8），（2，6，7），（3，4，8），（3，5，7），（4，5，6），此时相对应的分组情况是（1，2，3），（4，5，6），（7，8，9）；（1，2，3），（4，6，8），（5，7，9）；（1，3，5），（2，4，6），（7，8，9）；（2，3，4），（1，5，9），（6，7，8）；（1，4，7），（2，5，8），（3，6，9）．故分组方法有 5 种．故选 B.

565【答案】E

【解析】若 4 名只能当车工的人入选，则可从其余 7 人中任选 4 人当钳工，有 $C_7^4=35$ 种；若这 4 人中有 3 人入选，则须从“都会”的 2 人中选 1 人当车工，有 $C_4^3C_2^1C_6^4=120$ 种；若这 4 人中有 2 人入选，则“都会”的 2 人都必须选出当车工，其余 5 人中选 4 人当钳工，有 $C_4^2C_5^4C_2^2=30$ 种．故共有 35+120+30 ＝ 185 种不同选法．故选 E.

566【答案】D

【解析】条件（1），全体站成一排，男生不能站在一起，有 $A_4^4A_5^3=1440$ 种方法，充分；条件（2），全体站成一排，男生不站排头也不站排尾，有 $A_4^2A_5^5=1440$ 种方法，也充分，故选 D.

567【答案】D

【解析】从后排的 6 人中抽 2 人有 C_6^2 种方法，把抽出的 2 人插入前排，其他人的相对顺序不变有 A_4^2 种方法，故不同的调整方法有 $C_6^2A_4^2=180$ 种．故选 D.

568【答案】B

【解析】由条件（2）知，要走 2 个 2 级台阶和 6 个 1 级台阶才可以走 8 步走完，故有 $C_8^2=28$ 种，充分；条件（1）的种类要比条件（2）的种类多，不充分，故选 B.

题型 3　相邻与不相邻问题

569【答案】D

【解析】七个位置，从左到右编号 1 到 7，其中男生不相邻，所以从剩下的两个男生中选 1 个放在 1、2 号位置，即 $C_2^1C_2^1$，剩下的男生放在 6、7 号位置，即 C_2^1，剩下的女生全排即 A_4^4，所以总情况为 $C_2^1C_2^1C_2^1A_4^4=192$，故选 D.

570【答案】D

【解析】选项 A：戏剧书只有一本，所以其余 6 本书可以全排列，共有 6！种不同排列方法，错误．选项 B：2 本诗集打包有 2！种方法，1 个包和其余 5 本书全排列有 6！种方法，所以共有 2×6！种方法，错误．选项 C：诗集放在两端有 2！种，其余 5 本书全排即可，因此有 2！×5！种，错误．选项 D：四大名著互不相邻，那只能在这四本书的 3 个空隙中放置其他书，共有 3！种放法，这四本书又可以全排列，所以不同放法总数为 4！×3！，正确．选项 E：四大名著可以在第 2 至第 6 这 5 个位置上任选 4 个位置放置，共有 A_5^4 种放法，这四本书放好后，其余 3 本书可以在剩下的 3 个位置上全排列，所以共有 $A_5^4\cdot 3!$，错误．故选 D.

571【答案】B

【解析】第一步：将 3 个歌舞类节目全排列，有 $A_3^3=6$ 种情况，排好后，有 4 个空位．第二步：因为 3 个歌舞类节目不能相邻，则中间 2 个空位必须都安排节目，分 3 种情况讨论：①将中间 2 个空位安排 1 个小品类节目和 1 个相声类节目，有 $C_2^1A_2^2=4$ 种情况，排好后，最后 1 个小品类节目放在两端，有 2 种情况，此时同类节目不相邻的排法种数是 4×2 ＝ 8 种；②将中间 2 个空位安排 2 个小品类节目，有 $A_2^2=2$ 种情况，相声类节目放在两端，有 2 种情况，此时有 2×2 ＝ 4 种安排方法；③将中间 2 个空位安排 3 个节目，将 1 个小品类节目和相声类节目作为一个整体放在其中一个空位，剩下一个空位安排另 1 个小品类节目，此时有 $C_2^1A_2^2A_2^2=8$ 种安排方法．则中间空位的安排方法有 8+4+8 ＝ 20 种，则同类节目不相邻的排法种数是 6×20 ＝ 120 种，故选 B.

572【答案】D

【解析】第一步：三个人先坐成一排有 A_3^3 种；第二步：先在第一个人与第二个人之间摆放一张凳子，

第二个人与第三个人之间摆放 1 张凳子，剩余 1 张凳子可以选择三个人的左右共 4 个空挡随便摆放即可，即有 C_4^1 种办法. 根据分步计数原理知共有 $6\times4=24$ 种排法. 故选 D.

573【答案】B

【解析】先把甲、乙捆绑在一起看作一个元素，再和戊全排，形成 3 个空，然后插入丙、丁，故排法有 $A_2^2A_2^2A_3^2=24$ 种，故选 B.

574【答案】C

【解析】第一步：从第一个位置和最后一个位置选一个位置把 A 排列，有 $C_2^1=2$ 种结果，第二步：把 B 和 C 打包有 2！种，同除 A 外的 3 个元素排列，共有 2！×4！ = 48 种结果，根据分步计数原理知共有 $2\times48=96$ 种结果，故选 C.

575【答案】B

【解析】先选 2 名女生放在男生甲与男生乙之间，并捆绑在一起看作 1 个复合元素，从这个复合元素以及另外的 3 名男生中选两个排在两端，剩下的和女生全排列，故有 $A_2^2A_5^2A_4^2A_5^5=57600$. 故选 B.

题型 4 涂色问题

576【答案】D

【解析】按 A、B、C、D 顺序着色，A 区块有 5 种着色方案，B 区块有 4 种着色方案，C 区块有 3 种着色方案，D 区块有 3 种着色方案，故不同的着色方法种数为 $5\times4\times3\times3=180$，故选 D.

577【答案】C

【解析】考虑 A、C、E 三个区域用同一种颜色，共有方法数为 $5\times4^3=320$ 种；考虑 A、C、E 三个区域用 2 种颜色，共有方法数为（$5\times4\times3$）$\times4\times3\times3=2160$ 种；考虑 A、C、E 三个区域用 3 种颜色，共有方法数为 $A_5^3\times3^3=1620$ 种. 所以共有方法数为 $320+2160+1620=4100$ 种. 故选 C.

578【答案】D

【解析】①若 B、C、D 用不同的颜色，则有 $C_4^3A_3^3=24$ 种，A 只有 1 种可能，若 B 与 F 颜色相同，则 E 有 2 种可能；若 B 与 F 颜色不同，则 E 有 1 种可能，所以共有 $24\times$（$2+1$）$=72$ 种可能；②若 B、C、D 中 B 与 D 用同种颜色，则有 $C_4^2A_2^2=12$ 种，A 有 2 种可能，F 有 2 种可能（无论 F 选哪种颜色，E 都只有 1 种可能），则有 $12\times2\times2=48$ 种. 综上所述，共有 $72+48=120$ 种. 故选 D.

579【答案】D

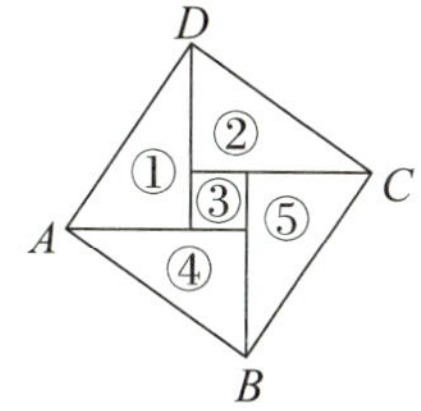

【解析】如图，将五个区域表示为①②③④⑤. 对于区域①②③，三个区域两两相邻，有 $A_5^3=60$ 种；对于区域④⑤，若①与⑤颜色相同，则④有 3 种情况；若①与⑤颜色不同，则⑤有 2 种情况，④有 2 种情况. 此时区域④⑤的情况有 $3+2\times2=7$ 种情况，则一共有 $60\times7=420$ 种情况. 故选 D.

题型 5 错排问题

580【答案】A

【解析】本题相当于一个四四错排的问题，因此有 9 种结果，故选 A.

581【答案】D

【解析】第一类：5 号球独占一盒，则有 4 种选择；假设 5 号球独占第一盒，则剩下的三盒：①如 1 号球独占一盒，有 3 种选择，剩下的 2，3，4 号球放入两盒有 2 种选择，此时有 $3\times2=6$ 种选择，②把 2，3，4 号球放入 2，3，4 号盒的错位排列，有 2 种选择，再把 1 号球分别放入 2，3，4 盒，有 3 种可能选择，于是此时有 $2\times3=6$ 种选择，因此 5 号球独占一盒的选择有 $4\times(6+6)=48$ 种．第二类：5 号球不独占一盒，先放 1 ~ 4 号球，4 个球的全不对应排列数是 9；第二步放 5 号球，有 4 种选择，共有 $9\times4=36$ 种．因此共有 $48+36=84$ 种．故选 D.

题型 6 定序问题

582【答案】D

【解析】先全排列有 A_6^6，甲、乙、丙的顺序有 A_3^3，乙、丙都排在歌手甲的前面或者后面的顺序有甲乙丙，甲丙乙，乙丙甲，丙乙甲 4 种顺序，所以不同排法的种数共有 $4\times\frac{A_6^6}{A_3^3}=480$ 种，故选 D.

583【答案】B

【解析】将这 4 个数字全排列，有 A_4^4 种情况，而这 4 个数字中有两个 5，则共可以组成 $\frac{A_4^4}{A_2^2}=12$ 个四位数，那么他最多要尝试 12 次，故选 B.

584【答案】A

【解析】①当这个三位数中，数字 2 和 3 都有时，需从剩余三个数中再选一个数，方法有 3 种，再把这 3 个数进行排列，方法有 A_3^3 种，故含有数字 2 和 3 的三位数共有 $3\times A_3^3=18$ 个，其中满足 2 排在 3 的前面的三位数占总数的一半，故满足条件的三位数共有 $18\times\frac{1}{2}=9$ 个．②当这个三位数中，2 和 3 只有一个时，这样的三位数的个数为 $C_2^1\cdot C_3^2\cdot A_3^3=36$．③当这个三位数中，2 和 3 都没有时，这样的三位数的个数为 $A_3^3=6$．综上可得，满足条件的三位数的个数为 $9+36+6=51$，故选 A.

585【答案】D

【解析】先假设 CD 是实线，则从 A 到 B，向上 3 次，向右 4 次，最短路径有 $\frac{A_7^7}{A_3^3A_4^4}=35$ 条，其中经过 CD 的，即先从 A 到 C，然后 C 到 D，最后 D 到 B 的最短路径有 $3\times3=9$ 条，所以，当 CD 不通时，最短路径有 $35-9=26$ 条，故选 D.

题型 7 分组、分配、分房问题

586【答案】C

【解析】由题意知这是一个分步计数问题，首先从 4 个教师中选 2 个，有 $C_4^2=6$ 种结果，再从 4 个班中选 2 个班给其中一个教师，剩下的两个班给另外一个教师，有 $C_4^2=6$ 种结果，所以根据分步计数原理知共有 6×6 = 36 种结果，故选 C.

587【答案】D

【解析】依题意，6 名同学可分两组：第一组 $(1,1,1,3)$，利用间接法，有 $\left(C_6^3-C_4^1\right)\cdot A_4^4=384$，第二组 $(1,1,2,2)$，利用间接法，有 $\left(\dfrac{C_6^2\cdot C_4^2}{A_2^2}-C_4^2\right)\cdot A_4^4=936$. 根据分类计数原理，可得 384+936 = 1320 种，故选 D.

588【答案】C

【解析】因为要求每组至少 3 人，且每组均有男干部参加，所以从人数上分组有两种方案 .3 人一组，5 人一组；或每组 4 人，平均分两组 . 第一类：若女干部单独成组，则只有 1 个派遣方案，不考虑女子单独成组，有 C_8^3 个派遣方案，又因为有可能派 3 人去甲县，也有可能派 3 人去乙县，故第一类有派遣方案 $\left(C_8^3-1\right)A_2^2=110$ 种；第二类：因为女干部只有 3 人，所以不存在女干部单独成组，则有派遣方案 $C_8^4C_4^4=70$ 种；故共有不同的派遣方案 110+70 = 180 种，故选 C.

589【答案】C

【解析】先选 3 名老师再选 2 名学生安排到甲地，剩下的到乙地，故有 $C_6^3C_4^2=120$ 种，故选 C.

590【答案】C

【解析】由题意得，甲村庄恰有 1 名大学生，有 5 种分法，另外 4 名大学生分为两组，共 $C_4^1C_3^3+\dfrac{C_4^2}{A_2^2}=7$ 种，再分配到两个村庄，有 $7\times A_2^2=14$ 种不同的分法，所以每个村庄至少有 1 名大学生，其中甲村庄恰有 1 名大学生的分法种数为 5×14 = 70 种. 故选 C.

591【答案】C

【解析】问题可分两类安排：①先按 3，1，1 的方式分组，再将含有护士的一组排到 B、C 中的一个检测点，最后将余下两组排到剩下的两个检测点，则不同的安排方法数为：$C_5^3C_2^1A_2^2=40$；②先按 2，2，1 的方式分组，再将含有护士的一组排到 B、C 中的一个检测点，最后将余下两组排到剩下的两个检测点，则不同的安排方法数为：$\dfrac{C_5^2C_3^2C_1^1}{A_2^2}C_2^1A_2^2=60$，所以总的不同的安排方法数为：40+60 = 100，故选 C.

592【答案】B

【解析】某医院选派 4 位医护人员到 A、B、C 三个社区做防疫知识讲座，每位医护人员只去一个社区，且每个社区都有医护人员去，必有 2 人到同一个社区去，故先选 2 人做一个整体，与其他的 2 人分到 A、B、C 三个社区，所有的分配方法有 $C_4^2A_3^3=36$ 种，故选 B.

593【答案】B

【解析】由题意可知必有两人选择同一主题 . 当有 2 人选择主题“如何走向未来”时，即从剩下的 3 人中选 1 人和甲选同一主题，有 $C_3^1A_2^2=6$ 种情况；当选择主题“如何走向未来”只有甲 1 人时，只需将剩下的 3 人分成 2 组，再让这 2 组各自选择一个主题即可，共有 $C_3^2A_2^2=6$ 种情况；故一共有 6+6 = 12 种安排法. 故选 B.

594【答案】B

【解析】满足题意的不同分配方式总数为：$\left(C_3^2+C_3^1\right)\cdot A_3^3=36$. 故选 B.

595【答案】D

【解析】将8名学生平均分配给甲、乙两家单位，其中两名外语系学生不能分给同一家单位；另三名艺术系学生也不能同时分给同一家单位，其余学生随机分配，则不同的分配方案有 $C_2^1C_3^2C_3^1+C_2^1C_3^1C_3^2=18+18=36$．故选D.

596【答案】D

【解析】甲去A校，再分配其他5个人，①如果都不去A校，则分配方法有 $A_2^2\times2\times2\times2=16$ 种；②如果5人分成1，1，3三组，则分配方法有 $\left(C_5^3-C_3^1\right)A_3^3=42$ 种；③如果5人分成1，2，2三组，则分配方法有 $\left(\dfrac{C_5^2C_3^2}{A_2^2}-C_3^1\right)A_3^3=72$ 种．由加法原理可得不同分配方法有16+42+72 = 130种．故选D.

597【答案】E

【解析】6个元素分为3组，有4，1，1；3，2，1；2，2，2三种可能，故共有 $C_6^4A_3^3+C_6^3C_3^2A_3^3+C_6^2C_4^2=540$ 种分法，故选E.

598【答案】D

【解析】条件（1），每位同学都有3种选法，故6位同学共有 3^6 种选法，充分；条件（2），每名乘客都有3种下车方法，则6名乘客不同的下车方法数 = 3^6，也充分，故选D.

599【答案】C

【解析】每名学生报名有3种选择，有4名学生共有 3^4 种选择，每项冠军有4种可能结果，3项冠军共有 4^3 种可能结果，因此单独不充分，联立后充分，故选C.

600【答案】B

【解析】第一类：丙去5层，甲和乙在2，3，4层每人有3种下法，共有 3^2 种；第二类：丙不去5层，则丙有2种选择，甲和乙选一个人上5层，有2种选择，另一人有3种选择，共有 $2\times2\times3$ 种．综上，共有 $3^2+2\times2\times3=21$ 种情况，故选B.

题型8　隔板法

601【答案】B

【解析】10个相同的小球中间有9个“不同”的空位，选2个空位放入挡板后，便成功将10个相同的小球分给3个不同盒子，使用隔板法有 $C_9^2=36$ 种方法，故选B.

602【答案】B

【解析】已知 $x+y+z=10$，且 $x\geqslant1,\ y\geqslant1,\ z\geqslant1$，转化为隔板法，相当于10个相同小球分到3个不同盒子，每盒至少1球的问题，使用隔板法有：即在10个相同小球产生的9个空档里插入2个隔板，所以有 $C_9^2=36$ 种方法，故选B.

603【答案】D

【解析】已知 $x+y+z=10$，且 $x\geqslant0,\ y\geqslant0,\ z\geqslant0$，为了可以使用隔板法，使 $x+1\geqslant1,\ y+1\geqslant1,\ z+1\geqslant1$，有 $(x+1)+(y+1)+(z+1)=10+3=13$．相当于13个相同小球分到3个不同盒子，每盒至少1球的问题，所以有 $C_{12}^2=66$ 种，故选D.

604【答案】D

【解析】由于3个盒子允许出现空盒的情况，因此本题相当于“方程 $x+y+z=10$ 的非负整数解”，所

以有 $C_{12}^2=66$ 种，故选 D.

605【答案】A

【解析】本题相当于"$a+b+c+d=5$，且 $a\geqslant 2, b\geqslant 0, c\geqslant 0, d\geqslant 0$"因此使 $a-1\geqslant 1$，$b+1\geqslant 1$，$c+1\geqslant 1$，$d+1\geqslant 1$，有 $(a-1)+(b+1)+(c+1)+(d+1)=5+2=7$，相当于 7 个相同小球分到 4 个不同盒子，每盒至少 1 球的问题，所以有 $C_6^3=20$ 种，故选 A.

606【答案】E

【解析】先考虑每个盒子中至少有 1 个小球，由隔板法共有 $C_9^2=36$ 种方法 .10 个小球分 3 堆个数相同有 1、1、8；2、2、6；3、3、4；4、4、2 四种情况，每种情况中有 3 种不同的放法，共 $3\times 4=12$ 种，所以不同的放法共有 $36-12=24$ 种，故选 E.

题型 9　穷举法

607【答案】C

【解析】对子集 A 分类讨论：当 A 是二元集 $\{1,2\}$ 时，B 可以为 $\{1,2,3,4\},\{1,2,4\},\{1,2,3\},\{1,2\}$，共 4 种情况，当 A 是三元集 $\{1,2,3\}$ 时，B 可以为 $\{1,2,4\}$，$\{1,2\}$，共 2 种情况，当 A 是三元集 $\{1,2,4\}$ 时，B 可以为 $\{1,2,3\}$，$\{1,2\}$，共 2 种情况，当 A 是四元集 $\{1,2,3,4\}$ 时，此时 B 为 $\{1,2\}$，有 1 种情况，根据计数原理知共有 $4+2+2+1=9$ 种结果，即符合此条件的"理想配集"有 9 个 . 故选 C.

608【答案】C

【解析】由题意可知，若 1~12 内所选数字大小至少相差 3，则被减数只能取 4 ~12，所以可从大到小依次枚举，具体情况如下所示：

丈夫	12	11	10	9	8	7	6	5	4
妻子	1~9	1~8	1~7	1~6	1~5	1~4	1~3	1~2	1
情况	9 种	8 种	7 种	6 种	5 种	4 种	3 种	2 种	1 种

由于丈夫与妻子任意选择毛巾数字，故内部存在顺序，因此所选毛巾数字大小至少相差 3 的总情况数为 $(9+8+7+6+5+4+3+2+1)\cdot 2!=90$ 种，故选 C.

609【答案】B

【解析】根据题意，如图：在 10 个点中，任意三点不共线，在其中任取 3 个点，可以组成 $C_{10}^3=120$ 个三角形，其中没有锐角三角形，直角三角形有 8 个（包含 AB 两点在内的 8 个三角形），则钝角三角形有 $120-8=112$ 个. 故选 B.

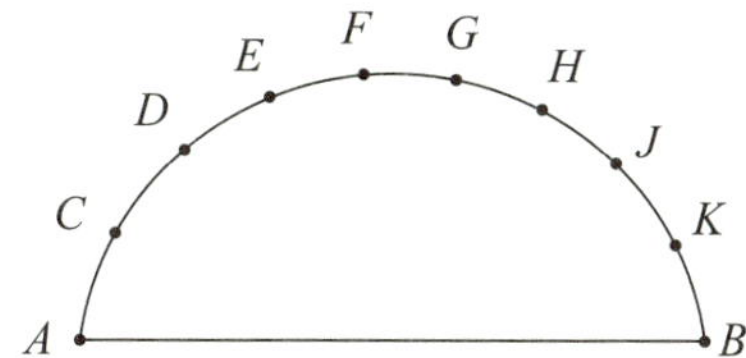

610【答案】A

【解析】依题意 15 元的红包分成四份有 $\{1,1,6,7\}$、$\{1,2,5,7\}$、$\{1,3,4,7\}$、$\{2,2,4,7\}$、$\{2,3,3,7\}$，所以四个人领取 $\{1,1,6,7\}$ 的方案有 $C_4^2A_2^2$，四个人领取 $\{1,2,5,7\}$ 的方案有 A_4^4，四个

人领取 {1，3，4，7} 的方案有 A_4^4，四个人领取 {2，2，4，7} 的方案有 $C_4^2A_2^2$，四个人领取 {2，3，3，7} 的方案有 $C_4^2A_2^2$，所以共有 $3C_4^2A_2^2+2A_4^4=84$ 种领取方案，故选 A.

611【答案】C

【解析】新高考采用“3 + 1 + 2”模式：“3”为全国统考科目语文、数学、外语，所有学生必考；“1”为首选科目，考生须在物理、历史科目中选择 1 个科目；“2”为再选科目，考生可在思想政治、地理、化学、生物 4 个科目中选择 2 个科目．那么考生可选择的方案共有 $C_2^1C_4^2=12$ 种．故选 C.

612【答案】C

【解析】分两种情况：①小华拿到的水果里没有苹果，则在王老师的果篮里有 2 种选法，在李老师的果篮里有 3 种选法，共有 $2\times3=6$ 种选法；②小华拿到的水果里有苹果，再分苹果来自王老师还是李老师的果篮，共有 $1\times3+2\times1=5$ 种选法．由分类加法计数原理知，共有 $6+5=11$ 种选法．故选 C.

613【答案】A

【解析】①$|x_1|+|x_2|+|x_3|+|x_4|=2$，$0+0+0+2=2$，有 4 种，$1+0+1+0=2$，有 6 种，故有 10 组；②$|x_1|+|x_2|+|x_3|+|x_4|=3$，$0+1+1+1=3$，有 4 种，$0+1+2+0=3$，有 $C_4^1C_3^1=12$ 种，故有 16 组；③$|x_1|+|x_2|+|x_3|+|x_4|=4$，$1+1+1+1=4$，有 1 种，$0+1+1+2=4$，有 $C_4^1C_3^1=12$ 种，$0+0+2+2=4$，有 $C_4^2=6$ 种，故有 19 组．综上，共 45 组，故选 A.

614【答案】D

【解析】从甲到丁分为两类，第一类：从甲过乙到丁分两步，从甲地到乙地有 3 条路，从乙地到丁地有 2 条路，由分步乘法计数原理得，从甲到丁有 6 种走法；第二类：从甲过丙到丁分两步，从甲地到丙地有 2 条路，从丙地到丁地有 4 条路，由分步乘法计数原理得，从甲到丁有 8 种走法．再由分类加法计数原理得，从甲到丁共有 $6+8=14$ 种走法，故选 D.

第十章　概率

题型 1　古典概型

615【答案】D

【解析】要想黑球编号大于白球编号的概率不小于$\frac{1}{3}$，即黑球的编号只要比 1 大即可，对于条件（1），3 个黑球的编号之和为 7，那就让编号尽量平分 7，即 2，2，3 的情况，显然满足黑球的编号比 1 大，即黑球编号大于白球编号的概率不小于$\frac{1}{3}$，充分；同理，条件（2）编号最小的情况即 2，2，2，也满足黑球的编号比 1 大，即黑球编号大于白球编号的概率不小于$\frac{1}{3}$，充分．故选 D.

616【答案】A

【解析】连续 2 次抛掷一枚骰子可能的事件数是 $6\times6=36$ 个，两次向上的数字之和为 7 的有（1，6），（2，5），（3，4），（4，3），（5，2），（6，1）六种不同的情况，两次向上的数字之和等于 2、3、4、5、6、8…的事件数均小于 6，因此条件（1）充分，而（2）不充分，故选 A.

617【答案】A

【解析】根据题意，有放回地取 3 次，共 $3\times3\times3=27$ 种情况．（1）颜色全同共三次全部是黄、红、白三种情况，其概率为$\frac{3}{27}=\frac{1}{9}$，因此颜色不全同概率为$1-\frac{1}{9}=\frac{8}{9}$，充分；（2）颜色全不同，即黄、红、白各有一次，则其概率为$\frac{3\times2\times1}{27}=\frac{2}{9}$，不充分，故选 A.

618【答案】A

【解析】从 10 球中任取 5 球共有 $C_{10}^{5}=252$ 种情况，总分不小于 7 分有：① 2 红 3 白；② 3 红 2 白；③ 4 红 1 白三种情况，共有 $C_4^2C_6^3+C_4^3C_6^2+C_4^4C_6^1=186$ 种情况，因此总分不少于 7 分的概率为$\frac{186}{252}=\frac{31}{42}$，故选 A.

619【答案】B

【解析】根据题意，分为两种情况，第一次摸出白球，第二次摸出白球；第一次摸出红球，第二次摸出白球，所以第二次摸出白球的概率 $P=\frac{2}{5}\times\frac{4}{7}+\frac{3}{5}\times\frac{2}{7}=\frac{8}{35}+\frac{6}{35}=\frac{2}{5}$，故选 B.

620【答案】C

【解析】从 9 张卡片中任取 2 张有 $C_9^2=36$ 种情况，2 张纸片数字之积为偶数，包括：①两个偶数，共有 $C_4^2=6$ 种情况，②一个奇数一个偶数，共有 $C_4^1C_5^1=20$ 种情况．共有 6+20 ＝ 26 种情况，概率为 $P=\frac{26}{36}=\frac{13}{18}$，故选 C.

621【答案】A

【解析】总情况数有 $C_4^2=6$ 种，“取出的数之差的绝对值等于 2”有 2 种结果：（1，3），（2，4），要求

的概率是 $\frac{2}{C_4^2}=\frac{1}{3}$. 故选 A.

622【答案】D

【解析】总的基本事件个数为 1000，其中恰有两位数字相同的个数为 $C_{10}^1C_3^2C_9^1=270$，则所求概率是 $\frac{270}{1000}=\frac{27}{100}$，故选 D.

623【答案】C

【解析】总情况数为 $C_3^1\times C_5^1=15$ 种，其中只有 1 个是密码前两位. 一次密码能够成功开机的概率是 $\frac{1}{15}$. 故选 C.

624【答案】E

【解析】总情况数为 $C_5^2=10$，"至少有 1 名女同学"包含：$C_3^1C_2^1+C_2^2=7$，所求概率 $P=\frac{7}{10}$，故选 E.

625【答案】E

【解析】总情况数为 $C_5^3=10$ 种，"甲或乙被录用"的反面情况为"甲、乙两人都没有被录取"，所求概率为 $1-\frac{C_3^3}{C_5^3}=\frac{9}{10}$，故选 E.

626【答案】B

【解析】总情况共有 $C_4^1+C_4^2+C_4^3+C_4^4=15$ 种涂法，得分的涂法有 3 种，所以小海绵能得分的概率 $P=\frac{3}{15}=\frac{1}{5}$，故选 B.

627【答案】A

【解析】所有可能的客车通过顺序的情况为（上、中、下），（上、下、中），（中、上、下），（中、下、上），（下，中，上），（下，上，中）共 6 种；其中该人可以乘上上等车的情况有（中、上、下），（中、下、上），（下，上，中），共 3 种．则其概率为 $\frac{3}{6}=\frac{1}{2}$，故选 A.

628【答案】A

【解析】总情况数共有 $3\times5=15$，函数 $f(x)=ax^2-2bx+1$ 的图象的对称轴为 $x=\frac{b}{a}$，由于 $a\neq0$，要使 $f(x)$ 在区间 $[1,+\infty)$ 上为增函数，只需 $\frac{b}{a}\leqslant1\Rightarrow b\leqslant a$，①若 $a=1$，则 $b=-2$，②若 $a=2$，则 $b=-2,2$，③若 $a=3$，则 $b=-2,2,3$，共 $1+2+3=6$ 种情况，所求事件的概率为 $\frac{6}{15}=\frac{2}{5}$，故选 A.

629【答案】E

【解析】小于 10 的质数:2、3、5、7；小于 10 的合数:4、6、8、9. 先从 4 个数里选两个，这两个数 a，b 组成的符合条件的 aab,aba,baa,abb,bab,bba 六种情况，所以符合题干的概率 $p=\frac{C_4^2\times6}{4^3}=\frac{9}{16}$，故选 E.

630【答案】B

【解析】根据题意，7 个车位随机停 3 辆车，总情况数为 $C_7^3\cdot3!=210$ 种．满足条件的情况为任意两辆车之间至少间隔一个车位，即车辆之间不能相邻，可用插空法．剩下的 7–3=4 个车位共形成 5 个空，停放 3 辆车，情况数为 $C_5^3\cdot3!=60$ 种．因此所求概率为 $\frac{60}{210}=\frac{2}{7}$，故选 B.

631【答案】E

【解析】分步计算：第一次摸中红球的概率为$\frac{3}{5}$；第一次摸中红球后，盒子里还有两个红球两个白球，此时摸中红球的概率为$\frac{2}{4}$．所以连续两次摸中红球的概率为$\frac{3}{5}\times\frac{2}{4}=\frac{3}{10}$．故选E.

632【答案】C

【解析】依据条件，黄球有5个，拿到黄球的概率为$\frac{1}{3}$，则盒中总球数为$5\div\frac{1}{3}=15$个．则绿球的数量为$15-7-5=3$个，故拿到绿球的概率为$\frac{3}{15}=\frac{1}{5}$，故选C.

633【答案】C

【解析】6个空位选2两个放0，剩余4个放1，共有$C_6^2=15$种情况，利用插空法“4个1有5个位置可以放0”，故排放方法有$C_5^2=10$种，所以所求概率为$\frac{10}{15}=\frac{2}{3}$．故选C.

634【答案】C

【解析】概率$P=\frac{A_2^2}{2\times2}=\frac{1}{2}$，故选C.

635【答案】A

【解析】总情况有$\frac{C_6^2C_4^2C_2^2}{A_3^3}\times A_3^3=90$种方法，标号为1，2的卡片在同一信封有$\frac{C_4^2C_2^2}{A_2^2}\times A_3^3=18$种，因此概率为$\frac{18}{90}=\frac{1}{5}$，故选A.

636【答案】B

【解析】总事件数为$C_6^3=20$，而每个年级的队都不在同一组的情况数为$C_2^1C_2^1C_2^1=8$，故概率$P=\frac{8}{20}=\frac{2}{5}$，故选B.

637【答案】B

【解析】从5条线中任取3条的不同取法有$C_5^3=10$种，取出的3条线段能组成三角形的有（2，3，4）、（3，4，5）、（2，4，5）三种，其中能够组成钝角三角形的有2种结果，则$\frac{m}{n}=\frac{2}{10}=\frac{1}{5}$，故选B.

638【答案】D

【解析】条件（1），O，A，B，C，D中任取3点，共有OAB，OAC，OAD，OBC，OBD，OCD，ABC，ABD，ACD，BCD十种，其中共线为A，O，C和B，O，D两种，故取到的3点共线的概率为$P=\frac{2}{10}=\frac{1}{5}$，充分；条件（2），设正方形边长为1，则从正方形四个顶点及其中心这5个点中任取2个点，共有10条线段，4条长度为1，4条长度为$\frac{\sqrt{2}}{2}$，两条长度为$\sqrt{2}$，因此所求概率为$\frac{6}{10}=\frac{3}{5}$，也充分，故选D.

639【答案】B

【解析】总情况数共有A_6^6种结果，要使正方体相对面上两个数的和都相等，需要1、6相对，2、5相对，3、4相对；正方体有6个面，写第一个数字时有6种选择，剩下四个面，则第三个数字只有4种选择，此时剩余两个面，2个数字，有2种选择，所以正方体两个对面上两数字和相等的组合方式有$6\times4\times2=48$种，

因此所求的概率是 $P=\frac{48}{A_6^6}=\frac{1}{15}$，故选 B.

640【答案】D

【解析】总事件数共有 49 种，条件（1），点 P 在第二象限：$a<0,b>0$，有 $3\times3=9$ 种，所求概率 $P=\frac{9}{49}$，充分；条件（2）点 P 在第四象限：$a>0,b<0$，有 $3\times3=9$ 种，所求概率 $P=\frac{9}{49}$，也充分，故选 D.

641【答案】E

【解析】一块各面均涂有油漆的正方体被锯成 27 个同样大小的小正方体，其中两面有油漆的小正方体在原大正方体的棱上且不包括顶点，共有 12 个，故从中随机地取出一个小正方体，其两面有油漆的概率 $P=\frac{12}{27}=\frac{4}{9}$，故选 E.

题型 2　几何概型

642【答案】C

【解析】圆 $(x-2)^2+y^2=1$ 的圆心为（2，0），半径为 1. 要使直线 $y=kx$ 与圆 $(x-2)^2+y^2=1$ 有公共点，则圆心到直线 $y=kx$ 的距离 $\frac{|2k|}{\sqrt{1+k^2}}\leqslant1$，解得 $-\frac{\sqrt{3}}{3}\leqslant k\leqslant\frac{\sqrt{3}}{3}$，所求的概率为：$\frac{\frac{\sqrt{3}}{3}-\left(-\frac{\sqrt{3}}{3}\right)}{1-(-1)}=\frac{\sqrt{3}}{3}$，故选 C.

643【答案】D

【解析】当以 AB 为底边的 $\triangle ABC$ 的面积等于 $2\sqrt{3}$ 时，高为 $2\sqrt{3}$.如图所示，当动点 C 点位于图中位置时，三角形的高最大为 $CN=2+\sqrt{3}$，面积也就最大，等于 $2+\sqrt{3}$，大于 $2\sqrt{3}$；当动点 C 往两边移动时，高在减小，三角形面积也在减小，若恰好移动到 E、F 点时，面积等于 $2\sqrt{3}$，此时的高为 $MN=2\sqrt{3}$，因此当动点 C 在弧 ECF 运动时，三角形的面积大于 $2\sqrt{3}$，此时可求出弧 ECF 对应的圆心角为 $60°$，动点 C 继续从 E、F 往下移动的话，高就会小于 $2\sqrt{3}$，面积也就会小于 $2\sqrt{3}$，因此 $\triangle ABC$ 的面积大于 $2\sqrt{3}$ 的概率就等于弧 ECF 的长度占整个圆周长的比值，等于 $\frac{1}{6}$，故选 D.

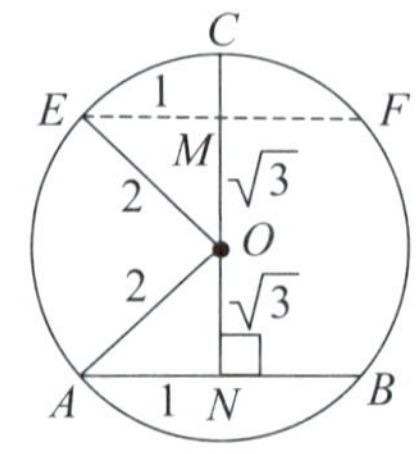

题型 3　独立事件

644【答案】D

【解析】所求概率是 $\frac{2}{3}\left(1-\frac{3}{4}\right)+\frac{3}{4}\left(1-\frac{2}{3}\right)=\frac{5}{12}$，故选 D.

645【答案】A

【解析】$\frac{3}{5}\times(1-p)+\frac{2}{5}\times p=\frac{9}{20}$，解得$p=\frac{3}{4}$，因此条件（1）充分，条件（2）不充分，故选 A.

646【答案】A

【解析】谜题没被破解的概率为$\frac{1}{2}\times\frac{1}{3}=\frac{1}{6}$，故选 A.

647【答案】E

【解析】甲正点到达目的地的概率为 $0.6\times0.9+0.4\times0.8=0.86$. 故选 E.

648【答案】B

【解析】概率为$1-\left(1-\frac{1}{2}\right)\times\left(1-\frac{1}{3}\right)=1-\frac{1}{3}=\frac{2}{3}$，故选 B.

649【答案】A

【解析】至多有一套生产线需要维护的概率为$P=1-P(AB)=1-0.2\times0.25=0.95$. 故选 A.

650【答案】D

【解析】甲要获得冠军共分为两个情况：①第一场就取胜，这种情况的概率为$\frac{1}{2}$；②第一场失败，第二场取胜，这种情况的概率为$\frac{1}{2}\times\frac{1}{2}=\frac{1}{4}$，则甲获得冠军的概率为$\frac{1}{2}+\frac{1}{4}=\frac{3}{4}$，故选 D.

651【答案】A

【解析】甲队以 4 ：1 获胜包含的情况有：①前 5 场比赛中，第一场负，另外 4 场全胜，其概率为$p_1=0.4\times0.6\times0.5\times0.5\times0.6=0.036$；②前 5 场比赛中，第二场负，另外 4 场全胜，其概率为$p_2=0.6\times0.4\times0.5\times0.5\times0.6=0.036$；③前 5 场比赛中，第三场负，另外 4 场全胜，其概率为$p_3=0.6\times0.6\times0.5\times0.5\times0.6=0.054$；④前 5 场比赛中，第四场负，另外 4 场全胜，其概率为$p_4=0.6\times0.6\times0.5\times0.5\times0.6=0.054$，则甲队以 4 ：1 获胜的概率为$p=p_1+p_2+p_3+p_4=0.036+0.036+0.054+0.054=0.18$. 故选 A.

652【答案】E

【解析】第一类：第一场甲 VS 乙，甲胜；第二场甲 VS 丙，丙胜；第三场丙 VS 乙，丙胜. 第二类：第一场甲 VS 乙，乙胜；第二场乙 VS 丙，丙胜；第三场丙 VS 甲，丙胜. 综上所述，丙获胜的概率为$P=\left(\frac{1}{2}\right)^3+\left(\frac{1}{2}\right)^3=\frac{1}{4}$，故选 E.

653【答案】E

【解析】该选手能进入第四关的概率为$\frac{5}{6}\times\frac{4}{5}\times\frac{3}{5}+\frac{5}{6}\times\frac{4}{5}\times\left(1-\frac{3}{5}\right)\times\frac{3}{5}=\frac{14}{25}$. 故选 E.

654【答案】B

【解析】对于条件（1），分为三次答对 3 题和四次答对 3 题，其概率为$\left(\frac{1}{2}\right)^3+C_3^2\left(\frac{1}{2}\right)^4=\frac{5}{16}$，不充分；对于条件（2），分为对对对、错对对对、错错对对对、对错对对对，其概率为$\left(\frac{1}{2}\right)^3+\left(\frac{1}{2}\right)^4+\left(\frac{1}{2}\right)^5\times2=\frac{1}{4}$，充分. 故选 B.

655【答案】B

【解析】A_1、A_2至少有一个正常工作的概率为 $1-0.2\times0.2=0.96$，则系统正常工作的概率为 $0.9\times0.96=0.864$，故选 B.

656【答案】C

【解析】由图一得$\left(1-\frac{1}{2}\times\frac{1}{3}\right)(1-p_1p_2)=\frac{55}{72}$，由图二得$(1-p_2)\left(1-\frac{1}{2}\times\frac{1}{3}\times p_1\right)=\frac{17}{24}$，解得$\begin{cases}p_1=\frac{1}{3}\\p_2=\frac{1}{4}\end{cases}$，故$p_1+p_2=\frac{7}{12}$，故选C.

657【答案】D

【解析】正面情况较多可以从反面考虑，甲获胜的反面是乙获胜，即前面两局甲获胜，后面三局乙获胜，概率为$0.4\times0.4\times0.4=0.064$，则甲最后获胜的概率为$1-0.064=0.936$，故选D.

658【答案】B

【解析】最后一个数字不是0，则还有1~9九个数字可以选择．要求恰好第二次尝试成功，则第一次尝试失败，失败的概率为$\frac{8}{9}$；第二次更换数字成功，成功的概率为$\frac{1}{8}$，因此恰好第二次尝试成功的概率为$\frac{8}{9}\times\frac{1}{8}=\frac{1}{9}$．故选B.

题型4　伯努利模型

659【答案】A

【解析】该同学通过测试的概率为$C_3^2(0.6)^2\times(1-0.6)+C_3^3(0.6)^3=0.648$．故选A.

660【答案】D

【解析】条件（1），一次活动中，甲获胜的概率为$\frac{5}{6}\times\left(1-\frac{1}{5}\right)=\frac{2}{3}$，因此3次活动中，甲至少获胜2次的概率为$\left(\frac{2}{3}\right)^3+C_3^2\times\left(\frac{2}{3}\right)^2\times\left(1-\frac{2}{3}\right)=\frac{20}{27}$，充分，同理，条件（2）也充分，故选D.

661【答案】B

【解析】由题意$\begin{cases}a=2b\\a+b=1\end{cases}$，解得$\begin{cases}a=\frac{2}{3}\\b=\frac{1}{3}\end{cases}$，则四名大学生至少有两名创业成功的概率为$P=1-C_4^1\times\frac{2}{3}\times\left(\frac{1}{3}\right)^3-\left(\frac{1}{3}\right)^4=\frac{8}{9}$，故选B.

662【答案】B

【解析】①甲击中2次乙击中0次的概率是$C_3^2\times\left(\frac{1}{2}\right)^2\times\frac{1}{2}\times\left(1-\frac{3}{4}\right)^3=\frac{3}{512}$，②甲击中3次乙击中1次的概率为$\left(\frac{1}{2}\right)^3\times C_3^1\times\frac{3}{4}\times\left(1-\frac{3}{4}\right)^2=\frac{9}{512}$，因此所求的概率为$\frac{3}{512}+\frac{9}{512}=\frac{3}{128}$，故选B.

663【答案】C

【解析】①4次正面、2次反面，②5次正面、1次反面，③6次正面．因此所求的概率为$C_6^4\left(\frac{1}{2}\right)^4\times\left(\frac{1}{2}\right)^2+C_6^5\left(\frac{1}{2}\right)^5\times\left(\frac{1}{2}\right)^1+\left(\frac{1}{2}\right)^6=\frac{11}{32}$，故选C.

第十一章　数据描述

题型 1　平均值

664【答案】D

【解析】前 10 个数的和为 $10a$，后 40 个数的和为 $40b$，则 50 个数的平均数为 $\frac{10a+40b}{50}$，故选 D.

665【答案】D

【解析】平均价（单位）$=\frac{\text{总价}}{\text{数量}}=\frac{4.40\times2+4.20\times3+7.20\times5}{2+3+5}=5.74$，故选 D.

666【答案】D

【解析】四个人的总分数是 $90\times4=360$ 分，抄错成绩后的总分数是 $88\times4=352$ 分，两者相差的分数即为甲的分数，所以甲的分数为 $360-352+87=95$，故选 D.

667【答案】D

【解析】由条件（1）及题干可得，苹果比桃多的个数 $=42\times3-36\times3=18$，所以桃子的个数 $=(37\times2-18)\div2=28$，所以苹果的个数 $=37\times2-28=46$，故条件（1）充分 . 由条件（2）及题干可得，苹果比桃多的个数 $=42\times3-36\times3=18$，苹果每箱 36 个，所以桃每箱 18 个，故条件（2）充分 . 故选 D.

668【答案】C

【解析】单独条件（1）或条件（2）根据题干只能列出两个方程，此时有 3 个未知数，所以单独都无法推出题 . 联立可得，$\begin{cases}\text{甲}+\text{乙}=34\times2=68\\\text{乙}+\text{丙}=31\times2=62\\\text{甲}+\text{丙}=32\times2=64\end{cases}\Rightarrow\text{甲}+\text{乙}+\text{丙}=97\Rightarrow\begin{cases}\text{甲}=97-62=35\\\text{乙}=97-64=33\\\text{丙}=97-68=29\end{cases}$，故选 C.

题型 2　方差与标准差

669【答案】C

【解析】由已知有 $\begin{cases}\frac{6+a+10+8+b}{5}=8\\\frac{(6-8)^2+(a-8)^2+(10-8)^2+(8-8)^2+(b-8)^2}{5}=\frac{8}{5}\end{cases}$，解得 $\begin{cases}a=8\\b=8\end{cases}$，所以 $ab=64$，故选 C.

670【答案】D

【解析】丁的方差最小，所以成绩最稳定的是丁，故选 D.

671【答案】A

【解析】条件（1），新数据的方差为 $\frac{s^2}{4}$，充分；条件（2），若 a、b、c、d 都为 3，则方差不变，不充分，故选 A.

672【答案】D

【解析】甲、乙射击成绩的平均数都是8环说明甲、乙射中的总环数相同，甲的方差是1.2，乙的方差是1.8说明甲的成绩稳定，乙的成绩波动较大，由于题干并没有给出甲、乙射击10次的具体数据，因此甲、乙的众数无法确定，故选D.

673【答案】E

【解析】方差是描述数据的离散程度，方差越小说明数据波动越小，两条件单独都无法确定甲、乙的方差，联合也确定不了方差，故选E.

题型3 图表

674【答案】D

【解析】自习时间不少于22.5小时的频率为 $(0.16+0.08+0.04)\times 2.5=0.7$，故自习时间不少于22.5小时的频数为：$0.7\times 200=140$，故选D.

675【答案】C

【解析】由直方图可得分布在区间第一组与第二组共有20人，分布在区间第一组与第二组的频率分别为0.24，0.16，所以第一组有12人，第二组8人，第三组的频率为0.36，所以第三组的人数18人，第三组中没有疗效的有6人，有疗效的有12人，故选C.

676【答案】A

【解析】依题可得，喜欢文学类书目的同学有150人，占比30%，喜欢体育类书目的有50人，则占比10%，因此喜欢科普类书目的同学占比1–（30% + 10% + 20% + 10%）=30%，故喜欢科普类书目的同学有150人，故选A.

677【答案】E

【解析】两位客户选择同一套餐的概率为 $P=\frac{1}{8}\times\frac{1}{8}+\frac{1}{2}\times\frac{1}{2}+\frac{3}{8}\times\frac{3}{8}=\frac{13}{32}$，故选E.

678【答案】D

【解析】抽出的40名同学的平均数 =（$6\times 5+8\times 10+10\times 15+14+20+2\times 30$）$\div 40=15$，设该校捐款的同学有 x 人，由题意得 $15x\geqslant 34500$，解得 $x\geqslant 2300$，故选D.

海绵
MBA MPAcc CPA

MBA MPA MPAcc MEM

管理类综合能力

管综678题库

海绵教研组　编

编委组成员：李　焕　孙江媛　燕　子　江　龙
韩　超　张伟男　胡晓红　郭旭乐
常婕妤（排名不分先后）

图书在版编目(CIP)数据

管综 678 题库/海绵教研组编. —上海:上海财经大学出版社,2024.5
ISBN 978-7-5642-4405-7/F·4405

Ⅰ.①管… Ⅱ.①海… Ⅲ.①管理学-研究生-入学考试-习题集
Ⅳ.①C93-44

中国国家版本馆 CIP 数据核字(2024)第 100257 号

管综 678 题库(数学册·逻辑册)

著 作 者:海绵教研组 编
责任编辑:袁 敏
封面设计:高智嫄
出版发行:上海财经大学出版社有限公司
地　　址:上海市中山北一路 369 号(邮编 200083)
网　　址:http://www.sufep.com
经　　销:全国新华书店
印刷装订:上海颛辉印刷厂有限公司
开　　本:787mm×1092mm 1/16
印　　张:45.5
字　　数:1130 千字
版　　次:2024 年 5 月第 1 版
印　　次:2024 年 5 月第 1 次印刷
定　　价:158.00 元(共两册)

CONTENTS | 目录

逻辑试题篇

逻辑答案篇

逻辑试题篇
管综678题库

第一章 形式逻辑

专题一 复言命题

题型 01 复言命题－推出结论

海绵 MBA App 扫码对答案
查看解析和视频讲解

题型特征	（1）问题特征：问题要求根据题干信息推出结论。 （2）题干特征：题干以复言命题为主。
思路概述	本题型主要考查复言命题的推理规则。解题时要注意如下细节： （1）若题干条件可以联立，则先联立条件再验证选项。 （2）若题干或问题中有确定信息，则以确定信息为解题起点。 （3）若题干条件符合二难推理的结构，则套用二难推理公式解题。 （4）其余情况一般选择逐一将选项代入题干进行验证

1 写作老师：你们三位考生写的大作文《领导艺术的重要性》或者属于未抓住材料的核心或者属于一厢情愿地只写了其中一个方面，这三篇《领导艺术的重要性》都没有深入地对领导和艺术进行综合性分析。

根据以上信息，可以得出以下哪项结论？

A. 未抓住材料的核心或者一厢情愿地只写了其中一个方面既不是彻底跑题，也不是偏题。

B. 未抓住材料的核心或一厢情愿地只写了其中一个方面或者不是彻底跑题，或者不是偏题。

C. 这三篇《领导艺术的重要性》如果一个属于未抓住材料的核心，那么另外两个属于一厢情愿地只写了其中一个方面。

D. 这三篇《领导艺术的重要性》如果都不属于一厢情愿地只写了其中一个方面，那么就都属于未抓住材料的核心。

E. 这三篇《领导艺术的重要性》有人深入且综合性地分析了领导和艺术。

2 根据最新的调查数据显示，当前我国仍有相当一部分人对于健康的认知水平较低。据统计，具备健康素质的群众占总人口的比例不足 10%，其中具备慢性疾病预防素养的人更是不到 5%。这一数据说明，国民对于疾病的认知仍然存在着严重的匮乏现象。只有通过全民健康教育、提高国民素质，才能实现全民健康的可持续发展。

由以上陈述，可以推出以下哪项结论？

A. 若无法提高国民素质，就无法实现全民健康的可持续发展。

B. 若无法对全民进行健康教育，就无法提高国民素质。

C. 若能解决国民对于疾病认知的匮乏，就可以实现全民健康的可持续发展。

D. 虽然我国具备慢性疾病预防素养的人很少，但这不意味着我国国民慢性疾病的发病率高。

E. 我国大多数人虽然不具备健康素质，但我国全民健康水平依然很高。

3 零和游戏是指一项游戏中，游戏者有输有赢，一方所赢正是另一方所输，而游戏的总成绩永远为零。与“零和”对应，我们也常用“双赢”概念。从零和游戏走向双赢，要求各方有真诚合作的精神，在合作中不要耍小聪明，要遵守游戏规则，否则双赢的局面就不可能出现。

根据以上陈述，以下各项除哪项之外都无法得到？

A. 想要双赢，真诚合作的精神比遵守游戏规则重要。

B. 如果已经获得双赢，那么没有做到不耍小聪明也可以。

C. 若要双赢的局面，除非有真诚合作的精神，并且遵守游戏规则，在合作中没有耍小聪明。

D. 只要双赢的局面不出现，就说明合作中没有遵守游戏规则。

E. 如果合作方可以做到有真诚合作的精神或者遵守游戏规则，同时不耍小聪明，那么一定会获得双赢。

4 人们常说，先进的文化一定是善良的，但是我们不能冒险。科幻小说大师阿瑟·克拉克说：“一个德高望重的前辈科学家，如果他说某件事是可能的，那么他几乎肯定是正确的；如果他说某件事是不可能的，那么他非常可能是错误的。”

以下哪项与上述论述最为接近？

A. 只有某件事是可能的，一个德高望重的前辈科学家才会说其几乎肯定是正确的。

B. 德高望重的前辈科学家只有说某件事是可能的，他才可能几乎肯定是正确的。

C. 如果一个德高望重的前辈科学家希望自己所说的几乎是正确的，那他就要说这件事是可能的。

D. 除非一个德高望重的前辈科学家不说某件事是必然的，否则他几乎肯定是正确的。

E. 如果一个德高望重的前辈科学家所说的非常可能是错误的，那这件事是不可能的。

5 鼎盛公司准备带领员工团建，现在有爬山、飞盘、室内竞技馆、轰趴馆四个选择，已知：

（1）如果去爬山，那么也会去室内竞技馆或者玩飞盘；

（2）如果不去爬山或者去轰趴馆，那么会去室内竞技馆。

考虑到安全因素，他们放弃了室内竞技馆，则以下哪项是他们可能选择的？

A. 不选室内竞技馆和爬山。

B. 不选室内竞技馆，选轰趴馆。

C. 选飞盘或者轰趴馆。

D. 选爬山，但不选飞盘。

E. 选轰趴馆或者不选爬山。

6 小张作为公司的行政人员，现需要采购一批办公用品，但因资金有限，所以她面临着如下选择：

（1）如果购买个人消耗品，那么也会购买个人配套设备；

（2）如果购买公共用具，那么就不购买公共配套设备；

（3）或者购买公共配套设备，或者不购买个人配套设备。

若以上选择都被满足，那么以下哪项是不可能的，除了：

A. 购买公共用具和个人配套设备。

B. 购买个人配套设备，不购买公共配套设备。

C. 购买公共用具和个人消耗品。

D. 购买公共配套设备，或者不购买个人消耗品。

E. 不购买公共配套设备，但购买个人消耗品。

7 兔年春节期间，体育消费数据猛增，仅在南京，就拉动消费超2亿元。这也为体育产业之后的发展带来了启示：未来，若持续优化体育产业供给的方式，必然会壮大规模、拉动内需、刺激消费。在这背后需要政府的有力支持，只要可以加强相关配套设施的投入，了解当前消费需求，就能为我国的体育产业寻找到新的发展机遇。

根据以上陈述，以下哪项正确？

A. 只要政府发力，持续优化体育产业供给的方式，就能为体育产业寻找到新的发展机遇。

B. 只有先加强相关配套设施的投入，我国的体育产业才能寻找到新的发展机遇。

C. 只有做不到持续优化体育产业供给的方式，才会导致规模不大、需求降低、消费疲软。

D. 除非寻找到新的发展机遇，否则既没有加强相关配套设施的投入，也不了解消费者的需求。

E. 若仍然未为我国的体育产业寻找到新的发展机遇，那一定是因为不了解当前的消费需求。

8 王小龙每天的早饭，他的妻子都会细心地准备好，她会从燕麦、豆浆、牛奶、包子、鸡蛋中选两到三种。已知：

（1）只有喝豆浆时，才会吃包子；

（2）要么喝豆浆，要么喝牛奶；

（3）燕麦和包子至少选择一样；

（4）如果选择鸡蛋，那么也会选择牛奶和包子。

这一天王小龙没喝牛奶，由此可断定以下哪项为假？

A. 王小龙早饭要么有燕麦，要么有豆浆。

B. 王小龙吃了鸡蛋或喝了豆浆。

C. 王小龙吃了燕麦和鸡蛋。

D. 王小龙吃了包子。

E. 王小龙没喝牛奶。

9 细胞治疗作为一种新兴的治疗方式，在癌症、遗传疾病、传染病方面展现出了良好的效果，但随之迎来了各种挑战。一方面细胞治疗技术转化应用产业链还不够成熟，另一方面其成本还比较高。此时不少专家指出：如果相关设备及耗材能实现国产化，将会大大降低细胞治疗产品的成本；如果能完善细胞治疗的临床转化应用，则会进一步实现细胞治疗技术转化应用产业链的完备。根据调查，不可能同时满足细胞治疗产品的成本降低和细胞治疗技术转化应用产业链的完备。

根据以上信息，可以得出以下哪项？

A. 相关耗材实现国产化，则意味着完善细胞治疗的临床转化应用方面目前不能实现。

B. 细胞治疗产品成本降低，那么细胞治疗技术转化应用的产业链模式会更加完备。

C. 或者相关耗材实现国产化，或者细胞治疗的临床转化应用进一步得到完善。

D. 在对细胞治疗产品的基础生物学特性及作用机理等进行深入研究的基础上，开展临床安全性和有效性研究。

E. 如果细胞治疗产品成本降低，则完善细胞治疗的临床转化应用指日可待。

10 相关数据显示：2022 年我国充电基础设施继续高速增长，年增长量达到 260 万台左右，累计数量约 520 万台。但同时面临着基础设施标准体系发展缓慢的问题。如果不能在几年内建立具有中国自主知识产权的充电基础设施标准体系，那么电力基础运营和发展还是会落后于欧美各国。众所周知，充电基础设施的发展与我国新能源汽车产业息息相关，若是国家能源局不能有效推进充电设施网络的规划建设，那么新能源汽车产业发展相关服务升级系统不能落地。

根据以上信息，可以得出以下哪项？

A. 除非不能在几年内建立具有中国自主知识产权的充电基础设施标准体系，否则电力基础运营和发展还是会落后于欧美各国。

B. 若电力基础运营和发展比欧美各国先进，则新能源汽车产业发展相关服务升级系统可以落地。

C. 除非能有效推进充电设施网络的规划建设，才能使新能源汽车发展相关服务升级系统尽快落地。

D. 如果新能源汽车产业发展相关服务升级系统落地，那么我国就能在几年内建立具有中国自主知识产权的充电基础设施标准体系。

E. 有了相关充电设施网络的规划建设，我们就能领先于欧美各国的电力发展。

11 编辑小李为收来的文稿设置字体格式，正文格式预计在黑体、宋体、楷体、仿宋、微软雅黑和等线中选择，它们之间存在如下关系：

（1）如果选择黑体或宋体，则也选择楷体；

（2）如果选择楷体或仿宋，则也选择微软雅黑。

现知道小李不选择微软雅黑，则可以得出以下哪项？

A. 小李选择宋体。　B. 小李选择黑体。　C. 小李选择等线。

D. 小李选择仿宋。　E. 小李选择楷体。

12 即将上映的几部国产电影都在纷纷预热，期待能有一个不错的票房收益。H 电影城现预售几部优秀电影的电影票，其中有科幻片、武打片、悬疑片、爱情片和动画片可选。甲、乙、丙、丁四人相约一起去看电影，具体情况如下：

（1）如果看科幻片，就要看武打片；

（2）爱情片和动画片至多有一个不看；

（3）悬疑片和动画片至少有一个不看；

（4）除非不看武打片，否则看悬疑片。

如果上述四个要求均满足，则以下哪项断定不可能发生？

A. 科幻片和悬疑片都看了。

B. 没看科幻片，也没有看悬疑片。

C. 看了科幻片，但没看爱情片。

D. 武打片和动画片都没看。

E. 没看悬疑片，看了爱情片。

13 根据最新的数据显示，当前我国的航空航天事业正处于高速发展的阶段，但是仍然存在着许多挑战和困难。据统计，我国航空航天领域的人才储备和技术水平仍然存在着一定的差距，这给我国航空航天事业的可持续发展带来了一定的隐患。只有同时通过加强人才培养、提高技术水平、加强国际合作等多种手段，才能够推动我国航空航天事业的快速发展。

由以上陈述，可以推出以下哪项结论？

A. 只要能保持高速发展，我国将会很快解决航空航天事业现有的困难。

B. 只要能加强国际合作，就能推动我国航空航天事业的快速发展。

C. 只要能提高技术水平，就能推动我国航空航天事业的快速发展。

D. 若无法加强人才培养，则无法推动我国航空航天事业的快速发展。

E. 若无法推动我国航空航天事业的快速发展，则说明没有提高技术水平。

14 振华中学的校体育队之间，存在以下关系：

（1）除非来自高二 3 班，否则不可能既来自游泳队又是乒乓球队的队员；

（2）高二 3 班的学生都是围棋的忠实粉丝，但羽毛球队员对此不感兴趣；

（3）校体育队仅有羽毛球队、游泳队、乒乓球队这三个队伍。

现已知小张同学不是围棋的忠实粉丝，但他是校体育队的一员，则以下哪项一定为真？

A. 小张是高二 3 班的学生。

B. 小张来自羽毛球队或游泳队。

C. 小张是乒乓球队的队员。

D. 除非小张不是来自游泳队，否则他不可能是乒乓球队的队员。

E. 小张是羽毛球队的队员。

15 高考结束后，某寝室三人组约定要一起出游，顺便去看王嘉嘉的世界巡回演唱会，他们就出游产生了如下意见：

甲：去广州的话就一定要去香港和澳门看演唱会。

乙：如果去曼谷旅行的话，那一定要去普吉和东京赶场，那里看演唱会便宜一些。

丙：如果去香港但没去东京，或者去澳门但不去普吉，那么我们就不去广州了。

根据以上信息，可以得到以下哪项？

A. 去东京则一定会去香港。

B. 如果不去澳门的话也不去普吉。

C. 除非去普吉，否则也不去广州。　　D. 不去香港意味着也不去曼谷。

E. 若去了东京，则他们也去了曼谷。

16 严密的组织体系是党的优势所在、力量所在。习近平总书记在党的二十大报告中强调："增强党组织政治功能和组织功能。"只有党的各级组织都健全、都过硬，形成上下贯通、执行有力的严密组织体系，党的领导才能"如身使臂、如臂使指"。马克思主义政党具有崇高政治理想、高尚政治追求、纯洁政治品质、严明政治纪律，其力量的凝聚和运用在于科学的组织。只要科学地组织起来，形成严密的组织体系，就能实现力量倍增。

根据以上信息，可以得出以下哪项?

A. 如果想要实现力量倍增，党的各级组织就要形成上下贯通、执行有力的严密组织体系。

B. 只有党的领导可以"如身使臂、如臂使指"，才说明我们形成了严密的组织体系。

C. 只要党的领导"如身使臂、如臂使指"，党的各级组织就会形成上下贯通、执行有力的严密组织体系。

D. 想要实现力量倍增，组织并形成严密的组织体系是必要条件。

E. 想要党的领导"如身使臂、如臂使指"，唯一必要条件是党的各级组织都健全、都过硬。

17 "一个和尚挑水喝，两个和尚抬水喝，三个和尚没水喝。"在任何团队中，责任的分散和公平性都十分重要。如果缺乏协作分工，每个人都期待坐享其成，就会导致职责不清。人多且事成才是职责落实的基础。

以下哪项与上述论述意思最为接近?

A. 除非不期待坐享其成，否则就能落实责任。

B. 如果可以达到人多且事成，那么一定不会缺乏协作分工。

C. 或者不期待坐享其成，或者注重协作分工，否则不会职责不清。

D. 如果每个人都坐享其成，还希望不会出现职责不清的情况，那么就要加强协作分工。

E. 如果三个和尚有水喝，就证明人多能成事。

18 某家公司的创始人有一笔可供投资的资金，他打算将资金分散投资到股票、债券、房地产、黄金和外汇 5 个方面。该笔资金的投资需要满足如下条件:

(1) 如果房地产投资比例高于 1/3，则要么不投资黄金，要么不投资债券;

(2) 如果外汇投资比例低于 1/4，则剩余部分不能投入房地产;

(3) 如果黄金投资比例低于 1/5，则剩余部分不能投入外汇或债券;

(4) 债券投资比例必须高于房地产的投资比例。

根据以上陈述，可以推出以下哪项?

A. 外汇投资比例不低于 1/5。　　B. 黄金投资比例不高于 1/4。

C. 黄金投资比例不低于 1/4。　　D. 房地产投资比例不高于 1/3。

E. 房地产投资比例不低于 1/3。

19 "如使人之所欲莫甚于生，则凡可以得生者何不用也？使人之所恶莫甚于死者，则凡可以辟患者何不为也？由是则生而有不用也，由是则可以辟患而有不为也。是故所欲有甚于生者，所恶有甚于死者。非独贤者有是心也，人皆有之，贤者能勿丧耳。”

以下哪项与上述语句表达的意思相同？

A. 若所欲有甚于生，则凡可以得生者可用也。

B. 若所欲有甚于死，除非可以辟患而有不为也。

C. 除非可以避患者可为也，才会使人之所恶莫甚于死。

D. 凡可以避患者可为也，才会使人之所恶甚于死。

E. 凡可以避患者可为也，则使人之所恶甚于死。

20 某校拟在甲、乙、丙、丁、戊、己中选择四位同学当国旗手，且要遵循如下条件：

（1）甲和乙两人中至多一人不选；

（2）若选择甲，除非丙入围且一定不选择丁；

（3）只有选择丁而不选择戊，才选择乙。

如果选择了戊，那么以下哪项是不可能的？

A. 选择甲。　　B. 不选己。　　C. 选择丙。

D. 不选乙。　　E. 不选丁。

21 尔尔和东东爱好读书，于是在“双十一”期间二人准备凑满减活动。已知，如果购买的是外文书，就不能参与满 500 减 200 的活动。如果购书满 700 元，就可以得到周边限量玩偶。但并非所有得到周边限量玩偶的顾客都参与了此次促销活动。

尔尔购买书籍花费的总额为 550 元，东东购买书籍共花了 890 元。

根据以上信息，以下哪项一定为真？

A. 尔尔参与了满 500 减 200 的活动。

B. 东东没有得到限量周边玩偶。

C. 尔尔可能得到限量周边玩偶。

D. 东东参与了满 500 减 200 的活动。

E. 尔尔一定没买外文书。

22 在电商领域的竞争中，淘宝、京东和拼多多采取了不同的策略以吸引和留住消费者。淘宝在减少营销成本和优化供应链；京东在不断发展自己的物流系统；而拼多多则通过直接连接制造商和消费者，降低了中间商带来的成本。当然，它们最终的目的都是创造价格上的优势。但是，如果电商平台忽视了服务创新，就无法维持长期的市场竞争力。相反，如果它们能够持续提升用户体验，那么就能赢得消费者的长期信任和支持。

根据以上陈述，可以得出以下哪项？

A. 如果电商平台没能持续提升用户体验，就无法赢得消费者的长期信任和支持。

B. 只有不忽视服务创新，电商平台才能维持长期的市场竞争力。

C. 有些电商平台通过不断发展自己的物流系统降低了成本。

D. 有些电商平台通过直接连接制造商和消费者维持长期的市场竞争力。

E. 有些电商平台通过减少营销成本赢得了消费者的长期信任和支持。

23 俞敏洪在《在人生的更高处相见》一书中提到：一个企业想要成长，创始人就要拥有远见，企业也要学会布局积累势能；但与此同时，如果没有人才和资源的发展，那么企业也无法获得成长。企业家小张觉得自己是一位很有远见的创始人，但他的公司的确停滞成长了，为此他怀疑是公司缺少了人才和资源的发展。

以下哪项是小张公司最可能发生的？

A. 小张公司确实缺少人才或资源的发展。

B. 小张其实并没有远见。

C. 小张公司缺少布局。

D. 要么是小张缺乏远见或者公司缺少布局，要么是缺乏了人才或资源。

E. 以上选项均不对。

24 20 世纪初，西学东渐的风潮将歌剧艺术带入中国。1945 年，音乐家们以“白毛仙姑”的传说为蓝本，创作出了歌剧《白毛女》，该剧也被誉为中国民族歌剧的里程碑。像《白毛女》这样的革命历史题材歌剧，让人们了解历史、牢记为解放事业献身的革命先烈，起到了非常重要的教育作用。只有避免设立“高大上”的人物，歌剧才能吸引中国观众。只有关注现实题材、贴近人民群众的基本生活，歌剧才能符合中国观众的审美取向，才能获得中国观众的喜爱。

根据以上陈述，可以推出以下哪项？

A. 若能避免设立“高大上”的人物，歌剧就能吸引观众。

B. 若歌剧没有获得观众的喜爱，就说明它没有贴近人民群众的基本生活。

C. 符合中国观众审美取向的歌剧可以获得中国观众的喜爱。

D. 有些起到了非常重要的教育作用的歌剧是以传说为蓝本的。

E. 有些中国民族歌剧的里程碑没有让人们了解历史。

25 所有海绵大学大四的学生都参加了期末考试，小明是海绵大学的学生，小红和小刚都参加了期末考试，而小李没有参加期末考试。

根据以上陈述，可以得出以下哪项？

A. 若小刚是大四的学生，则他是海绵大学的学生。

B. 若小红是海绵大学的学生，则她是大四的学生。

C. 若小明没有参加期末考试，则小明不是大四的学生。

D. 小李虽然不是海绵大学的学生，但是他是大四的学生。

E. 小李虽然不是大四的学生，但是他是海绵大学的学生。

26 马太效应是当今社会中的一个普遍现象，就是赢家通吃。对企业经营发展而言，马太效应告诉我们，要想在某个领域保持优势，就必须在此领域迅速做大。当你身处领域尖端的时候，你会更轻易地获得比弱小的同行更大的收益。而若没有实力迅速在某个领域做大，但仍想获得较好的回报时，就要不停寻找新的发展领域。

根据以上陈述，可以得出哪项？

A. 如果一个企业没有不停寻找新的发展领域，并且有较好的回报，那么说明该企业有实力在某个领域迅速做大。

B. 只要在某个领域保持优势，就不需要不停寻找新的发展领域。

C. 即使已经在某个领域保持了优势，但要想获得较好的回报，则还需要不停寻找新的发展领域。

D. 只要想获得高额的回报，就要在某个领域保持优势。

E. 有的企业没有迅速做大，但也在某个领域保持了优势。

27 某公司的 4 位高管准备对公司的员工发放福利。4 位高管表示，他们要共同发放福利，以发挥最大效益。关于福利的发放对象，4 人的意愿如下：

甲：若发放给销售部门，则发放给技术部门。

乙：若发放给市场部门，则发放给技术部门或销售部门。

丙：若发放给人力资源部门或市场部门，则也要发放给财务部门。

丁：若发放给技术部门，则发放给财务部门。

事实上，除丙以外其余人的意愿均得到了实现。

若以上陈述为真，可以推出以下哪项？

A. 要发放给技术部门。

B. 要发放给销售部门。

C. 要发放给市场部门。

D. 发放给技术部门或发放给人力资源部门。

E. 发放给销售部门或发放给财务部门。

28 手表定理是指一个人有一只表时，可以知道现在是几点钟，而当他同时拥有两只表时却无法确定。这个理论在个人身上体现为：每个人不能同时接受两种不同的价值观，否则个人的行为会陷入混乱。而对于企业来说：每个员工不能由两个人来同时指挥，否则会使企业管理混乱。

根据以上陈述，可以得到以下哪项？

A. 导致企业管理混乱的根源是一个员工同时挑选了两种不同的价值观。

B. 只有企业想管理不混乱，才不会安排每个员工由两个人来同时指挥。

C. 有的员工同时由两个人来指挥，对其个人来说，也会使其行为陷入混乱。

D. 每个人只要不同时接受两种不同的价值观，就不会陷入行为的混乱。

E. 只要企业没有管理混乱，就说明员工没有受到两个人的同时指挥。

29 某小区为完善基础设施，创建美好绿色花园，准备从以下六种植物中选取三种栽种在自己小区的绿化区域内，这些植物分别有：玫瑰、月季、郁金香、柏树、松树、马尼拉草。综合考虑以后，小区制订了如下初步方案：

（1）花卉中选择玫瑰或者月季，二者必居其一；

（2）如果不选郁金香和柏树，就要选择玫瑰；

（3）除非不选马尼拉草，才会不选郁金香；

（4）若是不选月季的话，那么松树是一定要选择的。

最终，小区物业没能与生产松树的园林公司取得联系，而不得不摒弃松树这个选项，但物业决定方案不变，那么根据上述方案，可以得到以下哪项？

A. 三种花卉入选。

B. 两种树类植物全部入选。

C. 无法确定玫瑰和月季是否入选。

D. 郁金香和马尼拉草至少有一个入选。

E. 树类植物并没有入选。

30 魏征在《谏太宗十思疏》中写道："求木之长者必固其根本，欲流之远者必浚其泉源，思国之安者必积其德义。"

根据以上陈述，可以得出以下哪项？

A. 只要稳固树木的根本，就可以使之生长得好。

B. 如果可以疏通源泉，那么泉水一定可以流得远。

C. 除非不厚积道德仁义，否则不会有能力使国家安定。

D. 疏通源泉是让泉水流得远的基础。

E. 要想厚积道德仁义，就要先懂得树木生长和泉水流淌的原理。

31 "伟大的历史主动精神"是党的十九届六中全会提出的一个重要概念。历史证明，党和国家事业的发展需要历史主动精神。只有坚持历史主动精神，才能永葆党的纯洁性，才能推进中华民族伟大复兴历史伟业。如果不发扬历史主动精神，就无法解决许多想解决而没有解决的难题，就无法办成许多想办而没有办成的大事。

根据以上陈述，可以得出以下哪项？

A. 只要发扬历史主动精神，就可以办成许多想办而没有办成的大事。

B. 如果坚持历史主动精神，就能推进中华民族伟大复兴历史伟业。

C. 只有坚持历史主动精神，才可以解决许多想解决而没有解决的难题。

D. 如果能永葆党的纯洁性，就能推进中华民族伟大复兴历史伟业。

E. 如果不能坚持历史主动精神，就无法永葆党的纯洁性。

32 如果一家企业想要在市场上获得成功，它要提供优秀的产品或贴心的服务，并且需要与客户建立良好的关系。若企业要提供优秀的产品，则它需要加大研发的投入。若要加大研发的投入或提供贴心的服务，就需要有足够的现金流。

若某公司现金流不足，则以下各项关于该公司的结论正确的是：

A. 它可以提供优秀的产品。

B. 它无法在市场上获得成功。

C. 它可以与客户建立良好的关系。

D. 它无法与客户建立良好的关系，但可以提供优秀的产品。

E. 它要么无法加大研发投入，要么无法提供贴心的服务。

33 某明星举办线下演唱会，限量应援物的领取条件如下：不能同时满足持周边小卡 50 张以上，并超话打卡 30 天以上的粉丝，不能领取到此次的限量应援物。同时，此次活动仅限于演唱会内场观众参加。尔尔收购周边小卡 57 张，但尔尔并没有领到此次的限量应援物。

根据以上信息，可以得出以下哪项？

A. 尔尔超话打卡没够 30 天。

B. 尔尔买的是外场的演唱会门票。

C. 尔尔或者超话打卡时间不够，或者没买到内场随机的门票。

D. 尔尔没看这次演唱会。

E. 以上均不正确。

34 蜜雪冰城，通过加盟模式和自建供应链体系，在全国范围内稳步扩张。截至2023年9月30日，蜜雪冰城已经成为中国第一、全球第二的现制饮品企业。蜜雪冰城的故事证明，如果一个饮品企业要成为全球领先的品牌，那么它必须拥有高效的供应链体系。而一个品牌一旦拥有了高效的供应链体系，就能通过价格战迅速扩张。

根据以上陈述，可以推出以下哪项？

A. 有的饮品企业通过价格战迅速扩张。

B. 有的饮品企业没有高效的供应链体系。

C. 所有拥有高效的供应链体系的品牌都能稳步扩张。

D. 如果一个品牌不能稳步扩张，就说明它没有高效的供应链体系。

E. 如果一个品牌没能通过价格战迅速扩张，就说明它不是全球领先的品牌。

35 “3・15 晚会”是由央视总台联合政府部门为维护消费者权益在每年 3 月 15 日晚共同主办并现场直播的一台公益晚会。它唤醒了消费者的权益意识，成为规范市场秩序、传播国家法规政策的强大平台。大家最为关注与手机 App 相关的问题。如果厂家选用较低版本的操作系统，这就意味着 App 无须授权就能开启多种敏感的隐私权限，我们的隐私信息很容易就被泄露了。如果不采用低版本的操作系统，App 的用户又会因为各种广告和会员收费，降低使用体验。想安静地看个电视还要收费，充完会员还有广告播放，想尽办法割公众的韭菜。

根据上述信息，可以得出以下哪项信息？

A. 要么不冒着隐私泄露的风险使用 App，要么花着钱还继续看着有广告的 App。

B. 如果冒着隐私泄露的风险使用 App，那么就不用花着钱继续看着有广告的 App。

C. 或者冒着隐私泄露的风险使用 App，或者花着钱还继续看着有广告的 App。

D. 如果花钱继续看有广告的 App，那么使用 App 就不会泄露我的隐私信息。

E. 无论使用哪种操作系统，公众都不会冒着隐私泄露的风险使用 App。

36 世界百年未有之大变局加速演进，我国发展进入战略机遇和风险挑战并存、不确定且难预料因素增多的时期，守好“三农”基本盘至关重要、不容有失。党中央认为，要想推进乡村振兴，加快农业农村现代化，必须坚持不懈地解决好“三农”问题。坚持城乡融合发展，强化科技创新和制度创新，才能加快农业农村现代化。坚持不懈地解决好“三农”问题是全面建设社会主义现代化国家的基本保障。加强农业基础设施建设是推进乡村振兴的必要前提。

如果以上陈述为真，则以下哪项陈述一定为真？

A. 随着改革的深入，中国迟早会全面建设成社会主义现代化强国。

B. 只要加强农业基础设施建设，就能实现乡村振兴。

C. 只有加快农业农村现代化，才能实现城乡融合发展。

D. 如果没能解决“三农”问题，但是确实有力地推进了乡村振兴，那么一定没有加快农村农业现代化。

E. 守好“三农”基本盘是推进乡村振兴、加快农业农村现代化的基础。

37 近日，乡村振兴战略正在全面推进，资本下乡成为热议的话题。对于如何确保下乡资本真正为乡村振兴服务，并实现资本与农民的共赢。张教授有如下观点：

（1）若资本下乡不给农民带来实际利益，则农民不会支持该政策；

（2）若政府不加强监管，下乡资本就会出现“跑路”现象，导致农民利益受损；

（3）只有建立牢固的利益联结机制，才能让农民愿意和资本合作，才能共同推进乡村振兴；

（4）除非建立风险防范机制，否则就会危及农业的基础地位。

根据张教授的观点，可以推出以下哪项？

A. 如果不建立风险预警机制，就会危及农业的基础地位。

B. 如果不建立牢固的利益联结机制，就会导致下乡资本“跑路”。

C. 只有政府加强监管，才能避免下乡资本出现“跑路”现象。

D. 只有让农民能发家致富，才能让农民支持资本下乡的政策。

E. 除非建立牢固的利益联结机制，才能让农民主动和资本合作。

38 老师带 P 班 40 位同学去射箭，每位同学一次射击机会。检查成绩时发现，全班个人的射击成绩或者没中靶得 0 分，或者中靶得 2 分。目前已知，李莉没中靶，张涛中靶。

根据以上陈述，以下哪项必定为真？

A. 李莉在 P 班排名中等。

B. 张涛在 P 班排名中等。

C. P 班一半人中靶，一半人没中靶。

D. 如果张涛是 P 班学生，则张涛得 2 分。

E. 如果张涛得 2 分，则张涛是 P 班学生。

39 据相关报道显示，我国要建设农业强国，既要具备世界上现代化农业强国的共同特征，也要立足于国情农情，体现中国特色。而国际上的农业强国普遍具备供给保障强、科技装备强、竞争能力强等特点。所以，我们要建设农业强国，就要遵循农业化建设的一般规律，着力转变农业发展方式。

根据以上信息，可以得到以下哪项？

A. 不能建设农业强国，则意味着我国不具备现代化农业强国的共同特征。

B. 没有立足于国情农情，就不具备现代化农业强国的共同特征。

C. 遵循农业建设的一般规律，一定会建设成农业强国。

D. 除非转变农业发展方式，否则建设农业强国的目标道阻且长。

E. 建设农业强国目标的实现，意味着我国或者并不具备世界上现代化农业强国的共同特征，或者并非立足于国情农情，体现中国特色。

40 推进中国式现代化，是一项前无古人的开创性事业，必然会遇到各种可以预料和难以预料的风险挑战、艰难险阻甚至惊涛骇浪。在党的二十大精神研讨班开班式上，习近平总书记提到：要科学把握面临的战略机遇和风险挑战，就要增强忧患意识，就要坚持底线思维，居安思危、未雨绸缪，就要敢于斗争、善于斗争，就要通过顽强斗争打开事业发展新天地。

根据以上信息，可以得到：

A. 若不能居安思危，就无法增强忧患意识。

B. 敢于斗争、善于斗争就一定能科学把握战略机遇和风险挑战。

C. 不能坚持底线思维，则科学把握面临的战略危机和风险挑战对于我国而言是办不到的。

D. 或者科学把握了面临的战略机遇和风险挑战，或者坚持了底线思维，居安思危、未雨绸缪。

E. 如果顽强斗争打开事业发展的新天地，则一定能推动中国式现代化。

41 囚徒困境是博弈论中非零和博弈的代表性例子，反映出个人最佳选择并非团体最佳选择。模型大致为：

（1）由于证据不确定，若两个囚犯都选择沉默，则每人各判 1 年。

（2）若双方都选择坦白，则因证据确定，所以双方各判 8 年。

（3）若双方一人选择坦白，一人选择沉默，则坦白者无罪释放，沉默者判 10 年。

根据以上陈述，可以得到以下哪项？

A. 如果双方都被判有刑期，那么说明两个囚犯都保持了沉默。

B. 如果有一人被释放，那么他一定坦白了。

C. 只要坦白，所获刑期就不会超过选择沉默的。

D. 如果有人没被释放，说明他一定没坦白。

E. 如果一个人选择沉默，那么他不一定会获刑。

42 地方政府通过走访调研上市公司，积极响应并解决上市公司面临的具体困难和问题，包括税收政策、融资、土地、进出口、知识产权保护等，以推动上市公司高质量发展。若上市公司能高质量发展，则能降低地方的就业率，并且推动地方经济增长。如果地方的就业率能降低并且地方政府的税收收入也能增加，则地方政府就能提高财政预算。如果能推动经济增长，就能让地方政府的税收收入增加。

根据以上陈述，可以推出以下哪项？

A. 地方政府必须积极解决上市公司的问题。

B. 若上市公司能高质量发展，则地方政府就能提高财政预算。

C. 若地方的就业率能降低，则地方政府就能提高财政预算。

D. 只有上市公司高质量发展，才能有效降低地方的就业率。

E. 若不能增加税收收入，则也不能降低地方的就业率。

43 国产手机的快速发展和市场占有率的提升，充分展现了中国制造业的创新能力和市场竞争力。面对全球化竞争的大背景，如果国产手机品牌持续创新或优化用户体验，那么它们能够保持市场优势，在全球市场中占据一席之地。同时，只有通过技术创新或用户体验的优化，国产手机品牌才能保持竞争力。

根据以上陈述，可以得出以下哪项？

A. 如果国产手机品牌持续创新并且优化用户体验，那么就能在全球市场中占据一席之地。

B. 如果国产手机品牌能持续创新但无法优化用户体验，就无法在全球市场中占据一席之地。

C. 只有技术创新并且优化用户体验，国产手机品牌才能保持竞争力。

D. 国产手机品牌只有通过技术创新，才能保持竞争力。

E. 如果国产手机品牌不能持续创新，就不能保持市场优势。

44 为了应对新冠肺炎疫情，很多高校开始实施更为严格的校园封控管理措施。这种封控可能会给学生带来心理压力。幸运的是，如果一个学生能每天早睡早起，那么他 / 她的心理压力就会减少。如果一个学生的心理压力减少了，那么他 / 她就不会在封控期间沉迷于网络游戏。某宿舍的陈同学每天都早睡，刘同学的心理压力没有减少，孙同学在封控期间没有沉迷于网络游戏。

根据以上陈述，可以推出以下哪项？

A. 陈同学不会在封控期间沉迷于网络游戏。

B. 刘同学每天都没有早睡早起。

C. 孙同学没有心理压力。

D. 若刘同学每天都早睡，则他 / 她没有每天早起。

E. 若陈同学没有每天早起，则他 / 她会在封控期间沉迷于网络游戏。

45 市政府为了鼓励环保生活，对于那些能够证明对环境友好的产品给予税收优惠。根据市政府发布的指导原则，已知：

（1）若产品是可回收的并且使用可再生资源制成，则该产品是环保的；

（2）若产品是环保的，则它不会对水质产生负面影响。

根据上述指导原则，若某产品对水质产生了负面影响，则可以推出该产品：

A. 若该产品是可回收的，则其不是使用可再生资源制成的。

B. 若该产品是不可回收的，则其是使用可再生资源制成的。

C. 该产品是可回收产品。

D. 该产品是使用可再生资源制成的。

E. 该产品不符合政府的指导原则。

46 成功对于每个人来说都不一样，现如今的社会环境下，想要成功不是一件容易的事，首先你要具备一往无前的精神、遇到困难迎难而上的勇气，这是每个成功的人必备的个人素养。一个国家、一个民族，只有具备勇往直前和永不放弃的品质，才能发展进步。唯有勇往直前才能不断壮大自身；唯有坚持不懈、永不放弃才能在历史的长河中熠熠生辉。

如果以上说法为真，则以下哪项陈述一定为真？

A. 一个国家或民族，除非具备勇往直前和永不放弃的品质，否则不能壮大自身。

B. 一个国家或民族，如果勇往直前和永不放弃的品质都不具备，它就不能熠熠生辉。

C. 一个国家或民族，即使具备勇往直前和永不放弃的品质，也不会发展进步。

D. 一个国家或民族，如果要发展进步，它就必然在历史的长河中熠熠生辉。

E. 一个国家或民族，如果要在历史的长河中熠熠生辉，就必须壮大自身。

47 常春藤中学下周准备举行为期 3 天的春季校运动会，在首个比赛日下午的 4×200 米男女混合接力中，高二 8 班以预赛第二的成绩顺利进入了决赛，于是在班级同学的共同商议下，决定选小李、小高、小陈、小王这四个人作为决赛接力的人选，关于谁是首棒人选，这四人有如下讨论：

小王：小陈要么是第三棒，要么是第四棒。

小高：第二棒的人选是小李同时第一棒不是我，否则这第一棒的人选非小王莫属。

小陈：只有小王是第三棒并且小李是第二棒时，小陈才能作为第四棒出场。

小李：论爆发力，如果我能成为第二棒接力的人，那么小高具有远超我的实力，他必然作为第一棒的人选。

若依照这 4 人的讨论情况，作为首棒人员的选拔条件，则可以得出以下哪项？

A. 小李是第二棒并且小陈是第三棒。

B. 小李是第二棒并且小高是第四棒。

C. 小王是第一棒并且小李是第三棒。

D. 小李是第二棒或者小陈是第四棒。

E. 小王是第一棒并且小李是第四棒。

48 小张发现自己总是按照电费缴费单缴费，但始终不了解电费计算的规则，于是他向物业致电咨询，物业告诉他电费实行阶梯收费：如果用电量小于 240 度（含），那么每度电按 0.48

元收费；如果用电量在 241 ～ 400 度（含）之间，那么超过 240 度部分按每度电 0.53 元收费；如果用电量大于 400 度，那么超过 400 度的部分按每度电 0.78 元收费。

以下哪项判断最符合以上规则？

Ⅰ. 小张一月用电量 300 度，所以他需缴纳电费每度 0.53 元。

Ⅱ. 如果小张缴纳电费不是每度 0.53 元，那么他的用电量要么小于 240 度，要么大于 400 度。

Ⅲ. 小张发现二月他没有以 0.53 元 / 度的价格缴纳的用电区间，所以他的用电量可能大于 400 度。

A. 只有Ⅰ。　B. 只有Ⅱ。　C. 只有Ⅲ。　D. 只有Ⅱ和Ⅲ。　E.以上均不对。

49 生态文明建设不仅仅是环保，更是一种全面的文明进步，是人类社会发展的最新需求。推行绿色发展和低碳经济，可以实现资源的高效利用和环境的持续保护，为人们创造更加美好的生活环境。同时，生态文明建设还可以促进经济可持续发展，为人们提供更多的就业机会和经济增长点。因此，只有通过生态文明建设，才能实现经济、环境和社会的和谐发展，为人类社会的长远发展奠定坚实的基础。

根据以上陈述，可以推出以下哪项？

A. 能促进环保的行为都能体现文明的进步。

B. 每个国家、每个社会的公民都必须意识到生态文明建设的重要性。

C. 有些可以促进经济可持续发展的行为是人类社会发展的最新需求。

D. 若能做好生态文明的建设，就能实现经济、环境和社会的和谐发展。

E. 若无法实现经济、环境和社会的和谐发展，就说明没有做好生态文明建设。

50 未来的道路谁都不是很清楚，即使你现在碌碌无为也不能说明以后的你是一事无成的人。如果你是敢拼敢闯的人，那么一定会过得很精彩。如果你是循规蹈矩的人，那么未来你想必会过得很自由。一个人要么勇往直前、敢拼敢闯，要么循规蹈矩、按部就班。

如果上述观点成立，则以下哪项陈述必然成立？

A. 如果一个人生活得很精彩，那么他一定过得也很自由。

B. 如果一个人生活得不自由，那么他过得也不精彩。

C. 未来的每个人要么过得很精彩，要么过得很自由。

D. 未来的每个人过得很精彩，或者过得很自由。

E. 未来的每个人不仅仅过得很精彩，而且过得很自由。

51 在航空行业，机票退改费用的问题一直备受旅客关注。针对错购机票的高额退票费用问题，部分航空公司推出了新的退票政策，旨在为旅客提供更为灵活的退改选项。根据这些政策，旅客只有获得航空公司开具的退票许可，才能退票。而航空公司只会给那些通过航空公司直销平台购买机票的旅客开具退票许可。

根据上述政策，可以推出以下哪项？

A. 有些获得航空公司退票许可的旅客最终不能退票。

B. 有些在航空公司直销平台购买机票的旅客最终不能退票。

C. 在航空公司直销平台购买机票的旅客都可以拿到航空公司开具的退票许可。

D. 只有那些在航空公司直销平台购买机票的旅客才能退票。

E. 不能退票的旅客都不是在航空公司直销平台购买的机票。

52 “中国古代的方位观念”深刻影响了建筑、地理以及风水学等多个领域。古人根据自然环境和社会生活的需要，将周围环境分为“八卦”方位，每一卦代表一个方位。已知：

（1）若“乾”不代表西北方，则“坤”代表正东方；

（2）若“离”不代表正南方，则“坎”代表正东方；

（3）若“震”不代表正东方，则“巽”代表正南方；

（4）“坎”代表正南方或者代表正西方。

根据以上信息，可以推出以下哪项？

A.“坤”代表正东方。

B.“坎”代表正东方。

C.“巽”代表正南方。

D.“坎”代表正南方。

E.“乾”代表西北方。

53 故不登高山，不知天之高也；不临深溪，不知地之厚也；不闻先王之遗言，不知学问之大也。干、越、夷、貉之子，生而同声，长而异俗，教使之然也。诗曰：“嗟尔君子，无恒安息。靖共尔位，好是正直。神之听之，介尔景福。”神莫大于化道，福莫长于无祸。

根据以上信息，可以得出以下哪项？

A. 登高山，故而知天之高。

B. 尔好是正直，并且神介尔景福。

C. 若知地之厚，则能身临深溪。

D. 不临深溪，不知学问之大。

E. 闻先王之遗言，知学问之大。

54 智能制造技术作为一种新兴的工业解决方案，在提高生产效率、降低人工成本、提升产品质量方面展现出了良好的效果，但随之迎来了各种挑战。一方面智能制造技术的研发及产业化还不够成熟，另一方面其实施成本还比较高。对此不少专家指出：只有相关设备及技术能实现国产化，才能大大降低智能制造的成本且提高高端工业品的质量；如果能实现相关设备及技术的国产化或者增加产业政策的支持力度，则智能制造的广泛应用指日可待。

根据上述专家的观点，可以得出以下哪项？

A. 如果不能实现相关设备及技术的国产化，那么就要增加产业政策的支持力度。

B. 如果实现了智能制造的广泛应用，但是没有增加产业政策的支持力度，那么就意味着实现了相关设备及技术的国产化。

C. 如果能大大降低智能制造的成本且提高高端工业品的质量，那么智能制造的广泛应用指日可待。

D. 如果能大大降低智能制造的成本，那就意味着相关设备及技术能实现国产化。

E. 如果不能降低智能制造的成本或不能提高高端工业品的质量，那么就无法实现智能制造的广泛应用。

55 一场优秀的演讲必须具备清晰的逻辑和精准的语言。每一场经典的演讲都必须有一个鲜明的主题和精准的语言。如果演讲逻辑清晰但表达不生动，演讲语言精准但主题不鲜明，则它们都不能被称为优秀的演讲。

根据以上陈述，可以推出以下哪项？

A. 如果一场经典的演讲有鲜明的主题，则没有精准的语言。

B. 如果一场优秀的演讲表达不生动，则主题必须鲜明。

C. 表达不生动的演讲不是优秀的演讲。

D. 主题不鲜明的演讲不是优秀的演讲。

E. 逻辑清晰的演讲是优秀的演讲。

题型 02 复言命题 - 补充前提

海绵 MBA App 扫码对答案
查看解析和视频讲解

题型特征	（1）问题特征：问题要求补充前提推出某结论。 （2）题干特征：题干以复言命题为主。
思路概述	本题型一般可以用选项代入法或者逆向思考，根据公式规则直接判断答案

56 若甲和乙中有且仅有一人考上南大，则丁一定考上了交大。因此，乙考上了南大。

以下哪项是上述论证的假设？

A. 丁没考上交大。

B. 甲没考上南大，同时丁没考上交大。

C. 甲考上了南大，同时丁没考上交大。

D. 丁考上了交大。

E. 甲考上南大当且仅当丁考上交大。

57 班干部通常是选择那些学习能力强和人际交往优秀的同学，而学习能力强一定代表着有优秀的思维能力或者熟练的练习程度；如果有优秀的思维能力和熟练的练习程度，那么这样的同学一定可以做好开导和安抚其他同学的工作。因此，班干部一定可以做好开导和安抚其他同学的工作。

以下哪项为真，可以构成结论成立的前提？

A. 不是所有的班干部都是学习能力强的。

B. 其实学习能力强，不一定有优秀的人际交往能力。

C. 一个人不可能同时拥有优秀的思维能力和熟练的练习程度。

D. 一位同学能否做到熟练的练习程度决定他是否有优秀的思维能力。

E. 能做好开导和安抚工作说明思维能力优秀。

58 经济学家宣称：企业的稳步发展建立在完善的管理机制上，如果资金周转问题没有得到妥善解决，说明管理机制并不完善。因此，不可能同时出现企业稳步发展和企业信誉降低的情况。

根据以上信息，以下哪项能使上述论证成立？

A. 完善的管理机制和稳步发展的企业相辅相成。

B. 企业的信誉度决定了企业可以稳步发展。

C. 没有完善的管理机制，就没有稳步发展的企业。

D. 如果资金周转问题得到妥善解决，那么企业信誉不可能降低。

E. 信誉降低会导致企业的发展产生负面影响。

59 如果有虔诚的信仰，则会以诚相待每个人。若无法守住道德底线，则无法做到以诚相待。所以无法守住道德底线，意味着人生价值成长的停滞。

以下哪项，可以使题干的论证成立？

A. 以诚相待的人，则会守住自己的道德底线。

B. 人生价值的成长，能使自己恪守道德底线。

C. 除非具备虔诚的信仰，才能使人生价值的成长得以延续。

D. 只有以诚相待，才能使人生价值继续成长。

E. 不存在以诚相待和道德底线如此完美无瑕的人。

60 自然博物馆按照鸟类、兽类、鱼类、两栖爬行类、无脊椎类进行标本展区分类。如果自然博物馆在一天中既开放鸟类标本展区又开放兽类标本展区，那么一定也会开放鱼类标本展区或者两栖爬行类标本展区。该自然博物馆周三不会开放鱼类标本展区，王先生只有当鸟类标本展区开放时才会去自然博物馆。因此，王先生周三不去自然博物馆。

以下哪项如果为真，可以确保上述论证成立？

A. 自然博物馆周三不开放兽类标本展区。

B. 自然博物馆周三不开放鸟类标本展区。

C. 自然博物馆周三不开放鱼类标本展区。

D. 自然博物馆周三不开放两栖爬行类标本展区，但是会开放兽类标本展区。

E. 自然博物馆如果周三开放两栖爬行类标本展区，就不会开放兽类标本展区。

题型 03 复言命题－寻找矛盾

海绵 MBA App 扫码对答案
查看解析和视频讲解

题型特征	如下几类情况均属于本类题型。 情况 1 （1）问题特征：问题要求推出结论。 （2）题干特征：题干是“否定词＋复言命题”的结构。 情况 2 （1）问题特征：问题要求寻找必然为假的选项。 （2）题干特征：题干以复言命题为主。 情况 3 （1）问题特征：问题要求质疑题干。 （2）题干特征：题干以复言命题为主。
思路概述	本题型主要考查复言命题的矛盾命题。注意，若题干结构较为复杂，则直接逐一代入选项，寻找和题干矛盾的选项

61 陈先生陪他孩子读书，他们读到《后汉书·班超传》中的“超曰：‘不入虎穴，不得虎子。当今之计，独有因夜以火攻虏，使彼不知我多少，必大震怖，可殄尽也。’”陈先生告诉孩子，做事情不要害怕危险和困难，只有入虎穴，才能得虎子。他孩子摇摇头：“我理解你的意思，但现实中很多人虽然‘入虎穴’却并未‘得虎子’呀！”

陈先生孩子的回答最适宜用来反驳以下哪项?

A. 如果想得虎子，就必须入虎穴。
B. 如果入了虎穴，就可以得虎子。
C. 只有入虎穴，才能得虎子。
D. 即使入了虎穴，也可能不得虎子。
E. 即使得到了虎子，也不是因为入了虎穴。

62 鼎盛公司最近需要老板和几名员工一起外出谈项目，现准备在四名员工赵华、钱忠、孙成、李游中进行选择。

甲领导说：“赵华和钱忠办事妥当，他俩得至少有一个。”

乙领导说：“孙成性子太急，如果带他去的话，就要带上赵华和李游。”

丙领导说：“李游性子太慢了，办事不利索，只有要带钱忠和孙成的时候，我才会想着带他。”

最终，老板认为他们说的话都有失偏颇，那么以下哪项可能是老板的选择?

A. 选择赵华或钱忠。
B. 选择孙成或李游。
C. 选择赵华且李游。
D. 选择钱忠且李游。
E. 都不选择。

63 数字化零售业的发展在世界范围内掀起了浪潮，新浪潮下的零售业没有结账终端，摄像头和传感器会自动记录取走的商品，并从顾客关联的账户中扣款，实现了真正的“无人商店”。对此有专家预言，若是智慧零售能够成为趋势并在世界范围内流行起来，则会使大批零售商店员工下岗，进一步导致智慧零售代替传统零售行业。

根据上述信息，以下哪项能反驳专家的预言？

A. 智能设备相关耗材大、性价比不高，无法在世界范围内流行起来。

B. 智慧零售会导致员工下岗，但不一定会代替传统零售行业。

C. 智慧零售成为新一轮创业趋势，并广为流行，相应地刺激了就业，后端开发人才得到充分的重视。

D. 食品零售领域覆盖率已达 94%，但前线员工大批下岗。

E. 若是智慧零售并没有代替传统零售行业，则说明智慧零售并没有成为世界范围内的趋势。

64 在人生的早期阶段，我们往往会花费大量的时间和精力来追求物质财富和社会地位。然而，随着我们的不断成长和发展，我们开始意识到这些追求并不能带来真正的幸福和满足感。我们开始寻求更深层次的意义和价值，追求内心的平静和满足。因此，若一个人开始追求内心的平静和满足，追求物质财富和社会地位对他就失去了意义。

以下哪项如果为真，最能质疑上述观点？

A. 追求深层次的意义和价值不一定可以带来真正的幸福和满足感。

B. 许多人会终生困于对物质财富和社会地位的追求。

C. 许多人穷极一生都无法理解事物深层次的意义和价值。

D. 对于许多人而言，追求物质和财富可以给他带来幸福和满足感。

E. 对于某些开始追求内心的平静和满足的人，追求物质财富和社会地位对他依然有意义。

65 某校开学之际，为了解今年招生情况，对全校的学生做了详细统计。根据统计信息可知：平均每个班级有学生 49 人，除新生以外的男女比例为 3 ∶ 4。小张对此断言，只要知道有多少个班级且每个班级的男女比例，就能知道今年学校招了多少新生了。

以下哪项如果为真，最能构成对小张观点的反驳？

A. 根据已知信息，如果想知道今年的新生人数，就得确定每个班级的男女比例。

B. 根据已知信息，新生的男女比例尚且不明，无法确定招了多少学生。

C. 根据已知信息，即使确定了班级数和各班男女比例，也只是在平均数的范围内，无法确定今年招了多少新生。

D. 根据已知信息，如果确定了男女比例，则能确定新生人数。

E. 根据已知信息，无法同时确定新生人数和各个班级的男女比例。

66 如果你只拥有专业技能，却缺乏良好的人际关系，那么你很可能会错失许多机会。同样地，如果你只有良好的人际关系，但缺乏专业技能，那么你可能会在职场上遇到瓶颈。小李据此认为，如果同时具备专业技能和良好的人际关系，就能在职场上获得成功。但老韩却认为，即便同时具备专业技能和良好的人际关系，也不能实现财务自由。

以下哪项如果为真，能结合小李的观点，质疑老韩的观点？

A. 若实现财务自由，则可以接受在职场上无法获得成功。

B. 若无法实现财务自由，则说明没有专业技能和良好的人际关系。

C. 除非无法实现财务自由，才无法在职场上获得成功。

D. 若能接受在职场上无法获得成功，除非可以实现财务自由。

E. 除非不能在职场上获得成功，否则可以实现财务自由。

67 有关异地落户的规则中有这样一则硬性条件，除非是本市认定的B类人才及以上或者在本市内连续缴纳五年社保，否则没有申请本市户口的资格。

以下哪项如果为真，说明上述规定今年没有得到贯彻？

Ⅰ. 于亮有申请本市户口的资格，同时他也在本市缴纳社保刚好5年，但是他的B类人才认定明年才能批复。

Ⅱ. 程龚没有申请本市户口的资格，但是他是B类人才。

Ⅲ. 晓光今年刚刚研究生毕业，刚签约一家国有企业，还没有来得及做人才认定，并且他已经获得了申请户口资格。

Ⅳ. 王冬有申请本市户口的资格，但他在本市内缴纳社保只有3年，也没有任何人才认定的证书。

A. 仅Ⅰ。　B. 仅Ⅰ和Ⅱ。　C. 仅Ⅲ。　D. 仅Ⅱ和Ⅲ。　E. 仅Ⅲ和Ⅳ。

68 在现代社会中，孤独成为普遍现象。只有当个体与他人建立深层次的社会关系，才能有效减少孤独感。除非个体能有效减少孤独感，才能感受到社会的归属感。如果个体居住在人口密集度较低的城市中，就能感受到社会的归属感。一般来说，如果个体经历过社会关系的破裂，就会选择居住在这样的城市中。

根据上述陈述，以下哪项是不可能的？

A. 个体没有尝试与他人建立深层次的社会关系，也没有感受到社会的归属感。

B. 个体居住在人口密集的城市中，但与他人建立了深层次的社会关系。

C. 个体没有居住在人口密集度较低的城市中，也没能有效降低孤独感。

D. 个体没有经历过社会关系的破裂，但与他人建立了深层次的社会关系。

E. 个体感受到了社会的归属感，但没有与他人建立深层次的社会关系。

69 雌激素是维持女性骨骼健康的一个重要元素，成骨细胞增殖和破骨细胞凋亡是两个维持骨动态平衡的关键基础。雌激素正常分泌时可以促进成骨细胞增殖以及诱导破骨细胞凋亡，而一旦雌激素迅速下降，就会减弱对破骨细胞的抑制作用。

以下哪项如果为真，最能反驳上述论述？

A. 维持女性骨骼健康的重要元素不止雌激素，还有维生素D和钙。

B. 即使在雌激素迅速下降的同时，人体也不会失去骨动态平衡。

C. 雌激素迅速下降，成骨细胞增殖也被抑制。

D. 骨动态平衡时雌激素没有迅速下降。

E. 维持骨动态平衡的基础不是雌激素的正常分泌。

70 在某次舞蹈比赛结束后，专家对于奖项花落谁家有了如下猜测：

（1）如果张或李获得第一名，则王或赵分别获得安慰奖和鼓励奖之一；

（2）只有某舞蹈演员获得第一名，其表演的舞蹈才会获得最佳编舞奖；

（3）每个奖项仅有一人获得。

根据以上信息，以下哪项和题干的预测不一致？

A. 张获得了最佳编舞奖，赵获得了安慰奖。

B. 赵没获得鼓励奖，但孙获得了最佳编舞奖。

C. 李获得了安慰奖，张获得了鼓励奖。

D. 张获得了最佳编舞奖，李、孙分别获得了安慰奖和鼓励奖。

E. 张和李分别获得了安慰奖和鼓励奖。

题型 04 复言命题 - 真假判断

海绵 MBA App 扫码对答案
查看解析和视频讲解

题型特征	（1）问题特征：问题要求判断题干命题的真假。 （2）题干特征：题干以复言命题为主。
思路概述	本题型主要考查复言命题的真假规则。注意，判断“P→Q”的真假时，可以将其转化为“¬ P ∨ Q”，简化判断过程

71 小明：我今天要么去游泳，要么去打篮球。

小红：小明在说谎。

若小红的话为真，则以下有几项必然为真？

（1）小明今天不去游泳，或者去打篮球。

（2）小明今天不去游泳，也不去打篮球。

（3）小明今天不去游泳，但是去打篮球。

（4）小明今天去游泳，也去打篮球。

（5）小明今天要么去游泳，要么不去打篮球。

A. 1 项。　B. 2 项。　C. 3 项。　D. 4 项。　E. 5 项。

72 在某企业董事会现场，财务、技术、行政、人事、研发 5 个部门代表参与讨论关于该年度奖金的分配，对于此次分配，有如下四人进行预测：

甲：3 万元奖金应当分配给财务部门或行政部门，二者必居其一。

乙：若是财务部门获得了部分奖金，则应当也分配给行政部门但不能分配给技术部门。

丙：如果行政部门获得了奖金，则研发部门也需分配部分奖金但不能分配给人事部门。

丁：除非财务部门和技术部门同时获得了奖金，否则人事部门也获得奖金。

现得知财务、技术、行政、人事 4 个部门均获得了奖金，则以下哪项一定为真？

A. 甲预测正确，乙预测错误。　B. 甲预测错误，丙预测正确。

C. 乙预测错误，丙预测正确。　D. 丙、丁二人均预测错误。

E. 丁预测正确，乙预测错误。

73 甲、乙、丙、丁一同去看游泳比赛，到了最后的半决赛场次，他们分别做了如下猜测（没有并列名次）：

甲：一号泳道和三号泳道的选手至少一个能夺得最终的冠军。

乙：若二号泳道的选手不能夺冠，那么四号泳道的选手必定是能够夺冠的。

丙：三号泳道和四号泳道的选手都不可能夺冠。

丁：如果三号泳道的选手不能夺得冠军，那么二号泳道的选手必定夺得冠军。

最终三号泳道的选手夺得了最终的冠军，关于四人的猜测，以下哪项为真？

A. 全都猜错了。

B. 四人中只有一人猜对了。

C. 四人中有两人猜对了。

D. 四人中有三人猜对了。

E. 全都猜对了。

74 最近启盛公司的收益出现了下滑，公司高层针对裁员和降低成本之间的关系进行了讨论：

甲：裁员一定会导致成本的降低。

乙：只有裁员，才能降低成本。

丙：裁员和降低成本一个都不能少。

丁：若想最有效地降低成本，除非裁员。

根据以上讨论，公司做出决定，则以下哪项是不可能的？

A. 只有 1 人的观点符合决定。

B. 只有 2 人的观点符合决定。

C. 只有 3 人的观点符合决定。

D. 只有 4 人的观点符合决定。

E. 4 人的观点均不符合决定。

75 在一次城市规划会议上，规划师们就是否增加公共交通投资和是否减少私人车辆的使用进行了深入讨论。与会者提出了不同的观点：

甲：只有增加公共交通的投资，才能有效减少私人车辆的使用。

乙：要么增加公共交通的投资，要么减少私人车辆的使用。

丙：只有有效减少私人车辆的使用，才能增加公共交通的投资。

丁：若不能增加公共交通的投资，则无法有效减少私人车辆的使用。

戊：能否增加公共交通的投资决定了是否能有效减少私人车辆的使用。

根据上述讨论，若规划师们最终做出了决定，则可以推出以下哪项？

A. 上述 5 人的意见恰有 1 个符合最终的决定。

B. 上述 5 人的意见恰有 2 个符合最终的决定。

C. 上述 5 人的意见至少有 2 个符合最终的决定。

D. 甲的意见不符合最终的决定，但乙和戊的意见符合最终的决定。

E. 乙的意见不符合最终的决定，且丙的意见也不符合最终的决定。

专题二　简单命题

题型 01　定义题

海绵 MBA App 扫码对答案
查看解析和视频讲解

题型特征	（1）问题特征：问题要求判断选项是否符合题干的定义。 （2）题干特征：题干给出某个定义。
思路概述	本题型只需要逐一验证选项，判断选项是否符合题干的定义即可

76 锚定启发式也被人叫作“锚定陷阱”，这是一种决策框架，当决策者需要对某个事件进行定量评估的时候，会将某种特定值作为初始值来参考，再进一步评估眼前的事物。无论做什么决策，我们都会不由自主地被初始值所影响。

根据以上描述，以下各项都符合“锚定陷阱”的定义，除了：

A. 超市的餐具区摆放各式各样的盘子，其中一套精美餐具标价 299 元，同时它的旁边同样款式但有瑕疵的餐具标价 129 元。结果，超市在销售这款餐具时，有瑕疵的餐具销量居然是精美款的 3 倍不止。

B. 在咖啡厅或者奶茶店都会被问同一个问题：要大杯还是中杯？如果你脱口而出说要小杯，店员会礼貌地回答说：不好意思，没有小杯。

C. 商场对某个产品打折，如果没有购买数量的限制，促销价格可能一般。但是，如果增加了数量的限制，比如每人限购 10 份，这时就会显得这个优惠力度很大，顾客就会想尽可能多买。再比如，很多商家惯用的是限时优惠，所限定的时间很短，会给购买者产生一种紧迫感。

D. 今天因为马虎，丢了 100 元钱，这会让你觉得很痛苦。即使在晚上又捡到 100 元钱，你捡到 100 元的快乐也不能抵消你丢失 100 元的不愉快。

E. 请对方帮忙时，你可以先提一个难度大一点的事情，这时如果对方拒绝，你再提出你真正需要对方帮忙的事情，这时就容易获得帮助。

77 弗洛伊德是精神分析学派的代表人物，他认为人格由有三部分构成的，即本我、自我、超我。本我是完全处于潜意识状态下，它是由我们人的本能所驱动的，它遵循的是“快乐原则”，它不懂什么是价值，什么是善恶道德，只要能满足自己就可以不惜一切代价；自我是现实中的我，它处于意识层面，它奉行的是“现实原则”，既要满足本我又要遵守社会准则约束，它是本我和外界的调节者。超我就像是人格系统中的大法官，它由道德律、自我理想等所构成，抑制本我行为的冲动。

根据上述信息，判断以下哪项行为的描述是属于“本我”的。

A. 可可看到一个小偷正在偷他人的钱包，但是他并没有出手制止。

B. 多多看到大家都在等红灯，于是他也和大家一起等红灯。

C. 小明买东西后，收银员多给他找了 10 块钱，于是他主动告知并且返还了这 10 块钱。

D. 王多鱼由于四五天没有吃东西了，他也没有钱买东西吃，于是他在超市随手顺了几个面包吃。

E. 正值下班高峰期又下着雨，小光在等车的间隙看见旁边的女士没有撑伞，便主动邀请他和自己撑同一把伞。

78 随着互联网的升级发展，在互联网文化的加持下催生了很多新兴的词汇，如置换反应、知识化缘、马兆海鸥等，这些词语被赋予别样的意义，被人们反复引用、不断演绎，成为当下网络狂欢中的一部分。其中伯劳救鸟的含义最为流行，该词条直译为伯劳捕食猎物，却被人错当成落水鸟，一般泛指那些看起来是在帮你，实则是为了自己的利益在害你的人。

以下哪项中的主人公不属于伯劳救鸟的群体？

A 小张最近炒股赔得一塌糊涂，于是拉拢自己的朋友投资，想与其一起加仓炒股分摊损失。

B 某成功学大师，到处在学校开讲座，传授人们一些不必要的心灵鸡汤，毒害青少年心灵。

C. 小欧害怕大欧的家长因大欧成绩不好而取消大欧和自己的旅行计划，于是擅自对其试卷成绩进行了修改。大欧的父母发现这次修改并惩罚了大欧。

D. 小李见朋友因为工作的事情郁郁寡欢，便带其旅游散心，舒缓郁结。

E. 小王销售爬墙软件给自己沉迷于外网漫画的朋友，导致朋友被外网的不实资讯欺骗。

79 落袋为安，一般常用于对股市风险的回避。泛指对象征性的、非确定性的或抽象的财富、人、情感等，只有把它变成现实的财富或货币，或者明确的答案，放进自己的口袋里才安稳。落袋为安反映出人们在面对风险和不确定时，会倾向于选择自认为损失较小的结果。

以下哪项反映出了当事人落袋为安的心理历程？

A. 中途岛战役中，日本将领南云忠一侦察到美国航母，此时返程机队正在等待回收，这时他面临两种选择：一是调出预备机队，反扑美军，这样可能会损失全部返程机队；二是先回收返程机队再反扑。最终南云忠一选择先回收，再反扑，导致了战役失败。

B. 小张参与了某商场的抽奖游戏，在进行到第 4 局时，游戏提示小张可以选择继续下面的游戏，若是失败则所有奖品消失，成功即可获得 5 000 元大奖，也可带着现有的 1 000 元奖金见好就收。小张选择了继续游戏。

C. 某投资商想投资度假村项目，看中了小张家的地块，预备出资 3 000 万元买断小张家的地块，小张严厉拒绝，理由是这附近的地块已经涨价，3 000 万元只能租 10 年的使用权。

D. 应届毕业生小张近期打算创业，预备在某写字楼置办一个办公室，但因租金问题一直谈不拢，最终小张以超出预算 3 万元租下了 17 层的办公室，但物业附赠了 1 年的健身房使用权。

E. 某项目需要 A、B 两家公司共同推进，关于项目推进方案，两家公司起了冲突，导致项目施行阻碍重重，最终不得不提前中止了该项目。

80 工作伦理认为所有工作就本身而言都是“人性化的”，不管从事工作的人得到的是什么样的乐趣或没有乐趣，履行了一份职责的感觉是工作带来的最直接、最具决定性、最充分的满足感，淡化了工作之间原本显著的差异。对工作的美学审视则截然不同，它认为工作的价值取决于产生愉悦体验的能力，不能使人获得“内在满足”的工作没有价值。

根据以上定义，下列属于工作伦理的是：

A. 老王在银行工作，虽然工作压力很大，但父母都很喜欢这份工作，坚持要他留下。

B. 小张对“买买买”很有欲望，不会轻易接受延迟满足，虽然不喜欢这份工作，但仍然积极工作。

C. 小刘认为“人生而平等，但工作不平等”，所以为了让自己可以更好地接受工作并履行，他选择追求社会地位更高的工作。

D. 大学毕业后小周好不容易找到了一份工作，工作氛围很好，也让他觉得自己不再是“废物”，工作起来也尽心尽责。

E. 小吴从事着一份幼师的工作，虽然一直坚守教育根本，对学生无私奉献，但这份工作最近让他愈感疲惫。

题型 02 概念计算题

海绵 MBA App 扫码对答案
查看解析和视频讲解

题型特征	（1）问题特征：问题要求推出结论。 （2）题干特征：题干给出若干概念。
思路概述	本题型主要考查概念之间的关系和概念划分的方法

81 某企业招聘了 7 名应届毕业生，其中 2 名来自历史学院、3 名来自管理学院，3 个人是广东人、3 个人是北方人。

根据上述信息，以下哪项一定为假？

A. 管理学院的 3 个人是广东的。　　B. 历史学院的 2 个人是北方人。

C. 管理学院的 3 个人是福建人。　　D. 管理学院的 3 个人是北方人。

E. 历史学院的 2 个人和管理学院的何某某是广东人。

82 在某次招标会现场的所有代表中，有 1 名男主持人推进流程，有 3 名 A 公司的代表、2 名 B 公司的代表，来自甲写字楼的有 7 人，女士有 4 人。

根据以上信息，以下哪项一定为真？

Ⅰ. 此次招标会至少有 7 人。

Ⅱ. 此次招标会至多有 13 人。

Ⅲ. 此次招标会至少有 10 人。

A. 仅Ⅰ。　B. 仅Ⅱ。　C. 仅Ⅲ。　D. 仅Ⅰ、Ⅱ。　E. 仅Ⅱ、Ⅲ。

83 2022 年 11 月底，江海市决定召开年度市工作总结会议，此次会议邀请了社会各界相关人士，其中仅从事教育工作的有 5 人，从事工程建设的有 8 人，有 2 人是已婚人士。另外，本次参会人员中有 3 名女教师，她们都是未婚人士。

那么，关于此次参会人员的情况，以下哪项可能为真？

Ⅰ. 最少 13 人，最多 15 人。

Ⅱ. 最少 8 人，最多 15 人。

Ⅲ. 有 2 名教育工作者已婚。

Ⅳ. 张东林是一名未婚的男老师。

A. Ⅰ、Ⅲ。　B. Ⅱ、Ⅲ。　C. Ⅱ、Ⅳ。　D. Ⅰ、Ⅲ、Ⅳ。　E. 以上均不可能。

84 主持人随机街访 70 人，询问大家对饶舌音乐和乡村音乐的喜好。结果显示：男性受访者共有 37 人，表示喜欢饶舌音乐的有 23 人，表示喜欢乡村音乐的女性有 24 人，并且每个人都仅喜欢其中一种音乐。

根据上述陈述，参加此次街坊中喜欢饶舌音乐的女性有几人？

A. 7。　B. 8。　C. 9。　D. 10。　E. 11。

85 某校今年拟定录取300名硕士研究生。其中应届学硕考生57人，往届男生48人，学硕女生63人，专硕180人。

根据以上陈述，关于该校今年拟定录取的硕士研究生可以推出以下哪项？

A. 应届专硕女生不超过60人。
B. 往届学硕男生不超过32人。
C. 应届学硕女生不超过48人。
D. 往届专硕男生不超过36人。
E. 应届专硕男生不超过90人。

86 某国进行的调查显示，异地恋男女最终选择结婚后，往往面临选择居住地点的问题。可供选择的方案有四种：男方去女方所在的城市一起生活、女方去男方所在的城市一起生活、双方去一个新城市一起生活、双方分别留在自己原来所在的城市各自生活。调查显示，异地恋情侣婚后选择一起生活的人中，男性离开原来所在城市的人数比女性离开原来所在城市的人数多了50万。

根据以上陈述，可以推出以下哪项？

Ⅰ. 异地恋情侣结婚后，去女方城市一起生活的男性人数有50万。

Ⅱ. 异地恋情侣结婚后，去女方城市一起生活的男性比去男方城市一起生活的女性多。

Ⅲ. 异地恋情侣结婚后，离开自己原来所在城市的男性比离开自己原来所在城市的女性多。

A. 仅Ⅰ。
B. 仅Ⅱ。
C. 仅Ⅲ。
D. 仅Ⅱ和Ⅲ。
E. Ⅰ、Ⅱ和Ⅲ。

87 某公司有120名员工，其中正式员工80人、临时员工40人。其中，该公司销售部门有40人，技术部门有30人，其余部门共有50人。同时，这两个部门也是招聘临时员工较多的部门，两个部门共招聘了30名临时员工。

根据以上陈述，可以推出以下哪项？

A. 销售部门的临时员工比技术部门的正式员工少。
B. 销售部门的正式员工和技术部门的临时员工一样多。
C. 销售部门的正式员工比技术部门的临时员工少。
D. 销售部门和技术部门的正式员工比其余部门的临时员工多。
E. 销售部门和技术部门的临时员工比其余部门的正式员工多。

88 某小区组织了一次关于本小区新增电动车棚的投票，目的是了解大家对该方案的看法。实际参与投票的人数共有350人，其中小区业主310人，小区物业管理人员40人，小区租户20人。最终结果显示，有40%的人反对新增电动车棚，余下60%的人赞成新增电动车棚。

根据以上陈述，可以推出以下哪项？

A. 有的小区物业管理人员也在该小区租住。
B. 有的小区租户也购买了该小区的房子。
C. 有的小区业主也是该小区的物业管理人员。
D. 有的小区业主反对新增电动车棚。
E. 有的小区租户赞成新增电动车棚。

89 最近，某中学组织了一次校园科学展览，共有50位学生参展，其中高年级学生不多于20人，其余的是低年级学生。每位参展的学生要拿出一个项目供评委审核。审核结果显示，50个项目中有一半获得了评委的认可。最后该中学安排了20个学生进行了项目展示，其余30个学生参与了观摩学习。

根据以上陈述，可以推出以下哪项？

A. 有的高年级学生参与了观摩学习。

B. 有的高年级学生进行了项目展示。

C. 有的低年级学生进行了项目展示。

D. 有的高年级学生的项目获得了评委认可。

E. 有的低年级学生的项目获得了评委认可。

90 某公务员岗位要求本科及以上学历的文理科考生才能报考。报名结束后共有207名文理科考生报考。其中，应届考生147人，理科女生51人，应届文科考生78人，应届理科男生45人。

根据以上陈述，关于报考该公务员岗位的考生可以推出以下哪项？

A. 应届理科女生24人。

B. 往届理科考生36人。

C. 应届文科女生45人。

D. 往届理科女生不超过25人。

E. 应届文科男生不超过35人。

91 最近，某公司举办了一次技术研讨会，共有80人参加。其中有20人是外部专家，其余人都是该公司内部员工。参加会议的人可以在会议上做主题演讲，但需要在会议前提交演讲稿，并由公司审核通过后才能做主题演讲。

已知：

（1）每人至多提交1份演讲稿；

（2）公司共收到了70份演讲稿，其中有60份通过了审核；

（3）最终有30人在会议上做了主题演讲，其余40人进行了分组讨论。

根据以上信息，可以推出以下哪项？

A. 做主题演讲的外部专家比内部员工多。

B. 做主题演讲的外部专家不比内部员工多。

C. 有些外部专家进行了分组讨论。

D. 演讲稿通过公司审核的内部员工比演讲稿通过公司审核的外部专家少。

E. 演讲稿通过公司审核的内部员工比演讲稿通过公司审核的外部专家多。

92 某市2022年的人口发展报告显示，该市总人口有800万，其中男性人口500万、女性人口300万。从年龄分布情况来看，0～14岁的人口有180万，15～64岁的人口有320万，65岁及以上的人口有300万。

根据以上陈述，可以推出以下哪项？

A. 该市 65 岁及以上的人中，男性比女性多。

B. 该市 65 岁及以上的人中，男性不多于女性。

C. 该市 65 岁及以上的女性比该市不足 65 岁的男性少。

D. 该市不足 65 岁的女性比该市 65 岁及以上的男性少。

E. 该市 15 ~ 64 岁的女性比该市 0 ~ 14 岁的男性多。

93 西华医院新进一批实习生，这些实习生包括实习医生和实习护士。其中实习护士 20 名，实习医生 16 名，男实习生 20 名，女护士人数等于男护士、女医生人数总和。

根据以上的统计数据，以下各项均可以为真，除了：

A. 实习男护士比实习男医生少。

B. 实习男护士比实习女医生多。

C. 实习女护士最少。

D. 实习女医生最少。

E. 实习男护士比实习女护士少。

94 绿藤市举办了一年一度的青少年夏日运动会，参加此次运动会的均是从甲校、乙校选拔出来的运动健将，现已知此次运动会仅有 2 个项目，分别是跳水和游泳，参赛人数为 540 人，其中游泳参赛人数为 220 人，乙校比甲校多 140 人，甲校跳水参赛人数为 80 人。

根据以上信息，以下哪项一定为真？

A. 甲校跳水参赛人数比乙校游泳参赛人数多 20 人。

B. 乙校跳水比游泳参赛人数少。

C. 甲校游泳参赛人数比乙校跳水参赛人数少 120 人。

D. 甲校游泳参赛人数比乙校少 20 人。

E. 乙校跳水参赛人数比甲校至少多 180 人。

95 某高校统计了仅面向三个年级开放的三个社团的人数。其中：高一 72 人，高二 65 人，高三 18 人。参加服装设计社团的高一和高三学生有 34 人，参加轮滑社团的高二和高三学生有 40 人，参加模拟联合国社团的高一和高三学生有 25 人。

根据以上陈述，可以得出以下哪个选项？

A. 高一和高三参加轮滑社团的学生比高二参加轮滑社团的多。

B. 参加服装设计社团的高一学生多于高二学生。

C. 参加轮滑社团的高二学生多于高一学生。

D. 高二参加模拟联合国社团的学生比参加轮滑社团的高三学生多。

E. 高三学生里参加轮滑社团的比参加服装设计社团的人员多。

海绵 MBA App 扫码对答案

查看解析和视频讲解

题型 03 简单命题－推出结论（含三段论）

海绵 MBA App 扫码对答案
查看解析和视频讲解

题型特征	（1）问题特征：问题要求推出结论。 （2）题干特征：题干给出若干简单命题。
思路概述	本题型主要考查性质命题与模态命题的对当矩阵、性质命题的联立规则。解题时要注意如下细节： （1）若题干条件可联立，则先联立条件再验证选项。 （2）若题干仅有一个特称命题（有的），则将其作为解题起点联立条件。 （3）其余情况一般逐一代入选项进行验证

96 在数字化时代背景下，企业经营模式经历了根本性变革，远程办公、电子商务和智能化服务成为新趋势。对于企业来说，采用新技术以提升效率和用户体验已经成为优先考虑的事项。所有不适应数字化转型的企业都无法提升办公效率。而所有具有积极进取精神的企业都能提升办公效率。

根据以上陈述，可以得出以下哪项？

A. 只有采用新技术的企业才能保持竞争力。

B. 有些能提升办公效率的企业不具有积极进取精神。

C. 有些不适应数字化转型的企业也具有积极进取精神。

D. 所有不适应数字化转型的企业都没有积极进取精神。

E. 优先考虑用户体验的企业都能提高办公效率。

97 有的致远中学的学生参加了本次羽毛球锦标赛，所有参加羽毛球锦标赛的学生都是致远中学高三 2 班的学生。张涛是致远中学高三 2 班的学生，但王凯不是。

根据上述信息可知，以下哪项一定为真？

A. 张涛参加了羽毛球锦标赛。

B. 高三 2 班的学生都参加了羽毛球锦标赛。

C. 王凯参加了羽毛球锦标赛。

D. 有的高三 2 班的学生参加了羽毛球锦标赛。

E. 张涛没参加羽毛球锦标赛。

98 某市场研究部门通过对用户偏好的调查发现，大多数喜欢物理的用户都选择了科学类课程，而所有喜欢哲学的用户都选择了文学类课程，而所有选择了科学类课程的用户都没有选择文学类课程。

根据该研究部门的调查结果，可以推出以下各项，除了：

A. 所有喜欢哲学的用户都没有选择科学类课程。

B. 大多数喜欢物理的用户都不喜欢哲学。

C. 大多数不喜欢哲学的用户喜欢物理。

D. 有的喜欢物理的用户不喜欢哲学。

E. 有的没有选择文学类课程的用户喜欢物理。

99 有些具有良好使用体验的产品是大米公司生产的。所有大米公司生产的产品都是具有很高的性价比的，而性价比高的产品都受到广大消费者的喜欢。

根据上述信息，以下哪项无法推出？

A. 消费者不喜欢的商品大米公司是不会生产的。

B. 所有大米公司生产的产品消费者都很喜欢。

C. 有些性价比不高的产品却有良好的使用体验。

D. 所有高售价、低性能的产品都不是大米公司生产的。

E. 有些消费者喜欢的产品是大米公司生产的。

100 所有取得成就的人都觉得自己做得还不够好，所有觉得自己做得不够好的人都努力提升自己；有些取得成就的人成为人们口中的企业家；有些具有完美主义性格的人也成为人们口中的企业家；任何一个努力提升自己的人都不具有完美主义的性格。

如果上述断定都是真的，那么除了以下哪项，其余的断定也必定是真的？

A. 所有取得成就的人都在努力提升自己。

B. 没有一个完美主义的人会觉得自己做得还不够好。

C. 有些取得成就的人是完美主义者。

D. 有些企业家没有努力提升自己。

E. 有些企业家有努力提升自己。

101 科技是现代社会不可或缺的一部分，它不仅改变了我们的生活方式，也深刻地影响着我们的思维方式和价值观。如果每个人既具备科技素养，又能发现科技带来的便利，与此同时，他还能有意识地防范科技可能带来的负面影响，那么他就可以享受科技带来的乐趣。只有意识到科技的价值的人，才能享受科技带来的乐趣。然而，有些人虽然具备科技素养，也能有意识地防范科技可能带来的负面影响，但意识不到科技的价值。

根据以上陈述，可以推出以下哪项？

A. 不能有意识地防范科技可能带来的负面影响是因为不能意识到科技的价值。

B. 若不能意识到科技的价值，就无法发现科技带来的便利。

C. 若能享受科技带来的乐趣，则说明具备科技素养。

D. 有些具备科技素养的人可以发现科技带来的便利。

E. 有些能有意识地防范科技可能带来负面影响的人不能发现科技带来的便利。

102 所有科学发现都是基于实验数据的，所有基于实验数据的发现都能够揭示自然法则，所有能揭示自然法则的发现都能反映自然规律，而所有能够反映自然规律的发现都不可能是完全错误的。

根据以上陈述，可以推出以下哪项？

A. 所有科学发现都可能不是完全错误的。

B. 有些科学发现可能是完全错误的。

C. 有些能反映自然规律的发现不是基于实验数据。

D. 有些能揭示自然法则的发现不是科学发现。

E. 所有能反映自然规律的发现都是科学发现。

103 某公司所有技术岗员工都支持环保行动，管理层都反对远程办公，所有支持环保行动的人都支持灵活工作制度，而所有支持灵活工作制度的人都支持远程办公。

如果以上各句陈述均为真，则下列哪项也必为真？

A. 该公司所有非技术岗成员都是管理层。

B. 该公司有些非管理层成员不是技术岗员工。

C. 该公司有些支持远程办公的成员也支持环保行动。

D. 该公司有些管理层成员是技术岗员工。

E. 该公司有些支持远程办公的成员不是技术岗员工。

104 有些没有受过大学教育的人是优秀企业家，而多数优秀企业家是受过大学教育的。优秀企业家都是果敢而有头脑的人，只有果敢而有头脑的人才能把公司经营得长久。

如果以上陈述为真，则以下哪项一定为真？

A. 只有优秀企业家才能把公司经营得长久。

B. 有些果敢而有头脑的企业家不是优秀企业家。

C. 能把公司经营得长久的企业家都是优秀企业家。

D. 有些果敢而有头脑的企业家未受过大学教育。

E. 多数受过大学教育的人是果敢而有头脑的。

105 所有基础设施完善的社区都有较好的绿化环境，所有绿化环境良好的社区都有较高的服务水平。但并非每一个价格高昂的社区都具备良好的绿化环境，且并非每一个绿化环境良好的社区都具有完善的基础设施。

根据以上信息，可以得出以下哪项？

A. 有的价格高昂的社区基础设施完善。

B. 所有绿化环境良好的社区都有完善的基础设施。

C. 并非所有价格高昂的社区都基础设施不完善。

D. 所有具备较高服务水平的社区都具备良好的绿化环境。

E. 有的较高服务水平的社区具有良好的绿化环境。

106 有些获得奖项的科学研究并不是基础科学研究，但凡是创新性强的研究都是基础科学研究。此外，所有获得奖项的研究要么创新性强，要么应用范围广泛。

根据以上陈述，可以推出以下哪项？

A. 有些研究虽然应用范围广泛，但是创新性不强。

B. 有些获得奖项的研究创新性强。

C. 有些获得奖项的研究应用范围不广。

D. 有些基础科学研究创新性不强。

E. 有些获得奖项的研究是基础科学研究。

107 某大学招生时，会招收普通本科生、校企合作本科生等类别的学生。其中普通本科生和校企合作本科生的就业路径完全不同。所有校企合作本科生毕业后都必须进入指定企业工作，但所有普通本科生毕业后都可以自主选择就业的公司。任何非校企合作本科生在毕业前都需要自己寻找实习机会，但所有的校企合作本科生都不需要自己寻找实习机会。

根据以上陈述，可以推出以下哪项？

A. 该大学有些不需要自己寻找实习机会的本科生毕业后必须进入指定企业工作。

B. 该大学有些需要自己寻找实习机会的本科生毕业后可以自主选择就业的公司。

C. 该大学有些毕业后需要进入指定企业工作的本科生是普通本科生。

D. 该大学有些毕业后可以自主选择就业公司的本科生不需要自己寻找实习机会。

E. 该大学有些毕业后需要进入指定企业工作的本科生不是校企合作本科生。

108 临近毕业，又有大批的毕业生走向社会。面对现阶段下的就业形势，许多毕业生是很迷茫的，不知道自己想从事什么样的工作，想找到一份符合自己预期的工作更是难上加难。对于师范生来说就好一些，所有的公费师范生都不用自主就业，所有的理科毕业生都要自主就业，有些工科生拥有理科双学位，所有不是自主就业的毕业生都不用着急投简历，大多数公费师范生都不是工科生。

根据上述信息，不能推出以下哪项？

A. 有些非自主就业的毕业生不是工科生。

B. 有些工科毕业生需要自主就业。

C. 大多数非工科毕业生都不是自主就业的。

D. 有些非理科毕业生都不着急投简历。

E. 有些着急投简历的毕业生一定不是公费师范生。

109 某科研机构开展了一系列研究项目。其中，人工智能领域的项目都需要用机器学习技术。有的生物学领域的项目需要进行实验室实验。化学领域的项目也都需要进行实验室实验。没有一个项目是既需要机器学习技术，又需要进行实验室实验的。

根据以上信息，关于该科研机构开展的这系列研究项目，可以得出以下哪项？

A. 所有生物学领域的项目都不属于人工智能领域。

B. 有的生物学领域的项目也属于人工智能领域。

C. 有的化学领域的项目不属于人工智能领域。

D. 有的化学领域的项目属于人工智能领域。

E. 有的生物学领域的项目也属于化学领域。

110 某市为了降低交通事故率新增了一些交通安全法规，具体包括车辆限速措施和行人安全措施两大类。具体情况如下：

（1）所有的高速公路限速措施都在城市外围；

（2）有的人行横道的安全提升工程在商业区；

（3）有的城市道路限速措施在商业区；

（4）所有人行横道的安全提升工程都需要耗费大量资金；

（5）没有任何一项措施既在商业区，又在城市外围。

根据以上信息，关于该市实行的这套新交通安全法规，可以得出以下哪项？

A. 有的在商业区的措施需要耗费大量资金。

B. 有的在商业区的措施不需要耗费大量资金。

C. 有的在城市外围的措施和车辆限速无关。

D. 有的耗费大量资金的措施和行人安全无关。

E. 大多数和行人安全有关的措施都需要耗费大量资金。

题型 04 简单命题－补充前提

海绵 MBA App 扫码对答案
查看解析和视频讲解

题型特征	（1）问题特征：问题要求补充前提确保题干推理成立。 （2）题干特征：题干的论据和论点均为性质命题。
思路概述	本题型有两类解题思路。 （1）选项代入 逐一代入选项，寻找能使题干推理成立的选项。代入时注意： ①若论据是特称命题"有的"，则答案必须是全称命题（所有）； ②正确答案一般是仅在题干中出现 1 次的概念之间的推理关系。 （2）逆向思考 本题型也可以通过逆向思考，根据性质命题的联立规则直接判断答案

111 没有枫蚕是属鳞翅目刺蛾科的，没有洋辣子不是属鳞翅目刺蛾科的。因此，所有的洋辣子都不是鳞翅目大蚕蛾科。

以下哪项为真，可以构成结论成立的前提？

A. 没有枫蚕不是鳞翅目大蚕蛾科。

B. 没有枫蚕是鳞翅目大蚕蛾科。

C. 所有鳞翅目大蚕蛾科的昆虫都是枫蚕。

D. 有些鳞翅目刺蛾科的昆虫不是鳞翅目大蚕蛾科。

E. 没有鳞翅目刺蛾科的昆虫不是鳞翅目大蚕蛾科。

112 没有一个考上研究生的人是不努力的，有些考上研究生的人是出类拔萃的。因此，有些公司高管是出类拔萃的。

以下哪项是上述推理成立的前提？

A. 所有公司高管都是努力的。

B. 任何一个非公司高管员工都没考上研究生。

C. 有些努力的人是公司高管。

D. 所有努力的人都是公司高管。

E. 有些考上研究生的人是公司高管。

113 所有真正致力于提高产品质量的公司，都是可靠的公司。有些投资研发创新的公司是真正致力于提高产品质量的公司。因此，有些可靠的公司对行业的发展具备准确的判断。

以下哪项如果为真，能使上述推理成立？

A. 有些真正致力于提高产品质量的公司对行业的发展具备准确的判断。

B. 所有投资研发创新的公司都对行业的发展具备准确的判断。

C. 所有投资研发创新的公司都真正致力于提高产品质量。

D. 所有可靠的公司都真正致力于提高产品质量。

E. 所有可靠的公司都会投资研发创新。

114 在本次慈善晚会上，所有到场的嘉宾都无偿地捐款给救助基金会。

再加入以下哪项，可以合乎逻辑地推出“有些与会人员不是在场的嘉宾”？

A. 有些与会人员也捐款了。

B. 有些嘉宾不是此次晚会的与会人员。

C. 有些没有捐款的人是此次晚会的与会人员。

D. 有些非此次晚会的与会人员也没有捐款。

E. 所有与会人员都捐款了。

115 所有重视公共卫生的城市，最终都提高了居民健康水平；而重视公共卫生的城市，都将疾病预防措施作为核心工作。因此，有些提高了居民健康水平的城市居民幸福感指数很高。

以下哪项如果为真，可以使上述论证成立？

A. 所有将疾病预防措施作为核心工作的城市居民健康水平都很高。

B. 所有将疾病预防措施作为核心工作的城市都重视公共卫生。

C. 所有将疾病预防措施作为核心工作的城市居民幸福感指数都很高。

D. 有些重视公共卫生工作的城市居民幸福感指数很高。

E 有些将疾病预防措施作为核心工作的城市居民幸福感指数很高。

题型 05 简单命题 – 寻找矛盾

海绵 MBA App 扫码对答案
查看解析和视频讲解

<table>
<tr><td rowspan="1">题型特征</td><td>如下几类情况均属于这类题型。
情况 1
（1）问题特征：问题要求推出结论。
（2）题干特征：题干是“否定词 + 简单命题”的结构。
情况 2
（1）问题特征：问题要求寻找必然为假的选项。
（2）题干特征：题干以简单命题为主。
情况 3
（1）问题特征：问题要求质疑题干。
（2）题干特征：题干以简单命题为主。</td></tr>
<tr><td>思路概述</td><td>本题型主要考查性质命题和模态命题的矛盾命题。注意，若题干较为复杂，则可以用选项代入法解题</td></tr>
</table>

116 张阿姨说：人生从来都不是公平的，世上不可能有一个人和你一样，也不可能所有的人都像你一样善良，不要听别人怎么言语，始终坚持自己的内心，你的幸福必然会到来。

根据以上陈述，可以推出以下哪项？

A. 所有的人都必然和你不一样，并且有的人可能像你一样善良。

B. 有的人必然和你不一样，并且有的人必然像你一样善良。

C. 所有的人都必然和你不一样，并且有的人必然不像你一样善良。

D. 有的人可能和你不一样，并且有的人可能像你一样善良。

E. 有的人可能和你一样，并且有的人必然像你一样善良。

117 小张：“现实生活中，或者不可能有人喜欢所有的明星，或者有的人喜欢 3 个以上的明星。”

小李：“我不同意你的观点。”

以下哪项能准确表达小李的态度？

A. 所有人都不喜欢有的明星，但有的人只喜欢 2 个明星。

B. 有的人可能喜欢所有的明星，但是所有人喜欢的明星不超过 3 个。

C. 有的人必然喜欢所有的明星，但是绝大多数人还是不喜欢某个明星。

D. 可能所有人喜欢所有的明星，或者有的人喜欢的明星数量远远超过 3 个。

E. 可能有人喜欢所有的明星，但是大多数人都只喜欢 1 ~ 2 个明星。

118 古语云：“穷则独善其身，达则兼善天下。”一个人不可能一生所有的时刻都是贫穷潦倒的，同时一个人也必然不会时时刻刻都交好运。不论贫穷富贵，一人心里能常怀他人，坚守自己的本心，那么困惑的日子总会过去的。

以下哪项与上述陈述意思接近？

A. 一个人的贫穷潦倒只是一时的，当然一个人的好运也是一时的。

B. 一个人一生中某些时刻一定不是贫穷潦倒的，某些时刻一定会交好运。

C. 一个人一生中不可能时时刻刻都交好运，但可能在某些时刻是贫穷潦倒的。

D. 一个人一生中某些时刻一定不是贫穷潦倒的，某些时刻一定交不到好运。

E. 一个人一生中可能会时时刻刻都交好运，但不可能所有的时刻都是贫穷潦倒的。

119 随着互联网的升级发展，未成年人上网已经做到了“全覆盖”，且未成年网民更具有黏性，这也向我们表明禁止未成年人上网已经是不可能了。但随之需要面对的是，家长对于未成年人有网瘾的烦恼，其中不乏对网游公司的声讨，未成年人的消费观并未成型，所以官方呼吁禁止未成年人充值。但眼下的情况是：并非所有网游一定禁止所有未成年人充值，但有的 App 可能做到了禁止所有未成年人玩。

根据以上信息，以下哪项一定为真？

Ⅰ. 有的网游禁止了所有未成年人充值。

Ⅱ. 所有 App 都可能禁止了所有未成年人玩。

Ⅲ. 有的网游可能禁止不了有的未成年人充值。

A. 仅Ⅰ。　B. 仅Ⅱ。　C. 仅Ⅲ。　D. 仅Ⅱ、Ⅲ。　E. 仅Ⅰ、Ⅲ。

120 没有哪个老师会通晓所有科目，但有的老师可能会去尝试学习。

根据以上信息，以下哪项一定为假？

A. 有的老师不通晓所有科目，但一定会去尝试学习。

B. 所有老师都存在薄弱的科目，但可能会去尝试学习。

C. 张老师不擅长英语，但是很乐意去学习。

D. 若是所有老师都存在薄弱的科目，则一定不会去尝试学习。

E. 若是有的老师不通晓有的科目，则一定会去学习。

121 没有一个海绵员工不认识任老板，张明认识任老板的朋友。如果某个人认识任老板的朋友，那么他一定也会认识王小明，认识王小明的人都不认识任老板。所有王小明认识的人，张明都不认识。

根据以上陈述，可以判定哪项一定为假？

A. 王小明是海绵的员工。　B. 张明不认识任老板。

C. 王小明认识任老板。　D. 张明是海绵的员工。

E. 张明是任老板的朋友。

122 茶壶使用之后都会产生茶垢，有些茶垢不用清洗剂就洗不干净。茶壶看起来洗净了，也可能会有茶垢的残留；有些家庭洗茶壶不用清洗剂。

以下哪项如果为真，最能反驳上述观点？

A. 无论能不能将茶壶洗干净，都不能用清洗剂。

B. 无论能不能将茶壶洗干净，都要用清洗剂。

C. 用了很久的茶壶一定是干净的。

D. 有些茶壶没洗干净是因为用了清洗剂。

E. 有些茶壶使用之后没有产生茶垢。

123 一年级同学的作业压力都比较小；切实贯彻实行素质教育地区都在东部沿海地区；钢琴比赛获奖的同学都是舞蹈比赛获奖的同学；没有切实贯彻实行素质教育地区的学生不可能具有小的作业压力；有些奥数比赛获奖的男同学来自西北内陆地区；舞蹈比赛获奖的同学也都来自西北内陆地区。

根据以上信息，以下哪项不可能存在？

A. 钢琴比赛获奖的一年级同学。

B. 来自东部沿海地区的男同学。

C. 来自切实贯彻实行素质教育地区且奥数比赛获奖的学生。

D. 奥数比赛获奖的一年级同学。

E. 南方地区的切实贯彻实行素质教育地区的学生。

124 小王认为："维生素 E 具有抗氧化的特性，但有些维生素并没有抗氧化的作用。不以维生素原的形式存在于食物中的都不算是维生素，以维生素原的形式存在于食物中的原本都没有维生素活性。"

以下哪项为真，可以对小王观点进行反驳？

A. 有些维生素 E 原本是有维生素活性的。

B. 所有不是维生素 E 的物质都具有维生素活性。

C. 有些原本没有维生素活性的物质不是维生素 E。

D. 有些维生素没有维生素活性。

E. 有些原本有维生素活性的物质都不以维生素原的形式存在于食物中。

125 所有的珠宝收藏家都不喜欢收藏翡翠，有的古董鉴赏家乐于收藏翡翠。所以，所有的古董鉴赏家都不乐于收藏钱币。

以下哪项如果为真，最能反驳上述结论？

A. 不喜欢收藏翡翠的玩家都不喜欢收藏钱币。

B. 珠宝收藏家都喜欢收藏钱币。

C. 古董鉴赏家都不爱好收藏钱币。

D. 喜欢收藏翡翠的都是古董鉴赏家。

E. 不喜欢收藏钱币的都是珠宝收藏家。

海绵 MBA App 扫码对答案
查看解析和视频讲解

第二章 综合推理

专题三 综合推理

题型 01 真话假话题

海绵 MBA App 扫码对答案
查看解析和视频讲解

题型特征	（1）问题特征：问题要求推出结论。 （2）题干特征：题干给出若干真假不定的判断。
思路概述	对于真话假话题而言，最重要的是先确定题干命题的真假，确定后再解题。具体有如下思路： （1）若题干存在矛盾关系、反对关系、下反对关系等特殊关系，则考虑利用题干真假的数量减去特殊关系的真假，判断余下命题的真假。 （2）若题干存在重复元素、推理关系（包含关系）、影响真假的关键要素，则也可以考虑用做假设的思路解题

126 深圳某小学放寒假，有人打算寒假去哈尔滨冰雪大世界玩。开学后，老师随机问了安安、康康、和和、美美 4 位小朋友，他们的回答如下：

安安：美美没有去冰雪大世界。

康康：有人去冰雪大世界。

和和：除非康康没有去冰雪大世界，否则美美没有去冰雪大世界。

美美：没有人去冰雪大世界。

通过证实有两人说真话，有两人说假话。

根据上述信息，可以得出以下哪项？

A. 说真话的是康康与和和。

B. 说真话的是安安与和和。

C. 说真话的是康康与美美。

D. 说真话的是和和与美美。

E. 说真话的是安安与美美。

127 某学校拟在甲、乙、丙、丁、戊、己 6 人中选择 4 人参加此次的围棋突围赛，领导小组在商讨后给出了如下方案：

（1）如果丁入围，则不选戊和己；

（2）甲和乙同时入围，则丙不会参加此次比赛；

（3）除非丁入围，否则选丙和戊；

（4）甲、乙、丙都入围。

上述条件仅有一假，则以下哪项一定为真？

A. 己入围了。　　B. 丁没入围。
C. 戊、己均入围。　　D. 乙、丙均入围。
E. 丙无缘此次比赛。

128 小学生进行跳绳比赛，二年级有 6 个班，预测比赛结果如下：
（1）获得第一名的不是三班；
（2）获得第一名的是六班；
（3）或者四班获得第一名，或者五班获得第一名；
（4）获得第一名的不是六班，也不是一班；
（5）获得第一名的既不是四班，也不是三班。
根据上述信息，只有一个预测为真，获得第一名的是：
A. 一班。　B. 三班。　C. 二班。　D. 四班。　E. 六班。

129 由于小红、小强、小明三人上课表现积极，老师特意奖励他们 12 颗糖果，让他们自己分着吃。关于如何分，这三人各有各的想法：
（1）小红至少分到了 5 颗糖；
（2）小强和另一个人各自都分到了 3 颗糖；
（3）小明至少分到了 8 颗糖。
如果上述想法有一个未被满足，则可以推出以下哪项？
A. 小红分到了 3 颗糖。
B. 小明分到了 6 颗糖。
C. 小强至少分到了 5 颗糖。
D. 小红和小强至多分到了 9 颗糖。
E. 小明和小强至少分到了 9 颗糖。

130 某公司端午节举行了划龙舟比赛，各参赛部门对比赛结果有如下看法：
（1）获得第一名的小组是行政部；
（2）获得第一名的小组是企划部；
（3）获得第一名的小组是秘书处；
（4）获得第一名的小组既不是企划部，也不是技术部；
（5）获得第一名的小组既不是运营部，也不是行政部。
根据上述信息，对比赛结果的看法有两条为假，获得第一名的小组是：
A. 企划部。　　B. 行政部。
C. 技术部。　　D. 运营部。
E. 秘书处。

131 家乐福超市年中做促销活动，凡是购物满 568 元可凭小票参与抽奖一次，100% 的中奖概率，先到者先抽，奖品数量有限。现场有多个抽奖的箱子，其中奖券都是随机的，有几位购物者对箱子的奖品做了如下猜测：

甲说："红色箱子是三等奖，橙色箱子是五等奖，紫色箱子是一等奖。"

乙说："红色箱子是二等奖，橙色箱子是五等奖，紫色箱子是四等奖。"

丙说："红色箱子是六等奖，橙色箱子是三等奖，紫色箱子是二等奖。"

丁说："红色箱子是二等奖，橙色箱子是四等奖，紫色箱子是六等奖。"

最终的抽奖结果出来，这四人中有一人猜对了两个，其他人都只猜对了一个。

那么以下哪项是橙色箱子里的奖品？

A. 一等奖。 B. 二等奖。 C. 三等奖。 D. 四等奖。 E. 五等奖。

132 甲、乙、丙、丁、戊 5 人在一起玩"投骰子"游戏，每人分别同时投 1 枚骰子，谁投到的数字最大，谁就能获得冠军。投掷结束后，这 5 人分别猜测其他人的投掷点数，具体猜测如下：

甲：丁的点数要么大于我，要么小于戊。

乙：如果我是冠军，那么丁和戊点数之和不是 7。

丙：我和戊的点数之和低于甲的点数。

丁：如果甲的点数大于戊，那么丁的点数最小。

戊：如果冠军不是乙，那么戊的点数小于甲。

最终只有一人的猜测符合最终结果且每人的点数均不相同，则可以推出以下哪项？

A. 甲的猜测正确，并且丁得分排第四。

B. 乙的猜测正确，并且丙的骰子数为 1。

C. 乙的猜测不正确，并且他不是冠军。

D. 丁的猜测正确，并且丁的骰子数为 3。

E. 戊的猜测正确，并且丁的骰子数为 4。

133 某大学宿舍的 5 名舍友去买彩票。后来中奖信息出来后，5 人有以下对话：

张三："李四不中奖，王五中奖。"

李四："如果我中奖，张三也中奖。"

王五："李四或者我中奖。"

赵六："我中奖或方七中奖。"

方七："张三不中奖或者李四中奖。"

后来事实表明，他们 5 人中只有 1 人说了真话。

根据以上陈述，以下哪项一定为真？

A. 张三说的是真话。 B. 王五中奖。

C. 方七中奖。 D. 李四说的是真话。

E. 赵六中奖。

134 年中，小丽在统计去年一年内公司所有人的出差情况时，统一给每个人发送了统计出差情况的邮件，但是每个人回复的信息都是各说各的，没有具体的出差时间。销售部一共四个人，每个人的出差时间均不在一起并且总出差时间刚好够一年。具体的邮件回复内容如下：

晓莉：我和张晨出差一共 8 个月。

张晨：晓莉和刘毅的出差时间加起来有 5 个月，比我多 2 个月。

刘毅：我和程东的出差时间加起来是 7 个月。

程东：我和晓莉的出差时间加起来是 6 个月。

可以确定的是四人中有一人内容是不实的，那么根据上述信息可以推出以下哪一项，除了：

A. 张晨和晓莉去年出差 5 个月。

B. 张晨去年出差 3 个月。

C. 晓莉去年出差 4 个月。

D. 程东去年的出差时间是最长的。

E. 张晨和刘毅的出差时间一样。

135 绿水青山就是金山银山。植树节当天，某学校中的五个学院组成志愿小组去植树。到达地方后，领导们约定进行比赛，他们对植树结果有如下看法：

（1）植树最多的小组是法学院；

（2）植树最多的小组不是文学院；

（3）植树最多的小组不是文学院，就是经济学院；

（4）植树最多的小组既不是国际关系学院，也不是法学院。

比赛结果显示，只有一个看法是错误的，那么植树最多的小组的是：

A. 文学院。 B. 法学院。 C. 经济学院。 D. 国际关系学院。 E. 化工学院。

136 某个挑战类综艺节目中的看图识记环节是观众最为喜欢的，在最终的问答环节，参加的嘉宾给出了如下的答案：

小汪：3 号是厄瓜多尔，4 号是巴西雨林。

多多：2 号是富士山，5 号是新加坡。

陈泽明：3 号是科尔沁大草原，4 号是新加坡。

迪迪：4 号是厄瓜多尔，2 号是富士山。

菲菲：5 号是富士山，1 号是科尔沁大草原。

已知这 5 人每人都猜对了一幅图，那么厄瓜多尔、巴西雨林、富士山、新加坡、科尔沁大草原对应的正确号码是多少?

A. 4、5、2、3、1。 B. 3、2、5、1、4。

C. 3、5、2、4、1。 D. 2、3、4、1、5。

E. 3、4、5、1、2。

137 某公司准备举办一次抽奖来调动公司氛围，甲、乙、丙、丁、戊、己中只有一人抽中了一等奖。对此，甲、丙、丁、己有如下对话：

甲：我和乙、丙、丁都没有抽中一等奖。

丙：一等奖肯定在戊、己之中。

丁：如果丙没抽中，那么一等奖或者是甲，或者是乙。

己：要么是甲抽中了，要么是乙抽中了，二者必居其一。

如果四人中只有一人说真话，则可推出以下哪项结论？

A. 甲抽中一等奖。　　B. 乙抽中一等奖。　　C. 丙抽中一等奖。

D. 丁抽中一等奖。　　E. 戊抽中一等奖。

138 在某次运动会上，对于集体 4×400m 的决赛冠军将会落入哪个班级的手中，甲、乙、丙、丁四人有了如下猜测：

甲：应该是三班或者五班。

乙：反正不会是二班。

丙：不是三班，或者是一班。

丁：不是一班就是五班。

根据比赛结果可知，仅有一人猜对，则以下哪项一定为真？

A. 丙猜对了，冠军为二班。　　B. 丙猜对了，冠军为一班。

C. 丁猜对了，冠军为五班。　　D. 乙猜对了，冠军不是二班。

E. 甲猜对了，冠军为三班。

139 王小明、石小玲、张涛、刘毅他们最近都很喜欢玩“狼人杀”，周末又约了几个朋友一起玩，规则是这样的，其中重要的人物就是狼人、猎人、预言家、女巫，狼人无论何时说的都是假话，猎人无论何时说的都是真话，预言家时而说真话，时而说假话，巫女也是时而说真话，时而说假话。他们四人分别是以上身份中的一个，以下是他们四人游戏某一幕中的所说的话：

（1）王小明：我是预言家，经过上一幕的对话，我已经知道狼人是谁了。

（2）石小玲：要么刘毅是狼人，要么王小明是狼人。

（3）张涛：我是女巫，我知道狼人一定是王小明、石小玲之中一人。

（4）刘毅：我不是猎人，我只知道狼人下一个要杀死的目标是预言家。

最终这一幕所有人发言结束后，狼人被猎人淘汰了，四人中只有一个人说假话，那么可以推出以下哪项？

A. 说假话的是张涛，石小玲是预言家。

B. 说假话的是刘毅，张涛不是女巫。

C. 说假话的是石小玲，刘毅是猎人。

D. 王小明是狼人，他被石小玲淘汰了。

E. 张涛是预言家。

140 新年刚过，国产电动汽车开展激烈价格战，迪迪、米米、吉吉、安安、菱菱 5 家公司对今年汽车的销售赢利情况预计如下：

迪迪：赢利的不会是安安。

米米：迪迪不会赢利。

吉吉：吉吉赢利或迪迪赢利。

安安：如果我公司的车赢利，那么其他车都不赢利。

菱菱：国产电动汽车争相降价，所有车都举步维艰，不会赢利。

最终证实只有两个预测为真。

根据上述信息，可以得出以下哪项?

A. 赢利的是吉吉。

B. 赢利的不是安安。

C. 赢利的是迪迪。

D. 说真话的是安安。

E. 说真话的是米米。

141 某学校下周举行春季校运会，每个班可报名人数有限，因此班委给了如下意见。班长认为："我们要报名参加短跑和排球。"副班长说："如果我们报名短跑和排球，那么也要报名接力项目。"体育委员说："只有报名接力项目，才能报名排球"。经过大家一致商讨，最终只有一人的意见被采纳。

根据以上信息，以下哪项报名情况符合上述决定?

A. 报名参加短跑和接力项目，不报名排球。

B. 报名参加短跑和排球，不报名接力项目。

C. 报名参加接力和排球，不报名短跑项目。

D. 报名参加接力项目，不报名短跑和排球。

E. 报名参加短跑、接力、排球。

142 有甲、乙、丙三个人，其中只有一个人在说真话，另外两个人在说假话。问了这三个人问题后，他们给出的回答是：

甲说："乙在说真话。"

乙说："若丙说真话，那么我说的也为真。"

丙说："若我说假话，那么甲、乙至少一人说真话。"

根据上述信息，可以确定谁在说真话?

A. 甲在说真话。

B. 乙在说真话。

C. 丙在说真话。

D. 甲在说真话或乙在说真话。

E. 无法确定谁在说真话。

143 王老汉家有梅、兰、竹、菊四个如花似玉的女儿，这四人中至少有一人是200斤的胖子。但是如今已减肥成功。某天，媒婆问四人的情况，四人的回答如下：

梅："兰或者竹是胖子。"

兰："我不是胖子，竹是胖子。"

竹："如果梅不是胖子，那么兰是胖子。"

菊："除非兰是胖子，否则梅不是胖子。"

后来事实表明，她们四人中只有一人说了真话。

根据以上陈述，以下哪项一定为假？

A. 竹说的是假话。　　B. 竹不是胖子。

C. 兰不是胖子。　　D. 菊说的是真话。

E. 梅说的是真话。

144 一场足球赛即将开启赛程的最后阶段，4 支强队将为最后名次展开激烈角逐。资深球迷们根据各球队以往战绩及现场表现，对比赛结果做出了预测：

（1）皇马队、西甲队都不能进入前两名；

（2）如果西欧队获得第一，那么南美队将获得第二；

（3）如果皇马队获得第三，那么西甲队将进入前两名。

比赛结束后，发现球迷们的预测只有一项是正确的。

据此，可以推出：

A. 西欧队获得第一。　　B. 南美队获得第二。

C. 皇马队获得第三。　　D. 西甲队获得第四。

E. 不能确定。

145 某希望小学发现收到了一笔来自市内某高校某老师的捐款，高校调查后发现，老师甲、乙、丙、丁、戊五人常与该希望小学联系。

甲：捐款人肯定不是丁。

乙：捐款人肯定不在甲、丙、丁当中。

丙：捐款人不是甲就是乙。

丁：捐款人肯定不是戊。

若只有一人说真话，可以得出捐款人是：

A. 甲老师。　B. 乙老师。　C. 丙老师。　D. 丁老师。　E. 戊老师。

146 临近考试期间，振华中学高三 5 班的班主任，为了帮助学生认真复习，考取满意的成绩，要求纪律委员对班级同学严抓考勤。某天早上，为了弄清甲、乙、丙三人到校的时间，纪律委员与他们进行了谈话，甲说："乙比丙早到学校。"乙说："甲晚于丙到校。"丙："乙比甲早到学校。"纪律委员查询了签到记录后发现，至少有两人说了假话。

Ⅰ. 甲、乙、丙。

Ⅱ. 丙、乙、甲。

Ⅲ. 乙、丙、甲。

Ⅳ. 甲、丙、乙。

根据上述信息，以下哪项是三人的正确到校顺序（由早到晚）？

A. 仅Ⅰ、Ⅳ。　B. 仅Ⅱ、Ⅳ。　C. 仅Ⅱ、Ⅲ、Ⅳ。

D. 仅Ⅰ、Ⅱ、Ⅳ。　E 仅Ⅰ、Ⅲ、Ⅳ。

147 市级举办的数独大赛吸引了众多数独爱好者参与，经过激烈的角逐，最终甲、乙、丙、丁脱颖而出，进入了决赛环节。最终他们以完成时间长短排名（没有名次并列），每位参赛者都对自己的排名做出了预测：

甲说："我不是最后一名并且在丙之前完成。"

乙说："我在甲之前完成。"

丙说："我是最后一个完成的。"

丁说："乙不是第三名。"

赛后结果出来，上述四人中第一名和最后一名预测失败，另外两人预测成功。

根据上述信息，以下哪项是四位参赛者的完成时长从长到短的排名？

A. 甲、乙、丙、丁。　　B. 丙、乙、丁、甲。

C. 甲、丁、乙、丙。　　D. 丙、丁、甲、乙。

E. 乙、丁、甲、丙。

148 一桩投毒谋杀案，作案者在甲、乙、丙、丁之中。经审讯，四人交代如下：

甲：只有乙投毒，丙才会投毒。

乙：甲和丙两人中至少有一人投毒。

丙：投毒的不是我。

丁：是乙投毒。

四人中只有一人说真话，可推出以下哪项成立？

A. 甲说真话，丙投毒。　　B. 乙说假话，乙投毒。

C. 丙说假话，乙投毒。　　D. 丁说假话，丙投毒。

E. 丙说真话，甲投毒。

149 某歌手选拔赛，最终毛毛战胜所有选手获得了冠军。台下有贾、史、王、薛、杨 5 位评委，其中有一位评委在每场比赛中都给毛毛投了晋级票。赛后采访，他们是这么对记者说的：

贾：我没有做，全程给毛毛投晋级票的人是史。

史：是王全程给毛毛投的晋级票。

王：除非贾全程给毛毛投晋级票，否则薛不会这样做。

薛：我没有全程给毛毛投晋级票，应该是杨全程给毛毛投晋级票。

杨：我没有做，王也不是全程给毛毛投晋级票的人。

记者后来得知，上述 5 位评委中只有 1 人说的话符合真实情况。

根据以上信息，可以得出做这件好事的人是：

A. 贾。　B. 史。　C. 王。　D. 薛。　E. 杨。

150 海绵的学员在考上研究生之后偷偷给海绵寄来了感谢锦旗。锦旗上没有署名，但初步确定是张赢、冠珺、尚岸、钱程四人中的两人邮寄的。小海绵询问了四人，他们的回复如下：

张赢：不是我，我很穷。应该是冠珺，冠珺喜欢仪式感。

冠珺：如果不是尚岸，那么肯定是钱程，他们在群里比较活跃。

尚岸：要么是张赢，要么是冠珺。

钱程：不是我也不是尚岸，因为我们两个人都比较高调，不会不留名。

为了增加神秘感，邮寄者必然说假话，而未邮寄者则说的是真话。

那么根据上述回答，能推出邮寄者是：

A. 张赢和钱程。　　　　　B. 冠珺和尚岸。

C. 张赢和冠珺。　　　　　D. 冠珺和钱程。

E. 尚岸和钱程。

海绵 MBA App 扫码对答案
查看解析和视频讲解

题型 02 匹配排序题

海绵 MBA App 扫码对答案
查看解析和视频讲解

题型特征	（1）问题特征：问题要求根据题干推出结论。 （2）题干特征：题干要求在元素之间进行匹配、分组或排序。
思路概述	这类题型的解题思路主要有如下几个： （1）若问题具有特殊性（必然为假、可能为真、补充前提）或选项具有特殊性（罗列了每个元素、假言命题），则可以用选项代入法。 （2）若题目有确定信息，则以确定信息为起点进行推理。 （3）若题目情况不定，则可以考虑做假设。假设的起点一般是不确定的情况、重复元素和假言命题。 此外，还要注意掌握同组条件、分组条件、相邻条件、定距条件、排序条件和数量关系的常见思考角度和结论

151 节日即将到来，靠谱工作室有这样一个节日传统，节日当天大家需要把自己精心准备的礼物包装成盲盒放一起，然后每位小伙伴挑选其中一个礼物盲盒，最终，甲、乙、丙、丁、戊 5 人获得的礼物盲盒中至少有一件礼物，这 5 人中每人获得的礼物数量均不一样，具体情况如下：

（1）每人获得的礼物数量在 1 ~ 5 个，并且每人获得的礼物盲盒不是自己准备的；

（2）乙准备的礼物数量不是双数，并且他获得的礼物不是甲准备的；

（3）如果甲或丙准备了 2 件或 4 件礼物，那么戊准备了 3 件礼物并且丁获得了 5 件礼物；

（4）若乙或戊准备的礼物不是最多的或不是最少的，则戊获得的礼物是最多的。

根据上述信息，以下哪项可能为真，除了：

A. 甲准备了 3 件礼物。

B. 乙获得了 3 件礼物。

C. 丙准备了 5 件礼物。

D. 丁获得了 2 件礼物。

E. 戊准备了 5 件礼物。

152 校级运动会将所有参加立定跳远的选手排成列，并做出如下要求：若至多有 4 个女生在同一列且不连续排列时，那么这一列男生和女生数量之和大于 8 人；若至少有 4 个女生在同一列或者女生连续排列，则该列男生和女生的数量之和必须等于 8 人。但是主办方要求每一列男生和女生的数量之和必须是等于 9 人，或者小于 8 人。

根据以上信息，以下哪项是符合上述条件的某一列？

A. 女、女、女、女、男、男、女、男、男。

B. 女、女、女、女、男、男、男。

C. 男、女、男、女、男、女、男、男、男。

D. 女、女、女、女、女、男。

E. 男、女、男、女、女、女。

153 振华中学举行一年一度的“歌唱我心”校园歌手大赛，现三年级2班准备参加其中的情歌对唱（需一男一女）比赛，报名的选手有尔尔、东东、川川三名女生和小张、小李、小孙三名男生。已知：

（1）尔尔的搭档是小李或者小孙；

（2）东东的搭档不是小李就是小张。

以下哪项为真，可以确定这三组的搭档情况？

A. 川川的搭档是小张。

B. 东东的搭档是小张。

C. 如果川川的搭档不是小张，那么就是小孙。

D. 尔尔的搭档是小孙。

E. 尔尔的搭档不是小张。

154 在某次大型工程项目的投票表决会议上，决定将某大型项目交付给赵、钱、孙、李中的二人，一人作为负责人，一人作为外联人员。四人为争取此次机会，做出了以下承诺：

赵：如果我是负责人，则我的另一名队员将在钱和孙之间做出选择。

钱：如果我有幸成为负责人，则我的外联队友是赵或李。

孙：除非赵入选，我才能成为负责人。

李：只有孙或赵入选，我才是负责人。

根据以上信息，以下哪项可能为真？

A. 孙是负责人，钱为外联人员。

B. 钱是负责人，孙为外联人员。

C. 赵是负责人，李为外联人员。

D. 李是负责人，赵为外联人员。

E. 孙是负责人，李为外联人员。

155 花市新引进了一批花，有红色的玫瑰、牡丹、郁金香，蓝色的水仙、玫瑰、鸢尾，白色的雏菊、茉莉、荷花，现小红、小兰、小柏每人选择3种花来完成自己的插花作业，并满足以下要求：

（1）每个人至少选一种和自己的名字谐音一样颜色的花朵，且每人选择均不一样；

（2）若是小红选择蓝水仙，则小兰选择白雏菊；

（3）若是小兰选择红牡丹，则她也选白荷花；

（4）若是小柏不选蓝鸢尾，则小兰不选白雏菊。

根据以上信息，以下哪项一定为假？

A. 小红：蓝水仙、红牡丹。小兰：白雏菊、蓝鸢尾。小柏：白茉莉、白荷花。

B. 小红：蓝水仙、白荷花。小兰：白雏菊、红郁金香。小柏：白茉莉、红玫瑰。

C. 小红：红牡丹、白雏菊。小兰：蓝水仙、白茉莉。小柏：红郁金香、蓝玫瑰。

D. 小红：蓝水仙、白茉莉。小兰：白雏菊、蓝玫瑰。小柏：白荷花、红玫瑰。

E. 小红：红牡丹、蓝鸢尾。小兰：白玫瑰、红郁金香。小柏：红玫瑰、蓝玫瑰。

156 小王在工厂检查出一批鼠标含有次品，次品分别左键和右键有瑕疵，将这批鼠标按顺序标1 ~ 7号放置在桌上，其中有4个次品。已知：

（1）次品至多两个相邻，良品互不相邻；

（2）如果1号是次品且左键有瑕疵，那么4号也是次品且左键有瑕疵或者7号是次品且右键有瑕疵；

（3）如果5号是次品且右键有瑕疵，或者2号是次品，那么1号也是次品且左键有瑕疵；

（4）如果4号是次品，那么1号是良品。

若3号和6号是次品，则以下哪项一定正确？

A. 3号是次品且右键有瑕疵。

B. 3号是次品且左键有瑕疵。

C. 5号是次品且左键有瑕疵。

D. 5号是次品且右键有瑕疵。

E. 1号不是次品。

157 小张在玩密室逃脱，他面前有一处密码需要解开，密码由大写字母和阿拉伯数字组成，现规则如下：

（1）若数字按顺序排序，那么字母也不会跳跃排序；

（2）若数字之和大于13，那么不会有3个字母相邻；

（3）若数字之和不大于13，那么不会有3个数字相邻。

现有如下几个密码选择，哪个密码可以成功解开？

A. 6G7J89NF。　　B. CFK234Z5。

C. 1G234INS。　　D. 1QP3O4N5。

E. 4E6PI25K。

158 鼎盛公司最近在休息区域安装了几个乒乓球桌供员工们放松娱乐，每天下午都会有员工在此打球。小张发现，三位女生赵好、钱俪、孙瑜（实力由强到弱）与三位男生李江、周洋、吴兴（实力由强到弱）是乒乓球发烧友，他们总会来互相切磋。今天他们同时上场比拼，六人在三个乒乓球桌两两对战，小张观摩发现：

（1）赵好不是和李江打，就是和孙瑜打；

（2）只有李江或钱俪出场的时候，周洋才会出场和他们中的一人打；

（3）如果吴兴出场，那么赵好或钱俪就会出场和他打。

以下哪项是在对战时不可能出现的？

A. 赵好赢了这一局。

B. 周洋输了这一局。

C. 钱俪赢了这一局。

D. 吴兴输了这一局。

E. 孙瑜赢了这一局。

159 学校组织开运动会，要在 A、B、C、D、E、F、G 七人中选人组成两队，现老师挑出 A、B 各自担任两队队长，一组三人，一组四人，两位队长在选人上有如下要求。已知：

（1）A 队长说："C、D 都是爆发好的代表，所以为了竞赛的可观赏性，我会从两人中挑选一人。"

（2）B 队长说："C、E 都是耐力好的代表，所以为了竞赛的胜利，我会从两人中挑选一人。"

（3）两位队长一致认为自己会在 E 和 G 两人中必选其一。

以下哪项是不可能的分组情况？

A. A、C 在一组，E、F 在另一组。

B. A、F 在一组，B、G 在另一组。

C. A、E 在一组，C、F 在另一组。

D. A、C 在一组，D、G 在另一组。

E. A、D 在一组，G、F 在另一组。

160 李白、杜甫、白居易和王维是学生会干部，分别担任宣传部长、体育部长、生活部长、文艺部长。每个人只担任其中的一个部长，且每个部长只有一个人担任。

已知：

（1）如果杜甫担任生活部长或宣传部长，则李白担任文艺部长或宣传部长；

（2）如果白居易担任生活部长或文艺部长，则王维担任文艺部长或宣传部长。

根据以上信息，以下哪项工作安排是可能的？

A. 杜甫担任生活部长，白居易担任文艺部长。

B. 杜甫担任宣传部长，王维担任文艺部长。

C. 李白担任体育部长，王维担任文艺部长。

D. 王维担任体育部长，李白担任宣传部长。

E. 白居易担任体育部长，杜甫担任宣传部长。

161 甲、乙、丙、丁、戊 5 人上周去参观漫展，具体情况如下：

（1）甲、乙、丙至少有 2 人参加；

（2）甲、丁、丙至多有 2 人参加；

（3）除非甲不参加，否则丁和戊要么都参加，要么都不参加。

最终至少有 3 人参加漫展，以下哪项可能为真，除了：

A. 乙、丙都参加了。

B. 乙、丙仅有一人参加。

C. 甲、丁都没参加。

D. 丁、丙都没参加。

E. 丁参加，戊不参加。

162 某班主任预备将学生分成小组，在编排小组时考虑了学生的学习习惯、学习能力等多种因素后形成了 3 人小组。对尔尔、东东、晓晓三人的语文和数学成绩进行对比，将成绩分为优、良、差三个层次，找出适合的学习组长。现已知，A 同学至少有一门高于 B 同学，且另一门不低于 B 同学，才能说明 A 同学的整体素质高于 B 同学，适合作为学习组长。没有任何两个人的成绩是完全相同的。最终尔尔同学担任了学习组长。

根据上述信息，以下哪项一定为假？

A. 尔尔的成绩是（优、良）。

B. 东东的成绩是（良、差）。

C. 晓晓的成绩是（优、差）。

D. 尔尔的成绩是（良、差）。

E. 东东的成绩是（差、差）。

163 某学校周边是一个五岔路口，如图所示。已知：

（1）蔡蔡家在尔尔家的西北方向；

（2）尔尔家在东东家的西南方向；

（3）文文家在学校的西南方向。

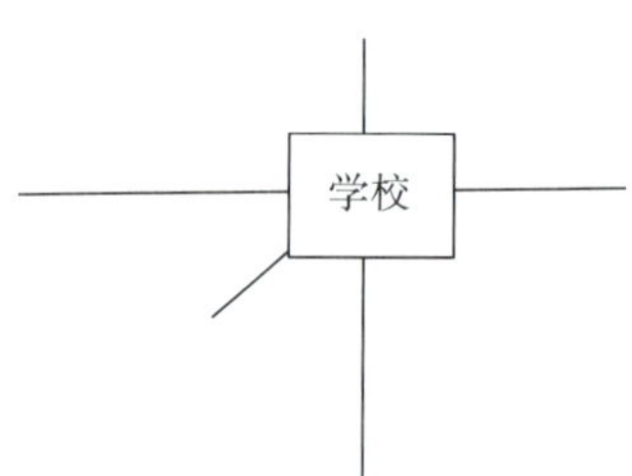

根据上述信息，以下哪项一定为假？

A. 尔尔家在学校的正南方向。

B. 文文家在尔尔家的西北方向。

C. 学校在东东家的正西方向。

D. 蔡蔡家在文文家的西北方向。

E. 东东家在文文家的西南方向。

164 甲、乙、丙、丁、戊、己 6 人参加竞速游戏并被分为三组，小组编号 A、B、C 且每组人数不同。已知：

（1）若乙不在 A 组，那么丙和丁都在 A 组；

（2）只有丙在 B 组或者戊在 B 组，甲才不去 C 组；

（3）如果丁不在 C 组，那么己在 A 组或者甲在 C 组。

根据题干信息，以下哪项可能为真？

A. A 组：甲、丙、丁。B 组：乙、戊。C 组：己。

B. A 组：甲、丙、丁。B 组：戊、己。C 组：乙。

C. A 组：乙、戊、己。B 组：甲、丁。C 组：丙。

D. A 组：丙、戊、己。B 组：乙、丁。C 组：甲。

E. A 组：丙、丁、己。B 组：甲、戊。C 组：乙。

165 甲、乙、丙、丁 4 人均在英语一、英语二、数学课、逻辑课和写作课中选择两种。每种课均有人选择，并且不超过 2 人；各人选择的体验课均不完全相同。已知：

（1）若乙和丁两人中至多有一位选择逻辑课，那么甲选择写作课并且丙选择数学课；

（2）若丙不选择写作课或者甲不选择数学课，那么乙和丁都会选择数学课。

如果丙选择数学课并且丁不选择写作课，那么下列哪项是可能的？

A. 甲选择写作课，乙选择英语二，丁选择英语一。

B. 甲选择英语一，乙选择写作课，丁选择英语一。

C. 甲选择英语一，乙选择英语二，丁选择英语二。

D. 甲选择英语一，乙选择写作课，丁选择英语二。

E. 甲选择逻辑课，乙选择写作课，丁选择逻辑课。

166 赵、钱、孙、李四个人都喜欢球类运动，他们分别喜欢篮球、足球、羽毛球、排球中的两项运动，每种球类运动恰好有两人喜欢，并且每个人喜欢的均不完全相同。具体如下：

（1）如果钱喜欢篮球、羽毛球中的一种，那么李必定喜欢足球而不喜欢排球；

（2）赵和孙至多有一人喜欢排球，则赵和李都喜欢足球；

（3）钱要么喜欢篮球，要么不喜欢足球。

根据上述信息，可以得出以下哪项？

A. 李喜欢羽毛球。

B. 孙喜欢篮球或羽毛球。

C. 钱要么喜欢足球，要么不喜欢排球。

D. 李和孙一样，都喜欢羽毛球。

E. 李喜欢羽毛球或排球。

167 某单位需要从员工中筛选出优秀的人才，代表公司参加市政府举行的职业技能比拼大赛，现有甲、乙、丙、丁、戊 5 人报名参加，但规定的人数是 3 人，故公司有关领导给出了如下意见：

（1）如果不选甲，那么一定要选丙；

（2）如果不选乙，那么一定要选戊；

（3）如果选乙，那么一定不选丙；

（4）如果选甲，那么一定不选丁。

根据上述信息，该单位选择的参赛选手是：

A. 甲、乙、丙。　　B. 甲、乙、丁。

C. 甲、乙、戊。　　D. 乙、丁、戊。

E. 乙、丙、戊。

168 海绵团建，老板要求在火锅、烤肉、海鲜大咖、臊子面、胡辣汤和关中套餐 6 种餐食中选择 3 种。已知：

（1）若火锅、海鲜大咖至少选择一种，则选择胡辣汤而不选择关中套餐；

（2）若烤肉、臊子面至少选择一种，则选择火锅而不选择胡辣汤。

根据上述信息，此次团建选择的餐食是：

A. 烤肉、海鲜大咖、火锅。　　B. 臊子面、胡辣汤、关中套餐。

C. 火锅、海鲜大咖、胡辣汤。　　D. 火锅、烤肉、臊子面。

E. 海鲜大咖、臊子面、关中套餐。

169 北半球的某大陆气候多样，除了西南部的高山高原气候之外，还跨越热带季风气候、亚热带季风气候、温带季风气候、温带大陆性气候、沙漠气候等一系列气候，具体分布具有如下特点：

（1）从低纬度到高纬度依次有热带、亚热带、温带；

（2）从东到西的气候有季风气候、大陆性气候、沙漠气候。

根据以上信息，关于某国的气候分布，以下哪项是不可能的？

A. 该大陆东部地区从南到北的气候分布为：热带季风气候、亚热带季风气候、温带季风气候。

B. 该大陆从东南到西北的气候分布为：热带季风气候、亚热带季风气候、温带大陆性气候、高山高原气候。

C. 该大陆的西部从南到北的气候分布为：高山高原气候、温带大陆性气候、沙漠气候。

D. 该大陆的某一纬度从东向西的气候分布为：季风气候、大陆性气候、高山高原气候。

E. 该大陆的某一纬度从东向西的气候分布为：季风气候、大陆性气候、沙漠气候。

170 下面有一 6×6 的方阵，它所含的每个小方格中可填入一个词（已有部分词填入）。现要求该方阵中的每行、每列及每个粗线条围住的九个小方格组成的区域中均含有“富强、民主、文明、和谐、自由、平等”6 个词，不能重复也不能遗漏。

根据上述要求，以下哪项是方阵①②③④⑤空格中从左至右依次应填入的词？

富强	民主	文明	和谐	自由	平等
					富强
和谐		平等			
			民主		
	自由				和谐
①	②	③	④	文明	⑤

A. 富强、民主、文明、和谐、自由。 B. 民主、平等、富强、自由、和谐。

C. 平等、和谐、民主、富强、自由。 D. 平等、和谐、富强、自由、民主。

E. 自由、平等、富强、和谐、民主。

171 有一 6×6 的方阵，它所含的每一个小方格中可填入一个汉字，已有部分汉字填入。现要求该方阵中的每行、每列均含有风、雅、颂、赋、比、兴 6 个汉字，不能重复也不能遗漏，并且每个加粗的 2×3 宫格也含有风、雅、颂、赋、比、兴 6 个汉字，不能重复也不能遗漏。

兴					
	颂				兴
风		比	雅		
	兴	颂	比	风	
	风		兴	颂	

根据上述要求，以下哪项可能是第一行从左至右依次填入的汉字？

A. 兴、雅、比、颂、赋、风。 B. 兴、雅、赋、颂、比、风。

C. 兴、雅、赋、风、比、颂。 D. 兴、比、赋、风、雅、颂。

E. 兴、赋、雅、风、比、颂。

172 小张和小李的家分别在学校的东西两边，途中共有五个路口。

（1）不经过丰阳路，小张无法到达学校。只有先经过春熙路，小张才能从丰阳路顺利抵达学校。

（2）小李到学校前的最后一个路口是春阳路。

（3）若小李先后经过奉春路和春熙路，则能到小张家。

（4）泰康路在学校的东边。

以下哪项中的学校和五个路口的顺序（由东向西）是不可能的？

A. 泰康路、春熙路、奉春路、丰阳路、学校、春阳路。

B. 春熙路、泰康路、丰阳路、学校、春阳路、奉春路。

C. 春熙路、丰阳路、泰康路、学校、春阳路、奉春路。

D. 奉春路、春熙路、泰康路、学校、春阳路、丰阳路。

E. 春熙路、泰康路、丰阳路、奉春路、学校、春阳路。

173 D 超市的商品品质和服务质量实属行业的典范，旗下经营的茶叶品质深受广大茶友的好评。由于临近春节，为了能给顾客提供一个良好的购买体验，D 超市决定实行全天预约制购买，顾客需要在相应小程序上提前预约，第二日方可进店购买，当然这也可以提前知道自己购买的茶叶是哪一日销售，避免跑空。其中主要销售的茶叶有太平猴魁、碧螺春、鸭屎香单丛、凤凰单丛、熟普、金骏眉、陈皮白茶这 7 种。已知：

（1）今日销售上述 7 种茶中的 5 种；

（2）若凤凰单丛、熟普、金骏眉每天至少销售其中 2 种，则该天销售陈皮白茶而不销售太平猴魁；

（3）如果销售太平猴魁或鸭屎香单丛，则凤凰单丛、金骏眉、碧螺春其中至多销售 2 种；

（4）陈皮白茶、太平猴魁要么都销售，要么都不销售。

若小王购买了上述 4 种茶叶，则由上述信息可得出以下哪项？

A. 凤凰单丛、金骏眉要么都买，要么都不买。

B. 陈皮白茶、太平猴魁都没买。

C. 碧螺春、鸭屎香单丛都没买。

D. 如果买不到碧螺春，那么买到了陈皮白茶。

E. 如果买到了太平猴魁，那么就买不到鸭屎香单丛。

174 如下有 5×5 的表格，每个小方格中可填入一个关键词，已有部分关键词填入。现需要将方阵中的每行、每列均填入关键词“诚实、谦虚、勤奋、宽容、创新”，不能重复也不能遗漏，同时还需保证不规则框内不能重复也不能遗漏。

根据上述要求，以下哪项是表格①②③中依次填入的关键词？

谦虚		诚实		
		①		宽容
	诚实	②		
		③		勤奋
勤奋			宽容	

A. 谦虚、宽容、创新。

B. 勤奋、宽容、创新。

C. 谦虚、勤奋、宽容。

D. 创新、勤奋、宽容。

E. 诚实、勤奋、创新。

175 节假日期间，为了保证工程安全，总经理决定从甲、乙、丙、丁、戊、己 6 人中选出 4 人留守值班。经过商讨，值班选人需要满足如下条件：

（1）若甲、戊至多有 1 人值班，则乙值班；

（2）若乙、丁中只有 1 人值班，则丙不值班；

（3）若甲或丙被选中值班，则己也要一同值班。

以下哪项值班人员和上述条件矛盾？

A. 甲、乙、丁。

B. 甲、丙、戊。

C. 甲、乙、丙。

D. 乙、丁、戊。

E. 丙、戊、己。

176 H公司由于经营需要换新的办公地点，现在需要把广告部门搬到单独的一间办公室去。广告部门一共5人，分别是小刚、小明、小强、小华、小军，为此他们私下商讨位置安排事宜，具体商讨如下：

（1）小刚和小强两人常常沟通工作内容，所以这两人的座位必须并排相邻；

（2）如果小华和小军相邻或者相对而坐，那么小明坐在5号位；

（3）小明坐在偶数位当且仅当小华坐在偶数位。

办公室位置如下表所示。

1	2	3
4	5	6

已知小强在2号位坐着，则以下哪项可能为真，除了：

A. 小刚和小华相对而坐。

B. 小军坐在5号位。

C. 小明不在1号位也不在3号位。

D. 小明坐在6号位。

E. 小刚和小明不相邻。

177 五一小长假，甲、乙、丙、丁、戊5人去爬山的情况如下：

（1）如果乙不去爬山，那么戊去爬山；

（2）如果乙去爬山，那么甲、丙两人要么都去爬山，要么都不去爬山；

（3）乙、丙、丁至少有1人不去爬山；

（4）甲、乙、丁至多有1人不去爬山。

根据以上陈述，以下哪项是不可能的？

A. 丙、丁都去爬山。

B. 丙、丁都不去爬山。

C. 乙、丙都去爬山。

D. 乙、丙都不去爬山。

E. 乙去爬山，丙不去爬山。

178 张三、李四、王五、赵六4人参加运动会，关于他们4人进入决赛的情况如下：

（1）张三、李四、赵六至少有2人没有进入决赛；

（2）李四、王五、赵六至多有2人进入决赛；

（3）如果李四进入决赛，那么张三、王五两人要么都进入决赛，要么都没有进入决赛。

根据以上陈述，以下哪项是不可能的？

A. 王五、赵六都进入决赛。

B. 王五、赵六都没有进入决赛。

C. 李四、王五都进入决赛。

D. 李四、王五都没有进入决赛。

E. 李四进入决赛，王五没有进入决赛。

179 为促进世界体育友好项目，增进友好国家之间的体育外交往来，各国家联合发起了运动项目的合流训练。已知羽毛球队俱乐部合流后共计甲、乙、丙、丁、戊5名队员，其中4位为外援选手，分别来自美国、日本、韩国三个不同的国家。现已知：

（1）甲为外援选手；

（2）乙来自中国或韩国；

（3）丙和丁来自亚洲国家；

（4）戊来自中国或其接壤国家。

若乙、戊来自同一个国家，则根据上述信息，可以得出以下哪项？

A. 丙为本国选手。　　B. 戊来自韩国。

C. 乙来自日本。　　D. 甲来自韩国。

E. 丁来自日本。

180 近期宏盛集团总公司接到不少匿名的举报信，这些信件中都提到A公司存在账目混乱、贪污腐败的问题，所以总公司计划抽调总公司审计部门的几个同事到A公司进行账目的审计，经开会商讨决定从O、P、Q、M、N、R这6人中选出若干人组成审计小组来完成此次审计任务，其中O、P是该审计部门的负责人，不能同时参与此次的审计工作。除此之外还需遵循以下几个条件：

（1）如果O、P、Q至多派遣其中2人，则M和N要同时参与此次的审计任务；

（2）若M、N、R中至少派遣2人，那么O、Q中至少派遣其中1人；

（3）如果P是该小组的成员，那么Q不能同去。

根据以上信息，可以得出以下哪项？

A. 该审计小组中有M、N、O。

B. 如果该审计小组有M、N，那么Q或者R一定在小组里。

C. 如果该审计小组没有Q，那么O一定在小组里。

D. 该审计小组中有Q或者R。

E. 该小组的成员至多有4人。

181 四月份天气温暖，小白一行5人计划自驾去云南游玩，小白召集了他的小伙伴并且租借了一辆能容纳5人的双排座小车，前排坐2人，后排坐3人。做好分工以后，大家都提前收拾好行李静待三日后就出发。出发当日大家商量完坐的位置之后，愉快地开始了他们的旅行，座位的具体情况如下：

（1）小白是司机，他坐在摄像的正前面；

（2）小刘负责装载行李，他坐在第二排；

（3）小红和璐璐是好闺蜜，她俩并排挨着坐；

（4）小程负责计划出游路线和游玩流程。

根据上述信息，可以推出以下哪项？

A. 小红坐在小白的正后面。　　B. 璐璐坐在小白的正后面。

C. 小红和小刘挨着坐。　　D. 小程在小刘的正前面坐着。

E. 璐璐和小刘挨着坐。

182 在一场婚礼宴席上，新郎的好友围坐在一张八边形的桌子，每边各坐一个人，他们分别是王一多、张建国、李伟、赵四、刘枫、陈朵、吴琦、钱照。王一多只认识李伟和刘枫，他们是好友，其余人都不认识。具体座位情况如下所述：

（1）王一多认识的两人中只有一人和他相邻而坐；

（2）赵四对面坐的是钱照；

（3）李伟和陈朵不相邻但与吴琦相对而坐；

（4）刘枫坐在张建国左手边的第二个位置。

根据上述信息，可以推出以下哪项信息？

A. 李伟坐在王一多的右手边。

B. 钱照和陈朵相邻而坐。

C. 钱照坐在张建国的左手边的第一个位置。

D. 赵四在陈朵右手边的第三个位置。

E. 陈朵和王一多相隔一个座位而坐。

183 某大学的文学社团招进来了不少新入学的学弟和学妹，其中王咪、乐乐、柳青、富贵这四人分别喜欢小说、朗诵、剧本、英文诗歌其中的一个（顺序不对应），同时他们四人也创作相关的文学作品，且四人中仅有王咪一人创作的内容和自己喜欢的内容一样，每人只创作一个。已知：

（1）王咪英文水平不高，所以她不喜欢英文诗歌，也不会创作相关的作品；

（2）创作剧本的人喜欢朗诵；

（3）如果柳青喜欢朗诵，则柳青要么创作的是小说，要么创作的是英文诗歌；

（4）如果富贵创作的不是英文诗歌，那么王咪不喜欢小说。

根据上述信息，可以得出以下哪项？

A. 王咪喜欢的是剧本。

B. 乐乐不喜欢朗诵。

C. 柳青创作的内容和朗诵不相关。

D. 富贵喜欢的是剧本。

E. 王咪创作的内容和朗诵相关。

184 某公司技术部门有甲、乙、丙、丁 4 名员工，每周一到周六这六天时间里，每人安排三天值班，维护公司网络的正常运营。他们两两搭档，每天搭档的两人均不同，现已知：

（1）没有人连续三天值班；

（2）甲安排在周一、周三、周五；

（3）乙在周五和周六需要值班；

（4）丙需要在周六值班。

根据上述信息，以下哪项一定为真？

A. 丙在周二值班。　　B. 丁在周六值班。

C. 乙在周三值班。　　D. 丁在周一值班。

E. 丙在周五值班。

185 古诗有云："人间四月芳菲尽，山寺桃花始盛开。"四月正是初春百花尽开时节，小陆和几个伙伴商量，计划去婺源、毕棚沟、香格里拉、井冈山看花海。为此他们提前做好筹备工作，制定详细的游玩路线，但是他们每个人都有各自的想法，不能结伴而行，最终他们都去过了这四个地方，具体游玩信息如下：

文琴：我最先游玩的是婺源。

徐昂：我游玩的第三个地方是朱敏游玩的第一个地方。

朱敏：我最后一个游玩的井冈山是小陆第一个游玩的地方。

小陆第三个游玩的是香格里拉，则可以推出以下哪项？

A. 小陆比朱敏后游玩婺源。

B. 毕棚沟是文琴第三个游玩的地方。

C. 香格里拉是徐昂第二个游玩的地方。

D. 小陆比文琴先游玩香格里拉。

E. 文琴比徐昂先游玩香格里拉。

186 小光是一个兢兢业业的管综老师，本周日程非常饱满，一共安排了 8 个工作，出题、写教案、备课、直播授课、线下授课、问题答疑、优化课程内容、遛狗。一周内休息二天，每天至多完成 2 项工作，以上这些工作必须在一周内完成，另外为了避免和其他课程时间重合，还要满足以下要求：

（1）如果写教案、备课、优化课程内容至少有一项在直播授课前完成，那么线下授课就在周天进行；

（2）出题和问题答疑之间相隔了三天，同时所有授课均在问题答疑之前完成；

（3）如果周二写教案或者优化课程内容，那么出题在周六完成；

（4）除非周二出题和遛狗，否则这一天写教案并且进行线下授课。

已知周四、周六仅完成一个项目并且周四进行直播授课，那么小光老师在哪天进行线下授课？

A. 周一。　　B. 周三。　　C. 周五。　　D. 周六。　　E. 周日。

187 现有两排盒子，每排共有 5 个，其中上一排是透明盒子，每个盒子中只有一个小球，依次放置的小球的颜色如下表所示；下一排盒子是不透明的，放置小球的颜色只有主持人知晓。现要求小明、小晨、小柳每人每轮只允许一人任意拿出上排中的两个球并且互换，每人均只调换一次然后换另一人，最终必须保证上下两排小球颜色一致才算正确，具体调换过程如下：

（1）小明：将白、绿两种颜色小球互换，此时主持人提示正确 1 个。

（2）小晨：将红、绿两种颜色小球互换，此时主持人提示正确 2 个。

（3）小柳：将白、黄两种颜色小球互换，此时主持人提示正确 3 个。

	1	2	3	4	5
上排	白	红	绿	黄	蓝
下排					

根据上述信息，可推出以下哪项？

A. 白色小球和蓝色小球不相邻。

B. 绿色小球和蓝色小球不相邻。

C. 红色小球和白色小球相邻。

D. 白色小球和绿色小球相邻。

E. 红色小球和蓝色小球相邻。

188 小王子忘记了自己箱子密码锁的密码，只能挨个去试。密码是由 0 ~ 9 十个数字中的四个数字组成，他一共尝试了 5 次，具体如下：

（1）第一次输入 1234，提示有两个数字正确但只有一个顺序正确；

（2）第二次输入 1357，提示有一个数字正确但是顺序不正确；

（3）第三次输入 9437，提示所有数字均不正确；

（4）第四次输入 2869，提示有两个数字正确但是只有一个顺序正确；

（5）第五次输入 5672，提示有两个数字正确但是顺序均不正确。

根据上述尝试的反馈结果，可推出小王子箱子的密码是哪项？

A. 1062。 B. 1689。 C. 0261。 D. 1268。 E. 0612。

189 甲、乙、丙、丁平时休息时经常约在一起玩扑克，他们最喜欢玩的就是“对对碰”，规则是从下家抽一张牌，只要有相同数字的牌就可以丢弃，要是没有就必须自己拿着，然后下一人继续抽，直到有人手上没有牌后立即结束游戏。此时所有人手上除甲有 3 张牌以外，其他人都只有 1 张牌，接下来该丁抽甲的牌。

（1）甲：我的牌只有数字，其中一个是 9 并且其他牌都是奇数。

（2）乙：我的牌数字比 7 大。

（3）丙：我知道甲有一张牌是我想要的，它比 8 小。

（4）所有人拥有的牌刚好凑够两对，并且都是数字牌。

若最终丁结束了这一局游戏，他的牌比丙大，则以下哪项是不可能成立的。

A. 甲没有 3 这张牌。

B. 乙的牌是 8。

C. 丙的牌是 5。

D. 丁的牌是 3。

E. 甲和丁相同的牌是 7。

190 夜间看护对于患者来说是尤为重要的，某住院部 A 病区每天晚上都有一名护士值夜班，现在可值夜班的护士有甲、乙、丙、丁这 4 人。医院规定值夜班的人不能连续值两天。小张、小王、小李、小赵对她们的值班情况很感兴趣，于是对这周内护士值班情况做了如下猜测：

	星期一	星期二	星期三	星期四	星期五	星期六	星期日
小张	甲	甲	乙	甲	甲	甲	乙
小王	乙	丙	乙	丙	丙	乙	乙
小李	甲	丙	甲	丙	乙	乙	丙
小赵	丙	丁	丁	乙	丁	丁	丁

最终小王和小李猜错了 3 个，小张猜对了 3 个，小赵只猜对了 1 个。

如果乙这周值班了 3 天，那么以下哪项关于这四人值班天数的大小关系比较为真？

A. 乙 > 丁 > 甲。　　B. 乙 > 丙 > 甲。

C. 甲 > 丁。　　D. 甲 + 乙 = 丙 + 丁。

E. 乙 > 丙 > 甲 > 丁。

191 “外研社杯”全国英语演讲大赛决赛，共有赵义、钱仁、孙智、李信、张礼、孙贤、周廉 7 位同学入围。在 7 人中，有 3 位同学是女生，4 位同学是男生；有 4 位同学为大三学生，而另 3 位同学为大二学生。已知，赵义、孙智和张礼的年级相同，而钱仁、周廉的年级不相同；钱仁、李信与孙贤的性别相同，而赵义与周廉的性别不相同。最后，只有一位大二的女生获得冠军。

据此，可以推出获得冠军的是：

A. 赵义。　B. 钱仁。　C. 孙智。　D. 张礼。　E. 周廉。

192 甲、乙、丙、丁、戊、己、庚、辛 8 人为一个运动小组，其中男性 3 人。小组内的运动项目有篮球和足球，其中有 3 人踢足球。已知：甲、丙、丁的运动项目相同，戊、己、庚的性别相同，乙与丙的性别不同，庚与辛的运动项目不同，甲与辛的性别不同。

根据上述陈述，以下哪项为真？

A. 甲是打篮球的女生。　　B. 乙是踢足球的女生。

C. 丁是打篮球的男生。　　D. 己是打篮球的女生。

E. 庚是踢足球的女生。

193 某芯片研究所现招聘一名技术工程师，应聘的有小赵、小钱、小孙、小李、小周、小武、小郑 7 人，这 7 人中硕士研究生有 3 人，其余人均是博士研究生；招聘对年龄和性别都没有限制，但是对业务能力有很高的要求，必须有相关行业 5 年及以上的经验，自身拥有相关行业的技术专利至少 1 个。至此，小周、小武自觉不符合要求遂放弃。余下 5 人情况如下：

（1）小赵和小李的学历是一样的，都是博士研究生；

（2）小周、小武、小钱的学历有 1 人和其他 2 人不一样；

（3）其中有专利的人有 3 人，只有 2 人的相关行业经验是 5 年及以上的；

（4）如果小李是博士研究生，那么小郑一定是硕士研究生；

（5）小钱、小孙、小李的相关行业经验都一样，其中小孙和小钱拥有的技术专利数一样。

最终被录用的是一位博士研究生，那么以下哪项信息必然为真？

A. 小周是硕士研究生学历。 B. 小钱是博士研究生学历。

C. 小赵拥有相关行业的技术专利至少 1 个。 D. 小李没有相关行业的技术专利。

E. 小郑的相关行业经验不足 5 年。

194 甲、乙、丙、丁、戊和己 6 位同学围在一张正六边形的小桌前，每边各坐一人，6 人分别擅长流行音乐、美声、爵士舞、机械舞、古典舞和书法。擅长舞蹈的座位间隔不同，擅长音乐的同学正面相对。已知：

（1）甲与丁正面相对；

（2）丙与己都擅长唱歌或舞蹈。

若甲擅长书法，那么以下哪项为真？

A. 丙、丁、己三人中至少有一人擅长音乐。

B. 丙和己二人中可能没有一人和丁相邻。

C. 乙、丁、戊三人中至少有一人擅长舞蹈。

D. 乙、丙、丁三人中至少有两人擅长音乐。

E. 擅长书法的同学可能与两名擅长舞蹈的同学紧挨着。

195 退休在家的老王在“绘画”“书法”“麻将”“刺绣”“广场舞”这 5 个休闲活动中选择了 3 个活动参加。老王对参加的活动有如下要求：

（1）如果参加“绘画”，就参加“刺绣”，但不参加“麻将”；

（2）如果参加“书法”，就参加“麻将”，但不参加“广场舞”。

根据上述信息，老王一定参加了如下哪个活动？

A.“广场舞” B.“书法”

C.“麻将” D.“刺绣”

E.“绘画”

196 “人人都能做一道美食”活动现场为参与者免费提供了金针菇、蓝莓、黄桃、青椒和白菜 5 种食材，现有金鑫、蓝玉婷、黄冠、青阳、白梦妍 5 位参与者，她们每人都只喜欢其中的 2 种食材，且每种食材都只有 2 人喜欢。每人喜欢的食材名称的第一个字与自己的姓氏均不相同。已知：

（1）金鑫和蓝玉婷喜欢黄桃，且分别喜欢蓝莓和青椒中的一种；

（2）黄冠和白梦妍分别喜欢金针菇和白菜中的一种；

（3）没有人同时喜欢金针菇和青椒。

根据上述信息，不可以得出以下哪项？

A. 金鑫喜欢黄桃和蓝莓。 B. 蓝玉婷喜欢黄桃和青椒。

C. 黄冠喜欢白菜和青椒。 D. 青阳喜欢金针菇和蓝莓。

E. 白梦妍喜欢蓝莓和金针菇。

197 王佳、鲁能、田章 3 人结伴游玩，他们选择了千佛山、大明湖、趵突泉、孔林、孔府、孔庙 6 个景点。关于游玩的顺序，3 人意见如下：

（1）王佳：1 千佛山、2 孔林、3 孔庙、4 大明湖、5 孔府、6 趵突泉。

（2）鲁能：1 大明湖、2 孔庙、3 孔府、4 千佛山、5 孔林、6 趵突泉。

（3）田章：1 孔林、2 趵突泉、3 大明湖、4 千佛山、5 孔府、6 孔庙。

实际游览时，每个景点序号都只有一人的意见是正确的。

以下哪项可能是前三个景点的游玩顺序？

A. 千佛山、孔林、孔庙。

B. 孔林、孔庙、大明湖。

C. 千佛山、大明湖、孔庙。

D. 大明湖、孔庙、孔府。

E. 千佛山、趵突泉、孔府。

198 海绵团建，老板要求在泰山、华山、黄山、秦岭、武夷山和延安中选择 2 个作为团建地点。已知：

（1）若泰山、黄山至少选择一个，则选择武夷山而不选择延安；

（2）若华山、秦岭至少选择一个，则选择泰山而不选择武夷山。

根据上述信息，此次团建选择的地点一定有：

A. 黄山。 B. 延安。 C. 秦岭。 D. 武夷山。 E. 泰山。

199 塞拉维蛋糕店的甜品十分好吃，小王几乎每天下班都会去买一份，但是不是每次都能买到他想吃的“半岛铁盒”，因为“半岛铁盒”比较受欢迎，所以能否买到需要看运气好坏。经过半个月的观察，小王发现了这家店售卖甜品的规律，每天必定有一款特价点心售卖，具体如下：

（1）如果周三没有芒果千层，那么必定有奶香提子；

（2）奶油小贝是限量的，要么在周二售卖，要么在周六售卖；

（3）巧克力慕斯蛋糕售卖的第二天一定会售卖巧克力薄脆饼干；

（4）樱花红丝绒蛋糕只在一周内前三天中的某天才有。

今天正好是周五，下班后小王买到了奶香提子，那么周几他可以买到“半岛铁盒”？

A. 周一。 B. 周二。 C. 周三。 D. 周四。 E. 周日。

200 李小白、宋小帅、王小海、吴小斌 4 人均选修了“财务报表分析”“审计学”“应用统计学”“项目管理”中的两门课，每门课均有两人选修，且各人选修的课程均不完全相同。另外，还知道：

（1）如果吴小斌至少选修了“审计学”“应用统计学”中的一个，则宋小帅选修了“财务报表分析”而王小海未选修“审计学”；

（2）如果宋小帅、王小海两人中至多有一人选修了“项目管理”，则李小白、吴小斌均选修了“财务报表分析”。

如果宋小帅选修了“财务报表分析”，则可以得出以下哪项？

A. 李小白选修了“项目管理”。

B. 李小白选修了“财务报表分析”。

C. 王小海选修了“应用统计学”。

D. 吴小斌选修了“应用统计学”。

E. 吴小斌选修了"财务报表分析"。

201 某景区是国家5A级景区，其中幻彩湖、星月山崖、碧泉谷、雾海古林、飞云瀑布最为出名，许多游客因此慕名而来，这些景点分布在景区的东、南、西、北以及中间的位置，一个方位只对应一个景点，景区入口位于东边，已知：

（1）若幻彩湖、碧泉谷其中一个位于西边，则星月山崖和雾海古林分别位于北边、中部；

（2）若飞云瀑布、星月山崖位于南边或东边，则雾海古林和碧泉谷分别位于东边、北部；

（3）若雾海古林、碧泉谷位于北边或中部，则幻彩湖和星月山崖分别位于东边、南边。

若一进景区就能看到幻彩湖，则可以得出以下哪项？

A. 飞云瀑布不位于景区的北边。

B. 雾海古林位于景区的西边。

C. 星月山崖不位于景区的中部。

D. 幻彩湖位于景区的南边。

E. 碧泉谷不位于景区的南边。

202 为提高人们对心理健康重要性的认识，在世界卫生组织的倡导下，多个国家发起和设立了心理健康方面的节日。我国将每年5月25日设为"全国大学生心理健康日"。甲、乙、丙、丁、戊、己、庚、辛8人是某大学这个月团体心理咨询的来访者，此次需要借用一间圆桌咨询室，刚好可以容纳8人。咨询前，助理分别询问了这6人对于座位安排的意见，具体意见如下：

（1）丁和己是好友，这两人坐在一起，他们挨着坐；

（2）除非甲和庚相对而坐，否则丙与辛间隔一个位置而坐并且与戊不相邻；

（3）除非乙和己相邻，否则乙和丙间隔两个座位。

己和辛相邻而坐，则可推出以下哪项？

A. 甲、庚相邻而坐。

B. 戊、辛相对而坐。

C. 乙和己间隔两个位置。

D. 丙、辛相邻而坐。

E. 甲、己相对而坐。

203 某历史博物馆有4个展览区，分别是历史展区、科技展区、艺术展区、文化展区。由于考虑到参观人数和安全问题，为了平衡每个展览区的参观人数，避免过于拥挤或过于冷清，博物馆计划下周施行预约制参观，每天只限定开放某些展区。甲、乙、丙、丁4人是该博物馆的值班人员，周日和周一闭馆，同时任意两天开放的展区不能完全相同，具体开放情况如下：

甲：今天开放文化展区，明天开放艺术展区，后天开放历史展区，并且任何一个展区连续开放2天的次数不超过一次。

乙：周四开放科技展区，周二不开放文化展区。

丙：明天不开放科技展区，周三或周五开放文化展区。

丁：除非历史展区或科技展区在明天开放，否则今天起的第四天要么开放文化展区，要么开放艺术展区。

最终规定每天只开放2个展区，则可以推出以下哪项？

A. 周六无法参观文化展区。

B. 周三无法参观艺术展区。

C. 周二可以参观科技展区。

D. 周二、周三两天均可以参观历史展区。

E. 历史展区至少有三天可以去参观。

204 O、P、Q、M、N、R、S、T这8人都是化工专业研究生，毕业论文答辩在即，答辩小组的具体安排出来了，一共分成3个小组，每组至少1～4人，其中M、N研究差别很大，所以没有分在同一个答辩小组，分组具体情况如下：

（1）R所在的答辩小组只有他和另一位同学；

（2）如果S、P至少有一人不在第三答辩小组，那么T不在第二答辩小组；

（3）如果M或N在第一或第三答辩小组，那么T就在第二答辩小组；

（4）O和Q必须在同一个答辩小组。

最终R是第二答辩小组的成员，由此可以推出以下哪项？

A. M在第三答辩小组。

B. R小组答辩完接着Q所在小组答辩。

C. M、P在同一个答辩小组。

D. Q、S不在同一个答辩小组。

E. N比M先进行答辩。

205 王启明特别喜欢热带观赏鱼，周末他准备去购买多个种类的鱼放到自己的3个鱼缸当中，这些鱼分别是孔雀鱼、蓝曼龙、鹦鹉鱼、非洲王子、神仙鱼、接吻鱼、月光鱼、蓝魔鬼鱼。为了让所有鱼缸看起来赏心悦目，鹦鹉鱼、非洲王子、蓝曼龙这三种鱼不适合放在一起混养，每个鱼缸放置2～4种鱼，鱼缸的具体放置情况和要求如下：

（1）鹦鹉鱼体型较大，不适合与孔雀鱼、神仙鱼、接吻鱼这类小体型鱼混养；

（2）神仙鱼和月光鱼放在同一个鱼缸中，或者和接吻鱼放在同一个鱼缸中；

（3）除非月光鱼和蓝魔鬼鱼放在一个鱼缸中，否则非洲王子和接吻鱼放在同一个鱼缸中。

已知接吻鱼和孔雀鱼放在同一个鱼缸中，则可推出以下哪项？

A. 鹦鹉鱼和蓝魔鬼鱼放在同一个鱼缸中。

B. 蓝曼龙和月光鱼放在同一个鱼缸中。

C. 孔雀鱼和非洲王子放在同一个鱼缸中。

D. 孔雀鱼和神仙鱼放在同一个鱼缸中。

E. 接吻鱼不和非洲王子放在同一个鱼缸中。

206 药材采购商小郭持续关注中药材的市场价格。近期中药材的价格低迷，他认为此时正是入手的好时机，于是着手准备收一批药材，他计划在当归、黄芪、枸杞、茯苓、川芎、肉桂、熟地黄、白术这8种药材中选4种大量收购，经过一系列的专业咨询和自己的市场调研，他给出了如下采购原则：

（1）要么选购川芎或肉桂，要么选购茯苓或枸杞；

（2）若川芎、肉桂、熟地黄至少选择一种，则选当归而不选白术；

（3）若熟地黄和白术均不选，那么黄芪、枸杞、肉桂至少选两种；

（4）当归、黄芪、枸杞当中只选一种。

根据以上信息，可以得出他采购的药材有哪些?

A. 川芎、肉桂、熟地黄。 B. 黄芪、川芎、肉桂。

C. 茯苓、肉桂、熟地黄。 D. 枸杞、肉桂、白术。

E. 茯苓、川芎、白术。

207 某中学食堂周一到周五要在“鱼香肉丝”“红烧茄子”“梅菜扣肉”“香煎带鱼”“西红柿炒鸡蛋”5种菜中每天做其中2种菜，且每种菜每周只能做2次。还有如下要求：

（1）如果周一做“香煎带鱼”或“鱼香肉丝”,周三就做“香煎带鱼”且周四做“梅菜扣肉”；

（2）如果周二做“红烧茄子”，周四就做“梅菜扣肉”但周五不做“西红柿炒鸡蛋”；

（3）如果周二不做“红烧茄子”，那么周一做“鱼香肉丝”和“红烧茄子”；

（4）如果周四做“梅菜扣肉”，那么周五做“西红柿炒鸡蛋”和“红烧茄子”；

（5）周三和周四做的菜是相同的。

根据上述信息，可以得出以下哪项？

A. 周五没有做“西红柿炒鸡蛋”。 B. 周二做“红烧茄子”。

C. 周四没有做“梅菜扣肉”。 D. 周二做“西红柿炒鸡蛋”。

E. 周三做“鱼香肉丝”。

208 小白、小帅、小海、小斌、小方5人均在“滑雪”“羽毛球”“自行车”“游泳”4个项目中选择了其中的2个项目，每个项目均有2 ~ 3人选择，且各人选择的项目均不完全相同。另外，还知道：

（1）如果小斌至少选择了“羽毛球”“自行车”中的一项，则小帅选择了“滑雪”而小方未选择“羽毛球”；

（2）如果小帅、小海两人中至多有一人选择了“游泳”，则小白、小斌均未选择“滑雪”；

（3）如果小方选择了“游泳”或“滑雪”，那么他也选择“羽毛球”。

根据上述信息，可以得出以下哪项？

A. 小白未选择“游泳”。 B. 小白选择了“滑雪”。

C. 小帅未选择“自行车”。 D. 小斌选择了“自行车”。

E. 小方选择了“滑雪”。

209 植树节当天，李诗、宋词、阮曲、明传奇、曹小说5人均从“松树”“柏树”“杨树”“桑树”中选择了2个品种的树木进行种植，每个品种均有2 ~ 3人选择，且各人选择的树林均不完全相同。另外，还知道：

（1）如果明传奇至少选择了“柏树”“杨树”中的一种，则宋词选择了“松树”而曹小说未选择“柏树”；

（2）如果宋词、阮曲两人中至多有一人选择了“桑树”，则李诗、明传奇均未选择“松树”；

（3）如果曹小说选择了“桑树”或“松树”，那么他也选择“柏树”。

如果李诗和宋词选择了“柏树”，则可以得出以下哪项？

A. 李诗选择了“杨树”。
B. 李诗选择了“松树”。
C. 阮曲选择了“杨树”。
D. 明传奇选择了“杨树”。
E. 曹小说选择了“松树”。

210 嘉明今年做了体检，报告显示他有轻度的脂肪肝，医生建议他闲暇之余多多锻炼、清淡饮食。为此他给自己详细制定了5天的清淡饮食菜单，同时还要配合适当的锻炼。他的食谱中有三类九样食物。肉类：虾肉、牛肉、鱼肉。蔬菜：青菜、芹菜、西兰花。主食：紫薯、南瓜、米饭。每天午饭合理搭配三样食物，嘉明将上述食物分成三组，具体饮食要求如下：

（1）紫薯和虾肉搭配；

（2）芹菜不和鱼肉搭配，紫薯不和青菜搭配；

（3）牛肉要么和西兰花搭配，要么和南瓜搭配。

已知米饭和青菜搭配，则可以推出以下哪项？

A. 虾肉、芹菜在同一组。
B. 牛肉、西兰花在同一组。
C. 鱼肉、青菜不在同一组。
D. 南瓜、芹菜在同一组。
E. 虾肉、西兰花不在同一组。

211 李白、杜甫、白居易、王维、王之涣5人参加诗歌争霸赛，他们晋级总决赛的情况如下：

（1）李白、杜甫、王维、王之涣至多有2人晋级；

（2）杜甫、白居易、王之涣至少有2人晋级；

（3）如果杜甫晋级，那么李白、王之涣两人要么都晋级，要么都不晋级。

根据以上陈述，以下哪项是一定为真的？

A. 白居易晋级。
B. 王维不晋级。
C. 杜甫晋级。
D. 白居易不晋级。
E. 杜甫不晋级。

212 婉迪跟妈妈商定利用假期学点技能，她们在游泳、羽毛球、素描、硬笔书法、唱歌、拉丁舞、钢琴7个项目中选择了5个学习。已知：

（1）如果选择游泳，则不选择素描而选择拉丁舞；

（2）如果选择拉丁舞，则不选择羽毛球或钢琴而选择硬笔书法。

根据以上信息，可以得出以下哪项？

A. 他们选择了拉丁舞。
B. 他们没有选择唱歌。
C. 他们选择了硬笔书法。
D. 他们没有选择羽毛球。
E. 他们没有选择素描。

213 某校为了鼓励学生参加多元化的课外活动，规定每个学生必须在文化、体育、社会实践、艺术和科技五个领域中至少任意选择三个。同时还要求：

（1）如果选择了文化领域，则科技领域和艺术领域择一而选；

（2）如果选择了体育领域，则不能再选择艺术领域；

（3）如果选择了社会实践，则必须选择科技领域；

（4）如果选择了艺术领域，则不能再选择文化、体育和社会实践领域。

根据上述信息，可以得出以下哪项？

A. 参加文化领域，同时参加社会实践和科技领域。

B. 参加体育领域，或者参加艺术领域。

C. 参加科技领域，同时参加社会实践领域。

D. 参加文化领域，同时参加艺术领域。

E. 参加社会实践领域，或者参加文化领域。

214 小学生的托管课要在“汉字里的自然万象”“数学在哪里”“自然科学”“配乐诗朗诵”“走遍中国”5个课程中至少选择2～3个。婉迪同学对选择的课程有如下要求：

（1）如果选择“汉字里的自然万象”，就选择“配乐诗朗诵”但不选“自然科学”；

（2）如果选择“数学在哪里”，就选择“自然科学”但不选“走遍中国”；

（3）如果选择“配乐诗朗诵”或“汉字里的自然万象”就选择“数学在哪里”。

根据上述信息，婉迪一定不选择哪个课程？

A.“走遍中国”。

B.“数学在哪里”。

C.“自然科学”。

D.“配乐诗朗诵”。

E.“汉字里的自然万象”。

215 李白、杜甫、白居易、王维、王之涣5人参加诗歌争霸赛，角逐冠亚季军，他们比赛的情况如下：

（1）冠军在李白、杜甫、王维、王之涣中产生；

（2）如果杜甫、白居易、王维至少有1人不晋级前三，那么李白是冠军且王之涣未晋级前三；

（3）如果杜甫晋级前三名，那么王维、王之涣两人要么都晋级前三，要么都不晋级前三；

（4）最终获得冠亚季军的姓氏各不相同。

根据以上陈述，获得冠军的是：

A. 白居易。

B. 杜甫。

C. 王维。

D. 李白。

E. 王之涣。

216 李小白、宋小帅、王小海、吴小斌4人均选修了“财务报表分析”“审计学”“应用统计学”“项目管理”中的三门课，每门课均有三人选修，且各人选修的课程均不完全相同。另外，还知道：

（1）如果吴小斌至少选修了“审计学”“应用统计学”中的一个，则宋小帅选修了“财务报表分析”而王小海未选修“审计学”；

（2）如果宋小帅、王小海两人中至多有一人选修了“项目管理”，则李小白、吴小斌均未选修“财务报表分析”。

根据上述信息，则可以得出以下哪项？

A. 李小白选修了“项目管理”。

B. 李小白选修了“财务报表分析”。

C. 宋小帅选修了“应用统计学”。

D. 吴小斌选修了“应用统计学”。

E. 吴小斌选修了“财务报表分析”。

217 某项目组要从赵、钱、李、周、吴 5 人中选择 3 人向甲方详细介绍该项目的进展，在选择时需要注意以下几点：

（1）赵与钱不能同时选择；

（2）只有选择吴时，才能选择钱；

（3）若选择李，则也选择周；

（4）要么选择赵，要么选择李；

（5）如果选择赵，则也选择钱。

根据以上陈述，可以推出选择的人选必定有：

A. 赵、周。

B. 李、吴。

C. 李、钱。

D. 钱、吴。

E. 周、钱。

218 某单位预备在春节期间为员工送福利，拟从五常大米、菜籽油、水晶饼、腊牛肉这四种产品中任意组合两种送给员工。已知宣发部门有 6 人，且恰巧每人选择的产品不完全相同。

甲：若我选择了五常大米和菜籽油，则乙选择菜籽油。

乙：若我选择了菜籽油，则我不选择水晶饼和腊牛肉。

根据甲和乙的对话可知：

A. 甲选择了五常大米和菜籽油。

B. 乙选择了腊牛肉和水晶饼。

C. 甲没选择五常大米。

D. 乙选择了菜籽油。

E. 若甲选择了菜籽油，那么他一定没选择五常大米。

219 某小组成员赵好、钱俪、孙瑜、李江、周浩、吴兴 6 人中有几人打算这周六去市里的博物馆参观，已知：

（1）若吴兴或者李江去，那么赵好和钱俪都不会去；

（2）若钱俪不去，那么赵好、孙瑜和李江就会一起去；

（3）若钱俪或者吴兴去，那么周浩也会去；

（4）若孙瑜和李江去，那么钱俪和周浩也去。

根据上述信息，以下哪项一定为真？

A. 李江去或者钱俪不去。

B. 赵好去或者孙瑜去。

C. 赵好去或者李江不去。

D. 周浩不去或者赵好去。

E. 周浩不去或者孙瑜去。

220 五一小长假，杜泽、可可、小莉 3 人计划去婺源、丽水、慈溪、舟山这 4 个城市旅游，具体计划如下：

（1）每个城市都有 2 人去，并且没有人每个城市都去；

（2）可可如果去慈溪，那么他也会去丽水；

（3）对于杜泽和小莉而言，若去婺源，那么也去舟山；

（4）对于可可和小莉而言，若去丽水，那么也去舟山。

根据以上信息，可以得出以下哪项？

A. 去婺源的是杜泽和可可。

B. 去婺源的是杜泽和小莉。

C. 可可去了婺源，小莉去了丽水。

D. 可可去了丽水，小莉去了慈溪。

E. 可可至少去了婺源和慈溪两个城市。

221 周末休息，豆豆和其他三个同事约定去游乐园玩，由于事先没有想好怎么玩，大家提议游玩“海盗船”“雷神大摆锤”“无敌碰碰车”“穿越地坪线”“一飞冲天”这 5 个项目。讨论许久后大家游玩的意见还是不统一，所以最终决定每人只游玩其中的两个项目。已知：豆豆没有游玩“雷神大摆锤”和“穿越地平线”，小贝没有游玩“海盗船”和“无敌碰碰车”，“一飞冲天”只有小泽一个人玩，最终知道任意两个人游玩的项目不完全一样。

根据上述信息，小凯游玩的情况符合以下哪一项？

A. 如果没有游玩“海盗船”，那么一定游玩了“雷神大摆锤”。

B. 如果没有游玩“雷神大摆锤”，那么一定游玩了“一飞冲天”。

C. 如果没有游玩“海盗船”，那么一定游玩了“穿越地坪线”。

D. 如果没有游玩“雷神大摆锤”，那么一定游玩了“穿越地坪线”。

E. 如果没有游玩“一飞冲天”，那么一定游玩了“穿越地坪线”。

222 古时的时间规定为十二时辰（如下图所示），从西周时就已经使用了，汉以后又以十二地支来表示，其中一个时辰相当于现在的 2 小时，皇城戒备森严，每时每刻都有夜巡人员轮番巡查，想要进入十分艰难。某人打听到戌时到卯时之间分别有甲、乙、丙、丁、戊、己这 6 人轮换巡查，同时还打听到这些人轮换的消息，具体如下：

（1）丁和戊从没交接过；

（2）如果乙在子时巡查，那么丙和己在他之后巡查；

（3）甲在戊之前巡查并且在他之前和之后也至少有两人巡查；

（4）如果丙、戊、己至少有 2 人在子时之后巡查，那么丁在丑时巡查。

若知道丁在甲之前巡查，则可以推出以下哪项信息？

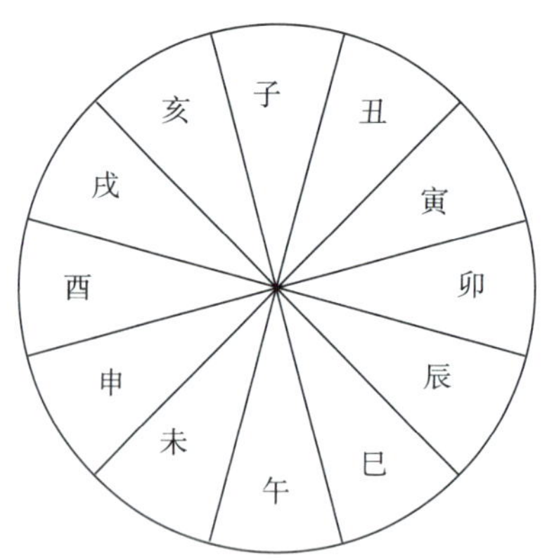

A. 乙和丙巡查有交接。

B. 丙在已之前巡查。

C. 乙在甲之前巡查。

D. 丁和乙巡查没交接。

E. 乙在卯时巡查。

223 为了迎接新一波赏花需求，某植物园准备重新种植个别区域的花草，现在需要改造的区域是一个方形的区域，区域正中有一个圆形的水池（如下图所示），只能种植水生植物，其他区域均种植土培植物。该园计划从郁金香、睡莲、木槿、蒲公英、绣球、水生鸢尾、玫瑰、向日葵这 8 种植物中选出几种种植到该区域中，其中水生植物只有睡莲和水生鸢尾，每个区域种且仅种植一种植物。已知：

（1）如果在绣球、玫瑰中至少种植一种，那么郁金香要种植在区域③；

（2）除非种植蒲公英，否则向日葵和绣球都要种植；

（3）如果种植蒲公英，那么会种植玫瑰花并且其不与蒲公英相邻；

（4）如果在向日葵、木槿、绣球中至少选择两种种植，则睡莲和水生鸢尾都要种植。

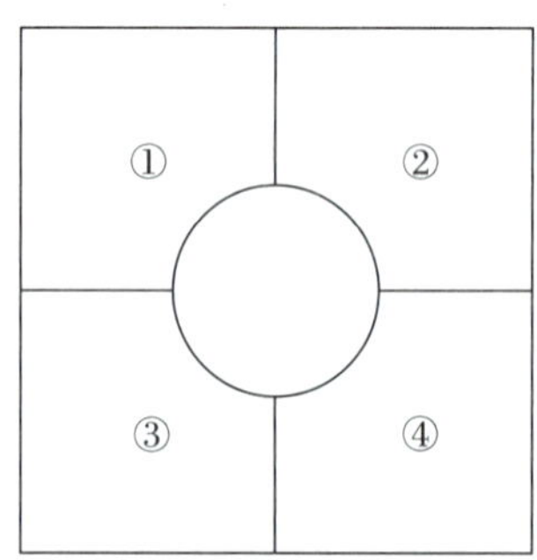

根据上述信息，以下哪项必定为真?

A. 郁金香和玫瑰不相邻。

B. 蒲公英种植在区域①。

C. 木槿、绣球花至少种植其中一种。

D. 郁金香和蒲公英相邻。

E. 要么种植木槿，要么种植向日葵。

224 每年的第一季度末都是研究生复试的阶段，某工程大学工程设计专业复试名单中的 7 名学生进入拟录取名单，他们分别是甲、乙、丙、丁、戊、已、庚，其中甲、丙、戊、庚 4 人是男生。赵一鸣、王盛、张靓、陈诚是该专业的研究生导师，他们每人手上研究生的名额都有若干个并且每位老师至少带一名研究生，具体情况如下：

（1）老师的精力有限，所以每位老师至多带三名研究生；

（2）王盛老师今年只能带一个学生，同时陈诚老师只带男生；

（3）如果选己作为自己的学生，那么也必须选戊；

（4）赵一鸣觉得丙、戊都不错，如果他带丙，那么也一定会带戊。

若导师不能只带女生，则可以断定以下哪项信息不可能为真？

A. 乙、丁是张靓老师的学生。

B. 戊、丁是赵一鸣老师的学生。

C. 戊只能是赵一鸣老师或者张靓老师的学生。

D. 乙、丙、戊是赵一鸣老师的学生。

E. 甲、丁是同一个导师。

225 某高校工程学院给新一学年的学生特别开设了新的选修课，即“人因工效学”“视觉设计原理”“室内结构优化”这三门。学院随机调查了赵、钱、孙、李、张、王、陈、刘八位同学，他们每人都只选修了这三门课其中的一门，每门课至多有 3 个人选修，具体调查情况如下：

（1）如果钱没选修“视觉设计原理”或赵没选修“室内结构优化”，那么李选修的是“室内结构优化”，同时张选修的是“人因工效学”；

（2）如果张选修的不是“室内结构优化”或者陈选修的是“视觉设计原理”，那么赵和李都选修“人因工效学”；

（3）李和陈选修的是同一个课程；

（4）王和刘选修的也是同一个课程。

根据上述信息，以下哪项必然为真？

A. 赵选修“人因工效学”。

B. 刘选修“视觉设计原理”。

C. 孙选修“室内结构优化”。

D. 张没选修“室内结构优化”。

E. 王和孙选修的是一个课。

226 李白、杜甫、白居易和王维是学生会干部，分别担任宣传部长、体育部长、生活部长、文艺部长。每个人只担任其中的一个部长，且每个部门的部长只有一个人担任。

已知：

（1）如果杜甫担任生活部长或宣传部长，则李白担任体育部长或宣传部长；

（2）如果白居易担任生活部长或文艺部长，则王维担任文艺部长或宣传部长；

（3）王维担任的要么是体育部长，要么是生活部长。

根据以上信息，以下哪项工作安排一定为假？

A. 杜甫担任生活部长或白居易担任文艺部长。

B. 杜甫担任宣传部长或李白担任文艺部长。

C. 李白担任体育部长或王维担任文艺部长。

D. 王维担任体育部长或李白担任宣传部长。

E. 白居易担任体育部长或杜甫担任宣传部长。

227 某乐坊招聘词人、乐师、歌姬、舞姬 4 种从业者，佳玲、艺苑、诗诗、圆圆 4 位优秀的年轻人最终被录取，每人只选择一种身份，且每种身份对应其中的一人。另外，还知道：

（1）如果圆圆是歌姬，那么佳玲是乐师；

（2）如果艺苑不是词人，那么佳玲是词人且诗诗是舞姬；

（3）如果艺苑是词人，那么诗诗是舞姬，圆圆也是词人。

根据以上陈述，可以得出以下哪项？

A. 佳玲是歌姬。
B. 诗诗是词人。
C. 佳玲是乐师。
D. 艺苑是歌姬。
E. 圆圆是舞姬。

228 课间休息，张芳、吕伟、王红、赵勇、李龙五位同学玩起了狼人杀，有狼人、平民、女巫、预言家、猎人 5 种角色，每人只选择其中一种角色，且每个角色对应其中的一人。另外，还知道：

（1）如果赵勇是女巫或猎人，那么张芳是平民；

（2）如果吕伟不是狼人，那么张芳是狼人且王红是预言家；

（3）如果赵勇不是猎人，那么李龙不是猎人；

（4）如果吕伟是狼人，那么王红是预言家，赵勇也是狼人。

根据以上陈述，可以得出以下哪项？

A. 李龙是女巫。
B. 王红是狼人。
C. 张芳是平民。
D. 吕伟是女巫。
E. 赵勇是预言家。

229 某地人才市场招聘保洁、物业、网管、销售 4 种岗位的从业者，有甲、乙、丙、丁 4 位年轻人前来应聘。事后得知，其中三人应聘成功。每人只选择一种岗位应聘，且每种岗位都有其中一人应聘，另外，还知道：

（1）如果丁应聘网管，那么保洁岗位暂时未招到人；

（2）如果乙应聘成功，那么丙应聘销售，丁也应聘销售；

（3）如果乙不应聘成功，那么甲应聘保洁且丙应聘销售。

根据以上陈述，可以得出以下哪项？

A. 甲应聘网管岗位。
B. 丙应聘保洁岗位。
C. 甲应聘物业岗位。
D. 乙应聘网管岗位。
E. 丁应聘物业岗位。

230 某餐厅新开业，周一到周五开展会员“每天送一菜”活动。会员甲、乙、丙、丁、戊 5 人在酸辣土豆丝、锅包肉、宫保鸡丁、地三鲜、水煮肉片（辣）中各选一道菜，互不重复。已知：

（1）甲会在锅包肉和地三鲜中选一个；

（2）乙和丁只爱吃肉，但现在都没有选辣菜；

（3）如果丙选酸辣土豆丝，则戊选锅包肉。

事实上，刚好送的菜都是他们各自喜爱的菜品。

根据以上陈述，可以得出以下哪项？

A. 甲选锅包肉。

B. 乙选宫保鸡丁。

C. 丙选水煮肉片。

D. 丁选锅包肉。

E. 戊选地三鲜。

231 领导准备派几人前往调研基地，有以下要求：

（1）赵、钱、李三人中至少去一人；

（2）钱、孙、李、周四人中至少去两人；

（3）钱、孙、李三人中至多去一人；

（4）若是赵去，那么李也去。

根据上述陈述，可以得到以下哪项？

A. 钱一定会去。

B. 钱、孙、周三人中至多去一人。

C. 赵、李两人至少去一人。

D. 赵、周两人至少去一人。

E. 赵一定不会去。

232 某市政府根据上级精准扶贫的指示精神，决定不日就派出 3 名同志对所管辖的村镇进行摸排调查，其中 O、P、Q、S、R 多名同志积极报名，申请参与调查工作，根据政府现有的工作安排需求，按如下要求选派人员：

（1）O、P 中至少选派一人；

（2）P、Q 中至多选派一人；

（3）Q、S 中至少选派一人；

（4）如果选派的人中有 S，那么 P、R 都派。

根据上述信息，可以推出的是：

A. 选派 P。

B. 不选派 Q。

C. 选派 R。

D. 选派 O 或 Q。

E. 不选派 P 且不选派 Q。

233 甲、乙、丙、丁、戊、己、庚七人参加了此次元旦晚会，并且各自都准备了节目，但并非按顺序出演。现已知：

（1）甲和乙表演唱歌且节目不能相邻，庚和丁表演跳舞也不能相邻，但这两组人员的表演间隔数要求相同；

（2）丙、戊表演的节目类型不同，节目顺序是紧挨着的；

（3）若此时丙的节目在第五位，则己的节目在第三位；

（4）若甲、乙的节目之间仅间隔一个节目或仅间隔两个节目，则丙的节目在第五位；

（5）丁的节目在第二位，庚、己的节目没有被安排在最后一位。

根据上述信息，以下哪项一定为真？

A. 甲在第三位、庚在第六位。

B. 己在第一位、戊在第五位。

C. 丙在第四位、庚在第五位。

D. 己在第四位，乙在第五位。

E. 庚在第五位、丙在第七位。

234 截至今日 24 点教务选课系统即将关闭，而甲、乙、丙、丁、戊 5 人还没有选好明年的核心选修课，本科生培养方案中明确指出，在校生每年每人必须选修 2 ~ 3 门核心选修课。目前剩余可选的课程还有西方音乐欣赏、生活中的经济学、量子力学、国富论、化学与生活，具体课程时间如下表。

	星期一	星期二	星期三	星期四	星期五
下午	量子力学（余 1 人）	化学与生活（余 1 人）	生活中的经济学（余 2 人）	化学与生活（余 1 人）	
晚上	国富论（余 2 人）	西方音乐欣赏（余 2 人）	国富论（余 1 人） 量子力学（余 1 人）	量子力学（余 1 人）	

已知：

（1）学院要求所选核心选修课不能在同一天上完，同时也不能一天上两节；

（2）甲、乙不喜欢一起上课，丁、戊的选修课都在一起上；

（3）如果甲选修国富论或量子力学，那么他必定选修化学与生活和西方音乐欣赏；

（4）如果乙或丙选修生活中的经济学，那么两人均一定选修西方音乐欣赏而不选修国富论。

最终上述所余课程均被 5 人选中，没有剩余名额。

若丙选修了星期三的量子力学等 2 门课程，则可推出以下哪项？

A. 甲选修国富论或生活中的经济学。

B. 乙选修国富论和量子力学。

C. 丙要么选修量子力学，要么选修西方音乐欣赏。

D. 丁没有选修国富论。

E. 甲没有选修国富论和量子力学。

235 坤坤计划在春节前休假出门去玩几天，他选了桃花岛、飞来峰、灵隐寺、西湖、千岛湖、六和塔、孤山这 7 个景点，和朋友商量后决定选择其中 3 个景点游玩，具体选择方式如下：

（1）如果选择去桃花岛，那么要去飞来峰但不去灵隐寺；

（2）如果选择去千岛湖和六和塔，那么要去孤山但不去灵隐寺；

（3）如果选择去飞来峰或西湖，那么要去灵隐寺和桃花岛。

根据上述信息，可以推出以下哪项？

A. 去千岛湖但是不去六和塔。

B. 灵隐寺和孤山至少去一个。

C. 要么去灵隐寺，要么去飞来峰。

D. 如果去灵隐寺，那么一定去千岛湖。

E. 如果不去灵隐寺，那么一定不去六和塔。

236 电商仓库目前准备放置 7 类货物样品，即清洁用品类、家居服装类、小型电子产品类、办公用品类、家电类、零食类、玩具类。目前刚好空置了 3 个货架，编号依次 1 ~ 3 号，上述 7 类样品需要合理放置在这 3 个货架上，并且每个货架至多放置 3 种样品，每种样品只放 1 个，具体摆放条件如下：

（1）如果清洁用品类没放在 1 号货架或者小型电子产品类没放在 2 号货架，那么零食类放在 2 号货架并且玩具类放在 3 号货架；

（2）如果玩具类没有放在 2 号货架或者家电类没有放在 1 号货架，那么零食类和家居服装类都放在 1 号货架；

（3）办公用品类和家居服装类放在同一个货架上。

根据上述信息，可以推出以下哪项？

A. 零食类和清洁用品类没有放在同一个货架。

B. 家电类、玩具类放在同一个货架。

C. 如果 2 号货架放了 3 类样品，则一定有零食类样品。

D. 家居服装类和零食类放在同一个货架。

E. 零食类放在 3 号货架。

237 领导在 A、B、C、D、E、F、G 这 7 人中选 3 人参加某个项目，需满足如下条件：

（1）如果 A、B 至少有一人不入选，那么 C 入选并且 D 不入选；

（2）如果 E、F 至少有一人入选，那么 B 不入选并且 D 入选；

（3）如果 A 入选或者 C 不入选，那么 E、F 只有一人入选。

根据上述信息，可以推出以下哪项？

A. C 必定不会入选。　　B. D 必定入选。

C. E 必定入选。　　D. F 必定入选。

E. G 必定入选。

238 程子贤、高思彤、王怀宇、余同尘、李清源 5 人参加机器人模型大赛，角逐冠亚季军，他们晋级总决赛前三名的情况如下：

（1）程子贤、高思彤、余同尘、李清源至多有 2 人晋级；

（2）如果高思彤、王怀宇、余同尘至少有 1 人不晋级，那么程子贤晋级且李清源不晋级；

（3）如果高思彤晋级，那么程子贤、李清源两人要么都晋级，要么都不晋级。

根据以上陈述，晋级总决赛前三名的人中一定有：

A. 王怀宇、余同尘。　　B. 王怀宇、高思彤。

C. 程子贤、王怀宇。　　D. 高思彤、程子贤。

E. 余同尘、高思彤。

239 某学校举办春季运动会，张三、李四、王五和赵六分别担任短跑裁判、跳高裁判、跳远裁判、铅球裁判。每个人只担任其中的一个裁判，且每个项目的裁判只有一个人担任。

已知：

（1）如果李四担任跳远裁判或短跑裁判，则张三担任跳高裁判或短跑裁判；

（2）如果王五担任跳远裁判或铅球裁判，则赵六担任铅球裁判或短跑裁判；

（3）赵六担任的要么是跳高裁判，要么是跳远裁判；

（4）如果赵六是跳高裁判，那么张三是短跑裁判；

（5）如果张三是铅球裁判，那么李四是铅球裁判。

根据以上信息，可以得出以下哪项一定为真？

A. 李四担任跳远裁判。

B. 李四担任铅球裁判。

C. 张三担任跳高裁判。

D. 张三担任短跑裁判。

E. 王五担任铅球裁判。

240 某大学话剧社团排练话剧，陈齐、胡哥、王凯、杨柳、李龙五位同学分别扮演周朴园、周萍、鲁大海、周冲、鲁四凤5种角色，每人只选择其中一种角色，且每个角色对应其中的一人。另外，还知道：

（1）如果杨柳是鲁大海或鲁四凤，那么陈齐不是鲁大海；

（2）如果胡哥不是周朴园，那么陈齐是周朴园且王凯是周冲；

（3）如果杨柳不是周朴园，那么李龙是周冲且王凯是周萍；

（4）周朴园不是胡哥就是杨柳。

根据以上陈述，可以得出以下哪项？

A. 李龙是周萍。

B. 王凯是周冲。

C. 陈齐是鲁四凤。

D. 胡哥是鲁大海。

E. 杨柳是周朴园。

241 同学聚会，他们决定在海参、鲍鱼、海鲜大咖、鲅鱼饺子、西红柿炒鸡蛋和海肠捞饭6种餐食中选择3种。还知道：

（1）若选择海鲜大咖或者不选西红柿炒鸡蛋，则选择海肠捞饭而不选海参；

（2）若选择鲍鱼或鲅鱼饺子，则选择海参而不选西红柿炒鸡蛋。

根据上述信息，此次聚会选择的餐食是：

A. 鲍鱼、海鲜大咖、海参。

B. 鲅鱼饺子、西红柿炒鸡蛋、海肠捞饭。

C. 海参、海鲜大咖、西红柿炒鸡蛋。

D. 海参、鲍鱼、鲅鱼饺子。

E. 海鲜大咖、鲅鱼饺子、海肠捞饭。

242 小学生要在《海底两万里》《数学文化》《科学小百科》《蒙学经典》《城里来了音乐家》5本书中至少选择读其中2本书。小海同学对选择的书有如下要求：

（1）如果选择《海底两万里》，就选择《蒙学经典》但不选《科学小百科》；

（2）如果选择《数学文化》，就选择《科学小百科》但不选《城里来了音乐家》；

（3）如果选择《蒙学经典》或《海底两万里》，就选择《数学文化》。

根据上述信息，小海一定选择哪本书？

A.《城里来了音乐家》。 B.《数学文化》。

C.《科学小百科》。 D.《蒙学经典》。

E.《海底两万里》。

243 周一到周五，小学生要在跳绳、篮球、空竹、短跑、踢毽子 5 个项目中每天选择其中一个项目，且每个项目每周只能选择一次。小绵同学对选择的项目有如下要求：

（1）如果周一选择短跑或跳绳，周三就选择短跑且周四选空竹；

（2）如果周二选择篮球，周四就选择空竹但周五不选踢毽子；

（3）如果周二不选择篮球，那么周一选择跳绳。

根据上述信息，可以得出以下哪项是小绵同学的选择？

A. 周五选择踢毽子。 B. 周二选择篮球。

C. 周四选择空竹。 D. 周三选择短跑。

E. 周一选择跳绳。

244 文斌刚从深圳出差回来，就拿出了他特意带的礼物给他的三个孩子，他的三个孩子分别是文宇、文萱、文昊。这些礼物都是他事先答应好的，礼物有巧克力、限量版绘本、零食大礼包和儿童运动手表，每个礼物文斌都买了两份，发之前他要求每人最多选 3 样，并且选的必须是不一样的东西，具体选择如下所示：

（1）若文昊选择巧克力，则他也会选择限量版绘本；

（2）对于文萱、文宇两人而言，如果选择儿童运动手表，那么就一定会选择零食大礼包；

（3）对于文昊、文宇两人而言，如果选择限量版绘本，那么就一定会选择零食大礼包。

根据以上信息，可以得出以下哪项信息?

A. 文宇选择的有限量版绘本。 B. 文昊选择的有限量版绘本。

C. 文萱选择的有零食大礼包。 D. 文昊选择的有巧克力。

E. 文萱选择的有儿童运动手表。

245 ~ 246 题基于以下题干：

甲、乙、丙、丁、戊、己、庚、辛一起玩“你比我猜”的游戏，其中甲、乙、丙、丁是男性；该游戏需要两人一组完成，每一组必须是男女搭配的组合；猜对一个得 1 分，猜错或者放弃均得 0 分，一共有 6 次机会；最终的得分是 6 分、3 分、2 分、1 分。甲和戊是一组的，但是分数不是最多的；和丙一组的至少答错三个；己比辛所在的小组多答对一个；如果辛和丁是一组的，那么己这一组得分是最多的。

245 根据上述信息，可以推出以下哪项?

A. 甲所在的小组得分是 3 分。

B. 乙所在的小组得分是 1 分。

C. 丙所在的小组得分是 2 分。

D. 丁所在的小组得分是 6 分。

E. 戊所在的小组得分不是 2 分。

246 若“乙所在小组最终得 1 分”，则可以得出以下哪项？

A. 甲所在的小组得分比庚所在的小组得分高。

B. 己和乙在同一组。

C. 辛所在的小组得分是 2 分。

D. 丙小组比戊小组低 1 分。

E. 丁小组比戊小组高 1 分。

247 ~ 248 题基于以下题干：

小李、小赵、小王、小陈一起去学校图书馆借阅课外书籍。上节课李煜教授给出《非暴力沟通》《乌合之众》《情绪的解析》《梦的解析》这几个参考书目。四人分别借阅到了其中的一本书，他们决定每人每天只读一本书，读完后大家交换自己手中的书籍，这样经过三次交换后所有人都能读完这四本书。具体读书顺序如下：

（1）小赵读的第一本书是小陈读的第二本书；

（2）小李最开始读的书是小陈读的第三本书；

（3）小陈最开始读的书是小王读的最后一本书；

（4）小王读的第三本书是小陈读的第二本书；

（5）小李读的第一、第二本书分别是《情绪的解析》《梦的解析》。

247 根据上述信息，可推出《情绪的解析》是小赵读的第几本书？

A. 第一本书。

B. 第二本书。

C. 第三本书。

D. 第四本书。

E. 无法确定。

248 如果小赵读第二本书是《乌合之众》，那么小李、小赵、小王、小陈第二次交换后读的第三本书分别是什么？

A.《乌合之众》《非暴力沟通》《情绪的解析》《梦的解析》。

B.《梦的解析》《乌合之众》《非暴力沟通》《情绪的解析》。

C.《乌合之众》《梦的解析》《非暴力沟通》《情绪的解析》。

D.《情绪的解析》《乌合之众》《非暴力沟通》《梦的解析》。

E.《乌合之众》《梦的解析》《情绪的解析》《非暴力沟通》。

249 ~ 250 题基于以下题干：

由于冬天空气严重污染天数占比逐渐增多，H 市的交通管理部门决定，自本周起施行工作日非公共交通车辆限号出行的措施。刘小明有 5 辆不同尾号的车，它们分别是甲、乙、丙、丁、戊。根据交通规则，刘小明星期一到星期五每天恰有一辆车无法出行，具体出行计划如下：

（1）丁星期一限行，戊星期二限行，乙昨天限行；

（2）从今天起，甲、丙这两辆车连续 4 天都不限行；

（3）戊后天可以出行。

249 根据以上信息，可推出今天是星期几？

A. 星期一。 B. 星期二。

C. 星期四。 D. 星期五。

E. 星期六。

250 “若甲一周内连续 3 天不限行，那么丙星期三不限行”为真，可推出以下哪项信息？

A. 甲星期四限行。 B. 乙星期五不限行。

C. 要么丁星期一限行，要么乙星期五限行。 D. 丙昨天限行。

E. 丙星期四限行。

251 ~ 252 题基于以下题干：

某大学图书馆是该市的一个特色建筑，外观俯视是一个正六边形的 7 层大楼，距今天已经有百年之久，依旧屹立不倒。该图书馆馆藏了不少地方的人物、地质以及典藏古籍，大致可分为人物传记、花鸟虫草注解、地方志、地质年刊、文化典藏和历史古籍这 6 类。每边放置一类书籍，放置的区域情况如下：

（1）人物传记对面是文化典藏；

（2）地质年刊和地方志不相邻；

（3）历史古籍和地方志不相邻。

251 根据以上信息，可以推出以下哪项？

A. 人物传记和地质年刊相邻。 B. 地质年刊对面是地方志。

C. 花鸟虫草注解和地方志相邻。 D. 文化典藏和地方志相邻。

E. 文化典藏和历史古籍相邻。

252 新增以下哪项信息，可以确定这六类书的具体摆放位置？

A. 历史古籍对面不是地方志。

B. 文化典藏在花鸟虫草注解的左侧，花鸟虫草注解不和历史古籍相对。

C. 与地质年刊相邻的是文化典藏。

D. 花鸟虫草注解和人物传记不相邻。

E. 地质年刊对面是地方志。

253 ~ 254 题基于以下题干：

某村干部举行换届选举，此次选举需要选出村主任、村支书、村办公室主任、妇女主任这四名村干部，其中符合条件的有甲、乙、丙、丁、戊、己、庚 7 人，具体竞选情况如下：

（1）妇女主任是丁、戊、己这三人中的一人；

（2）丙、丁、戊至多有一人入选村干部；

（3）乙、丙要么同时入选村干部，要么同时不入选村干部；

（4）只有己入选村主任，乙才会入选村办公室主任。

253 根据上述信息，可以推出以下哪项，除了：

A. 入选的村干部中己是妇女主任。

B. 入选的村干部中有甲或庚。

C. 入选的村干部中有己。

D. 丙、丁、戊中有且仅有一人入选。

E. 入选的村干部中有丙或庚。

254 若庚是村支书，则以下哪项是可能的情况？

Ⅰ. 丙是村主任。

Ⅱ. 甲不是村支书。

Ⅲ. 戊是妇女主任。

Ⅳ. 乙是村主任。

A. Ⅰ。

B. Ⅳ。

C. Ⅰ、Ⅱ、Ⅲ。

D. Ⅱ、Ⅲ、Ⅳ。

E. Ⅰ、Ⅱ、Ⅲ、Ⅳ。

255 ~ 256 题基于以下题干：

某个特色小吃店的老板在门前贴了如下告示：由于客户需求大，该店为了保证食品的质量和口味，现决定每周营业 4 天，周二至周五营业，每天售卖 1 ~ 3 种美食小吃，该店提供的小吃有孜然烤肉、秘制烤鸡、甘梅茄盒、豌杂小面、桂花米糕、虎皮鸡爪、炸年糕、蛋包饭，具体售卖情况如下：

（1）前三天售卖小吃的数量均不一样；

（2）豌杂小面、虎皮鸡爪、孜然烤肉在同一天售卖，甘梅茄盒紧接第二天售卖；

（3）若周四至少售卖豌杂小面、桂花米糕、蛋包饭其中一种，则周五只售卖秘制烤鸡和炸年糕。

255 若蛋包饭在甘梅茄盒之前某天售卖，则可推出以下哪项？

A. 周四售卖两种小吃。

B. 蛋包饭在周三售卖。

C. 蛋包饭在周二售卖。

D. 周五售卖秘制烤鸡和炸年糕。

E. 周二售卖两种小吃。

256 如果桂花米糕和蛋包饭均在豌杂小面之后某一天售卖，则以下哪项可能为真，除了：

A. 周四售卖甘梅茄盒和秘制烤鸡。

B. 周三售卖秘制烤鸡或炸年糕。

C. 周三售卖桂花米糕和蛋包饭。

D. 周四只售卖甘梅茄盒一种小吃。

E. 周二只售卖炸年糕一种小吃。

257 ~ 258 题基于以下题干：

班主任为了让大家更好地互相帮助，每周都会调换一次座位，教室的座位分布情况是，每排共 4 个小组，由左至右分别为第一组、第二组、第三组、第四组，每组有两人。本周甲、乙、丙、丁、戊、己、庚、辛 8 人都坐在第一排，其中甲、乙、丁、戊是男生，同性别的不可以在同一组，这 8 人本周的座位情况如下：

（1）甲、戊的座位是在偶数小组；

（2）如果乙所在的小组和戊所在的小组相邻，那么甲在第二组；

（3）丙、丁要么是同一组的，要么相邻组的；

（4）如果丁是第一组或第二组的，那么丙是第三组的；

（5）辛和己所在小组相邻。

257 根据上述信息，可以确定以下哪项？

A. 甲在第四组。　　B. 丁在第一组。

C. 丙和丁在同一组。　　D. 丙不在第一组。

E. 乙和戊是相邻小组。

258 新增以下哪项信息可以确定本周这 8 人座位的具体情况？

A. 如果丙不在前两组，那么庚在第四组。

B. 如果丙在第二组，那么庚在第一组。

C. 如果辛在第二组，那么丙在第四组。

D. 辛和甲既不同组也不相邻。

E. 戊和丙所在小组不相邻。

259 ~ 260 题基于以下题干：

某俱乐部准备组织一场小组对抗赛，其中甲、乙、丙、丁、戊被随机分到三个小组，需要保证每个小组至少有上述 5 人中的 1 人。已知：

（1）甲分到第一组；

（2）甲和丙没有分到同一个小组；

（3）乙和丙分到了同一个小组；

（4）如果丁分到第三组，那么戊也会分到第三组。

259 以下哪项不可能为真，除了：

A. 乙、丁都分到第三组。　　B. 丙、戊同分到第二组或第一组。

C. 丙、丁同分到第三组。　　D. 乙分到第三组当且仅当戊分到第三组。

E. 第一组一共三个人。

260 以下哪项正确可以确定所有小组的成员情况？

A. 丙分到第二组。　　B. 丁分到第二组。

C. 戊分到第二组。　　D. 丁分到第三组。

E. 乙分到第二组。

261 ~ 262 题基于以下题干：

张德、关云、赵翼都是三年级八班的学生，课间休息时，这三人在一起讨论各自喜欢的东西，具体讨论如下：

（1）这三人中，两人喜欢打篮球，两人喜欢读《三国》，两人喜欢收集限量版邮票，两人喜欢吃烧烤；

（2）以上喜欢的东西，每人至多占 3 样；

（3）若张德、赵翼都喜欢打篮球，那么他们也都喜欢吃烧烤；

（4）如果关云、赵翼都喜欢读《三国》，那么他们也都喜欢吃烧烤；

（5）张德如果喜欢吃烧烤，那么他一定也喜欢收集限量版邮票。

261 根据以上讨论内容，可以确定以下哪项？

A. 张德不喜欢打篮球。

B. 关云喜欢打篮球。

C. 张德不喜欢收集限量版邮票。

D. 张德喜欢读《三国》。

E. 赵翼喜欢打篮球。

262 如果张德喜欢吃烧烤，则可以推出以下哪项？

A. 关云不喜欢读《三国》。

B. 张德不喜欢打篮球。

C. 赵翼不喜欢打篮球。

D. 关云不喜欢吃烧烤。

E. 赵翼不喜欢读《三国》。

263 ~ 264 题基于以下题干：

今年五一劳动节一共放五天假，小贾计划做如下几件事情：①洗衣服；②做一顿美食；③回家看父母；④剪发；⑤购物；⑥去游乐园；⑦体检。小贾思前想后决定拿出四天时间干这七件事情，最后一天就在家好好休息。为了能完美完成这几件事情，小贾决定假期内每件事情只做一次，并且要在一天内做完，每天所做事情不超过 3 件。另外，还考虑：

（1）小贾在回家看父母前会把头发修剪一下，让自己看起来精神十足；

（2）与其一个人做美食，还不如回家给爸妈做一顿美食，所以他决定事情②和③必须在同一天完成；

（3）事情④和⑤不在同一天完成；

（4）事情①在事情⑤之后的某天完成；

（5）如果放假第二天洗衣服，那么第四天只做一件事。

263 已知放假第二天去做游乐园等 3 件事，那么可以得出以下哪项？

A. 第三天一定做事情①。

B. 第二天一定做事情⑤。

C. 第二天一定不做事情③。

D. 第二天一定不做事情⑦。

E. 事情②和事情①在同一天做。

264 如果某天只做事情①和④，那么以下哪项可能成立？

A. 做事情①和④的这一天是第二天。

B. 事情②和③是在第三天完成的。

C. 第三天去做体检了。

D. 第二天去的游乐园。

E. 第二天只做一件事。

265 ~ 266 题基于以下题干：

管综考试时间是 3 个小时，小李同学把管综试卷分成了六部分来做：①数学条件充分性判断（这部分编号为①，其他依次类推）；②数学问题求解；③逻辑前 15 题；④逻辑后 15 题；⑤小作文；⑥大作文。已知：

（1）每部分均做一次，且在 1 小时内完成，每小时至少做其中一部分，至多做三部分；

（2）④和⑤在同一小时完成；

（3）②在③之前 1 小时完成。

265 如果③和④安排在第二个小时，则以下哪项是可能的？

A. ①安排在第二个小时。

B. ②安排在第二个小时。

C. ⑥安排在第二个小时。

D. ⑥安排在最后一个小时。

E. ⑤安排在第一个小时。

266 如果第二个小时只做⑥等三部分，则可以得出以下哪项？

A. ②安排在①的前一小时。

B. ①安排在最后一小时之后。

C. ①和⑥安排在同一小时。

D. ②和④安排在同一小时。

E. ③和④安排在同一小时。

267 ~ 268 题基于以下题干：

某小学四年级一班，周一的课程有语文、音乐、科技、外语、美术、数学和体育 7 门课，每门课都是一节。已知：

（1）美术课在科技课之前；

（2）语文课和科技课之间间隔着 3 节课；

（3）数学课在音乐课之后，中间隔着 2 节课；

（4）外语课在语文课前一节或者后一节。

267 音乐课和语文课中间最多可能隔几节课？

A. 1 节课。

B. 2 节课。

C. 3 节课。

D. 4 节课。

E. 5 节课。

268 如果体育课在第 1 节，则以下哪项是可能的？

A. 数学课在科技课前一节。

B. 音乐课在语文课前一节。

C. 外语课在语文课前一节。

D. 美术课在语文课前一节。

E. 数学课在外语课前一节。

269 ~ 270 题基于以下题干：

某书店从前到后整齐排列着 7 个书架，放置着文学、科技、漫画、生活百科、艺术、外语和古典书籍 7 类书籍，每类书籍占据一排。已知：

（1）艺术类排在漫画类之前；

（2）文学类和漫画类中间隔着 3 排；

（3）外语类在科技类之后，中间隔着 2 排；

（4）生活百科类在文学类前一排或者后一排。

269 按照从前往后，下列哪项排列是可能的？

A. 文学类、科技类、生活百科类、艺术类、漫画类、外语类、古典书籍类。

B. 科技类、文学类、生活百科类、外语类、古典书籍类、漫画类、艺术类。

C. 生活百科类、文学类、艺术类、科技类、古典书籍类、漫画类、外语类。

D. 生活百科类、文学类、科技类、艺术类、外语类、漫画类、古典书籍类。

E. 艺术类、文学类、生活百科类、外语类、古典书籍类、漫画类、科技类。

270 如果古典书籍类排在第 1 排，则以下哪项是可能的？

A. 外语类排在漫画类前一排。

B. 科技类排在文学类前一排。

C. 艺术类排在文学类前一排。

D. 生活百科类排在文学类前一排。

E. 生活百科类排在艺术类前一排。

271 ~ 272 题基于以下题干：

统一路小学的婉迪、佳宁、淮宇、安忆、皓晴 5 人组成课外阅读小组，现有图书：

文学类:《读读童谣和儿歌》《小猪唏哩呼噜》。

数学类:《数学在哪里》《数学文化》。

科学类:《恐龙帝国》《海洋世界》。

艺术类:《颜色的战争》。

他们每人都选了其中的 3 本书，且每本书至少有 2 人选，已知：

（1）如果婉迪选《小猪唏哩呼噜》，则安忆不选《数学在哪里》；

（2）淮宇和皓晴都在四类书中选了两类且类别相同；

（3）安忆和佳宁只选数学类和艺术类的书籍阅读。

271 根据以上信息，以下哪项可能为真?

A. 婉迪选了《小猪唏哩呼噜》和《读读童谣和儿歌》。

B. 佳宁选了《数学在哪里》和《读读童谣和儿歌》。

C. 淮宇选了《小猪唏哩呼噜》和《数学在哪里》。

D. 安忆选了《读读童谣和儿歌》和《恐龙帝国》。

E. 皓晴选了《小猪唏哩呼噜》和《读读童谣和儿歌》。

272 如果淮宇和皓晴都选了《读读童谣和儿歌》，则可以得出以下哪项?

A. 婉迪选了《小猪唏哩呼噜》。

B. 婉迪选了《数学在哪里》。

C. 婉迪选了《恐龙帝国》。

D. 淮宇选了《海洋世界》。

E. 皓晴选了《恐龙帝国》。

273 ~ 274 题基于以下题干：

某项测试共有 4 道题，每道题给出 A、B、C、D、E 五个选项，其中只有一项是正确答案。现有张、王、赵、李、钱 5 人参加了测试，他们的答题情况和测试结果如下：

答题者	第一题	第二题	第三题	第四题	第五题	测试结果
张	A	B	A	B	A	均不正确
王	B	D	B	C	E	只答对 1 题
赵	D	A	A	B	E	均不正确
李	C	B	B	D	A	只答对 1 题
钱	E	A	B	C	D	答对 2 题

273 如果有一道题仅有 2 人答对，可以得出以下哪项？

A. 第一题的正确答案是 E。

B. 第二题的正确答案是 D。

C. 第三题的正确答案是 C。

D. 第四题的正确答案是 D。

E. 第五题的正确答案是 D。

274 如果上面五道题中的四道题有正确答案，则可以得出以下哪个选项？

A. 第一题的正确答案是 C。

B. 第二题的正确答案是 D。

C. 第三题的正确答案是 C。

D. 第四题的正确答案是 C。

E. 第五题的正确答案是 E。

275 ~ 276 题基于以下题干：

某餐厅新开业，周一到周五开展会员“每天送一菜”活动。会员甲、乙、丙、丁、戊 5 人在酸辣土豆丝、锅包肉、宫保鸡丁、地三鲜、水煮肉片中各选一道菜，互不重复。已知：

（1）乙和丁只爱吃肉，但都不吃辣菜；

（2）戊知道周五的水煮肉片非常辣，所以他没有去尝试；

（3）周二到店的是甲，周一推出的是地三鲜。

事实上，刚好送的菜都是他们各自喜爱的菜品。

275 根据以上陈述，可以得出以下哪项?

A. 甲选地三鲜。

B. 乙周三到店。

C. 丙周五到店。

D. 丁选锅包肉。

E. 戊选酸辣土豆丝。

276 根据以上陈述，以下哪项不可能成立?

A. 乙和丁在相邻的两天到店。

B. 乙周三到店。

C. 戊周一到店。

D. 周四送的菜是锅包肉。

E. 周二送的菜是宫保鸡丁。

277 ~ 278 题基于以下题干：

李白、杜甫、白居易、王维、刘禹锡 5 人进入“我是诗人”大赛决赛，要角逐冠亚季军和最佳人气奖，5 人最终的获奖满足如下情况：

（1）如果冠军是李白或刘禹锡，那么亚军不是杜甫；

（2）如果亚军不是杜甫，那么季军不是王维；

（3）如果刘禹锡获得最佳人气奖，那么他与王维的排名不相邻；

（4）王维与刘禹锡排名相邻。

277 根据以上信息，可以得出以下哪项？

A. 刘禹锡没有获得最佳人气奖。　B. 白居易没有获得最佳人气奖。

C. 王维获得最佳人气奖。　D. 刘禹锡获得最佳人气奖。

E. 王维没有获得最佳人气奖。

278 如果季军是王维，则可以得出以下哪项？

A. 冠军是白居易。　B. 亚军是刘禹锡。

C. 冠军是杜甫。　D. 冠军是李白。

E. 亚军是白居易。

279 ~ 280 题基于以下题干：

某学校这学期的选修课有“英美文学选读”“马克思主义哲学”“西方经济史”“高级翻译”“高等数学”5门课程。甲、乙、丙、丁、戊5位同学需要选课。选完之后发现，每门课程都恰好3人选择，且甲和乙所选的课程均不相同。已知：

（1）若乙或丙至少有一人选“高级翻译”，则他们均选“英美文学选读”；

（2）若丁选“高级翻译”，则丙、丁和戊均选“高等数学”；

（3）若甲、乙和丙中至少有2人选“英美文学选读”，则这3人均选“马克思主义哲学”。

279 根据上述信息，可以得出以下哪项？

A. 甲不选“高等数学”。　B. 乙不选“马克思主义哲学”。

C. 丙不选“英美文学选读”。　D. 丁不选“高级翻译”。

E. 戊不选“西方经济史”。

280 若没有人选择全部课程，则可以得出以下哪项？

A. 甲选“西方经济史”。　B. 乙选“英美文学选读”。

C. 丙选“马克思主义哲学”。　D. 丁选“西方经济史”。

E. 戊选“马克思主义哲学”。

281 ~ 282 题基于以下题干：

某学校这学期的选修课有“英美文学选读”“马克思主义哲学”“西方经济史”“高级翻译”“高等数学”5门课程。甲、乙、丙、丁、戊5位同学需要选课。选完之后发现，每个人都选择3门课程，每门课程都只有3人选择，并且任何两人的选课都不完全相同。已知：

（1）若乙或丙至少有一人选“高级翻译”，则他们均不选“英美文学选读”；

（2）若丁选“高级翻译”，则丙、丁和戊均选“高等数学”；

（3）若甲、乙、丙和丁不都选“马克思主义哲学”，则这4人中至少有3人选“英美文学选读”。

281 根据上述信息，可以得出以下哪项？

A. 甲不选“高等数学”。
B. 乙不选“马克思主义哲学”。
C. 丙不选“英美文学选读”。
D. 丁不选“高级翻译”。
E. 戊不选“西方经济史”。

282 若甲、丙都选了“英美文学选读”，则可以得出以下哪项不可能为真？

A. 甲选“西方经济史”和“高级翻译”。
B. 丁选“英美文学选读”或“马克思主义哲学”。
C. 丙选“马克思主义哲学”和“高等数学”。
D. 丁选“西方经济史”和“马克思主义哲学”。
E. 戊选“马克思主义哲学”和“高级翻译”。

283 ~ 284 题基于以下题干：

某小组有李白、杜甫、白居易三位考生，考官甲、乙、丙、丁、戊、己 6 人为考生投晋级票，他们每人都投 1 ~ 2 票，且不可以两票都投给同一位考生，其中 2 人投给李白，3 人投给杜甫，3 人投给白居易。另外，还知道：

（1）如果甲、乙至少有 1 人投给白居易，则丙也投给白居易；

（2）如果己投给杜甫，则乙和己均投给李白；

（3）如果丙、戊至少有 1 人投给白居易，则己投给杜甫。

283 根据以上信息，可以得出以下哪项？

A. 甲投给白居易，乙投给李白。
B. 乙投给李白，丙投给白居易。
C. 丙投给杜甫，丁投给白居易。
D. 丁投给李白，戊投给杜甫。
E. 戊投给李白，己投给杜甫。

284 如果甲、乙均投给杜甫，则可以得出以下哪项？

A. 丁、戊均投给白居易。
B. 乙、丁均投给白居易。
C. 甲、戊均投给白居易。
D. 乙、戊均投给白居易。
E. 甲、丁均投给白居易。

285 ~ 286 题基于以下题干：

某党支部组织学习“社会主义核心价值观”：①富强、民主、文明、和谐；②自由、平等、公正、法治；③爱国、敬业、诚信、友善。并根据若干条件将原来的三组重新分成四组，每组 3 个词，已知条件如下：

（1）原来同一组别的词语不能在一组；

（2）“平等”不能和“文明”在同一组，“民主”不能和“友善”在同一组；

（3）“诚信”必须与“公正”或“富强”在同一组；

（4）“文明”必须与“敬业”在同一组。

285 根据以上信息，可以得出以下哪项？

A.“爱国”与“和谐”不在同一组。
B.“爱国”与“平等”不在同一组。
C.“法治”与“友善”不在同一组。
D.“民主”与“自由”不在同一组。
E.“平等”与“敬业”不在同一组。

286 如果“富强”“自由”与“爱国”在同一组，则可得出以下哪项？

A.“民主”“公正”与“诚信”在同一组。
B.“友善”“文明”与“敬业”在同一组。
C.“平等”“和谐”与“诚信”在同一组。
D.“文明”“民主”与“敬业”在同一组。
E.“和谐”“法治”与“友善”在同一组。

287 ~ 288 题基于以下题干：

某银行提拔 3 名支行行长，最终确定李白、杜甫、白居易、王维、刘禹锡、张若虚 6 名候选人。根据工作需要，提拔还需要满足以下条件：

（1）若提拔李白，则提拔王维但不提拔张若虚；

（2）若李白、白居易至少提拔 1 人，则要么不提拔刘禹锡，要么提拔张若虚。

287 以下哪项的提拔人选和上述条件矛盾？

A. 白居易、王维、刘禹锡。
B. 李白、杜甫、王维。
C. 杜甫、张若虚、刘禹锡。
D. 白居易、刘禹锡、张若虚。
E. 李白、白居易、王维。

288 如果提拔了张若虚但没有提拔刘禹锡，则可以得出以下哪项？

A. 提拔白居易或杜甫。
B. 提拔白居易。
C. 提拔李白或白居易。
D. 没有提拔杜甫。
E. 李白和王维都没有被提拔。

289 ~ 290 题基于以下题干：

某单位安排周一到周六值班，周日休息。李白、杜甫、白居易、王维、刘禹锡、张若虚 6 人，每人每周需轮流值班一天，且每天仅安排一人值班。他们值班的安排还需满足以下条件：

（1）杜甫周二或者周六值班；

（2）如果李白周一值班，那么白居易周三值班且刘禹锡周五值班；

（3）如果张若虚周四不值班或刘禹锡周五不值班，那么李白周一值班；

（4）如果杜甫周二值班，那么张若虚周三值班。

289 根据以上条件，可以得出以下哪项？

A. 刘禹锡周五值班。
B. 张若虚周五值班。
C. 李白周一值班。
D. 王维周二值班。
E. 杜甫周二值班。

290 如果王维周四值班，那么以下哪项一定为假？

A. 白居易周三值班。 B. 杜甫不是周二值班。

C. 张若虚周三值班。 D. 李白周一值班。

E. 刘禹锡周五值班。

291 ~ 292 题基于以下题干:

某影城将在“十一”黄金周 7 天（周一至周日）放映 14 部电影，其中有 5 部科幻片、3 部警匪片、3 部武侠片、2 部战争片及 1 部爱情片。限于条件，影城每天上午、下午各放映一部电影。已知：

（1）除两部科幻片安排在周四外，其余 6 天每天放映的两部电影都属于不同类型；

（2）爱情片安排在周日上午；

（3）武侠片只与科幻片安排在同一天；

（4）武侠片放映的日期都不连续。

291 根据上述信息，可以得出以下哪项?

A. 周一放映科幻片。 B. 周一放映警匪片。

C. 周五放映武侠片。 D. 周六放映警匪片

E. 周六放映科幻片。

292 根据上述信息，周日下午放映的电影是以下哪项?

A. 科幻片。 B. 警匪片。 C. 战争片。 D. 武侠片。 E. 爱情片。

293 ~ 294 题基于以下题干:

某美食大赛总决赛有鲁菜、川菜、粤菜、苏菜、湘菜、徽菜 6 种菜系的作品需要呈现，现有赵云、钱串、苏东珀三位大厨晋级成功。已知，决赛现场每位大厨只选择上述 2 ~ 3 个菜系参赛且需要满足以下条件：

（1）如果一个大厨选择粤菜，那么他也选择鲁菜；

（2）一个菜系，如果钱串选择，那么赵云也选择；

（3）只有一位大厨选择湘菜，且该大厨没有选择川菜；

（4）如果钱串选择苏菜，那么他也选择湘菜；

（5）如果苏东珀没有选择湘菜，那么钱串选择湘菜。

293 如果只有一位大厨选择川菜，那么可以得出以下哪项?

A. 苏东珀选择鲁菜。 B. 赵云选择粤菜。

C. 赵云选择川菜。 D. 钱串选择川菜。

E. 苏东珀择徽菜。

294 如果三位大厨都选择其中的 3 个菜系，那么可以得出以下哪项?

A. 苏东珀选择粤菜。 B. 钱串选择川菜。

C. 钱串选择徽菜。 D. 赵云选择鲁菜。

E. 赵云选择粤菜。

295 ~ 296 题基于以下题干：

甲、乙、丙、丁、戊、己六人乘火车外出旅行，座位图如下图所示，现已知：

（1）甲、乙正面相对；

（2）丙、戊二人既不相邻，也不相对。

①	②

③	④		⑤	⑥

295 若己在③号位置，则以下哪项一定为真？

A. 若丁在⑤号位置，则丙在①号位置。

B. 若甲在④号位置，则丙、丁相邻。

C. 若丙在①号位置，则戊、丁相邻。

D. 若丙在①号位置，则戊在⑤号位置。

E. 若丁在①号位置，则甲、丁相邻。

296 若己在⑤号位置，且甲、己间隔的座位数与丁、戊间隔的座位数相同，则以下哪项一定为假？

A. 甲在③号位置。

B. 丙在①号位置。

C. 丁在④号位置。

D. 戊在⑥号位置。

E. 乙在①号位置。

297 ~ 298 题基于以下题干：

为提升服务水平、满足不同学生的需求，某学校食堂打算招聘新厨师。现对尔尔、东东、山山 3 位厨师进行试菜考核，食堂提供了 6 种不同的菜品，分别为，陕西菜：肉夹馍、葫芦头；东北菜：溜肉段、地三鲜；广东菜：白切鸡、钵仔糕。为了充分展现厨师的做菜技术，要求每位厨师从不同地方的特色菜中挑选两个作为此次试菜比拼的菜品，并对 3 位厨师做出了如下的要求：

（1）山山选东北菜溜肉段，尔尔才会选肉夹馍；

（2）若尔尔不选葫芦头，则东东选钵仔糕。

297 以下哪项符合上述菜品和厨师的组合？

A. 尔尔：肉夹馍、溜肉段。东东：白切鸡、地三鲜。山山：葫芦头、钵仔糕。

B. 尔尔：肉夹馍、地三鲜。东东：溜肉段、白切鸡。山山：钵仔糕、葫芦头。

C. 尔尔：葫芦头、钵仔糕。东东：溜肉段、白切鸡。山山：肉夹馍、地三鲜。

D. 尔尔：葫芦头、溜肉段。东东：白切鸡、钵仔糕。山山：肉夹馍、地三鲜。

E. 尔尔：白切鸡、地三鲜。东东：葫芦头、肉夹馍。山山：溜肉段、钵仔糕。

298 如果尔尔选择了溜肉段和白切鸡，那么以下哪项一定为真？

A. 东东选肉夹馍。

B. 钵仔糕和地三鲜被同一位师傅选了。

C. 钵仔糕和肉夹馍被同一位师傅选了。

D. 地三鲜和肉夹馍是同一个师傅的选择。

E. 山山选地三鲜。

299 ~ 300 题基于以下题干：

某公司财务部门的甲、乙、丙、丁、戊、己 6 人分别来自成都、武汉、西安、杭州 4 个城市之一，每个城市至少 1 人。现已知如下信息：

（1）若丙或戊来自武汉，则丁来自西安；

（2）若己来自杭州，则丁也来自杭州；

（3）若戊来自成都，则丙和丁均来自杭州；

（4）来自西安的只有甲和乙。

299 根据上述信息，以下哪项一定为真？

A. 丁来自西安。

B. 己来自成都。

C. 丁来自杭州。

D. 若己来自成都，则戊来自杭州。

E. 若己来自武汉，则丙来自成都。

300 若丙和己来自同一个城市，则以下哪项一定为真？

A. 丁来自成都。

B. 丙来自杭州。

C. 丁来自武汉。

D. 己来自武汉。

E. 戊来自成都。

301 ~ 302 题基于以下题干：

某公司在校招期间招收了甲、乙、丙、丁、戊、己、庚七名应届毕业生，预备将其分配至财务、技术、行政三个部门工作。现已知：

（1）每个部门至少分配两人；

（2）戊和己被分配在技术部门；

（3）甲、乙、丙三人被分配在不同的部门；

（4）若丙、庚被分配在一个部门，则丁也被分配在此部门。

301 根据以上信息，以下哪项一定为假？

A. 财务部：甲、庚。技术部：乙、戊、己。行政部：丙、丁。

B. 财务部：丙、丁。技术部：乙、戊、己。行政部：甲、庚。

C. 财务部：丁、丙。技术部：甲、戊、己。行政部：乙、庚。

D. 财务部：庚、乙。技术部：丙、戊、己。行政部：甲、丁。

E. 财务部：丙、庚。技术部：乙、戊、己。行政部：甲、丁。

302 若丁被分配在财务部门、乙被分配在技术部门，则以下哪项一定为真？

A. 丙被分配到了行政部门。

B. 庚被分配到了财务部门。

C. 甲被分配在了财务部门。

D. 丙被分配在了财务部门。

E. 甲被分配在了技术部门。

303 ~ 304 题基于以下题干：

某博物馆为优化待客系统、提高馆内待客容量、增加收益，现将馆内参观时间分为 5 个时段。甲、乙、丙、丁、戊、己、庚 7 人需要从 5 个时段中选择其中一个时段参观，已知每位讲解员接待游客的上限为 3 人。另外，还知道：

（1）若甲、丁、己至少一人未选择第一时段，则乙、丙均会选择第三时段；

（2）若乙、庚至少有一人选择第三时段，则乙和丙在不同的时段参观。

303 若上述信息一定为真，则以下哪项一定为真？

A. 乙、己、庚在第三时段同时参观。

B. 乙、丙在第三时段同时参观。

C. 甲、丁、己在第一时段同时参观。

D. 乙、丁在第三时段同时参观。

E. 戊、己在第二时段同时参观。

304 若这七人想在前三个时段就结束今天的活动，乙需要在第三时段参观，则以下哪项一定为真？

A. 丙在第一时段参观。

B. 戊在第三时段参观。

C. 庚在第三时段参观。

D. 庚在第二时段参观。

E. 丙在第二时段参观。

305 ~ 306 题基于以下题干：

某公司技术部门为提升用户服务体验，打造全新的互联网生态服务系统，购入了 a、b、c、d、e 五台外设，准备连接技术部门的甲、乙、丙三台主机。为了确保物尽其用，为公司节省成本，该公司对外设的使用做出如下要求：

（1）每台主机必须确保至少有一台外设的支持，且每台外设只能连接在一个主机上；

（2）如果 c、d 两台外设都没有连接在甲主机上，那么 e 外设连接在了乙主机上；

（3）若是 d 连接于丙主机，则乙主机仅与 c 外设连接。

305 以下哪项符合上述外设的使用安排？

A. 甲主机：a。乙主机 c、d。丙主机 b、e。

B. 甲主机：b。乙主机：c、a。丙主机：d、e。

C. 甲主机：d。乙主机：a、c。丙主机：b、e。

D. 甲主机：b、e。乙主机：a、c。丙主机：d。

E. 甲主机：a、b。乙主机：c、d。丙主机：e。

306 若乙主机仅连接了 c、e 两台外设，那么以下哪项不可能为真？

A. 甲主机连接了 a、b 两台外设。

B. 乙主机连接了 a 外设。

C. 丙主机连接了 a、b 两台外设。

D. 如果丙主机仅连接了 a 外设，那么甲主机连接了 b、d 两台外设。

E. 只有甲主机仅连接 d 一台外设时，丙主机才会有 a、b 两台外设的支持。

307 ~ 308 题基于以下题干：

某码头停靠了 A、B、C、D、E、F、G 七艘船，现有一批货物需要运送，需调派其中的五艘船将货物运送至目的地，现已知：

（1）A 船和 B、C 两船共用一条锁链，如果启动 A 船，就必须启动 B、C 两船；

（2）D 船较小，在启动的时候，必须依靠最大的 A、E 两船来分担货物。

307 根据上述信息，以下哪项一定为真？

A. A 船必须启动。

B. C、E 两船必须启动。

C. B、C 两船必须启动。
D. G 船必须启动。
E. D 船休息，无需启动。

308 若 G 船被检测出安全方面的问题，从而送去维修，那么以下哪项一定为真？

A. 如果调派 F 船，则 B 船休息。
B. 或者 D 船被调派，或者 F 船被调派。
C. A、F 两船同时被调派。
D. D、E 两船不会同时被调派。
E. A、D 两船同时启动。

309 ～ 310 题基于以下题干：

某次课堂随检，以选择题的形式考查，要求学生从 A、B、C、D 四个选项中选出正确答案。考试结束后，赵、钱、孙、李四人在讨论答案，四人的答题情况如下表。现已知，赵、孙均答对了 2 个，钱一个都没答对，李答对了 1 个，且第二题没有人答对。

	第一题	第二题	第三题	第四题
赵	A	B	A	C
钱	B	C	C	A
孙	A	B	B	D
李	A	C	D	D

309 根据以上信息，以下哪项一定为假？

A. 第二题的正确答案为 A。
B. 第四题的正确答案为 D。
C. 第一题的正确答案为 A。
D. 第二题的正确答案为 D。
E. 第三题的正确答案为 B。

310 若每道题的答案均不相同，则以下哪项一定为真？

A. 第二题的正确答案为 D。
B. 第三题的正确答案为 C。
C. 第三题的正确答案为 D。
D. 第四题的正确答案为 B。
E. 第四题的正确答案为 A。

311 ～ 312 题基于以下题干：

某舞蹈练习室更新了本周的课表，如下表所示。

	周一	周二	周三	周四	周五
早	爵士	×	爵士	韩舞	×
晚	×	锁舞	韩舞	×	爵士

甲、乙、丙、丁、戊、己六人选课，每次课程仅有两人参加。现已知：

（1）甲和丙从未一起上过课；

（2）乙和戊为同班同学，总是在一起上课；

（3）若丁在周五上爵士课，则丙、戊去上了周三的韩舞课；

（4）若己在周三有课，则甲、戊两人在周一也有课；

（5）没有人连续上两天课，也没有人同一天上两节课。

311 根据上述信息，以下哪项一定为真？

A. 甲参加了周三的爵士课，乙参加了周五的爵士课。

B. 乙参加了周三的韩舞课，己参加了周五的爵士课。

C. 丁参加了周一的爵士课，己参加了周四的韩舞课。

D. 己参加了周三的某一节课。

E. 丙参加了周四的韩舞课，戊参加了周五的爵士课。

312 若甲、乙二人均选择了两个不同的舞种，则以下哪项一定为真？

A. 甲选择了周一的爵士课。

B. 丙选择了周三的爵士课。

C. 丁选择了周三的韩舞课。

D. 丙选择了周二的锁舞课。

E. 乙选择了周三的爵士课。

313 ~ 314 题基于以下题干：

某班进行了随堂小考，题目为七道判断题，赵、钱、孙三人的答题情况如下表。现已知他们三人总共答对了 13 道题，且钱答对了 3 道题。

	第一题	第二题	第三题	第四题	第五题	第六题	第七题
赵	√	√	×	×	√	√	×
钱	×	√	×	×	×	×	√
孙	√	×	×	√	×	√	√

313 根据上述信息，以下哪项一定为真？

A. 第一题答案为 ×，第三题答案为√。

B. 第二题答案为√，第五题答案为 ×。

C. 第三题答案为√，第四题答案为 ×。

D. 第六题答案为√，第七题答案为√。

E. 第一题答案为√，第六题答案为√。

314 若第四题答案为√，第七题答案为 ×，则以下哪项是此次随堂小考的正确答案？

A. × √ × √ × √ ×。

B. √√ × √√ × ×。

C. √ × × √ × √ ×。

D. √√ × √ × √ ×。

E. × √ × × √ × √。

315 ~ 316 题基于以下题干：

某魔术师准备了如下位置图，为完成自己的魔术表演，现将不同花色的 5、8、10 共计 9 张牌放入如下各个位置中（其中花色是黑桃、红桃、方块），并要求：同一花色的牌面不能相邻，且同一数字的牌面不能相邻；③号位置放置的是红桃 10；⑦号位置放置的是黑桃 10。

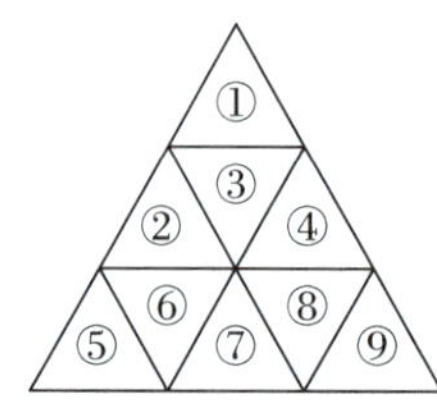

315 若以上信息为真，则以下哪一项的牌面放置是可能的？

A. ②号位置放置黑桃 8，⑤号位置放置红桃 5。

B. ①号位置放置黑桃 8，⑧号位置放置红桃 8。

C. ⑨号位置放置红桃 8，④号位置放置黑桃 5。

D. ②号位置放置黑桃 8，⑧号位置放置方块 5。

E. ⑥号位置放置黑桃 8，⑧号位置放置方块 8。

316 若①号位置放置的是黑桃 8，⑥号位置放置的是红桃 5，则以下哪项可能为真？

A. ⑨号位置放置红桃 8。

B. ⑥号位置放置红色的数字 5。

C. ⑤号位置放置红色的数字 5。

D. ⑥号位置放置红色的数字 8。

E. ⑨号位置放置方块 10。

317 ~ 318 题基于以下题干：

张张最近做减脂餐，周一至周五这 5 天时间里，需要从油麦菜、西红柿、上海青、圆生菜中每天选择其中的 2 种蔬菜作为辅菜，每种蔬菜至多使用 3 天且每天的选择不完全相同。已知：

（1）同一天之内，不能同时选择上海青和圆生菜；

（2）若周二和周五选择圆生菜，则周一和周二选择油麦菜；

（3）若周一、周二、周三至多两天的菜品里面有西红柿，则周二、周四、周五至少两天选择上海青；

（4）周三、周四的菜品里面有上海青。

317 根据以上信息，以下哪项一定为真？

A. 周二使用上海青。

B. 周三使用油麦菜。

C. 周四使用西红柿。

D. 周一使用圆生菜。

E. 周五使用上海青。

318 若上海青不能连续 3 天使用，则以下哪项一定为真？

A. 周一使用油麦菜和圆生菜。

B. 周二使用油麦菜和西红柿。

C. 周三使用上海青和圆生菜。

D. 周四使用油麦菜和圆生菜。

E. 周五使用西红柿和上海青。

319 ~ 320 题基于以下题干：

某地放置有红、黄、蓝、绿四个箱子，绿茶、红茶、乌龙茶、茉莉花茶四种不同的茶叶，已知每个箱子仅放置一包茶叶。张、王、李、赵对上述四个箱子分别装的茶叶种类进行猜测，他们的意见如下：

张：红、黄、蓝、绿这四个箱子里依次装的是茉莉花茶、乌龙茶、红茶、绿茶。

王：红、黄、蓝、绿这四个箱子里依次装的是绿茶、红茶、茉莉花茶、乌龙茶。

李：红、黄、蓝、绿这四个箱子里依次装的是乌龙茶、红茶、茉莉花茶、绿茶。

赵：红、黄、蓝、绿这四个箱子里依次装的是绿茶、乌龙茶、红茶、茉莉花茶。

现已知，张仅猜中了1个，赵猜中了2个，王一个也没猜中。

319 根据以上信息，以下哪项一定为真？

A. 红色箱子中装有绿茶。
B. 黄色箱子中装有茉莉花茶。
C. 蓝色箱子中装有乌龙茶。
D. 绿色箱子中装有茉莉花茶。
E. 红色箱子中装有乌龙茶。

320 若李也未猜中任何一个，则以下哪项是正确的茶包顺序（按红、黄、蓝、绿四个箱子排列）？

A. 乌龙茶、红茶、绿茶、茉莉花茶。
B. 红茶、绿茶、乌龙茶、茉莉花茶。
C. 绿茶、乌龙茶、红茶、茉莉花茶。
D. 乌龙茶、绿茶、红茶、茉莉花茶。
E. 红茶、乌龙茶、绿茶、茉莉花茶。

321 ~ 322 题基于以下题干：

甲、乙、丙、丁、戊、己6人在公园玩捉迷藏，6人等距离分布在以梧桐树为中心的正北、正南、西北、东北、西南、东南方向。已知：

（1）甲与己位置所连成直线的中点在梧桐树；

（2）若戊与梧桐树连成的直线和己与梧桐树连成的直线夹角为90°，那么甲与乙的位置关于梧桐树中心对称；

（3）乙与丙的位置相隔2人；

（4）戊与己位置相邻。

321 根据上述陈述，以下哪项为真？

A. 戊与丁位置相隔1人。
B. 戊与甲位置相隔2人。
C. 戊与己位置关于梧桐树中心对称。
D. 戊与梧桐树连成的直线和己与梧桐树连成的直线夹角为45°。
E. 戊与梧桐树连成的直线和丙与梧桐树连成的直线夹角为45°。

322 若己位置在正北，则以下哪项为真？

A. 若再知道任意一人的方位，那么可以知道所有人的方位。
B. 戊可能在西南方向。
C. 丁可能在西南方向。
D. 若乙和甲相邻，那么就不会和戊相邻。
E. 若丙不和甲相邻，那么也不会和丁相邻。

323 ~ 324 题基于以下题干：

张华面前有编号为一、二、三、四的四个箱子，箱子内共有7个球，按照大小分别是，大球：紫球。中球：青球、蓝球。小球：红球、橙球、黄球、绿球。大球、中球和小球分别可以占据一个箱子空间的100%、50% 和 25%。每个箱子中至少有一个球，至多有两个箱子只有一个球。已知：

（1）若紫球在第四个箱子，那么红球、橙球、黄球和绿球在第三个箱子；

（2）若红球不在第三个箱子，那么黄球、绿球和青球在第二个箱子；

（3）若青球不在第一个箱子，那么绿球、青球和蓝球在第四个箱子。

323 根据上述信息，以下哪项一定为真？

A. 第一个箱子有两个球。

B. 第二个箱子有两个球。

C. 第三个箱子有三个球。

D. 第四个箱子没有小球。

E. 紫球在第二个箱子。

324 假设一个箱子最多只能有两个球并且第三个箱子有蓝球，则增加以下哪个条件可以得到所有小球的具体位置？

A. 橙球、黄球在第一个箱子。

B. 若橙球和黄球不在一个箱子，那么蓝球所在箱子至多有两个球。

C. 若橙球和绿球不在一个箱子，那么至多有两个箱子有两个球。

D. 若橙球在第四个箱子，那么黄球在第一个箱子。

E. 若橙球在第四个箱子，那么绿球不在第二个箱子。

325 ~ 326 题基于以下题干：

甲、乙、丙、丁、戊、己、庚 7 人打算参加游泳、篮球、排球和乒乓球 4 个俱乐部。一人只会选择一个俱乐部，且每个俱乐部的人数范围为 0 ~ 3 人。已知：

（1）若甲、乙、丙 3 人中至少有一人参加篮球俱乐部，那么己也会参加球类俱乐部；

（2）若丙、己、庚 3 人中至少有一人参加球类俱乐部，那么乙、丁和己都会参加游泳俱乐部。

325 根据上述陈述，以下哪项为真？

A. 丙、己、庚 3 人中至少有一人参加球类俱乐部。

B. 丙、己、庚 3 人都不参加球类俱乐部。

C. 甲、乙、丙 3 人都不参加篮球俱乐部。

D. 己不参加游泳俱乐部。

E. 丁参加游泳俱乐部。

326 若丁和戊都不参加篮球俱乐部，那么己和庚也不参加篮球俱乐部，以下哪项为真？

A. 丁和戊至少有一人参加篮球俱乐部。

B. 丁和戊至少有一人不参加篮球俱乐部。

C. 己和庚都参加篮球俱乐部。

D. 己和庚都不参加篮球俱乐部。

E. 无法确定谁参加篮球俱乐部。

327 ~ 328 题基于以下题干：

甲、乙、丙、丁、戊、己、庚 7 人负责周一至周六共 6 天的值班工作，6 天共排有 9 个班次，每日不会超过两个班次，一个班次只需一人负责且 7 人均有值班。没有人既在周二值班也在周五值班，但周二和周五都有两人值班。已知：

（1）周五值班的两人按人员排序（甲、乙、丙、丁、戊、己、庚）相邻；

（2）若乙和庚至多有一位周二值班，那么丁周六值班并且戊周五值班；

（3）若周六只有一个班次，那么丁周四值班并且甲周三值班；

（4）若与周二紧挨的日期里没有一天有两个班次，那么甲负责周二和周五的值班。

327 根据上述陈述，以下哪项可能得出？

A. 至多有 3 人只负责一个班次。

B. 至多有 4 人只负责一个班次。

C. 至多有 5 人只负责一个班次。

D. 至少有 4 人只负责两个班次。

E. 至多有 1 人只负责三个班次。

328 现每人最多负责两个班次，若与周二紧挨的日期里有一天有两个班次，那么该日负责人与周二相同，那么以下哪项可以得出？

A. 戊与己值班的日期相邻。

B. 周二与周三的值班负责人相同。

C. 丙负责周六的值班。

D. 甲不可能负责周三的值班。

E. 周三与周四值班负责人的排序相邻。

329 ～ 330 题基于以下题干：

海绵邀请张金、李榜、王题、赵铭 4 人做题，每人只擅长数学、逻辑、写作、英语 4 个科目中的一科且各不相同；他们每人只做了上述 4 科测试题中的一科测试题且各不相同；他们做的测试题都不是自己擅长的科目。已知：

（1）若张金没有做数学，则李榜做英语且王题做逻辑；

（2）若李榜做英语，则张金做数学；

（3）若张金做数学，则李榜擅长英语并且王题擅长逻辑。

329 根据以上信息，可以得出以下哪项？

A. 张金擅长写作。

B. 李榜擅长数学。

C. 王题擅长英语。

D. 赵铭擅长逻辑。

E. 王题擅长写作。

330 如果赵铭做英语，则可以得出以下哪项？

A. 李榜做数学。

B. 王题做逻辑。

C. 李榜做写作。

D. 王题做写作。

E. 张金做逻辑。

331 ～ 332 题基于以下题干：

某大学要从赵海、钱义、孙川、李智、周武、吴仁和郑礼 7 名教授的学生中挑选 18 名研究生进入智能导航系统研发小组。已知：

（1）每位教授最少有 2 名、最多有 3 名研究生入选该研发小组；

（2）赵海、孙川、李智教授合计只有 7 名研究生入选该研发小组；

（3）若赵海、钱义至少有一位教授有 2 名研究生入选该研发小组，则周武、吴仁、郑礼至多有一位教授有 3 名研究生入选该研发小组。

331 根据上述信息，可以得出有 2 名研究生入选的教授是：

A. 李智和郑礼。
B. 周武和吴仁。
C. 孙川和钱义。
D. 赵海和周武。
E. 孙川和李智。

332 若钱义和周武教授一共有 5 名研究生入选，则可以得出以下哪项？

A. 赵海和孙川教授共有 4 名研究生入选。
B. 周武和李智教授共有 5 名研究生入选。
C. 钱义和吴仁教授共有 5 名研究生入选。
D. 李智和吴仁教授共有 5 名研究生入选。
E. 孙川和郑礼教授共有 6 名研究生入选。

333 ~ 334 题基于以下题干：

花花、洋洋、月月 3 个人去买糕点，有雪媚娘、椰蓉酥、提拉米苏、司康 4 种糕点，每个人选两块糕点，已知：

（1）花花盘中至少有一块糕点是提拉米苏；
（2）至多有一个人选的两块糕点是同一类别的；
（3）洋洋盘中至少有一块糕点是雪媚娘，但没有椰蓉酥；
（4）4 种糕点都有人选择，且 3 人的选择都不完全相同；
（5）如果月月不选司康，洋洋就选提拉米苏且花花选雪媚娘。

333 根据以上条件，以下哪项可以是三个人中糕点的正确组合？

A. 花花：椰蓉酥和提拉米苏。洋洋：雪媚娘和司康。月月：提拉米苏和司康。
B. 花花：雪媚娘和椰蓉酥。洋洋：雪媚娘和提拉米苏。月月：椰蓉酥和椰蓉酥。
C. 花花：提拉米苏和司康。洋洋：雪媚娘和椰蓉酥。月月：雪媚娘和提拉米苏。
D. 花花：雪媚娘和提拉米苏。洋洋：雪媚娘和雪媚娘。月月：椰蓉酥和提拉米苏。
E. 花花：提拉米苏和司康。洋洋：雪媚娘和雪媚娘。月月：提拉米苏和提拉米苏。

334 根据以上条件，月月盘中的糕点组合不可能是：

A. 司康和椰蓉酥。
B. 雪媚娘和椰蓉酥。
C. 雪媚娘和司康。
D. 司康和提拉米苏。
E. 司康和司康。

335 ~ 336 题基于以下题干：

花花、洋洋、月月 3 个人去买糕点，有雪媚娘、椰蓉酥、提拉米苏、司康 4 种糕点，每个人选两块糕点，4 种糕点都有人选择，且 3 人的选择都不完全相同。已知：

（1）花花盘中至少有一块糕点是提拉米苏；
（2）没有人选的两块糕点是同一类别的；

（3）如果洋洋盘中至少有一块糕点是雪媚娘或提拉米苏，那么她没有选椰蓉酥；

（4）如果花花选了提拉米苏，那么洋洋选椰蓉酥；

（5）如果月月不选司康，洋洋就选提拉米苏且花花选雪媚娘。

335 根据以上条件，以下哪项是不可能的？

A. 花花选椰蓉酥，月月选提拉米苏。

B. 花花选雪媚娘，月月不选椰蓉酥。

C. 花花选司康，月月选雪媚娘。

D. 花花选雪媚娘，月月选提拉米苏。

E. 花花选椰蓉酥，月月选雪媚娘。

336 如果再知道以下哪个条件，可以确定所有人盘中的糕点组合？

A. 花花没选司康。

B. 洋洋没选提拉米苏。

C. 月月没选雪媚娘。

D. 洋洋选了司康。

E. 花花没选椰蓉酥。

337 ~ 338 题基于以下题干：

花花、洋洋、月月 3 个人去买糕点，有雪媚娘、椰蓉酥、提拉米苏、司康 4 种糕点，每个人选 2 ~ 3 种糕点，且 3 人的选择都不完全相同。已知：

（1）每种糕点都有两人选择；

（2）如果花花选了提拉米苏，那么洋洋也选了提拉米苏；

（3）如果花花选了椰蓉酥，那么月月也选了椰蓉酥；

（4）如果洋洋选了提拉米苏，那么洋洋也选了椰蓉酥。

337 如果选了椰蓉酥，就要选司康，则以下哪项一定为真？

A. 花花没选雪媚娘。

B. 月月选了雪媚娘。

C. 花花选了司康。

D. 洋洋选了雪媚娘。

E. 洋洋没选司康。

338 如果洋洋只选了两种糕点，则以下哪项是不可能的？

A. 洋洋没选司康。

B. 洋洋选了雪媚娘。

C. 月月选了雪媚娘。

D. 月月选了司康。

E. 花花没选椰蓉酥。

339 ~ 340 题基于以下题干：

海绵团建，老板要求甲、乙、丙三人各自在火锅、烤肉、海鲜大咖、臊子面、胡辣汤、关中套餐、灌汤包、饺子宴 8 种餐食中选择 3 种。结果三人的选择包含了所有种类的餐食。已知：

（1）若甲在火锅、海鲜大咖、臊子面中至少选择一种，则乙选择胡辣汤而丙不选择关中套餐；

（2）若乙在烤肉、臊子面、饺子宴中至少选择一种，则甲选择火锅而乙不选择胡辣汤；

（3）若丙在烤肉、关中套餐、饺子宴中至少选择一种，则甲选择胡辣汤而乙选择臊子面；

（4）乙不想给老板省钱，所以他不会选便宜的灌汤包和关中套餐。

339 根据上述信息，可以得出以下哪项？

A. 甲选择海鲜大咖。
B. 丙选择关中套餐。
C. 乙选择臊子面。
D. 丙选择灌汤包。
E. 甲选择胡辣汤。

340 如果丙没有选择火锅和海鲜大咖，那么有两人同时选择的食物是：

A. 烤肉。
B. 关中套餐。
C. 臊子面。
D. 灌汤包。
E. 胡辣汤。

341 ~ 342 题基于以下题干：

端午节主要的风俗习惯有赛龙舟、吃粽子、采草药、挂艾草、拜神祭祖、放纸鸢、饮蒲酒、饮雄黄酒、饮朱砂酒、打马球、跳钟馗、斗草等，某中学老师要求学生选择其中三种，已知：

（1）若吃粽子、放纸鸢、打马球至少选择一种，则也要选择饮蒲酒和赛龙舟；

（2）若斗草、打马球、挂艾草至多选择二种，则吃粽子、跳钟馗和饮雄黄酒都不选；

（3）若赛龙舟、拜神祭祖、饮朱砂酒至少选择一种，则选择采草药但不选择打马球。

341 根据上述信息，可以得出以下哪项可能是学生的选择？

A. 放纸鸢、吃粽子、挂艾草。
B. 打马球、赛龙舟、拜神祭祖。
C. 赛龙舟、跳钟馗、饮朱砂酒。
D. 挂艾草、赛龙舟、饮雄黄酒。
E. 饮蒲酒、赛龙舟、采草药。

342 后来发现学生要么同时选采草药和饮雄黄酒，要么同时不选，那么学生的选择是：

A. 斗草、饮蒲酒、挂艾草。
B. 放纸鸢、饮蒲酒、斗草。
C. 饮蒲酒、挂艾草、赛龙舟。
D. 采草药、饮雄黄酒、吃粽子。
E. 饮蒲酒、拜神祭祖、斗草。

343 ~ 344 题基于以下题干：

某中学举行田径运动会，高二（3）班的甲、乙、丙、丁、戊、己 6 人报名参赛。在标枪、铁饼、铅球和跳高 4 项比赛中，他们每人都报 1 ~ 2 项，且每项比赛均有 2 人报名。另外，还知道：

（1）如果甲、乙、丙至少有 1 人报名铅球，则丁也报名铅球；

（2）如果丁报名铁饼，则乙和己均报名标枪和跳高；

（3）如果戊、己至少有 1 人报名铅球，则丁报名铅球和铁饼。

343 根据以上信息，可以得出以下哪项？

A. 报名铅球的是甲、乙。
B. 乙报名 2 项。
C. 己报名 2 项。
D. 丁报名铅球和铁饼。
E. 丁没报名铁饼。

344 如果乙、丙均只报名铁饼，则可以得出以下哪项？

A. 丁和戊报名铅球。
B. 甲或丁报名标枪。
C. 甲和丁报名铅球。
D. 乙或己报名标枪。

E. 乙和己报名跳高。

345 ~ 346 题基于以下题干：

某中学举行田径运动会，高二（3）的班甲、乙、丙、丁、戊、己 6 人报名参赛。在标枪、铁饼、铅球和跳高 4 项比赛中，他们每人都报 1 ~ 2 项，且每项比赛均有 2 人报名。另外，还知道：

（1）如果丁报名铅球，则甲、乙至少有 1 人报名铅球；

（2）如果丁报名铁饼，则乙和己均报名标枪和跳高；

（3）如果戊、己、丙至少有 1 人报名铅球，则丁报名铅球和跳高；

（4）甲、乙报名的项目相同且只报了一项。

345 根据以上信息，可以得出以下哪项？

A. 报名铅球的是甲、乙。

B. 乙报名 2 项。

C. 己报名 2 项。

D. 丁报名跳高和铁饼。

E. 丁没报名跳高。

346 如果丙、丁均只报名跳高，则可以得出以下哪项？

A. 只有己报名铁饼。

B. 甲或戊报名标枪。

C. 己或戊报名铅球。

D. 乙和己都不报名标枪。

E. 乙和己报名铁饼。

347 ~ 348 题基于以下题干：

某单位购买了《尚书》《周易》《诗经》《论语》《老子》《孟子》各 2 本，全部分发给甲、乙、丙、丁 4 个部门，每个部门发 3 本不同的书且任何两个部门的书都不完全相同。

已知：

（1）若《周易》《老子》《孟子》至少有 1 本分发给甲部门或乙部门，则《尚书》分发给丁部门且《论语》分发给丙部门；

（2）若《诗经》《论语》至少有 1 本分发给甲部门或乙部门，则《周易》分发给丙部门且《老子》分发给丁部门。

347 若《尚书》分发给丙部门且《论语》发给丁部门，则可以得出以下哪项？

A.《诗经》分发给甲部门。

B.《论语》分发给乙部门。

C.《老子》分发给丙部门。

D.《尚书》分发给甲部门。

E.《周易》分发给乙部门。

348 若《老子》不发给丁部门，则以下哪项是不可能的？

A.《周易》分发给甲部门和乙部门。

B.《周易》分发给乙部门和丙部门。

C.《诗经》分发给丙部门。

D.《尚书》分发给丙部门。

E.《老子》分发给丙部门。

349 ~ 350 题基于以下题干：

甲、乙、丙、丁四位同学在某园艺课上练习插花，他们面前一共有 5 朵红色玫瑰花、2 朵白色百合花、3 朵黄色向日葵、2 朵白色小雏菊及 1 朵紫藤花，以及若干其他装饰和绿叶。每人选其中的 3 ~ 4 朵花，插花要求如下：

（1）除了甲同学将两朵玫瑰花插在同一束，其余 3 位同学各自的花束中都没有相同的两朵花；

（2）丁同学的花束中有紫藤花；

（3）紫藤花与黄色的花没有插在一起；

（4）没有两人所选的花完全相同。

349 根据上述信息，以下哪项一定成立？

A. 乙和丙都选了百合花。

B. 甲的花束中有玫瑰花和百合花。

C. 乙的花束中有向日葵和小雏菊。

D. 如果丁没有向日葵，那么她一定有百合花和小雏菊。

E. 如果百合花和小雏菊甲都没有，那么丁一定都有。

350 如果甲的花束中有百合花，则可以得出以下哪项？

A. 丁有小雏菊。

B. 丁有向日葵。

C. 乙有小雏菊。

D. 丙有小雏菊。

E. 乙有百合花。

351 ~ 352 题基于以下题干：

考研结束后，甲、乙、丙、丁、戊、己、庚 7 人分别被清华大学、北京大学、复旦大学三所大学录取。已知有 3 人被清华大学录取，2 人被北京大学录取，2 人被复旦大学录取。还知道：

（1）己与丙不在同一所学校；

（2）如果戊和丙在同一所学校，那么己和乙也在同一所学校；

（3）庚和丁必须在同一所学校。

351 如果乙和丁在同一所学校，则以下哪项一定为真？

A. 己和戊在同一所学校。

B. 己和庚在同一所学校。

C. 甲和庚在同一所学校。

D. 丙和戊在同一所学校。

E. 丙和庚在同一所学校。

352 添加以下哪项后，仍无法完全确定录取结果？

A. 丁和乙去清华大学，甲去复旦大学。

B. 庚和己去清华大学，丙去复旦大学。

C. 乙和丙去清华大学，庚去复旦大学。

D. 乙和丙去北京大学，庚去复旦大学。

E. 己和甲去清华大学，乙去复旦大学。

353 ~ 354 题基于以下题干：

江河省某省党委组织部门计划将新选拔出来的 6 名选调生李明、张华、王芳、刘洋、陈磊、杨杰下派至省所属的云海市、星河市、翠屏市、金山市的基层单位工作，为将来担任更艰巨的任务打下基础，每个市须有 3 人任职，且每个人分别去 2 个市任职。与此同时，任意两人所任职的市均不完全一样，已知：

（1）李明、张华任职的单位均不相同；

（2）若王芳、杨杰、陈磊至少有一人去星河市任职，那么陈磊不去金山市任职；

（3）王芳、刘洋、陈磊至多一人去云海市任职，那么杨杰不去云海市、金山市任职；

（4）除非陈磊不去云海市任职，否则李明、张华、王芳均去星河市任职。

353 根据以上陈述，可以推出以下哪项？

A. 李明去云海市任职。

B. 王芳去星河市任职。

C. 杨杰去金山市任职。

D. 杨杰没去星河市任职。

E. 陈磊没去星河市任职。

354 若李明去星河市任职，没去翠屏市任职，同时王芳和杨杰任职城市均不相同，则可以推出以下哪项？

A. 刘洋去金山市任职。

B. 李明去云海市任职。

C. 张华去金山市任职。

D. 王芳去星河市任职。

E. 杨杰去翠屏市任职。

355 ~ 356 题基于以下题干：

为改善市容市貌，林业局计划将橡树、松树、柳树、槐树、枫树这 5 树木种植在开发区的各条主干道。其中东仪路、北辰一路、西影路、南郭路分别要种植 3 种树木，每种树木要在 1 ~ 3 条主干道种植，任意两条主干道种植的树木种类不完全相同，已知：

（1）若南郭路至多种植槐树、枫树、橡树中的两种，则东仪路、西影路均种植槐树、枫树；

（2）若南郭路种植枫树或橡树，则北辰一路不种植松树和柳树；

（3）若东仪路至少种植松树、柳树、槐树中的一种，则西影路种植枫树并且南郭路种植松树。

355 最终松树有 3 条主干道种植，则可以推出以下哪项？

A. 柳树有 3 条主干道种植。

B. 枫树有 3 条主干道种植。

C. 西影路种植橡树。

D. 南郭路种植柳树。

E. 东仪路种植松树。

356 若每条主干道都要种植不少于 2 种的树木，则可以得出以下哪项？

A. 种植橡树的主干道有西影路和北城一路。

B. 种植柳树的主干道有东仪路或西影路。

C. 北城一路种植的有橡树。

D. 西影路种植的有松树。

E. 北辰一路种植的有枫树。

357 ~ 358 题基于以下题干：

在某次打击黑恶势力的抓捕行动中，现场抓捕了 5 名嫌疑人，他们分别是李明、张伟、王强、刘军、陈磊，参与抓捕行动的小王、小刘、小程以及小张警官也会参与具体的审讯工作，每个嫌疑人都会由 2 名警官进行审讯并且每位警官至少审讯 2 人，但对每个嫌疑人进行审讯的人员组合均不完全一样，审讯的具体安排如下：

（1）如果小王审讯张伟或刘军，那么小刘也必须审讯李明；

（2）除非小程审讯刘军和陈磊，否则小张审讯了王强；

（3）如果小张至少审讯李明、张伟、王强中的 1 人，那么小刘只审讯了刘军和陈磊；

（4）如果小刘审讯了王强或陈磊，那么小王必定审讯了李明和张伟。

357 根据上述信息，可以推出以下哪项？

A. 小王没有审讯李明。

B. 小刘至少审讯王强、刘军、陈磊中的 1 人。

C. 小刘审讯李明或者王强。

D. 小程至少审讯张伟、王强、刘军中的 2 人。

E. 小张审讯王强和刘军。

358 知晓以下哪项信息，能够确定所有人员的审讯情况？

A. 小刘没有审讯王强。

B. 小程审讯了 4 名嫌疑人。

C. 小王要么审讯张伟、要么审讯王强。

D. 小刘没有审讯张伟。

E. 小程审讯了 3 名嫌疑人。

359 ~ 360 题基于以下题干：

新的一年即将开始，小姜也迎来了他学习生涯中较为重要的时刻，本周周五将进行组内的“中期答辩”，小姜和他的同学小程、小张、小刘、小云依次阐述自己的研究然后进行互评，他们的研究是《个体决策行为》《个体的从众行为》《不确定情景下影响决策的因素》《框架模型下的群体决策倾向》《情绪对决策行为的影响》，自己不能评价自己的研究，五个研究均被 3 人所评价，每个人要对 1 ~ 4 个研究进行评价，小张和小刘评价的研究均不一样，具体评价的情况如下：

（1）只有小姜评价了所有人的研究，并且每个人评价的研究不完全相同；

（2）如果小程评价了《个体决策行为》或《情绪对决策行为的影响》，则小云必定评价《框架模型下的群体决策倾向》；

（3）如果小程至少评价《不确定情景下影响决策的因素》《框架模型下的群体决策倾向》《情绪对决策行为的影响》中的两个，那么小张和小刘均评价了《个体的从众行为》和《不确定情景下影响决策的因素》；

（4）如果小云至多评价《个体决策行为》《个体的从众行为》中的一个，则小姜评价了《个体的从众行为》和《框架模型下的群体决策倾向》。

359 根据以上信息，可以推出以下哪项？

A. 小程评价了《不确定情景下影响决策的因素》。

B. 小张评价了《个体的从众行为》。

C. 小姜评价了《个体决策行为》。

D. 小刘没有评价《个体决策行为》。

E. 小云没有评价《个体的从众行为》。

360 若小云没有评价《不确定情景下影响决策的因素》，则小姜的研究是哪项？

A.《个体决策行为》。

B.《个体的从众行为》。

C.《不确定情景下影响决策的因素》。

D.《框架模型下的群体决策倾向》。

E.《情绪对决策行为的影响》。

361 ~ 362 题基于以下题干：

陈少明、杜志章、白志文、王宛如、刘江龙 5 人进入“我是接班人”大赛决赛，要角逐冠亚季军，5 人最终的获奖情况如下：

（1）如果冠军是陈少明或刘江龙，那么亚军不是杜志章；

（2）如果亚军不是杜志章，那么季军不是王宛如；

（3）如果白志文获得冠军，那么他与王宛如的排名相邻；

（4）如果季军是王宛如，亚军不是杜志章。

361 根据以上信息，可以得出以下哪项？

A. 刘江龙没有获得最佳人气奖。

B. 杜志章没有获得亚军。

C. 王宛如没有获得季军。

D. 刘江龙获得最佳人气奖。

E. 王宛如没有获得最佳人气奖。

362 如果亚军是杜志章，则可以得出以下哪项？

A. 冠军是白志文。

B. 季军是刘江龙。

C. 冠军是王宛如。

D. 冠军是陈少明。

E. 季军是白志文。

363 ~ 364 题基于以下题干：

张家睿、王梓智、柯云涵、杨皓晴、刘奕涵 5 位同学进入“海洋知识”大赛决赛，要角逐冠亚季军，5 人最终的获奖情况如下：

（1）如果冠军是张家睿，那么亚军不是王梓智或刘奕涵；

（2）如果亚军不是王梓智，那么季军不是杨皓晴；

（3）如果柯云涵与杨皓晴的排名相邻，那么他获得亚军；

（4）如果季军是杨皓晴，那么亚军不是王梓智；

（5）如果杨皓晴不是季军，那么冠军要么是王梓智，要么是张家睿。

363 根据以上信息，可以得出以下哪项？

A. 刘奕涵没有获得最佳人气奖。
B. 王梓智没有获得亚军。
C. 张家睿没有获得冠军。
D. 刘奕涵获得最佳人气奖。
E. 杨皓晴没有获得最佳人气奖。

364 如果季军是柯云涵，则可以得出以下哪项？

A. 冠军是张家睿。
B. 季军是刘奕涵。
C. 冠军是王梓智。
D. 第五名是杨皓晴。
E. 季军是杨皓晴。

365 ~ 366 题基于以下题干：

某年级订阅了《呐喊》《彷徨》《朝花夕拾》《野草》《而已集》《二心集》各 2 本，现将这些书籍分发给一班、二班、三班、四班 4 个班级，结果每个班级都分发了 3 本不同的书且任何两个班级的书都不完全相同。

已知：

（1）若一班和二班都有《彷徨》，则他们也都有《呐喊》；

（2）若二班和四班都有《而已集》，则《彷徨》也分发给这两个班级；

（3）若把《呐喊》分发给一班，则一班和三班也分发了《二心集》。

365 若《彷徨》分发给一班和二班，则可以得出以下哪项？

A.《朝花夕拾》分发给二班。
B.《野草》分发给二班。
C.《而已集》分发给三班。
D.《朝花夕拾》分发给三班。
E.《而已集》分发给二班。

366 若三班、四班都没有《彷徨》，则以下哪项是不可能的？

A.《呐喊》分发给一班。
B.《而已集》分发给二班。
C.《朝花夕拾》分发给一班。
D.《而已集》分发给四班。
E.《而已集》分发给三班。

367 ~ 368 题基于以下题干：

毕业季，白云、黑土、米维 3 家公司来某校招聘，张翼、王纬、李德、赵妍、吴鑫、周珊、陈静、刘猛 8 人都成功拿到了聘用通知。已知有 3 人被白云公司聘用，3 人被黑土公司聘用，2 人被米维公司聘用。还知道：

（1）周珊和李德不在同一公司，王纬和赵妍在同一公司；

（2）如果吴鑫和李德在同一公司或者刘猛和吴鑫在同一公司，那么周珊和王纬也在同一公司；

（3）陈静和赵妍必须在同一公司。

367 根据上述条件，以下哪项一定为真？

A. 周珊和刘猛在同一公司。 B. 周珊和陈静在同一公司。

C. 张翼和陈静在同一公司。 D. 李德和吴鑫在同一公司。

E. 李德和刘猛在同一公司。

368 添加以下哪项后，依然无法完全确定聘用结果？

A. 赵妍和王纬去白云公司，张翼去了黑土公司。

B. 李德和刘猛去米维公司，张翼去了黑土公司。

C. 张翼没去白云公司，李德没去米维公司。

D. 李德去黑土公司。

E. 刘猛去白云公司。

369 ~ 370 题基于以下题干：

诗人王石、马芸、白梦、李宏、罗浩、张兰 6 个人，组成两个组进行对诗比赛，每组有 3 个人，还需满足以下条件：

（1）罗浩和白梦不都在第一组；

（2）王石和白梦不在同一组；

（3）除非马芸不在第一组，否则李宏必须在第一组。

369 如果王石在第二组，则下列哪项中的诗人一定也在第二组？

A. 马芸。 B. 白梦。 C. 李宏。 D. 罗浩。 E. 张兰。

370 如果李宏和张兰在同一组，则可以得出以下哪项？

A. 王石在第一组。 B. 马芸在第一组。

C. 白梦在第一组。 D. 罗浩在第一组。

E. 张兰在第一组。

371 ~ 372 题基于以下题干：

某成功考上研究生的同学购买了奶茶、蛋糕、草莓、烤鸭、冰激凌、坚果各 1 份，分给她宿舍的另外 5 个同学，甲、乙、丙、丁、戊每人至少 1 份。已知：

（1）若蛋糕、冰激凌、坚果至少有 1 份分给甲同学，则奶茶分给丁同学且烤鸭分给戊同学；

（2）若蛋糕、冰激凌、坚果至少有 1 份分给乙同学，则奶茶分给丁同学且烤鸭分给戊同学；

（3）若草莓、烤鸭至少有 1 份分给甲同学，则蛋糕分给丙同学且冰激凌分给戊同学；

（4）若草莓、烤鸭至少有 1 份分给乙同学，则蛋糕分给丙同学且冰激凌分给戊同学。

371 若奶茶分给丙同学，则可以得出以下哪项？

A. 草莓分给甲同学。 B. 烤鸭分给乙同学。

C. 冰激凌分给丙同学。 D. 坚果分给丁同学。

E. 蛋糕分给戊同学。

372 若冰激凌分给丁同学，则以下哪项是不可能的？

A. 蛋糕分给甲同学。 B. 蛋糕分给乙同学。

C. 草莓分给丙同学。
D. 奶茶分给丁同学。
E. 草莓分给戊同学。

373 ~ 374 题基于以下题干：

爱旅游的唐伯虎要利用国庆小长假去北京旅游。他决定 10 月 1 日中午到北京，然后休息半天，从 10 月 2 日至 10 月 7 日每天游览长城、故宫、天安门、颐和园、奥体公园、天坛 6 个景点中的一个，各不重复。已知还有如下要求：

（1）只有 3 日游览天安门，2 日或 5 日才会游览故宫；

（2）只有 5 日游览奥体公园，4 日或 6 日才会游览故宫；

（3）奥体公园必须在 3 日游览。

373 根据以上信息，可以得出以下哪项？

A. 6 日游览天安门。
B. 7 日游览故宫。
C. 5 日游览长城。
D. 2 日游览颐和园。
E. 4 日游览天坛。

374 如果天坛的游览日期既与颐和园相邻，又与天安门相邻，则可以得出下列哪项？

A. 2 日游览颐和园。
B. 4 日游览颐和园。
C. 2 日游览长城。
D. 4 日游览天安门。
E. 5 日游览长城。

375 ~ 376 题基于以下题干：

某银行提拔 3 名支行行长，最终确定李白、杜甫、白居易、王维、刘禹锡、张若虚 6 名候选人。根据工作需要，提拔还需要满足以下条件：

（1）除非不提拔李白，否则提拔王维但不提拔张若虚；

（2）只有不提拔刘禹锡，杜甫、白居易才至少提拔 1 人。

375 以下哪项的提拔人选和上述条件不矛盾？

A. 王维、刘禹锡、张若虚。
B. 李白、杜甫、白居易。
C. 杜甫、王维、刘禹锡。
D. 白居易、王维、刘禹锡。
E. 李白、白居易、刘禹锡。

376 如果李白、刘禹锡至少提拔 1 人，则可以得出以下哪项？

A. 提拔刘禹锡。
B. 提拔白居易。
C. 提拔李白。
D. 提拔杜甫。
E. 提拔王维。

377 ~ 378 题基于以下题干：

海绵邀请张金、李榜、王题、赵铭 4 人做题，每人只擅长数学、逻辑、写作、英语 4 个科目中的一科且各不相同；他们每人只做了上述 4 科测试题中的一科测试题且各不相同；他们做的测试题都不是自己擅长的科目。已知：

（1）除非张金做数学，否则李榜擅长英语；

（2）除非张金做数学，否则李榜做英语；

（3）除非张金不做数学，否则李榜擅长英语；

（4）除非张金不做数学，否则王题擅长逻辑。

377 根据以上信息，可以得出以下哪项？

A. 张金擅长逻辑。 B. 李榜擅长写作。

C. 王题擅长英语。 D. 赵铭擅长数学。

E. 王题擅长写作。

378 如果赵铭做逻辑，则可以得出以下哪项？

A. 王题做英语。 B. 李榜做数学。

C. 李榜做英语。 D. 王题做写作。

E. 张金做英语。

379 ~ 380 题基于以下题干：

某机器人大赛评选活动设有纪念奖、人气奖、创意奖、品质奖、综合奖 5 个奖项，风云、天马、星辉、宇珩、环宇 5 家公司均有 2 个机器人获得上述奖项，且每个奖项均有上述 5 家公司的 2 个机器人获得，任何两家公司获得的奖项都不完全相同。已知：

（1）若风云、天马至少有 1 个机器人获得人气奖或综合奖，则天马、星辉获得的奖项均是纪念奖和综合奖；

（2）若天马或宇珩至少有 1 个机器人获得人气奖或创意奖，则天马、宇珩获得的奖项均是纪念奖和综合奖；

（3）只有风云、环宇获得的奖项均在纪念奖、人气奖和创意奖之中，宇珩才有 1 个机器人获得综合奖。

379 根据上述信息，可以得出以下哪项？

A. 风云有机器人获得人气奖。 B. 星辉有机器人获得综合奖。

C. 宇珩有机器人获得创意奖。 D. 宇珩有机器人获得纪念奖。

E. 环宇有机器人获得纪念奖。

380 若获得品质奖和综合奖的公司有一家有机会参加国际奖项的评选，则参加概率最高的公司是：

A. 风云。 B. 天马。

C. 星辉。 D. 宇珩。

E. 环宇。

381 ~ 382 题基于以下题干：

某公司有甲、乙、丙、丁、戊 5 位员工，他们每周 7 天的值班情况如下：

（1）每位员工每周至少值班一天，每天至少有一位员工值班；

（2）甲只在周一和周二值班两天；

（3）乙和丙都不在周六值班，戊只在周日值班；

（4）如果丁在周六值班，则乙在周三值班；

（5）如果丙在周四值班，则乙在周六值班。

381 根据以上信息，以下哪项必然为真？

A. 乙在周六值班。

B. 乙在周三值班。

C. 丙在周四值班。

D. 乙每周值班两天。

E. 丁在周三值班。

382 如果丁每周只值班一天，则以下哪项不可能为真？

A. 丙在周一值班。

B. 乙不在周四值班。

C. 丙在周五值班。

D. 乙在周四值班。

E. 乙每周值班两天。

383 ~ 384 题基于以下题干：

某生物课上，老师要求甲、乙、丙、丁、戊、己、庚 7 人对鼠、牛、虎、兔、蛇、马、羊、猴、鸡、狗、猪共 11 种动物的起源进行研究，每种动物只有 1 人研究，每人最多研究 3 种动物。已知：

（1）只有 1 人研究了 3 种动物，如果甲研究了 3 种动物，那么丁只研究了猪；

（2）如果丙没有研究羊或庚研究猴，那么己没有研究蛇和虎；

（3）只有丁不研究猪，乙才不研究鸡或不研究狗；

（4）除非己研究了蛇和虎，否则甲研究了 3 种动物；

（5）如果乙研究了鸡和狗，那么丙研究了羊。

383 根据上述信息，能够得出以下哪项？

A. 丙研究了羊。

B. 丁没研究猪。

C. 丁研究了猪。

D. 甲研究了 3 种动物。

E. 庚研究了猴。

384 如果甲研究了鼠、兔和牛，己研究了虎和蛇，那么能推出：

A. 乙研究了羊。

B. 丙研究了猴。

C. 丁研究了马。

D. 戊没研究猴。

E. 庚研究了马。

385 某电影院制定排片计划，有动作片、悬疑片、科幻片、纪录片、战争片、历史片 6 种类型的电影，每天至少安排两种类型的电影。已知每天的排片还有如下要求：

（1）如果安排动作片或战争片，则不能安排历史片；

（2）如果安排纪录片，则必须安排历史片；

（3）如果安排悬疑片，则必须安排战争片。

以下哪两种电影不能安排在同一天？

A. 动作片和悬疑片。

B. 动作片和战争片。

C. 悬疑片和科幻片。

D. 悬疑片和纪录片。

E. 科幻片和历史片。

第三章 论证逻辑

专题四 削弱题

题型 01 削弱的基本思路

海绵 MBA App 扫码对答案
查看解析和视频讲解

题型特征	（1）问题特征：问题要求质疑题干。 （2）题干特征：题干给出论证过程。
思路概述	本题型主要考查削弱论证的基本思路，具体有如下思路： （1）一般情况下优先考虑割裂论据和论点的关系以及质疑论点，其次考虑质疑论据； （2）多个选项满足问题要求时，要注意比较选项的话题相关性和力度； （3）要注意排除诉诸权威、诉诸未知等常见干扰项

386 总经理：当我们 4 年前重组工会以节省开支时，批评者们声称重组工会导致维权行为的增长。人事部门整理了重组那年以后维权行为的统计资料，结果表明批评者们是错误的，包括维护劳动者权益在内的各种维权行为报告普遍地减少了。

以下哪项如果正确，最能削弱总经理的论述？

A. 当工会被认为不负责时，被侵权的员工们不愿向工会维权。

B. 人事部门整理资料有一定的滞后性，如果半年之后再进行统计，结果可能有所不同。

C. 在工会进行过类似重组的其他公司里，维权行为的数目在重组后一般都上升了。

D. 对工会进行重组所节省的钱比预期目标要少。

E. 现在进行员工更加注重工作感受，而不是特别在乎工会的作用。

387 有人认为在经济整体下行的环境下，家电行业收入并没有下降，但李教授并不这么认为。他的观点是，虽然家电制造公司在整个行业收入中的份额已从两年前的 70% 降到了今天的 55%，但是在同一时期内家电零部件供应商的收入份额却从 10% 增加到 20%，服务公司（例如分配商、销售商和修理商）的收入份额也从 20% 上升到了 25%。

以下哪项最能削弱李教授的论证？

A. 最近几年，由于经济好转，进行家电采购的家庭明显增多。

B. 不管家电行业的总收入经历什么样的变化，所有这些收入的份额总和必须是 100%。

C. 没有给出解释为什么这个行业不同部门的收入份额会发生改变。

D. 家电行业的最细统计结果表明，家电产品库存水平持续降低，其中小家电表现相对更好。

E. 虽然收入是决定利润的重要因素，但并不是唯一因素。

388 东胡林人遗址位于北京市门头沟区，墓内人骨有轻微石化，属于三个个体，一个为 16 岁左右的少女，另两个为成年男性。他们被命名为“东胡林人”。在遗骸附近发现随葬的磨光小石斧，胸腹部散落有多枚穿孔螺壳，应为死者生前佩戴的项链饰物。另外，在遗址内还发现了蚌器，主要是用蚌壳或螺壳制作的装饰品，一般在一端或两端穿孔，可供系挂，可能用作坠饰。这说明在新石器时代的早期，人类的审美意识已开始萌动。

以下哪项如果为真，最能削弱上述判断？

A. 新石器时代的饰品通常是石器。

B. 出土的项链和其他装饰品都十分粗糙。

C. 项链和装饰品的作用主要是表示社会地位。

D. 一名少女遗骸旁边的装饰物比两个成年男性遗骸旁边的装饰物更大。

E. 东胡林人遗址的发掘为考古学、人类学、第四纪地质学、古环境学等诸多学科的研究提供了十分重要的新资料。

389 在信息时代，科技与艺术相互依存、彼此促进的关系已经越来越明显。在戏剧史上，从三棱景柱的出现到立体布景的使用，从煤气灯照明到电脑灯的布控，都曾使戏剧演出的总体面貌产生巨大变化。剧场科技、智能舞台、多媒体的广泛运用，显然极大地丰富了当代舞台的表现手段和艺术面貌，并且为人们带来全新的审美体验。有文化学者据此推测，戏剧艺术对现代科技手段会越来越倚重，演员不主动适应被各种科技元素构筑起来的表演空间，就会被时代所淘汰。

以下哪项如果为真，最能质疑上述文化学者的推测？

A. 国内外，已经有人开始尝试让机器人参与戏剧表演，用各种方式打破舞台艺术的传统局限。

B. 戏剧是关乎人的情感、人的存在、人的价值、人的处境、人的命运的艺术，还是需要演员的肢体语言和情感才能体现，否则戏剧就成了无源之水、无根之木。

C. 我们欢迎新的科技，但是这不意味着科技唯上和科技滥用。

D. 戏剧艺术家应当具备高尚的美学情操和高超的艺术造诣，如此才能将各种科技手段水乳交融地内化于创造中。

E. 科技改变了戏剧的传播方式，借助现代拍摄技术和传播手段，戏剧录像才可以广泛传播到世界各地。

390 据统计显示，坚持一个良好的作息时间的人和一个普通人相比，他们的平均寿命之间并不存在差异，因此，一个良好的作息时间并不能让我们提高寿命，保持健康。

以下信息如果为真，哪项最能够反驳上述论证？

A. 许多作息规律的上班族，他们的健康程度却低于普通人。

B. 良好的作息时间，可以保证充足的睡眠，养足精神，保证良好的身体代谢。

C. 有些人坚持良好的作息时间，过了一段时间发现气色和精神都很不错，比之前强不少。

D. 这些坚持良好作息的人，如果没有和现在一样有好的作息，他们很有可能比一般人少存活 5 年。

E. 良好的作息时间，没有什么负担，不像篮球运动一样需要运动场地的支持。

391 跑步作为一种简单易行的运动方式，被很多人视为减肥的首选。他们认为，每天坚持跑步可以有效燃烧身体的脂肪，从而达到减肥的效果。然而，有专家指出，跑步并不是最有效的减肥方式。

以下哪项如果为真，最能质疑上述专家的观点？

A. 调查表明，相较于其他的减肥方式，跑步的减肥效率是最高的。

B. 跑步虽然可以减肥，但是许多跑步爱好者会在跑后吃高热量的食物，因此，他们的体重下降并不明显。

C. 跑步时，人体燃烧的主要是体内的糖分，但减肥需要的是消耗脂肪。

D. 相较于跑步，HIIT（高强度间歇性运动）的燃脂效率更高。

E. 跑步虽然可以减肥，但是也容易造成膝关节磨损的问题。

392 一项研究表明，对于儿童来说，阅读纸质书籍和电子书籍在提高阅读能力上都有积极的作用。纸质书籍可以提供物理感知的体验，有助于儿童对故事的理解；而电子书籍则可以提供声音、动画等多媒体元素，激发儿童的兴趣。因此，研究人员认为，若能同时进行纸质阅读和电子化阅读，就可以高效提高儿童的阅读能力。

以下哪项如果为真，最能质疑上述研究人员的观点？

A. 某儿童一直坚持纸质阅读和电子化阅读，但其阅读能力一直没有提高。

B. 大多数同时进行纸质阅读和电子化阅读的儿童都容易感觉到疲倦。

C. 若只进行纸质阅读，也可能提高儿童的阅读能力。

D. 儿童阅读能力的提高不意味着其学习能力的提高。

E. 阅读的方式不是重点，重点是有一颗热爱阅读的心。

393 在很多学校中，设立“学生活动基金”是一种常见的现象。这个基金的主要支出项目是学生活动和设备购置。“学生活动基金”的来源只有三个：一是在校学生自发的捐赠；二是学校提供的配套资金；三是已毕业的学生的捐赠。但无论来源是什么，学校设立这些基金的初心都是给学生的活动提供帮助。

以下哪项如果为真，最能质疑上述题干？

A. 若“学生活动基金”的账目不清，则不一定会用在学生身上。

B. 某校的“学生活动基金”去年收到了政府的专项拨款。

C. 有些学校的“学生活动基金”经常出现入不敷出的问题。

D. 任何学校设立基金的初心都是好的，但这不意味着在运营的过程中他们能恪守初心。

E. 基金的真正用途是什么，不能光看初心，还要看管理者的职业道德。

394 太空被视为“全球公域”。通常认为，全球公域是指处于国家管辖范围以外的区域及其资源。

它属于全人类共有，人人都可以使用。《外层空间条约》对太空领土主权问题的搁置奠定了太空作为“全球公域”的法律基础，而“和平使用”“科研自由”等规定，实际上赋予了太空公域的性质。“外层空间应只用于和平目的”这一规定，使得太空成为冷战期间一块难得的净土：避免遭受战争摧残，而且成功实现了无核化。据此，有专家认为，《外层空间条约》对人类的意义非凡。

以下哪项如果为真，最能质疑上述题干？

A. 外层空间蕴藏着丰富的资源，有巨大的经济潜力。

B. 太空探索的主导权长期掌握在科技发达的国家手中。

C. 任何条约的主导权都掌握在强大的国家手中，《外层空间条约》也不例外。

D.《外层空间条约》的规定只是纸面约定而已，想要发动战争的国家不会遵守它。

E. 若《外层空间条约》能被大家遵守，那么地球上的战争也可能越来越少。

395 人工智能在现代社会和人类生活中的作用超乎想象，它不仅将极大地帮助人类克服当今所面临的生存挑战，还能为人类提供未来生存之道。因为，不同的人工智能系统不仅可以解决系统内的问题，还能够互相协作，使得它们在各个领域中更加稳定，更加有效地发挥作用，并赋予人工智能系统具有超越单个系统的更为强大的功能。

以下哪项如果为真，最能质疑上述论证？

A. 美国的“国家人工智能计划”设立之初，就是为了在所有社会领域、自然及人造世界里推动最前沿的人工智能科学研究。

B. 自动驾驶和智能家居的蓬勃发展，正说明了人工智能对人类社会产生的作用越来越大。

C. 多种人工智能的相互协作看起来功能强大，但在协作过程中总是容易出现一些问题。

D. 人工智能结合大数据就可以挖掘出更高效的算法和模型。

E. 多种人工智能的协作看似功能强大，但也容易进化出反社会人格，对人类的生存造成巨大的威胁。

396 科学家们早已发现，即便是双胞胎，如果他们从小处于不同的语言文化背景中，掌握的语言就会完全不同，因此，他们认为语言能力是文化的产物，和天赋无关。但是许多语言学家持有不同的观点，他们认为，语言能力是人类自出生就有的能力。他们认为存在一种天生的语言内核，通过自我慢慢发展，这种语言内核最后会“长”成我们所熟悉的一切语言能力。

以下哪项如果为真，最能质疑这些语言学家的观点？

A. 婴儿在牙牙学语时总是喜欢模仿父母的语言发音。

B. 语言是大脑的产物，而大脑的生长模式早已由基因“预设”。

C. 经过人的训练后，大猩猩、海豚等动物能够使用一些简单的语言符号。

D. 绝大多数的原始部落的居民不能使用语言，只能用一些简单的动作相互交流。

E. 关于语言内核是否存在的问题，目前大家并没有统一的结论。

397 有机食品是指在生产过程中没有使用化学肥料、农药、激素等人工合成物质，而是采用了生物有机肥料、生物农药等生态环保的方式进行生产的食品。某农业公司最新研发出的“胡萝卜甲号”不仅对人体没有毒副作用，而且能有效地提高人体的免疫力。因此，“胡萝甲号”是有机食品。

以下哪项如果为真，最能削弱上述论证？

A. 有机食品的价格比非有机食品高，主要原因是它们的生产成本高。

B. 研究表明，有机食品的主要特点就是对人体没有毒副作用，并且能有效地提高人体的免疫力。

C. 研究表明，“胡萝卜甲号”对人体有轻微的毒副作用，并且对免疫力的提升效果不明显。

D. “胡萝卜甲号”在生产过程中所使用的是化学肥料，并且还使用了一定量的农药。

E. 有机食品对生产的条件要求极高，因此很难大规模的种植。

398 临产孕妇的过敏反应会影响到体内的胎儿，而春季作为一年中花粉最为丰富的季节，孕妇在这个季节中的过敏反应也是最强的。专家据此认为，大部分患有先天性过敏症的儿童应当出生在春季。

以下哪项如果为真，最能质疑上述论证？

A. 与引起先天性过敏症有关的免疫系统的发育，多半发生在孕中期，也就是胎儿五六个月大的时候。

B. 在过敏症的患者中，儿童只占了很小的比例。

C. 孕妇在孕期内即便发生了过敏反应，但只要治疗得当一般不会有生命危险。

D. 调查表明，许多患有过敏症的儿童出生在炎热的夏季，他们一出生便因为汗液而过敏。

E. 部分孕妇的体质会因为怀孕而发生改变，许多未怀孕时可以吃的食物在怀孕期间反而会造成过敏反应。

399 达尔文的自然选择理论是生物进化的重要理论，它提出生物的进化是通过自然选择和生存竞争实现的。达尔文认为，生物的进化是一个漫长的过程，每一种生物都是通过不断的自然选择和适应环境而进化来的。但是，科学家在化石记录中发现了大量的“过渡物种”缺失，这些“过渡物种”是物种进化的关键环节，如果它们不存在，达尔文的自然选择理论也就无法解释生物的进化。但是生物的进化是事实，这说明“过渡物种”应该还是存在的。

以下哪项如果为真，最能质疑上述论证？

A. 宇宙中可能有无数个星球都存在生命，因此，达尔文的理论不一定能解释其他星球上的生物进化的过程。

B. 达尔文的自然选择理论实际上是错误的。

C. 目前人类在进行生物科学的研究时，必须使用自然选择理论。

D. 理论上，自然选择不是生物进化的唯一路径。

E. 通过在实验室的模拟，科学家发现，除了碳基生命还可能存在硅基生命。

400 海洋位于地球表面，深度从数米到约 11 000 米，包裹着地球表面的大部分区域。根据海洋内部温度、盐度和压力的不同，海洋被分为表层海洋和深海两层。表层海洋由海水等含盐量较高的物质组成，而深海的构成并不清楚。以往，研究人员认为，由于经历地球诞生后约 40 亿年的海洋环流运动，海洋已经均一化，构成表层海洋与深海的物质应是相同的。但近来有专家认为，构成表层海洋和深海的物质并不相同。

以下哪项最能削弱上述专家的观点？

A. 实验显示，海洋自从地球诞生以来就在持续环流运动，不过随着内部温度的变化，环流的速度也会发生变化。

B. 海洋物质的构成取决于物质在海洋中的扩散速度，而新型扩散速度仪测量发现表层海洋与深海的物质的扩散速度相同。

C. 以前的研究认为海洋成分受到 40 多亿年前陨石冲击的影响，但后来发现海洋成分与太阳系其他行星的平均构成是一致的，陨石冲击并未带来显著变化。

D. 据研究，表层海洋很可能是生物活动的主要区域，物质呈液态；但深海的温度、压力和密度均增大，物质呈固态。

E. 海洋物质的构成会直接影响其生物圈的构成，这就是表层海洋的生物和深海的生物的构成不同的原因。

401 在医学领域，人们一直认为维生素 C 可以预防感冒。然而，一项最新的研究挑战了这个观点。在这项研究中，科学家们对一组人进行了为期一年的观察，其中一半人每天服用维生素 C，另一半人则没有。结果发现，服用维生素 C 的人感冒的次数和没有服用的人相比并没有明显减少。因此，这些科学家得出结论，维生素 C 并不能有效预防感冒。

以下哪项如果为真，最能质疑上述科学家所得出的结论？

A. 实验证明，服用维生素 C 的人和注射免疫蛋白的人感染感冒的概率是一样的。

B. 可能科学家的观测数据有误，因为实验的周期长达一年。

C. 若科学家的研究过程是严谨的，那么的确可以说明维生素 C 不能预防感冒。

D. 维生素 C 对人体有多重奇特的作用，例如加快口腔溃疡病人的恢复速度。

E. 另一项研究表明，维生素 C 可以有效地加快感冒病人的恢复速度。

402 无人驾驶是目前炙手可热的技术。具备无人驾驶功能的汽车可以通过各种传感器，如雷达、激光雷达、摄像头，以及高级计算机系统进行实时数据处理和决策，来提高道路安全性、减少交通拥堵，从而提高交通效率。然而，有些专家始终对该技术持有怀疑态度。

以下哪项如果为真，最能质疑上述专家的观点？

A. 无人驾驶技术目前尚不成熟，造价高昂、技术不稳定都是有待解决的问题。

B. 即便是在高速公路上行驶，摄像头也比人的肉眼看得远、看得清。

C. 在某些复杂的道路环境中，无人驾驶的汽车的某些关键设备可能失灵。

D. 若无人驾驶技术可以提高交通效率，则可以有效地振兴经济。

E. 传感器结合高级计算机系统做出的驾驶决策比大多数司机做出的决策都更加高效、安全。

403 在面对新型冠状病毒肺炎（COVID-19）大流行、气候变化和种族主义等公共危机时，一些科学家认为科学应该在解决这些问题上发挥主导作用。然而，在处理这些公共危机时，尤其是在 COVID-19 大流行期间，却出现了许多质疑科学、否定科学的现象。对此，某专家指出，政治、经济利益和社会价值观的冲突可能阻碍科学在公共危机领域的应用。因此，为了解决这一问题，应当让科学家来管理专门负责处理公共危机的机构。

以下哪项如果为真，最能质疑该专家的观点?

A. 一些科学研究由于受到特定政治和经济利益集团的资助，其研究结果可能无法完全客观反映事实。

B. 在过去的几十年里，科学界在增强公众对气候变化的认识方面取得了显著进展，公众对气候变化的关注程度显著提高。

C. 大多数美国人不相信科学能够帮助解决 COVID-19 大流行带来的危机，他们反对采取科学建议来控制疫情的传播。

D. 尽管科学为解决 COVID-19 大流行、气候变化等公共问题提出了合理的措施。但是科学系统本身存在的问题会导致有些科学家无法给出客观真实的观点。

E. 任何人一旦主导某个机构都难免因个人的喜好和偏见做出错误的判断，因此，任何机构的管理架构应该是由不同背景、不同身份的人互相制衡，这样才能做出科学理性的决策。

404 近年来，随着消费者对高品质生活的追求不断提高，生鲜电商行业迎来了迅速发展的新时代。生鲜电商面临的一个主要挑战是如何在保证生鲜商品品质的同时，有效控制运营成本，特别是包装材料的采购成本。为此，许多生鲜电商计划建立供应商管理流程与绩效考核体系。但有专家指出，这一计划很难实行，因为生鲜公司的供应商不愿意接受严格的绩效考核体系。

以下哪项如果为真，最能质疑上述专家的观点?

A. 调查表明，降低生鲜电商的运营成本不仅可以增强企业的核心竞争力，还可以间接地提高消费者的体验。

B. 许多生鲜电商公司已经实现了通过优化包装设计、减少包装材料的使用，从而降低成本的目标。

C. 许多生鲜电商的供应商都面临激烈的竞争，只要生鲜电商公司能够提供足够的激励政策，他们还是愿意接受管理和绩效考核的。

D. 控制运营成本是电商公司当前面临的主要难题，如果不能切实地解决这一问题，电商公司很可能面临资金链断裂的风险。

E. 随着技术的发展，一些生鲜电商开始尝试使用人工智能技术来预测市场需求，有效减少了库存积压，库存积压率下降了 30%。

405 随着现代科技的发展，电子书的便捷性使得越来越多的人选择电子阅读，而传统纸质书籍在市场上的地位逐渐受到挑战。对此，某专家认为，尽管面临电子书的竞争，但通过改善传统书籍的触感设计，纸质书仍能为读者提供不可替代的阅读体验。

以下哪项如果为真，最能质疑上述专家的观点？

A. 研究表明，与纸质书相比，电子书的使用能显著减少纸张消耗，对环境保护产生积极影响。

B. 多数读者表示，尽管纸质书提供了独特的阅读体验，但电子书的携带方便和低成本是他们的首选理由。

C. 随着墨水屏技术的发展，现在的电纸书阅读器在触感、观感方面的体验已经逐渐追上纸质书，甚至可以达到以假乱真的效果。

D. 最近的市场调查显示，年轻一代读者对纸质书籍的触感设计表现出浓厚的兴趣，并愿意为此支付额外费用。

E. 有关研究发现，在某些情况下，人们在阅读电子书时的理解和记忆能力不亚于阅读纸质书，甚至可能略胜一筹。

406 在印度尼西亚苏拉威西岛的某洞穴中，考古学家发现了一幅壁画，这幅壁画描绘了狩猎场景。壁画中有许多具有神秘动物特征的人物形象，例如，有尾巴和有喙的人物。这些人物形象被认为是精神思维和艺术创作的证据。通过对壁画上形成的矿床中铀的放射性衰变进行测量，研究人员估计这些图像的年代为 43 900 年至 35 100 年前。有专家据此认为，这一发现挑战了先前关于早期人类艺术创作主要起源于欧洲的观点。

以下哪项如果为真，最能质疑上述专家的观点？

A. 研究表明，这些壁画中的动物形象并非基于实际存在的物种，而是艺术家想象的产物。

B. 近年考古界屡次出现现代人模仿古代艺术风格创作的造假事件，尤其是那些声称能颠覆传统观点的“考古发现”往往被证明是现代仿品。

C. 该壁画中人物的神秘动物特征实际上自然侵蚀过程所形成的神秘图案，而非人为创作。

D. 铀的放射性衰变测量可能存在误差，这会导致该壁画的实际年代和预估的年代存在差异。

E. 如果能发现更古老的描绘超自然元素的笔画，就能证明在该洞穴中发现的笔画并不是最古老的艺术作品。

407 随着互联网的普及和发展，儿童通过网络接触各类视频已成为常态。然而，最近网络上出现的所谓“儿童邪典视频”，以儿童喜爱的动画形象为外衣，传播涉暴力、恐怖、残酷、色情等不适内容，引起了社会广泛关注。面对这一问题，全国“扫黄打非”工作小组办公室已部署开展深入监测和清查，相关网站也在开展自查和清理。但是，有学者认为相关部门和网站都过度紧张了，因为儿童的心理具有很强的可塑性，不会轻易受到这些视频的影响。

以下哪项如果为真，最能质疑上述学者的观点？

A. 相关部门对“儿童邪典视频”展开监测和清查需要大量的人力和物力成本。

B. 相关网站对“儿童邪典视频”进行自查和清理时，容易伤及许多原本没有不适内容的动画片。

C. 儿童在成长过程中也会感到焦虑，他们需要通过打游戏、和小伙伴聊天的形式去释放压力，缓解焦虑。

D. 儿童在观看含有暴力和色情内容的视频后，会模仿视频中的不当行为，从而影响他们的行为模式和价值观。

E. 即使儿童看了含有暴力、色情内容的视频，在家长和学校的正确引导下，儿童仍能形成健康的价值观。

408 环境中的有害化学物质和重金属等污染物以及微生物都可能导致儿童免疫系统的问题，增加患哮喘、过敏等疾病的风险。据此，有专家认为，环境污染和微生物会对儿童的免疫系统造成伤害，应该让儿童尽可能待在完全清洁的环境中。

以下哪项如果为真，最能质疑上述专家的观点？

A. 使用洗碗机洗碗的家庭中，儿童发生过敏的概率是用手洗碗家庭的两倍。

B. 在无菌环境下饲养的实验室小鼠，其免疫系统发育不全，经常生病，而野生小鼠则拥有更强大的免疫系统和更少的过敏反应。

C. 记忆性 CD8 阳性 T 细胞在免疫系统中扮演着重要角色，其主要功能是对抗和清除病毒和癌变细胞，但是这些细胞在完全清洁的环境中数量不足。

D. 在农村环境中长大的儿童比在城市中环境中长大的儿童哮喘和过敏症状发生概率更低。

E. 免疫系统的发育需要接触外界环境中的各种刺激，否则就可能存在发育不完全的问题。

409 在医学领域，造血干细胞移植已成为治疗白血病的重要手段。然而，传统上，寻找与患者人类白细胞抗原（HLA）完全匹配的供者一直是一个难题。北京大学血液病研究所所长黄晓军教授提出的“北京方案”通过采用单倍型移植技术，使几乎每个需要移植的患者都能找到供者。但是，依然有专家认为，为了尽可能提高患者的生存率，传统的移植方案依然是首选方案。

以下哪项如果为真，最能质疑上述专家的观点？

A. 通过“北京方案”实施的单倍型移植患者的 3 年无病生存率约为 75% ~ 80%，和采用传统移植方案的患者基本相当。

B. “北京方案”可以让患者接受白细胞抗原仅有部分匹配的父母与子女之间、表亲与堂亲之间的移植，大大降低了寻找供体的难度。

C. 尽管“北京方案”提高了移植的可行性和安全性，但是在部分地区由于技术和资源限制，该方案的推广和应用仍面临挑战。

D. “北京方案”已被推广至全国 92 家移植中心及法国、意大利等 10 余家海外中心，获得了许多专家的一致好评。

E. 单倍型移植技术的应用虽然拓宽了供者的选择范围，但是对于特定的罕见血型或特殊遗传特征的患者，找到合适的供者仍然存在困难。

410 速冻食品因其快速冷冻过程能够最大限度地保留食物的营养和口感，而成为现代人饮食选择中的一个重要部分。此外，速冻食品的生产和储藏过程严格控制温度，理论上可以限制微生物的活动，减少食品腐败变质的可能。据此，某专家认为，若选择速冻食品作为主要食物来源，就既能享受原汁原味的食物，也不用担心食品变质问题。

以下哪项如果为真，最能质疑上述专家的观点？

A. 速冻食品在生产过程中使用的快速冷冻技术确实可以减少微生物的活动，但不排除有一些耐寒的微生物仍然可以在低温下存活。

B. 消费者往往因为信任速冻技术的安全性，而忽视了在家庭冰箱中对速冻食品储藏温度的监控，导致食品在不适当的温度下储存，增加了食品变质的风险。

C. 众口难调，在某些人眼中美味的食物可能在另一些人的眼中是难以下咽的，速冻食品也不例外。

D. 速冻食品在生产和储藏过程中的严格温度控制，确保了食品在到达消费者之前的微生物活动被有效抑制，从而保证了食品的安全性。

E. 速冻食品在生产、运输和储藏的过程中都严格控制环境温度，这对于一些偏远地区是难以实现的。

411 新冠肺炎疫情大范围传播期间，不少高校实施了严格的校园封控措施，将教学活动全面转移到线上，以减少学生之间的直接接触和聚集。封控措施有效地控制了新冠肺炎在校园内的传播。但是，封控期间有些学生开始沉迷于网络游戏。据此，某教授认为，这些学生没有意识到学习的重要性，应该加强对他们的价值观教育。

以下哪项如果为真，最能质疑上述教授的观点？

A. 封校期间，一些相互有成见的学生通过一起在游戏里战斗改善了原本紧张的宿舍关系。

B. 有些学生自控能力比较强，即便在封控期间在线听课，也能认真学习、及时完成作业。

C. 调查显示，疫情期间被封控的学生中仅有 1% 左右的学生沉迷于网络游戏，其余学生均能正常完成学习任务。

D. 研究指出，心理需求和情感寄托得不到满足是个体对某行为上瘾的主要根源。

E. 即便是学校也不应该只有一种价值观，只要学生的某一行为没有违反学生守则，任何人就无权禁止该行为。

412 高尿酸血症是由体内尿酸水平异常升高导致的一种状况，可能引发痛风、肾脏疾病等全身代谢性疾病。高尿酸血症的典型症状有慢性疲劳、蛋白尿、肾结石、痛风等。因此，只要身体没有出现这些症状，就不必担心高尿酸血症的问题。

以下哪项如果为真，最能质疑上述论证？

A. 早期高尿酸血症可能没有症状，但是依然会对人的肾脏、关节和神经造成影响。

B. 高尿酸血症的主要根源是长期大量食用动物肝脏、海产品等高嘌呤食物，但大多数人并没有这样的饮食习惯。

C. 实验证明，只要每天饮水量超过 2 000mL，就有助于体内尿酸的排出，从而降低患高尿酸血症的风险。

D. 大多数饮食，例如鸡蛋、乳制品等的嘌呤含量低于 50mg/100g，对尿酸的影响微乎其微。

E. 某国公共卫生部门建议，即便身体没有出现高尿酸血症的症状，也要定期检测尿酸的含量。

413 胆固醇不仅是维持机体正常功能的重要成分，还是合成细胞膜、胆汁、激素和维生素 D 的前置原料。尽管胆固醇好处多多，但长期以来，人们始终担心大量摄入胆固醇会对心血管造成不利影响。然而，《中国居民膳食指南（2022）》指出，人体对不同程度的胆固醇摄入量存在动态调节机制，能够适应胆固醇摄入量的波动。因此，不必过分担心大量胆固醇的摄入对身体的影响。

以下哪项如果为真，最能质疑上述论证？

A. 研究显示，我国成年居民的日均膳食胆固醇摄入量约为 260mg，主要来源是鸡蛋。

B. 调查表明，对于部分胆固醇敏感人群，食物中高胆固醇的摄入仍可能加剧患心脑血管疾病的风险。

C.《中国居民膳食指南（2022）》推荐每个健康的成年人每天至少要摄入一个鸡蛋。

D. 猪脑的胆固醇含量是鸡蛋的 5 倍，但许多因恐惧胆固醇而不吃鸡蛋的人却热爱吃猪脑。

E. 随着医学的不断进步，许多营养学的知识都在不断地被推翻，今天权威机构推荐的生活方式，明天也许就会被彻底否定。

414 在同声传译的高压环境中，翻译员需要准确把握讲话的内容并且及时翻译。为了完成这一任务，翻译员需要使用一系列的技巧，例如，断句、重复、等待、归纳等。这些技巧背后的核心是翻译员的预测能力，即在讲话内容完全展开之前，预测接下来要出现的对话内容的能力。因此，在同声传译中，预测能力对同声传译极为重要。

以下哪项如果为真，最能质疑上述论证？

A. 翻译员在同声传译中使用最多的能力是实时的语言处理能力而非预测能力。

B. 翻译员对专业术语的熟悉程度和即时记忆能力对翻译质量的影响比预测能力更大。

C. 翻译员在同声传译的过程中很容易因为情绪波动和压力过大而降低翻译质量，因此，他们往往需要定期做心理咨询来提高情绪管理能力。

D. 依赖预测能力会导致翻译员在翻译时忽略对话过程中临时出现的变化，从而影响翻译的准确性和效率。

E. 除了预测能力，分析能力和快速反应能力对同声传译也极为重要。

415 膳食纤维是人体必需的非能量营养素，对维持肠道健康、预防心血管疾病、控制体重及血糖水平等方面起着至关重要的作用。尽管膳食纤维对健康有诸多益处，但在现实生活中，很多人的膳食纤维摄入量远远低于每日推荐摄入量（25 克）。他们认为，只要平时保持健康的生活方式，如定期进行体育锻炼、保持良好的饮食习惯等，即便膳食纤维的摄入量不达标，也不会对健康造成太大影响。

以下各项均能质疑上述观点，除了：

A. 膳食纤维的摄入不足与心血管疾病及某些类型癌症的风险增加有关，即使保持其他健康的生活习惯，膳食纤维摄入不足的负面影响仍然存在。

B. 尽管定期进行体育锻炼和保持良好的饮食习惯对健康至关重要，但它们不能完全替代膳食纤维在维持肠道健康和控制血糖方面的作用。

C. 膳食纤维摄入不足可能导致血糖控制不良和体重管理困难，这些问题很难通过其他健康的生活方式得到完全解决。

D. 一些研究表明，服用膳食纤维补充剂可以部分弥补饮食中膳食纤维的不足，特别是对于那些难以通过日常饮食获得足够膳食纤维的人来说，这提供了一个便捷的解决方案。

E. 膳食纤维对于预防便秘和维持肠道健康至关重要，而运动和其他健康的生活方式虽有助于整体健康，但在直接预防便秘和维持肠道健康方面的作用有限。

416 近年来，中科院古脊椎所的卢静等人采用 X 光显微断层扫描和 3D 打印技术，成功还原了 4 亿年前盾皮鱼类的精细结构，包括其头部细小的骨片、上下颌关节以及细密的血管和神经分支。这种方法不仅避免了对珍贵化石的破坏，还提高了研究的精确度和直观性。某专家据此认为，现代化的研究方式对于古生物学领域的研究越来越重要，从事古生物研究的专家和机构都应该尝试用“现代化的研究方式”研究古生物。

以下哪项如果为真，均能质疑上述专家的观点，除了：

A. 依赖先进技术进行化石分析可能忽视传统的地质和古生态学研究方法，这些方法在理解古生物生活环境和行为模式方面仍然具有不可替代的价值。

B. 某专家在利用 X 光显微断层技术对比研究中澳两国鱼类化石得出的结论与主流研究机构用传统研究方法得出的结论不完全一致。

C. 尽管 3D 打印技术能够精确复原化石结构，但打印过程中的材料选择和技术处理可能改变模型的一些细节，从而影响研究的准确性。

D. 现代科技的应用，如 X 光显微断层扫描，提供了一种非破坏性的方式来“看见”化石内部结构，这对于保护珍贵化石资源具有重要意义。

E. X 光显微断层扫描和 3D 打印技术高昂的成本和技术的复杂性可能导致相关研究成果无法普及。

417 某中学的一位班主任采用“诗体评语”对学生进行期末评价，这种方式不仅将学生的名字巧妙嵌入诗中，还附上了寓意解释，通过诗化的描述和真诚的鼓舞，为学生提供了充满传统美学风格和温度的教育方式。这种评价方式试图突破传统评价的局限，通过个性化的关注和情感的抚慰，激发学生的自信力、信任感和奋斗激情。对此，某教育专家认为，这种教育评价方式值得大力推广。

以下各项如果为真，均能质疑上述专家的观点，除了：

A. 教育评价的主要目的是激励学生进步，而过度的个性化评价可能导致学生和家长对评价的客观性和公正性产生怀疑。

B. 与传统的评价方式相比，“诗体评语”可能过于侧重情感表达，忽略了对学生学业成绩和能力提升的具体指导。

C. 学生对个性化和有情感温度的评价反馈更感兴趣，这类评价方式能显著提高学生的学习动力和自我价值感。

D. 在一些传统教育观念较为根深蒂固的地区，家长和学生可能更倾向于直接明了的学业成绩反馈，认为“诗体评语”缺乏实际教育意义。

E. 尽管“诗体评语”提供了一种富有创意和情感温度的评价方式，但其普及性和可操作性在不同教育环境中可能会受到挑战，特别是在师资和其他资源有限的情况下。

418 在《给教师阅读建议》一书中，小杨老师针对教师在阅读过程中可能遇到的问题，如阅读材料选择困难、阅读效率低等，提出了一系列建议和解决方案。书中不但引入“生存余力”等科学概念来解释阅读困难的原因，还建议使用思维导图等工具来增强阅读兴趣和效率。某专家据此认为,《给教师阅读建议》是一本对教师极具启发性的阅读指导书籍。

以下各项如果为真，则除哪项外均能质疑上述专家的观点？

A. 研究表明，采用思维导图等工具看似能显著提高阅读理解能力和记忆效率，但是反而可能让阅读的过程变得过于烦琐。

B. 虽然书中提出了多种提升阅读兴趣和效率的方法，但部分教师表示因为工作和生活压力过大，难以找到时间去实践这些策略。

C. 阅读策略的成效很大程度上依赖于个人的阅读习惯和偏好，对新方法的不适应使他们难以从书中受益。

D. 一些教师在应用书中推荐的阅读策略后，反馈称他们感受到了阅读效率的明显提升，解决了阅读进度缓慢的问题。

E. 尽管书中的科学概念和策略初看起来颇具吸引力，但有教师指出，在长期的教学实践中，这些理论的实用性并不如预期那般高，难以应对实际问题。

419 19 世纪的欧洲经历的工业革命不仅彻底改变了生产方式，还促进了城市化进程。此外，工业革命还催生了一系列科学技术的进步，这些科技进步为后续的技术革新奠定了基础。然而，这一时期的快速变化也带来了一系列社会问题，包括劳动条件的恶化和贫富差距的扩大，这最终激发了包括宪章运动在内的社会运动。某专家据此认为，工业革命看似给社会带来了经济增长和技术进步，但实际上，它降低了人民的生活水平，也带来了更多的社会矛盾。

以下哪项如果为真，最不能质疑上述专家的观点？

A. 工业革命期间，机械化生产极大地提高了社会生产效率，降低了底层人民因收入不足而爆发革命的概率。

B. 工业革命导致城市人口激增，从而促使政府和社会各界开始优化城市规划以及提高公共卫生水平。

C. 工业革命使得一些国家成为世界上最早实现工业化的国家，从而让它们能够借助销售工业品来提高本国居民的收入水平。

D. 19 世纪的科学技术进步不仅限于电磁学领域，还包括了医学、化学等多个领域。

E. 工业革命期间，社会对教育的需求增加，让公共教育体系得到改革和发展，为社会提供了更多受过教育的劳动力。

420 随着生活水平的提升，家长们对孩子的学习用具投入越来越多的关注和资金，特别是那些宣称具有“特殊功能”的学习用具，如儿童学习桌椅、护脊书包、全光谱台灯等。这些产品往往因引入了“符合人体工学”或“能模拟自然光”等科学概念而价格极其昂贵。然而，有专家指出，许多产品的实际使用效果不佳，家长应理性购买这些学习用具，避免被过度宣传所误导。

以下各项如果为真，则除哪项外均能质疑上述专家的观点？

A. 研究显示，使用“符合人体工学”的学习桌椅对儿童的坐姿有显著的效果，能有效预防颈椎和脊椎问题。

B. 多数家长反馈，虽然高价购买了宣称具有“特殊功能”的学习用具，但孩子的学习习惯和健康状况并未因此得到明显改善。

C. 市场上一些高端学习用具的确“能模拟自然光”，减少儿童使用时的眼睛疲劳，从而降低儿童患上近视的概率。

D. 消费者保护组织的调查发现，由于儿童的脊椎生长发育速度极快，护脊书包比普通书包更能保护儿童的脊椎。

E. 适当地改善学习环境，包括使用一些专门为儿童设计的学习用具，对于儿童的学习效率和健康有积极作用。

421 在医学界的病理诊断领域，人工智能（AI）与数字病理的结合正日益成为一个重要的发展趋势。AI 辅助数字病理可以将传统病理切片化，打破数字病理诊断的发展瓶颈。特别是在癌症患者数量不断增加的背景下，AI 和数字病理的结合可以有效节省人力和时间成本，提高病理诊断的质量和效率。对此，某专家认为，AI 的辅助不仅能减轻病理医生的工作负担，还能提高诊断的效率与可靠性。

以下各项如果为真，则除哪项外均能质疑上述专家的观点？

A. 在实际临床应用中，AI 与经验丰富的病理医生相比仍有差距，特别是在复杂病例的诊断上。

B. 受限于目前的技术发展程度，AI 辅助诊断技术并不稳定，有时可能会因为运行过程中突然出现的程序错误而导致对病例做出错误的判断。

C. 虽然 AI 在病理诊断中展现出潜力，但是需要医生花费大量的时间和精力与其沟通、磨合。

D. AI 技术的引入，尤其是在重复性高的任务中，可以显著提高工作效率，从而让病理医生能在很短的时间内准确诊断大量的病例。

E. 过度依赖 AI 可能会削弱医生自身的诊断能力，尤其是对年轻医生的教育和培养可能产生不利影响。

题型 02 特殊模型的削弱

海绵 MBA App 扫码对答案
查看解析和视频讲解

题型特征	（1）问题特征：问题要求质疑题干。 （2）题干特征：题干的论证存在因果关系、方法关系等模型。
思路概述	本题型主要考查对各种模型的削弱思路，具体有如下思路： （1）若题干强调因果关系，则主要考虑指出因果关系不成立或存在他因； （2）若题干强调方法关系，则主要考虑指出方法无效、方法不可行或方法不必要； （3）若论据强调“A → B”，论点强调“A → C”，则主要考虑指出 B 无法推出 C； （4）若题干强调数量关系，则主要从数量的角度质疑题干

422 智能手机时代到来之后，手机行业的竞争愈加激烈，国产机的发展甚至可以用雨后春笋般来形容。在选购手机时，产品质量为消费者考虑的主要因素。Z 手机生产厂家一方面进行更加时尚的外观设计，一方面加大研发力度，提高手机质量。同时，为了能更好地扩大市场份额，又降低了产品的价格。Z 公司经理认为，在进行一系列的努力之后，Z 公司的手机销量一定会提升。

以下哪项如果为真，最能削弱 Z 公司经理的观点？

A. 消费者对价格并不敏感，没有意识到该手机的价格有所下降。

B. 消费者选购手机时，往往比较冲动。

C. 消费者通常是通过价格来衡量手机质量的。

D. 其他手机生产厂家也调整了产品价格。

E. 不同消费者对手机产品的关注点不一样，产品质量不是唯一的考虑因素。

423 哈佛医学院的科研团队发现，活到 85 ~ 100 岁的人，比起活到 80 岁以下的人，神经活跃度明显要低。科研团队对数百个大脑的活跃度进行了研究，实验结果表明，70 ~ 80 岁和 85 ~ 100 岁两组实验对象的大脑皮层神经活跃度明显不同。科学家由此认为，可以由神经活跃度判断寿命，神经活跃度越低的人，寿命越长。

以下哪项如果为真，最能形成对上述科研团队结论的反驳？

A. 该科研团队刚刚成立三年，成员的平均年龄仅 30 岁。

B. 该科研团队研究的数百个大脑，都是“在认知上没有缺陷”的健康大脑。

C. 寿命比较长的人，往往心理素质比较好，神经系统活跃度较低。

D. 神经系统是否活跃只与人的心理状态是否好有关，与寿命长短关系不大。

E. 人的寿命受到体质、遗传因素、生活习惯、生活条件等多方面影响，个体的寿命长短相差悬殊。

424 最近“特好吃”餐厅出现了一个问题：对于那些在用餐之后没有离开的顾客，餐厅除了等待别无他法。因此，“特好吃”餐厅决定向用餐完毕 1 小时仍未离开的顾客收取一定的费用。总经理推测，该方案会使用餐完毕不离开的顾客数量大量减少。

以下哪项如果为真，最能削弱上述推测？

A. 收费标准太低，对来此用餐的顾客没有太大的约束力。

B. 有个别顾客对收费行为不满，有时会故意以不离开餐厅的行为来抗议。

C. 有些顾客利用餐厅的环境拍照、拍视频，常常用餐完毕却不离开。

D. 收费后，更多的顾客认为即使用餐完毕不离开也不必愧疚，只要付费即可。

E. 顾客很开心能在优美的环境中用餐。

425 电视综艺节目既保留了原有文艺形态的艺术价值，又充分发挥电子创作的特殊艺术功能。可以满足广大观众多方面的艺术审美的和消闲娱乐等需求，给观众提供文化娱乐审美享受。某电视综艺节目播出后，节目导演声称该节目达到了当前同类节目的最高水准，因为该节目收视率比同类节目高 2%。

以下哪项如果为真，最能削弱上述论证？

A. 参与该节目的嘉宾对节目评价不一。

B. 观众本身就非常喜欢看电视综艺节目。

C. 该导演的微博有几十万条批评这个节目的评论。

D. 节目的水准和收视率并无必然关联。

E. 收视率只是评价节目水准的标准之一，而不是唯一标准。

426 自从 2021 年“史上最严防沉迷禁令”发布后，很多游戏都会发布未成年人可玩游戏的时间安排。之所以要如此严苛地管理未成年人玩网络游戏的时间，是因为多年来网络游戏一直被家长当作孩子成绩不好的一个借口。很多家长认为，就是因为孩子长时间地玩游戏导致他们无法将注意力用到学习中去，学习成绩大幅度下滑，甚至变得脾气暴躁、叛逆。

以下哪项如果为真，能有力质疑上述观点？

A. 有些沉迷游戏的问题孩子是不成功家庭教育和学校教育的受害者，其根本原因是亲子关系、教育系统的漏洞。

B. 孩子没考好，家长没有及时给出安慰和鼓励，这导致孩子们不愿意和他们沟通，只能自己消化心里的委屈和失落，孩子只有长时间玩网络游戏才能抚慰自己的消极情绪。

C. 在诸多的学生中也有一部分学习成绩好的孩子，单次玩游戏的时长达到 2 小时。

D. 高中生学业压力大，周内的时间基本被学习占据了，他们只能在周末休息时间玩 2 小时游戏，但总是被家长遇见，被误以为是天天玩。

E. 在网络游戏中，游戏玩失败了还可以重新再来一局，孩子们在其中不会有消极的情绪，反而会缓和他们在现实生活中的不开心。

427 一项科学研究中，科学家要研究一种名为“苦苦果实”的水果对小白鼠味觉的影响。实验发现，食用新鲜“苦苦果实”的小白鼠对苦味不再敏感，而食用不新鲜“苦苦果实”的小白鼠对苦味依然敏感。科学家据此认为，只有新鲜的“苦苦果实”才能使小白鼠的味觉发生变化。有医生据此猜测，可能可以利用该果实治疗味觉失调的患者。

以下哪项如果为真，最能质疑上述科学家的观点？

A. 人和小白鼠的味觉系统不同,“苦苦果实”在小白鼠身上有效果不代表在人身上也有效果。

B. 另一项实验表明，吃了不新鲜的“苦苦果实”的小白鼠的味觉也发生了变化。

C. 小白鼠和果蝇对苦味的敏感度都比较高，是味觉研究的常用实验动物。

D. 虽然这种“苦苦果实”会改变小白鼠的味觉，但对小白鼠的健康并没有影响。

E. 另一项实验表明，许多食用了新鲜“苦苦果实”的小白鼠的味觉没有发生变化。

428 张研究员：恐龙灭绝的主要原因是陨石撞击地球，这导致全球环境变化。

李研究员：我不同意，我认为恐龙灭绝的主要原因是长期的火山活动，这导致了全球气候变暖，影响了恐龙的生存。

以下哪项如果为真，最能质疑李研究员的观点？

A. 通过对太阳系外的行星的研究，科学界发现，陨石撞击行星可能会对行星的环境造成影响，从而影响行星上生物的生存。

B. 相比于火山活动带来的气候变化，植物进化导致的恐龙食物来源的变化是造成恐龙灭绝更为重要的因素。

C. 恐龙的灭绝受到多种因素的影响，例如，食物来源的变化，更强大的捕食者的出现。

D. 物种的繁衍是生生不息的，即便某一个物种灭绝了，也不会影响其余物种的繁衍。

E. 许多学者通过对地球大气的研究发现，陨石在撞击地球之前基本上都会因为和大气产生摩擦而燃烧殆尽。

429 某研究团队对一批有睡眠问题的人和一批没有睡眠问题的人进行了睡眠问题与大脑清洁机制的研究。他们发现，有睡眠问题的人在深度睡眠期间，大脑的清洁机制活跃度更高。而大脑的清洁机制主要是清洁大脑中的废物和毒素。研究人员据此认为，是大脑的清洁机制过于活跃导致了睡眠问题。

以下哪项如果为真，最能质疑上述论证？

A. 有睡眠问题的人比没有睡眠问题的人更喜欢在睡前玩手机、看各种短视频。

B. 上述研究团队并不是睡眠领域的专家。

C. 当人有睡眠问题时，大脑就更容易产生各种各样的废物和毒素。

D. 上述实验中调查的有睡眠问题的人在所有存在睡眠问题的人中的占比不到10%。

E. 若大脑中的废物和毒素无法得到清洁，则可能对大脑造成不可逆的损害。

430 混合动力汽车是指采用传统的内燃机加上发电机作为汽车的输出动力的汽车。混合动力汽车可以分为三种，分别是插电式混合动力汽车、油电混合动力汽车以及增程式混合动力汽车。插电式混合动力汽车是让汽车完全使用电机驱动；油电混合动力汽车是在燃油车的基础上加一个电机；而增程式混合动力汽车是用发动机进行发电，电池进行蓄电，继而通过电动机进行驱动。近来的销售数据显示，插电式混合动力汽车的销量总体最高，可见，消费者更愿意购买操作便捷的插电式混合动力汽车。

以下哪项如果为真，最能削弱上述论证？

A. 目前，混合动力汽车市场中最主流的就是插电式混合动力汽车，可以直接充电，非常便捷。

B. 插电式混合动力汽车可以实现纯电动、零排放的驾驶，满足了城市中对环保的要求。

C. 增程式混合动力是加油自充的模式，所以不用担心电池没电，但是能源转化的过程烦琐，这使得高速行驶状态下会更加费油。

D. 与油电混合动力汽车以及增程式混合动力汽车相比，插电式混合动力汽车通常来说制造成本更低，因此车型种类多，售价更便宜。

E. 随着全世界高呼节能减排禁售油车，汽车厂商为了顺应时代发展的趋势，一定会研发更加适合市场的汽车。

431 有一些人在遇到意外脑创伤后，会突然拥有超出常人的艺术或才智方面的天赋，1988 年的电影《雨人》（*Rain Man*）让“白痴天才”这一形象为大众所熟知——学者综合征患者从小就具有非凡的音乐、艺术、数学或记忆等方面的才能；但与之形成鲜明对比的是，他们在语言、社交和其他方面的能力却存在明显缺陷。有专家由此认为，意外脑创伤是通向艺术殿堂的一扇窗。

以下哪项如果为真，最能质疑专家的结论？

A. 只有不到 1% 的学者综合征患者在患病期间能成为杰出艺术家。

B. 我们每个人的身体里都住着一个“内在的天才”，需要有机会释放被封印的才华。

C. 因为意外事件而表现出特殊才能，可能缘于大脑某些区域活动减弱以及某些区域活动增强。

D. 学者综合征患者患病后所获得的艺术或才智方面的才能只能是家族遗传的结果。

E. 即使是非学者综合征患者，成为艺术家的也非常少。

432 2017 年，在美国西南地区进行的研究发现，在被观察的口腔溃疡病人中，有五分之一的人在服用 G-U-M Rincinol 后产生了明显的副作用。一些医生据此认为，应该禁止使用 G-U-M Rincinol 治疗口腔溃疡。不过迄今为止，G-U-M Rincinol 依然是治疗口腔溃疡的速效药中最有效的一种。

以下哪项如果为真，最能削弱上述观点？

A. 在最常用 G-U-M Rincinol 治疗口腔溃疡的西南地区，由口腔溃疡而导致口腔癌的人数近几年增加了。

B. 在被观察的那些服用 G-U-M Rincinol 的病人中，许多人以前从未服过这种药。

C. 尽管 G-U-M Rincinol 越来越受关注，西南地区的许多医生仍然给口腔溃疡患者开这种药。

D. G-U-M Rincinol 使某些人的口腔溃疡病情加重，是因为它能破坏神经功能。

E. 在被观察的那些服用 G-U-M Rincinol 的病人中，只有胆固醇含量极高的患者服用后才会产生副作用。

433 我国离婚率从 2004 年开始，已经连续 15 年上升，直到 2020 年才出现了罕见的回落。但是离婚人数却依然高达 434 万对，2020 年结婚的人数也只有 814 万对，全国离婚与结婚比重高达 53%。经济的发达，使得人们婚恋和生育观念发生了变化。但是，长辈都一致认为，之所以人们越来越不愿意结婚，生育率也逐渐降低，初婚年龄也在增大，是因为现在的年轻人只知道享乐，实在是太没有责任心了。

以下哪项如果为真，最能反驳上述长辈们的观点？

A. 现在年轻人的经济压力大，尤其是男孩，想要和伴侣结婚，房子、车子和彩礼，这基本上都是标配。而普通年轻人的工资，除了日常的开销，能存下的没多少。

B. 现在结婚登记的平均年龄是 31 岁，相比 5 年前，初婚年龄突增了 3.7 岁。

C. 当代的适龄期青年 90 后居多，大都是经过高等教育洗礼的新一代年轻人，他们对于所处的社会环境和自身环境有一个很理性的认知，在他们看来，自己过得并不富足，不会轻易地结婚生子，这是不负责任的行为。

D. 受教育的时间越来越长，这导致了在青春的岁月里，留给婚姻的空间和时间越来越少。

E. 大多数年轻人都是很有责任心的，他们不会因为工作不顺利而撂挑子，只是抱怨一下又开始继续工作。

434 近年来，越来越多的国家已经注意到日益恶化的环境不仅对社会的经济发展，而且对人类的健康水平产生了巨大的影响。在这种背景下，越来越多的国家在环保方面的投入在不断加大。据统计，仅在 2020 年，美国环保署的环保项目投入资金就达到了 300 亿美元，在全球环保投入中排在第一，充分地说明了美国对环保工作的高度重视。

以下哪项如果为真，最能质疑上述论证？

A. 根据 2022 年的统计，德国在环保项目的投入资金已经超过了美国，位列全球第一。

B. 将环保视为国家战略不仅可以提高人均寿命，而且可以促进环保行业的发展。

C. 由于政治体制的特殊性，美国在任何领域进行投资更多是为了在大选时争取更多的选票。

D. 一个国家对环保的重视程度可以体现这个国家的战略目光的长远程度。

E. 即便是在 2020 年，还有许多发展中国家无力顾及环保工作，他们也正在承受环境恶化带来的恶果。

435 自 2010 年以来，随着石油资源的枯竭，越来越多的国家在大力发展可再生能源，以确保能源的安全性。调查表明，自 2010 年以来，全球范围内的可再生能源的使用量大幅度增长，尤其是在欧洲和北美地区。许多专家认为，这一趋势对全球碳排放的减少起到了主导作用。

以下哪项如果为真，最能质疑上述专家的观点？

A. 可再生能源的大幅度增长意味着人类不会再为能源枯竭而困扰。

B. 统计表明，近十几年全球碳排放减少的总量中，植树造林、退耕还林的减排量占比最高。

C. 虽然欧洲地区的可再生能源的使用量大幅度增加了，但其碳排放的减少主要依赖于对燃油车的限制。

D. 人类对能源的需求是没有上限的，即便目前有了可再生能源，但最终还是无法满足人类的能源需求。

E. 环境保护领域的专家一致认为，碳排放的多少取决于太阳照射到地球上的辐射量的多少。

436 森林中的植物要想茁壮成长，就必须和某些菌类共生。植物和真菌各取所需，相互提供养料，真菌是和植物共生的菌类中最重要的一类。然而，全球气候变暖造成的干旱导致真菌等菌类大量死亡，从而导致植物死亡，引发了森林退化等现象。专家据此认为，为了应对气候变暖带来的挑战，应当选择其他耐旱的菌类和植物共生。

以下哪项如果为真，最能削弱上述题干？

A. 一些真菌比其他类型的菌类的耐旱能力更强。

B. 就算可以用耐旱菌类和植物共生，也需要一段时间。

C. 和植物共生的真菌是森林中的动物重要的食物来源，若没有这些真菌，这些动物就可能因饥饿而死亡。

D. 耐旱的细菌也无法适应目前全球的气候变暖。

E. 即便耐旱菌类能和植物共生，也无法缓解气候变暖等环境变化。

437 甲国雾霾导致了大气严重污染，一到秋冬季节，上呼吸道类的疾病发病率显著提高。为了改善这一现状，有关专家提议，自此以后所有的公交车、出租车以及其他的公共车辆都一律用电能代替燃油，加快推进新能源汽车的普及，以后再覆盖到所有的机动车辆。

以下哪项如果为真，能最有力地质疑上述专家的提议？

A. 从成本上来看，购置电动车与燃油车相比没有优势。

B. 电动车对于在城市通勤的人们来说很适合，但是对于长时间跑长途的司机来说极其的不方便，充电是一个很大的问题。

C. 乙国的新能源汽车减排数据显示，使用新能源汽车后的大气污染检测数据是原来使用燃油汽车的一半多。

D. 治理大气环境污染是一个复杂的大工程，单一的治理很难从根本上解决问题。

E. 电动车使用的电能都是由火力发电提供的，对电能的需求激增会消耗更多的煤炭，这会导致颗粒物的大量排放，加重雾霾的严重程度。

438 近年来，随着长江经济带发展战略成功实施，我国提出了黄河流域生态保护和高质量发展的“江河战略”。孙教授说：“黄河流域生态破坏问题之所以长期得不到彻底解决，除与黄河流域的自然环境相关外，也与该流域经济和社会发展水平参差不齐有着密不可分的关系。因此，为了有效解决黄河流域的生态问题，还应在统一黄河流域的发展水平方面下功夫。”

以下哪项最有力地削弱了孙教授的论证？

A.《长江保护法》的实施，涉及多个领域、多个部门的流域治理，耗费大量精力，对于黄河的参照意义不大。

B. 黄河流域横跨我国东西中三部，很难用单一的法律约束对黄河的过度开发等行为，同时各区域间社会发展水平差异大，无法实现统一发展。

C. 要保护黄河，就要做到坚持走绿色可持续的高质量发展之路。

D.《长江保护法》和《黄河保护法》两部流域治理立法以最严格的制度、最严密的法治保护长江和黄河，推动“江河战略”实现良法善治。

E. 近年来，黄河流域两岸村民不断过度开发，在经济发展的同时，却带来了严重的环境发展滞后。

439 脱发是现代人不小的烦恼，生姜算得上是一种源远流长的防脱生发圣物，无论是古老朴素的生姜，还是在双十一大卖的生姜洗发水，都是爱发人士关注的热点。有人认为，抹上生姜汁以后会感觉头皮又热又辣，确实使血液循环加快，促进了生发。

以下哪项如果为真，最能削弱上述观点？

A. 一根头发从长出到脱落会经历成长期、退缩期和休止期，如果头发的正常生长周期被破坏，那么脱发就此诞生。

B. 头发 90% 以上的成分是蛋白质，如果缺乏蛋白质，就会影响头发的生长。

C. 姜辣素是导致热辣感觉的主因，其一大作用就是扩张血管，促进血液循环。

D. 生姜的主要活性成分 6- 姜酚能够引起毛囊真皮乳头细胞的凋亡，反而会抑制毛发生长。

E. 生姜确实有一定的护发效果，但是也会有副作用。

440 科学研究发现，动物听到高分贝的声音时会觉得自己正在遭受外界的威胁。此时，为了应对潜在的威胁，动物体内会分泌肾上腺素，从而导致应激反应增强。有专家据此认为，每天让动物听高分贝的声音可以提高动物对外界威胁的警觉程度。

以下哪项如果为真，最能质疑上述专家的观点？

A. 每天让动物听高分贝的声音可能会对动物的听觉系统造成损害。

B. 动物园在让动物回归野外环境之前，都会定期给动物听高分贝的声音。

C. 应激反应增强反而会导致动物神经受损，从而导致其对外界的威胁反应迟缓。

D. 动物察觉外界威胁的方式多种多样，甚至有些动物可以利用红外成像原理识别外界威胁。

E. 动物体内的肾上腺素除了可以让动物反应变快，还可以提高动物的战斗力。

441 近期一项科学研究表明，全球变暖导致的极端气候事件日益频繁，包括热浪、干旱、洪水等。有专家指出，为了更好地应对全球变暖，我们必须大力推广新能源汽车并尽量限制燃油汽车的生产和销售。

以下哪项如果为真，最能质疑上述专家的观点？

A. 全球变暖的问题若不能得到及时的解决，最终将会对生物圈造成不可弥补的破坏，进而威胁到人类的生存。

B. 研究证明，工业生产消耗的石油能源才是导致全球变暖的罪魁祸首，而可再生能源已经逐渐代替了石油能源在工业生产中的地位。

C. 地下水污染是比全球变暖更为严重的环境问题。

D. 大力推广新能源汽车并尽量限制燃油车的生产和销售会对传统汽车制造商造成毁灭性的打击。

E. 任何方法都只能解决一时的问题，不能保证一劳永逸地解决未来可能发生的问题。

442 研究人员发现，人体内的一种叫作抗氧化酶的物质对视力的保持非常重要。但随着人年龄的增长，人体合成抗氧化酶的能力会下降，从而导致人的视力下降。幸运的是，多种食物都含有大量的抗氧化酶。由此，他们认为，多吃含有抗氧化酶的食物可以保持视力不衰退。

以下哪项如果为真，最能质疑上述研究人员的观点？

A. 通过对实验鼠的测试发现，即便吃含有抗氧化酶的食物的实验组的视力不高于没有吃这类食物的对照组。

B. 食用含有抗氧化酶的食物还可以增强人体 SOD 基因的活跃程度，从而提高人体合成抗氧化酶的能力。

C. 食物中的抗氧化酶本质上是一种蛋白质，这种蛋白质在遇到人的胃液时就会被分解，变成普通的氨基酸。

D. 若能坚持进行有氧运动，人体内合成抗氧化酶的能力就可以恢复。

E. 人的视力还取决于其他因素，并不完全依赖抗氧化酶。

443 许多人对绿茶的保健效果嗤之以鼻，他们认为，绿茶中的抗氧化物质含量较低，根本无法预防糖尿病、心脏病和高血压等疾病。但有研究人员认为，饮用绿茶可以有效地控制血糖水平，预防高血糖引发的各种疾病。

以下哪项如果为真，最能质疑上述研究人员的观点？

A. 绿茶含有的抗氧化物质虽然含量低，但对健康还是有一定的作用。

B. 绿茶仅仅是用了某种加工工艺的茶的统称，它包含的品种极多。

C. 绿茶中能控制血糖的物质极其不稳定，遇水则会分解，失去作用。

D. 通过长期饮用绿茶来控制体内血糖的观点始终存在学术争议。

E. 减少高糖食物的摄入量的控糖效果比饮用绿茶更好。

444 大学生抑郁症的病因预防指的是在大学生尚未抑郁时对可能的病因及危险因素进行分析，减少大学生暴露于危险因素的机会，从而减少大学生群体中抑郁的发生。研究显示，有有氧运动习惯的人患有抑郁症的概率要比没有该习惯的人低 30%，据此，专家建议，为了降低大学生抑郁症的发病率，学校应该鼓励大学生多参与有氧锻炼，例如慢跑、游泳或瑜伽。

以下哪项如果为真，最能质疑上述专家的建议？

A. 鼓励大学生参与有氧锻炼，就需要建造大量的运动场地来满足其需求。

B. 若没有足够的有氧锻炼的知识，有氧锻炼就很容易导致人的身体受到损伤。

C. 实验证明，皮质激素的超量分泌是导致抑郁症的罪魁祸首。

D. 参与有氧锻炼可能会占用学生学习的时间，从而导致其考研压力进一步增大。

E. 上述专家本身就患抑郁症多年，一直没有被彻底治愈。

445 近年来，牛皮纸袋的使用在全球范围内引起了广泛的关注。起初，人们使用这种纸袋是为了保护环境。然而，牛皮纸袋分解后会产生有毒气体，从而对环境造成破坏。因此，一些环保专家建议，超市和零售店应当停止使用牛皮纸袋，改用其他的包装，例如普通的纸袋或可降解的塑料袋。

以下哪项如果为真，最能质疑上述专家的建议？

A. 可降解的塑料袋在降解的过程中会产生大量的有毒气体，对环境造成巨大的破坏。

B. 牛皮纸袋如果加工工艺得当，使用的原材料过关，就不会破坏环境。

C. 牛皮纸袋的成本相对低廉，若商品使用其他的包装，则可能导致其成本上升。

D. 牛皮纸袋分解后产生的有毒气体微乎其微，不会对环境造成影响。

E. 实验早已证明，牛皮纸袋的生产过程中使用的都是再生纸，对环境没有负面影响。

446 一般认为，一个人在城市中生活的时间越长，他对城市的熟悉程度就越高。最近一项调查显示，刚刚搬到城市的新居民和在城市生活了 20 年的老居民在找到某大剧院时所花费的时间没有明显差别。因此，认为一个人在城市中生活的时间越长对城市的熟悉程度就越高的看法是站不住脚的。

以下哪项如果为真，最能质疑上述论证？

A. 科学研究表明，人在城市中生活时间的长短和其对这个城市熟悉程度的高低无关。

B. 上述调查的对象仅占整个城市居民的 10%。

C. 上述调查者本身不是交通领域的专家。

D. 上述调查中的大剧院是大多数人都不会去的冷门地点。

E. 人对城市的熟悉程度直接决定了其辨别方向的准确度。

447 据某国教育部门统计，2022 年的大学毕业生中，文科专业毕业生的就业率只有 70%。这充分地说明了，文科专业更不好找工作。

以下哪项如果为真，最能削弱上述论证？

A. 教育专家已经证明，学文科和学理科都具备解决工作问题的能力。

B. 2023 年，该国大学毕业生成功就业的人数比 2013 年增长了 90%。

C. 2023 年，该国大学毕业生成功就业的人数占总人数的 68%。

D. 2023 年，该国大学毕业生中理科毕业生的就业率比 2013 年提高了 60%。

E. 2023 年，该国大学毕业生的人数比 2013 增长了 80%。

448 随着公众对科学发现、发明和推测的兴趣日益浓厚，科学交流已经从仅限于专业领域扩展到了更广泛的公众领域，这就是所谓的科普。为了给公众更清楚地解释最新的科学发现，许多科学家通过图像、短视频等视觉化手段与公众交流。但是，一些专家指出，这种交流方式可能会让信息过度简化，从而导致公众忽视了科学的复杂性。

以下哪项如果为真，最能质疑上述专家的观点？

A. 许多科学期刊通过实验数据和专业的数据，成功地向公众传达了最新的科学研究结果。

B. 公众对科学的兴趣主要集中在科学发现的实用性和应用价值上，而不是科学研究过程的复杂性上。

C. 科学的视觉化手段，如图像和图表，虽然吸引了公众的注意力，但有时也会误导非专业受众对科学概念的理解。

D. 在利用视觉化手段解释科学发现的过程中，只要能遵循由浅入深的原则设计内容，就不会让公众忽略科学本身的复杂性。

E. 科学家通过社交媒体平台与公众互动，成功地提高了公众对科学研究的理解和支持。

449 随着科技的飞速发展，传统计算机技术面临着物理极限和发展瓶颈两大问题，迫切需要新的技术突破。中国科研团队通过将液态金属与量子器件及计算技术结合，证明了液态金属在未来计算技术中的潜在应用价值。液态金属的独特导电性质和其在不同环境下导电性质的可变性，预示着它可能成为超越传统硅基半导体技术的重要材料。某专家据此推测，在不远的将来，液态金属会在计算机领域全面取代传统金属。

以下哪项如果为真，最能质疑液态金属在推动计算技术革命中的关键作用？

A. 液态金属在先进制造等领域已经取得了实际应用，证明了其广泛的应用潜力。

B. 液态金属被视为未来计算技术的可能材料，但其稳定性和可重复性问题尚未得到完全解决，这直接影响了其在实际计算设备中的应用。

C. 尽管液态金属展现出在计算技术中的潜在应用价值，但目前还没有实现对传统硅基计算技术性能的实质性超越，液态金属基计算机的实际构建仍面临重大技术挑战。

D. 液态金属技术已经引起了国际科学界的广泛关注，目前全球多个科研机构正在液态金属领域进行深入研究。

E. 液态金属的流动性比传统金属强，更容易流入计算机主板导致主板被电流击穿，这是短期内难以解决的问题。

450 当前，大学生在网络环境中形成的网络人格问题受到了广泛关注。调查发现，大学生网络人格失范的主要表现包括人格面具的过度膨胀、阴影的过度释放和自信的缺失。这些现象反映了个体在现实中的内在原型和网络自我之间的冲突。据此，某专家建议，可以通过荣格原型理论促进大学生对内在原型的认识和整合，从而构建更为健康的网络人格。

以下哪项如果为真，最能质疑上述专家的建议？

A. 实证研究表明，大多数大学生能够清晰地区别网络自我和现实自我，但是他们在网络环境中依然无法控制自己的言行。

B. 荣格原型理论主要关注个体内心深处的集体无意识内容，而对于促进个体对内在原型的认识存在明显的局限性。

C. 网络环境的匿名性和去中心化特征，为大学生提供了自我探索和表达的空间，这些行为并不完全是失范的表现。

D. 大学生网络人格的形成和表现受到多种因素影响，包括社会文化背景、家庭教育方式和个人现实原型与网络自我的不协调。

E. 近年来，随着数字素养教育的推广，大学生在网络社交平台上的行为越来越趋于理性和文明，网络人格失范现象有所减少。

451 在互联网时代背景下，许多公司采取了多元化的网络营销战略，如网络整合营销、网络软营销、网络关系营销等，以提升其市场竞争力。这些公司不仅增强了与消费者的互动，还能提高了其市场竞争力。有专家就此指出，采取这些战略是大势所趋，那些不能适应这一趋势的公司最终都会被市场所淘汰。

以下哪项如果为真，最能质疑上述专家的观点？

A. 多元化的网络营销战略能吸引大量新客户，并且通过数据分析精准定位，有效提升转化率和客户忠诚度。

B. 网络软营销已经越来越容易引起消费者的反感，许多采取该策略宣传产品的公司不仅没能吸引新客户，反而会出现老客户流失的情况。

C. 多元化的网络营销的本质是对线上和线下资源的整合和利用，这样能最大程度增强品牌的竞争力。

D. 公司的市场竞争力的本质是产品的质量和服务，只有立足于这两点，才能长期在市场上站稳脚跟。

E. 有些公司只擅长传统的营销模式，但他们的市场占有率近期依然保持稳定。

452 在我国，少儿出版物市场迅速发展，成为出版行业的一个重要分支。少儿出版物的消费者主要是家长、教育者等成年人，而实际的读者则是儿童。研究指出，尽管新媒体和数字平台的兴起改变了许多消费习惯，但在少儿出版物的获取上，成年消费者仍然偏好于传统渠道，例如实体书店，来选购和获取新书资讯。据此，专家指出，这种倾向可能是由成年消费者对于互联网渠道的信任度不足，或是对传统购书体验的偏好所导致的。

以下哪项如果为真，最能质疑上述专家的观点？

A. 大多数人认为实体书店能提供更专业的推荐和更丰富的互动体验，这是他们选择实体书店的主要原因。

B. 虽然实体书店的总体销量有所下降，但少儿出版物的销量却稳定增长。

C. 研究发现，超过一半的成年消费者通过社交媒体和在线论坛等数字渠道了解和讨论少儿出版物，而不是传统的实体书店。

D. 一家知名的少儿出版物在线销售平台近期推出的家长阅读指导服务，受到了广泛欢迎，这表明成年消费者对互联网渠道的接受度在提高。

E. 成年人在购买少儿出版物时，会尊重孩子的想法，而孩子很容易因实体书店导购员的精彩介绍而决定购买图书。

453 近年来，弹幕视频因其独特的观看体验和高度的互动性，在年轻群体中迅速流行起来。这种新兴的视频观看方式允许观众在视频播放时实时发送评论，评论以文本形式直接浮现在视频画面上，从而形成了一种全新的社交方式。调查发现，即便是内容相同的视频，支持弹幕功能的版本也比不支持弹幕功能的版本播放量高出 120%，传播度高出 75%。专家指出，弹幕视频的出现能满足青少年群体的表达和交流需求，从而提高视频的吸引力。

以下哪项如果为真，最能质疑上述专家的观点？

A. 弹幕视频的发展促进了视频内容创作者的原创精神，提高了视频内容的质量。

B. 因不同视频内容的差异，弹幕视频的形式只能提高部分视频的吸引力。

C. 弹幕视频存在的版权问题较为严重，会导致原创作者的权益难以得到保护。

D. 弹幕视频的内容未经审核，需要有关部门和平台加强管理与规范。

E. 弹幕视频的形式刺激了观众的表达欲，最终会使得视频被各种弹幕所覆盖，变得乌烟瘴气。

454 在社会经济和文化快速发展的背景下，人们对精神生活的追求不断增加，特别是对情感、婚姻、家庭等方面更加关注。情感类期刊应运而生，旨在探讨和解决现代婚姻家庭生活中的问题。研究显示，2020 年情感类期刊点击率最高的 100 篇文章中，约有 60% 的文章涉及名人正能量的内容，45% 的文章紧跟社会热点，而超过 70% 的文章提供了某种形式的婚姻或恋爱指导。这表明，若情感类期刊的内容能继续围绕着这些内容深耕，就能进一步提高其点击率。

以下哪项如果为真，最能削弱上述研究结论的可靠性？

A. 随着社会的不断进步，公众对于情感、婚姻的观念的变化速度极快，过去的研究结果不一定适用于当下的情况。

B. 情感类期刊的作者在撰写文章时，广泛采用了来自读者的真实故事，并进行了分析，这些内容反映了情感问题的实际复杂性，而不仅仅是名人效应或社会热点。

C. 最近几年，网络和社交媒体的兴起极大地改变了信息的传播方式，使得情感类内容的受众更加广泛和多样化，可能会使情感类期刊的受欢迎程度受更多因素的影响。

D. 除情感、婚姻危机等主题外，情感类期刊还开始关注个人成长、心理健康等领域，这些新的内容同样受到读者的欢迎。

E. 情感类期刊面临的最大挑战是如何在众多的媒体和内容中脱颖而出，这要求它们不仅要关注当前的社会热点，还要预见未来的发展趋势。

455 南京大学生命科学学院的研究团队发现，摄入植食性食物时，某些植物中能对抗流感病毒的 miRNA 可以进入人体并且稳定存在，进而影响人类基因的表达。这些 miRNA 的稳定存在和功能表达挑战了以往认为 RNA 在细胞外环境中无法稳定存在的传统观点。某专家据此认为，植食性食物也可以对人的健康水平产生积极影响。

以下哪项如果为真，最能质疑上述专家的观点？

A. 植物 miRNA 在人体内的稳定性和功能性受特定生理条件的限制，这意味着它对人体健康的影响会比预期的要小。

B. 该研究团队仅仅研究了能对抗流感病毒的 miRNA 对人体的影响，但其他 miRNA 是否能在人体内稳定存在还尚不可知。

C. 植物 miRNA 能有效调节人体中与多种疾病有关的基因表达，但是也有可能会造成人体肿瘤等疾病基因的突变。

D. 另一项研究显示，植物 miRNA 虽然能影响人类基因的表达，但是这些被影响的基因很快就会被人体的免疫系统识别为异常基因而迅速清除。

E. 许多科学家都曾试图证明，植物 miRNA 对人的影响，但都以失败告终。

456 太阳系附近的某个行星最近因被陨石撞击而引起了科学家们的注意。某研究团队通过分析多光谱图像数据对某行星的表面进行深入研究后发现，该行星表面的一些区域显示出明显的颜色变化。行星表面的颜色变化往往能反映其表面材料和风化历史等重要信息，因此，该研究团队认为，该行星表面颜色变化的主要因素是太空风造成的风化作用。

以下哪项如果为真，最能质疑上述科学家所做的结论？

A. 如果该行星曾经被陨石撞击过，那也会造成其表面颜色的变化。

B. 行星表面颜色不仅受风化作用的影响，还会受到行星和恒星之间距离的影响。

C. 该行星附近还有另一颗行星，但是它的表面并没有出现类似的颜色变化。

D. 该研究团队用来观察行星表面颜色的机器较为老旧，可能存在误差。

E. 如果该团队将研究的时间跨度提升到一年以上，结果可能有所不同。

457 某医学杂志发布了一项关于能量饮料与睡眠质量之间的调查研究，这项研究收集了 5 000 名 18 ~ 35 岁的人的数据。其中，实验组的每名成员每天饮用三瓶能量饮料，对照组的成员每天只喝清水。结果表明，实验组成员平均每天的睡眠时间比对照组低 27%，深度睡眠的比例也要低 12%。这说明，能量饮料中的咖啡因等成分可能是导致年轻人睡眠时长缩短和睡眠质量差的关键因素。

以下哪项如果为真，最能质疑上述论证？

A. 一些喜欢熬夜打游戏的年轻人即使不喝能量饮料，也存在睡眠时长缩短和睡眠质量差的问题。

B. 深度睡眠比例不是判断睡眠质量的唯一标准，还需要看睡醒后的精神状态。

C. 由于实验者的疏忽，该实验的实验组有 3 000 名成员，而对照组仅有 2 000 名成员。

D. 能量饮料中除了咖啡因，还含有糖、维生素、矿物质和氨基酸，这些成分对身体健康是有利的。

E. 比起能量饮料，年轻人的生活方式、压力水平和电子设备使用习惯等是影响睡眠质量的决定性因素。

458 人们通常认为，不良的饮食习惯会导致十二指肠溃疡。某医学研究所的研究人员分析 2003 年以来 1 万余名十二指肠溃疡患者的医疗资料发现，O 型血的人患十二指肠溃疡的概率是

A 型血人群的 1.43 倍。进一步实验发现，O 型血的人与 A 型血的人的红细胞表面糖链存在明显差异。研究人员据此分析认为，红细胞表面糖链和十二指肠溃疡有关。

以下哪项如果为真，最能质疑上述研究人员的观点？

A. 另一组实验发现，AB 型血的人与 A 型血的人的红细胞表面糖链也存在差异，但是他们患十二指肠溃疡的概率基本一致。

B. 该研究所调查的对象中，O 型血的人喜欢吃垃圾食品，而 B 型血与 A 型血的人饮食习惯较为健康。

C. 某个擅长消化系统疾病的研究所建议，比起关注血型的影响，人们更应该关注生活习惯对消化系统疾病的影响。

D. 除了红细胞表面糖链，遗传因素也可能会让人有患十二指肠溃疡的风险。

E. 如果将分析的范围扩大到所有的血型，可能会出现不同的结果。

459 在刚果盆地，森林生态系统正面临严重的恶化，大象、邦戈羚羊、黑猩猩和大猩猩等野生动物数量急剧下降，森林被过度砍伐。非法狩猎活动增加导致许多物种濒临灭绝。为了应对这一危机，国际保护政策采取了将森林划分为保护区和伐木区的方法，旨在通过限制当地土著的活动来恢复和保护森林生态系统。

以下哪项如果为真，最能质疑上述国际保护政策的效果？

A. 森林生态系统一旦有严重恶化的迹象，就很难凭借自身的能力恢复。

B. 该国际保护政策实施了一年以后仅恢复了刚果盆地部分森林生态系统。

C. 刚果盆地的土著俾格米人因为国际保护政策而被迫放弃他们的传统生活方式，导致他们的社会和文化遭受破坏。

D. 刚果盆地的土著俾格米人早已和森林融为一体，如果限制他们在森林中的活动，反而会破坏森林原有的生态平衡。

E. 刚果盆地的土著俾格米人的传统狩猎和采集活动遵循可持续的原则，如避免狩猎怀孕的动物、收获野生山药，促进动植物的再生和繁殖。

460 在当前网络高速发展的时代背景下，大学生分期购物平台因其便捷的支付方式等优点，受到了广泛欢迎。这些平台提供了一种新型的消费方式，使得大学生能够通过分期付款的方式购买高端数码产品等他们喜欢但超出预算的商品。专家认为，这种消费模式不仅满足了大学生对新鲜事物的追求，更在一定程度上培养了他们的财务管理能力。

以下哪项如果为真，最能质疑上述专家的观点？

A. 许多大学生在使用分期购物平台购买了高端数码产品后会很快失去新鲜感。

B. 大学生分期购物平台的审核门槛较低，缺乏对学生真实经济状况的深入了解，增加了借贷风险。

C. 购买超出预算的产品反映了消费者缺乏良好的财务管理能力，甚至会因此陷入债务危机。

D. 大学生通过分期购物平台购买的商品，大多数是他们日常学习和生活中必需的电子产品。

E. 许多大学生不仅在分期购物平台购买高端数码产品，还会购买超过他们消费能力的奢侈品。

461 某学者在分析《科学美国人》杂志封面设计变化的研究中发现，当该杂志的封面宣传了某项新的媒体技术时，往往就会伴随着公众信息消费偏好的转变。例如，该杂志某一期宣传了当时最新的家庭影院系统，在接下来的几十年，公众就更偏向于在家看电影和电视节目，而不是去电影院。该学者据此建议，媒体行业应该关注该杂志的封面设计的变化，这样才能抓住公众信息消费偏好的转变。

以下哪项如果为真，最能质疑上述研究者的观点？

A.《科学美国人》杂志的封面设计主要取决于主编的艺术风格以及个人兴趣，和媒体技术的发展关系不大。

B. 尽管《科学美国人》杂志的封面设计在不断变化，但大多数人仍然逐渐抛弃了传统媒体，投进了数字媒体的怀抱。

C. 尽管公众信息消费的偏好会发生转变，但是公众消费信息的基本模式是不会变的，那就是消费视觉信息和听觉信息。

D. 最近的一项调查显示，尽管《科学美国人》杂志的封面设计吸引了公众的注意，但这对杂志销量的实际影响非常有限。

E. 尽管《科学美国人》杂志封面设计反映了社会文化的变化，但公众对信息的兴趣和偏好实际上还受到当前经济状况和政治氛围的影响。

462 某教授开展了一项持续 12 年的研究。结果显示，与那些从不在饮食中添加盐的人相比，偶尔在饮食中添加盐的人和经常在饮食中添加盐的人，患有Ⅱ型糖尿病风险的概率分别高出 20% 和 39%。该教授由此推测，高盐摄入会引发糖尿病。

以下哪项如果为真，最能质疑该教授的预测？

A. 糖尿病的发病机制较为复杂，但是目前医学界普遍认为，肥胖是导致糖尿病的因素之一。

B. 盐摄入量与患病风险之间的关系受到个体体质差异的影响，同样的盐摄入量在不同人群中的影响有所不同。

C. 许多专家认为，高盐摄入只是不健康饮食习惯的一部分，而整体的饮食习惯才是影响Ⅱ型糖尿病的主要因素。

D. 该研究中，偶尔在饮食中添加盐的人和经常在饮食中添加盐的人每天摄入的总热量比从不在饮食中添加盐的人分别高了 12% 和 21%。

E. 该研究只能证明高盐摄入和糖尿病有关，但并未给出明确的生物学依据来证明二者之间的联系。

463 芬兰某大学组织了 2 000 多名中年男性，研究蒸桑拿对患老年痴呆症的风险的影响。研究发现，每周蒸桑拿 4 ~ 6 次的人患痴呆症的风险比每周只洗 1 次的人低 66%。此外，经常蒸桑拿的人患有冠心病等心血管疾病的比例也更低。研究人员据此推测，桑拿浴能对心血管系统产生积极影响，从而间接降低了患痴呆症的风险。

以下哪项如果为真，最能质疑上述研究人员的推测?

A. 虽然蒸桑拿对降低患痴呆症的风险有一定的效果，但是体育锻炼和健康饮食对预防痴呆症的作用更为直接和有效。

B. 桑拿房明确规定，只有没有冠心病等心血管疾病的顾客，才能进入桑拿房。如果不遵守该规定，产生的一切后果由顾客自身负责。

C. 上述研究主要针对的是中年男性，如果将调查范围扩大到女性群体，结果可能有所不同。

D. 上述研究并没有考虑到其他可能会影响心血管健康的因素，例如，研究对象的生活习惯、遗传因素等。

E. 蒸桑拿可能会导致血压升高，对于部分有心血管疾病的人而言，这种血压变化存在潜在的风险。

464 视神经的健康很大程度上依赖于维持神经功能的蛋白质。某研究小组通过比较 1 244 名青光眼患者和 975 名正常人发现，大部分青光眼患者的体内都缺少这种蛋白质。进一步研究发现，这是人体内 5 种特殊基因发生了变异的迹象。研究者据此认为，检测这些基因是否发生了变异可以帮助人们及时预防青光眼。

以下哪项如果为真，最能质疑上述研究者的观点?

A. 一些患者体内的这5种特殊基因并没有发生变异,但是也出现了青光眼和视神经萎缩的症状。

B. 研究表明，如果家族中有长辈患有青光眼，则患有青光眼的概率是正常人的 6 倍以上。

C. 虽然青光眼和这 5 种特殊基因变异有关联,但是不能彻底排除患者生活习惯等因素的影响。

D. 青光眼的主要成因是眼压过高，最终会导致视神经萎缩、白内障和视网膜脱落。

E. 人体内蛋白质的合成量主要由基因和体内营养物质的丰富程度共同决定。

465 许多教师相信，学生如果喜欢某位教师，他们会更加愿意接受该教师的教诲，这被概括为“亲其师，信其道”。一些研究表明，幽默可以促进师生之间的深层连接，是建立良好师生关系的有效方式。例如，一位教师通过创造性地使用“地板申诉书”以幽默的方式处理教室卫生问题，成功地引起了学生的反思并改善了班级卫生状况。某专家据此认为，幽默可以促进学生积极的行为改变，还能够提高学生成绩。

以下哪行如果为真，最能质疑上述专家的观点?

A. 一些学生表示，虽然他们享受幽默的教学氛围，但过度使用幽默有时会分散他们对学习内容的注意力，影响学习效率。

B. 学生对教师的喜爱不仅仅基于教师的幽默感，还包括教师的公正性、专业性和对学生的关心程度。

C. 在某些文化背景下，幽默可能被视为不尊重或轻率，部分学生对于这种教学风格持保留态度。

D. 教师运用幽默的效果很大程度上取决于个人的幽默感知力和表达能力，不是所有教师都能有效地运用幽默来提高教学效果。

E. 尽管幽默可以在短期内拉近学生和教师的距离，但是教师的教学方法和知识水平才是决定教学效果的关键因素。

466 自列文虎克于350年前首次发现多胺以来，科学家们一直在探索其在生物体中的作用。50年前，研究人员观察到在多种肿瘤患者的尿液中，多胺浓度显著增加。研究人员据此推测，多胺抑制剂可以用来治疗肿瘤。

以下哪项如果为真，最能质疑上述研究人员的观点？

A. 尽管早期的实验室研究显示，多胺抑制剂具有抗肿瘤活性，但随后的临床试验并未取得预期的成功。

B. 一些多胺抑制剂在某些寄生虫疾病的治疗中取得了成功，这意味着多胺抑制剂的功能比原先预想的要多。

C. 一些肿瘤患者在服用多胺抑制剂后，医生并未观察到其体内的肿瘤生长速度有所减缓。

D. 多胺水平在不同类型的肿瘤中存在显著差异，甚至在同一类型的肿瘤中也有变化。

E. 一些多胺抑制剂在部分肿瘤的治疗中有明显效果，但在其他肿瘤的治疗中，其作用机制有所不同。

467 某智能股份公司近期在筹备上市。该公司专注于智能家居行业，主要从事智能网络机顶盒和家庭多媒体智能终端产品的研发、设计、生产与销售。公司招股书显示，其客户集中度较高，外销占比超过90%，且研发费用占比低于同行可比公司平均值。某教授据此认为，该公司极具竞争力，上市以后将会成一家值得投资的公司。

以下哪项如果为真，最能质疑上述教授的观点？

A. 该公司近几年内成功开发出多项行业领先的新产品，其市场占有率和品牌影响力显著提升。

B. 外销占比过高的公司往往存在客户过于集中的问题，其上市后存在业绩大变脸和大股东减持套现的风险。

C. 该公司的竞争对手外销占比也超过了90%，近期因为地缘冲突的影响，业绩大幅度下滑。

D. 深交所的调查表明，该公司没有建立外汇风险管理制度，可能无法应对汇率波动对公司业绩的影响。

E. 该公司的研发团队虽然比较小，但是效率极高，其研发出的产品在功耗、性能和用户体验上均优于大多数竞争对手，显示出强大的创新能力和市场竞争力。

专题五　支持题

题型 01　支持的基本思路

海绵 MBA App 扫码对答案
查看解析和视频讲解

题型特征	（1）问题特征：问题要求支持题干。 （2）题干特征：题干给出论证过程。
思路概述	和削弱题恰好相反，本题型主要考查支持论证的基本思路，具体有如下思路： （1）一般情况下优先考虑建立论据和论点的联系以及支持论点，其次考虑支持论据； （2）多个选项满足问题要求时，要注意比较选项的话题相关性和力度； （3）要注意排除诉诸权威、诉诸未知等常见干扰项

468 近期，一个百余人的研究团队成功绘制出猕猴大脑皮层的细胞类型分类树，团队队长李教授认为：与其他物种相比，灵长类动物有更高的认知和社会能力，有更大的大脑皮层和更多的细胞类型。

以下哪项如果为真，最能支持李教授的观点？

A. 猕猴是与人类最接近的动物。

B. 研究表明，灵长类动物大量兴奋性神经元、抑制性神经元以及非神经元细胞在大脑皮层中的分布呈现明显的各层面及各脑区的特异性。

C. 灵长类动物的神经元细胞与人类高度相似。

D. 灵长类动物的认知和社会能力在所有物种中位居第一。

E. 该团队还曾经进行过人脑和鼠脑的跨物种研究比较。

469 如今随着全球气候变暖的快速发展，地球的温度居高不下，世界各地都出现了气温创历史新高的现象，其中地球的两极地区问题是最为严重的。原本地球的两极地区是极寒地带，但如今两极地区在全球气候变暖的影响下，冰川加速消融，海平面也在不断上升。科学家在南极发现了“血雪”的罕见现象，南极出现“血雪”的最主要原因是南极出现了一种藻类生物。由此科学家认为，南极的变暖问题已经不容忽视。

以下哪项如果为真，最能支持科学家的观点？

A. 全球气候变暖导致南极“绿雪”蔓延，南极的“绿雪”问题也是非常严重的。

B. 造成“血雪”的藻类生物通常生长在环境温和的地带。

C. 一旦南极的冰川持续融化，那么南极冰下的微生物也将会被释放出来，这对于人类的生命安全也将是一个沉痛的打击。

D. 如果我们还不注重环境治理的话，那么在不久的将来，南极的冰川将会彻底消失。

E. 地球的生态系统已经受到了严重的影响，温室气体的大量排放也使全球气候变暖问题愈演愈烈。

470 最近，火山爆发频繁发生，地球的幽暗似乎扩展得越来越迅速。当火山爆发时，其中的岩浆会喷出地球表面，释放出大量的热能和有害气体，如水蒸气和二氧化硫。这些气体排放到大气中时，会进一步与大气中的氧气和氮气发生反应，形成了气溶胶。科学家们警告说，一个冰冷而漫长的冰河时代正悄然降临。

以下哪项如果为真，最能支持科学家们的警告？

A. 1815 年的坦波拉火山爆发将大量的气溶胶释放到大气中，导致了接下来的几年中的“无夏年份”。

B. 气溶胶能够吸收、散射或反射太阳光，减弱太阳光的穿透能力，从而使地球的温度降低。

C. 气溶胶是分散在大气中的小颗粒，其来源包括火山活动、工业排放和自然过程，如沙尘暴。

D. 地球变暗还会对环境和气候变化的适应能力构成巨大挑战，光线不足会导致温室效应减弱，使得地球的温度下降。

E. 一些人认为，地球变暗的主要原因是人类活动，而不是自然的变化过程。

471 如果你喜欢跑马拉松，那么你一定非常重视自己的体重。每天早起站在体重秤上，看看体重有什么变化，对体重的关心程度不亚于减肥人士。这是因为体重对跑步速度的影响很大——体重越轻，就跑得越快。所以，很多人为了能够提高跑步成绩，拼命降体重。但是，最近某专家对跑步爱好者的这种偏见持反对态度。

以下哪项如果为真，最能支持上述专家的观点？

A. 跑步其实是一种跳跃动作，不停地跳跃，连贯起来就是跑步。

B. 瘦子跑得快是因为他们有更高的身体表面与体重比、更少的隔热脂肪组织，所以有更好的热量散发能力。

C. 决定一个人跑得快不快的因素有四个：基因、体型、训练刻苦程度和体重。

D. 对跑者来说，不应该一味追求低体重，体重太低会导致饮食紊乱，压力增大，甚至骨头脆弱，只有能量补充做得足够好才能够在比赛中发挥更好。

E. 如果你跑步至少是为了健康，那么不用过分关注自己的体重。

472 面对就业压力，考公和考事业单位非常热门。对此某政协委员表示，现在不仅仅大学生追求稳定，中学生也都追求稳定。社会变化太快了，很多人都想稳一点，有更多安全感，这不仅仅是大学毕业生的问题，而是一个社会问题。所以，一方面要提高大学生的就业适应能力，另一方面要鼓励大学生，不要满脑子的“央国政”（央企、国企、公务员），要知道你的未来是广阔的，在科创企业里，前途更是无限的。所以该委员认为，我们要鼓励大学生做各种各样的尝试，不要因社会变化很快就求稳。

以下哪项最能加强上述委员的观点？

A. 这 3 年经济低迷，许多大企业发展停滞，大面积裁员，这导致了许多年轻人都越来越看中稳定的工作。

B. 去年全国新增劳动力约 1 600 万人，其中高校毕业生多达 1 076 万人，经济不稳定，就业压力巨大，许多人毕业后就直接“原地失业”。

C. 人工智能的发展，使得诸多岗位被替换成为可能。例如 ChatGPT 的问世，高效准确地解决了人们的许多问题。

D. 随着科技、互联网，人工智能以及文化产业的飞速发展，技术类、文化类的岗位也是供不应求的。

E. 现在的就业市场的职位多种多样，和公务员比起来不相上下，科创企业是相对稳定的并且薪资也不低，甚至还有更好的福利待遇和职业发展前景，这对于刚毕业的年轻人来说无疑是很好的机会。

473 情绪对我们的决策有着很大的影响。有研究表明，在愤怒的情绪影响下，当我们处在一个可选的决策情景时往往会倾向于选择具有风险偏好的一方；如果情绪是一个很悲伤的状态，那么此时你的决策是比较保守的，往往会选择一个规避风险的决定。我们常说大喜大悲时切勿做决定，那是不理智的。因此，当我们做人生中的重大决定时一定要心平气和，不要被情绪左右。

以下哪项为真，最能支持上述结论？

A. 情绪是我们对事物做出的认知反应，大多数情绪的产生都是基于个体的经验和本能。

B. 个体处于愤怒情绪下对事物的判定具有高度的不确定性，继而产生悲观的预期。

C. 一个人处在情绪化状态时，大脑分析问题无法做出全面考虑、没有经过认知系统的评价，所做的决定是非理性的，会造成重大的过失。

D. 个体的情绪诱因并不是只有本能和个体经验，其中最主要的原因是个体当时所处的情景以及正在经历的事件带给他的认知体验。

E. 人是具有情感的高级动物，所以我们不可能是理性的。

474《红楼梦》是清代作家曹雪芹的一部长篇小说，描述了封建制度下，豪门大户逐渐衰败的历程。一般认为这是一部写实主义的小说，描绘了贾宝玉的生活和他的两个最爱的女人——林黛玉和薛宝钗。但有学者提出，这部小说实际上是对封建社会的批判。

以下哪项如果为真，最能支持以上学者的观点？

A. 古人写小说时喜欢“以小见大”，描述某个封建王朝的豪门大户是如何衰败的就是为了批判封建王朝。

B. 封建制度是反人性、反进步的，例如，在封建王朝中流行的一夫一妻多妾制就是其饱受批判的缺陷。

C.《红楼梦》中的许多人物最后都有着悲惨的结局，如贾母的去世、贾琏的贫困、宝玉的出家等。

D. 虽然《红楼梦》后四十回的作者不一定是曹雪芹本人，但其主题思想还是基本和前四十回一致。

E. 曹雪芹在《红楼梦》中描绘了大量的宴会和聚会的场景，这些场景中充满了人间烟火气。

475 随着科技的发展，人工智能（AI）在各行各业中的应用越来越广泛，从自动驾驶汽车到智能客服，人工智能都在逐步取代人类的一些工作。有专家指出，人工智能的发展其实正在威胁人类的就业。

以下哪项如果为真，最能支持上述专家的观点？

A. 人工智能的发展虽然会导致许多传统工作消失，但也会创造出新的就业机会。

B. 人工智能工作高效、成本低廉，而且管理成本接近于零，而这正是企业追求的完美“员工”。

C. 人工智能的发展也需要许多人才来研发和维护，这样才能更好地适应不断变化的工作需求。

D. 人工智能的发展会导致社会贫富差距的进一步加大，因为只有极少数人才有充足的资源利用这项技术。

E. 人工智能的工作效率极高，可以创造大量的社会财富，因此，即便未来人们都不工作了，政府也有足够的资源来养活他们。

476 当前，社交媒体的普及使得人们更加关注自己的形象和声誉，不断追求完美的自我展示。这种现象在年轻人中尤为突出，他们在社交媒体上发布精心策划的照片和生活片段，以求得到他人的赞誉和关注。然而，有专家指出，这种过度关注形象的行为反映了当代年轻人对内心的成长和发展的忽视，也反映了他们对他人关注的渴望。

以下哪项如果为真，最能支持上述专家的观点？

A. 人的精力是有限的，要么关注内在，要么关注外在。而无论人关注什么，都是他内心需求的投射。

B. 过度追求完美的形象会导致年轻人对自己有不切实际的要求，从而导致他们陷入自卑的情绪。

C. 人是社会性动物，一切行为都会受到社会结构和潮流的影响。

D. 社交媒体的发达让年轻人能接触到更大的世界，他们可以完全按照自己的喜好来生活。

E. 年轻人应当更多地关注自己内心的成长，而不是追求外在形象的完美。

477 电动汽车是否比燃油汽车更加环保是近几年争议颇大的一个问题。反对电动汽车的人认为，虽然电动汽车在行驶的过程中不会像燃油车一样排放尾气，但我国的主要发电方式是火力发电，而火力发电会产生大量的废气，因此，电动汽车本质上还是会造成空气污染的。但专家却认为，电动汽车的确要比燃油汽车更加环保。

以下哪项如果为真，最能支持专家的观点？

A. 火力发电产生的废气可以集中进行无害化处理再排放，而燃油汽车在行驶过程中产生的尾气无法得到有效处理。

B. 虽然国标一再升级，对燃油汽车的排放限制越来越严格，但燃油汽车永远无法做到零排放。

C. 近年来我国大力推广风力发电和核电，并且已经取得了卓越的成果。

D. 环保问题不仅仅是空气污染的问题，还有水资源污染、土壤污染等问题。

E. 电动汽车的电池在达到使用寿命以后会由专门的机构回收处理。

478 近日，某企业宣布了固态电池技术研究的最新进展，宣称固态电池是动力电池的终极形态，是下一代动力电池的主线，尤其是在全球电动汽车高速发展的今天，传统液态电池续航短、充电速度慢等劣势逐渐显现。

以下各项均能支持该企业的观点，除了：

A. 固态电池能量密度高，续航能力强。

B. 液态电池在充放电过程中，由于液态的电解质和有机溶剂易挥发、易燃烧，热稳定性较差，一旦发生泄露，起火、爆炸是难免的。

C. 固态电池较液态电池成本高出 30% 以上，还面临着界面问题、材料问题、工程问题等诸多挑战，不易规模化量产。

D. 固态电池的电解质是固态的，热稳定性较好，安全性高。

E. 固态电池的循环性能更强，稳定性更优，可以减缓电池失活和退化过程，大幅提高电池的寿命。

479 在互联网时代，网购已成为许多消费者的首选。对商品的在线评价作为消费者做出购买决策的重要参考，其态度倾向会显著影响消费者的购买意向。然而，一些市场营销专家警告说，过分依赖这些评价可能导致消费者忽视了商品的质量、功能这些更为重要的因素。他们认为，消费者应该更加关注商品的功能和质量是否满足自己的需求，而不是仅仅基于他人的评价就做出决策。

以下哪项如果为真，最能支持上述专家的观点？

A. 只要在线评价的内容足够详细，就可能导致消费者忽略商品的实用性，从而做出决策。

B. 每个人对商品的评价或多或少都会带有自己主观上的态度倾向，参考他人的评价而购买的商品往往无法满足自身的实际需求。

C. 在线评论的数量越多，消费者就越容易在信息过载中迷失，难以做出合理的购买选择。

D. 任何人都具备从众心理，当消费者对商品的评价和其他大多数人不一样时，他们往往会认为自己的判断是错误的。

E. 许多女性在网购衣服时往往会因为过度相信其他人的在线评价而购买了不合身的衣服。

480 在对地铁的导视系统的设计研究中，专家通过分析老年人的生理、心理特征及社会特征，发现地铁导视系统在字体大小、颜色对比度、标识位置等方面并不完全适应老年人的需求。该专家据此建议，调整这些元素来提高老年人识别导视信息的能力，从而提升他们的地铁出行体验。对此，某学者指出，仅仅改进导视系统可能不足以全面提升老年人乘坐地铁的体验，还需要从服务、设施等多方面进行综合改善。

以下哪项如果为真，最能支持该学者的观点？

A. 部分老年人乘坐具有改进后的导视系统的地铁时，依然可能存在出行困难的问题，尤其是在高峰期。

B. 改进的导视系统虽然提高了老年人识别导视信息的能力，但有些老年人表示，直接寻求工作人员的帮助也能找到正确的线路。

C. 一些老年人不愿意乘坐地铁的根本原因是，地铁上没有足够的位置，他们的腰腿也没办法承受站着搭乘地铁的压力。

D. 实验数据显示，改进导视系统后，老年人在地铁站内迷路的情况有所减少，但仍有一部分人表示找不到电梯。

E. 导视系统的改进需要耗费大量的人力、物力和财力，这对长期亏损运行的地铁公司无异于雪上加霜。

481 在上海市偏远地区的基层医院，科室主任人才的引进和测评面临着一定的挑战。为了更准确地评估候选人的专业技术能力和管理能力，该医院提出了一个基于胜任力理论的医院科室主任人才引进测评模型。该模型包括医生基本胜任力、科室管理胜任力、专业胜任力等多个维度，旨在全面评价候选人的能力，以提高人才引进的质量和效率。但是，某专家却认为，现有的测评模型已经足够全面，无须引入该模型。

以下哪项如果为真，最能支持上述专家的观点？

A. 一些基层医院已经成功地通过现有的测评模型引进了符合要求的科室主任，这些科室主任在工作中表现出色。

B. 研究发现，即使是使用了新的测评模型，基层医院在引进科室主任时仍然可能面临着流动率高的问题。

C. 一些基层医院报告称，他们缺乏足够的资源和专业知识来实施新的测评模型，这导致无法充分利用该模型。

D. 在使用新测评模型对拟定引进的人才进行评估后，发现与使用传统测评模型评估的结果相比，并没有差异。

E. 尽管新测评模型提出了多个评价维度，但在实际操作中依然会存在一定程度的困难。

482 联合国教科文组织发布的《一起重新构想我们的未来：为教育打造新的社会契约》强调教育变革，尤其是解决教育不公平的问题对于实现可持续发展目标具有至关重要的作用。报告中特别肯定了中国在教育变革方面做出的努力，如普及义务教育、提升教育质量、推动教育现代化等。这说明，中国为全球教育变革做出了巨大的贡献。

以下哪项如果为真，最能支持上述论证？

A. 中国的教育改革包括了全面推进生源地助学贷款制度，这一制度的实施大幅度提高了高等教育的普及率和质量。

B. 中国教育科研人员积极参与国际教育科学研究，发表了大量研究成果，显著提升了中国在全球教育科研领域的地位和影响力。

C. 中国在新一轮的教育变革中不断加强农村和西部地区的基础教育，有效地推进了教育公平，为全球教育不公平问题提供了可行的解决方案和经验借鉴。

D. 中国对联合国教科文组织教育报告的编写贡献显著，其提出的教育理念和政策建议受到了广泛好评。

E. 中国主办的多个国际教育论坛，为全球教育专家和学者提供了交流和合作的平台，促进了教育政策和实践的全球化交流。

483 一般情况下，医生会长期使用免疫抑制剂来降低器官移植手术后患者出现急性排异反应的可能性。但这种方案也可能会导致患者出现免疫力下降、肿瘤风险提高等问题。最近某教授提出使用 ATG-F 作为诱导治疗的方案，旨在通过单次大剂量治疗降低急性排异反应的发生率，从而减少长期免疫抑制剂的使用。但是，仍然有专家对该方案的安全性提出了质疑。

以下哪项如果为真，最能支持上述专家的观点?

A. 某实验显示，采取 ATG-F 治疗方案的器官移植患者并未出现免疫力下降等问题，但该实验仅调查了 12 名肾脏移植患者，样本不具有随机性。

B. 使用 ATG-F 诱导治疗的患者，在术后 12 个月的随访中，未出现因诱导治疗导致的严重副作用。

C. 一些器官移植患者在接受 ATG-F 的治疗后，出现了免疫力下降、骨质疏松等问题。

D. 研究指出，尽管诱导治疗可以在短期内降低急性排斥反应的发生率，但其对移植受者长期存活的影响仍不明确，需要更多的临床数据支持。

E. 某研究发现，肝脏移植患者接受 ATG-F 诱导治疗后，急性排异反应的发生率明显低于未接收该治疗的肾移植患者。

484 近期中国人民银行（以下称“央行”）宣布将存款准备金率下调 0.5 个百分点，并搭配定向降息措施，向市场提供长期流动性约 1 万亿元。此政策旨在缓解市场流动性压力，降低融资成本，以支持实体经济的发展，引发了市场广泛关注。某专家据此认为，此次政策超出市场预期，体现了央行对稳定经济增长的决心，是一项正确合理的决策。

以下哪项如果为真，最能支持上述专家的观点?

A. 如果市场长期流动性充足，就可以有效推动社会综合融资成本稳中有降，而私有企业，特别是小微企业往往对低成本融资有较高的需求。

B. 降准和定向降息的宣布立即引起了资本市场的积极反应，恒生指数尾盘迅速拉升，收涨 3.56%，创开年以来最大单日涨幅。

C. 多位受访专家表示，此次降准幅度超出预期，不仅为市场注入了“真金白银”的实惠，也体现了央行对稳定经济增长的决心和力度。

D. 政策不仅要为市场提供流动性，更要为市场提供精准的流动性，让资金流向真正需要的地方。

E. 市场永远缺乏流动性，特别是春节期间需要更多现金来满足年初的信贷投放的需求。

485 随着医疗体系的改革，二级医院面临着巨大挑战。数据显示，与一级和三级医院的诊疗人次相比，二级医院的诊疗人次经历了负增长，这揭示了它们在城市医疗体系中的边缘化趋势。为了应对这一挑战，国家和地方政府推出了鼓励二级医院进行转型的政策，例如转型成康复医院或发展特色专科等，目前也已经有了成功的转型案例。某专家据此指出，对于二级医院而言，转型成康复医院和发展特色专科是正确合理的决定。

以下哪项如果为真，最能支持上述专家的观点？

A. 某二级医院成功开展了康复医疗服务，一年内患者满意度大幅提升，诊疗人次和入院人次均实现了正增长。

B. 国家和地方政府增加了对二级医院转型的财政支持和政策倾斜，提供了转型所需的部分资金和资源。

C. 大多数患者对于二级医院提供的服务质量持保留态度，更倾向于前往信任度更高的三级医院就医。

D. 在转型过程中，一些二级医院遭遇了人才流失的问题，专业医护人员转投其他医疗机构，加剧了运营压力。

E. 某城市的二级医院通过与高校和研究机构合作，引入了先进的医疗技术和管理经验，因此从未出现就诊人数下滑的情况。

486 随着全球肥胖人数的持续上升，减肥药市场需求相应增长。诺和诺德和礼来制药作为该领域的先行者，通过一系列战略行动积极扩展其在减重市场的影响力。同时，这两大药企还不断推出创新产品和服务。有些人认为，这些举动只能帮助药企攫取更多的利润，对需要减肥的人并没有实质性帮助。但某专家对此有不同的看法。

以下哪项如果为真，最能支持上述专家的观点？

A. 诺和诺德和礼来制药的新产品和服务在一项针对 2 000 名肥胖老人的临床试验中显示出比现有治疗方法更好的效果，患者满意度显著提高。

B. 诺和诺德和礼来制药最新公布的市场策略中包括为患者提供优惠，降低治疗成本，使更多患者能够负担得起治疗费用。

C. 其他药企也开始模仿诺和诺德和礼来制药的策略，推出自己的减肥药，导致市场竞争加剧。

D. 诺和诺德和礼来制药的减重产品价格高昂，许多患者难以负担这个费用，限制了减重产品的市场渗透率。

E. 诺和诺德和礼来制药的研发投入促进了减重药物的技术创新，引入了新的作用机制和治疗方法，让肥胖症患者能更高效地减肥并承受更小的副作用。

487 2023 年，特斯拉面临了前所未有的挑战。尽管“踩线”完成了全年 180 万辆的交付目标，但其年度财报显示营收增长和利润增长明显放缓，毛利率更是降至 2019 年以来的最低水平。面对需求疲软、利润萎缩以及日益增加的竞争压力，特斯拉不得不采取降价促销的措施以保持市场份额。在这样的背景下，特斯拉正试图通过推出成本更低的车型以及加大研发投入来应对挑战。对此，某专家指出，尽管面临的是短期内的增长放缓，但这些努力对于特斯拉的长期发展而言是合理且必要的。

下列哪项如果为真，最能支持上述专家的评价？

A. 降价以及推出低成本的产品是商业竞争中的车企常用的策略，国产电车品牌就是凭借该策略拿下入门级轿车的市场。

B. 许多车评人表示，市场高度期待特斯拉计划推出的低成本车型，预计它们将大幅度提高特斯拉的销量和市场份额。

C. 特斯拉的优势就是其对市场的敏感度和极强的研发能力，这些优势为其产品创新和技术领先提供了坚实的基础。

D. 尽管特斯拉的毛利率下降，但其在电动车领域的品牌影响力和消费者忠诚度依然强劲。

E. 特斯拉对 2024 年的谨慎预期使得投资者对其长期增长潜力持有信心，认为这是一种负责任的市场行为。

488 最近国家金融监督管理总局公布了一系列金融支持措施。这些措施包括加快推进城市房地产融资协调机制的实施、指导金融机构落实经营性物业贷款管理要求、继续提供优质的个人住房贷款金融服务，以及支持重大基础设施和城中村改造等项目。某专家据此认为，这些金融支持措施显示了监管部门对实体经济尤其是房地产市场的关注和支持，对缓解市场供需矛盾、保障居民住房需求具有重要意义。

以下哪项如果为真，最能支持上述专家的观点？

A. 许多居民依然对住房有刚性需求，但是因为担心房价会下跌而迟迟不敢购买住房。

B. 优化的个人住房贷款政策，如首付比例和贷款利率的调整，使得更多的居民能够负担得起购房费用，刚性和改善性住房需求得到满足。

C. 尽管金融支持力度加大，但房地产市场的萎缩趋势未得到根本逆转，供需矛盾仍然突出。

D. 虽然国家金融监督管理总局坚决支持房地产市场，但是金融机构可能因为对房地产市场持悲观预期而减少向个人用户提供的贷款服务。

E. 房地产市场不仅受国家政策的影响，还受到市场规律的制约，一味放宽贷款限制有可能会产生未知的风险。

489 随着金融租赁行业的快速发展和资产的迅速扩张，部分企业出现了内控不足和偏离主业等风险。为此，国家金融监督管理总局加强了对金融租赁行业的有效监管。同时，为促进金融租赁行业高质量发展，监管部门出台了多份规范经营及管理的政策，并提出了提升注册门槛、完善主要发起人制度、强化业务监管等一系列措施。对此，某专家认为，国家金融监督管理总局的一系列举措体现了当局对规范行业发展从而引导行业服务实体经济的决心。

以下哪项如果为真，最能支持上述专家的观点？

A. 金融租赁公司在监管政策的引导下，成功转变经营理念，增强了直租业务的比重，有效支持了企业新购设备的资产融资需求。

B. 如果国家金融监督管理总局能联合税务部门、审计部门有效监督金融公司，让其依法经营、纳税，那么就可以促使金融行业规范化、健康化。

C. 许多金融行业的从业者表示，过去关于金融业务的法规不够完善，导致他们无法可依，而最近一系列政策的出台让他们知道如何才能规范经营、合法经营。

D. 国家金融监督管理总局出台的一系列政策和措施已经得到了国务院的许可，并且通过了许多金融领域的权威专家的反复论证和讨论。

E. 如果金融行业的发展完全脱离了实体经济，将会造成产业空心化，从而阻碍国家经济长期、健康的发展。

490 随着互联网巨头纷纷进军医药电商领域，某平台虽然在医药电商领域的步伐相对于行业龙头企业稍显缓慢，但其通过发布《处方药品类管理规范》等措施，正式开放处方药销售。与此同时，该平台对商家和医药产品的准入设置了严格的限制，以确保平台上药品销售的合规性和安全性。对此，某专家认为，该平台虽然在医药电商领域起步较晚，但是该平台通过谨慎的策略和规范的管理为整个行业树立了标杆，也必定能在该行业独占鳌头。

以下哪项如果为真，最能支持上述专家的观点？

A. 该平台近期通过严格的商家准入和药品销售管理，成功避免了平台上的违规药品销售事件，消费者对该平台的医药产品表示信任。

B. 该平台在医药电商领域的市场份额迅速增长，超过了一些早期进入该领域的竞争对手。

C. 目前医药电商领域最大的问题就在于许多线上销售药品的商家违规出售处方药，甚至将假药、过期药销售给顾客。

D. 尽管该平台对医药电商的准入要求较高，但仍有大量小型连锁药店和个体药店成功入驻，提升了平台的药品种类和服务覆盖范围。

E. 虽然该平台的限制极为严格，但是并没有影响到商家的参与积极性和用户购买药品的便利性。

491 对于国家的宏观调控而言，统计数据的真实性至关重要。为此，全国统计工作会议强调，将统计数据真实准确作为统计部门最重要的政绩，并采取一系列措施加强监管，如巩固拓展统计造假专项治理行动成效、加快推进刚性制度建设等。对此，某专家认为，国家近期所做的这些工作是维护宏观经济决策的科学性、推动经济社会健康发展的重要举措。

以下哪项如果为真，最能支持上述专家的观点？

A. 实施统计造假专项治理行动后，某地区的统计数据造假现象得到了有效遏制，获得了民众的一致好评。

B. 尽管加强了对统计造假的处罚，但部分地区和部门仍存在统计数据造假现象，影响了统计数据的整体质量。

C. 党中央修订后的《中国共产党纪律处分条例》将“统计造假”纳入违反党的工作纪律有关条款，明确了对直接责任者和领导责任者的处分规定。

D. 统计部门在开展统计工作时，仍然面临来自某些领导干部的干预，但是统计部门一般能顶住压力，严格按照工作守则完成任务。

E. 通过加强统计监督和完善相关法规，统计造假行为得到有效遏制，统计数据质量得到持续提升。

492 2023 年，光伏行业经历了快速发展、需求高增长及内卷化现象。尽管面临季度环比增长乏力的挑战，光伏设备、耗材及辅材企业依然享受到了需求旺盛的红利，业绩普遍大幅预增。然而，第四季度多家企业的业绩承压，暴露出行业波动加剧、新增订单放缓的征兆。对此，某专家认为，光伏行业的发展依然面临着许多不确定性和挑战，企业在追求增长的同时，也需要加强风险管理和对市场的预判。

以下哪项如果为真，最能支持上述专家的观点？

A. 尽管净利润在大幅度增长，但由于投资者失去了信心，国内高纯石英砂龙头石英股份在资本市场遭遇股价大跌。

B. 尽管面临行业波动，部分光伏企业通过优化产品结构和提升生产效率，成功实现了利润率的稳定增长。

C. 部分光伏企业未能及时预判市场需求的变化，导致库存积压和资金链紧张，影响了企业的正常运营。

D. 光伏企业在面临挑战时，需要加强与下游客户的沟通和协作，确保订单的稳定和业绩的持续增长。

E. 一些光伏企业通过加大研发投入，不断推出创新产品，成功抵御了行业波动带来的负面影响，实现了业绩的逆势增长。

493 随着业绩预披露高峰期的到来，券商行业的业绩表现成为市场关注的焦点。在市场整体震荡的背景下，许多大型券商业绩明显下滑。然而，多家中小券商实现了利润翻倍。对此，某专家认为，这种业绩的分化说明部分券商在积极适应市场变化、努力寻求业绩增长点。

以下哪项如果为真，最能支持上述专家的观点？

A. 在手续费收入整体下滑的大趋势下，中小券商加大了对投资银行业务、资产管理业务的投入，实现了业务收入的明显增长。

B. 许多券商长期依赖单一业务增长，一旦市场需求发生变化，业绩就会出现极大的波动。

C. 在市场整体下行的背景下，部分头部大型券商通过资本规模和渠道优势实现快速发展，加剧了中小券商面临的市场竞争压力。

D. 一些中小券商在优化投资组合和调整业务结构方面取得显著成效，使其在竞争激烈的市场环境中脱颖而出。

E. 财达证券等多家小型券商加强了对投资风险的管理，在面临投资环境的变化时，它们成功地将损失控制在可接受的范围内。

494 为了加强资本市场监管、保护投资者利益，证监会持续加大对上市公司的监管力度，特别是针对欺诈发行和信息披露违法违规行为实施严厉打击。例如，思创医惠等上市公司因欺诈发行和财报虚假记载等行为受到重罚，这展现了证监会“零容忍”的高压态势。此外，多家上市公司因财报虚假记载等违法行为受到行政处罚。某专家据此认为，证监会的这些措施是推动资本市场健康发展、增强投资者信心的关键。

以下哪项如果为真，最能支持上述专家的观点？

A. 思创医惠公司之所以不能瞒天过海，完全是因为证监会长期缜密地调查了其绝大多数交易明细。

B. 如果不严厉打击欺诈发行和违法违规披露信息，资本市场就很难健康发展，投资者也很难对其充满信心。

C. 一些上市公司通过主动纠正违法行为并加强内部管理，成功恢复了投资者的信心并提升了市场评价。

D. 证监会对上市公司的监管政策进一步完善，增加了对欺诈发行和信息披露违法违规行为的处罚力度。

E. 只要证监会能严格执法、恪尽职守，资本市场就可以健康发展，投资者就会对其充满信心。

495 许多快递公司表示，它们尝试通过直播带货、小程序导流等方式进入“吃、喝、玩、乐、住、行”的本地生活服务市场，助力公司提前扭亏为盈。然而，本地的生活与这些快递公司主营的快递业务的差异较大，更何况快递公司之前的电商业务效果也不理想。某专家据此认为，快递公司能否在本地生活服务领域取得成功，仍存在不确定性。

以下哪项如果为真，最能支持上述专家的观点？

A. 许多快递公司虽然在与本地生活领域的品牌合作，但是其整体的盈利能力尚需时间验证。

B. 快递公司虽然通过小程序导流方式获得了许多业务，但是其直播带货的业绩普遍较为惨淡。

C. 快递公司在探索本地生活服务的过程中，虽然已经盈利了，但是整体盈利水平依然和预期存在差异。

D. 快递公司在探索本地生活服务的过程中，发现本地生活服务与主营业务的协同效应有限，难以实现“1+1>2”的效果。

E. 快递公司在本地生活领域的多元化探索为其带来了新的客户群体和收入来源，尽管面临挑战，但长期来看有望成为业绩增长的新引擎。

496 在经济增长放缓的背景下，政府正采取一系列措施以稳定就业并不断拓宽居民增收渠道。

结果显示，尽管居民可支配收入实际增速经历了波动，但已回归正常区间。此外，国家统计局数据显示，居民收入增长与经济增长基本同步，城乡、地区之间居民收入差距缩小。某专家据此认为，对于促进消费而言，政府这些举措是正确且合理的。

以下哪项如果为真，最能支持上述专家的观点？

A. 政府加大再分配的调节力度，通过社会保障制度改革和提高社会保险待遇，有效提升了居民生活水平。

B. 尽管收入分配关系没有得到彻底的改善，但是贫困人口、农民工等重点群体的收入在稳步增长。

C. 人对未来收入的预期会很大程度上影响人的消费意愿，如果收入不能保持稳定增长，人就会因对未来的悲观预期而节衣缩食。

D. 由于社会发展的过程中必然会存在收入不平衡的现象，政府只能尝试去处理这一问题，但是无法从根源上解决它。

E. 虽然目前没有任何经济学理论能完美地解释收入和消费之间的关系，但是对于政府而言，做些什么总比什么都不做要好。

497 随着人工智能技术的迅速发展，OpenAI 和 Meta 作为该领域的两大巨头，选择了截然不同的发展道路。OpenAI 由最初的开源理念逐渐转向封闭，而 Meta 则坚持开源策略，通过开放其 AI 技术和模型，如 LLaMA 系列，赢得了业界的广泛赞誉。某专家据此认为，相比较于 OpenAI，Meta 对 AI 技术的普及和发展所做的贡献更大。

以下哪项如果为真，最能支持上述专家的观点？

A. OpenAI 的封闭策略导致其 AI 技术的创新速度放缓，与行业其他公司的合作机会减少。

B. Meta 的 AI 模型 LLaMA 被广泛应用于各个领域的研究和开发中，加速了 AI 技术的普及和创新。

C. Meta 在开放 AI 技术的同时，也积极参与制定行业标准，推动了 AI 技术的安全和伦理发展。

D. 对于任何技术而言，开源的策略总是要比封闭的策略更能激发大家研究和交流的意愿。

E. OpenAI 的封闭和 Meta 的开源本质上源于二者经营理念的差异，前者追求更多的利润来做研发，后者追求更多的用户来提高传播度。

498 随着消费者对健康和营养的日益重视，方便面市场正在经历一场深刻的变革。康师傅推出的“老母鸡汤面”和白象推出的“汤好喝”系列等高汤面产品，反映出方便面行业向健康化、高端化转型的趋势。然而，某专家却认为，虽然方便面行业的健康化、高端化转型是满足细分市场需求的重要尝试，但面对激烈的市场竞争和消费者需求的多样化，方便面品牌需要更深入地了解消费者需求，不断创新产品和服务，优化营销策略，这样才能在竞争激烈的市场中获得持续的成功。

以下各项如果为真，均能支持上述专家的观点，除了：

A. 消费者对方便面的健康升级需求持续增长，不再满足于所谓的高汤方便面，转而追求全部用有机材料制作的有机方便面。

B. 大豫竹方便面多年以来主要销售入门级别的干脆面，在市场上一直深受消费者的好评。

C. 某品牌注意到消费者越来越关注环保问题，顺势推出“生产过程 0 污染”的高汤方便面，果然跑赢了其余高汤方便面。

D. 方便面市场的同质化竞争加剧，即便是推出了高汤方便面等新品类，也难以从根本上解决行业的创新不足问题。

E. 方便面品牌同质化问题严重，那些能脱颖而出的品牌往往都在产品的品牌宣传和定位方面做得比竞品更好。

499 某国政府采取了一系列宏观调控措施，包括降准、定向降息等，旨在提供长期流动性支持，降低企业融资成本，促进经济稳定增长。这些政策的出台引发了资本市场的积极反应，该国股市指数集体上涨，显示出市场对政府行动的支持。然而，某专家依然担心，这些货币政策手段可能难以根本解决经济增长放缓的问题。

以下各项为真，均能支持上述专家的观点，除了：

A. 股市指数的上涨仅能体现投资者对未来的乐观预期，但是经济增长放缓的问题短期内难以解决。

B. 政府的“一揽子”政策在短期内成功稳定了资本市场，提振了消费者和投资者的信心，有可能推动经济长期稳定增长。

C. 尽管短期内资本市场对降准和定向降息政策做出了积极反应，但市场分析师通过对经济数据的分析指出，这些措施对刺激长期经济增长的实际效果有限。

D. 企业界对降准和定向降息政策表示欢迎，但同时指出，除非伴随结构性改革，这些政策难以解决根本的经济增长问题。

E. 降准和定向降息的确能降低企业融资成本，但未来经济环境仍然存在不确定性，部分企业和农户不愿贷款。

500 在现代社会中，年龄经常被隐晦地视作个人隐私，在社交对话中很少成为直接讨论的话题。尽管如此，特定的年龄数字经常无情地成为人们在寻找工作机会甚至寻找住房时面临的障碍。例如，某些青旅以及租房平台公开设定年龄限制，仅接待或接纳特定年龄段的人群。对此，某专家认为，年龄歧视和限制在社会中普遍存在，并可能对个人的生活和工作机会产生影响。

以下各项如果为真，均能支持上述专家的观点，除了：

A. 许多公司在招聘时设定了明确的年龄上限，这使得 35 岁以上的求职者在找工作时遭遇更多障碍。

B. 某平台对合租居住者设定的年龄限制，号称是基于用户反馈而制定的策略，目的是在特定年龄群体间创造更和谐的居住环境，但实际上是担心将房子租给老年人会产生风险。

C. 在社交对话中避免询问个人年龄的习惯表明了人们对年龄隐私的尊重，尤其是在和女性交谈时，许多人更加注意这一点。

D. 一些中年人试图在社交媒体上反驳年龄限制的合理性，尽管如此，这种个体行动很难改变普遍的社会偏见。

E. 公务员招聘中设定的年龄限制体现了对年轻人思维敏捷和身体状况良好的偏好，这在一定程度上加剧了年龄歧视的现象。

501 近年来，全球科技行业面临着持续的裁员潮。尽管技术如 ChatGPT 等带动了 AI 概念股的上涨，科技巨头如谷歌、微软等公司的股价达到新高，裁员问题仍旧是一个挥之不去的阴影。在新自由主义思潮的影响下，这些工作者往往不再将失业归咎于制度或雇主，而是倾向于责怪自己，将失业视为全球经济中商业周期和竞争的必然结果。对此，某专家认为，这种心态过度强调了个体的责任，忽视了制度性问题在裁员潮中扮演的角色。

以下各项如果为真，均能支持上述专家的观点，除了：

A. 技术发展和 AI 的兴起改变了工作的本质，创造了新的就业机会，表明个体有能力通过更新自己的技能来适应变化，从而减少了对裁员的恐惧。

B. 高科技公司裁员的决策往往基于对股东利益的考虑，而非公司对员工的责任，这是公司治理中的一个根本问题。

C. 新自由主义思潮的兴起实际上是企业界有意为之，以此转移维护劳资间社会契约的责任。

D. 在新自由主义影响下，个体倾向于将职业成功与否完全归因于个体的努力程度高低，忽略了外部经济环境和市场需求的影响，这可能导致对裁员潮背后更深层次原因的忽视。

E. 尽管存在技术发展和行业趋势变化，但雇主依然越来越不愿意给员工提供在职培训，这会导致员工因技能无法满足工作的需求而被裁员。

502 山东省在 2023 年实现了显著的经济增长，GDP 总量首次突破 9 万亿元，同比增长 6.0%，高于全国平均增速。此外，烟台成为山东省第三个万亿级城市，使山东在全国的经济排名中进一步提升。这一成就是在全球经济增速放缓的背景下取得的，反映了山东在新旧动能转换、产业升级等方面的积极努力和显著成效。对此，某专家指出，山东省的经济发展不仅依赖于传统重工业，而且在新兴产业和服务业等领域也取得了重要进展。

以下各项如果为真，均能支持上述专家的观点，除了：

A. 山东省的高新技术产业产值在 2023 年占规模以上工业的比重达到了 51% 左右，这意味着山东省正在大力推动新兴产业的发展。

B. 山东省的外贸在全球贸易萎缩的背景下，努力转型做外贸、参与国际竞争，实现了 1.7% 的增长。

C. 山东省在新旧动能转换方面的成功，如关闭高耗能高污染项目，促进了经济结构的优化和升级。

D. 2019 年，山东固定资产投资（不含农户）出现负增长，同比下降 8.4%，表明了公共投资的减少和经济增长动力的不足。

E. 烟台市作为新晋的万亿级城市，其主要产业集群为绿色石化、有色及贵金属，这些都是山东新旧动能转换计划中的重点产业。

题型 02 特殊模型的支持

海绵 MBA App 扫码对答案
查看解析和视频讲解

题型特征	（1）问题特征：问题要支持题干。 （2）题干特征：题干的论证存在因果关系、方法关系等特殊模型。
思路概述	本题型主要考查对各种模型的支持思路。具体有如下思路： （1）若题干强调因果关系，则主要考虑指出因果关系成立或不存在他因； （2）若题干强调方法关系，则主要考虑指出方法有效、方法可行或方法有必要； （3）若论据强调“A→B”，论点强调“A→C”，则主要考虑建立 B、C 的联系； （4）若题干强调数量关系，则主要从数量的角度支持题干

503 随着智能家居设备的普及，人们可以通过语音控制开关灯、调节空调温度、播放音乐等。显然，智能家居极大地方便了人们的生活。有专家据此认为，智能家居将大幅度提高人们的生活质量。

以下哪项如果为真，最能支持上述专家的观点？

A. 闲暇之余能够听听音乐，极大地提高了人们的生活质量。

B. 智能家居让许多人感受到了科技进步的乐趣，从而提高了他们的生活幸福程度。

C. 只要各大科技公司继续深度研发智能家居，智能家居的价格就一定可以降下来。

D. 许多公司已经看到了智能家居的市场，他们纷纷加大了对智能家居的研发投入。

E. 人们生活质量的提高取决于生活的便利程度。

504 随着科技的发展，人工智能在医疗领域的应用越来越广泛。有专家认为，人工智能将在未来的医疗诊断中发挥重要作用，大幅度提高诊断的准确性和效率。

以下哪项如果为真，最能支持该专家的观点？

A. 任何疾病的诊断都需要借鉴大量类似的案例，而人工智能在记忆和储存案例的能力比一般的医生更强。

B. 若能将医生的诊断和人工智能的诊断结合起来，就能极大地提高医疗诊断的准确率。

C. 对于一些复杂和罕见的疾病，虽然普通医生的经验更丰富，但人工智能的诊断效率依然远超普通医生。

D. 海量的医疗数据可以显著提高医疗诊断的准确性和效率，而人工智能恰好是存储和处理海量医疗数据的利器。

E. 人工智能在进行诊断时，即便因为算法的错误和数据的偏差有一定程度的误诊，但也可以很快纠正过来。

505 近年来，AI 在医疗领域的应用越来越广泛，从疾病预测、诊断到治疗，AI 都在发挥着重要的作用。统计表明，AI 医疗技术的出现使得疾病诊断的准确率大幅度提高了。有专家据此认为，AI 医疗技术的出现将更有效地提高公众的健康水平。

以下哪项如果为真，最能支持上述专家的论证？

A. 即便不同地区的医疗条件存在差异，但 AI 医疗技术可以在很大程度上解决这一问题。

B. 某肿瘤医院的实验表明，引入 AI 医疗技术后，该院肺癌患者的五年生存率大幅度提高了。

C. 疾病诊断的准确率会影响到疾病的治愈率，从而影响公众的健康水平。

D. AI 医疗技术可以更有效地预测患者将会患何种疾病，从而真正实现“大医治未病”。

E. 虽然 AI 技术依赖于超强的计算机算力，但随着计算机技术的进一步发展，未来有可能研发出低成本高算力的计算机。

506 在线教育在全球范围内变得越来越受欢迎。然而，并不是所有的学生都能适应这种新的学习方式。许多农村地区的学生由于网络条件限制，仍然习惯传统的课堂学习。有专家因此断言，在线教育的迅速普及会将农村学生阻挡在教育资源之外，从而影响他们的学习效果和未来发展。

以下哪项如果为真，最能支持上述专家的论断？

A. 在线教育的成本高昂，这是许多贫困地区短期内难以解决的问题。

B. 不是所有的学生都能克服网络条件的限制，这让他们只能通过传统的方式学习。

C. 农村地区的学生若不能接受优质的教育，则可能会导致他们无法获得生存所需的技能。

D. 在线教育看似降低了对老师的要求，但是其高昂的成本和对网速的要求都是农村地区无法解决的难题。

E. 在线教育的迅速普及可能会导致许多教学水平一般的老师失业。

507 一项研究表明，定期阅读可以提高人们的认知能力和情绪管理能力。因为阅读过程中，人们需要理解和剖析文字信息，这能够锻炼大脑的思维能力；同时，通过阅读，人们可以了解到各种各样的人生经历和情感体验，这有助于提高情绪管理能力。

以下哪项如果为真，最能支持上述论证？

A. 研究表明，人的思维能力的提高可以改变人对世界的认知，而对世界认知清晰的人在碰到社会的各种阴暗面时情绪不一定会受到影响。

B. 实验表明，定期阅读可以有效提高不同神经的一致性和稳定性，从而有效改善人的认知能力和情绪管理能力。

C. 一项针对 5 000 名大学生的调查表明，那些有定期阅读习惯的大学生认知能力和情绪管理能力普遍强于那些没有定期阅读习惯的人。

D. 定期阅读可以使人的知识储备越来越丰富，这自然也包括了对情绪进行管理的知识储备。

E. 虽然不同的人的经历和情感体验是不相同的，但是人对外界刺激的反应模式是相同的。

508 古代社会，人们推崇“父母在不远游，游必有方”，人们不到万不得已是不会离开故土的。然而在现代社会，人口流动是常事，即便在消息闭塞、经济发展缓慢、观念保守的地区，人们往往也会去大城市生活和工作。某社会学家认为，许多人选择去大城市生活和工作是因为大城市比小城市机会多，也更加便利。

以下哪项如果为真，最能支持上述社会学家的观点?

A. 即便在大城市从事的工作和在小城市一样，其收入的涨幅也足以覆盖在大城市生活成本。

B. 相比较于对某个城市的熟悉程度，机会的多少、生活的便利程度是大多数人选择某个城市的决定性因素。

C. 大多数人的世界观、人生观和价值观其实受到社会结构的影响，只有极少数人才能摆脱社会结构的影响，拥有独立的三观。

D. 追求更多的机会、更便利的生活是人之常情，这并不能说明人们不再热爱故土。

E. 许多去大城市工作的人在年老的时候会格外思念家乡，甚至会离开生活多年的城市，回到家乡安度晚年。

509 海大棉公司有若干子公司，去年其子公司胖小星公司试行远程工作制度，其他子公司则维持原有的办公制度。结果发现，胖小星公司的生产效率居然比其余子公司的平均生产效率更高。这说明，实行远程办公制度可以有效提高海大棉公司的生产效率。

以下哪项如果为真，最能支持上述论证?

A. 远程办公制度最大的好处是给员工省去了大量的通勤时间，从而保证了他们有充足的时间休息。

B. 许多互联网公司，例如，苹果、谷歌都开始实行远程办公制度，他们的生产效率不降反升。

C. 调查表明，远程办公制度可以让员工在舒服的环境中工作，而工作环境的舒适程度会直接影响员工的生产效率。

D. 调查表明，胖小星公司的员工和其他子公司的员工相比，虽然学历并无优势，但他们的工作经验普遍更加丰富。

E. 如果不是胖小星公司的生产效率比其他子公司更高，海大棉公司的管理层也不敢让这个公司的员工远程办公。

510 某省的两个城市中，甲城市的居民习惯饮用烧开的自来水，而乙城市的居民习惯饮用纯净水。结果，乙城市的居民更容易出现一些缺乏微量元素而导致的疾病，例如骨质疏松等。这说明，乙城市的居民缺乏微量元素的原因是他们习惯饮用纯净水。

以下哪项如果为真，最能支持上述论证?

A. 统计表明，甲城市和乙城市的居民数量基本一样，都是 300 万人。

B. 纯净水生产厂家为了降低成本，会在生产纯净水时将水中的杂质和微量元素一并去除。

C. 自来水中含有大量的微量元素，即便烧开饮用，这些微量元素也不会被破坏。

D. 补充微量元素的保健品在乙城市销售的火爆程度一直都比甲城市高。

E. 虽然人每天需要的微量元素并不多，但缺乏微量元素的后果依然非常严重。

511 血脑屏障这种结构可以使脑组织少受甚至不受循环血液中有害物质的损害，从而保持脑组织内环境的基本稳定。对于脑部疾病的治疗来说，穿过血脑屏障把药物作用于发生病变的部位是治疗中最重要的环节。国外某医学期刊近期发表了一篇关于“穿透血脑屏障”的文章，某研究团队发现了多种具有不同穿透能力的病毒载体，这些载体可以穿透血脑屏障，可以直接将药物送至靶向给药的细胞或组织。成教授看到这则医学文章就认为，这对于脑部疾病的治疗将会有很大的进步。

以下哪项如果为真，最能支持成教授的观点。

A. 脑毛细血管的内皮细胞膜是以类脂为基架的双分子层的膜结构，具有亲脂性。苯巴比妥这类亲脂性的物质很容易通过这类亲脂性的细胞膜。

B. 目前发现的多种病毒载体也有着各自的特点，它们从血液进入大脑的路径不会完全一样。

C. 该研究团队还发现一种碳酸酐酶 IV（CA-IV）可以帮助数种病毒更轻易地通过血脑屏障，并且这一蛋白在人类和很多物种的血脑屏障中天然存在。

D. 经过临床验证，拿病毒载体作为输送药物的手段是特异性结合，它能直接作用于特定的靶向位置，不会对正常的脑部细胞造成损伤。

E. 这类病毒载体的培养环境是极为严格的，必须在恒温条件下培养。

512 随着技术进步，研究发现 CRISPR-Cas9 基因编辑具有永久破坏肿瘤存活基因的潜力。基因组编辑技术是一种可以在基因组水平上对 DNA 序列进行改造的遗传操作技术，S 团队利用 CRISPR 技术对 2 名患有难治性晚期骨髓瘤和 1 名患有难治性转移性肉瘤进行临床试验，在接受了传统的手术、放疗和化疗后，癌细胞依旧扩散了。之后这 3 名患者选择注入 CRISPR 基因编辑后工程化的 T 细胞，经过一段时间的观察，其癌细胞的扩散有所抑制并且被修饰的 T 细胞在体内存在长达半年以上。由此可见，传统癌症治疗的困境将有所突破，CRISPR 技术能提高癌症治疗效果，为癌症治疗开辟了新途径。

以下哪项如果为真，最能支持上述结论？

A. 用 CRISPR-LNP 对小鼠进行一次脑内注射治疗，其生存时间从 32.5 天增加到超过 48 天，相当于平均寿命增加一倍，抑制肿瘤生长 50%，提高生存率 30%。

B. CRISPR 基因编辑工具是靶向融合基因的首选方法，它可以在不影响健康细胞的前提下破坏癌细胞。

C. CRISPR 系统很容易进入血液中，它是对患者 T 细胞进行编辑，然后将工程化的 T 细胞移植回患者血液中，让它们能够更好地识别和攻击癌细胞。

D. CRISPR-Cas 基因编辑技术是通过编程靶向基因组的特定序列，在含有融合基因的癌细胞中诱导细胞死亡，以抑制肿瘤细胞生长。

E. 进行临床三期的人体试验后，CRISPR 基因编辑修饰的 T 细胞可持续在体内长达 9 个月，该技术得到了生物学领域各学者的肯定。

513 在碎片化资讯获取的需求下，移动互联网的普及提供了技术支持，再加上资本的涌入，短视频行业全面爆发。在今天这样一个轻量化的内容营销时代，随着富媒体化的逐步流行，企业广告逐步从单一静态向动态转变，短视频旺盛的生命力给传统企业带来了一条营销新路径。短视频可以灵活传达品牌形象及产品效果，并且可以极大调动用户的兴趣。因此，企业广告用短视频方式呈现，更能吸引用户的目光，增加企业的收入。

以下哪项如果为真，最能支持上述结论？

A. 如果针对特定用户群进行个性化宣传，那么销售机会可以增加 25%。

B. 过去没有拍摄短视频广告，很多企业也成功了。

C. 20 世纪 70 年代出生的人习惯于静态的广告海报，不喜欢花里胡哨的东西。

D. 利用短视频发送企业广告，比张贴静态海报给企业带来的收入多 6 倍。

E. 合理运用短视频能够为企业增添好感度，而过度的使用则会使消费者反感。

514 城市通常会明确规定，公交车司机在每次行驶前都要进行车辆检查。许多公交车司机都抱怨这项规定耽误了他们的时间，而且，公交车公司每个月都会安排专业的维修人员对公交车进行检查，排除故障和潜在的危险。然而，交警对此持有不同的观点，他们认为，为了保证行驶安全，公交车司机必须执行该规定。

以下哪项如果为真，最能支持交警的观点？

A. 不是每一个专业的维修人员都能保证检查时发现公交车所有的问题和故障。

B. 公交车司机在行驶前对车辆进行检查可以有效地排除故障和潜在的危险。

C. 许多公交车在两次专业维修人员的检查期间会发生各种故障，甚至一度因此发生车祸。

D. 对公交车的例行检查固然重要，但是司机在行驶的过程中也一定要注意严格遵守各项交规。

E. 公交车司机的工作压力已经很大了，如果还要让他们对车辆进行检查，反而可能影响驾驶安全。

515 近年来，“高分低能”的现象越来越明显，许多擅长考试的人对社会的理解力极弱，甚至被人戏称为“生活中的白痴”。但近年来的研究表明，定期阅读，特别是定期阅读人文类或历史类的书籍，可以有效提高学生对社会的理解力。有专家据此认为，应当让学生定期阅读，例如，在课程中加入更多的阅读时间或开设专门的阅读课等。

以下哪项如果为真，最能支持上述专家的观点？

A. 阅读时间会极大地影响阅读的深度，而阅读的深度将会影响定期阅读的效果。

B. 定期阅读可以有效地提高学生对各类知识的认知能力，从而提高学生对社会的理解力。

C. 某学校尝试开展定期阅读，结果发现，那些参与定期阅读的学生接触和理解社会的意愿比没有参与定期阅读的学生强。

D. 定期阅读也并不是万能钥匙，理工科的学习更需要的是大量的听课、刷题和总结。

E. 对于部分学生，强制增加他们定期阅读的时间反而会让他们压力更大，对学习产生反感。

516 一项长达十年的实验显示，许多学校为了提高学生的学习成绩，大量削减了音乐课、体育课这些所谓的“副课”在课程中的比重。然而，那些音乐课程数量更多的学校学生的学习成绩反而更好。这说明，音乐教育其实可以提高学生的学习成绩。有专家据此建议，学校应该在课程中增加音乐教育的比重，例如，提高音乐课在课程中的比重。

以下哪项如果为真，最能支持上述论证？

A. 音乐教育可以提高学生的注意力以及记忆力，而这两种能力对学习来说是至关重要的。

B. 学生在上音乐课时可以有效缓解学习疲劳，这反而可以让他们的学习更好。

C. 另一项实验表明，相比于所谓的主课，学生对副课的兴趣更大，上课时也更加活跃。

D. 许多决策的初心是好的，但是在实践的过程中可能会起到反作用，学校减少副课的比重就是典型的例子。

E. 学生的学习成绩固然会受到课程体系的影响，但是学生自己的学习习惯和进取心才是决定性因素。

517 人们普遍认为，欧米伽 - 3 脂肪酸可以有效地降低心脏病的发病率。这就是为什么一直推荐人们多吃富含欧米伽 - 3 脂肪酸的食物。而最近一项实验发现，坚果中含有大量的微量元素镁。专家也建议，为了预防心脏病，人们应当多吃坚果。

以下哪项如果为真，最能支持上述专家的观点？

A. 实验证明，每天只需要吃一把坚果，就足以满足人体对欧米伽 - 3 脂肪酸的需求。

B. 坚果中含有大量的营养元素，这些营养元素对人的健康有着奇特的作用。

C. 微量元素镁可以有效地放松心肌细胞，从而有效地降低中风和心脏病的发病率。

D. 坚果中的镁元素是以化合物的形态存在的，相对来讲比较稳定，不易变性。

E. 许多人认为健康的奥义在于运动，但实际上，人的饮食对健康的影响远比运动对健康的影响大。

518 许多工厂都会根据市场的需求、行业的发展而改变自己的生产模式。当然，无论工厂做什么，其背后的目的都只有一个，那就是降本增效。某工厂近年为了满足市场需求，一直在让员工加班加点提高产能。但由于员工的加班费较为高昂，该工厂的利润并没有增加。因此，该工厂计划引入一条新的全自动生产线，在保证产能不变的基础上，提高利润。

以下哪项如果为真，最能支持上述工厂的计划？

A. 该全自动生产线的技术已经非常成熟，从安装到最终投入生产，总共只需要 1 个月。

B. 该全自动生产线还有很大的优化空间，只要该工厂愿意花费资金，还可以进一步提高产能。

C. 自动化生产是大势所趋，虽然它的成本较高，但是它的稳定性和可靠性都远超人工。

D. 引入全自动生产线的成本要远低于员工的加班费，甚至比员工的正常工资和加班费的总和还低。

E. 若该全自动生产线可以提高产能，那么就可以提高利润。

519 电子游戏刚兴起时，许多人将其视为洪水猛兽。他们认为，游戏只能使人玩物丧志，百利而无一害。但是，某专家在研究游戏对人的影响时却发现，经常玩棋类游戏的人在解决复杂问题时所使用的时间反而比不玩游戏的人更短。进一步研究发现，经常玩棋类游戏可以提高人们的逻辑思维能力和策略规划能力。因此，该专家建议，人们应当多玩棋类游戏。

以下哪项如果为真，最能支持上述论证？

A. 经常玩棋类游戏可以显著提高人的神经的活跃程度以及不同神经之间的协作能力，而这二者对人的逻辑思维能力与策略规划能力至关重要。

B. 一项调查显示，喜欢玩棋类游戏的人比喜欢玩设计类游戏的人思维更加缜密，在遇到问题时也更加镇定自若。

C. 即便棋类游戏对人没有任何好处，但是这类游戏不具备任何暴力元素，因此，最起码可以保证对人没有多大的坏处。

D. 人在解决复杂问题时所使用的时间长短能很好地反映出一个人综合能力的强弱，因此，脑科学领域经常用该指标评价人的综合智力水平的高低。

E. 那些所谓因为游戏而玩物丧志的人实际上是他们本身在现实生活中无法获得成就感，才会选择一头扎进虚拟世界不愿意醒来。

520 在一项跨越五年的研究中，研究者观察了一组人群的生活习惯和他们的心理健康状况。他们发现，那些每天坚持跑步的人在日常生活中感到的压力和焦虑的程度明显低于那些不常跑步的人。因此，研究者得出结论，跑步可以有效地帮助人们减轻压力和焦虑。

以下哪项如果为真，最能支持上述研究者的观点？

A. 跑步的人通常比不跑步的人有更健康的生活习惯，如均衡的饮食和充足的睡眠。

B. 许多跑步的人声称，跑步是他们体验过的最好的减压方式。

C. 那些每天跑步的人中，有些人压力和焦虑大大减轻了，抑郁症状都好了不少。

D. 跑步的人和不跑步的人都面临着同样的生活和工作的压力。

E. 那些每天跑步的人中，有一部分人在跑步后会感到身体疲劳，但他们仍然觉得压力和焦虑减轻了。

521 许多长期坐着办公、学习的人总是担心长期坐着会对健康造成不利影响。一项研究显示，每天坐着的时间超过 8 小时的人，他们的健康水平不如那些每天坐着的时间不超过 4 小时的人。研究人员据此认为，减少坐着的时间可以有效提高人的健康水平。

以下哪项如果为真，最能支持上述研究人员的观点？

A. 每天坐着的时间超过 8 小时的人，他们还有许多其他不良的生活习惯，例如，大量喝咖啡、熬夜等。

B. 该研究还显示，即便是每天坐 6 个小时左右的人，他们的健康水平也比那些每天坐着的时间不超过 4 小时的人更差。

C. 许多人表示长期久坐以后，他们的颈椎、腰椎都出现了骨质增生、钙化等问题。

D. 上述研究人员是医疗健康领域的专家。

E. 上述研究覆盖了接近 1 万人。

522 由于地质活动，任何古代文明的历史记录都不可能完整保存下来。但是，考古学家可以对比研究同一时期不同文明以及不同时期同一文明的遗址和遗物，进而梳理出同一个文明的演化历史。古生物学家据此获得了灵感，他们认为通过研究不同时期同一个生物的化石，可以重现这个物种的演化历史。

以下哪项如果为真，最能支持古生物学家的灵感？

A. 随着技术的进步，考古学家有可能可以挖掘出同一生物不同时期的化石。

B. 相比较于人类已经研究清楚的古生物，更多的古生物还有待人类研究。

C. 考古学家仅通过对比研究同一时期不同文明的遗址和遗物不一定可以梳理清楚文明的演化历史。

D. 许多人总认为不同领域的研究方法是不一样的。但实际上，虽然不同领域的研究对象不同，但研究这些对象的方法其实是类似的。

E. 古生物学家研究古生物的首要任务就是研究清楚古生物的演化历史。

523 通常情况下，乐观的人往往会获得更好的机会。某心理学家为了研究乐观对职业发展的影响，从2005年开始，这位心理学家领导的研究团队对2 000名大学新生进行了心理和能力测试，并记录了他们的生活情况。研究中，五名研究助手对同一年级的学生进行了乐观程度评估，结果发现，越乐观的人职业生涯的发展就越顺利。因此，该心理学家认为，乐观有助于职业发展。

以下哪项如果为真，最能支持上述心理学家的观点？

A. 上述五名研究助手也都是心理学领域的专家。

B. 职业发展的好坏受到多种因素影响，其中最重要的因素就是机会的好坏。

C. 一般情况下，同一年级的学生的学习能力不会有太大的区别。

D. 看起来乐观的人一般都具有积极的人生态度，这让他们在面对挫折时抗压能力更强。

E. 如果一个人从小面对许多挫折，那么他长大成人后就很难拥有乐观的人生态度。

524 由于不同地区的教育资源差异巨大，教育公平一直是一个社会难题。但是人工智能的发展给这一问题带来了契机。在教育中应用人工智能技术可以以极低的成本实现“千人千面”的个性化教育。有专家据此认为，随着这项技术的发展，未来的教育将会变得更加公平。

以下哪项如果为真，最能支持上述专家的观点？

A. 有些地区正是因为经济困难才无法给学生提供优质的教育资源。

B. 许多贫困地区的教师认为，人工智能可以极大地帮助他们提高教学能力。

C. 人工智能最大的优势在于能够让教育欠发达的地区也可以拥有优质的教育资源。

D. 许多教师无法在教学中顺畅地使用人工智能，这让他们对该技术有抵触心理。

E. 许多学生对学习不感兴趣的主要原因就是他们认为课堂上所学的内容较为死板，无法满足他们个性化的需求。

525 在过去的十年里，为了响应国家“大力推广绿色出行”的号召，某市政府出台了一项绿色出行的政策，每个月对使用公共交通和自行车等方式出行的人提供一定量的税收减免，而对使用私家车出行的人不提供任何税收减免。这一政策果然获得了成功。因为 2022 年的数据显示，该市的公共交通乘客数量和自行车使用者数量都比十年前有了大幅度的增长。

以下哪项如果为真，最能支持上述论证？

A. 乘公共交通和使用自行车出行能在很大程度上减少空气污染。

B. 该市居民普遍认可绿色出行的理念，他们表示愿意配合政府的决定。

C. 该市绿色出行政策受到了专家的好评，并且被当作典型案例在各大城市宣传推广。

D. 该市一些私家车车主为了享受税收减免政策，开始乘公共交通或使用自行车出行。

E. 一个城市的公共交通和自行车的使用者数量越多，就说明该城市绿色出行的政策越成功。

526 阅读是阅读者从书面语言中获取信息，进行加工编码，获得知识意义的活动过程。研究发现，不同的读者在阅读时会对阅读材料进行不同的加工编码：一种是浏览，从文章中收集观点和信息，使知识作为独立的单元输入大脑，称为线性策略；一种是做笔记，在阅读时会构建一个层次清晰的架构，就像用信息积木搭建了一个“金字塔”，称为结构策略。由此可知，与单纯的浏览相比，做笔记能够取得更优的阅读效果。

以下哪项如果为真，最能支持上述论证？

A. 读书要有目标，带着主动意识去阅读往往会更加专注，更能集中精力，容易有所收获。

B. 书的重要内容只占整本书的 20%，这 20% 中最重要的仅有 4%。也就是说一本 200 页的书，只有 8 页是最核心的。

C. 思维导图式的笔记可以将我们头脑正在思考的内容以可视化的图形呈现出来。

D. 精读有利于加深对文章内容及实质的理解，是形成学习者知识系统的基础。

E. 阅读效果的好坏取决于是否可以总结出层次清晰的架构。

527 在音乐领域，任何乐队的成功往往依赖于其主唱的表现。和很多人的想象不同的是，乐队在选择主唱时其实看的不是谁的唱功更强，而是谁的乐器演奏水平最差。近年“星辉”乐队的成员小李炙手可热，许多疯狂的粉丝不惜节衣缩食，也要购买、收集小李的明信片、海报、个人品牌的衣服。某音乐评论家据此得出结论，小李是“星辉”乐队的主唱。

以下哪项如果为真，最能支持上述专家的论点？

A. 乐队中最炙手可热的成员往往就是这个乐队的灵魂人物。

B. 许多明星在声名鹊起时就会注册个人品牌，他们总是试图通过这样的品牌给粉丝传递自己对人生、艺术的理解。

C. 除了小李，“星辉”乐队的每个成员都是乐器演奏大师。

D. 若某人是乐队的主唱，那么就会有疯狂的粉丝节衣缩食去购买、收集他的各种明信片、海报。

E. 小李的粉丝表示，如果不是小李，他们根本不会去听“星辉”乐队的表演。

528 “糖尿病危机”是指人们过度依赖高糖食品，运动不足、生活压力大等导致的糖尿病发病率上升。近些年，这种现象已经成为公共健康专家关注的一个重要问题。这位专家在列出一系列统计数据后，提出了“今日人们为什么越来越容易患上糖尿病”的疑问，这无疑加剧了无数人的焦虑。该专家通过分析指出，恰恰是现代生活方式和饮食习惯导致了“糖尿病危机”现象。

以下哪项如果为真，最能支持上述专家的观点？

A. 现代人的生活节奏快，压力大，导致他们更依赖高糖食品来获取能量。

B. 现在的人更加了解健康方面的知识，这让他们更加注意饮食健康。

C. 随着医疗技术的进步，糖尿病患者的生活质量和健康水平越来越高了。

D. 现代社会，各国政府一直大力宣传健康的生活方式和饮食习惯。

E. “糖尿病”本身并不致死，但是许多患者会因为糖尿病而患有各种并发症，严重时可能会导致死亡。

529 和过去不同，如今人们的主要娱乐方式是使用手机、平板、电脑等设备。许多人早已习惯于每天捧着手机等智能设备刷抖音、看小红书。实验证明，长时间观看电子设备，眼睛会受到蓝光的刺激。有专家据此认为，这是近视率上升的重要因素。

以下哪项如果为真，最能支持上述论证？

A. 长时间观看电子设备，人的眼睛得不到充分的休息，视觉疲劳无法得到有效缓解。

B. 蓝光中的短波会损伤人眼底的黄斑区，导致黄斑区产生大量的自由基，从而导致视力损伤，出现近视等问题。

C. 如果能在使用电子设备时注意补充叶黄素、多看绿色植物，就可以有效地保护眼睛。

D. 近年来，近视率的上升趋势极其明显，许多小学生在小学一、二年级就开始戴眼镜了。

E. 近年来，人们使用电子设备的时间越来越长，并且这一趋势在短期内无法逆转。

530 许多人为了减肥习惯性不吃早餐，但是他们忽略了早餐对体重的影响。营养学早就证明，鸡蛋和红薯的早餐组合能够提供足够的蛋白质和纤维素。专家据此认为，早餐时选择这种组合能够对减肥起到辅助作用。

以下哪项如果为真，最能支持上述专家的观点？

A. 摄入足够的蛋白质和纤维素可以有效预防因缺乏这两种营养素而产生的疾病。

B. 不仅食物的选择会影响人的体重，实际上，人的体重也会影响人对食物的选择。

C. 实验证明，相同重量的鸡蛋和红薯中的蛋白质与纤维素的含量远高于其他食物。

D. 摄入足够的蛋白质和纤维素可以有效提高饱腹感，从而延缓饥饿感的到来，减少对食物，尤其是高热量食物的摄入。

E. 纤维素是一种容易被人忽略的营养素，虽然它无法被人直接吸收，但是可以有效改善人的消化水平。

531 长期以来，空气污染是否会导致呼吸道疾病一直是一个饱受争议的话题。有人认为空气污染会直接导致呼吸道疾病，也有人认为人的呼吸道可以适应空气污染。最新的实验表明，空气污染会导致人的呼吸道黏膜衰退。因此，专家认为，若人在受污染的空气中生活，将会患上各种各样的呼吸道疾病。

以下哪项如果为真，最能支持上述专家的观点？

A. 调查表明，生活在空气污染严重的城市中的居民呼吸道黏膜的衰退程度比生活在空气质量优异的城市中的居民更加严重。

B. 呼吸道黏膜衰退会使得空气污染直接刺激人脆弱的呼吸道表皮细胞，进而导致人患上各种各样的呼吸道疾病。

C. 认为呼吸道可以适应空气污染的人其实都是各个工厂的代言人，这些工厂一直因为污染严重而饱受批评。

D. 呼吸道疾病多半是慢性疾病，这类疾病虽然不会直接致死，但是也会严重影响人的正常生活。

E. 人对环境的适应能力是有限的，一旦超过了这个限度，人就会因为无法适应环境而生病，严重时甚至会死亡。

532 某城市在高速发展的过程中，一直忽视了对空气污染的治理。而这几年，该城市已经开始饱受空气污染带来的恶果。经过市政府反复商讨，最终推出了“环保出行计划”，鼓励市民出行时优先选择公共交通而不是私家车。一年以后的统计数据显示，该城市的空气质量有了明显改善。政府官员据此得出结论，该计划已经有效地改善了该市的空气质量。

以下哪项如果为真，最能支持政府官员的观点？

A. 与该市毗邻的另一个城市，通过实施类似的“环保出行计划”有效地改善了空气质量。

B. 该市的空气质量改善以后，居民的生活幸福指数也得到了提高，这让居民更加支持“环保出行计划”。

C. 交通工具的尾气一直是空气污染的主要源头，而公共交通的尾气排放要比私家车的尾气排放少得多。

D. 实施该计划后，许多公共交通的乘客原本是私家车车主。

E. 实施“环保出行计划”虽然会在一定程度上降低居民出行的舒适度，但是对经济发展不会造成什么影响。

533 某国教育部门的一项统计表明，在 2022 年填报高考志愿的考生中，有 70% 选择理科的考生高考数学超过了 120 分。这说明，数学学得越好的人越可能选择理科。

以下哪项如果为真，最能支持上述论证？

A. 教育研究已经证明，能否学好数学不仅和天赋有关，更与后天的努力有关。

B. 该国 2022 年的高考数学难度较大，有 70% 的考生数学成绩不到 120 分。

C. 数学是一切学科的基础，无论选择什么专业，从事什么工作，都需要学好数学。

D. 许多人认为文科的学习难度不如理科，实则不然。

E. 该国 2022 年的高考数学难度较大，仅有 68% 的考生数学成绩高于 120 分。

534 人类进入太空的旅程让我们充满了惊奇，但宇航员在太空旅行是要付出巨大代价的，而且充满了危险。张教授由此认为，机器人越来越有能力，应该派遣机器人到月球和火星。

以下哪项如果为真，无法支持张教授的观点？

A. 机器人进入太空的技术已经比较成熟，可以满足太空探索的需求。

B. 如果要宇航员进入太空，就需要一个装备精良的住处，而机器人可以代替宇航员长期留在工作现场。

C. 机器人不是活体生物，不会比人类宇航员带更多的微生物进入其他星球。

D. 宇航员的太空旅程需要空气、水、食物、生活空间和对有害辐射的保护，而机器人则不需要考虑上述问题。

E. 会有一些追求刺激的人和冒险家愿意接受太空旅程的风险，甚至出资赞助太空旅行。

535 近年来，随着农业生产的现代化，有机磷农药如氧化乐果的使用量大幅增加，尽管这些农药在防治害虫方面发挥了重要作用，但其对环境和生态系统的潜在影响也引起了广泛关注。科学研究表明，氧化乐果对斑马鱼具有明显的毒性作用，能够影响其生理和生化指标。不仅如此，斑马鱼还对氧化乐果有较强的生物富集能力。有科学家据此建议，可以用斑马鱼来评估氧化乐果对水环境的污染程度。

以下哪项如果为真，最能支持上述科学家所提出的建议？

A. 氧化乐果会显著降低斑马鱼的乙酰胆碱酯酶的活性，影响神经传导功能。

B. 斑马鱼对氧化乐果的生物富集系数（BCF）在 1.54 至 5.8 之间，属于低富集农药。

C. 任何生命都会或多或少地摄入一些有毒物质，但是在进化的过程中，许多生物都具备一定程度的解毒能力。

D. 实验证明，斑马鱼的生理指标对有毒物质的敏感程度比大鼠更强。

E. 斑马鱼作为一种研究水中毒性的模型生物，其对有毒物质的敏感性可能与自然水体中的其他物种有所不同。

536 在新型冠状病毒肺炎（COVID-19）大流行期间，全球约三分之一的人口被要求留在家中，这场前所未有的社会隔离和生活方式的改变对许多人的心理健康构成了挑战。调查表明，尽管研究表明大约三分之二的人能够表现出心理弹性，成功应对这种潜在的创伤事件，但也有约三分之一的人遭受了严重的心理困扰。某专家据此指出，必须尽快建立心理健康支持系统，来应对类似的全球性公共卫生危机。

以下哪项如果为真，最能支持上述专家的观点？

A. 那些看似表现出心理弹性的人也不一定彻底摆脱了心理阴影，在未来的某一天他们也可能受到心理问题的困扰。

B. 心理健康热线在疫情期间接到的求助电话数量激增，这显示出公众对心理健康支持的迫切需求。

C. 大多数人在疫情期间通过增加体育锻炼来调整自己的心理状态，成功地应对了这次心理危机。

D. COVID-19 的爆发给全球各国的公共卫生系统敲响了警钟，在将来极有可能再次爆发类似的全球性公共卫生危机。

E. 疫情期间，许多专家建议人们通过虚拟社交活动来保持心理健康，但实际上，这些社交对人们的心理健康没有任何帮助。

537 自2008年全球金融危机以来，我国的居民消费水平出现了持续增长的态势。据统计，每年我国居民消费水平的名义增长率为1.8%左右，这反映了我国居民消费心态的转变。一般观点认为，这种转变主要是源于收入的提高。但某专家认为，我国居民消费水平的增长主要得益于城镇化率的明显提升。

以下哪项如果为真，最能支持上述专家的观点？

A. 城镇化会改变居民的观点，推动居民的消费观从基本生存型向享受型转变。

B. 一项针对浙江省某市的调查表明，随着该市城镇化率的提高，该市居民的消费水平出现了明显的增长。

C. 城镇化率的提高会带来产业升级，从而提高居民的收入水平。

D. 居民消费倾向主要取决于消费观念和个人偏好，和社会变化等因素无关。

E. 调查显示，近十来年，我国农村地区的消费水平也在不断地增长。

538 在实施乡村振兴战略的过程中，中央一号文件强调了资本下乡的重要性，旨在通过资本的投入促进农业现代化、加快乡村发展，提高农民生活水平。然而，资本下乡并非没有风险，近期的调查发现一些地方出现了资本“跑路”、涉农项目烂尾等问题，导致土地流转出现纠纷，农民利益受损。因此，为了确保资本下乡真正为乡村振兴服务，必须通过政策的引导和监督，确保资本的投入能够真正利于农村的可持续发展。

以下哪项如果为真，最能支持上述论证？

A. 有了政策的引导和监督，就可以避免下乡资本给农民带来的风险，从而确保资本下乡真正为乡村振兴服务。

B. 如果资本下乡仅仅依靠市场机制自由运作，而没有相应的政策引导和监管，则容易导致资本追求短期利润，忽视乡村的长期发展和农民的根本利益。

C. 如果农民能够参与资本下乡项目，直接获得技术支持和资金投入，提高农业生产效率和产品质量，从而显著增加收入，这直接反映了资本下乡对乡村振兴的积极贡献。

D. 任何投资都会有风险，关键问题在于风险和收益的平衡，在于能否将风险尽可能地控制在可接受的范围之内。

E. 引入创新农产品价格保险等风险防范机制，可以有效降低资本下乡带来的市场波动风险，保护农民免受市场价格波动带来的损失。

539 近期，国务院常务会议强调要进一步健全完善资本市场基础制度，提升上市公司质量和投资价值。紧接着，中国人民银行宣布下调存款准备金率0.5个百分点，向市场提供长期流动性约1万亿元。随后，在资本市场上，核电板块在A股市场上掀起了新一轮的上涨行情。对此，某专家认为，核电板块的上涨与国家宏观政策和货币政策的支持密切相关。

以下哪项如果为真，最能支持上述专家的观点？

A. 核电作为清洁能源的重要组成部分，其发展受到全球能源转型趋势的推动。

B. 近期核电技术取得了重大突破，有望在降低 30% 的运营成本的前提下将发电量提高 45%。

C. 中国人民银行下调存款准备金率释放的长期流动性，为资本市场提供了更多投资资金，增强了投资者对核电板块的信心。

D. 国家能源局发布的数据显示，全国核电发电设备利用时数增加，核电产业的产能在稳定增长。

E. 某投资顾问表示，国务院常务会议和中国人民银行的政策出台，直接影响了投资者对核电及其他新能源板块的预期，促进了股价上涨。

540 随着“专精特新”政策的实施，中小科技企业得到了前所未有的关注和支持，在业务扩展和市场需求增加的背景下，这些企业也出现了资金需求增加的问题。某专家据此指出，该问题的出现主要是因为中小科技企业在快速发展的过程中对市场占有率的追求。

以下哪项如果为真，最能支持上述专家的观点？

A. 许多“专精特新”企业为了应对资金市场的不确定性，决定提高融资额，以确保有足够的“余粮”应对可能的市场波动。

B. 随着企业对资金的需求增加，地方政府和投资机构开始抢夺这些优质企业，提供更优惠的投资条件。

C.“专精特新”政策实施后，一批企业成功上市，增加了企业的市场空间，但也使得这些企业更加关注长期发展而非短期利益。

D. 许多“专精特新”企业为了获得更大的市场空间，开始寻求国家队大基金、大型国有集团或上市公司等“链主企业”的产业资金支持。

E. 随着“专精特新”企业的增多，市场竞争加剧，部分企业开始体验到了市场需求不足而导致的残酷竞争。

541 药明康德在业内流传的美国《生物安全法案》草案版本中被提及。对此，该公司澄清称，《生物安全法案》尚未生效颁布，未形成最终版本，并且公司业务发展不会对任何国家的安全构成风险。尽管如此，药明康德及相关 CRO 板块公司在美股市场的股价仍然出现了大幅下跌。对此，该公司坚持认为，股价下跌是因为市场对《生物安全法案》草案内容的过度反应。

以下哪项如果为真，最能支持该公司的观点？

A. 药明康德近期发布的财务报告显示，公司业务发展稳健，且收入和利润均有所增长。

B. 药明康德及相关 CRO 板块公司在美股市场的股价下跌幅度高达 8%，远超美国本土的生物企业。

C. 在《生物安全法案》草案提及药明康德之前，公司的股价就已经出现了下跌的趋势。

D. 许多医药公司先前被列入美国“未核实清单”，但随后已从该清单中移除。

E. 药明康德在国内的主要竞争对手也出现了股价大幅度下跌的情况。

542 和辉光电是一家主要专注于高解析度 AMOLED 半导体显示面板的研发、生产和销售的高科技公司。自 2017 年以来，由于严峻的行业形势和市场需求低迷，该公司一直处于亏损状态。对此，该公司某高管认为，为了尽快扭亏为盈，应该调整公司的战略方向，例如，调整销售策略、加大市场开拓力度、丰富和优化产品结构、持续改进生产工艺。

以下哪项如果为真，最能支持上述高管的观点？

A. 另一家和和辉光电情况接近的公司，在调整战略方向后，大幅度提高了公司的生产效率和销售效率，并且在今年第四季度成功大幅赢利。

B. 另一家 AMOLED 行业的高科技公司在面临亏损时，通过对市场进行调研，转型做 Mini-LED 面板，成功扭亏为盈。

C. 丰富和优化产品结构虽然能满足更多客户需求，但高投入的研发费用可能加剧短期内的财务压力。

D. 虽然和辉光电长期处于亏损状态，但是其账户上依然有足够的资金，短期内不会因为资金链断裂而破产。

E. 技术的发展一日千里，调整发展战略对于高科技公司而言是常态，也是提升企业内部管理的有效手段。

543 近年来，全国多地房地产市场面临前所未有的挑战。随着经济增长放缓、人口红利消失以及政府对房地产市场的严格调控，广州市房地产市场出现了成交量下滑、房价波动以及开发商资金链紧张等一系列问题。为了解决这一问题，广州市政府调整了限购政策。对此，某房地产专家认为，广州市政府的这一措施可以有效稳定市场供给，从而释放中高收入群体的改善型需求。

以下哪项如果为真，最能支持该专家的观点？

A. 广州市调整限购政策可能会导致高端住宅以及别墅的价格出现不同程度的上涨，但是对于刚需群体不会有太大影响。

B. 广州市中心区域大户型新房去化难度显著增加，即便部分开发商降价促销，市场交易情况依然疲软。

C. 由于市场风向发生变化，房企不再开发针对中高收入群体的高端住宅，转而集中精力开发小面积的精品户型。

D. 广州市政府调整限购范围，减少限购区域内大户型购房限制条件后，中心区大户型新房的成交量显著增加。

E. 广州市的房地产开发商反映，他们面临严重的融资困难问题，这导致他们无力开发新楼盘。

544 2023 年，中国咖啡行业经历了新一轮的热潮，随着品牌咖啡店数量的激增和低价竞争的加剧，市场竞争变得异常激烈。一些咖啡品牌开始通过联名合作和价格战来吸引消费者，以期在竞争中脱颖而出。对此，某专家认为，持续的低价策略和频繁的联名合作虽然短期内能吸引消费者的注意力，但长期来看，提升咖啡品质才是促进咖啡行业健康发展的根本之道。

以下哪项如果为真，最能支持上述专家的观点？

A. 一项针对大型连锁咖啡品牌的调查显示，虽然低价策略初期能够增加销量，但长期来看并没有提升品牌忠诚度。

B. 一次行业会议上，多位咖啡品牌代表共同认为，联名合作短期内提高了品牌曝光度，但对于提升品牌销售额的作用有限。

C. 许多独立咖啡馆虽然没有做低价促销和联名活动，但是由于其咖啡品质绝佳，最终还是能在消费者的心里占据一席之地。

D. 许多消费者经常因为低价促销和联名活动而对某品牌咖啡产生好情绪，但最终还是会因为对咖啡的品质不满而转投其他品牌的怀抱。

E. 市场调研数据显示，尽管低价咖啡和联名产品短期内吸引了较多消费者，但大部分消费者的复购率是极低的。

545 2023年，生成式人工智能技术的爆发性增长引起了全球的广泛关注。中国和美国作为全球领先的两大技术创新国家，在大模型的开发和应用上占据了重要地位。然而，印度作为一个拥有庞大人口和高科技人才的国家，政府和企业家都积极加大对该领域的投入。因此，印度可以在人工智能领域取得重大突破。

以下哪项如果为真，最能支持上述论证？

A. 尽管印度在传统制造业和高新技术产业发展中遇到挑战，但在软件和服务外包领域具有明显的全球竞争优势。

B. 印度的教育系统成功培养了大量的工程师和技术人才，他们在全球IT和技术服务行业中发挥着关键作用。

C. 印度政府宣布了一项新的财政刺激计划，专门针对支持本土人工智能创新和技术研发的企业和研究机构。

D. 印度人工智能创新企业成功开发了一种新型大语言模型，该模型在多项国际评测中超越了现有的领先技术。

E. 调查发现，全球资本对印度人工智能创业公司的兴趣显著增加，特别是在生成式人工智能技术的研发和应用项目上。

546 在美联储持续加息和部分地区不稳定局势的压力下，全球经济发展似乎陷入了停滞，股市也面临重重压力。为了应对这一趋势，香港金融管理局开展多元化的全球资产配置策略。对此，某专家认为，香港金融管理局能带领香港成功应对股市波动，保证居民的收入不受全球经济低迷的影响。

以下哪项如果为真，最能支持上述专家的观点？

A. 在过去十年中，那些采用全球资产多元配置策略的投资基金，相较于那些集中投资于单一市场或资产类别的基金，展现出了更稳定和更高的长期收益率。

B. 尽管港股表现不佳，恒生指数一度跌破 15 000 点大关，但香港金融管理局的多元化全球资产配置策略成功地实现了逆势大赚，为香港常住人口每人赚得 3 万港元。

C. 多位资深投资者表示，他们是通过全球资产多元配置在 2023 年美联储加息周期中成功规避风险并获取收益的。

D. 一家国际投资银行发布的年度投资展望报告预测，考虑到全球经济和政治环境的不确定性，全球资产多元配置将成为投资者最青睐的策略之一。

E. 尽管全球股市在 2023 年展现出强劲的反弹，但那些未采取全球资产多元配置策略的投资组合，其波动性依然非常明显。

547 迈瑞医疗是国产医疗器械行业的龙头企业，其宣布计划收购科创板上市医疗器械公司惠泰医疗，以此实现对后者的控制权。此次收购能完善迈瑞医疗在心血管医疗设备领域的产品线。据此，某行业分析师认为，迈瑞医疗未来在心血管医疗设备领域的市场份额和盈利能力预计将显著增长。

以下哪项如果为真，最能支持上述分析师的观点？

A. 受新冠疫情的影响，心血管疾病的全球发病率持续增加，导致对心血管医疗设备的需求大幅上升。

B. 迈瑞医疗此次收购旨在扩大其在心血管医疗设备领域的产品线和市场份额。

C. 由于产品线并不完善，迈瑞医疗在心血管医疗设备领域的市场份额和盈利能力长期处于较低的水平。

D. 此次收购后，迈瑞医疗未能有效整合惠泰医疗的资源和技术，导致产品创新和市场扩张速度低于预期。

E. 迈瑞医疗在全球市场的销售网络已覆盖北美洲、欧洲、亚洲等多个地区，具备强大的国际营销能力。

专题六　假设题

题型 01　假设的基本思路

海绵 MBA App 扫码对答案
查看解析和视频讲解

题型特征	（1）问题特征：问题要求寻找题干论证的假设。 （2）题干特征：题干给出论证过程。
思路概述	本题型主要考查假设的基本思路以及取非验证法，具体有如下思路： （1）假设的本质是题干论证成立的必要条件。 （2）若无法准确识别题干的假设，则可以用取非验证法验证选项，具体步骤是，先将选项否定，然后代入题干，若能使题干的论证不成立，则该项是题干的假设；反之，该项就不是题干的假设。 （3）若选项的力度强于题干，则可能存在过度假设的问题，这类选项不要优先考虑

548 心脏病一直是导致人类死亡的主要疾病之一，也是现代医学一直想攻克的难题。那些心脏病发病率高的国家往往存在不同的问题，有的是缺乏完善的医疗保健系统，有的是居民面对较大的生活压力，有的是居民的饮食习惯不健康。但是那些心脏病发病率不高的国家往往是相似的，它们或者有完善的医疗保健系统，或者其居民有健康的生活方式。某专家据此认为，尽管 X 国目前的心脏病发病率很高，但在不久的将来，该国心脏病的发病率会有实质性的下降。

以下哪项是上述专家的论证必须假设的？

A. 目前，X 国居民面对较大的生活压力。

B. 目前，X 国居民的饮食习惯不健康。

C. 在不久的将来，X 国将有完善的医疗保健系统。

D. 在不久的将来，X 国将研发出有效降低心脏病发病的药物或者保健品。

E. 在不久的将来，若 X 国没有完善的医疗系统，则其居民具有健康的生活方式。

549 一款正在市场上推广的抗抑郁药物被曝出可能会导致患者失眠。然而，只要患者能够在服用药物时严格遵守医嘱，那么这种副作用完全可以避免。因此，完全不必担忧这种抗抑郁药物的副作用。

以下哪项最可能是上述论证的假设？

A. 这种抗抑郁药物的主要副作用就是失眠。

B. 这种抗抑郁药物比其他同类型的药物副作用要小得多。

C. 虽然这类抗抑郁药物可能会导致失眠，但和它的疗效相比不值一提。

D. 若医生在患者就诊时就把这类药物的副作用讲解清楚，那么患者将会意识到这种药物的副作用有多严重。

E. 只要能够有效地控制抑郁症，那么即便患者失眠了，也可以通过其余方法解决。

550 电视节目真的能起到教育作用吗？未必。课堂教育鼓励相互交流，而电视则鼓励孤独；学校教育以语言发展为中心，而电视则依赖不断变换的视觉形象；况且在课堂上，娱乐是达到目的的手段，而在电视上娱乐便是目的本身。

上述论证的作者以下面哪项为假设？

A. 课堂不应该是什么人都感到有乐趣的地方。

B. 只有与学校和课堂相似的环境中，才能起到教育作用。

C. 电视教育有许多学校教育不具备的优点。

D. 只要与学校和课堂相似的环境中，就能起到教育作用。

E. 电视作为学习工具的潜力还没有完全发挥出来。

551 某一中学对出现学业问题的学生们进行了深入调查和研究。研究报告显示，那些在学业上有问题的学生在学习上花的时间太少，而在学校的运动项目上花了大量的时间。于是教导主任决定，禁止有学业问题的学生参加运动项目，这样就可以让他们取得好成绩。

假设以下哪项能够使该教导主任的决定成立？

A. 有些参加运动项目的学生并没有学业问题。

B. 所有不存在学业问题的学生，都不参加运动项目，从而节省下了大量时间好好学习。

C. 学生们至少可以利用一些不参加运动项目而节省下来的时间解决他们的学业问题。

D. 参加运动项目的学生的学习成绩都不好。

E. 运动与学业问题之间的关系还没有得到科学证明。

552 在一些城市，政府为了鼓励人们使用公共交通，提供了免费的公共交通服务。然而，有些城市规划专家认为，这种政策可能会导致公共交通的过度拥挤，因为，很多人会因为无须支付费用而随意乘坐公共交通工具。

以下哪项是城市规划专家的论证所需要假设的？

A. 公共交通工具的运营成本可以被政府提供的财政补贴覆盖。

B. 过度拥挤的公共交通可能会导致交通事故率提高。

C. 乘客选择交通工具的主要依据就是通勤成本的高低。

D. 有些人日常通勤距离较近，他们完全可以选择步行的方式通勤。

E. 政府提供免费的公共交通服务后，公共交通的载客能力不会显著提高。

553 根据万有引力定律可知，宇宙中一切物体之间都存在引力，那么宇宙应该是在收缩而非膨胀。但科学家们观测发现，宇宙不仅一直在膨胀，而且其膨胀速度在过去几十亿年里一直在加速。科学家们据此认为，宇宙中存在暗能量，正是这种未知的能量对宇宙的膨胀产生了推动作用。

以下哪项是上述科学家的论证所假设的？

A. 暗能量是唯一能解释宇宙加速膨胀的因素。

B. 暗能量是极为特殊的存在，永远不可能被人类观测到。

C. 在不久的将来，宇宙会一直保持加速膨胀的趋势。

D. 除了让宇宙加速膨胀，暗能量对宇宙没有其他影响。

E. 宇宙中已知的能量尚不足以使得宇宙加速膨胀。

554 人们似乎高估了学习成绩的重要性。理由很简单，成绩只能反映学生们的学习能力，但无法反映学生们的创造力和批判性思维。学习能力主要依赖于记忆和重复，但创造力和批判性思维才是影响学生独立思考和解决问题的关键因素。因此，学习成绩不能完全反映学生的智力水平。

以下哪项是该教育专家的论证所依赖的假设？

Ⅰ. 记忆能力的强弱和智力水平的高低无关。

Ⅱ. 成绩和学生们的学习能力有关。

Ⅲ. 独立思考和解决问题的能力和智力水平有关。

A. 仅Ⅰ。

B. 仅Ⅱ。

C. 仅Ⅲ。

D. 仅Ⅰ和Ⅲ。

E. Ⅰ、Ⅱ和Ⅲ。

555 随着新能源汽车行业的快速增长，动力电池的市场竞争日益激烈。宁德时代作为行业领先的动力电池制造商，选择与滴滴出行成立换电合资公司。这一战略合作的核心目的在于利用滴滴出行的网约车场景，为广大新能源车辆提供高效的换电服务。某专家据此推测，通过此次合作，宁德时代能推动换电型新能源汽车的普及。

以下哪项是上述论证必须假设的？

A. 滴滴出行的用户基数和市场需求足以保证换电站的使用频次和经济效益。

B. 相比其他动力电池企业，宁德时代拥有更为先进的换电技术和服务。

C. 在新能源汽车用户中，换电服务比传统的充电服务更受欢迎。

D. 网约车市场中新能源汽车的使用率远高于私人用车市场。

E. 滴滴出行全面推广换电式电车后能显著提高该公司的利润率。

556 据金融监管总局2023年发布的数据显示，保险业取得了5.12万亿元的原保险保费收入，同比增长9.13%，达到近年来的新高。其中寿险的保费增速超过了10%，特别是人身险公司的表现首次超过了财产险公司。某保险行业的专家认为，这次人身险公司的表现反超财产险公司说明公众对风险的认知增强了，更加认可“人身安全先于财产安全”这一观点。

以下哪项是上述论证所必须假设的？

A. 保险公司能顺应市场的变化大力推广人身险产品是保险行业保费收入上涨的主要因素。

B. 经济逐步恢复会导致人们对风险的认知提高，更能意识到人身安全的重要性。

C. 人身险产品，特别是寿险，将继续保持其相对于其他理财产品的收益优势。

D. 过去至少有一些人认为财产安全比人身安全更加重要。

E. 保险行业的增长不会受到未来可能出现的经济波动的影响。

557 调查发现，在2023年的中国市场，除科技创新、人口老龄化带来部分机会之外，大多数领域的股票投资都在下降。而在债券投资方面，反而变得对投资者更有吸引力了。某投资专家据此指出，尽管两个领域的投资都还存在大量机会，但相对保守的中国投资者们未来还是会更加倾向于债券投资。

以下哪项是上述论证所必须假设的？

A. 虽然股票投资的收益比债券投资更高，但是债券投资的风险远低于股票投资。

B. 2023年中国的股票投资市场，仅有科技创新、人口老龄化相关领域的项目有获利的空间。

C. 有时债券投资的收益率比股票投资的收益率要更高。

D. 有时债券投资的不确定性相较于股票投资更低。

E. 美联储政策的不断变化也会影响中国境内的投资市场。

558 导演王家卫在其长达36年的导演生涯中首次尝试了大众艺术和流量文化的融合，其作品《繁花》不仅有完整的叙事和跌宕的情节，还能够引起广泛的共鸣，与观众产生了前所未有的互动，吸引了大批观众。而其导演生涯早期的作品《阿飞正传》的观众反应则更加分化，部分观众对其表达方式感到不适应。某影评家据此认为，王家卫导演在试图理解观众需求并拉近与观众的距离，这也是他在保持个人风格的同时寻求与大众艺术接轨的尝试。

以下哪项是上述影评家的观点所必须假设的？

A. 一个导演在执导电影的生涯中，即便无法改变自己的个人风格，也能够调整作品以满足观众的需求。

B. 观众对导演的接受程度会随着导演知名度的变化而变化，对于小导演观众会格外挑剔，但对于大导演则不尽然。

C.《繁花》与《阿飞正传》之间的主要区别在于叙事风格与和观众互动的程度。

D. 大众艺术的成功完全依赖于导演与观众之间的有效沟通和互动。

E. 大众艺术的成功主要依赖于导演对艺术本质的理解和运用。

559 今年房地产市场依然低迷，预计房企整体将继续缩表，且房价上涨的可能性较低。但是，近期多地均放开了限购政策，并且银行在进一步调低房贷按揭利率。例如，广州市政府最近发布的政策措施进一步优化了房地产市场，这些措施有利于居民满足改善置业需求，同时也有助于消化一部分商品房库存。某房地产公司据此推测，中国房地产市场有望迎来软着陆。

以下哪项是上述论证所假设的？

A. 放宽限购政策和降低按揭利率将大幅提高房地产市场的交易量。

B. 房地产市场的软着陆将主要依赖于限购政策和银行按揭利率。

C. 广州市政府最近发布的政策能使市场快速消化掉商品房的库存。

D. 房企缩表和房价稳定的预期不会对房地产市场的长期健康发展构成威胁。

E. 在低迷的市场环境中，房地产企业的综合融资和市值管理能力显得尤为重要。

560 两名民警因购买和帮助同事购买被认定为非法枪支的仿真玩具气枪，经历了长达数年的法律斗争。尽管他们积极配合警方，并且初次鉴定结果显示这些气枪为玩具，但后续的判决依旧以非法买卖枪支罪对他们进行了刑事处罚。在此过程中，两次鉴定结果不一致引发了争议，但法院最终决定维持原判。这两名民警认为，他们的行为完全出于个人爱好，同时，他们对两次鉴定结果的差异和最终的法律裁决感到困惑。

以下哪项是上述民警的困惑所必须假设的？

A. 对于涉及技术性鉴定的刑事案件，应确保鉴定结果的一致性。

B. 目前我国尚无相关法律明确区分玩具气枪和非法枪支。

C. 法庭在进行刑事裁决时，应当充分考虑被告人的初衷。

D. 对于购买仿真玩具气枪的公职人员不应该从重处罚。

E. 在法律适用和司法审判中，应当遵循疑点利益归于被告的原则。

561 在选择裸辞的年轻人中，有人为了追求更有意义的生活，提前规划并积攒了足够的积蓄，决定 2024 年不再上班。有人在经历了多次裸辞后，希望找到一份能够稳定发展的工作，以避免再次“亏损”。有人则因健康原因被迫裸辞，但发现不上班后生活变得更加充实和清晰。某记者认为，这些年轻人的故事反映了当代年轻人面对职场压力时对于探索新的生活轨迹的勇气。

以下哪项是上述论证所假设的？

A. 裸辞可以给人探索新的生活方向的机会。

B. 大多数裸辞的年轻人最终都能成功找到满意的工作。

C. 年轻人在做出裸辞决定时，通常会有充分的准备和规划。

D. 在当前社会和经济环境下，裸辞已成为年轻人面对职场不满和生活压力的普遍选择。

E. 许多年轻人已经意识到用健康换取收入得不偿失，他们宁可选择收入较低但压力更小的工作。

562 在济宁市任城区某小区，一项新的管理措施引起了业主们的广泛关注和不满。为了解决消防安全隐患和地面机动车辆乱停乱放的问题，物业决定禁止新能源汽车进入小区地面停放，要求所有机动车都停到地下车库。然而，这一措施未考虑到地下车库缺乏充电设施，导致新能源汽车业主面临充电难题。对此，某记者认为，该小区的物业仅仅考虑到了消防责任，但并未考虑到他们对业主的责任。

以下哪项是该记者的论证必须假设的？

A. 新能源汽车的业主普遍只愿意在自己的车位上充电，而不愿意特意去外面的商业充电桩充电。

B. 在小区地下车库安装充电桩在技术上是可行的，但是申请程序较为麻烦，物业一般不愿意协助业主办理。

C. 小区物业应该服务好小区的业主，碰到问题时应当和业主提前沟通，共同寻找解决方案，而不是将业主当成“管理对象”。

D. 新能源汽车正在飞速发展，在任何一个小区，新能源汽车的占比都达到了 50% 以上。

E. 一旦新能源汽车在地下车库充电时发生了火灾，小区的物业具备足够的消防能力将火灾迅速扑灭。

题型 02 特殊模型的假设

海绵 MBA App 扫码对答案
查看解析和视频讲解

题型特征	（1）问题特征：问题要求寻找题干的假设。 （2）题干特征：题干的论证存在因果关系、方法关系等模型。
思路概述	本题型的解题思路和特殊模型的支持基本一致，具体有如下思路： （1）若题干强调因果关系，则主要考虑指出因果关系成立或不存在他因； （2）若题干强调方法关系，则主要考虑指出方法有效、方法可行或方法有必要； （3）若论据强调"A→B"，论点强调"A→C"，则主要考虑建立B、C的联系； （4）若题干强调数量关系，则主要从数量的角度支持题干

563 在一个古老的乡村，村民们依然保持着传统的生活方式，他们种植粮食，饲养家禽，用传统的方法做饭和制作工艺品。尽管现代化的城市生活已经渗透到许多乡村，但这个村庄却选择保持他们原有的生活方式。有趣的是，这个村庄的村民们的平均寿命比周围的城市居民要高。因此，这个村庄的生活方式对人们的健康有利。

以下哪项最可能是以上论述所隐含的假设？

A. 只有保持传统的健康水平，人的平均寿命才可以高于平均水平。

B. 城市的生活压力大、作息不健康，这都是对健康极为不利的因素。

C. 平均寿命是衡量健康程度的唯一指标。

D. 城市居民的医疗条件不比这个村庄的医疗条件差。

E. 正是因为意识到了健康的重要性，这个村庄的村民才选择传统的生活方式。

564 某古老的山村正在进行景区的开发，以吸引游客。开发商为了迎合目前的市场需求大肆拆除山村中原有的建筑，改建为高端酒店、温泉、度假村等。但值得庆幸的是，村中的祠堂被开发商保留下来了。这座祠堂中祭祀的都是那些曾经在抵抗侵略的战争中牺牲的英雄。由此可见，开发商还是尊重抵抗侵略的历史的。

以下哪项是上述论证所假设的？

A. 开发商开发景区的唯一目的就是赢利，其余诉求都要为这个目的让路。

B. 这座山村原本的建筑过于古老，条件恶劣，导致很多游客的不满。

C. 只有那些尊重抵抗侵略历史的游客，才会来这个山村旅游。

D. 是因为村民的极力抗议，山村中的祠堂才得以保留。

E. 如果开发商不尊重抵抗侵略的历史，就会拆除祠堂。

565 大多数厨师都有尝试搭配各种食材的习惯。然而，现在许多厨师因为尝试各种食材的时间成本，逐渐放弃了尝试搭配新的食材的习惯，这严重影响了厨师的创新能力。有专家认为，为了能不断推陈出新创造新菜肴，应该在厨师的培训课程中增加尝试食材搭配的环节，让厨师有机会尝试新的食材组合。

以下哪项是上述专家的论证所假设的?

A. 厨师培训课程所收取的学费用来覆盖厨师尝试新的食材搭配的成本绰绰有余。

B. 尝试新的食材组合是厨师创造新菜肴最常用的方法。

C. 只有具备创新能力，厨师才能推陈出新创造新菜肴。

D. 至少有些厨师没有尝试搭配新的食材的习惯。

E. 尝试搭配新的食材的习惯会影响厨师的创新能力。

566 全球变暖是一个严重的问题，其主要原因是人类活动所产生的大量的碳排放。如今，人类已经达成共识，要通过使用可再生能源，减少碳排放的措施来解决全球变暖的问题。然而，这些措施需要大量的前期投入，而只有发达国家才具备足够的资源支撑这些投入。但是某专家依然认为，全球变暖问题将很快得到缓解。

以下哪项是上述专家的论证所假设的?

A. 发展中国家将会获得发达国家的资助。

B. 全球的碳排放，大多数来自发达国家。

C. 全球变暖是碳排放造成的主要环境问题。

D. 发展中国家碳减排技术的发展较为缓慢。

E. 使用可再生能源是减少碳排放的最佳策略。

567 在许多城市，人们常常看到街头的垃圾桶里堆满了各种垃圾，包括易拉罐、瓶子、纸张等。李先生认为，这是因为人们没有足够的动力去回收垃圾，因此，政府应该为回收垃圾提供一定的物质奖励，鼓励人们回收垃圾。

以下哪项最可能是李先生的看法所依赖的假设?

A. 物质奖励可以提高人们回收垃圾的动力。

B. 政府有义务引导居民为社会做贡献。

C. 政府为回收垃圾付出的物质奖励不高于人们主动回收垃圾带来的收益。

D. 回收垃圾即便不能带来经济收益，但至少可以减少环境污染。

E. 回收垃圾的范围不应当仅仅局限于易拉罐、瓶子、纸张等。

568 近年，人工智能是热门话题。随着人工智能的不断发展，越来越多的领域开始运用人工智能技术。然而，人工智能技术似乎也不是万能的。某艺术家发现，人工智能创作的艺术作品虽然看起来像是人类创作的，但是这些作品其实都是通过既定的规则生成的。他据此断定，人工智能无法像人类那样创作艺术。

以下哪项是上述艺术家的论证所假设的?

A. 人工智能无法理解人类对于艺术的追求和狂热。

B. 人类在创作艺术作品时不会遵循既定的规则。

C. 人类在创作艺术时需要灵感，而人工智能不可能具有灵感。

D. 人工智能通过既定的规则生成所谓的艺术作品。

E. 人工智能的发展总会遇到瓶颈，因此，人工智能不可能突破所有领域。

569 研究显示，狗的睡眠主要经历两种阶段：非快速眼动睡眠和快速眼动睡眠。狗睡觉时，先进入非快速眼动睡眠阶段，这个阶段主要用来让大脑休息；之后，进入快速眼动睡眠阶段，大脑产生高频电波且眼睛快速闪动。科学家据此推测：狗和人类一样，睡眠时会做梦。

以下哪项最可能是上述论证的前提？

A. 做梦出现在快速眼动睡眠阶段。

B. 狗和人有许多共同的生物特征。

C. 狗的大脑比较复杂，睡觉时也会出现同样的脑电波模式。

D. 快速眼动睡眠阶段，主要用于恢复体力，此时肌肉完全放松，脑部活动加快，眼球快速转动。

E. 狗做噩梦或者好梦都会发出哼哼的声音，借此表达自己的情绪。

570 研究发现，长期使用电子设备会导致视力下降。同时，另一项研究表明，防蓝光眼镜可以阻挡电子设备屏幕所发射出的蓝光。王医生据此认为，可以用这种眼镜来防止长时间使用电子设备造成的视力下降。

以下哪项最可能是王医生的结论所依赖的假设？

A. 只要不长时间使用电子设备，人的视力不会有明显的下降。

B. 只要能批量生产，防蓝光眼镜的成本可以降低到和普通眼镜接近的程度。

C. 使用电子设备的人会因为电子设备屏幕的蓝光而视力下降。

D. 防蓝光眼镜也可以做成近视眼镜，满足近视用户的需求。

E. 若人在黑暗的环境中使用电子设备，则视力会下降得更厉害。

571 人们一直在讨论城市生活和乡村生活哪个更健康。近期，一些研究者分析了城市和乡村居民的健康数据，发现城市居民的平均寿命比乡村居民的平均寿命要长。因此，他们得出结论：城市生活比乡村生活更健康。

以下哪项最可能是上述研究者得出结论的假设？

A. 城市的医疗条件有助于延长居民寿命。

B. 平均寿命是衡量健康水平的有效指标。

C. 城市居民的医疗保健知识比农村居民更丰富。

D. 城市居民收入更高，有足够的资金做医疗保健。

E. 许多专家一直强调，乡村看起来更加接近自然、更健康，但实际上乡村的生活条件无法保证居民的健康。

572 一位营养学专家研究发现，水果中的抗氧化剂可以帮助清除体内的自由基，这些自由基会损害血管，并导致心脏病。此外，蔬菜中含有大量的膳食纤维，可以帮助降低胆固醇。据此，该专家认为，增加蔬菜和水果的摄入量可以帮助人们降低患心脏病的风险。

以下哪项最可能是上述专家论断的假设？

A. 人体内的胆固醇含量和患心脏病的风险呈正相关。

B. 体内自由基含量较低的人患心脏病的风险也较低。

C. 蔬菜中的膳食纤维含量较为丰富，足以满足人体的需求。

D. 食用肉类无法有效地降低人患心脏病的风险。

E. 食用蔬菜和水果不会造成副作用。

573 在一项研究中，研究者发现，那些在大学期间至少参加过一门艺术课程（例如音乐、绘画或戏剧）的学生在参加工作后，他们的工作成果更可能被同行认可。因此，研究者建议，大学应该鼓励所有的学生都至少选修一门艺术课程，以提高他们的创新能力。

以下哪项最可能是上述研究者的论证所假设的？

A. 参加艺术课程的学生在大学期间的学习成绩比那些不参加艺术课程的学生更好。

B. 艺术课程能给人带来更多的灵感，这种灵感对做好工作是很有帮助的。

C. 参加过音乐课程的人的创新能力比那些没有参加音乐课程的人更强。

D. 工作成果被同行认可的程度可以直接反映人的创新能力。

E. 那些参加艺术课程的人在参加艺术课程之前，他们的创新能力反而比那些一直没有参加艺术课程的人更低。

574 2022 年，食用野生菌菇中毒者在医院急诊室就诊的次数增加比率超过了 25%。因此很明显，2022 年，野生菌菇的食用在增加。

假设以下哪项，可以使上述结论被合理地推出？

A. 那些因食用野生菌菇而寻求医学治疗的人通常不会出现生命危险。

B. 那些野生菌菇食用者经常去医院急诊室就诊。

C. 食用野生菌菇中毒者在医院急诊室就诊的次数与野生菌菇被食用的发生率成固定的比例。

D. 2022 年，食用野生菌菇的宣传告示推广力度高于往年。

E. 当野生菌菇食用者到医院急诊室就诊时，他们并不知道自己为什么会到急诊室来。

575 在过去几年中，美国政府针对中国的科技崛起采取了一系列制裁措施，目的是限制中国在全球科技竞争中的发展。这些制裁包括但不限于限制美国企业向中国出口关键半导体技术、软件和设备，以及禁止中国科技公司进入美国市场。分析人士认为，美国的制裁措施最终可能加速而非减缓中国追求高水平科技自主的步伐。

以下哪项是上述分析人士的观点所假设的？

A. 中国拥有足够的资源和能力，在被国际制裁的情况下，仍能推动本土科技产业的发展和自主创新。

B. 受国内选举的影响，美国将继续寻求新的方法和策略，以加强对中国科技行业的制裁和出口管制。

C. 中国在全球镓和锗的生产中占据主导地位，只要中国限制这些稀有金属的出口，就能极大影响全球半导体行业。

D. 国际社会已经对美国横行霸道的行为越来越不满，并可能采取行动支持中国的立场。

E. 未来全球半导体产业的发展将主要依赖于中国和美国之间的技术竞争，而不是合作。

576 通常情况下，安全销在飞机起飞前由机务人员取下，飞行员绕机检查时也需要检查安全销是否拔出。但去年，某航班在执行飞行任务时，机务人员未取下前起落架的安全销，导致飞机前起落架无法正常收回，机组不得不决定返航。对此，某专家推测，此事发生的主要原因是机务的操作手册有问题，使得机务人员无法完成飞机起飞前的准备工作。

以下哪项是上述专家的推测所假设的？

A. 起飞前的绕机检查程序能够完全避免起落架安全销未取下的情况发生。

B. 飞机不存在会导致机组人员无法按照操作手册完成准备工作的设计缺陷。

C. 如果在飞行前机务人员完成了例行检查，就能发现所有的安全隐患。

D. 机务人员、机组人员以及放行人员等工作人员之间的沟通和协作机制存在缺陷。

E. 起落架安全销的设计应该包含防止机务人员疏忽的功能。

577 在数字化时代，网络欺凌问题日益严重，尤其是在青少年中。网络欺凌的匿名性和无处不在的特点使得受害者难以逃避，严重影响了他们的心理健康和社会适应能力。为了解决这一问题，某专家建议，应当实施全面的网络素养教育和心理健康教育，例如，教育学生如何安全、负责任地使用互联网，避免成为网络欺凌的加害者，还包括提供心理健康支持和干预措施，帮助受网络欺凌影响的学生恢复自信和建立健康的社交关系。

以下哪项是上述专家的建议所假设的？

A. 实施网络素养教育和心理健康教育能够有效提高学生的自我保护能力，减少网络欺凌事件的发生。

B. 相比较于家庭而言，学校在实施网络素养教育和心理健康教育方面具有得天独厚的优势。

C. 只要国家能进一步完善关于网络欺凌方面的法律法规，就能从根本上解决网络欺凌的问题。

D. 所有的网络欺凌都源于欺凌者没有法律意识和健全的人格，也和被欺凌者缺乏网络素养和心理健康知识有关。

E. 多数家长缺乏网络基本知识，即便他们参与到网络素养教育中也无济于事，甚至可能起到反作用。

专题七 分析题

题型 01 分析论证结构题

海绵 MBA App 扫码对答案
查看解析和视频讲解

题型特征	（1）问题特征：问题要求梳理题干的论证结构。 （2）题干特征：题干给出论证过程。
思路概述	本题型主要考查对论证的识别能力。解题时首先要注意优先根据论证指示词梳理题干的论证结构，其次考虑根据论点和论据的特征去识别。其中论点多半是某种判断和评价，论据多半是客观事实或现象

578 有一论证（相关语句用序号表示）如下：

①今吾子有栾武子之贫，吾以为能其德矣，是以贺。②行刑不疚，以免于难。③及桓子，骄泰奢侈，贪欲无艺，略则行志，假货居贿，宜及于难。④昔栾武子无一卒之田，其宫不备其宗器，宣其德行，顺其宪则，使越于诸侯。诸侯亲之，戎狄怀之，以正晋国。⑤而赖武之德，以没其身。

如果用“甲→乙”表示甲支持（或证明）乙，□表示框内元素共同支持，则以下哪项对上述论证基本结构的表示最为准确？

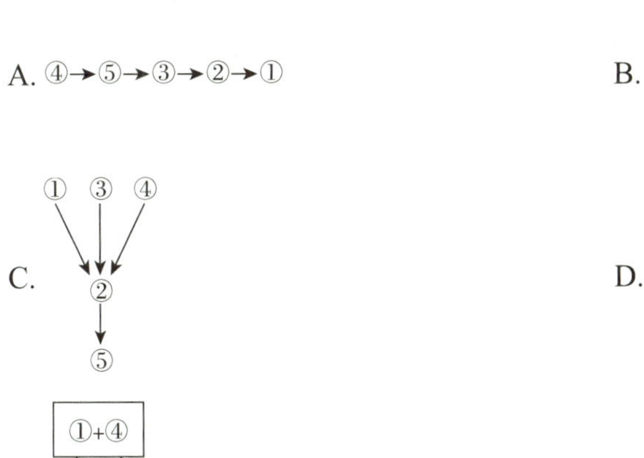

579 ①人们应该具备社会责任感和创造能力。②这些责任感和创造能力不仅对于个人的职业发展至关重要，而且对于社会的进步和繁荣也具有关键作用。③除此之外，优秀的品德可以让人充分发挥自己的能力，也有助于社会的和谐。④所以说，人也应该具备优秀的品德。⑤而人的社会责任感、创造能力、品德的培养都依赖于家庭教育。⑥因此，家庭教育应当重视孩子的社会责任感、创造能力、品德的培养。

如果用“甲→乙”表示“甲支持或证明乙”，则以下哪项对上述论证结构的表示最为准确？

A. ①→②→③→④↘⑥；⑤↗⑥

B. ①→②↘⑥；③→④→⑥；⑤↗⑥

C. ①→②↘⑥；③→④→⑤→⑥

D. ①→②→③→④→⑤→⑥

E. ①→②↘⑥；③→④→⑤→⑥

580 ①夫兵者，不祥之器，物或恶之，故有欲者不居。②夫乐杀人者，非得已也。非利之也，不得已也。③夫人不得已而乐杀人，国既尽，己安能独乐哉？④故乐杀人者，则不可得志于天下矣。⑤夫乐杀人者，不可得意于一时，其有庆赏者也，不久并矣。

如果用"甲→乙"表示"甲支持或证明乙"，则以下哪项对上述论证结构的表示最为准确？

A. ③→④↘②→①；⑤↗②

B. ①→②→③→④→⑤

C. ⑤→④→③→②→①

D. ②→③→④↘①；⑤↗①

E. ②→③→④↘⑤；①↗⑤

581 ①科技是把双刃剑，我们在享受其带来的便利与进步的同时，也要看到其带来的负面影响和潜在风险。②科技的发展让人们的生活变得更加便捷，但同时也带来了信息安全和隐私泄露的风险。③举个例子，智能设备的普及使得大量的用户数据被收集和分析，这些数据极有可能被黑客攻击或者被商业公司利用。④不仅如此，科技的进步也加速了算法歧视等问题的出现，对人们的权益造成威胁。⑤例如某打车软件，对高消费群体展示的打车价格明显就比对低收入群体展示的价格高。

如果用"甲→乙"表示"甲支持或证明乙"，则以下哪项对上述论证结构的表示最为准确？

A. ②→③→④↘⑤；①↗⑤

B. ⑤→④→③→②→①

C. ⑤→④↘①；③→②↗①

D. ①←③→②；①←⑤→④（①↙③→②；①↖⑤→④）

E. ①→②→③↘④；⑤↗④

582 ①在数字化时代，数据成为企业和社会的重要资源。②通过数据分析和数据挖掘，企业可以了解市场需求和消费者行为，从而更好地规划和生产产品。③对于企业而言，如何有效地管理和使用数据是数字化转型的关键。④而对于社会而言，数据的合理共享和利用可以促进资源的有效配置和社会福利的增加。⑤因此，数据管理和利用是数字化时代的关键议题。

如果用"甲→乙"表示"甲支持或证明乙"，则以下哪项对上述论证结构的表示最为准确？

A. ①→②→③→④→⑤

B. ①→②→③↘⑤；④↗⑤

C. 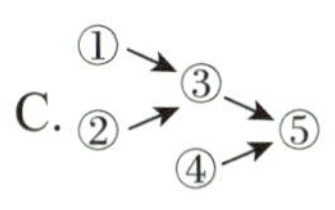

D. ④→⑤↘①
②→③↗

E. ②→③↘
④→①
⑤↗

海绵 MBA App 扫码对答案
查看解析和视频讲解

题型 02 分析争论焦点题

海绵 MBA App 扫码对答案
查看解析和视频讲解

题型特征	（1）问题特征：问题要求识别题干的争论焦点。 （2）题干特征：题干给出双方辩论过程。
思路概述	本题型主要考查对论证的识别能力，真题多半考查的是论点有分歧和评价某一事物的标准有分歧这两种情况

583 小李：许多人一到中年就脱发严重，我觉得这是由营养不均衡导致的，人体吸收的营养不均，会导致毛囊萎缩，从而导致头发逐渐脱落，所以要解决脱发问题，必须保证自己身体吸收的营养要均衡。

小程：我不认同你的看法，这些人长期熬夜、生活不规律，导致了身体代谢变差，头皮分泌的脂性物质过多堵塞了毛囊致使毛囊受损，当毛囊受损后，处于“假性死亡”状态，毛囊退化并萎缩，导致毛发停止生长。

以下哪项最为准确地概括了上述争论的焦点？

A. 如何从根本上解决中年人脱发的问题。

B. 如何辨别脱发是不是营养不均衡导致的。

C. 脱发问题究竟什么原因导致的。

D. 中年人如何预防脱发。

E. 脱发是不是毛囊受损导致的。

584 张先生说：“有相当一部分续集在播出的时候，它的上映状况是一集不如一集，完全是在骗观众钱。而且，续集承袭了前集的衣钵，没有创新，原地踏步！”

王先生说：“可是惯性心理使得观众倾向于欣赏自己所熟悉的艺术世界和表达方式，况且，很多电影正是因为拍了续集才得以彰显影片思想。”

根据上述信息，以下哪项是张先生和王先生论证的焦点？

A. 骗钱的行为是否影响拍续集。

B. 观众是否喜欢续集。

C. 拍摄续集是彰显影片思想还是原地踏步。

D. 应不应该拍续集。

E. 拍续集是利大于弊还是弊大于利。

585 张先生说：“成功受着天时、地利、人和等不以人的意志为转移的客观因素，若是以成败论英雄，那么周瑜无奈地说出‘既生瑜，何生亮’时，我们能否认他是英雄吗？更何况这样的观点太过功利，在实践中是有害的。”

王先生说：“价值判断并不是事实判断，以成败论英雄这种价值观可以将人们对成功的追求幻化为一种对精神的追求，不断激励着人们积极进取、奋发向上。”

以下哪项是上述论证的焦点？

A. 下结论前是否要注意判断属性。

B. 成败是否可以论英雄。

C. 事实判断能否成为价值观的存在。

D. 个例能否反驳一种价值观。

E. 在实践中有害是否要被否定。

586 李先生：在我看来，砍伐森林比污染河流要严重得多，因为森林一旦被砍伐，造成的环境问题就很难恢复；而河流的污染造成的环境问题可以通过清理和治理得到改善。

王女士：我不同意你的观点。例如，如果某个河流被严重污染，可能会导致附近的生态系统崩溃，无法恢复到被污染之前的状态，因此，河流污染造成的环境问题也无法恢复。

以下哪项最为准确地概括了两人争论的焦点？

A. 砍伐森林和污染河流造成的环境问题哪个更容易恢复？

B. 砍伐森林和污染河流是否同样会造成环境问题？

C. 砍伐森林和污染河流对人类的影响是否一样？

D. 砍伐森林和污染河流是否一样严重？

E. 是否只有河流污染造成的环境问题才可能得到改善？

587 王教授：在我看来，一部电影的成功与否应该以其艺术价值来衡量，而不是以票房来衡量。因为，一部真正的艺术电影可能票房不佳，但它的艺术价值和深远影响是无法用票房来衡量的。

赵研究员：我不同意你的观点。电影是一种商业艺术，票房是衡量一部电影是否成功的重要指标。如果一部电影票房不佳，那么它就不能算是成功的电影，无论它的艺术价值有多高。

王教授：按照你的逻辑，那些票房不佳但对电影艺术产生深远影响的电影就都是失败的电影了？

以下哪项最为恰当地概括了王教授和赵研究员争论的焦点？

A. 票房是不是衡量电影是否成功的唯一标准？

B. 艺术价值是不是衡量电影是否成功的唯一标准？

C. 什么是判断电影是否成功的合理标准？

D. 票房不佳但对艺术影响深远的电影是不是成功的电影？

E. 票房高但是艺术价值不高的电影是不是成功的电影？

题型 03 分析逻辑谬误题

海绵 MBA App 扫码对答案
查看解析和视频讲解

题型特征	(1) 问题特征：问题要求识别题干的逻辑谬误。 (2) 题干特征：题干给出论证过程。
思路概述	本题型主要考查对逻辑谬误的识别能力，大家需要掌握偷换概念、自相矛盾、非黑即白、分解谬误、循环定义、同语反复、充分必要混用、转移论点、循环论证、诉诸未知、诉诸众人、诉诸权威、以偏概全、不当类比、强加因果、错误归因等常见逻辑谬误

588 小海是一位逻辑学的教师，他在一次讲座中提到，根据他多年的教学经验和对学生的观察，他发现在准备考会计硕士（MPAcc）的学生群体中，大约 90% 的学生对逻辑学的理解并不深刻。他进一步指出，这一现象在其他领域的学生中并不常见，逻辑学通常被视为一个重要的基础学科。在讲座结束时，小海提到了小张，一个他偶尔在图书馆遇到的年轻人，他注意到小张在逻辑学习上似乎遇到了一些困难。基于这一观察，小海推测小张很可能是正在准备考 MPAcc 的一名学生。

以下哪项对小海的论证评价最为准确？

A. 小海的论证逻辑清晰，思路严密。

B. 小海的论证有缺陷，因为不是每个人都考 MPAcc。

C. 小海的论证有缺陷，因为根据“大多数的 A 是 B”无法得到“大多数的 B 是 A”。

D. 小海的论证有缺陷，因为根据“大多数的 A 是 B”无法得到“有的 B 不是 A”。

E. 小海的论证有缺陷，因为忽略了“大多数的 A 是 B”无法排除“有的 A 不是 B”的可能性。

589 在古代，如果秋天获得了丰收，那么在未来的一年内大家都不会面临饥荒的威胁了。某次考古发现，某古代城市在某一年的秋天遭遇了蝗灾，颗粒无收。因此，这座城市灭亡的原因可能就是在接下来的那年遭遇了饥荒。

以下哪项最为恰当的指出了上述论证的漏洞？

A. 该论证中的结论仅仅是对论据的简单重复。

B. 该论证中对某个关键概念的前后界定不一致。

C. 该论证忽视了即便是在古代，饥荒也不一定能导致城市灭亡。

D. 该论证通过指出某种情况不存在，从而证明这种情况的必要条件也不存在。

E. 该论证认为不能证明某种情况不存在，就可以说明这种情况必定存在。

590 某公司：我们公司不打算在自己的课程体系中引入人工智能机器人。因为我们必须保证我们的课程在业内的质量最高、服务最好、价格最低。

某员工：引入人工智能机器人不意味着会让课程质量下降。因为人工智能机器人具备工作时间长、成本低的特点。

以下哪项最为准确地概括了该员工反驳过程中存在的漏洞？

A. 忽视了未来可能有更好的技术取代人工智能机器人。

B. 忽视了该公司思想保守，对新技术具有偏见。

C. 忽视了学生对人工智能机器人的接受程度。

D. 忽视了该公司具有决定自己课程体系的权利。

E. 引用不相关的事实证明和课程质量有关的结论。

591 在过去的五年里，某地区市中心的犯罪率显著下降，引起了社会各界的广泛关注。这一时期，政府在市中心区域投入了大量资金，安装了成百上千的监控摄像头。许多人据此认为，监控摄像头有助于降低犯罪率，是一种有效的犯罪预防措施。

以下哪项最为准确地指出了上述论证的漏洞？

A. 上述论证的过程是合理且严密的，其论据足以可靠地推出其论点。

B. 上述论证没有考虑到监控摄像头只能对某些类型的犯罪起到威慑作用，但不能制止所有类型的犯罪。

C. 上述论证没有考虑到其他可能导致犯罪率下降的因素，比如警力的增加、社区治理的改善或经济条件的提升。

D. 上述论证没有考虑到监控摄像头安装的具体位置是否完全覆盖了全市所有可能发生犯罪的地区。

E. 上述论证没有考虑到用摄像头来监控市中心区域不仅要耗费大量的资金购买摄像头，还要额外聘请技术团队对摄像头进行维护。

592 某小区的业委会召开了一次业主大会，会议的主要议题之一是小区内是否需要建设一个新的篮球场。会议上，一个反对建设新篮球场的业主指出，小区已有的设施如儿童游乐场和健身器材经常出现损坏且维修不及时，再增加新的设施可能会加剧这一问题。但另一位支持建设新篮球场的业主立刻反驳道："你看看其他小区，它们有的不仅有篮球场，还有游泳池和健身房，我们的小区怎么就不能有呢？我们也应该提升居民的生活质量。"

以下哪项最为准确地指出了这位支持建设新篮球场的业主反驳中的漏洞？

A. 该业主以偏概全，某个小区有篮球场、游泳池和健身房不代表所有的小区都有这些健身措施。

B. 该业主忽略了，其他小区居民的生活质量高不仅仅是因为小区有篮球场等健身设施。

C. 该业主转移论题，反对建设新篮球场的业主关心的问题不是小区是否需要更多设施，而是现有设施的维护问题。

D. 该业主犯了非黑即白的错误，忽略了小区还可以建设网球场和羽毛球场。

E. 该业主诉诸众人，大多数业主支持建设新篮球场并不代表这一决策就是合理的。

题型 04 分析论证方法题

海绵 MBA App 扫码对答案
查看解析和视频讲解

题型特征	（1）问题特征：问题要求识别题干的论证方法。 （2）题干特征：题干给出论证过程。
思路概述	本题型主要考查对各种论证方法的识别，例如，选言证法、不完全归纳、类比论证、求因果五法、反证法、常见的削弱方法等

593 人们普遍认为，企业的成功完全取决于其领导者的能力和决策。然而，这并不总是如此。例如，一家科技公司，其成功可能更多地取决于其技术团队的能力和创新。这家公司可能研发了一种独特的技术，这种技术在市场上受到了广泛的欢迎。在这种情况下，即使公司的领导者决策能力一般，公司也能够取得成功。因此，企业的成功并不完全依赖于领导者的能力和决策，而是取决于多种因素的共同作用。

以下哪项最为准确地概括了上述议论所运用的方法?

A. 基于一个一般性的结论来得到关于一个具体特例的结论。

B. 运用一个反例来反驳一个一般性的结论。

C. 运用一个例子来证明一个一般性的结论。

D. 通过指出两个对象在某方面具有相似性，从而证明他们在另一方面也具有相似性。

E. 通过指出两个现象之间没有必然的联系来反驳一个因果关系。

594 一种普遍的说法是，晚睡会让人更有创造力。例如，许多晚睡的人都表示他们在深夜的时候创新思维最活跃。然而，最近的一些心理学研究表明，宁静的环境和无人打扰会刺激创新思维，而这些条件通常在深夜更容易达成。因此，那些晚睡的人更具有创造力的原因可能是他们在夜晚能获得更宁静、无打扰的环境，而非晚睡本身刺激了他们的创新思维。

以下哪项最为准确地概括了题干中所运用的方法?

A. 通过对已知的现象提供另一种解释来质疑关于该现象原有的解释。

B. 通过指出某个流行的观点可能混淆了原因和结果来质疑该流行的观点。

C. 运用科学权威的观点来反驳某个流行的说法。

D. 指出某个流行的观点会得到一个荒谬的结论来质疑该观点。

E. 指出某个流行的观点是基于不具有代表性的样本得出的来反驳该观点。

595 某大学正在举办辩论比赛，辩论的主题是“吃辣椒是否有利于提高人的免疫力”。

正方认为：吃辣椒有利于提高人的免疫力。因为调查发现，那些爱吃辣椒的人，他们的免疫力一般也高于常人。

反方反驳道：吃辣椒并不能提高人的免疫力。实际上，许多人正是因为自身免疫力好，不担心吃辣椒对身体造成的负面影响，才会吃辣椒。而一旦他们生病了、免疫力下降了，他们就不会再吃辣椒。

反方应用了以下哪项辩论策略？

A. 通过指出正方的论证是基于虚假的论据来质疑正方的结论。

B. 通过指出正方的论证会得到一个荒谬的结论来质疑正方的观点。

C. 通过指出正方的结论忽略了其他可能的解释来质疑正方的结论。

D. 通过指出正方对于某调查结果的解释混淆了原因和结果来质疑正方的结论。

E. 通过指出正方的结论是基于一个不具有随机性的样本得出的来质疑正方的结论。

596 小王：我认为我们应该在学校教育中增加环保教育的课程。因为现在的环境问题越来越严重，我们需要从小培养孩子们的环保意识，让他们知道保护环境的重要性。

小李：按照你的逻辑，我们还应该在学校教育中增加交通安全、健康饮食、个人理财等各种生活技能的课程。因为这些都是生活中非常重要的问题。但是，学校的教育资源有限，不可能涵盖这些课程。实际上，这些内容应当是由家长在家庭教育中传授给孩子。

以下哪项最为恰当地概括了小李的反驳所运用的方法？

A. 举出一个反例来证明对方的建议不具有可行性。

B. 指出对方的论证过程中某个关键概念的内涵前后不一。

C. 按照对方的逻辑得到一个荒谬的观点来质疑对方的论证。

D. 指出对方要解决的问题存在更好的方法来质疑建议的必要性。

E. 指出对方提出的方法实际上无法达到其目的来质疑其建议的有效性。

597 狼群在狩猎时，总是由一只走在最前面的狼带领，这只狼被称为头狼。有人认为这只头狼是最有经验的狼。也有人认为头狼应该是最强壮的狼。然而，深入研究后发现，许多狼群最有经验的狼其实是走在队伍中间，由其余年轻的公狼保护的。因此，狼群的头狼应该是最强壮的狼。

上述论证采用了以下哪种论证方法？

A. 通过一个反例来推翻一个一般性的结论。

B. 通过一个普遍性的结论来得到关于某个特殊事例的结论。

C. 通过两组对象在某方面具有相似性来断定他们在另一方面也具有相似性。

D. 通过在两种可能的情况中排除掉其中一种，来确定余下的一种为真。

E. 通过一个具有代表性的样本来得到一个一般性的结论。

题型 05 分析结构相似题

海绵 MBA App 扫码对答案
查看解析和视频讲解

题型特征	（1）问题特征：问题要求寻找和题干类似或不类似的选项。 （2）题干特征：题干给出论证过程。
思路概述	本题型考查的依然是对论证方法的识别，具体有如下思路： （1）优先比较选项和题干的推理结构或论证方法是否一致； （2）其次考虑比较选项和题干的逻辑谬误是否一致

598 最近正值招聘的黄金时间，今天入职的 3 名员工都具有高学历，不过有的人不一定适合做管理人员，因为具有高学历的人未必就适合做管理工作。

以下哪项与上述论证方式最为类似？

A. 西安人都喜欢吃面食，西安人看起来都很幸福，因为面食可以让人有满足感从而很幸福。

B. 心地善良的人都让人尊重，有些心地善良的人不是富有的，因为让人尊重的人未必就是富有的。

C. 所有遵守交规的人都是有小汽车的，所有遵守交规的人都是合格的司机，因此，有些合格的司机是有小汽车的。

D. 所有路边摊的卫生情况都有一定的问题，有的路边摊可能有《卫生许可证》，因为，存在卫生问题的不一定没有《卫生许可证》。

E. 所有经过严格训练的运动员都是有资格参加比赛的，所有有资格参加比赛的运动员都是有机会得奖的，因此，所有经过严格训练的运动员都是有机会得奖的。

599 只有产权清晰、权责明确，保护自然资源的脚步才不会落后。所有权边界模糊、产权不清、权责不明，则所有者权益得不到保护。所以，要保护自然资源，必须让所有者的相关权益落实保护。

以下哪项和上述推理一致？

A. 加强科技竞争水平、实现高水平自立自强的基础是高水平的人才培养。而高水平的人才培养必须依靠社会对于人才全过程、链条式的培养。所以，科技竞争水平的飞升必须依靠社会对于人才全过程、链条式的培养。

B. 乡村要振兴，必先实现产业振兴。乡村振兴的滞后，带来的是贫富差距的无限扩大以及教育资源的城市倾斜。所以，贫富差距必然会导致教育资源的倾斜。

C. 农村公共文化空间的创建，离不开政府的特色化“服务”。打造乡村旅游必须依靠农村公共文化空间的创建。所以，要搞好特色化“服务”，必须依靠“以文促旅”的发展模式。

D. 只有善于发现美，才能使资源可持续发展。资源搁置、浪费，只会带来乡村文化产业的没落。所以，资源可持续发展的道路上，离不开乡村文化产业的发展。

E. 若企业推进与高校之间的合作，则能激发自主创新的活力，也能够进一步达到在自身领域不受制于人。所以，企业需要与高校合作。

600 明清北京城排水系统是倚靠在元大都的基础上发展起来的。城内的排水自成独立系统，不仅有地下暗沟，还有明渠——内金水河。这样的排水系统既有防御作用，也有城内供水和排洪泄污的作用。

以下哪项与上述论述的形式类似？

A. 中国清代的行宫御苑是慈禧太后挪用海军经费修建的。全园划分为宫廷区和苑林区两部分，这样的行宫御苑是皇帝巡游时短暂休息留驻的场所，也是皇帝和太后重要的政治活动中心。

B. 栖岩寺是隋皇室礼佛的场所。栖岩寺不仅是山西地区佛教文化传播影响研究的实例，也是晋南地区佛塔建筑形制、工艺演变及各代审美艺术变化的珍贵遗存，是建筑科学、建筑技术研究的珍贵实物资料。

C. 说到汉代建筑的特征，必不可少的是作为中国建筑三大部分之一的阶基。不仅如此，汉代也是斗拱之形式形成之时，但在转角处的处理，似尚未获圆满之解决法，至于后世以拱身之大小定建筑物全身比例之标准，则遗物之中尚无痕迹可寻也。

D. 西域都护府标志着新疆正式纳入中国版图，对维护国家统一、促进中华民族共同体的形成以及维护西域地区的社会稳定和经济发展发挥了重要作用。

E. 颐和园是中国清朝时期的皇家园林，以浙江杭州西湖为蓝本，汲取江南园林的设计手法而建成，因此也被誉为“皇家园林博物馆”。

601 甲：“青春就要去做一些叛逆的事情，否则就会后悔！”

乙：“我不同意。如果我对未来有所期待，我就不会做这样的事。”

以下哪项与上述推理的形式类似？

A. 甲：“想要成绩好就要好好读书，别无他法。”

乙：“我不同意。我明明认真读书了，但就是没有好成绩！”

B. 甲：“如果我不争取，就不会得到这个机会。”

乙：“我不同意。如果这机会你不想要，就不会得到了。”

C. 甲：“只有吃好喝好，我才不会心情难受。”

乙：“我不同意。如果你休息好了，你也不会心情难受。”

D. 甲：“我真没用。只要有克服不了的困难，我就想放弃。”

乙：“我不同意。如果你不想浪费时间，即使放弃也是好的。”

E. 甲：“逃避虽然可耻但是有用。”

乙：“我不同意。现在逃避之后也要面对，无路可逃。”

602 当初说：“饿死事小，失节事大。”现在却是：“失节事小，饿死事大。”

以下哪项与上述推理的形式类似？

A. 当初说：“来者不善，善者不来。”现在却是：“来者不善，善者也来。”

B. 当初说：“敏于事，慎于言。”现在却是：“慎于事，敏于言。”

C. 当初说:“此而可忍，孰不可忍。”现在却是:“大部分都可以忍，只有某些不能忍。”

D. 当初说:“金玉其外，败絮其中。”现在却是:“败絮其外，金玉其中。”

E. 当初说:“取之不尽，用之不竭。”现在却是:“取之会尽，用之会竭。”

603《论语·为政》:子曰:“学而不思则罔，思而不学则殆。”

以下哪项与上述推理的形式类似?

A. 举直错诸枉，则民服;举枉错诸直，则民不服。

B. 君子周而不比，小人比而不周。

C. 可与言而不与之言，失人;不可与言而与之言，失言。

D. 道之以政，齐之以刑，民免而无耻;道之以德，齐之以礼，有耻且格。

E. 礼，与其奢也，宁俭;丧，与其易也，宁戚。

604 小李喜欢读《乌合之众》这本书，他也是研究生，所以研究生喜欢读《乌合之众》这本书。

上述推理的逻辑漏洞和以下哪项最相似?

A. 人类是有情绪的生物，人类也是有生命的个体，所以没有生命的个体是不会有情绪的。

B. 花花喜欢吃苹果，它是成都大熊猫繁育基地的熊猫，所以成都大熊猫繁育基地的熊猫喜欢吃苹果。

C. 铁是金属，铁是能导热的，所以能导热的都是金属。

D. 所有罪犯的行为都是不可原谅的，所有不可原谅的行为都是不值得同情的，所以罪犯的行为是不值得同情的。

E. 所有的中国小伙都是勤奋的，王小明是中国小伙，所以王小明是一个勤奋的人。

605 近期，甲流在我国大肆传播，引起了国民的恐慌。某专家称:没有发烧就不是流感，只要嗓子发炎，就会引起发烧，所以嗓子发炎，就是流感。

以下哪项推理能说明上述论证不成立?

A. 只有经过反省，人生才有价值，有价值的人生是成长的基础，所以反省可以获得成长。

B. 所有违法犯罪行为都会受到管制，所有被管制的行为都违反了公序良俗，所以有的违反公序良俗的行为会受到管制。

C. 福建人都不是北方人，哈尔滨人都是北方人，所以哈尔滨人都不是福建人。

D. 不是道德高尚的人，都不会无私奉献，卑鄙的人则一定会不择手段地谋取私利，所以无私奉献的人，都不会谋取私利。

E. 犯罪行为均是违法行为，违反了《道路交通安全法》的行为不是犯罪行为，所以违反了《道路交通安全法》不算违法。

606 研究人员将患有失眠症的病人分为两组:实验组和对照组。他们给实验组病人服用了一种新开发的药物。经过一个月的观察，发现实验组病人的睡眠质量显著提高;而对照组病人未服用这种药物，其睡眠质量没有明显改善。研究人员由此得出结论:该药物可以改善失眠症病人的睡眠质量。

以下哪项与上述研究人员得出结论的方式最为类似？

A. 热带雨林中的某种蝴蝶在阳光下的翅膀会闪烁出七彩光芒，而在阴暗环境下则不会。所以，阳光可以使这种蝴蝶的翅膀闪烁七彩光芒。

B. 人在寒冷的环境中会感到寒冷，随着环境温度的提高，人会逐渐感到炎热。所以，环境温度可以影响人的感觉。

C. 电视上的新闻报道说，戴口罩可以防止新型冠状病毒肺炎的传播。所以，所有人都应该戴口罩。

D. 猫是四足动物，有的食肉动物也是四足动物。因此，猫是食肉动物。

E. 要想今年的考试竞争激烈程度下降，除非太阳从西边出来。因此，今年的考试难度不会下降。

607 一家公司的员工中，有一部分人午休时参加了瑜伽课程。几个月后，参加瑜伽的员工报告说他们的工作效率提高了，而没有参加瑜伽的员工的工作效率并没有明显提高。除此之外，这些员工的工作压力、饮食习惯等并没有什么区别。于是，公司认为，午休时参加瑜伽课程可以提高工作效率。

以下哪项与上述公司得出结论的方式最为类似？

A. 在一所学校，学习成绩优秀的学生都是住校生，而学习成绩一般的学生都是走读生。所以，住校可以提高学习成绩。

B. 有些人在吃了某种保健品后，他们的身体状况得到了明显改善，而那些没有吃这种保健品的人身体状况没有改善。此外，这些人的生活习惯等方面没有任何差异。因此，吃这种保健品可以改善人的身体状况。

C. 在足球比赛中，那些平时训练越认真的球队比赛的胜率就越高。因此，认真训练有助于提高比赛的胜率。

D. 某学校许多学生在这次期末考试中的成绩明显提高了。但是调查发现，这些学生并没有额外补课，也没有偷偷做更多练习。因此，他们肯定用了某种秘密武器提高成绩。

E. 某学校许多学生在学习了“刻意练习”的课程后，成绩明显提高了。因此，“刻意练习”的课程可以提高学生学习成绩。

608 有的科学家缺乏坚持不懈的精神和创新思维。而做出重大发现的话，坚持不懈的精神和创新思维缺一不可。因此，有的科学家不能做出重大发现。

以下哪项和上述论证的结构最为相似？

A. 有的医生缺乏精湛的技术和深入的医学知识。而如果具备精湛的技术和深入的医学知识，就可以成功治疗疾病。因此，有的医生不能成功治疗疾病。

B. 有的老师缺乏激发学生学习激情和引导学生自主学习的能力。而要想培养出优秀学生的老师要么能激发学生的学习激情，要么能引导学生自主学习。因此，有的老师无法培养出优秀的学生。

C. 有的公司缺乏创新战略和优秀的领导者。而能获得长期成功的公司必须有创新的战略和优秀的领导者。因此，有的公司无法获得长期成功。

D. 有的运动员没有同时具备强烈的竞争意识和良好的身体素质。而要想赢得比赛的话，就强烈的竞争意识和良好的身体素质缺一不可。因此，有的运动员无法赢得比赛。

E. 有的艺术家缺乏独特的艺术视角和深厚的艺术功底。而具备独特的艺术视角或深厚的医术功底就可以创作出经典的艺术作品。因此，有的艺术家无法创作出经典的艺术作品。

609 始终追求完美的人不一定能称为最优秀的人，张某认为自己是最优秀的人，因此，张某从未追求完美。

以下哪项和上述论证最为相似？

A. 总是努力学习的人不一定能够取得最好的成绩，杨某取得了最好的成绩，因此，杨某从未努力学习。

B. 时刻坚持自我的人不一定能获得最大的认可，王某很少坚持自我，因此，王某可以获得最大的认可。

C. 总是在忙碌中度过一天的人不一定是最有成就感的人，陈某感觉自己是最有成就感的人，因此，陈某从不在忙碌中度过一天。

D. 一直在寻找新机会的企业不一定能获得最大的利润，某企业今年一直在寻找新机会，因此，该企业不能获得最大的利润。

E. 始终想避免冲突的人反而容易在人际关系中受伤，刘某在某次争执中受到了伤害。因此，刘某始终想避免冲突。

610 所有苹果都是水果，但有的苹果可能不甜，因为不是所有的水果必然都甜。

以下哪项与上述论证方式最为相似？

A. 所有的医生都是大学毕业的，但有的医生不是教授，因为不是所有大学毕业的人都是教授。

B. 所有猫都是动物，但有的猫不可能会飞，因为不是所有动物都可能会飞。

C. 所有汽车都是交通工具，但有的汽车不是新能源汽车，因为不存在不是新能源的汽车。

D. 所有的书都是信息的载体，但是有的书不必然是电子书，因为不是所有信息的载体必然都是电子书。

E. 所有的电影都是艺术作品，但有的电影也是喜剧，因为不是所有的艺术作品都不是喜剧。

611 音乐的本质是表达情感。但是，如果音乐被过度商业化，就会失去其本质。因此，任何音乐都不应该被过度商业化

以下哪项与上述论证方式最为相似？

A. 电影的本质是讲述故事。但是，如果电影只是为了追求票房，就会失去其本质。因此，任何电影都不应该只是为了追求票房。

B. 艺术的本质是自我表达。但是，如果艺术只是为了取悦观众，就会失去其本质。因此，

有的艺术不应该只是为了取悦观众。

C. 教育的本质是培养人。但如果教育只是为了应试，就不一定可以培养人。因此，任何教育都不应该只是为了应试。

D. 健康的人才能运动。但是，如果运动的目的是竞技，就会受到伤病的困扰。因此，有的健康的人不应该运动。

E. 能传递思想的写作就是好的写作。但是，如果写作只是为了追求销量，就不能传递思想。因此，任何写作都不应该只是为了追求销量。

612 如果一个人练习足够多或具有天赋，那么他就可能成为优秀的钢琴家。因此，如果小明成为优秀的钢琴家，但没有天赋，那么他一定有足够多的练习。

以下哪项与上述论证方式最为相似？

A. 如果一本书的内容深入或文字优美，那么这本书就会受到读者的喜爱。因此，如果某本书受到读者喜爱但文字不优美，那么它的文字就不深入。

B. 如果一个人有足够的资金或良好的商业计划，那么他就一定能成功开办一家公司。因此，如果小王成功开办了一家公司但没有良好的商业计划，那么他就具有足够的资金。

C. 如果一部电影的剧情吸引人并且演员表演出色，那么这部电影就可能会受到观众的喜爱。因此，如果一部电影的剧情吸引人但没有受到观众的喜爱，那么这部电影的演员表演一定不出色。

D. 如果一个国家的经济发展不好但是教育水平高，那么这个国家的人民就会生活幸福。因此，如果一个国家的经济发展不好但人民生活不幸福，那么这个国家的教育水平一定不高。

E. 如果一个人身体健康或心态积极，那么他就可能过得快乐。因此，如果小张过得快乐但身体不健康，那么他一定心态积极。

613 张晓是一位成功的营销专家。因为，对于一位成功的营销专家，强大的市场分析能力和丰富的产品经验二者至少要具备一个。

以下哪项与上述论证最为相似？

A. 陈磊是一位出色的运动员。因为，一个人身体强壮或反应灵敏，就可以成为优秀的运动员。

B. 李磊是一位优秀的音乐家。因为，对于一位优秀的音乐家，深厚的音乐理论知识和丰富的演奏经验二者缺一不可。

C. 张华是一位杰出的科研人员。因为，对于一位杰出的科研人员，或者要具备深厚的专业知识，或者要具备丰富的实验技能。

D. 王明是一位成功的投资者。因为，对于一位成功的投资者，对行业的深入理解和丰富的投资经验二者必居其一。

E. 杨洋是一位优秀的教师。因为，如果一个人先进的教育理念和丰富的教学经验，就可以成为优秀的教师。

614《哈利·波特》是全球知名的奇幻小说,奇幻小说通常包含神秘的元素和角色,因此《哈利·波特》包含神秘的元素和角色。

以下除哪项外，均与上述论证相似?

A. 花生是坚果，坚果富含蛋白质，因此花生富含蛋白质。

B.《权力的游戏》是电视剧,电视剧都需要演员来表演,因此《权力的游戏》需要演员来表演。

C. 电脑是电子产品，电子产品需要内置电池，因此电脑需要内置电池。

D. 比亚迪是汽车，汽车通常以油为主要燃料，因此比亚迪以油为主要燃料。

E.《红楼梦》是古代文学作品，古代文学作品通常使用文言文写成，因此《红楼梦》使用文言文写成。

615 小李同学去年虽然没有考上，但是学到了许多逻辑知识。因此，小李去年的备考既不能说完全成功，也不能说彻底失败。

以下哪项和上述论证最为相似?

A. 这次团建虽然没有让团队更有凝聚力，但让员工得到了放松。因此，这次团建既不能算有效，也不能算无效。

B. 这次年会虽然没有捋清楚明年的发展规划，但是理清楚了今年的问题。因此，这次年会既是失败的，也是成功的。

C. 我们公司的产品虽然失去了海外市场，但是在海内的销售量节节攀升。因此，我们公司的产品既不能获得全部的市场份额，也不会失去全部的市场份额。

D. AI 技术虽然不能解决生活中的问题，但是可以解决工作中的问题。因此，AI 技术既能够对部分人提供帮助，也无法对部分人提供帮助。

E. 这次男子乒乓球双打比赛的组合虽然单人技术不强，但是相互配合默契。因此，这次男子乒乓球双打比赛的组合既不可能拿到冠军，也不必然拿不到冠军。

616 李先生是一位历史爱好者，他提出一种新的历史观。然而，我不同意他的观点，因为张教授作为著名的近代史专家是坚决反对这种所谓的“新的历史观”的。

以下哪项所存在的谬误和上述论证最为相似?

A. 张医生建议我们应该多吃蔬菜，少吃肉类。但我不同意他的观点，因为张医生自己就是一个素食主义者，他的观点显然是带有偏见的。

B. 李律师提出我们应该尽量避免涉及法律纠纷。但我不同意他的观点，因为李律师自己就是一个专门处理法律纠纷的人，他的观点显然是出于自己的利益考虑。

C. 王教授主张我们应该多读书，少看电视。但我不同意他的观点，因为王教授自己就是一个书呆子，他的观点显然是带有偏见的。

D. 张老师提出我们应该尽量避免使用手机以免危害健康。但我不同意他的观点，因为张老师自己并不是医生，也不是健康领域的专家。

E. 李教授主张我们应该多运动，少坐着。但我不同意他的观点，因为李教授自己就是一个运动狂，他的观点显然是带有偏见的。

617 苹果是水果，苹果是红色的，因此，水果都是红色的。

以下哪项推理最能说明上述论证不成立?

A. 人是生命，人需要新陈代谢，因此，生命需要新陈代谢。

B. 电视有屏幕，电视是电子产品，因此，有的电子产品有屏幕。

C. 医生需要接受专业训练，小李不是医生，因此，小李不需要接受专业训练。

D. 钻石是硬的，钻石是宝石，因此，硬的东西都是宝石。

E. 犯罪行为是违法行为，犯罪行为应该受到惩罚，因此，违法行为应该受到惩罚。

618 所有哺乳动物都是恒温动物，蛇不是哺乳动物，因此，蛇不是恒温动物。

以下哪项做类比最能说明上述论证不成立?

A. 所有树都需要阳光，树有叶子，因此，所有需要阳光的都有叶子。

B. 所有计算机都需要电源，计算机可以处理数据，因此，有的需要电源的可以处理数据。

C. 所有鸟都会飞，蜻蜓不是鸟，因此，蜻蜓不会飞。

D. 所有汽车都有轮子，所有有轮子的都可以移动，因此，所有汽车都可以移动。

E. 所有狗都不是爬行动物，所有狗都不在水里生活，因此，所有爬行动物都不在水里生活。

619 如果产品设计具有创新性且市场需求分析准确，那么该产品就能成功占领市场。然而，如果市场竞争过于激烈，即便产品设计具有创新性且市场需求分析准确，产品也可能无法成功占领市场。

以下哪项的推理结构与上述论证最为相似?

A. 如果一个人具备良好的沟通能力且专业技能强，那么他就能在职场上获得成功。然而，如果职场糟粕文化过多，即便个人沟通能力良好且专业技能强，也可能不会在职场上获得成功。

B. 如果一个国家拥有丰富的自然资源且政治稳定，那么这个国家就会经济繁荣。但是，如果全球经济环境恶化，即便国家自然资源丰富且政治稳定，也会经济衰退。

C. 如果一部电影的剧本精彩或导演经验丰富，那么这部电影就能获得观众的好评。但是，如果电影的宣传不到位，即便剧本精彩且导演经验丰富，电影也可能不受欢迎。

D. 如果一名学生勤奋学习且智力出众，那么他就能在学业上取得优异成绩。然而，如果教育资源分配不均，即便学生勤奋学习且智力出众，也可能无法获得应有的成就。

E. 如果一款软件功能强大且用户界面友好，那么它就能吸引大量用户。然而，如果市场上类似软件过多，即便该款软件功能强大且用户界面友好，也可能难以突出重围。

620 只有当一个人既有坚定的目标又能够持之以恒地努力时，他才能实现个人的长远发展。因此，如果一个人没有坚定的目标或者不能持之以恒地努力，那么他的发展就可能会受到限制。

以下哪项的推理结构与上述论证最为相似?

A. 只有当一项技术既先进又适应市场需求时，它才能在市场上获得成功。因此，如果一项技术并不先进或无法适应市场需求，那么它就不能在市场上获得成功。

B. 只有当一个学生既聪明又勤奋时，他才能在考试中获得高分。因此，如果一个学生不聪明且不勤奋，他的分数就可能不理想。

C. 只有当一部影片既有深刻的主题又拥有出色的演员阵容时，它才能吸引大量观众。因此，如果一部影片的主题不深刻或演员不出色，那么它的票房就可能遭遇失败。

D. 只有当一项政策既科学合理又符合民意时，它才能有效实施。因此，如果一项政策科学合理但不符合民意，那么它就无法达到预期效果。

E. 只有当一本书既有吸引人的内容又采用易于理解的语言时，它才能广受读者欢迎。因此，如果一本书的营销和分发策略不当，那么它就可能销量不佳。

621 如果一个国家的经济增长稳定且教育体系完善，那么这个国家就能提高国民的生活水平。因此，如果一个国家国民感觉生活水平没有提高但国家的经济保持增长，则这个国家的教育体系不够完善。

以下哪项的推理结构与上述论证最为相似？

A. 如果一项体育运动既能锻炼身体又能培养团队精神，那么它就能在学校中得到推广。因此，如果一项体育运动在学校中没有得到推广但是能锻炼身体，那么它不能培养团队精神。

B. 如果一项科学研究具有创新性且方法严谨，那么这项科学研究就能够获得科学界的认可。因此，如果一项科学研究得到了科学界的认可，那么它必定既有创新性又有严谨的方法。

C. 如果一个学生学习勤奋且思维敏捷，那么他就能在学业上取得优异成绩。因此，如果一个学生感觉自己在学业上没有取得优异成绩但学习勤奋，那么他的思维不够敏捷。

D. 如果一项环保政策能减少污染或能提高公众健康水平，那么这项政策就能有效改善环境质量。因此，如果一项政策无法有效改善环境质量也不能减少污染，那么它也无法提高公众健康水平。

E. 如果一种新技术既节能又环保，那么它就能被广泛应用于产业发展中。因此，如果一项技术节能但不环保，那么它就无法被广泛应用于产业发展中。

622 如果在市中心增加绿地面积，并且在这些绿地上种植本地树，那么我们不仅能够提高城市的生态质量，还能增强居民的幸福感。因此，如果我们提高了城市的生态质量，但居民不认为他们的幸福感提高了，就说明没有在市中心增加绿地面积或者没有在这些绿地上种植本地树。

以下哪项与上述论证方式最为类似？

A. 如果学校能够减少标准化测试的数量，或者提供更多以学生为中心的教学，那么我们可以提高学生的学习动机，并且提升他们的创造力。因此，如果我们没有提高学生的学习动机但提升了他们的创造力，就说明学校没能减少标准化测试的数量，也没有提供更多以学生为中心的教学。

B. 如果能减少塑料袋的使用，并且禁止使用一次性塑料制品，那么就可以解决海洋污染问题。因此，如果没有解决海洋污染问题，就说明没有减少塑料袋的使用或没有禁止使用一次性塑料制品。

C. 如果能增加蔬菜的摄入量，并且补充维生素，就可以提高健康水平。因此，如果能提高健康水平，就说明增加了蔬菜的摄入量，并且补充了维生素。

D. 如果一个国家想在全球竞争中保持领先地位，那么就需要增加对教育的投资，并且提高科研人员的待遇。因此，如果增加了对教育的投资，但没有提高科研人员的待遇，就说明一个国家不想在全球竞争中保持领先地位。

E. 如果发展公共交通，并且鼓励自行车出行，那么就可以减少交通拥堵，并且提高居民的出行体验。因此，如果居民认为出行体验没有提高，但减少了交通拥堵，就说明没有发展公共交通，或没有鼓励自行车出行。

623 研究人员在研究一种新型抗生素对抗细菌感染的效果时，将感染了相同细菌的小鼠分为实验组和对照组。实验组小鼠被注射了这种新型抗生素，而对照组小鼠没有接受任何治疗。两周后，研究人员发现实验组小鼠的感染症状显著减轻，而对照组小鼠的感染状况没有任何改善。由此，研究人员得出结论，这种新型抗生素能有效对抗小鼠体内的细菌感染。

以下哪项与上述论证的方式最为类似？

A. 某调查显示，服用新型降压药的老年人患者和年轻患者的血压均在下降，因此，该降压药能有效降压。

B. 某调查显示，在温室内种植的植物比在温室外种植的同种植物生长得更快，因此，应该在温室内种植植物。

C. 某调查显示，使用智能手机时间越长的青少年，成绩下降就越厉害。因此，智能手机的使用可能对青少年的学习成绩产生负面影响。

D. 某调查显示，使用新型灯泡的家庭耗电量逐渐下降，而没有使用该灯泡的家庭耗电量没有变化。因此，使用新型灯泡有助于省电。

E. 某调查显示，心脏病患者和非心脏病患者的饮食习惯、生活习惯基本没有差异。因此，存在其他原因会导致心脏病。

624 甲说："我认为网络游戏只会浪费时间，对工作没有任何好处。"

乙说："或许对于你确实如此，但实际上，玩网络游戏可以提高人的反应速度和决策能力。"

以下哪项与上述反驳方式最为相似？

A. 甲说："我认为夜晚学习比白天学习效率低，对学习没有任何好处。"

乙说："可能对你来说是这样，但有研究显示，夜晚学习让人更能集中注意力。"

B. 甲说："我不喜欢冬天，因为冬天太冷了。"

乙说："冬天确实冷，但冬天的雪景很美，而且可以进行滑雪、滑冰等冬季运动。"

C. 甲说：“我觉得现在的孩子太依赖科技产品了，对成长没有任何好处。”

乙说：“这种依赖的确有些影响，但科技也让学习资源更丰富，信息获取更快速。”

D. 甲说：“我不理解为什么有人喜欢独自旅行。”

乙说：“独自旅行确实不适合每个人，但它能提供独立解决问题的机会。”

E. 甲说：“我不看好电动汽车的未来。”

乙说：“虽然电动汽车目前面临一些挑战，但它们对减少空气污染和促进可持续能源的使用具有重要意义。”

625 在一次全球经济论坛上，一位著名的经济学家发表了一场引人深思的演讲。他从宏观经济的角度出发，阐述了全球经济的稳定性和增长与各国经济体的表现之间的关系。他认为，每个单一经济体在全球经济中所占比重都相对较小，因此，单一经济体在全球经济中所占的比重较小。

以下哪项中的论证错误与上述论证最为相似？

A. 在一篇关于公民自由的论文中，作者强调：“由于个体公民享有言论自由，我们可以得出结论，整个社会是完全自由的。”

B. 在一次健康政策研讨会上，一位公共卫生专家声称：“鉴于单个健康的生活方式对于提高个体健康水平的作用有限，因此，健康的生活方式对于提高个体健康水平的作用有限。”

C. 在一次教育改革的辩论中，一位政策制定者声称：“单个学生的学习成绩可以通过个人努力来改善，所以教育系统中不存在不公平现象。”

D. 一位心理学家在一篇文章中写道：“个体情绪状态的变化可以通过心理治疗得到调整，所以，社会心理健康问题只需要通过增加心理咨询服务来解决。”

E. 在一篇关于环境保护的报告中，作者指出：“单个消费者减少塑料使用对减少海洋塑料污染的影响微乎其微，因此，个人行为的改变对环境保护无关紧要。”

626 李博士是一位热心的公共卫生专家，他经常在社交媒体上推荐大家用“16+8 轻断食”的饮食方案。但我对他的建议持保留态度，因为许多医生建议人每天都应该在 10 个小时左右的时间内吃三顿饭。

以下哪项论证中的错误和上述论证最为相似？

A. 王某强烈建议学校减少学生的作业量，认为这有助于学生的全面发展。但我对他的建议持保留态度，因为他自己的孩子不爱学习，无法按时完成作业。

B. 某公司管理层在全公司推行午间健身计划，鼓励员工注重健康。但员工们对这一计划持有怀疑态度，因为他们觉得工作已经很累了，中午需要时间午休。

C. 某市近期在全市范围内投入大量资源进行绿化。但是许多居民对此表示不满，因为在施工过程中，居民的正常出行受到了严重的影响。

D. 某健康领域的专家建议大家每周进行 5 次半小时以上的力量训练。但是有人对他的建议持怀疑态度，因为许多运动员建议非职业选手每周保持 3 次力量训练就足够了。

E. 某小区决定在小区内部增加更多的娱乐设施。但是该小区的居民对这一决策持否定态度，因为这些娱乐设施的成本需要全小区业主共同承担。

627 某次辩论大赛的主题是“公共图书馆的存在是否还有价值”。正方反驳道，公共图书馆仍然是社会重要的一部分，因为公共图书馆提供了大量的书籍、资料和服务，这对社区的教育和发展至关重要。但是，反方认为，公共图书馆已经过时了，因为大多数信息和资源现在都可以在互联网上免费获得。

以下哪项论证中的错误和正方的论证一致？

A. 只要遵循食谱来做饭，就能烹饪出美味的菜肴，类似的，只要遵循科学的教育方法，就能教育出成功的孩子。

B. 监控摄像头能够减少犯罪，因为它们能够威慑潜在的犯罪者，从而防止犯罪行为的发生。

C. 我有几个朋友上大学时都选择了文学专业，他们毕业后发现很难找到满意的工作，因此文学专业的学生毕业后都很难找到好工作。

D. 全球最顶尖的科技公司都是因其创新能力而闻名于世，因此，这些公司的员工都具有超凡的创新思维。

E. 科学家目前无法证明鬼魂是不存在的，因此，鬼魂是真实存在的。

题型 06 分析论证有效性

海绵 MBA App 扫码对答案
查看解析和视频讲解

题型特征	(1) 问题特征：问题要求寻找评价题干论证的关键信息。 (2) 题干特征：题干给出论证过程。
思路概述	本题型主要考查对论证的评估能力，具体有如下思路： (1) 解题时尝试对选项做出不同的回答，若可以分别削弱和支持题干，则该项是正确答案； (2) 若题干在讨论因果关系，则考虑寻找构建对照实验（求异法）的选项

628 根据近几年的相关调查显示："考公"已经成为主流就业方向之一，也会是在很长一个阶段大学生就业的主要去向，随之而来的还有"考研热"，这体现出了我国毕业生就业的焦虑和就业环境的畸变。有专家认为，考公、考研人数的递增可能是由于我国针对大学生的就业教育存在缺陷，所以应该进行改革。我们既需要创造出良性的就业环境，同时也要包容应届毕业生对职业的自由选择。

以下哪个问题的回答，与评价该专家的观点不相关？

A. 大部分应届毕业生是否可以自由地选择就业，除了考公、考研是否还有别的选择？

B. 有关企业是否赋予了应届毕业生相同的就业权？

C. 政府是否在缓解应届毕业生就业焦虑等方面采取措施，以帮助应届毕业生更快就业？

D. 10 年前考公、考研人数与现今考公、考研人数的对比。

E. 就业教育的缺陷是否可以通过改革实现良性转变？

629 一项研究发现，那些在晚上学习的人往往学习效率比较高。这说明，晚上学习有助于提高学习效率。

以下哪项对于评价上述论证最为重要？

A. 对那些习惯在晚上学习的人进行专业的检测，研究他们每天什么时间段最清醒。

B. 对那些学习效率较高的人进行调查，研究男性和女性在其中的占比是多少。

C. 对那些不在晚上学习的人进行调查，研究他们为何不在晚上学习。

D. 对那些在晚上学习但基础比较差的人进行调查，研究他们的学习效率如何。

E. 对那些情况类似但不在晚上学习的人进行调查，研究他们的学习效率如何。

630 一项研究发现，许多习惯在晚上学习的人考研的成功率为 60%。因此，专家认为，晚上学习有助于考研。

为了评价专家的论证，以下哪项最为重要？

A. 对那些习惯在晚上学习的人进行调查，分析在什么时间段学习的效果最好。

B. 对那些习惯在晚上学习的人进行调查，分析他们为什么选择在晚上学习。

C. 对所有参与考研的人进行调查，统计参与考研的人考研的成功率是多少。

D. 对那些考研成功的人进行调查，统计他们考上研以后还有多少人在晚上学习。

E. 对那些考研失败的人进行调查，分析他们为什么会考研失败。

631 据统计，仅在 2022 年，全世界因为户外运动而死亡的人数就超过了 100 万，而平均每年死于狂犬病的人不足 2 000 人。因此，人在被猫犬抓伤、咬伤后其实没有必要去打狂犬疫苗，这种疾病的危险性被人夸大了。

为了评价上述论证的正确性，回答以下哪个问题最为重要？

A. 每年死于狂犬病的人和死于被毒蛇咬伤的人哪个更多？

B. 每年有多少人参与户外运动，多少人被猫犬抓伤、咬伤？

C. 每年有多少猫犬感染狂犬病，甚至因为狂犬病死亡？

D. 每年因户外运动而死亡的人中，死于哪类户外运动的人最多？

E. 注射了狂犬疫苗的人中，有多少比例的人出现了副作用？

632 我国上映的电影中由年轻导演执导的比例有显著的增长。因为在 2022 年，年轻导演（35 岁以下）执导的电影上映的比例为 35%，而在 2012 年这一比例仅仅是 20%。与此同时，我国中老年导演（超过 35 岁）执导的电影上映的比例却一直保持不变。

为了评价上述论证，对 2012 年和 2022 年的哪项数据进行比较最为重要？

A. 年轻导演占所有导演的比例。

B. 年轻导演的总人数。

C. 每年上映的电影的总数。

D. 每年上映的电影占全部电影的比例。

E. 年轻导演执导的电影占全部电影的比例。

专题八 解释题

题型 01 解释现象题

海绵 MBA App 扫码对答案
查看解析和视频讲解

题型特征	（1）问题特征：问题要求解释题干的现象。 （2）题干特征：题干给出一个或若干现象。
思路概述	解释现象题的主要思路就是寻找能导致题干现象的原因

633 在草原生态系统中，能持续生存下来的物种要么是食肉动物，要么是食草动物。食肉动物要想在草原生存就需要具备猎杀其他动物的能力或食腐的能力。和食肉动物不同，食草动物需要具备辨别有毒植物的能力。最近某研究指出，土拨鼠不具备辨别有毒植物的能力，因此，土拨鼠无法在草原生态系统中生存下来。

以下哪项最能解释上述题干？

A. 若具备识别有毒植物的能力，就能在草原生态系统中生存下来。

B. 草原上可能有土拨鼠的天敌。

C. 有些不具备识别有毒植物的生物也不具备对毒素的抗性。

D. 土拨鼠既不能够食腐，也不能猎杀其他动物。

E. 若土拨鼠在草原生态系统中生存下来，则可能对草原生态系统造成毁灭性的打击。

634 人对食物的实际味觉体验往往和食物真实的味道存在一定的差异。调查发现，品尝完全相同的食物时，若人处于精神疲劳的状态，就会觉得食物的味道一般；若人的情绪不佳，也会觉得食物的味道较差。

以下哪项如果为真，最不能解释上述题干中的现象？

A. 人的味觉体验除受食物的味道影响外，还受精神状态和情绪的影响。

B. 人的精神处于疲劳状态时，味蕾会放大对食物中涩味等不好的味道的感受。

C. 人的情绪会影响味蕾的敏感程度。

D. 人的味觉体验其实取决于人对食物的期待值。

E. 实验证明，充分休息的人在品尝食物时的感受往往比休息不足的人更好。

635 最近，城市规划者和环境科学家在一项跨年度研究中调查了城市绿化对居民健康的潜在影响。结果显示，居住在绿化良好区域的居民，心血管疾病的发病率显著低于居住在缺乏绿化区域的居民。

以下哪项如果为真，最能解释上述题干？

A. 绿化良好的区域提供了更多的户外活动空间，能吸引附近的居民来积极参与体育锻炼。

B. 绿化良好的区域通常位于城市的外围，那里虽然生活不够便利，但是人口密度低、人均住房面积大。

C. 居住在绿化良好区域的居民，其社会经济地位通常更高，生病后可以获得更好的医疗服务。

D. 绿色植物白天能够吸收空气中的二氧化碳并释放氧气，但是晚上就需要吸收氧气并释放二氧化碳。

E. 绿化良好的区域往往房价较高，只有舍得为居住环境投资的居民才舍得在这些区域购买房产。

636 在对不同年龄段人群的睡眠习惯进行的广泛研究中，科学家们发现了一个有趣的现象：青少年周末的睡眠时间明显比上学时要长，而成年人的睡眠时间在工作日和周末之间的差异却非常小。

以下哪项如果为真，最能解释上述有趣的现象？

A. 青少年的生物钟本身就更倾向于早睡晚起，而成年人由于工作和家庭责任，其睡眠模式更为固定。

B. 成年人通常有更强的自我控制能力，能够更好地管理自己的睡眠时间，即使在周末也能维持相对固定的作息。

C. 青少年周末使用电子设备的时间更长，这影响了他们的睡眠质量，因此他们需要更多的睡眠时间来补充。

D. 成年人由于工作压力大，即使在周末也难以彻底放松，导致即便延长睡眠时间也很难获得充足的休息。

E. 青少年在学校的学习压力在周末得到缓解，因此他们选择延长睡眠时间来减少压力。

637 随着城市交通拥堵问题日益严重，居民们对于出行方式的选择也发生了显著变化。其中，私人电动滑板车以其小巧便携、操作简便和出行灵活等特性，迅速在城市居民中普及开来。有趣的现象是，随着私人电动滑板车的使用率显著增加，公共自行车的使用率却相应地有所下降。

以下哪项最能解释上述现象？

A. 私人电动滑板车的购买和维护成本相对较低，使得它们成为一个经济高效的出行选择。

B. 城市居民越来越注重出行的环保性，而电动滑板车被视为比开车和打车更环保的出行方式。

C. 公共自行车系统的维护不善，经常出现车辆损坏或缺失的情况，严重影响了用户体验。

D. 私人电动滑板车和公共自行车的主要使用场景都是城市短距离通勤，但私人电动滑板车在便利性和灵活性方面均比公共自行车更强。

E. 为了降低公共区域停放自行车的压力，交通运输部门推荐居民用私人电动滑板车通勤而非用公共自行车通勤。

638 热带雨林地区全年降水量丰富，平均每年降水量可达 2 000 毫米以上；而沙漠地区极度干燥，年降水量通常少于 250 毫米。某研究人员对这些地区进行研究后还发现，这些降水量高的区域植被的覆盖率往往也比降水量低的区域要高得多。

以下哪项最能解释上述研究人员的发现？

A. 沙漠地区的植物适应了极端干燥的环境，能够在几乎没有水分的条件下生存和繁殖，即便水源稀缺，这些地区仍然有植被覆盖。

B. 热带雨林地区的高降水量为植物生长提供了充足的水分，有助于植被的生长和繁殖。

C. 热带雨林丰富的生物多样性为植物提供了互利共生的机会，提高了植被的覆盖率。

D. 热带地区的土壤特别肥沃，能够给植物提供充足的营养来生长和繁殖。

E. 沙漠地区的土壤含有的营养物质较少，可能会影响植物的生长。

639 在一项关于空气污染与植物光合作用关系的实验中，研究者将相同种类的植物分为高污染组、低污染组和对照组。高污染组被置于高浓度的空气污染环境中，低污染组则处于较低浓度的污染环境中，而对照组则处于无污染的清新环境中。经过连续两周的观察，研究者发现，高污染组的植物光合作用效率在第三天下降，低污染组的植物在第六天出现光合作用效率下降，而对照组的植物在整个观察期间光合作用效率保持稳定。

以下哪项如果为真，最能解释上述实验结果？

A. 空气污染会影响植物的生长过程，例如影响植物长高的速度、延迟植物开花的时间等。

B. 植物如果能保持正常的光合作用，就可以通过新陈代谢有效地抵御空气污染的影响。

C. 空气污染会破坏植物的叶绿体，从而影响其光合作用，而且污染越高对叶绿体的破坏就越严重。

D. 处于低污染空气中的植物虽然能在短期内抵御空气污染的危害，但是长期暴露其中依然会受到影响。

E. 植物的生长虽然会受到空气污染的影响，但是反过来，植物也能改变空气质量，那些植被覆盖率较高的地区往往空气质量也更好。

640 由来自密歇根州立大学、乔治城大学、全美奥杜邦协会、世界自然基金会等机构的科学家组成的研究团队利用层次模型分析了 1994—2018 年间超过 18 000 次的帝王蝶系统性调查数据，发现了一个令人担忧的现象：2018 年全球的平均气温比 1994 年高出了大约 0.34℃，与此同时，帝王蝶的种群数量出现了明显的下降。

以下各项如果为真，均能解释上述令人担忧的现象，除了：

A. 帝王蝶的幼虫对温度较为敏感，较高的温度可能会导致其幼虫的存活率明显下降。

B. 在帝王蝶秋季迁徙的路线中，其赖以生存的花蜜因为温度升高而产量逐渐下降。

C. 帝王蝶的主要食物是乳草属植物，这种植物正因为温度升高而逐渐消失。

D. 自从人类能合成农药以来，人们经常会使用抗草甘膦来除草，这也导致帝王蝶的主要食物乳草属植物逐渐消失。

E. 帝王蝶冬季的主要栖息地正因为温度升高而逐渐缩小，这导致许多帝王蝶因找不到栖息地而死在迁徙的路上。

题型 02 解释矛盾题

海绵 MBA App 扫码对答案
查看解析和视频讲解

题型特征	（1）问题特征：问题要求解释题干的矛盾。 （2）题干特征：题干给出看似矛盾的现象。
思路概述	本题型的主要思路就是寻找能使题干中看似矛盾的现象可以共存的原因。

641 最近，在纽约中央公园里出现了一个新的景点。从外面看，这是一个典型的儿童游乐场。满满当当的游乐设施，包括滑梯、秋千和旋转木马等。然而所有的游乐设施都是固定的，不能移动或使用。神奇的是，虽然这是一个不能玩的游乐场，却人气爆棚。

以下哪项如果为真，最能解释上述现象？

A. 部分参观者不知道游乐设施是固定或无法使用的。

B. 固定的游乐设施实际上是一种流行的艺术作品。

C. 有一些固定的设施是恶作剧的道具。

D. 这种游乐场的火爆表明了很多人依然有“猎奇”的心态。

E. 游乐场的意义就在于能提供可使用的游乐设施。

642 某市的图书馆离市中心较远，且公共交通班次很少。图书馆的读者大部分居住在市中心，他们经常因为无法按时坐上公共交通而错过图书馆的开放时间。为此，公共交通公司大量增加了图书馆与市中心之间的公共交通班次，以满足这些读者的乘车需求。但有趣的是，即便公共交通班次增加了，许多读者依然会错过图书馆的开放时间。

以下哪项为真，最能解释上述现象？

A. 图书馆的开放时间去年经历了一次调整。

B. 部分原来自驾去图书馆的读者改为乘坐公共交通。

C. 由于道路狭窄，公共交通班次大量增加后经常出现长时间塞车。

D. 许多原本乘坐公共交通去图书馆的读者改为自驾或乘坐出租车。

E. 乘坐公共交通的费用远低于自驾或乘坐出租车。

643 小李养了两只猫，老大喜欢吃冻干，但老二只喜欢吃罐头。随着两只猫年龄的增长，小李发现老大的心脏出现了一些问题，老二的心脏一直很健康。

以下哪项如果为真，最能解释上述现象？

A. 宠物医生建议，在条件允许的情况下，尽量给猫喂食罐头。

B. 猫的饮食习惯不同不意味着猫的生活作息不同。

C. 研究表明，冻干中存在许多食品添加剂，不利于心脏健康，但罐头并没有这个问题。

D. 猫能吃什么其实和猫的喜好无关，和主人的收入水平相关。

E. 许多猫，尤其是纯种的猫都容易存在心脏问题。

644 2023年某城市的平均收入仅仅下降了3.2%，下降速度较慢，尤其是比2022年要慢。但是许多行业的员工纷纷抱怨收入大幅度下滑了，例如，IT行业的从业者收入下降了18%，金融行业的从业者收入甚至下降了26.4%。

以下哪项如果为真，最能解释上述矛盾现象？

A. 该城市从事外卖等服务行业的人员收入逆势上涨了。

B. 不同行业从业者收入的变化情况存在差异。

C. 尽管IT行业的从业者收入下降了18%，但依然不影响他们的生活质量。

D. 该城市的物价指数下降了8.2%，因此，该城市居民的幸福指数反而提高了。

E. 该市平均收入下降的主要因素是目前全球的经济都不景气。

645 对备考管综和经综的小伙伴们进行调查研究发现，花大量时间学习数学的同学最终的数学成绩实际上和仅花少量时间学习数学的同学差不多。但所有认真学习数学的同学都声称：是长时间的学习数学提高了他们的数学成绩。

以下哪项如果为真，最不能解释上述题干的矛盾？

A. 花长时间学习数学的同学原本的数学基础比仅花少量时间学数学的同学更差。

B. 长时间的学习数学容易导致大脑过劳，反而会降低学习效率。

C. 正是因为数学底子好，所以许多人在备考时才决定减少学数学的时间。

D. 在数学成绩差不多的情况下，大家最终拼的是英语学得好不好。

E. 仅花少量时间学数学的同学会做出更合理的学习规划，保证学习效果。

646 最近，政府发布了一项新的环保法规，要求所有的塑料制造商必须在生产过程中使用一种新的、更环保的原料。然而，在新法规发布后的一个月内，仍有一些塑料制造商继续使用旧的、对环境造成更大影响的原料。

以下哪项如果为真，最能解释上述塑料制造商的行为？

A. 执行新法规需要一定的过渡期，有些塑料制造商还没有收到具体的执行指示。

B. 有些塑料制造商已经在旧原料上进行了大量的投入，不愿意看到这些投入白白浪费。

C. 新法规主要是为了保护环境，对于那些已经达到一定环保标准的企业似乎并没有强制要求。

D. 虽然环保问题已经引起了全球的关注，但并非所有国家都出台了类似的环保法规。

E. 许多塑料制造商抱有侥幸心理，认为短期内政府不会严查违反了该法规的企业。

647 在我国南方地区，如果热带雨林中的降雨量比往年偏低，这些地区的土壤湿度就会下降，影响植物的生长。这通常对热带雨林中的某些种类的昆虫有利，因为这些昆虫的数量通常会随着植物生长的减缓而增加。然而，去年这个地区经历了一次极端干旱之后，尽管该地区的植物生长速度减缓，但这些昆虫的数量并没有随之增加，反而减少了。

以下哪项如果为真，最能解释上述看似矛盾的现象？

A. 极端干旱导致该地区的一些植物死亡，这些植物是昆虫的食物来源之一。

B. 该地区去年出现了这些昆虫的天敌。

C. 我国南方地区热带雨林遍布，生态环境复杂，影响昆虫数量的因素很多。

D. 极端干旱破坏了该地区这些昆虫赖以生存的土壤酸碱平衡。

E. 经过极端干旱之后，以这些昆虫为食物的动物有所减少。

648 科学家们在研究北极熊的生活习性时发现，全球气候变暖导致北极冰层融化，正在改变北极熊的生存环境。尽管这一变化导致北极熊的捕食次数有所减少，但是北极熊的平均体重并没有显著下降。这一发现令研究人员感到困惑，因为按照常理，捕食次数减少应该会导致北极熊的营养摄入减少，从而导致北极熊的体重下降。

以下哪项最能解释研究人员的困惑？

A. 有些北极熊调整了狩猎策略，更多地捕食高脂肪含量的海洋哺乳动物，以补充能量。

B. 全球气候变暖导致北极地区的物种数量增加，使得北极熊的食物链变得更加多样化。

C. 北极熊通过减少活动范围，降低能量消耗，从而使得食物摄入的需求减少。

D. 北极冰层融化缩小了北极熊的生存范围，导致北极熊因烦躁不安而减少捕食次数。

E. 全球气候变暖导致北极冰层融化，而北极熊已经适应了这一新的生存环境，并找到了新的生存策略。

649 调查显示，某市居民平均每周进行体育锻炼的次数在全国排名倒数，并且该市居民的肥胖率在全国位居前列。为此，该市市政府在全市范围内新建了大量的公园和健身设施。但令人困惑的是，该市居民参与体育锻炼的平均次数反而在下降，肥胖率也在不断升高。

以下哪项最能解释上述困惑？

A. 随着科技的发展，许多城市居民选择了更多的室内娱乐方式，如游戏和在线流媒体。

B. 城市中的公园和健身设施并不是均匀分布在全市的每个区，导致一些居民实际上并没有便利的运动设施可用。

C. 该市居民的生活节奏越来越快，工作压力也越来越大，这使他们不仅没有时间锻炼，反而只能通过暴饮暴食来减压。

D. 由于维护不当，该市的一些公园和健身设施的质量明显下滑，使得居民对这些公园和健身设施感到不满意。

E. 该市居民对于健康生活方式的认识普遍提高，但由于缺乏专业指导和健身计划，一些居民不知道如何有效地利用这些运动设施。

650 近年来，中国各级纪委监委加大了反腐力度，并通过媒体公开曝光落马官员被抓捕的现场，这种做法在社会上引发了广泛关注。这种公开曝光的官员被抓捕时的慌乱、恐惧甚至痛哭流涕的画面有效地震慑了官员。但是，贪污腐败现象仍然屡禁不止，每年都有官员因为腐败被查处。

以下哪项最能解释上述看似矛盾的现象？

A. 曝光落马官员的被抓捕现场主要是为了增强公众对反腐行动的信心，尽管贪污腐败现象仍然存在，但这种做法确实提高了社会对反腐斗争的支持与认可。

B. 贪污腐败行为的根源复杂多样，包括制度漏洞、监督不足等多重因素，单一的公开曝光策略虽有震慑作用，但无法根治贪污腐败问题。

C. 公开曝光落马官员的做法，虽然能有效震慑潜在的腐败行为，但还需要结合制度建设和文化教育，形成全社会反对腐败的强大氛围。

D. 尽管公开曝光可以震慑一部分官员，但对于一些决心进行腐败行为的人来说，他们可能会寻找更隐蔽的方法。

E. 公开曝光的同时，也可能导致部分官员产生“侥幸心理”，认为只要不被公开曝光，就能逃避法律的制裁。

651 近期湖南一所重点高校突然下发建立家长群的通知。家长们对此表示赞同，希望通过这种方式更好地了解孩子的学习和生活情况；而学生们感到被学校“背叛”，认为这个举措让他们仿佛回到了高中时代，在父母时刻监控下生活。近年来，大学建立家长群的趋势在蔓延，这似乎违背了大学教育鼓励学生独立的初衷。

以下哪项如果为真，最能解释这些高校的决定？

A. 大学建立家长群实际上是为了强化家校之间的沟通，帮助家长更好地理解大学教育的目标和方法，从而减少对学生学习和生活的无理干预。

B. 在竞争激烈的就业市场和社会压力下，家长群成为家长们寻求心理安慰的一种方式，他们通过密切监控孩子的学习和生活，以期孩子能在未来的竞争中占据优势。

C. 尽管大学建立家长群可能会削弱学生的独立性，但实际上是在响应社会对教育透明度和公开性的要求。

D. 家长群的存在反映了当前教育体系对学生个体成长需求理解的不足，学校和家长过分关注学业和成绩，忽视了培养学生独立思考和解决问题能力的重要性。

E. 大学生在面对学习和生活压力时往往缺乏足够的应对策略，家长群的建立虽与大学教育的独立初衷相矛盾，但在实际操作中能为学生提供必要的支持和指导。

652 据 2023 年报道，尽管美国及其盟国不断扩大对中国半导体设备及人工智能芯片的出口管制，试图限制中国半导体先进制程技术的发展，但中国的半导体产能却在大幅扩张，特别是在成熟制程领域，到 2027 年，中国的产能占全球比重预计将高达 39%。

以下哪项如果为真，最能解释上述看似矛盾的现象？

A. 近年来，中国政府全力为半导体行业提供资金支持并且提出了许多奖励政策，这些政策有效促进了半导体产业的发展。

B. 中国半导体企业在面对外部压力时，加快了技术研发和创新步伐，成功突破了部分关键技术的限制。

C. 成熟制程领域的技术相对成熟，即便中国被出口管制了，也依然可以利用现有的技术实现产能扩张。

D. 中国半导体企业通过与其他国家和地区的合作，绕过了部分出口管制，保证了成熟制程领域的关键设备和技术的供应。

E. 中国是全世界最大的半导体市场，任何一个半导体公司如果失去了中国市场都会陷入极其被动的局面。

653 欧洲某国近期发生了一件骇人听闻的杀人碎尸案。被告汤姆因此案可能要承担重大法律责任，包括但不限于被指控为谋杀罪、侮辱尸体罪，按照现有的量刑标准法院最高可以判处他死刑。但是，汤姆却在法庭第三次提审他时依然因"在医院接受治疗"而缺席，而法庭也并未对其采取强制措施。

以下哪项如果为真，最能解释上述看似矛盾的现象？

A. 法律保护每一个公民的合法权利，当然也包括犯罪嫌疑人，根据现有的法律法规，提审并非正式开庭，法庭不得强制被告在场。

B. 根据警方的调查报告，犯罪嫌疑人长期遭受被害人的霸凌，最终因为被害人某次酒后对其辱骂和殴打而失手杀死被害人。

C. 一般情况下，被告人连续缺席提审都是为了拖延时间，以寻找对其有利的法律条文和证据来洗脱罪名。

D. 犯罪嫌疑人连续缺席表明其对自身处境的恐惧和逃避，这种心理状态在最凶恶的罪犯身上也不罕见。

E. 相关法律明确指出，如果犯罪嫌疑人因患有严重疾病而神志不清醒，就有权向法庭申请延后提审。

654 最新的统计数据显示，中国的书店数量在过去十年间显著增加，人均拥有书店的数量已经不比许多发达国家少。然而，中国的书店单店一年卖出去的书平均下来比发达国家低了40% 以上。

以下哪项如果为真，最能解释上述看似矛盾的现象？

A. 随着数字阅读平台的普及和发展，越来越多的人选择通过电子书、在线阅读等方式获取知识和信息，导致实体书销量下降。

B. 中国书店已经逐渐向文创产品集合店转型，卖书已经逐渐成为它们的副业，主业反而是销售各类有特色的文创产品。

C. 发达国家的书店多半是在人流量较大的核心商区，许多顾客会在逛街之余在书店稍作休息，可能就会顺手买一两本书回家。

D. 中国的电商平台远超发达国家，相较于发达国家的居民，中国居民更喜欢在网上购买自己所需要的商品。

E. 中国书店的图书更新速度一般比较慢，许多最流行的书很难及时在书店找到，这会导致书店流失一部分潜在的顾客。

655 某城市近期在连接主要居住区和商业区的路线开设了几条地铁线路，希望能减少对私家车的依赖，进而减轻道路交通拥堵。然而，附近某些区域的交通拥堵情况不仅没有减轻，反而恶化了。

以下各项均可以解释上述看似矛盾的现象，除了：

A. 这些地铁沿线近期有两家大型商场正式开始营业，许多居民会前往这两家商场购物。

B. 这些地铁线路开通时需要对附近的道路进行长期的施工和调整，暂时增加了拥堵。

C. 这些地铁线路附近的公交有许多都取消了，居民不得不选择骑行、打车等出行方式。

D. 这些地铁线路的设计存在一定的缺陷，可能导致一些居民放弃乘坐地铁而选择开车。

E. 这些地铁线路开通后，乘坐率迅速达到了最大程度，地铁管理方不得不增加车次。

专题九 推论题

题型 01 概括结论题

海绵 MBA App 扫码对答案
查看解析和视频讲解

题型特征	（1）问题特征：问题要求根据题干信息推出结论。 （2）题干特征：题干给出若干信息。
思路概述	本题型主要考查根据已知信息推出结论的能力，具体有如下思路： （1）若题干有论点，则优先寻找和题干论点有关的选项； （2）若题干无论点，则考虑逐一代入选项，判断选项是否能被题干推出； （3）注意，若选项的力度过强或存在题干未提及的话题，则选项可能存在过度推理的问题，这类选项不要优先考虑

656 在自然界中，许多生物能够通过改变环境来促进自身生存。例如，某些植物根系能够释放出特定的化学物质，这些物质可以改变土壤的化学性质，使其更适合植物的生长。这种改变不仅有助于植物的根系扎根并吸收养分，还可以影响周围的生物。另一个例子是蜜蜂。蜜蜂在寻找花蜜的过程中，会从花朵上收集花粉，并在飞行中将花粉传播到其他花朵上。这种传粉行为不仅有助于蜜蜂获得食物，还促进了植物的繁殖。因此，蜜蜂的存在和活动对于维持植物多样性和生态平衡具有重要作用。

以下哪项最为准确地概括了上述文字的结论？

A. 蜜蜂的存在对维持生态平衡具有一定的作用。

B. 蜜蜂的传粉行为对维持植物多样性起到了重要作用。

C. 蜜蜂对生态平衡的贡献远大于其他的昆虫。

D. 不止一种生物可以通过改变环境来促进自身的生存。

E. 某植物的根系释放的化学物质能改变土壤的化学性质。

657 当代社会中，互联网的普及对人们的生活产生了深远的影响。互联网最突出的特点是信息的快速传播和广泛共享。因此，互联网成为“信息时代”的标志，也是人们获取知识和交流思想的重要工具。

根据以上信息，可以得出以下哪项？

A. 互联网在当代社会中得到广泛应用主要是因为它能够快速传播和共享信息。

B. 所有具有广泛共享信息特点的工具都是“信息时代”的标志。

C. 有些交流思想的工具也是“信息时代”的标志。

D. 如果一个工具能够快速地传播信息，那么就可以对人们的生活产生重要影响。

E. 只有能将信息广泛共享的工具，才能成为“信息时代”的标志。

658 一种流行的说法是，使用手机会导致睡眠质量下降。许多人发现，当他们睡觉前使用手机时，他们难以入睡或睡眠质量不佳。然而，这种说法很可能将结果当成了原因。最近的研究表明，许多人是在睡前处于兴奋状态，抑制了褪黑素的分泌。而褪黑素分泌不足就会导致人们入睡困难，只能通过手机来消遣。此外，睡前玩手机可能对人的视力造成较大的损害。

以下哪项最为准确地概括了上述文字的结论？

A. 玩手机在某些时候会对人的视力造成较大的损害。

B. 睡前处于兴奋状态会抑制褪黑素的分泌。

C. 人体激素的分泌会对睡眠质量造成影响。

D. 入睡困难是人们睡前玩手机的原因。

E. 手机是人们常见的消遣工具。

659 某经济学家认为：政府提高税率可以增加财政收入，但并非所有增加税收的政策都对政府有利。因为，政府过度提高税率可能导致人民的负担加重，减少他们的可支配收入，从而减少他们的消费能力，对经济的增长产生负面影响。

以下哪项最能准确地表示上述经济学家陈述的结论？

A. 政府应该随时提高税率以增加财政收入。

B. 政府提高税率对经济增长没有任何影响。

C. 只有当人民的负担和政府的财政收入相互平衡时，提高税率才是对政府有益的。

D. 政府提高税率的决策需要综合考虑经济增长和人民的负担。

E. 有些增加税收的政策对政府不利。

660 A 市是一个重要的旅游城市，位于海边，拥有美丽的海滩和丰富的自然资源。如果 A 市想进一步发展自己的旅游业，就必须修建高速公路来方便游客出行。因为，吸引更多的外来游客是发展旅游业的关键措施，而从其他地方去往 A 市的游客一般都会选择自驾游的方式。

以下哪项最为准确地概括了上述论证的结论？

A. 自驾游是越来越流行的旅游方式。

B. 吸引更多的外来游客是发展旅游业的关键措施。

C. 有的拥有丰富自然资源的城市是重要的旅游城市。

D. 除了修建高速公路，A 市没有其他办法进一步发展自己的旅游业。

E. 如果 A 市能修建高速公路，那么就可以进一步发展自己的旅游业。

661 某高校为庆祝 100 周年诞辰，向社会公开募捐，共筹集到 300 万元。其中捐款总额的 75% 来自社会上各类教育企业，20% 来自各大民营企业。在捐款的所有企业中，有 85% 的企业创始人都是毕业于该高校的优秀学子。

若以上信息为真，则以下哪项信息一定为真？

（1）有 15 万的资金并非来自教育企业和民营企业。

（2）有 255 万元的资金是由该校优秀学子所捐助的。

（3）捐助资金的优秀学子中，至少有 10% 的优秀学子现在是民营企业的创始人。

（4）没有除教育企业和民营企业以外的企业捐款。

A. 仅（1）（2）。　　B. 仅（2）（3）。

C. 仅（1）（3）（4）。　　D. 仅（1）（2）（4）。

E. 以上均不正确。

662 统计表明：某市的高中毕业生中，有 80% 以上选择继续升学，而剩余的 20% 选择就业或创业。在选择继续升学的高中毕业生中，有 75% 以上选择理工科专业，剩余的 25% 选择文科或其他专业。

如果上述统计数据是准确的，则以下哪项一定是真的？

A. 在该市的高中毕业生中，没有人选择就业或创业。

B. 在该市选择继续升学的高中毕业生中，至少有一部分人选择文科专业。

C. 在该市选择继续升学的高中毕业生中，选择理科专业的人比选择文科专业的人多。

D. 在该市选择继续升学的高中毕业生中，没有人选择理工科专业。

E. 该市的高中毕业生中最终升学且选择文科或其他专业的人不多于选择就业或创业的人。

663 为了减少飞机失事事故，有些国家规定飞机必须配备黑匣子记录飞行数据。一般来讲，一个国家的气候条件越恶劣，飞机失事的概率就越高。而一个国家飞机失事的概率越高，给飞机配备黑匣子的意义就越大。

上述断定最能支持以下哪项结论？

A. 在恶劣气候条件下，飞机失事的主要原因是飞行数据记录不全。

B. 在实施黑匣子规定的国家中，飞机失事的主要原因是气候条件恶劣。

C. 一般地说，和目前已实施黑匣子规定的国家相比，如果在气候条件较好的国家实施黑匣子规定，其效果将较不显著。

D. 气候条件越恶劣的国家，给飞机配备黑匣子的意义就越大。

E. 如果气候条件相同，则实施黑匣子规定的国家每年发生的飞机失事事故数量，少于未实施黑匣子规定的国家。

664 “技术进步”和“就业机会”似乎具有某种关系。具体来讲，“技术进步”指的是新技术的发展和应用，“就业机会”指的是可提供工作的机会。“技术进步”可以创造新的就业机会，而创造新的“就业机会”也需要新技术的发展和应用。

根据以上陈述，可以推出以下哪项？

A. 有些新技术的发展和应用可以创造新的就业机会。

B. “技术进步”是创造新的就业机会的唯一途径。

C. 如果不需要新的“就业机会”，就不需要“技术进步”。

D. 所有的“就业机会”都来源于新技术的应用。

E. 除了“技术进步”还有许多途径能创造新的就业就会。

665 在科技进步的时代，自动化技术的普及使得许多传统工作岗位不再需要人力，导致大量职工失去工作。失业的职工很难适应新的技术要求，因此他们很难找到新的就业机会，这进一步增加了失业人数。科技进步之后的经济发展，需要更多具备高技能的劳动力。然而，由于失业的职工缺乏相关技能，他们很难满足新的劳动力需求。

上述断定如果为真，最能支持以下哪项结论？

A. 传统岗位消失的主要原因就是技术的进步。

B. 科技进步后的经济发展不可能解决失业问题。

C. 失业职工无法找到新的就业机会造成社会的不稳定。

D. 大量职工失去工作会导致传统岗位的消失。

E. 经济发展不一定能减少失业人数。

666 在某个公司的数据泄露事件中，所有的泄露都是由员工的疏忽所导致的，而不是系统漏洞。这种疏忽可能包括发送电子邮件时不小心将敏感信息发送给错误的收件人，或者将重要文件带离办公室而未妥善保管。从长远的观点来看，员工的疏忽是不可避免的，无论是在数据安全方面还是在其他方面。

上述断定最能支持以下哪项结论？

A. 公司的数据泄露事件不可能由系统漏洞引起。

B. 管理员工的疏忽并不比确保系统安全复杂。

C. 如果该公司继续运营，那么数据泄露事件几乎是不可避免的。

D. 人们试图通过加强系统的安全性以防止数据泄露的努力是没有意义的。

E. 为了保护数据安全，该公司应立即停止运营。

667 某项研究以一组参与者为对象，其中一半的参与者每天早餐前喝一杯水，而另一半的参与者不喝水。研究持续了三个月，结果显示，在这段时间内，喝水组的参与者相对于不喝水组的参与者，平均减重量更多。具体来说，喝水组的参与者平均减重 7 公斤，而不喝水组的参与者平均减重 4 公斤。此外，喝水组的参与者在减肥过程中也更容易保持体重稳定，而不喝水组的参与者则更容易出现体重反弹的情况。

根据这个实验结果，最能得出以下哪项结论？

A. 喝水有助于减肥和保持体重稳定。

B. 喝水的人减重的效果还受到饮食的影响。

C. 不喝水的人即便减肥成功，也都会体重反弹。

D. 喝水与减肥、保持体重稳定密切相关。

E. 喝水是保持体重稳定的最佳策略。

668 黄金是一种珍贵的贵金属，被广泛用于珠宝制作和投资领域。一般来说，黄金的价值主要由纯度和颜色决定。纯度是指黄金中含有的纯金的比例，一般以千分之为单位来表示。纯度越高，黄金的质量就越高，也就具有更高的价值。黄金的颜色也是决定其价值的因素之一，通常黄金的颜色越鲜艳、越接近纯黄色，价值就越高。然而，需要注意的是，黄金市场也存在一些特殊的情况。例如，某些具有历史或文化价值的黄金制品的价格可能会超出其金质的价值。此外，稀有度和流通性也会对黄金的价格产生影响。稀有度高的特殊黄金制品或限量版黄金，往往会吸引更多的收藏家和投资者，因而具有更高的市场价格。

根据以上陈述，可以推出以下哪项？

A. 黄金制品的价格取决于其金质的价值。

B. 黄金的纯度和颜色不是决定黄金制品价格的唯一因素。

C. 黄金制品的价格越高，其金质的价值就越高。

D. 黄金的颜色不一定是越黄越好。

E. 黄金是最受人们喜欢的珠宝材质。

669 根据联合国开发计划署的数据，自 1990 年以来，许多国家在脱贫方面取得了显著的进展。例如，中国是最成功的脱贫国家之一。根据中国政府的数据，自 1978 年以来，中国已经成功将超过 7 亿人口从贫困中解放出来。这得益于中国采取了一系列有效的政策和措施，包括实施精准扶贫计划、加强农村基础设施建设、推动农业现代化等。另一个例子是卢旺达，这个位于非洲东部的国家也在脱贫方面取得了显著的进展。根据世界银行的数据，卢旺达自 2000 年以来，将贫困人口比例从 77% 降低到了 39%。这一成就归功于卢旺达政府的扶贫政策和措施，包括提供教育和医疗服务、促进农业发展、改善基础设施等。

若以上陈述为真，则最能支持以下哪项？

A. 卢旺达是贫困人口比例降低得最快的非洲国家。

B. 提供教育和医疗服务是减少贫困人口最有效的措施之一。

C. 有的国家通过加强农村基础设施的建设减少了贫困人口。

D. 中国减少的贫困人口是所有国家中最多的。

E. 中国贫困人口减少的比例比卢旺达更大。

670 某高校有甲、乙、丙、丁四位考生，他们的考研成绩如下。

人\科目	数学	逻辑	写作
甲	优	良	中
乙	中	优	良
丙	良	中	优
丁	良	中	中

关于上述四位考生的成绩，以下哪项陈述是正确的？

A. 每位考生至少有一门科目成绩为优。

B. 至少有两位考生有两门科目成绩为中。

C. 若逻辑成绩不是优，则该考生的数学成绩为良。

D. 若写作成绩不是优，则该考生的逻辑成绩不是中。

E. 若数学成绩不是良，则该考生的写作成绩不是优。

671 近年来，全球关注气候变化问题的呼声越来越高，各国政府纷纷采取措施减少碳排放和推动可持续发展。一项最新的研究数据显示，在 2022 年，全球碳排放量相较于 2021 年下降了 3.5%，这是自 1990 年以来首次出现下降趋势。尽管全球碳排放量的下降幅度仍然不够理想，但这表明全球各国在减少碳排放方面取得了一定的成效。其中，发达国家在减排方面取得了更显著的进展，其碳排放量同比下降了 4.2%，而发展中国家的下降幅度为 2.1%。

根据以上陈述，可以推出以下哪项？

A. 发达国家碳排放量的下降主要归功于其产业链的升级。

B. 发展中国家的产业链较为落后，故碳排放量下降较为缓慢。

C. 只要继续采取措施减少碳排放，就能推动可持续发展。

D. 2022 年，发达国家的碳排放总量不到发展中国家的 2 倍。

E. 2021 年，发达国家的碳排放总量是发展中国家的 2 倍。

672 人工智能从理论走向应用的脚步加快。随着技术不断演进，我们迎来了更加智能化的时代，人工智能在各个领域都呈现出日益增长的影响力。目前，人工智能大模型分为开源模型和闭源模型两类。以 GPT-4 为代表的闭源模型不仅安全性较高，更能保护用户隐私数据，而且整个服务能力都比开源大模型更强。但是，由于去年年底 50 多家人工智能公司成立了一个人工智能联盟，共同研发开源大模型，目前开源大模型和闭源大模型的差距正在以肉眼可见的速度缩小。

根据以上陈述，可以推出以下哪项？

A. 如果给开源大模型足够多的时间，未来的某一天它就能全面超越闭源大模型。

B. 目前为止，GPT-4 依然是整个人工智能领域安全性和服务能力最强的闭源大模型。

C. 不同人工智能模型不仅在服务能力方面可能存在差异,而且在安全性方面也可能存在差异。

D. 只要不同人工智能公司通力合作，就可以打造出整个人工智能领域最强的大模型。

E. 人工智能已经全面从理论走向应用，并且在各个领域都已经成为不可或缺的工具。

673 在重庆潼南高新区的尼古拉科技产业研究院纳米级固态电池中试生产线上，大容量高能量密度纳米固态钠离子电池（后续简称为 A 电池）中试产品下线。A 电池基于尼古拉科技产业研究院自主研发的高性能正、负极材料，结合负极表面纳米改性、低温电解液配方和电解液原位固化等先进技术，电池能量密度和磷酸铁锂电池相当，处于国内领先水平。不仅如此，A 电池还具备很好的抗寒性。正因如此，它成为高纬度、高寒地区储能电池和低速电动车电池的首选。

根据以上陈述，可以推出以下哪项？

A. 在 A 电池下线以前，没有电池能够满足高纬度、高寒地区电动车对电池的需求。

B. A 电池无论是在电池能量密度方面还是在抗寒性方面都已经全方位处于领先水平。

C. 如果一块电池不具备很好的抗寒性，那么它就不是高纬度、高寒地区储能电池的首选。

D. 如果一块电池具备很好的抗寒性，那么它就可以完美地解决高寒地区的温度给电池造成的损耗。

E. 尼古拉科技产业研究院在研发 A 电池时所采用的技术都是业界过去尚不成熟的技术。

674 我国快递业务量已经实现从“年均百亿”到“月均百亿”的大跨越，快递服务智能化、包装绿色化、投递方式多样化成为重要的发展趋势。近期，五项快递新国标即将实施，进一步规范行业发展，快递行业标准与法规正在逐渐完善。其中，《快递包装重金属与特定物质限量》强制性国家标准和《快递循环包装箱》推荐性国家标准将于 6 月 1 日实施，新版《快递服务》国家标准将于 4 月 1 日实施。因此，以牺牲服务来获取业务量的时代，已彻底终结，快递企业也会因此增加运营成本。

根据以上陈述，可以推出以下哪项？

A.《快递服务》国家标准实施以后，将彻底终结快递员只将快递送往快递驿站，拒绝为客户送货上门的乱象。

B. 我国快递行业已经成为国家支柱产业之一，即便和全世界其他国家相比，我国快递行业也是遥遥领先。

C. 所有企业都应该以顾客的体验为核心，尽可能打造高质量的服务体系。

D. 至少有些企业会因不再牺牲服务来获取业务而增加其运营成本。

E. 快递服务智能化、投递多样化的趋势已经全面席卷整个快递行业。

675 17 届亚洲金融论坛期间，某事务所合伙人表示，当今世界出现碎片化，无论是国与国之间、人民与人民之间、企业与企业之间，还是人民与企业之间的信任都需要重新建立。世界上诸多问题的解决都建立在信任的基础之上。例如，在财务领域，有公司会鼓励其财务人员用人工智能技术提高财务和审计的效率，但也有公司担心其财务人员会利用人工智能技术造假。这就是人民和企业之间信任破裂的表现。

根据该合伙人的陈述，可以推出以下哪项？

A. 任何问题本质上都是信任问题，只要能解决信任危机，一切问题都能迎刃而解。

B. 对于许多问题，如果不能建立信任的基础，就无法解决这些问题。

C. 人工智能技术已经在审计领域帮助审计师提高其审计的准确性和效率。

D. 在信任全面破产的时代，国家和人民之间的信任是仅存的幸运儿。

E. 有些公司已经发现了其财务人员利用人工智能技术来造假的行为。

题型 02 数字推理题

海绵 MBA App 扫码对答案
查看解析和视频讲解

题型特征	（1）问题特征：问题要求根据题干信息推出结论。 （2）题干特征：题干给出数量关系。
思路概述	本题型主要考查对各种数量关系的计算能力，解题时可以借助数学工具进行推理

676 “一九二九不出手，三九四九冰上走，五九和六九，河边看杨柳，七九河开，八九雁来，九九加一九，耕牛遍地走。”这首耳熟能详的《九九歌》陪伴了我们的童年。所谓《九九歌》，是我国古人对这一年中最冷时段的形象描述。一般是从冬至后的第二天算起，共计九九八十一天，但我们所知，每一年的冬至日并不是固定的某一天，2021 年的冬至日为 12 月 21 日，但 2022 年的冬至日为 12 月 22 日，现已知 2022 年 2 月仅有 28 天。

根据上述信息，则以下哪项一定为真？

A. 2021 年“数九”结束在 3 月 11 日。

B. 2023 年 2 月 5 日为“六九”。

C. 2022 年 1 月 8 日为“三九”。

D. 2022 年 1 月 9 日为冰上走。

E. 2022 年 12 月 30 日为“二九”。

677 某校举行知识类问答竞赛，甲、乙、丙、丁、戊代表各自学院参加。比赛为车轮战的形式，每轮比赛末位淘汰，每轮每人有 3 道题目，其中历史领域（每题 2 分）、文学领域（每题 2 分）、经济领域（每题 1 分）各 1 道，答错不扣分。现已知：

（1）甲获得了首轮比赛的冠军，且每人的比赛分数均不一样；

（2）第二轮比赛结束后，甲和丙的分数之和大于乙和丁的分数之和，且甲和乙以总积分 9 分并列第一。

若以上信息为真，则以下哪项一定为假？

A. 第二轮比赛甲只回答正确了历史题和文学题。

B. 第二轮比赛中乙回答对了三道题目。

C. 最终仅有甲、乙、丙三人进入第三轮。

D. 丁获得第三轮的胜利。

E. 戊被首轮淘汰。

678 某城市有甲、乙两家医院，每家医院都有编制工与合同工两类员工。根据最新的统计数据可知，甲医院每年员工的人均工资是乙医院人均工资的 90%，但甲医院合同工的人均工资是乙医院人均工资的 120%。此外，每家医院的编制工的人均工资都比合同工的人均工资要高。

根据以上陈述，可以推出以下哪项？

A. 甲医院每年员工工资总额比乙医院高。

B. 甲医院每年员工工资总额不比乙医院高。

C. 甲医院合同工在员工中的占比乙医院合同工在员工中的占比高。

D. 甲医院编制工的人均工资比乙医院编制工的人均工资低。

E. 甲医院的合同工的比例比乙医院的更高或甲医院编制工的人均工资比乙医院的更低。

管综678题库
逻辑答案篇

第一章　形式逻辑

专题一　复言命题

题型 01　复言命题－推出结论

1 【答案】D

【解析】

第一步，梳理题干：

未抓住材料的核心∨一厢情愿地只写了其中一个方面。

“或者……或者……”的关系表示至少有一个，所以否定其中之一时，必然可以推出另一个为真。

第二步，验证选项：

A、B 选项：题干并未提及“跑题”“偏题”，故题干无法推出这两项，排除。

C 项：题干并未强调三位考生的作文之间存在“如果一个……，那么另外两个……”的推理关系，排除。

D 选项：该项的逻辑关系为“¬一厢情愿地只写了其中一个方面→未抓住材料的核心”，与题干命题等价，可以推出该项。

E 选项：题干告诉我们没有人深入且综合性地分析了领导和艺术，排除。

故正确答案为 D 选项。

2 【答案】A

【解析】

第一步，梳理题干：

全民健康的可持续发展→全民健康教育∧提高国民素质。

第二步，验证选项：

A 选项：¬提高国民素质→¬全民健康的可持续发展，否定后件可推出否定前件，符合推理规则，可以推出该项。

B 选项：¬全民健康教育→¬提高国民素质，该推理关系无法由题干信息推出，排除。

C 选项：解决国民对于疾病认知的匮乏→全民健康的可持续发展，题干并没有相关推理关系，排除。

D 选项：题干并未提及与“慢性疾病的发病率高”相关的推理关系，排除。

E 选项：题干并未提及与“全民健康水平”相关的推理关系，排除。

故正确答案为 A 选项。

3 【答案】C

【解析】

第一步，梳理题干：

¬（真诚∧¬耍小聪明∧遵守规则）→¬双赢

=¬真诚∨耍小聪明∨¬遵守规则→¬双赢。

第二步，验证选项：

A 选项：题干信息未提及重要性的比较，排除。

B 选项：双赢→耍小聪明，题干推理逆否可得，双赢→¬耍小聪明，与该项推理不一致，排除。

C 选项：双赢→真诚∧遵守规则∧¬耍小聪明，与题干推理逆否等价，可以推出该项。

D 选项：¬双赢→¬遵守规则，与题干推理不一致，排除。

E 选项：真诚∨遵守规则∧¬耍小聪明→双赢，与题干推理不一致，排除。

故正确答案为 C 选项。

4 【答案】D

【解析】

第一步，梳理题干：

（1）某件事是可能的→几乎肯定是正确的；

（2）某件事是不可能的→非常可能是错误的。

第二步，验证选项：

A、B 选项：几乎肯定是正确的→某件事是可能的，该推理关系无法由题干信息推出，排除。

C 选项："希望自己所说的"与"自己所说的"概念不一致，该推理关系无法由题干信息推出，排除。

D 选项：某件事是必然的→几乎肯定是正确的，"必然"可以推出"可能"，该项结合（1）可得，某件事是必然的→某件事是可能的→几乎肯定是正确的，故该项可以由题干信息推出。

E 选项：非常可能是错误的→某件事是不可能的，该推理关系无法由题干信息推出，排除。

故正确答案为 D 选项。

5 【答案】C

【解析】

第一步，梳理题干：

（1）爬山→室内竞技馆∨飞盘；

（2）¬爬山∨轰趴馆→室内竞技馆；

（3）¬室内竞技馆。

由（3）（2）逆否可推出，爬山∧¬轰趴馆；再结合（1）可推出，飞盘。

第二步，验证选项：

A 选项：¬室内竞技馆∧¬爬山，与推出的事实不一致，该项不可能为真，排除。

B 选项：¬室内竞技馆∧轰趴馆，与推出的事实不一致，该项不可能为真，排除。

C 选项：飞盘∨轰趴馆，根据或命题"一真则真"的性质可知，该项为真。

D 选项：爬山∧¬飞盘，与推出的事实不一致，该项不可能为真，排除。

E 选项：轰趴馆∨¬爬山，与推出的事实不一致，该项不可能为真，排除。

故正确答案为 C 选项。

6 【答案】D

【解析】

第一步，梳理题干：

（1）个人消耗品→个人配套设备；

（2）公共用具→¬公共配套设备；

（3）公共配套设备∨¬个人配套设备=个人配套设备→公共配套设备。

由（1）（3）（2）传递可得：（4）个人消耗品→个人配套设备→公共配套设备→¬公共用具。

根据问题可知，本题可以考虑排除和题干矛盾的选项。

第二步，验证选项：

A 选项：公共用具∧个人配套设备，与（4）构成矛盾关系，排除。

B 选项：个人配套设备∧¬公共配套设备，与（4）构成矛盾关系，排除。

C 选项：公共用具∧个人消耗品，与（4）构成矛盾关系，排除。

D 选项：公共配套设备∨¬个人消耗品=个人消耗品→公共配套设备，与（4）中的推理关系等价，该项必然为真。

E 选项：¬公共配套设备∧个人消耗品，与（4）构成矛盾关系，排除。

故正确答案为 D 选项。

7【答案】C

【解析】

第一步，梳理题干：

（1）持续优化→壮大规模∧拉动内需∧刺激消费；

（2）加强设施投入∧了解消费需求→寻到新机遇。

第二步，验证选项：

A 选项：持续优化→寻到新机遇，无法由题干信息推出，排除。

B 选项：寻到新机遇→加强设施投入，与（2）推理不一致，排除。

C 选项：¬壮大规模∧需求降低∧消费疲软→¬持续优化，可以由（1）的等价逆否命题推出。

D 选项：¬寻到新机遇→¬加强设施投入∧¬了解消费需求，与（2）的逆否等价命题不一致，排除。

E 选项：¬寻到新机遇→¬了解消费需求，无法由（2）推出，排除。

故正确答案为 C 选项。

8【答案】C

【解析】

第一步，梳理题干：

（1）包子→豆浆；

（2）豆浆∀牛奶；

（3）燕麦∨包子；

（4）鸡蛋→牛奶∧包子。

第二步，分析推理：

题干信息“王小龙没喝牛奶”结合（4）可推出，没吃鸡蛋；结合（2）可推出，早餐里必定有豆浆。

故正确答案为 C 选项。

9【答案】A

【解析】

第一步，梳理题干：

（1）国产化→降低成本；

（2）完善应用→产业链完备；

（3）¬降低成本∨¬产业链完备＝降低成本→¬产业链完备。

由（1）（3）（2）传递可得：（4）国产化→降低成本→¬产业链完备→¬完善应用。

第二步，验证选项：

A 选项：国产化→¬完善应用，与（4）逻辑推理一致。

B 选项：降低成本→产业链完备，与（4）逻辑推理不一致，排除。

C 选项：国产化∨完善应用，与（4）逻辑推理不等价，排除。

D 选项：题干并未提及“临床安全性和有效性”等话题，无关选项，排除。

E 选项：降低成本→完善应用，与（4）逻辑推理不一致，排除。

故正确答案为 A 选项。

10【答案】C

【解析】

第一步，梳理题干：

（1）¬建立标准体系→电力基础运营和发展落后于欧美各国；

（2）¬有效推进充电设施网络的规划建设→相关服务升级系统不能落地。

第二步，验证选项：

A 选项：建立标准体系→电力基础运营和发展落后于欧美各国，与题干推理不一致，排除。

B 选项：¬电力基础运营和发展落后于欧美各国→¬相关服务升级系统不能落地，无法由题干信息传递推出，排除。

C 选项：相关服务升级系统尽快落地→有效推进充电设施网络的规划建设，与题干推理一致。

D 选项：¬相关服务升级系统不能落地→建立标准体系，无法由题干信息传递推出，排除。

E 选项：有相关充电设施网络的规划建设→¬电力发展落后于欧美各国，题干无相关推理，排除。

故正确答案为 C 选项。

11【答案】C

【解析】

第一步，梳理题干：

（1）黑体∨宋体→楷体；

（2）楷体∨仿宋→微软雅黑；

（3）¬微软雅黑。

第二步，分析推理：

（2）（3）结合得出，¬楷体∧¬仿宋；再结合（1）得出，¬黑体∧¬宋体。所以，小李最终选择的是等线字体。

故正确答案为 C 选项。

12【答案】C

【解析】

第一步，梳理题干：

（1）科幻片→武打片；

（2）爱情片∨动画片；

（3）¬悬疑片∨¬动画片；

（4）武打片→悬疑片。

上述信息传递可推出：（5）科幻片→武打片→悬疑片→¬动画片→爱情片。

第二步，验证选项：

A选项：科幻片∧悬疑片，与（5）不构成矛盾关系，所以该项可能发生，排除。

B选项：¬科幻片∧¬悬疑片，与（5）不构成矛盾关系，所以该项可能发生，排除。

C选项：科幻片∧¬爱情片，与（5）构成矛盾关系，所以该项不可能发生。

D选项：¬武打片∧¬动画片，与（5）不构成矛盾关系，所以该项可能发生，排除。

E选项：¬悬疑片∧爱情片，与（5）不构成矛盾关系，所以该项可能发生，排除。

故正确答案为C选项。

13【答案】D

【解析】

第一步，梳理题干：

（1）航空航天事业高速发展∧存在挑战和困难；

（2）推动航空航天事业快速发展→加强人才培养∧提高技术水平∧加强国际合作。

第二步，验证选项：

A选项：推动航空航天事业高速发展→解决困难，题干无相关推理，排除。

B选项：加强国际合作→推动航空航天事业快速发展，不符合（2）的逻辑推理关系，排除。

C选项：提高技术水平→推动航空航天事业快速发展，不符合（2）的逻辑推理关系，排除。

D选项：¬加强人才培养→¬推动航空航天事业快速发展，符合（2）的逻辑推理关系。

E选项：¬推动航空航天事业快速发展→¬提高技术水平，不符合（2）的逻辑推理关系，排除。

故正确答案为D选项。

14【答案】D

【解析】

第一步，梳理题干：

（1）游泳队∧乒乓球队→高二3班；

（2）高二3班→围棋；

（3）羽毛球队→¬围棋；

（4）校体育队仅有羽毛球队、游泳队、乒乓球队；

（5）小张→¬围棋∧校体育队。

根据（5）（2）（1）传递可得：小张→¬围棋→¬高二3班→¬游泳队∨¬乒乓球队。

第二步，验证选项：

A选项：根据推出事实可知，小张并非高二3班的学生，该项一定为假，排除。

B、C、E选项：根据题干信息无法确定小张具体是哪个队的队员，这三项均不一定为真，排除。

D选项：游泳队→¬乒乓球队=¬游泳队∨¬乒乓球队，与题干推理结果一致，该项一定为真。

故正确答案为 D 选项。

15【答案】C

【解析】

第一步，梳理题干：

（1）广州→香港∧澳门；

（2）曼谷→普吉∧东京；

（3）（香港∧¬东京）∨（澳门∧¬普吉）→¬广州＝广州→（¬香港∨东京）∧（¬澳门∨普吉）。

由（1）（3）可得，（4）广州→东京∧普吉。

第二步，验证选项：

A 选项：东京→香港，该项无法由题干信息推出，排除。

B 选项：¬澳门→¬普吉，该项无法由题干信息推出，排除。

C 选项：¬普吉→¬广州，由（4）逆否可得，¬东京∨¬普吉→¬广州，该项可以由题干信息推出。

D 选项：¬香港→¬曼谷，该项无法由题干信息推出，排除。

E 选项：东京→曼谷，该项无法由题干信息推出，排除。

故正确答案为 C 选项。

16【答案】C

【解析】

第一步，梳理题干：

（1）如身使臂、如臂使指→组织健全∧上下贯通；

（2）形成严密的组织体系→力量倍增。

第二步，验证选项：

A 选项：力量倍增→上下贯通，无法由题干信息推出，排除。

B 选项：形成严密的组织体系→如身使臂、如臂使指，无法由题干信息推出，排除。

C 选项：如身使臂、如臂使指→上下贯通，可由（1）推出。

D 选项：力量倍增→形成严密的组织体系，无法由（2）推出，排除。

E 选项：如身使臂、如臂使指↔组织健全，无法由题干推出这两者之间是充分必要的关系，排除。

故正确答案为 C 选项。

17【答案】D

【解析】

第一步，梳理题干：

（1）¬协作分工∧坐享其成→职责不清；

（2）职责落实→人多∧事成。

第二步，验证选项：

A 选项：坐享其成→落实责任，无法由题干信息推出，排除。

B 选项：人多∧事成→协作分工，无法由题干信息推出，排除。

C 选项：坐享其成∧¬协作分工→¬职责不清，与（1）逻辑推理不一致，排除。

D 选项：坐享其成∧¬职责不清→协作分工，由（1）的等价逆否结合或命题的性质可推出。

E 选项：三个和尚有水喝→人多能成事，题干无相关推理，排除。

故正确答案为 D 选项。

18【答案】D

【解析】

第一步，梳理题干：

（1）房地产投资高于 1/3 →¬投资黄金∀¬投资债券；

（2）外汇投资低于 1/4 →¬投房地产；

（3）黄金投资低于 1/5 →¬投外汇∧¬投债券；

（4）投债券＞投房地产。

由（4）可知，债券是要投资的；结合（3）的逆否可知，黄金投资不低于 1/5；至此推出的事实再结合（1）的逆否可知，房地产投资是不高于 1/3 的。

第二步，验证选项：

A 选项：由题干信息无法推出外汇的投资比例，该项无法确定，排除。

B 选项：由题干推出事实可知，黄金投资≥ 1/5，是否不高于 1/4 无法确定，排除。

C 选项：由题干推出事实可知，黄金投资≥ 1/5，是否不低于 1/4 无法确定，排除。

D 选项：由题干推出事实可知，房地产投资不高于 1/3，可以推出该项。

E 选项：由题干推出事实可知，房地产投资不高于 1/3，是否不低于 1/3 无法确定，排除。

故正确答案为 D 选项。

19【答案】C

【解析】

第一步，梳理题干：

（1）¬所欲甚于生→凡可以得生者可用也；

（2）¬所恶甚于死→凡可以避患者可为也。

第二步，验证选项：

A 选项：所欲有甚于生→凡可以得生者可用也，与（1）逻辑推理不一致，排除。

B 选项："所欲有甚于死"与"可以辟患而有不为也"无推理关系，排除。

C 选项：¬所恶甚于死→凡可以避患者可为也，与（2）逻辑推理一致。

D 选项：所恶甚于死→凡可以避患者可为也，与（2）逻辑推理不一致，排除。

E 选项：凡可以避患者可为也→所恶甚于死，与（2）逻辑推理不一致，排除。

故正确答案为 C 选项。

20【答案】B

【解析】

第一步，梳理题干：

（1）甲∨乙；　　（2）甲→丙∧¬丁；

（3）乙→丁∧¬戊；　　（4）戊。

第二步，分析推理：

根据（3）（1）（2）可得，戊→¬乙→甲→丙∧¬丁。此时可得，已经淘汰了乙和丁，为了满足题干条件的数量限制，故其余人均入选。

故正确答案为B选项。

21【答案】C

【解析】

第一步，梳理题干：

（1）外文书→不能参加满减活动；

（2）满700元→得限量周边玩偶；

（3）¬所有得限量周边玩偶的顾客都参与促销活动=有的得限量周边玩偶的顾客没有参与促销活动；

（4）尔尔消费550元，东东消费890元。

第二步，验证选项：

A选项：由题干信息无法得知尔尔买没买外文书，所以无法推知他是否能参与满减活动，该项不一定为真，排除。

B选项：由（4）（2）可推出，东东必定获得了限量周边玩偶，该项一定为假，排除。

C选项："尔尔消费550元"否定了（2）的前件，否前是无效推理，所以无法确定尔尔是否得到了限量周边玩偶，该项可能为真。

D选项：由题干信息无法得知东东买没买外文书，所以无法推知他是否参与满减活动，该项不一定为真，排除。

E选项：由题干信息无法得知尔尔买没买外文书，该项不一定为真，排除。

故正确答案为C选项。

22【答案】B

【解析】

第一步，梳理题干：

（1）忽视服务创新→¬维持长期的市场竞争力；

（2）持续提升用户体验→赢得长期信任和支持。

第二步，验证选项：

A选项：¬持续提升用户体验→¬赢得长期信任和支持，与（2）逻辑推理不一致，排除。

B选项：维持长期的市场竞争力→¬忽视服务创新，是（1）的等价逆否命题。

C选项：有些电商平台发展自己的物流系统→降低成本，无法由题干信息推出，排除。

D选项：有些电商平台直接连接制造商和消费者→维持长期的市场竞争力，无法由题干信息推出，排除。

E选项：有些电商平台减少营销成本→赢得长期信任和支持，无法由题干信息推出，排除。

故正确答案为B选项。

23【答案】E

【解析】

第一步，梳理题干：

（1）成长→远见∧布局；

（2）¬人才∧¬资源→¬成长；

（3）小张公司→¬成长。

第二步，分析推理：

由“¬成长”出发结合（1）和（2）无法推出任何确定事实。

故正确答案为E选项。

24【答案】D

【解析】

第一步，梳理题干：

（1）吸引中国观众→避免设立“高大上”的人物；

（2）获得中国观众的喜爱→符合中国观众的审美取向→关注现实题材、贴近基本生活。

第二步，验证选项：

A选项：避免设立“高大上”的人物→吸引观众，与（1）逻辑推理不一致，排除。

B选项：¬获得中国观众的喜爱→¬贴近基本生活，与（2）逻辑推理不一致，排除。

C选项：符合中国观众的审美取向→获得中国观众的喜爱，与（2）逻辑推理不一致，排除。

D选项：由题干信息可知，《白毛女》以传说为蓝本→起到了非常重要的教育作用，该项可以由题干信息推出。

E选项：无法由题干信息推出，排除。

故正确答案为D选项。

25【答案】C

【解析】

第一步，梳理题干：

（1）海绵大四学生→参加期末考试；

（2）小明→海绵学生；

（3）小红→参加期末考试；

（4）小刚→参加期末考试；

（5）小李→¬参加期末考试。

（5）（1）结合可知：小李→¬参加期末考试→¬海绵大四学生。

第二步，验证选项：

A选项：“小刚是大四的学生”无法结合已知信息推出小刚是海绵大学的学生，排除。

B选项：“小红是海绵大学的学生”无法结合已知信息推出小红是大四的学生，排除。

C选项：小明没有参加期末考试，结合（1）的逆否可推出，他不是海绵大四学生；再结合（2）可以得到，他不是大四的学生，该项可以推出。

D选项：由题干推出的信息可知，小李不是海绵大四学生，无法推出他不是海绵大学的学生，排除。

E选项：由题干推出的信息可知，小李不是海绵大四学生，无法推出他不是大四的学生，排除。

故正确答案为C选项。

26【答案】A

【解析】

第一步，梳理题干：

（1）领域保持优势→领域迅速做大；

（2）¬有实力迅速做大某领域∧获得较好的回报→寻找新的发展领域。

第二步，验证选项：

A选项：¬寻找新的发展领域∧有较好的回报→有实力迅速做大某领域，可以由（2）的等价逆否命题结合或命题的性质推出。

B选项：领域保持优势→¬寻找新的发展领域，无法由题干信息推出，排除。

C选项：领域保持优势∧获得较好的回报→寻找新的发展领域，无法由题干信息推出，排除。

D选项：高额回报→领域保持优势，题干未提及与“高额回报”相关的推理关系，排除。

E选项：有的企业→¬领域迅速做大∧领域保持优势，题干信息并未列出一些企业具备前述逻辑推理关系，排除。

故正确答案为A选项。

27【答案】D

【解析】

第一步，梳理题干：

甲：销售→技术。

乙：市场→技术∨销售。

丙：人力资源∨市场→财务。

丁：技术→财务。

结合题干条件和丙的话可推出，人力资源部门、市场部门至少有一个部门发放了，财务部没有发放；再结合丁、甲的话可推出，技术部、销售部均没有发放；结合乙的话可推出，市场部也没发放。综合可得，人力资源部发放了。

第二步，验证选项：

A、B、C选项：根据题干推理事实可知，这三项均无法推出，排除。

D选项：技术∨人力资源，该项必然为真。

E选项：销售∨财务，该项无法推出，排除。

故正确答案为D选项。

28【答案】E

【解析】

第一步，梳理题干：

（1）同时接受两种不同的价值观→个人行为混乱；

（2）员工同时由两个人指挥→企业管理混乱。

第二步，验证选项：

A选项：由“企业管理混乱”无法推出有效信息，排除。

B选项：¬员工同时由两个人指挥→¬企业管理混乱，与（2）逻辑关系不一致，排除。

C选项：“同时由两个人指挥”与“个人行为混乱”没有推理关系，排除。

D选项：由“¬同时接受两种不同的价值观”无法推出有效信息，排除。

E选项：¬企业管理混乱→¬员工同时由两个人指挥，是（2）的等价逆否命题，正确。

故正确答案为E选项。

29 【答案】D

【解析】

第一步，梳理题干：

（1）玫瑰∀月季；　　（2）¬郁金香∧¬柏树→玫瑰；

（3）¬郁金香→¬马尼拉草；　　（4）¬月季→松树；

（5）¬松树。

第二步，分析推理：

由（5）结合（4）（1）（2）可得：¬松树→月季→¬玫瑰→郁金香∨柏树。

由上述推理可知，不选松树和玫瑰，必选月季。题干要求选择3种植物，根据（3）可知，若不选郁金香，那么马尼拉草也不会选，此时一共有四种植物不选，无法满足题干数量要求，所以必选郁金香。结合或命题“一真则真”的性质可判定，D选项一定为真。

故正确答案为D选项。

30 【答案】D

【解析】

第一步，梳理题干：

（1）求木之长者→固其根本；　　（2）欲流之远者→浚其泉源；

（3）思国之安者→积其德义。

第二步，验证选项：

A选项：固其根本→求木之长者，与（1）推理关系不一致，排除。

B选项：浚其泉源→欲流之远者，与（2）推理关系不一致，排除。

C选项：积其德义→¬思国之安者，与（3）推理关系不一致，排除。

D选项：欲流之远者→浚其泉源，与（2）推理关系一致。

E选项：积其德义→固其根本∧浚其泉源，该逻辑推理关系无法由题干信息推出，排除。

故正确答案为D选项。

31 【答案】E

【解析】

第一步，梳理题干：

（1）复兴历史伟业→永葆纯洁性→坚持历史主动精神；

（2）¬发扬历史主动精神→无法解决难题→无法办成大事。

第二步，验证选项：

A选项：发扬历史主动精神→¬无法办成大事，与（2）逻辑推理不一致，排除。

B选项：坚持历史主动精神→复兴历史伟业，与（1）逻辑推理不一致，排除。

C选项：¬无法解决难题→坚持历史主动精神，该逻辑推理关系无法由题干信息推出，排除。

D选项：永葆纯洁性→复兴历史伟业，与（1）逻辑推理不一致，排除。

E选项：¬坚持历史主动精神→¬永葆纯洁性，是（1）的等价逆否命题。

故正确答案为E选项。

32【答案】B

【解析】

第一步，梳理题干：

（1）市场获得成功→（提供优秀的产品∨提供贴心的服务）∧建立良好客户关系；

（2）提供优秀的产品→加大研发投入；

（3）加大研发投入∨提供贴心的服务→足够的现金流；

（4）¬足够的现金流。

结合上述信息可推出，¬足够的现金流→¬加大研发投入∧¬提供贴心的服务→¬提供优秀的产品→¬市场获得成功。

第二步，验证选项：

A选项：根据上述结论可知，无法提供优秀的产品，排除。

B选项：根据上述结论可知，无法在市场上获得成功，该项结论是正确的。

C选项：根据上述结论可知，建立良好客户关系无法从已知信息中判断出真假，排除。

D选项：¬建立良好客户关系∧提供优秀的产品，根据上述结论可知，无法提供优秀的产品，排除。

E选项：¬加大研发投入∀¬提供贴心的服务，根据上述结论可知，该公司既无法加大研发投入也无法提供贴心的服务，排除。

故正确答案为B选项。

33【答案】E

【解析】

第一步，梳理题干：

（1）¬（50张小卡以上∧超话30天以上）→¬应援物；

（2）尔尔→57张小卡∧¬应援物。

第二步，分析推理：

由（2）着手分析，（2）对于（1）是肯后，无法根据规则推出任何确定事实。

故正确答案为E选项。

34【答案】A

【解析】

第一步，梳理题干：

（1）成为全球领先的品牌→拥有高效的供应链体系；

（2）拥有高效的供应链体系→通过价格战迅速扩张。

第二步，验证选项：

A选项：由题干信息可推出，蜜雪冰城→通过价格战迅速扩张，进而推出，有的饮品企业→通过价格战迅速扩张。

B选项：有的饮品企业→¬高效的供应链体系，无法由题干信息得出，排除。

C选项：拥有高效的供应链体系→稳步扩张，无法由蜜雪冰城这个个例推出一个普遍结论，排除。

D选项：¬稳步扩张→¬拥有高效的供应链体系，题干无相关逻辑推理关系，排除。

E选项：¬通过价格战迅速扩张→不是全球领先的品牌，“成为”和“是”两个词所表达的意思不一致，该项无法由题干信息得出，排除。

故正确答案为 A 选项。

35【答案】C

【解析】

第一步，梳理题干：

（1）低版本→隐私泄露；　　　　　　（2）¬低版本→看广告。

第二步，分析推理：

分析上述信息可知，“低版本”与“¬低版本”是矛盾关系，其构成的或命题必定为真，结合（1）（2）可构成二难推理模型，最终可推出“隐私泄露∨看广告”必定为真。

故正确答案为 C 选项。

36【答案】D

【解析】

第一步，梳理题干：

（1）乡村振兴∧现代化→解决“三农”；

（2）现代化→城乡融合∧强化科技、制度创新；

（3）建设国家→解决“三农”；

（4）乡村振兴→基础设施。

第二步，验证选项：

A 选项：该项并无推理关系，该项不一定为真，排除。

B 选项：基础设施→乡村振兴，与（4）推理关系不一致，该项不一定为真，排除。

C 选项：城乡融合→现代化，与（2）推理关系不一致，该项不一定为真，排除。

D 选项：¬解决“三农”∧乡村振兴→¬现代化，由（1）逆否可得，¬解决“三农”→¬乡村振兴∨¬现代化，满足“¬解决‘三农’”和“乡村振兴”，可推出“¬现代化”，该项一定为真。

E 选项：题干没有“守好三农”和其他事实的推理关系，该项不一定为真，排除。

故正确答案为 D 选项。

37【答案】C

【解析】

第一步，梳理题干：

（1）¬带来实际利益→¬支持政策；

（2）¬加强监管→资本“跑路”→农民利益受损；

（3）共同推进乡村振兴→愿意和资本合作→建立牢固的利益联结机制；

（4）¬建立风险防范机制→危及农业的基础地位。

第二步，验证选项：

A 选项：“风险防范机制”和“风险预警机制”概念不同，所以该项无法由题干信息推出，排除。

B 选项：¬建立牢固的利益联结机制→资本跑路，无法由题干信息推出，排除。

C 选项：¬资本“跑路”→加强监管，是（2）的等价逆否命题。

D 选项：支持政策→发家致富，该推理关系无法由题干信息推出，排除。

E 选项：“主动和资本合作”与“愿意和资本合作”，概念不一致，该项无法由题干信息推出，排除。

故正确答案为 C 选项。

38【答案】D

【解析】

第一步，梳理题干：

（1）P 班射击成绩→没中靶得 0 分∨中靶得 2 分；

（2）李莉没中靶，张涛中靶。

第二步，验证选项：

A、B 选项：从题干只知晓李莉、张涛的中靶情况，其他人未知，所以无法确定他们成绩的排名情况，排除。

C 选项：同 A、B 选项的理由一样，无法断定所有人具体的得分情况，排除。

D 选项：若张涛是 P 班学生，结合（2）（1）可知，张涛得 2 分。

E 选项：若张涛得 2 分，根据假言命题推理规则，无法确定其是否为 P 班学生，排除。

故正确答案为 D 选项。

39【答案】D

【解析】

第一步，梳理题干：

（1）建设农业强国→具备特征∧立足于国情农情，体现特色；

（2）建设农业强国→遵循规律∧转变方式。

第二步，验证选项：

A 选项：¬建设农业强国，否前无效，无法推出确定信息，排除。

B 选项：“立足于国情农情”与“具备特征”之间不存在推理关系，排除。

C 选项：遵循规律→建设农业强国，无法由（2）推出，排除。

D 选项：¬转变方式→¬建设农业强国，可以由（2）推出。

E 选项：建设农业强国→¬具备特征∨¬立足于国情农情，体现特色，无法由（1）推出，排除。

故正确答案为 D 选项。

40【答案】C

【解析】

第一步，梳理题干：

（1）科学把握机遇和挑战→增强忧患意识；

（2）科学把握机遇和挑战→坚持底线思维，居安思危、未雨绸缪；

（3）科学把握机遇和挑战→敢于斗争、善于斗争；

（4）科学把握机遇和挑战→顽强斗争打开事业发展新天地。

第二步，验证选项：

A 选项，¬居安思危→¬增强忧患意识，无法由题干信息推出，排除。

B 选项，敢于斗争、善于斗争→科学把握机遇和挑战，与题干推理不一致，排除。

C 选项，¬坚持底线思维→¬科学把握机遇和挑战，与题干推理一致。

D 选项，科学把握了机遇和挑战∨坚持了底线思维，居安思危、未雨绸缪，无法由题干信息推出，排除。

E 选项，顽强斗争打开事业发展新天地→能推动中国式现代化，无法由题干信息推出，排除。

故正确答案为 C 选项。

41 【答案】B

【解析】

第一步，梳理题干：

（1）两个囚犯都沉默→每人各判 1 年；

（2）双方都坦白→双方各判 8 年；

（3）一人坦白∧一人沉默→坦白者无罪释放∧沉默者判 10 年。

第二步，验证选项：

A 选项：双方都被判有刑期→两个囚犯都沉默，与（2）的推理不一致，排除。

B 选项：有一人被释放→他一定坦白，结合（1）（2）可推出，这两人不会都坦白，也不会都沉默，他们只能一人沉默，一人坦白，故该项符合题干推理。

C 选项：坦白→所获刑期就不会超过选择沉默的。若两人都坦白，此时坦白者获刑 8 年，比两人都沉默获刑多 7 年，故该项可能为假，排除。

D 选项：有人没被释放→他一定没坦白，不符合题干条件，排除。

E 选项：一个人选择沉默→他不一定会获刑，此时另一个人不论沉默还是坦白，第一个选择沉默的人一定会被判刑，故该项不符合，排除。

故正确答案为 B 选项。

42 【答案】B

【解析】

第一步，梳理题干：

（1）高质量发展→降低就业率∧推动经济增长；

（2）降低就业率∧税收增加→提高财政预算；

（3）推动经济增长→税收增加。

第二步，验证选项：

A 选项：无法由题干信息推出，排除。

B 选项：高质量发展→提高财政预算，结合（1）（3）（2）可推出。

C 选项：降低就业率→提高财政预算，无法由（2）的逻辑关系推出，排除。

D 选项：降低就业率→高质量发展，无法由（1）的逻辑关系推出，排除。

E 选项：¬税收增加→¬降低就业率，无法由题干信息推出，排除。

故正确答案为 B 选项。

43 【答案】A

【解析】

第一步，梳理题干：

（1）品牌持续创新∨优化用户体验→占据一席之地；

（2）保持竞争力→技术创新∨优化用户体验。

第二步，验证选项：

A 选项：(1) 可推出，品牌持续创新∧优化用户体验→占据一席之地。

B 选项：品牌持续创新∧¬优化用户体验→¬占据一席之地，与 (1) 逻辑推理不一致，排除。

C 选项：保持竞争力→技术创新∧优化用户体验，与 (2) 逻辑推理不一致，排除。

D 选项：保持竞争力→技术创新，与 (2) 逻辑推理不一致，排除。

E 选项：¬品牌持续创新→¬保持市场优势，无法由题干信息推出，排除。

故正确答案为 A 选项。

44【答案】D

【解析】

第一步，梳理题干：

(1) 每天早睡∧每天早起→心理压力减少；

(2) 心理压力减少→¬在封控期间沉迷于网络游戏；

(3) 陈同学→每天早睡；

(4) 刘同学→¬心理压力减少；

(5) 孙同学→¬在封控期间沉迷于网络游戏。

结合 (4)(1) 可推出，刘同学→¬心理压力减少→¬每天早睡∨¬每天早起。

第二步，验证选项：

A、B、C、E 选项：均无法由题干信息得出，排除。

D 选项：刘同学每天早睡→¬每天早起，与 (1)(4) 结合推出的结论等价。

故正确答案为 D 选项。

45【答案】A

【解析】

第一步，梳理题干：

(1) 可回收∧使用可再生资源制成→环保产品；

(2) 环保产品→¬对水质产生负面影响；

(3) 某产品对水质产生了负面影响。

结合 (3)(2)(1) 可推出，该产品→对水质产生了负面影响→¬环保产品→¬可回收∨¬使用可再生资源制成。

第二步，验证选项：

A 选项：该产品可回收→¬使用可再生资源制成，与题干推出结论等价。

B、C、D、E 选项：均无法由题干信息推出，排除。

故正确答案为 A 选项。

46【答案】B

【解析】

第一步，梳理题干：

(1) 发展进步→勇往直前∧永不放弃；

(2) 壮大自身→勇往直前；

(3) 熠熠生辉→永不放弃。

第二步，验证选项：

A 选项：¬ 勇往直前 ∨ ¬ 永不放弃→¬ 壮大自身，无法由题干信息推出，该项不可能为真，排除。

B 选项：¬ 勇往直前 ∧ ¬ 永不放弃→¬ 熠熠生辉，根据联言命题的性质结合（3）可知，¬ 勇往直前 ∧ ¬ 永不放弃→¬ 永不放弃→¬ 熠熠生辉，符合题干的逻辑关系推理。

C 选项：勇往直前 ∧ 永不放弃 ∧ ¬ 发展进步，题干无确定信息，无法推出确定的事实，因此该项不一定为真，排除。

D 选项：发展进步→熠熠生辉，无法由题干信息推出，排除。

E 选项：熠熠生辉→壮大自身，无法由题干信息推出，排除。

故正确答案为 B 选项。

47【答案】E

【解析】

第一步，梳理题干：

（1）陈 3 ∀陈 4；

（2）¬ 李 2 ∨ 高 1 →王 1；

（3）陈 4 →王 3 ∧李 2；

（4）李 2 →高 1 =¬ 李 2 ∨ 高 1。

第二步，分析推理：

由（4）（2）可推出，首棒接力的人选是小王；再结合（1）（3）可推出，小陈是第三棒；最后结合（4）可推出，小李是第四棒，小高是第二棒。

故正确答案为 E 选项。

48【答案】E

【解析】

第一步，梳理题干：

（1）≤ 240 度→ 0.48 元 / 度；

（2）241 度 ~ 400 度→超过 240 度的部分 0.53 元 / 度；

（3）＞ 400 度→超过 400 度的部分 0.78 元 / 度。

第二步，验证选项：

复选项Ⅰ：用电量 300 度符合（2），所以缴纳的电费是 240 × 0.48 + 60 × 0.53，并不是每度都按 0.53 元计算，该项不符合，排除。

复选项Ⅱ："不是每度 0.53 元"无法否定（2）的后件，无法推出任何有效信息，该项不符合，排除。

复选项Ⅲ：否定（2）的后件，得出用电量或者≤ 240 度，或者＞ 400 度。

如果大于400度，则一定会有以0.53元/度的价格缴纳的用电区间，因此他的用电量不可能大于400度，所以他的用电量只能是≤ 240 度，该项不符合，排除。

故正确答案为 E 选项。

49【答案】C

【解析】

第一步，梳理题干：

（1）生态文明建设→人类社会发展的最新需求；

（2）和谐发展→生态文明建设；

（3）生态文明建设→促进经济的可持续发展。

第二步，验证选项：

A 选项：题干并未提及“促进环保行为”与“文明的进步”之间的逻辑关系，该项无法推出，排除。

B 选项：题干并未讨论“生态文明建设的重要性”这个话题，该项是无关项，排除。

C 选项：根据（3）可知，生态文明建设可以促进经济的可持续发展；再结合（1）可知，有些可以促进经济可持续发展的行为（生态文明建设）→人类社会发展的最新需求。故题干可以推出该项。

D 选项：生态文明建设→和谐发展，与（2）逻辑推理不一致，排除。

E 选项：¬和谐发展→¬生态文明建设，与（2）逻辑推理不一致，排除。

故正确答案为 C 选项。

50【答案】D

【解析】

第一步，梳理题干：

（1）敢拼敢闯→过得精彩；

（2）循规蹈矩→过得自由；

（3）敢拼敢闯∀循规蹈矩。

第二步，分析推理：

根据二难推理模型分析可推出：过得精彩∨过得自由，为真。

故正确答案为 D 选项。

51【答案】D

【解析】

第一步，梳理题干：

（1）退票→获得航空公司退票许可；

（2）获得航空公司退票许可→通过航空公司直销平台购买机票。

第二步，验证选项：

A 选项：有些获得航空公司退票许可→¬退票，无法由题干信息推出，排除。

B 选项：有些在航空公司直销平台购买机票→¬退票，无法由题干信息推出，排除。

C 选项：在航空公司直销平台购买机票→获得航空公司退票许可，与（2）的推理逻辑不一致，排除。

D 选项：退票→在航空公司直销平台购买机票，结合（1）（2）可推出。

E 选项：¬退票→¬在航空公司直销平台购买机票，无法由题干信息推出，排除。

故正确答案为 D 选项。

52【答案】E

【解析】

第一步，梳理题干：

（1）¬乾西北→坤正东；

（2）¬离正南→坎正东；

（3）¬震正东→巽正南；

（4）坎正南∨坎正西。

第二步，分析推理：

结合（4）（2）（3）（1）可推出：¬坎正东→离正南→震正东→乾西北。根据推出结论，可排除A、B、C、D选项。

故正确答案为E选项。

53【答案】C

【解析】

第一步，梳理题干：

（1）¬登高山→¬知天之高；

（2）¬临深溪→¬知地之厚；

（3）¬闻先王之遗言→¬知学问之大；

（4）靖共尔位，好是正直∧神之听之，介尔景福。

第二步，验证选项：

A选项：登高山→知天之高，与（1）的逻辑关系不一致，排除。

B选项：好是正直∧介尔景福，与（4）的逻辑关系不一致，排除。

C选项：知地之厚→临深溪，与（2）的逻辑关系一致，为等价逆否命题。

D选项：¬临深溪→¬知学问之大，与（2）（3）的逻辑关系不一致，排除。

E选项：闻先王之遗言→知学问之大，与（3）的逻辑关系不一致，排除。

故正确答案为C选项。

54【答案】C

【解析】

第一步，梳理题干：

（1）降低制造成本∧提高工业品质量→相关设备及技术国产化；

（2）相关设备及技术国产化∨增加政策支持力度→智能制造广泛应用。

结合（1）（2）可推出：降低制造成本∧提高工业品质量→相关设备及技术国产化∨增加政策支持力度→广泛应用指日可待。

第二步，验证选项：

A选项：¬相关设备及技术国产化→增加政策支持力度，无法由题干信息推出，排除。

B选项：智能制造广泛应用∧¬增加政策支持力度→相关设备及技术国产化，无法由题干信息推出，排除。

C选项：降低制造成本∧提高工业品质量→智能制造广泛应用，可以由题干信息推出。

D选项：降低制造成本→相关设备及技术国产化，无法由题干信息推出，排除。

E选项：¬降低制造成本∨¬提高工业品质量→智能制造广泛应用，无法由题干信息推出，排除。

故正确答案为C选项。

55【答案】B

【解析】

第一步，梳理题干：

（1）优秀的演讲→清晰的逻辑∧精准的语言；

（2）经典的演讲→鲜明的主题∧精准的语言；

（3）清晰的逻辑∧¬表达生动∧精准的语言∧¬鲜明的主题→¬优秀的演讲。

（3）=优秀的演讲→¬清晰的逻辑∨表达生动∨¬精准的语言∨鲜明的主题。

结合（1）（3）可推出，（4）优秀的演讲→表达生动∨鲜明的主题。

第二步，验证选项：

A选项：经典的演讲→鲜明的主题∧¬精准的语言，该项与（2）的推理逻辑不一致，排除。

B选项：优秀的演讲→¬表达生动∧鲜明的主题，根据（4）可知，优秀的演讲若表达不生动，则主题必定是鲜明的，该项可以由题干信息推出。

C选项：¬表达生动→¬优秀的演讲，无法由题干信息推出，排除。

D选项：¬鲜明的主题→¬优秀的演讲，无法由题干信息推出，排除。

E选项：清晰的逻辑→优秀的演讲，与（1）的推理逻辑不一致，排除。

故正确答案为B选项。

题型02　复言命题－补充前提

56【答案】C

【解析】

第一步，梳理题干：

论据：甲南大∀乙南大→丁交大。

结论：乙南大。

第二步，分析推理：

甲南大∀乙南大→丁交大=¬丁交大→（甲南大∧乙南大）∨（¬甲南大∧¬乙南大）。

根据题干要求，欲得出“乙南大”，需保证丁没有考上交大，而且甲考上了南大。

故正确答案为C选项。

57【答案】D

【解析】

第一步，梳理题干：

论据：（1）班干部→学习能力∧人际交往；

（2）学习能力→思维能力∨熟练练习；

（3）思维能力∧熟练练习→开导和安抚。

结论：班干部→开导和安抚。

本题需要结合（1）（2）（3）及选项的信息得出结论。

第二步，验证选项：

A选项：有的班干部→¬学习能力，该项成立无法推出结论，不是题干结论成立的前提，排除。

B选项：学习能力→¬人际交往，该项成立无法推出结论，不是题干结论成立的前提，排除。

C选项：思维能力→¬熟练练习，该项成立无法推出结论，不是题干结论成立的前提，排除。

D选项：熟练练习←→思维能力，该项成立即可满足要求，此时可形成推理链条：班干部→学习能力∧人际交往→思维能力∧熟练练习→开导和安抚，该项是题干结论成立的前提。

E选项：开导和安抚→思维能力，该项成立无法推出结论，不是题干结论成立的前提，排除。

故正确答案为D选项。

58 【答案】D

【解析】

第一步，梳理题干：

论据：（1）稳步发展→管理机制；

（2）¬资金周转→¬管理机制。

结论：¬（稳步发展∧信誉降低）=¬稳步发展∨¬信誉降低=稳步发展→¬信誉降低。

本题需要由（1）（2）结合选项信息来得出结论。

第二步，分析推理：

（1）（2）传递可得：（3）稳步发展→管理机制→资金周转。

需要增加的信息为：资金周转→¬信誉降低。此时传递可得：稳步发展→管理机制→资金周转→¬信誉降低。结论成立。

故正确答案为D选项。

59 【答案】C

【解析】

第一步，梳理题干：

论据：（1）虔诚的信仰→以诚相待；

（2）¬道德底线→¬以诚相待。

结论：¬道德底线→人生价值成长的停滞。

（1）（2）联立可以得到：（3）¬道德底线→¬以诚相待→¬虔诚的信仰。

所以需要建立“人生价值成长的停滞”与论据之间的关系。

第二步，验证选项：

A选项：以诚相待→道德底线，无法与论据联立得到结论，该项无法使论证成立，排除。

B选项：人生价值成长→道德底线，无法与论据联立得到结论，该项无法使论证成立，排除。

C选项：¬人生价值成长停滞→虔诚的信仰，和（3）联立可得，¬道德底线→¬以诚相待→¬虔诚的信仰→人生价值成长停滞，该项可以使论证成立。

D选项：¬人生价值成长停滞→以诚相待，结合（2）可推出，¬道德底线→¬以诚相待→人生价值成长停滞，可以得出题干的结论，但要注意的是补充前提类题目需要充分利用已知信息，这里并未利用（1），所以该项不是正确答案。

E选项，¬以诚相待∨¬道德底线，无法与论据联立得到结论，该项无法使论证成立，排除。

故正确答案为C选项。

60【答案】D

【解析】

第一步，梳理题干：

论据：（1）鸟类∧兽类→鱼类∨两栖爬行类；

（2）周三→¬鱼类；

（3）王先生→鸟类。

结论：周三→¬王先生。

本题需要结合（1）（2）（3）及选项信息传递推出结论。

第二步，验证选项：

A选项：¬兽类，该项成立无法确保题干论证成立，不是题干结论成立的前提，排除。

B选项：¬鸟类，该项成立无法确保题干论证成立，不是题干结论成立的前提，排除。

C选项：¬鱼类，该项成立无法确保题干论证成立，排除。

D选项：¬两栖爬行类∧兽类，此时与（2）（1）（3）传递可得，周三→¬鱼类∧¬两栖爬行类∧兽类→¬鸟类→¬王先生，该项是题干结论成立的前提。

E选项：两栖爬行类→¬兽类=¬两栖爬行类∨¬兽类，该项成立无法推出结论，不是题干结论成立的前提，排除。

故正确答案为D选项。

题型03 复言命题-寻找矛盾

61【答案】B

【解析】

第一步，梳理题干：

陈先生孩子的回答：虎穴∧¬虎子。

"最能反驳的命题"即该命题的矛盾命题：¬虎穴∨虎子=虎穴→虎子。

第二步，验证选项：

观察选项，可首先排除D、E选项，因为且命题的矛盾命题不可能还是且命题，排除。

A、C选项：虎子→虎穴，与陈先生孩子的回答不构成矛盾关系，排除。

B选项：虎穴→虎子，与陈先生孩子的回答构成矛盾关系。

故正确答案为B选项。

62【答案】B

【解析】

第一步，梳理题干：

（1）赵华∨钱忠；

（2）孙成→赵华∧李游；

（3）李游→钱忠∧孙成。

第二步，分析推理：

老板认为他们说的都不正确，所以不会采纳他们所说的建议。由（1）可推出不选赵华、不选钱忠，由

(2)(3)可推出选孙成、李游。

故正确答案为 B 选项。

63【答案】C

【解析】

第一步，梳理题干：

智慧零售∧流行→员工下岗→代替传统零售。

第二步，验证选项：

A 选项：无关选项，题干未讨论“耗材”“性价比”相关话题，排除。

B 选项：智慧零售→员工下岗∧¬代替传统零售，与题干信息不矛盾，排除。

C 选项：智慧零售∧流行∧¬员工下岗（刺激了就业），与题干信息矛盾。

D 选项：无关选项，题干未讨论“食品零售领域覆盖率”相关话题，排除。

E 选项：¬代替传统零售→¬流行，与题干信息不矛盾，排除。

故正确答案为 C 选项。

64【答案】E

【解析】

第一步，梳理题干：

开始追求内心的平静和满足→追求物质财富和社会地位对他失去意义。

最能质疑该逻辑关系的就是与之矛盾的命题，即开始追求内心的平静和满足，但是追求物质财富和社会地位对他没有失去意义。

第二步，验证选项：

A、D 选项：无关选项，上述逻辑推理并未涉及“幸福和满足感”的推理关系，这两项均无法对上述逻辑起到削弱作用，排除。

B、C 选项：与题干逻辑推理不相关，这两项无法对上述逻辑起到削弱作用，排除。

E 选项：该项与题干逻辑推理的矛盾命题表述内容一致，该项可以削弱上述观点。

故正确答案为 E 选项。

65【答案】C

【解析】

第一步，梳理题干：

班级数∧各班男女比例→确定新生人数。

上述逻辑推理的矛盾为：班级数∧各班男女比例∧¬确定新生人数。

第二步，验证选项：

A 选项：新生人数→确定每个班级的男女比例，与题干不矛盾，排除。

B 选项：无关选项，题干不讨论“新生的男女比例”相关话题，排除。

C 选项：班级数∧各班男女比例∧¬确定新生人数，与题干构成矛盾关系，该项可以反驳小张的观点。

D 选项：男女比例→确定新生人数，与结论不矛盾，排除。

E 选项：¬（确定新生人数∧各班男女比例）= 确定新生人数→¬各班男女比例，与题干不矛盾，排除。

故正确答案为 C 选项。

66【答案】E

【解析】

第一步，梳理题干：

小李：专业技能∧良好的人际关系→职场获得成功。

老韩：专业技能∧良好的人际关系∧¬实现财务自由。

质疑老韩的观点，即能推出老韩观点的矛盾命题“¬专业技能∨¬良好的人际关系∨实现财务自由”为真即可。

第二步，验证选项：

A选项：实现财务自由→¬职场获得成功，该项结合小李的观点得出的结论与上述矛盾命题不一致，所以该项成立无法质疑老韩的观点，排除。

B选项：¬实现财务自由→¬专业技能∧¬良好的人际关系，该项成立无法结合已知信息和小李的观点来质疑老韩的观点，排除。

C选项：¬职场获得成功→¬实现财务自由，该项成立无法结合已知信息和小李的观点来质疑老韩的观点，排除。

D选项：¬职场获得成功→实现财务自由，该项成立无法结合已知信息和小李的观点来质疑老韩的观点，排除。

E选项：职场获得成功→实现财务自由，结合小李的观点可推出，专业技能∧良好的人际关系→职场获得成功→实现财务自由=¬专业技能∨¬良好的人际关系∨实现财务自由，和老韩观点的矛盾命题等价，该项成立可以质疑老韩的观点。

故正确答案为E选项。

67【答案】E

【解析】

第一步，梳理题干：

¬B类人才及以上∧¬连续缴纳五年社保→¬申请户口资格=申请户口资格→B类人才及以上∨连续缴纳五年社保。

矛盾关系：申请户口资格∧¬（B类人才及以上∨连续缴纳五年社保）=申请户口资格∧¬B类人才及以上∧¬连续缴纳五年社保。

第二步，验证选项：

复选项Ⅰ：未满足“¬连续缴纳五年社保”，排除。

复选项Ⅱ：未满足“申请户口资格”，排除。

复选项Ⅲ、Ⅳ：满足“申请户口资格”且“¬B类人才及以上”且“¬连续缴纳五年社保”，与上述规定构成矛盾关系。

故正确答案为E选项。

68【答案】E

【解析】

第一步，梳理题干：

（1）减少孤独感→与他人建立深层次的社会关系；

（2）感受归属感→减少孤独感；

（3）居住在人口密集度较低的城市→感受归属感；

（4）经历过社会关系的破裂→居住在人口密集度较低的城市。

结合（4）（3）（2）（1）可推出：经历过社会关系的破裂→居住在人口密集度较低的城市→感受归属感→减少孤独感→与他人建立深层次的社会关系。

第二步，验证选项：

A 选项：¬与他人建立深层次的社会关系→¬感受归属感，与题干推出结论逆否等价，成立。

B 选项：¬居住在人口密集度较低的城市∧与他人建立深层次的社会关系，与题干推出结论不矛盾，可能成立。

C 选项：¬居住在人口密集度较低的城市∧¬减少孤独感，与题干推出结论不矛盾，可能成立。

D 选项：¬经历过社会关系的破裂∧与他人建立深层次的社会关系，与题干推出结论不矛盾，可能成立。

E 选项：感受归属感∧¬与他人建立深层次的社会关系，与题干推出结论矛盾，所以该项不可能成立。

故正确答案为 E 选项。

69【答案】B

【解析】

第一步，梳理题干：

（1）女性骨骼健康→雌激素；

（2）维持骨动态平衡→成骨细胞增殖∧破骨细胞凋亡；

（3）雌激素正常分泌→成骨细胞增殖∧破骨细胞凋亡；

（4）雌激素迅速下降→¬破骨细胞凋亡。

由（4）（2）传递可得：（5）雌激素迅速下降→¬破骨细胞凋亡→¬维持骨动态平衡。

出现链条优先锁定首尾信息验证选项。

第二步，验证选项：

A 选项：维生素 D 和钙这一信息在题干中并未提及，排除。

B 选项：雌激素迅速下降∧维持骨动态平衡，与（5）构成矛盾关系，所以该项成立最能反驳题干的论述。

C 选项：雌激素迅速下降∧¬成骨细胞增殖，与题干信息不构成矛盾关系，排除。

D 选项：维持骨动态平衡∧¬雌激素迅速下降，与题干信息不构成矛盾关系，排除。

E 选项：雌激素和维持骨动态平衡无逻辑推理关系，所以该项是一个无关选项，排除。

故正确答案为 B 选项。

70【答案】D

【解析】

第一步，梳理题干：

（1）张第一∨李第一→（王安慰奖∧赵鼓励奖）∨（赵安慰奖∧王鼓励奖）；

（2）最佳编舞奖→该舞蹈的某演员第一；

（3）每种奖项仅有一人获得。

第二步，验证选项：

A 选项：张最佳编舞奖∧赵安慰奖，根据题干信息（2）（1）可推出这种情况，该项是可能为真的，排除。

B 选项：¬赵鼓励奖∧孙最佳编舞奖，孙最佳编舞奖，那么孙是第一，那么其余人均不可能是第一，否定（1）的前件，无法推出任何确定信息，该项是可能为真的，排除。

C 选项：李安慰奖∧张鼓励奖，结合（3）（1）可知，张和李都不是第一，和题干信息不矛盾，该项是可能为真的，排除。

D 选项：张最佳编舞奖，根据（2）可推出，张获得了第一名；再根据（1）可推出，王或赵分别获得了安慰奖或鼓励奖之一，但是 D 选项说的是李和孙分别获得了这两个奖项，这与推出来的事实矛盾，该项不可能为真。

E 选项：张和李分别获得了安慰奖和鼓励奖，由（1）可推出，张和李都不是第一，这与题干信息不矛盾，该项是可能为真的，排除。

故正确答案为 D 选项。

题型 04　复言命题－真假判断

71 【答案】B

【解析】

第一步，梳理题干：

小明：游泳∀打篮球。

小红：¬（游泳∀打篮球）=（¬游泳∧¬打篮球）∨（游泳∧打篮球）。

第二步，分析推理：

小红的话为真，即可知道小明今天对游泳和打篮球这两项运动的选择是一致的。

（1）¬游泳∨打篮球。

（2）¬游泳∧¬打篮球。

（3）¬游泳∧打篮球。

（4）游泳∧打篮球。

（5）游泳∀¬打篮球。

根据分析结果可知，必然为真的情况有（1）（5）。

故正确答案为 B 选项。

72 【答案】E

【解析】

第一步，梳理题干：

甲：财务∀行政。

乙：财务→行政∧¬技术。

丙：行政→研发∧¬人事。

丁：¬财务∨¬技术→人事。

第二步，分析推理：

最终情况是财务、技术、行政、人事 4 个部门均获得了奖金，由此分析可知，甲、乙、丙的预测均错误，丁的预测是正确的。

故正确答案为 E 选项。

73 【答案】C

【解析】

第一步，梳理题干：

甲：一号∨三号。

乙：¬二号→四号。

丙：¬三号∧¬四号。

丁：¬三号→二号。

第二步，分析推理：

由题干信息可知，冠军只有一名，是三号选手，那么其余选手均不可能是冠军，所以可推知，甲、丁的猜测是正确的，乙、丙的猜测是错误的。

故正确答案为C选项。

74 【答案】E

【解析】

第一步，梳理题干：

甲：裁员→降低成本=¬裁员∨降低成本。

乙：降低成本→裁员=¬降低成本∨裁员。

丙：裁员∧降低成本。

丁：降低成本→裁员=¬降低成本∨裁员。

题干让我们判定这四人观点的真假，所以考虑将假言命题都转化为等价选言命题再分析。

第二步，分析推理：

若丙为真，根据或命题一真则真的性质，甲、乙、丁3人的观点也为真，即4人的观点均是可能的；

若丙为假，则可得，¬裁员∨¬降低成本。如果是"¬降低成本∧¬裁员"，则甲、乙、丁3人的观点都为真；如果是"¬降低成本∧裁员"，则只有乙、丁2人的观点为真；如果是"降低成本∧¬裁员"，则只有甲的观点为真。

根据上述分析可知，可能有1人、2人、3人、4人的观点符合决定。

故正确答案为E选项。

75 【答案】C

【解析】

第一步，梳理题干：

甲：减少私人车辆使用→增加公共交通投资。

乙：增加公共交通投资∀减少私人车辆使用。

丙：增加公共交通投资→减少私人车辆使用。

丁：¬增加公共交通投资→¬减少私人车辆使用。

戊：增加公共交通投资↔减少私人车辆使用。

第二步，分析推理：

观察题干条件，乙、戊的决定互为矛盾命题。当乙的决定符合时，此时丙的决定也符合，只有2人最终符合；当甲、丁的决定符合时，只有3人最终符合；当戊的决定符合时，此时甲、丙、丁均符合，共有 4 人最终符合。

故正确答案为 C 选项。

专题二　简单命题

题型 01　定义题

76【答案】D

【解析】

第一步，梳理题干：

锚定启发式：决策者对事物的决策会受到该事物初始值影响。

第二步，验证选项：

A 选项：精品的价格和瑕疵品的价格相差 170 元，反而瑕疵品销量好。本质上是商场把同批次中相对优质的餐具的价格标虚高了，不论消费者买哪一类他们都不会亏，消费者此时的决策就受到了精品价格影响，这里是“锚定陷阱”的体现，排除。

B 选项：给出选择，潜意识地使得消费者陷入了商家的销售陷阱中，在这样的表达下多数消费者会选择消费而不是拒绝消费，这里也符合“锚定陷阱”的定义，排除。

C 选项：商场抛出一种优惠、限时促销的锚定信息，让消费者心里认定商家此时的价格比平时更加优惠，此时他们购买的商品会比平时多一些，符合“锚定陷阱”的定义，排除。

D 选项：该项是“损失规避”效应，面对同样数量的收益和损失时（无论先后），多数人都认为损失带来的负效用是大于收益带来的正效用的。

E 选项：该项中对方在考虑最后提出的真正需求时，会和最开始的难度较大的需求进行比较，故该项也符合“锚定陷阱”的定义。

故正确答案为 D 选项。

77【答案】D

【解析】

第一步，梳理题干：

“本我”处于潜意识之下，它是由本能驱动的，遵循的是“快乐原则”。

“自我”处于意识层面，它既要满足本我又要遵守社会准则约束。

“超我”由道德律、自我理想等所构成，抑制本我行为的冲动。

第二步，验证选项：

A 选项：看到小偷偷钱包，但没有制止，这里属于“超我”的反面表现，此时的可可自我道德水平还不够完善，排除。

B 选项：多多遵守交通规则的行为是属于“自我”控制下的行为，他遵守法律法规，排除。

C 选项：单从小明的行为来讲，这是体现了“超我”的行为水平，能够主动返还多找的 10 块钱，遵守道德约束，排除。

D 选项：属于本能的行为，为了解决自己的饥饿感，不惜违反法律偷东西，这是属于“本我”。

E 选项：该项的帮助他人，属于社会道德的范畴，所以小光的行为源于他的“超我”人格，排除。

故正确答案为 D 选项。

78 【答案】D

【解析】

第一步，梳理题干：

伯劳救鸟：看似帮你，实则害你。

第二步，验证选项：

A 选项：小张看似想让好朋友赚大钱，实则把好友拖向了炒股的深渊，符合上述定义，排除。

B 选项：成功学大师所传授的知识看似有用，实则在荼毒青少年，对青少年心理健康产生了负面影响，符合上述定义，排除。

C 选项：小欧看似是帮助大欧，实则让大欧被父母惩罚，害了大欧，符合上述定义，排除。

D 选项：不符合定义，小李仅仅是帮助自己的朋友舒缓郁结，并没有让他受到伤害，不符合上述定义。

E 选项：小王的举动，看似是帮助朋友，但是最终结果却让朋友受到了欺骗，符合上述定义，排除。

故正确答案为 D 选项。

79 【答案】A

【解析】

第一步，梳理题干：

落袋为安：对象征性的、非确定性的或抽象的财富、人、情感等，把它变成现实的财富或货币，或者明确的答案，放进自己的口袋里才安稳。面对风险和不确定做出自认为损失较小的选择。

第二步，验证选项：

A 选项：南云忠一将领对回收返程机队的选择，体现了其在面临抽象的、非确定性的情感、财富时，先放进自己口袋，且是他自认为损失最小的选择，体现其落袋为安的心理历程。

B 选项：小张行为并没有体现出落袋为安，排除。

C、D、E 选项：未涉及风险和选择，排除。

故正确答案为 A 选项。

80 【答案】D

【解析】

第一步，梳理题干：

工作伦理：工作本身是“人性化的”，不论做它的人获没获得乐趣，只要履行职责就会带来满足感。

第二步，验证选项：

A 选项：该项并未体现出履行工作职责是否获得了满足感，不符合定义，排除。

B 选项：不喜欢工作但仍未知履行工作职责是否可以从中获得满足感，不符合定义，排除。

C 选项：小刘认为工作不平等，这与工作伦理提及的淡化工作差异相违背，不符合定义，排除。

D 选项：小周获得这份工作，同时履行工作职责，他觉得自己也是有用处的，这就获得了满足感，符合定义。

E 选项：小吴愈感疲惫并未说明履行工作职责是否获得了满足感，不符合定义，排除。

故正确答案为 D 选项。

题型 02 概念计算题

81【答案】C

【解析】

第一步，梳理题干：

应届毕业生共 7 人：历史学院 2 人、管理学院 3 人，广东 3 人、北方 3 人。

2 + 3 + 3 + 3 = 11 人> 7 人，因此有 4 个身份是重叠的。

第二步，验证选项：

A 选项：此时人数为 8（2 + 3 + 3）人，只需再有一人再兼一个身份就能满足题干，故该项是可能为真的，排除。

B 选项：此时人数为 9（3 + 3 + 3）人，只需再有两人再兼一个身份也能满足题干，故该项是可能为真的，排除。

C 选项：若管理学院的 3 人不是广东人，也不是北方人，则此时从地域维度来看，人数至少为 9（3 + 3 + 3）人，与题干所涉及的人数不符合，一定为假。

D 选项：此时人数为 8（2 + 3 + 3）人，只需再有一人再兼一个身份就能满足题干，故该项是可能为真的，排除。

E 选项：此时人数为 8（2 + 3 + 3）人，只需再有一人再兼一个身份就能满足题干，故该项是可能为真的，排除。

故正确答案为 C 选项。

82【答案】A

【解析】

第一步，梳理题干：

男主持 1 人、A 公司代表 3 人、B 公司代表 2 人、来自甲写字楼的 7 人、女士 4 人。

第二步，分析推理：

根据上述信息可知：A 公司和 B 公司之间不可能存在交集，则 3 + 2 = 5；男主持人和女士之间不可能存在交集，则 1 + 4 = 5；来自甲写字楼的 7 人可以和其余人产生交集，即一个人有多重身份，比如来自甲写字楼的 B 公司的男主持人等。所以此次招标会至少有 7 人，至多有 17（1 + 3 + 2 + 7 + 4）人。

故正确答案为 A 选项。

83【答案】D

【解析】

第一步，梳理题干：

仅从事教育工作的 5 人、从事工程建设的 8 人、已婚 2 人、未婚女教师 3 人。

第二步，分析推理：

由上述信息可分析出，教育工作和工程建设这两个属性不可能在同一个人身上，已婚、未婚的概念可以包含在以上两类人中，故最少人数是 13（8 + 5）人，最多人数是 15（5 + 8 + 2）人，故复选项 Ⅰ 正确。除了 3 名未婚女教师，最多有 2 名已婚教育工作者，故复选项 Ⅲ、Ⅳ 均可能正确。

故正确答案为 D 选项。

84【答案】C

【解析】

第一步，梳理题干：

根据题干信息可列出下表。

喜欢饶舌音乐		喜欢乡村音乐	
男性	女性	男性	女性
a	b	c	d

由题干可知：（1）$a+b+c+d=70$；(2) $a+c=37$；（3）$a+b=23$；（4）$d=24$。

第二步，分析推理：

（1）－（3）$=c+d=47$，继而推出喜欢乡村音乐的男性有23（47－24）人，喜欢饶舌音乐的男性有14（37－23）人，喜欢饶舌音乐的女性有9（23－14）人。

故正确答案为C选项。

85【答案】C

【解析】

第一步，梳理题干：

（1）拟定录取300名研究生；

（2）应届学硕考生57人；

（3）往届男生48人；

（4）学硕女生63人；

（5）专硕180人。

第二步，分析推理：

题干给出了各个类别人数，各个类别人数相加可得出共348人，这说明其中有48人是重复计算的，那么上述类别最终概念可重复的有“应届学硕女生”“往届专硕男生”，二者人数均不超过48人。

故正确答案为C选项。

86【答案】D

【解析】

第一步，梳理题干：

根据题干信息可列出下表。

	在男方城市生活	在女方城市生活	在新城市生活
情侣对数	A	B	C

$B+C-(A+C)=50$ 万。

$B-A=50$ 万，即 $B>A$。

第二步，分析推理：

复选项Ⅰ：$B=50$ 万，无法由上述信息推出。

复选项Ⅱ：$B>A$，可以由题干信息推出。

复选项Ⅲ：$B+C>A+C$，可以由题干信息推出。

故正确答案为D选项。

87【答案】D

【解析】

第一步，梳理题干：

（1）正式员工80人，临时员工40人；

（2）销售部门40人、技术部门30人，其余部门50人；

（3）销售部门临时员工+技术部门临时员工30人。

由上述信息可知，其余部门有10人是临时员工，销售部门正式员工+技术部门正式员工40人，但是这两个部门具体哪个部门正式员工多无法确定。

上述信息列表如下。

	销售	技术	总计
正式	A	B	40
临时	C	D	30
总计	40	30	70

第二步，验证选项：

A选项：根据上表可知，$C+D=B+D$，可得$C=D=15$，$A=25$，$B=15$，由此可知，销售部门的临时员工人数等于技术部门的正式员工人数，排除。

B、C选项：根据上表可知，$A+C>C+D$，可得$A>D$，由此可知，销售部门的正式员工人数大于技术部门的临时员工人数，排除。

D选项：由题干信息推出的结论可知，销售部门和技术部门的正式员工比其余部门的临时员工多30人，故该项可以推出。

E选项：由题干推理可知，销售部门和技术部门的临时员工30人，其余部门临时员工10人、正式员工40人，故该项必然推不出，排除。

故正确答案为D选项。

88【答案】D

【解析】

第一步，梳理题干：

根据题干信息可知：有140人反对，210人赞成。其中并未说明该小区的所有业主数，只是给出投票的业主数，所以无法确定该小区具体有多少户。

第二步，验证选项：

A选项：有的物业管理人员是该小区租户，无法从题干数量信息中推出，排除。

B选项：有的小区租户购买该小区房子，无法从已知信息中推出，排除。

C选项：有的小区业主是该小区的物业管理人员，无法确定该小区总的住户，所以该项不确定，排除。

D选项：反对的人数有140人，即使所有租户和物业管理人员都投了反对票，仍有80人投反对票，这些人必定是业主，该项一定为真。

E选项：有的小区租户投赞同票，无法确定，排除。

故正确答案为 D 选项。

89【答案】E

【解析】

第一步，梳理题干：

（1）共有 50 位学生参展，高年级学生不多于 20 人，其余的是低年级学生；

（2）50 个项目中有 25 个获得了评委的认可；

（3）20 个学生进行了项目展示，其余 30 个学生参与了观摩学习。

第二步，分析推理：

根据题干信息分析可知，50 位学生的情况是：高年级学生的人数范围是 0 ~ 20 人，低年级学生的人数范围是 30 ~ 50 人。当这 50 人都来自低年级时，那么此时 A、B、D 选项均不可能成立；当其中 20 人来自高年级，30 人来自低年级时，此时进行项目展示的学生有可能全部都是高年级的，此时 C 选项不可能成立。同理，即使 20 名高年级学生的项目都获得了评委认可，还是有 5 名低年级学生会获得评委认可。

故正确答案为 E 选项。

90【答案】A

【解析】

第一步，梳理题干：

（1）共有 207 名文理科考生报考；

（2）应届考生 147 人；

（3）理科女生 51 人；

（4）应届文科考生 78 人；

（5）应届理科男生 45 人。

第二步，分析推理：

根据题干信息分析：应届理科女生 = 147 — 78 — 45 = 24 人。

故正确答案为 A 选项。

91【答案】E

【解析】

第一步，梳理题干：

（1）每人至多提交 1 份演讲稿；

（2）共有 70 份演讲稿，其中 60 份通过审核；

（3）30 人做了主题演讲，其余 40 人进行了分组讨论。

第二步，验证选项：

A、C 选项：若 20 名外部专家都做了主题演讲，此时做主题演讲的外部专家是大于内部员工的，同时，没有一个外部专家进行了分组讨论，这两项只是可能为真，排除。

B 选项：若 20 名外部专家都没做主题演讲，此时做主题演讲的外部专家一名也没有，该情况也只是可能为真，排除。

D、E 选项：若 20 名外部专家都通过了审核，那么此时内部专家还有 40 人通过审核，故 D 选项不可能为真，E 选项必定为真。

故正确答案为E选项。

92【答案】C

【解析】

第一步，梳理题干：

（1）男性人口＞女性人口；

（2）不足65岁人口＞65岁及以上人口；

（3）15～64岁的人口＞0～14岁的人口。

由（1）（2）可推出：（4）不足65岁的男性人口＞65岁及以上的女性人口。由（1）（3）可推出：（5）15～64岁的男性人口＞0～14岁的女性人口。

第二步，验证选项：

A、B选项：根据题干信息，无法知道65岁及以上人口的男女分布的具体情况，所以男女人口多少无法比较，排除。

C选项：根据（4）可知，该项必定为真。

D选项：无法根据题干信息判断不足65岁的女性与65岁及以上的男性的数量多少，排除。

E选项：无法根据（5）推出该项，排除；

故正确答案为C选项。

93【答案】C

【解析】

第一步，梳理题干：

（1）男护士＋女护士＝20；

（2）男医生＋女医生＝16；

（3）男护士＋男医生＝20；

（4）女护士＝男护士＋女医生。

第二步，分析推理：

由（3）可得，男护士＝20－男医生；由（2）可得，男医生＝16－女医生。因此女护士＝（20－男医生）＋女医生＝20－（男医生－女医生）＝20－16＋2女医生＝4＋2女医生。因此，实习女护士不可能最少，C选项错误。

故正确答案为C选项。

94【答案】C

【解析】

第一步，梳理题干：

（1）游泳＋跳水＝540；

（2）甲校游泳＋乙校游泳＝220；

（3）乙校＝甲校+140；

（4）甲校跳水＝80。

第二步，分析推理：

设甲校为X人，则乙校为$X+140$人，由此可得$X+(X+140)=540$，计算可得甲校为200人。

由“游泳参赛人数为 220 人”可得，跳水的参赛人数为 320 人。

由“甲校跳水参赛人数为 80 人”可得，甲校游泳参赛人数为 120 人。

最终计算可得，乙校跳水参赛人数为 240 人，乙校游泳参赛人数为 100 人。

上述推理结果列表如下。

	甲校	乙校	总计
跳水	80	240	320
游泳	120	100	220
总计	200	340	540

故正确答案为 C 选项。

95【答案】C

【解析】

第一步，梳理题干：

根据题干信息可列表如下。

	高一（72 人）	高二（65 人）	高三（18 人）
服装设计社团	A	D	G
轮滑社团	B	E	H
模拟联合国社团	C	F	I

（1）社团总人数 $=A+B+C+D+E+F+G+H+I=72+65+18=155$；

（2）$(A+G)+(E+H)+(C+I)=34+40+25=99$。

第二步，分析推理：

（1）—（2）$=B+D+F=56$（3）。

所以（3）$+(E+H)=96$（4）。

结合（4）与“$D+E+F=65$”可得：$B+H=31$。

比较“$B+H=31$”与“$E+H=40$”可得：$E>B$。

故正确答案为 C 选项。

题型 03 简单命题－推出结论（含三段论）

96【答案】D

【解析】

第一步，梳理题干：

（1）¬适应数字化转型→¬提升办公效率；

（2）具有积极进取精神→提升办公效率。

结合上述信息可推出：具有积极进取精神→提升办公效率→适应数字化转型。

第二步，验证选项：

A 选项：保持竞争力→采用新技术，题干并未提及相关推理，排除。

B 选项：有些提升办公效率→¬具有积极进取精神，无法由上述逻辑推理关系推出，排除。

C选项：有些¬适应数字化转型→具有积极进取精神，无法由上述逻辑推理关系推出，排除。

D选项：¬适应数字化转型→¬具有积极进取精神，与上述逻辑推理关系逆否等价。

E选项：优先考虑用户体验→提高办公效率，题干并未提及“优先考虑用户体验”相关推理，排除。

故正确答案为D选项。

97【答案】D

【解析】

第一步，梳理题干：

（1）有的致远中学→羽毛球；

（2）羽毛球→3年2班；

（3）张涛→3年2班，王凯→¬3年2班。

由（1）（2）可得：（4）有的致远中学→羽毛球→3年2班。

第二步，验证选项：

A、E选项：“3年2班”肯定了（4）的后件，肯后无效，无法得知张涛是否参加了羽毛球锦标赛，排除。

B选项：“3年2班”肯定了（4）的后件，肯后无效，无法推出该班的学生都参加了羽毛球锦标赛，排除。

C选项：王凯不是3年2班的学生，由（2）逆否可知，王凯并没有参加羽毛球锦标赛，该项必定为假，排除。

D选项：“所有”为真可推出“有的”为真，根据（2）可知，有的羽毛球→3年2班，根据互换特性可得，有的3年2班→羽毛球，该项必定为真。

故正确答案为D选项。

98【答案】C

【解析】

第一步，梳理题干：

（1）大多数喜欢物理→选择科学类；

（2）喜欢哲学→选择文学类；

（3）选择科学类→¬选择文学类。

（1）（3）（2）联立可推出，大多数喜欢物理→选择科学类→¬选择文学类→¬喜欢哲学。

第二步，验证选项：

A选项：喜欢哲学→¬选择科学类，与上述逻辑推理关系逆否等价，排除。

B选项：大多数喜欢物理→¬喜欢哲学，与上述逻辑推理关系一致，排除。

C选项：大多数¬喜欢哲学→喜欢物理，“大多数”与“有的”不同，无法进行换位，所以该项无法由上述逻辑推理关系推出。

D选项：有的喜欢物理→¬喜欢哲学，可以由上述逻辑推理关系推出，排除。

E选项：有的¬选择文学类→喜欢物理，可以由上述逻辑推理关系推出，排除。

故正确答案为C选项。

99【答案】C

【解析】

第一步，梳理题干：

（1）有些良好→大米；

（2）大米→性价比高；

（3）性价比高→喜欢。

（1）（2）（3）传递可得：（4）有些良好→大米→性价比高→喜欢。

第二步，验证选项：

A 选项：¬ 喜欢→ ¬ 大米，由（4）逆否可推出，该项必定为真，排除。

B 选项：大米→喜欢，与（4）逻辑关系一致，该项必定为真，排除。

C 选项：有些性价比不高→良好，无法由题干信息推出，该项不一定为真。

D 选项：¬ 性价比高→ ¬ 大米，由（2）逆否可推出，该项必定为真，排除。

E 选项：有些喜欢→大米，由（4）可知，大米→喜欢，“所有”为真可推出“有的”为真，所以可推知，有些大米→喜欢，互换可得，有些喜欢→大米，该项必定为真，排除。

故正确答案为 C 选项。

100 【答案】C

【解析】

第一步，梳理题干：

（1）成就→不够好；

（2）不够好→提升；

（3）有些成就→企业家 = 有些企业家→成就；

（4）有些完美→企业家 = 有些企业家→完美；

（5）提升→ ¬ 完美。

（1）（2）（5）传递可推出：（6）成就→不够好→提升→ ¬ 完美。

（4）（5）传递可推出：（7）有企业家→完美→ ¬ 提升。

（3）（1）（2）传递可推出：（8）有些企业家→成就→不够好→提升。

第二步，验证选项：

A 选项：成就→提升，与（6）逻辑推理一致，该项必定为真，排除。

B 选项：完美→ ¬ 不够好，与（6）逻辑推理等价，该项必定为真，排除。

C 选项：有些成就→完美，无法由题干信息推出，该项不一定为真。

D 选项：有些企业家→ ¬ 提升，与（7）逻辑推理一致，该项必定为真，排除。

E 选项：有些企业家→提升，与（8）逻辑推理一致，该项必定为真，排除。

故正确答案为 C 选项。

101 【答案】E

【解析】

第一步，梳理题干：

（1）具备科技素养 ∧ 发现科技便利 ∧ 有意识地防范科技负面影响→享受科技的乐趣；

（2）享受科技的乐趣→意识到科技的价值；

（3）有些人→具备科技素养 ∧ 有意识地防范科技负面影响 ∧ 意识不到科技的价值。

第二步，验证选项：

A 选项：¬ 有意识地防范科技负面影响→ ¬ 意识到科技的价值，无法由题干信息推出，排除。

B 选项：¬意识到科技的价值→¬发现科技便利，结合（2）（1）可推出，¬意识到科技的价值→¬享受科技的乐趣→¬具备科技素养∨¬发现科技便利∨¬有意识地防范科技负面影响，无法确切地推出该项，该项无法必然推出，排除。

C 选项：享受科技的乐趣→具备科技素养，无法由题干信息推出，排除。

D 选项：有些具备科技素养→发现科技便利。（3）（2）（1）联立可得，有些人→具备科技素养∧有意识地防范科技负面影响∧意识不到科技的价值→¬享受科技的乐趣→¬具备科技素养∨¬发现科技便利∨¬有意识地防范科技负面影响，即有些人→具备科技素养∧有意识地防范科技负面影响→¬发现科技便利。因此，题干可以推出，有些具备科技素养的人→¬发现科技便利。故题干无法推出该项，排除。

E 选项：有些有意识地防范科技负面影响→¬发现科技便利。参考D选项的分析可知，题干可以推出该项。

故正确答案为E选项。

102【答案】A

【解析】

第一步，梳理题干：

（1）科学发现→基于实验数据；

（2）基于实验数据→揭示自然法则；

（3）揭示自然法则→反映自然规律；

（4）反映自然规律→不可能完全错误。

结合上述信息可推出：科学发现→基于实验数据→揭示自然法则→反映自然规律→不可能完全错误。

第二步，验证选项：

A 选项：科学发现→可能不完全错误，而题干为“科学发现→可能不完全错误”，即“科学发现→必然不完全错误”，根据推理关系“上真下真”的性质可知，该项可以推出。

B 选项：有些科学发现→可能是完全错误的，该项和上述逻辑推理相矛盾，排除。

C 选项：有些反映自然规律→¬基于实验数据，无法由上述逻辑推理关系推出，排除。

D 选项：有些揭示自然法则→¬科学发现，无法由上述逻辑推理关系推出，排除。

E 选项：反映自然规律→科学发现，与上述逻辑推理关系不一致，排除。

故正确答案为A选项。

103【答案】C

【解析】

第一步，梳理题干：

（1）技术岗员工→支持环保行动；

（2）管理层→反对远程办公；

（3）支持环保行动→支持灵活工作制度；

（4）支持灵活工作制度→支持远程办公。

结合上述题干信息可推出：技术岗员工→支持环保行动→支持灵活工作制度→支持远程办公→¬反对远程办公→¬管理层。

第二步，验证选项：

A 选项：¬技术岗员工→管理层，而题干为“科学发现→不可能完全错误”，即“科学发现→必然不完全错误”，根据推理关系上真下真的性质可知，该项可以推出。

B 选项：有些 ¬ 管理层→ ¬ 技术岗员工，与上述逻辑推理关系不一致，排除。

C 选项：有些支持远程办公→支持环保行动，可以由“支持环保行动→支持远程办公”推出。

D 选项：有些管理层→技术岗员工，无法由上述逻辑推理关系推出，排除。

E 选项：有些支持远程办公→ ¬ 技术岗员工，无法由上述逻辑推理关系推出，排除。

故正确答案为 C 选项。

104【答案】D

【解析】

第一步，梳理题干：

（1）有些 ¬ 大学教育→优秀企业家；

（2）多数优秀企业家→大学教育；

（3）优秀企业家→果敢 ∧ 有头脑；

（4）公司长久→果敢 ∧ 有头脑。

第二步，验证选项：

A、C 选项：公司长久→优秀企业家，这两项无法由题干信息推出，不一定为真，排除。

B 选项：有些果敢 ∧ 有头脑→ ¬ 优秀企业家，由（3）可推出，有些果敢 ∧ 有头脑→优秀企业家，根据下反对关系可知，该项不一定为真，排除。

D 选项：有些果敢 ∧ 有头脑→ ¬ 大学教育，结合（1）（3）可推出，有些 ¬ 大学教育→优秀企业家→果敢 ∧ 有头脑 = 有些果敢 ∧ 有头脑→ ¬ 大学教育，该项一定为真。

E 选项：多数大学教育→果敢 ∧ 有头脑，“多数”无法和“有些”一样做位置互换，所以无法结合（2）（3）推出该项，排除。

故正确答案为 D 选项。

105【答案】E

【解析】

第一步，梳理题干：

（1）基础完善→绿化；

（2）绿化→服务；

（3）有的高昂→ ¬ 绿化；

（4）有的绿化→ ¬ 基础完善。

由（1）（2）传递可得：（5）基础完善→绿化→服务。

由（3）（1）传递可得：（6）有的高昂→ ¬ 绿化→ ¬ 基础完善。

第二步，验证选项：

A 选项：有的高昂→基础完善，与（6）逻辑推理不一致，排除。

B 选项：绿化→基础完善，与（5）逻辑推理不一致，排除。

C 选项：有的高昂→基础完善，与（6）逻辑推理不一致，排除。

D 选项：服务→绿化，与（2）逻辑推理不一致，排除。

E 选项：有的服务→绿化，“所有”为真可推出“有的”为真，结合（2）可知，有的绿化→服务，再根据互换特性可得，有的服务→绿化。

故正确答案为E选项。

106【答案】A

【解析】

第一步，梳理题干：

（1）有些获奖科学研究→¬基础科学研究；

（2）创新性强→基础科学研究；

（3）获奖研究→创新性强∀应用范围广泛。

第二步，分析推理：

结合（1）（2）可推出，有些获奖科学研究→¬基础科学研究→¬创新性强；再结合（3）可进一步推出，有些获奖科学研究→应用范围广泛。

故正确答案为A选项。

107【答案】A

【解析】

第一步，梳理题干：

（1）校企合作本科生→进指定企业工作；

（2）普通本科生→自主就业；

（3）¬校企合作本科生→自己找实习机会；

（4）校企合作本科生→¬自己找实习机会。

第二步，验证选项：

A选项：有些¬自己找实习机会→进指定企业工作，由（3）（1）可推出，¬自己找实习机会→校企合作本科生→进指定企业工作，“所有”为真可以推出“有的”为真，该项可以推出。

B选项：有些自己找实习机会→自主就业，由（3）可推出，有些¬校企合作本科生→自己找实习机会=有些自己找实习机会→¬校企合作本科生，但“¬校企合作本科生”并不代表就是“普通本科生”，无法与（2）联立，该项推不出，排除。

C选项：有些进指定企业工作→普通本科生，由（1）可推出，有些进指定企业工作→校企合作本科生→¬普通本科生，与该项不一致，排除。

D选项：有些自主就业→¬自己找实习机会，由（2）可推出，有些自主就业→普通本科生→¬校企合作本科生；再结合（3）推出，有些自主就业→自己找实习机会，与该项不一致，排除。

E选项：有些进指定企业工作→¬校企合作本科生，由（1）可推出，有些进指定企业工作→校企合作本科生，与该项不一致，排除。

故正确答案为A选项。

108【答案】C

【解析】

第一步，梳理题干：

（1）公费师范生→¬自主就业；

（2）理科生→自主就业；

（3）有些工科生→理科生；

（4）¬自主就业→¬急投简历；

（5）大多数公费师范生→¬工科生。

第二步，验证选项：

A 选项，有些¬自主就业→¬工科生，结合（5）（1）可知，有些¬工科生→公费师范生→¬自主就业＝有些¬自主就业→¬工科生，该项可以由题干信息推出，排除。

B 选项，有些工科生→自主就业，结合（3）（2）可知，有些工科生→理科生→自主就业，该项可以由题干信息推出，排除。

C 选项，大多数¬工科生→¬自主就业，“大多数”无法和“有些”一样做位置互换，所以无法结合（5）（1）推出该结论。

D 选项，有些¬理科生→¬急投简历，结合（4）（2）根据三段论的推理规则可推知，有些¬理科生→¬急投简历，该项可以由题干信息推出，排除。

E 选项，有些急投简历→¬公费师范生，结合（4）（1）可推知，急投简历→自主就业→¬公费师范生，进一步推出，有些急投简历→¬公费师范生，该项可以由题干信息推出，排除。

故正确答案为 C 选项。

109【答案】C

【解析】

第一步，梳理题干：

（1）人工智能领域→用机器学习技术；

（2）有的生物学领域→需要实验室实验；

（3）化学领域→需要实验室实验；

（4）¬（机器学习技术∧需要实验室实验）＝机器学习技术→¬需要实验室实验。

第二步，验证选项：

A 选项：生物学领域→¬人工智能领域，结合（2）（4）（1）只能推出“有的生物学领域→¬人工智能领域”，所以无法推出该项，排除。

B 选项：有的生物学领域→人工智能领域，同 A 选项分析理由，无法推出该项，排除。

C 选项：有的化学领域→¬人工智能领域，结合（3）（4）（1）可推出“化学领域→¬人工智能领域”，该项可以推出。

D 选项：有的化学领域→人工智能领域，结合 C 选项分析理由，该项无法推出，排除。

E 选项：有的生物学领域→化学领域，无法由题干逻辑关系推出，排除。

故正确答案为 C 选项。

110【答案】A

【解析】

第一步，梳理题干：

（1）高速公路限速措施→城市外围；

（2）有的人行横道的安全提升工程→商业区；

（3）有的城市道路限速措施→商业区；

（4）人行横道的安全提升工程→耗费大量资金；

（5）¬（商业区∧城市外围）= 商业区→¬城市外围。

第二步，验证选项：

A 选项：有的商业区→耗费大量资金，由（2）（4）联立可推出。

B 选项：有的商业区→¬耗费大量资金，无法由题干信息推出，排除。

C 选项：有的城市外围→和车辆限速无关，无法由题干信息推出，排除。

D 选项：有的耗费大量资金→和行人安全无关，无法由题干信息推出，排除。

E 选项：大多数和行人安全有关→耗费大量资金，无法由题干信息推出，排除。

故正确答案为 A 选项。

题型 04　简单命题 - 补充前提

111【答案】C

【解析】

第一步，梳理题干：

论据：（1）枫蚕→¬鳞翅目刺蛾科；

（2）洋辣子→鳞翅目刺蛾科。

结论：（3）洋辣子→¬鳞翅目大蚕蛾科。

本题需要结合已知信息（1）（2）推出结论（3）。

（1）（2）传递可得：（4）洋辣子→鳞翅目刺蛾科→¬枫蚕。

本题需要补充条件"¬枫蚕→¬鳞翅目大蚕蛾科"的推理关系。

第二步，验证选项：

A 选项：枫蚕→鳞翅目大蚕蛾科，该项成立无法推出结论，不是题干推理成立的前提，排除。

B 选项：枫蚕→¬鳞翅目大蚕蛾科，该项成立无法推出结论，不是题干推理成立的前提，排除。

C 选项：鳞翅目大蚕蛾科→枫蚕 = ¬枫蚕→¬鳞翅目大蚕蛾科，该项与需要补充的信息是等价的，是题干推理成立的前提。

D 选项：有些鳞翅目刺蛾科→¬鳞翅目大蚕蛾科，该项成立无法推出结论，不是题干推理成立的前提，排除。

E 选项：鳞翅目刺蛾科→鳞翅目大蚕蛾科，该项成立无法推出结论，不是题干推理成立的前提，排除。

故正确答案为 C 选项。

112【答案】D

【解析】

第一步，梳理题干：

论据：（1）考上→努力；

（2）有些考上→出类拔萃。

结论：有些高管→出类拔萃 = 有些出类拔萃→高管。

由（2）结合（1）可得：有些出类拔萃→考上→努力。补充"努力→高管"就能使题干推理成立。

第二步，验证选项：

A选项：高管→努力，该项成立无法推出结论，不是题干推理成立的前提，排除。

B选项：考上→高管，该项成立能使得结论成立，但是并未完全使用已知信息，待选。

C选项：有些努力→高管，该项成立无法推出结论，不是题干推理成立的前提，排除。

D选项：努力→高管，该项成立可以推出结论，是题干推理成立的前提。

E选项：有些考上→高管，该项成立无法推出结论，不是题干推理成立的前提，排除。

相比之下，D选项完全使用了题干已知信息，所以它比B选项作为前提条件更加合适。

故正确答案为D选项。

113【答案】B

【解析】

第一步，梳理题干：

论据：（1）提高产品质量→可靠的公司；

（2）有些投资研发创新→提高产品质量。

结论：有些可靠的公司→具备准确的判断。

第二步，分析推理：

由（2）结合（1）可得：有些投资研发创新→可靠的公司＝有些可靠的公司→投资研发创新。补充“投资研发创新→具备准确的判断”就能使题干结论成立。

故正确答案为B选项。

114【答案】C

【解析】

第一步，梳理题干：

论据：嘉宾→捐款＝¬捐款→¬嘉宾。

结论：有些人员→¬嘉宾。

本题只需建立“有些人员”和“¬捐款”之间的推理关系即可。

第二步，验证选项：

A选项：有些人员→捐款，该项成立无法推出题干的结论，排除。

B选项：有些嘉宾→¬人员，该项成立无法推出题干的结论，排除。

C选项：有些¬捐款→人员，结合“¬捐款→¬嘉宾”传递可得，有些人员→¬捐款→¬嘉宾，可以推出题干的结论。

D选项：有些¬人员→¬捐款，该项成立无法推出题干的结论，排除。

E选项：人员→捐款，该项成立无法推出题干的结论，排除。

故正确答案为C选项。

115【答案】C

【解析】

第一步，梳理题干：

论据：（1）重视公共卫生→提高居民健康水平；

（2）重视公共卫生→将疾病预防措施作为核心工作。

结论：有些提高居民健康水平→居民幸福感指数高。

第二步，分析推理：

由（2）结合（1）可得：有些提高居民健康水平→将疾病预防措施作为核心工作。补充“将疾病预防措施作为核心工作→居民幸福感指数高”就能使题干结论成立。

故正确答案为C选项。

题型05 简单命题-寻找矛盾

116【答案】C

【解析】

第一步，梳理题干：

（1）世上不可能有一个人和你一样。

等价转换：所有人都必然和你不一样。

（2）不可能所有的人都像你一样善良。

等价转换：有的人必然不像你一样善良。

第二步，分析推理：

结合（1）的等价结论，可以排除E选项，结合（2）的等价结论可以排除A、B、D选项。

故正确答案为C选项。

117【答案】B

【解析】

第一步，梳理题干：

小张：不可能有人喜欢所有的明星∨有的人喜欢3个以上的明星。

小李：¬（不可能有人喜欢所有的明星∨有的人喜欢3个以上的明星）。

等价转换：可能有人喜欢所有的明星∧所有的人喜欢不超过3个的明星。

第二步，分析推理：

结合上述分析结论，可先排除A、C、D选项，E选项说的是大多数，而结论分析出来的是“所有人”，所以E项后半句不符合小李表达的意思。

故正确答案为B选项。

118【答案】D

【解析】

第一步，梳理题干：

（1）一个人不可能一生所有的时刻都是贫穷潦倒的。

等价转化：一个人一生中某些时刻必然不是贫穷潦倒的。

（2）一个人也必然不会时时刻刻都交好运。

等价转化：某些时刻一定交不到好运。

第二步，分析推理：

结合上述分析结论可知，由（1）可以排除A、C选项；再由（2）可以排除B、E选项。

故正确答案为D选项。

119 【答案】C

【解析】

第一步，梳理题干：

（1）并非所有网游一定禁止所有未成年人充值。

= 不都一定都。

= 有的不必然都。

= 有的可能不都。

= 有的可能有的不。

转换结果：有的网游可能不禁止有的未成年人充值。

（2）有的 App 可能做到了禁止所有未成年人玩。

第二步，验证选项：

复选项Ⅰ：根据（1）只能得到不禁止有的未成年人充值，该项不一定为真，排除。

复选项Ⅱ：根据（2）只能得到有的 App 禁止未成年人玩，该项不一定为真，排除。

复选项Ⅲ：根据（1）可推出该信息为真。

故正确答案为 C 选项。

120 【答案】D

【解析】

第一步，梳理题干：

没有哪个老师通晓所有科目 ∧ 有的老师可能会去尝试学习。

= 所有老师不通晓有的科目 ∧ 有的老师可能会去尝试学习。

矛盾为：有的老师通晓所有科目 ∨ 所有老师一定不会去尝试学习。

第二步，验证选项：

A 选项：有的老师不通晓所有科目 ∧ 有的老师一定会去尝试学习，与题干的矛盾命题不相符合，该项可能为真，排除。

B 选项：所有老师都存在薄弱的科目 ∧ 所有老师可能会去尝试学习，与题干的矛盾命题不相符合，该项可能为真，排除。

C 选项：张老师不擅长英语 ∧ 很乐意去学习，与题干的矛盾命题不相符合，该项可能为真，排除。

D 选项：所有老师不通晓有的科目→所有老师一定不会去尝试学习 = 有的老师通晓所有科目 ∨ 所有老师一定不会去尝试学习，与题干的矛盾命题相符合，该项一定为假。

E 选项：有的老师不通晓有的科目→她一定会去学习，与题干的矛盾命题不相符合，该项可能为真，排除。

故正确答案为 D 选项。

121 【答案】D

【解析】

第一步，梳理题干：

（1）海绵员工→认识任老板；

（2）张明→认识任老板的朋友；

（3）认识任老板的朋友→认识王小明；

（4）认识王小明→¬认识任老板；

（5）王小明认识的人→张明不认识。

第二步，验证选项：

A选项：由题干信息无法得知，王小明是不是海绵员工，该项无法确定真假，排除。

B选项：由（2）（3）（4）传递可推出，张明是不认识任老板的，该项必定为真，排除。

C选项：理由同A选项，该项无法确定真假，排除。

D选项：张明不认识任老板，结合（1）可推知，张明不是海绵的员工，该项必定为假。

E选项：由（2）只知道张明认识任老板的朋友，但他是不是任老板的朋友，无法确定，该项无法确定真假，排除。

故正确答案为D选项。

122【答案】E

【解析】

第一步，梳理题干：

（1）茶壶→茶垢；

（2）有些茶垢¬清洗剂→¬干净；

（3）看起来干净→可能有茶垢；

（4）有些家庭→¬清洗剂。

题干信息无法进行传递，所以考虑逐个代入选项验证。

第二步，验证选项：

A选项：干净→¬清洗剂，¬干净→¬清洗剂，该项成立无法反驳上述观点，排除。

B选项：干净→清洗剂，¬干净→清洗剂，该项成立无法反驳上述观点，排除。

C选项：题干信息没有关于“用了很久的茶壶”的推理逻辑，该项成立无法反驳上述观点，排除。

D选项：有些茶垢¬干净→清洗剂，该项与（2）构成下反对关系，若该项为真，则（2）可真可假，该项成立无法反驳上述观点，排除。

E选项：有些茶壶→¬茶垢与（1）构成矛盾关系，该项成立可以反驳上述观点。

故正确答案为E选项。

123【答案】A

【解析】

第一步，梳理题干：

（1）一年级→压力小；

（2）素质教育→东部沿海地区；

（3）钢琴获奖→舞蹈获奖=¬舞蹈获奖→¬钢琴获奖；

（4）¬素质教育→¬压力小=压力小→素质教育；

（5）有些奥数获奖的男同学→西北内陆地区；

（6）舞蹈获奖→西北内陆地区=¬西北内陆地区→¬舞蹈获奖。

由（1）（4）（2）（6）（3）传递可得：（7）一年级→压力小→素质教育→东部沿海地区→¬西北内陆

地区→¬舞蹈获奖→¬钢琴获奖。

第二步，验证选项：

A 选项：有些一年级→钢琴获奖，与（7）一年级→¬钢琴获奖矛盾，不可能存在。

B 选项：东部沿海地区→¬西北内陆地区，但（5）无法逆否，所以不构成矛盾关系，排除。

C 选项：素质教育→东部沿海地区→¬西北内陆地区，但（5）无法逆否，所以不构成矛盾关系，排除。

D 选项：一年级→压力小→素质教育→东部沿海地区→¬西北内陆地区，但（5）无法逆否，所以不构成矛盾关系，排除。

E 选项：南方→¬西北内陆地区→¬舞蹈获奖→¬钢琴获奖，不构成矛盾关系，排除。

故正确答案为 A 选项。

124【答案】B

【解析】

第一步，梳理题干：

（1）维生素 E→抗氧化；

（2）有些维生素→¬抗氧化；

（3）¬维生素原→¬维生素；

（4）维生素原→¬维生素活性。

（2）（1）传递可得：（5）有些维生素→¬抗氧化→¬维生素 E。

由互换特性可得：（6）有些¬维生素 E→维生素。

（5）（3）（4）传递可得：（7）有些¬维生素 E→维生素→维生素原→¬维生素活性。

第二步，验证选项：

A 选项：有些维生素 E→维生素活性，与题干信息不构成矛盾关系，该项成立无法反驳小王的观点，排除。

B 选项：¬维生素 E→维生素活性，与（7）构成矛盾关系，该项成立可以反驳小王的观点。

C 选项：有些¬维生素活性→¬维生素 E = 有些¬维生素 E→¬维生素活性，与题干信息不构成矛盾关系，该项成立无法反驳小王的观点，排除。

D 选项：有些维生素→¬维生素活性，与题干信息不构成矛盾关系，该项成立无法反驳小王的观点，排除。

E 选项：有些维生素活性→¬维生素原。而题干中二者的关系为，维生素原→¬维生素活性。故该项与题干信息不构成矛盾关系，无法有效反驳小王的观点，排除。

故正确答案为 B 选项。

125【答案】E

【解析】

第一步，梳理题干：

论据：（1）珠宝收藏家→¬收藏翡翠；

（2）有的古董鉴赏家→收藏翡翠。

结论：（3）古董鉴赏家→¬收藏钱币。

结论的矛盾为：有的古董鉴赏家→收藏钱币。

（2）（1）传递可得:（4）有的古董鉴赏家→收藏翡翠→¬珠宝收藏家。

第二步，验证选项:

A 选项:¬收藏翡翠→¬收藏钱币，该项成立无法得到题干结论的矛盾，无法反驳题干的结论，排除。

B 选项:珠宝收藏家→收藏钱币，该项成立无法得到题干结论的矛盾，无法反驳题干的结论，排除。

C 选项:古董鉴赏家→¬收藏钱币，该项与题干结论一致，无法反驳题干的结论，排除。

D 选项:收藏翡翠→古董鉴赏家，该项成立无法得到题干结论的矛盾，无法反驳题干的结论，排除。

E 选项:¬珠宝收藏家→收藏钱币，该项成立可以得到题干结论的矛盾，可以反驳题干的结论。

故正确答案为E选项。

第二章　综合推理

专题三　综合推理

题型 01　真话假话题

126【答案】A

【解析】

第一步，梳理题干：

（1）¬ 美美；

（2）有人去；

（3）康康→¬ 美美 =¬ 康康 ∨ ¬ 美美；

（4）没有人去。

第二步，分析推理：

根据题干信息分析,（2）（4）互为矛盾关系,必定一真一假。结合“有两人说真话,有两人说假话”可知,（1）（3）也必定一真一假。若（1）为真,此时（3）必然也为真,这不符合题干要求,所以（1）必定为假,（3）为真，进一步推出美美去了冰雪大世界，那么说真话的是康康与和和。

故正确答案为 A 选项。

127【答案】D

【解析】

第一步，梳理题干：

（1）丁→¬ 戊 ∧ ¬ 己；

（2）甲 ∧ 乙→¬ 丙；

（3）¬ 丁→¬ 戊 ∧ 丙；

（4）甲 ∧ 乙 ∧ 丙。

第二步，分析推理：

观察分析可知，（2）和（4）为矛盾关系，必然一真一假，由此可得（1）（3）必然为真。

由（1）为真可知，如果丁入围，则戊和己两人不入围；由（3）为真可知，如果丁不入围，则丁和戊不入围。所以无论丁是否入围，都有两人不入围，结合题干中 6 选 4 的数量限制可得，甲、乙、丙三人均入围。

故正确答案为 D 选项。

128【答案】B

【解析】

第一步，梳理题干：

（1）¬ 三班；

（2）六班；

（3）四班∨五班；

（4）¬六班∧¬一班；

（5）¬四班∧¬三班。

第二步，分析推理：

根据题干信息分析可知，若（5）为真，那么（1）也一定为真，不符合题干要求，所以（5）必定为假，第一名在三班、四班之中，那么（4）必定为真，（1）（2）（3）均为假，进一步可推出，第一名是三班。

故正确答案为B选项。

129【答案】D

【解析】

第一步，梳理题干：

（1）小红≥5；

（2）小强3、X3；

（3）小明≥8。

第二步，分析推理：

根据题干信息分析，若（1）（3）这两个想法都被满足，那么糖果是不够分的，不符合实际情况，所以未被满足的想法必定在（1）（3）之中，那么（2）必定为真，此时糖果数量分组为3、3、6，（3）此时必定为假，可知道小红分到了6颗糖，小强和小明各分到3颗糖。

故正确答案为D选项。

130【答案】E

【解析】

第一步，梳理题干：

（1）行政部；

（2）企划部；

（3）秘书处；

（4）¬企划部∧¬技术部；

（5）¬运营部∧¬行政部。

第二步，分析推理：

根据题干信息分析可知，（1）和（5）、（2）和（4）分别为一对“特殊反对关系”，那么为假的两个看法在这四个结果中，（3）必定为真，可推出获得第一名的小组是秘书处。

故正确答案为E选项。

131【答案】E

【解析】

第一步，梳理题干：

（1）甲：红色三等奖、橙色五等奖、紫色一等奖。

（2）乙：红色二等奖、橙色五等奖、紫色四等奖。

（3）丙：红色六等奖、橙色三等奖、紫色二等奖。

（4）丁：红色二等奖、橙色四等奖、紫色六等奖。

（5）一人猜对两个，其他人都只猜对一个。

第二步，分析推理：

猜的结果一共有12种，猜对的情况数一共是5个。观察猜测情况可知，红色箱子至多猜对2个。同样，橙色箱子至多猜对2个，紫色箱子至多猜对1个。猜对的情况数至多是5个，那么至此可知，橙色箱子里的奖品必定是五等奖。

故正确答案为E选项。

132【答案】E

【解析】

第一步，梳理题干：

（1）丁＞甲∀戊＞丁；

（2）乙冠军→丁＋戊≠7；

（3）丙＋戊＜甲；

（4）甲＞戊→丁最小；

（5）¬乙冠军→甲＞戊。

第二步，分析推理：

根据题干信息分析可知，（2）（5）为一对“特殊下反对关系”，猜测正确的必定在这两个之中，那么其余条件均为假。由（4）为假推出，甲＞戊，此时猜测正确的是（5），那么再由（2）为假可推出，乙是冠军，他的点数最大，丁和戊的点数之和为7。由（1）为假推出，（丁＞甲∧戊＞丁）∨（甲＞丁∧戊＞丁），即丁＞戊＞甲∨甲＞丁＞戊；前面已推出甲＞戊，因此只能甲＞丁＞戊。

由于乙的点数最大，且丁＞戊，那么丁和戊的点数可能是5+2或4+3；再根据甲＞丁＞戊可知，丁和戊的点数只能是4+3，那么丁、戊的点数分别是4点、3点，甲只能是第二并且点数是5点。再结合（3）为假且每人点数均不一样可知，丙的点数最小，他的点数是2点。

故正确答案为E选项。

133【答案】D

【解析】

第一步，梳理题干：

（1）¬李四∧王五；

（2）李四→张三=¬李四∨张三；

（3）李四∨王五；

（4）赵六∨方七；

（5）¬张三∨李四。

第二步，分析推理：

观察题干信息可知，（2）（5）为一对“特殊下反对关系”，其中至少有一句真话，所以（1）（3）（4）均为假。由（2）（3）（4）为假可推出，李四、王五、赵六、方七均没有中奖，那么（2）为真，即李四说的是真话。根据（5）为假可推出，中奖的是张三。

故正确答案为D选项。

134【答案】C

【解析】

第一步，梳理题干：

（1）晓莉＋张晨=8；

（2）晓莉＋刘毅=5，张晨=5-2=3；

（3）刘毅＋程东=7；

（4）程东＋晓莉=6。

第二步，分析推理：

根据题干信息可知，只有一人的邮件内容为假；结合（1）（3）可知，晓莉＋张晨＋刘毅＋程东=15，总出差时间超过了1年，与题干相违背，所以为假的信息一定在（1）（3）中，则（2）（4）均为真，那么张晨出差了3个月。

若（1）为真，那么晓莉出差了5个月；结合（4）推出，程东出差了1个月；结合（2）可知，刘毅没出差，此时总出差时间不够一年，不符合题干要求，所以（1）必为假，（3）为真。

再结合（2）（3）（4）可知，程东出差了4个月，晓莉出差了2个月，刘毅出差了3个月。

故正确答案为C选项。

135【答案】C

【解析】

第一步，梳理题干：

（1）法学院；

（2）¬文学院；

（3）文学院∀经济学院；

（4）¬国际关系学院∧¬法学院。

第二步，分析推理：

根据题干信息可知，（1）（4）为一对“特殊矛盾关系”，为假的看法在这两个之中，那么（2）（3）的看法均是正确的，结合（2）（3）可推出，植树最多的小组是经济学院。

故正确答案为C选项。

136【答案】C

【解析】

第一步，梳理题干：

（1）小汪：3号厄瓜多尔、4号巴西雨林。

（2）多多：2号富士山、5是新加坡。

（3）陈泽明：3号科尔沁大草原、4号新加坡。

（4）迪迪：4号厄瓜多尔、2号富士山。

（5）菲菲：5号富士山、1号科尔沁大草原。

第二步，分析推理：

该题考虑采用假设法。

假设小汪猜对了3号这幅图，3号确实是厄瓜多尔，结合（1）（3）（4）（5）以及“每人都猜对了一幅图”

得到：4号是新加坡，2号是富士山，1号是科尔沁大草原，5号是巴西雨林，该假设可以成立。

假设小汪猜对了4号这幅图，4号确实是巴西雨林，结合（1）（4）（5）（3）以及“每人都猜对了一幅图”得到：2号是富士山，1号是科尔沁大草原，4号是新加坡。此时结论与假设产生矛盾，所以该假设不成立。

故正确答案为C选项。

137【答案】C

【解析】

第一步，梳理题干：

（1）甲：¬甲∧¬乙∧¬丙∧¬丁=戊∨己。

（2）丙：戊∀己。

（3）丁：¬丙→甲∨乙=丙∨甲∨乙。

（4）己：甲∀乙。

第二步，验证选项：

A选项：若甲抽中，则丁和己两人说真话，不符合题干表述，排除。

B选项：若乙抽中，则丁和己两人说真话，不符合题干表述，排除。

C选项：若丙抽中，则丁一人说真话，符合题干信息。

D选项：若丁抽中，则没人说真话，不符合题干表述，排除。

E选项：若戊抽中，则甲和丙两人说真话，不符合题干表述，排除。

故正确答案为C选项。

138【答案】A

【解析】

第一步，梳理题干：

（1）三班∨五班；

（2）¬二班；

（3）¬三班∨一班；

（4）¬一班→五班=一班∨五班。

第二步，分析推理：

根据题干信息可知，（1）（3）为一对“特殊下反对关系”，猜测正确的在这两个之中，那么（2）（4）均为假；根据（2）为假可推出，冠军是二班，进而可推出，丙猜测对了。

故正确答案为A选项。

139【答案】D

【解析】

第一步，梳理题干：

（1）王预言家；

（2）刘狼人∀王狼人；

（3）张女巫∧（王狼人∀石狼人）；

（4）¬刘猎人。

第二步，分析推理：

由题干可知，狼人始终说的都是假话，那么此题从此入手分析。

假设狼人是王小明，那么其余人均说真话，结合（3）（2）（4）可知，张涛是女巫，刘毅是预言家，猎人是石小玲，该假设可能成立。

假设狼人是石小玲，结合（1）（3）（4）可知，王小明是预言家，张涛是女巫，刘毅不是猎人，得出的信息和题干不符，所以该假设不成立。

假设狼人是张涛，结合（1）（2）可知，王小明是预言家，刘毅是狼人，这与假设信息产生矛盾，故该假设不可能成立。

假设是狼人是刘毅，结合（4）可知，他同时也是猎人，与题干信息不符，故该假设不成立。

故正确答案为D选项。

140【答案】E

【解析】

第一步，梳理题干：

（1）¬安安；

（2）¬迪迪；

（3）吉吉∨迪迪；

（4）¬安安∨（¬迪迪∧¬米米∧¬吉吉∧¬菱菱）；

（5）¬安安∧¬迪迪∧¬米米∧¬吉吉∧¬菱菱。

第二步，分析推理：

根据题干信息可知，只有两个预测正确；结合题干条件可知，若（5）为真，此时会有四个预测正确，符合题干要求，故（5）必然为假。

（2）（3）为一对“特殊下反对关系”，至少有一个预测正确。若（1）为真，此时（4）也必定为真，不符合题干要求，故（1）必然为假。

再结合（3）（4）可知，其中至少有一个预测不正确，若（3）为假，那么此时（2）（4）正确，只有安安一个公司赢利；若（4）为假，那么此时（2）（3）正确，至少有安安、吉吉两个公司赢利。

故正确答案为E选项。

141【答案】B

【解析】

第一步，梳理题干：

（1）短跑∧竞技类；

（2）短跑∧竞技类→接力=¬短跑∨¬竞技类∨接力；

（3）竞技类→接力=¬竞技类∨接力。

题干问可能为真，故考虑采用代入选项验证法解题。

第二步，验证选项：

A选项：短跑∧接力∧¬竞技类，代入题干可得，（2）（3）均为真，不符合题干要求，排除。

B选项：短跑∧¬接力∧竞技类，符合题干要求。

C选项：¬短跑∧接力∧竞技类，代入题干可得，（2）（3）均为真，不符合题干要求，排除。

D选项：短跑∧¬接力∧¬竞技类，代入题干可得，（2）（3）均为真，不符合题干要求，排除。

E 选项：短跑∧接力∧竞技类，代入题干可得，(1)(2)(3) 均为真，不符合题干要求，排除。

故正确答案为 B 选项。

142【答案】C

【解析】

第一步，梳理题干：

(1) 甲：乙真。

(2) 乙：丙真→乙真 =¬ 丙真∨乙真。

(3) 丙：丙假→甲真∨乙真 = 丙真∨甲真∨乙真。

第二步，分析推理：

结合 (2)(3) 可知，说真话的在这两个之中，那么可知甲说的是假话，可进一步推出乙没有说真话。由于 3 人中只有 1 人说真话，那么这个说真话的人一定是丙。

故正确答案为 C 选项。

143【答案】E

【解析】

第一步，梳理题干：

(1) 兰∨竹；

(2) ¬ 兰∧竹；

(3) ¬ 梅→兰 = 梅∨兰；

(4) ¬ 兰→¬ 梅 = 兰∨¬ 梅。

第二步，分析推理：

根据题干信息可知，(3)(4) 为一对“特殊下反对关系”，真话必定在二者之中，那么 (1)(2) 均为假，即梅、兰两人说的话均是假话，进一步可推出，兰、竹均不是胖子。

故正确答案为 E 选项。

144【答案】A

【解析】

第一步，梳理题干：

(1) 皇马第三、西甲第四∨皇马第四、西甲第三；

(2) 西欧第一→南美第二 =¬ 西欧第一∨南美第二；

(3) 皇马第三→西甲第一∨西甲第二 =¬ 皇马第三∨西甲第一∨西甲第二。

第二步，分析推理：

观察发现，(1)(3) 构成一对“特殊下反对关系”，故 (2) 为假，即西欧队获得第一，但是南美队没获得第二。

故正确答案为 A 选项。

145【答案】D

【解析】

第一步，梳理题干：

(1) 甲：¬丁 = 甲∨乙∨丙∨戊。

（2）乙：¬甲∧¬丙∧¬丁＝乙∨戊。

（3）丙：甲∨乙。

（4）丁：¬戊＝甲∨乙∨丙∨丁。

第二步，分析推理：

五人中只有一人捐款，只要确定是其中一人捐款，则其余人均不是捐款人。

若甲是捐款人，那么此时说真话的有3人，不符合题干要求，所以不可能是甲。

若乙是捐款人，那么此时说真话的有4人，不符合题干要求，所以不可能是乙。

若丙是捐款人，那么此时说真话的有2人，不符合题干要求，所以不可能是丙。

若丁是捐款人，那么此时说真话的有1人，符合题干要求。

若戊是捐款人，那么此时说真话的有2人，不符合题干要求，所以不可能是戊。

故正确答案为D选项。

146【答案】A

【解析】

第一步，梳理题干：

按照时间的早晚顺序（A早于B即A＞B）可得：

（1）乙＞丙；

（2）丙＞甲；

（3）乙＞甲；

（4）至少有两人说了假话。

第二步，验证选项：

复选项Ⅰ：甲＞乙＞丙，代入题干可得，（2）（3）为假，（1）为真，符合题干要求。

复选项Ⅱ：丙＞乙＞甲，代入题干可得，（2）（3）为真，（1）为假，与（4）矛盾，排除。

复选项Ⅲ：乙＞丙＞甲，代入题干可得，（1）（2）（3）为真，与（4）矛盾，排除。

复选项Ⅳ：甲＞丙＞乙，代入题干可得，（1）（2）（3）为假，与（4）矛盾，排除。

故正确答案为A选项。

147【答案】C

【解析】

第一步，梳理题干：

（1）¬甲1∧甲＞丙；

（2）乙＞甲；

（3）丙4；

（4）¬乙3。

第二步，分析推理：

根据题干信息可知，第1名和第4名说假话；结合（3）可知，丙说的不可能是真话，所以他是第1名；再结合（1）可推出，甲说的不可能是真话，那么甲是第4名。此时能推知乙、丁说的均是真话，最终知道完成时长从长到短的排名是甲、丁、乙、丙。

故正确答案为C选项。

148【答案】D

【解析】

第一步，梳理题干：

（1）丙→乙；

（2）甲∨丙；

（3）¬丙；

（4）乙。

第二步，分析推理：

根据题干信息可知，（2）（3）为一对“特殊下反对关系”，所以（1）（4）均为假，可推出丙投毒了，乙没有投毒，乙说的是真话。

故正确答案为D选项。

149【答案】D

【解析】

第一步，梳理题干：

（1）¬贾∧史；

（2）王；

（3）¬贾→¬薛＝贾∨¬薛；

（4）¬薛∧杨；

（5）¬杨∧¬王。

根据题干信息分析，已知条件中没有明显的矛盾关系、下反对关系，所以此题考虑代入选项验证。

第二步，验证选项：

A选项：若贾是全程投票的人，那么此时符合要求的话是（3）（5），不满足题干要求，排除。

B选项：若史是全程投票的人，那么此时符合要求的话是（1）（3）（5），不满足题干要求，排除。

C选项：若王是全程投票的人，那么此时符合要求的话是（2）（3），不满足题干要求，排除。

D选项：若薛是全程投票的人，那么此时符合要求的话是（5），符合题干要求。

E选项：若杨是全程投票的人，那么此时符合要求的话是（3）（4），不满足题干要求，排除。

故正确答案为D选项。

150【答案】A

【解析】

第一步，梳理题干：

（1）¬张赢∧冠珺；

（2）¬尚岸→钱程；

（3）张赢∀冠珺；

（4）¬钱程∧¬尚岸。

第二步，分析推理：

根据题干信息可知，邮寄者说假话，未邮寄者说真话。而（2）（4）为矛盾关系，必定有一人说真话、一人说假话。

若（1）为真，那么（3）也为真，此时张赢、尚岸都不是邮寄者。由于邮寄者有两人，所以（2）（4）必定为假，可推出钱程也不是邮寄者，这与题干信息相矛盾，所以（1）为假，张赢是其中一个邮寄者，那么（3）必定为真，可推出冠珺不是邮寄者，那么他说的就是真话，即（2）为真，则（4）为假，钱程说的是假话，钱程必定是邮寄者。

故正确答案为A选项。

题型02 匹配排序题

151【答案】E

【解析】

第一步，梳理题干：

（1）每人获得1~5个礼物，每人获得的礼物不是自己准备的；

（2）乙准备¬双数∧乙获得¬甲准备；

（3）甲准备（2∨4）∨丙准备（2∨4）→戊准备3∧丁获得5；

（4）乙准备（¬1∨¬5）∨戊准备（¬1∨¬5）→戊获得5。

第二步，分析推理：

由（1）可推知，这5人准备的礼物数量均不一样，并且获得的礼物都是其他人准备的；由（2）可推知，乙准备的礼物数量的可能情况是1、3、5。（3）（4）联立可知，甲、丙准备的礼物数量均不是2、4，这两人准备的礼物数量只可能是1、3、5，那么丁、戊准备的礼物数量只能是2、4，再结合（4）可推出，戊获得了5件礼物。

故正确答案为E选项。

152【答案】C

【解析】

第一步，梳理题干：

（1）至多4女生同列∧不连续→男生和女生人数之和大于8；

（2）至少4女生同列∨女生连续→男生和女生人数之和等于8；

（3）每列男生和女生人数之和：9∨小于8。

第二步，分析推理：

由（3）可知，人数之和不可能为8；结合（2）可推出，至多3女生同列∧女生不连续；再结合（1）可推出，男生和女生人数之和大于8。

故正确答案为C选项。

153【答案】A

【解析】

第一步，梳理题干：

（1）尔尔的搭档是小李∨小孙；

（2）东东的搭档是小李∨小张。

题干要求我们新增一个信息结合题干已知信息，推出唯一确定的事实。

第二步，验证选项：

A 选项：选项代入题干，根据（2）能确定东东的搭档是小李，根据（1）能确定尔尔的搭档是小孙，该项为真可以满足题干要求。

B 选项：选项代入题干，无法确定尔尔的搭档是谁，故该项无法确定，排除。

C 选项：选项代入题干，无法确定三人的搭档具体是谁，故该项无法确定，排除。

D 选项：选项代入题干，无法确定东东的搭档是谁，故该项无法确定，排除。

E 选项：选项代入题干，无法确定三人的搭档具体是谁，故该项无法确定，排除。

故正确答案为 A 选项。

154 【答案】D

【解析】

第一步，梳理题干：

（1）赵负责→钱外联∀孙外联；

（2）钱负责→赵外联∀李外联；

（3）孙负责→赵外联；

（4）李负责→孙外联∀赵外联。

题干无确定信息，并且问的是可能的情况，所以只要找到满足题干条件的选项即可，所以本题采用选项代入法分析。

第二步，验证选项：

A 选项：孙负责∧钱外联，和题干条件（3）矛盾，排除。

B 选项：钱负责∧孙外联，和题干条件（2）矛盾，排除。

C 选项：赵负责∧李外联，和题干条件（1）矛盾，排除。

D 选项：李负责∧赵外联，和题干条件不矛盾，符合。

E 选项：孙负责∧李外联，和题干条件（3）矛盾，排除。

故正确答案为 D 选项。

155 【答案】A

【解析】

第一步，梳理题干：

（1）每个人至少选一种和自己的名字谐音一样颜色的花朵，且每人选择均不一样；

（2）小红蓝水仙→小兰白雏菊；

（3）小兰红牡丹→小兰白荷花；

（4）¬小柏蓝鸢尾→¬小兰白雏菊。

由（2）（4）可得，小红蓝水仙→小兰白雏菊→小柏蓝鸢尾。

第二步，验证选项：

A 选项：小红选择了蓝水仙，小柏却没有选择蓝鸢尾，与上述推理矛盾。

B、C、D、E 选项：这四项均不与题干矛盾，不为假，排除。

故正确答案为 A 选项。

156【答案】C

【解析】

第一步，梳理题干：

（1）次品至多两个相邻，良品互不相邻；

（2）1 号次品且左键瑕疵→4 号次品且左键瑕疵∨7 号次品且右键瑕疵；

（3）5 号次品且右键瑕疵∨2 号次品→1 号次品且左键瑕疵；

（4）4 号次品→1 号良品；

（5）3 号和 6 号是次品。

第二步，分析推理：

假设 5 号是次品且右键有瑕疵∨2 号是次品，那么（3）（2）结合可知，1 号是次品、4 号是次品∨7 号是次品，此时次品数量超过题干要求，产生了矛盾，所以假设为假，得出：（6）（5 号不是次品∨5 号右键没有瑕疵）∧2 号不是次品；结合（1）（4）可知，1 号是次品，4 号是良品，则 5 号是次品；再结合（6）可知，5 号是次品且左键有瑕疵。

故正确答案为 C 选项。

157【答案】E

【解析】

第一步，梳理题干：

（1）数字按顺序→字母按顺序；

（2）数字之和＞13→不会有 3 个字母相邻；

（3）数字之和≤13→不会有 3 个数字相邻。

本题没有确定信息，也无法进行传递，故考虑代入选项排除。

第二步，验证选项：

A 选项：字母未按顺序排序，但数字按顺序排序，不符合条件（1），排除。

B 选项：数字之和＞13，但有 3 个字母相邻，不符合条件（2），排除。

C 选项：数字之和≤13，但有 3 个数字相邻，不符合条件（3），排除。

D 选项：字母未按顺序排序，但数字按顺序排序，不符合条件（1），排除。

E 选项：字母未按顺序排序，数字也未按顺序排序；数字之和＞13，且没有 3 个字母相邻，符合所有条件，正确。

故正确答案为 E 选项。

158【答案】E

【解析】

第一步，梳理题干：

（1）实力等级：赵（强）、钱（中）、孙（弱），李（强）、周（中）、吴（弱）。

（2）赵→李∀孙。

（3）周→李∀钱。

（4）吴→赵∀钱。

第二步，分析推理：

假设吴兴选择赵好对局，与（2）矛盾，所以吴兴不会选择赵好对局，则根据（4）可知，吴兴选择钱俪对局。

此时结合（2）（3）可知，周洋选择李江对局、赵好选择孙瑜对局。比赛情况如下表所示。

赵好（强）	周洋（中）	吴兴（弱）
孙瑜（弱）	李江（强）	钱俪（中）

故正确答案为E选项。

159【答案】D

【解析】

第一步，梳理题干：

（1）A→C ∀ D；

（2）B→C ∀ E；

（3）E ∀ G。

第二步，分析推理：

假设A选择C，那么C、G在A组，D、E在B组。

假设B选择C，那么C、G在B组，D、E在A组。

因此，D、E必须在一组，C、G在另一组，D和G不可能在同一组。

故正确答案为D选项。

160【答案】E

【解析】

第一步，梳理题干：

（1）每个人只担任其中的一个部长，且每个部长只有一个人担任；

（2）杜甫生活∨宣传→李白文艺∨宣传；

（3）白居易生活∨文艺→王维文艺∨宣传。

第二步，验证选项：

A选项："杜甫担任生活部长"结合（2）可得，李白担任文艺部长或宣传部长；"白居易担任文艺部长"结合（3）（1）可得，王维担任宣传部长。此时，不管李白担任文艺部长还是担任宣传部长，都会与其他人重合，与题干矛盾，排除。

B选项："杜甫担任宣传部长"结合（2）（1）可得，李白担任文艺部长，与"王维担任文艺部长"矛盾，排除。

C选项：李白担任体育部长，结合（2）可得，杜甫不担任生活部长，也不担任宣传部长，所以杜甫只能担任文艺部长，与"王维担任文艺部长"矛盾，排除。

D选项：王维担任体育部长，结合（3）可得，白居易不担任生活部长，也不担任文艺部长，所以白居易只能担任宣传部长，与"李白担任宣传部长"矛盾，排除。

E选项：与题干信息均不矛盾，正确。

故正确答案为E选项。

161【答案】D

【解析】

第一步，梳理题干：

（1）甲、乙、丙至少有2人参加；

（2）甲、丁、丙至多有 2 人参加；

（3）甲→（丁∧戊）∀（¬丁∧¬戊）；

（4）参加漫展的至少 3 人。

根据题干提问方式可知，本题考虑代入选项验证。

第二步，验证选项：

A 选项：首先，乙、丙参加已经满足了（1）；其次，丙参加结合（2）可知，甲、丁至少有 1 人不参加，此时，若让甲不参加，既满足了（2），也不和（3）矛盾。因此，该项可能为真，排除。

B 选项：乙、丙仅有一人参加，那么此时甲必定参加，根据（3）可知，丁、戊必定参加，此时也满足题干要求，排除。

C 选项：该项成立，那么乙、丙必定都参加，此时戊参加，也是满足题干要求的，排除。

D 选项：该项成立，那么甲、乙必定都参加，根据（3）可知，戊必定不参加，此时仅有两人参加漫展，不符合题干要求，故该项必定为假。

E 选项：该项成立，那么甲不参加，乙、丙都参加，满足题干要求，排除。

故正确答案为 D 选项。

162【答案】D

【解析】

第一步，梳理题干：

（1）A 组长→A 至少一门高于 B∧另一门不低于 B；

（2）没有任何两个人的成绩是完全相同的；

（3）尔尔担任了组长。

由（3）（1）可得，尔尔的成绩至少有一门高于其余两人∧另一门不低于其余两人。

第二步，验证选项：

A 选项：若尔尔的成绩是（优、良），则东东的成绩可能是（良、良），晓晓的成绩可能是（差，良），此时尔尔当组长非常合理，不矛盾。

B 选项，若东东的成绩是（良、差），则此时尔尔的成绩可能是（优、良），晓晓的成绩可能是（良、良），此时不与题干矛盾。

C 选项：若晓晓的成绩是（优、差），则此时尔尔的成绩可能是（优、优），东东的成绩可能是（良、差），不与题干矛盾。

D 选项：若尔尔的成绩是（良、差），则东东和晓晓的成绩只能是（差、差），与（2）矛盾，一定为假。

E 选项：若东东的成绩是（差、差），则晓晓的成绩可能是（优、差），尔尔的成绩是（优、优），不与题干矛盾。

故正确答案为 D 选项。

163【答案】E

【解析】

第一步，梳理题干：

（1）蔡蔡家在尔尔家的西北方向；

（2）尔尔家在东东家的西南方向；

（3）文文家在学校的西南方向。

第二步，分析推理：

根据（1）（2）分析可推出，尔尔在学校的正南方，蔡蔡在学校的正西方，东东在学校的正东方。

由（3）可推出文文在学校的西南方，分析结果如下图所示。

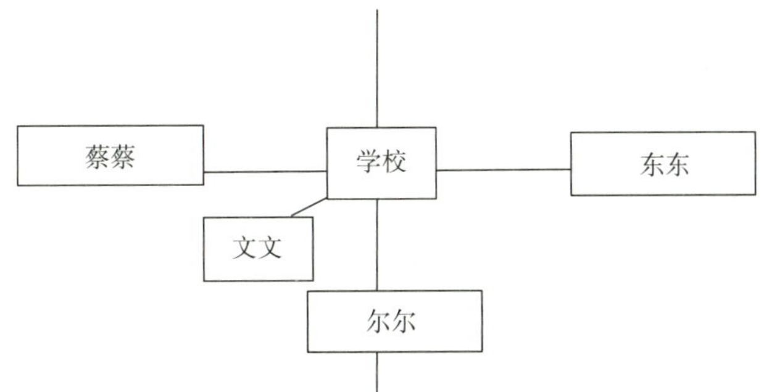

164【答案】E

【解析】

第一步，梳理题干：

（1）乙¬A→丙A∧丁A；

（2）甲¬C→丙B∨戊B；

（3）丁¬C→己A∨甲C。

问题为“可能为真”，因此解题思路采用代入排除。

第二步，验证选项：

A选项：不满足条件（3），排除。

B选项：不满足条件（3），排除。

C选项：不满足条件（2），排除。

D选项：不满足条件（1）（2），排除。

E选项：满足所有条件，正确。

故正确答案为E选项。

165【答案】D

【解析】

第一步，梳理题干：

（1）¬乙逻辑∨¬丁逻辑→甲写作∧丙数学；

（2）¬丙写作∨¬甲数学→乙数学∧丁数学；

（3）丙数学∧¬丁写作。

第二步，分析推理：

每种课不超过2人选择，所以（3）（2）结合得到，丙写作∧甲数学；由“各人选择的体验课均不完全相同”可知，甲不选择写作；与（1）结合得到，乙逻辑∧丁逻辑。

将上述结果列表如下。

	英语一	英语二	数学	逻辑	写作
甲			√	×	×
乙			×	√	
丙	×	×	√	×	√
丁			×	√	×

第三步，验证选项：

A 选项：甲选择写作课，与上述信息矛盾，排除。

B 选项：乙选择写作课，甲、丁同时选择英语一，与题干要求“每种课均有人选择”矛盾，排除。

C 选项：乙、丁同时选择英语二，违反题干“各人选择的体验课均不完全相同”，排除。

D 选项：符合题干要求，正确。

E 选项：甲选择逻辑课，与上述信息矛盾，排除。

故正确答案为 D 选项。

166【答案】B

【解析】

第一步，梳理题干：

（1）钱篮球∨钱羽毛球→李足球∧李¬排球；

（2）赵¬排∨孙¬排球→赵足球∧李足球；

（3）钱篮球∀钱¬足球。

第二步，分析推理：

由（3）可知，钱喜欢的球类运动有两种可能：①喜欢篮球和足球；②喜欢羽毛球和排球。那么排除C 选项。根据上述信息结合（1）可知，李喜欢足球，不喜欢排球。

若是情况①，则钱和李均不喜欢排球；结合“每种球类运动恰好有两人喜欢”可知，赵和孙均喜欢排球。钱和李都喜欢足球结合“每个人喜欢的均不完全相同”可知，李喜欢羽毛球。具体事实如下表。

	篮球	足球	羽毛球	排球
赵		×		√
钱	√	√	×	×
孙		×		√
李		√	√	×

若是情况②，根据（2）可知，赵和李都喜欢足球，具体事实如下表。

	篮球	足球	羽毛球	排球
赵		√		
钱	×	×	√	√
孙		×		
李		√		×

故正确答案为 B 选项。

167【答案】C

【解析】

第一步，梳理题干：

（1）¬甲→丙；

（2）¬乙→戊；

（3）乙→¬丙；

（4）甲→¬丁。

第二步，分析推理：

观察选项发现，此题采用代入排除法解题最佳。

由（1）代入选项验证可排除D选项；由（3）代入选项验证可排除A、E选项；由（4）代入选项验证可排除B选项。

故正确答案为C选项。

168【答案】C

【解析】

第一步，梳理题干：

（1）火锅∨海鲜大咖→胡辣汤∧¬关中套餐；

（2）烤肉∨臊子面→火锅∧¬胡辣汤。

第二步，分析推理：

由（2）（1）传递可得：（3）烤肉∨臊子面→火锅∧¬胡辣汤→胡辣汤∧¬关中套餐。

观察发现：如果选烤肉或臊子面，那么推出“¬胡辣汤”和“胡辣汤”，出现矛盾，这说明既不能选烤肉也不能选臊子面，排除A、B、D、E选项。

故正确答案为C选项。

169【答案】B

【解析】

第一步，梳理题干：

（1）西南部：高山高原气候。

（2）纬度由低到高：热带、亚热带、温带。

（3）从东到西的气候：季风气候、大陆性气候、沙漠气候。

第二步，分析推理：

由（1）可知高山高原气候在西南，不可能在西北，所以B选项的顺序与题干的要求矛盾。

故正确答案为B选项。

170【答案】C

【解析】

第一步，梳理题干：

（1）每行、每列的九个小方格组成的区域中均含有6个词语，不能重复也不能遗漏；

（2）每个粗线条围住的九个小方格组成的区域中均含有6个词语，不能重复也不能遗漏。

第二步，分析推理：

①不是文明、富强、和谐、自由，排除A、E选项。

⑤不是平等、富强、和谐、民主、文明，只能是自由，排除B、D选项。

故正确答案为C选项。

171【答案】B

【解析】

第一步，梳理题干：

（1）每行、每列均含有风、雅、颂、赋、比、兴6个汉字，不能重复也不能遗漏；

（2）每个加粗的2×3宫格也含有风、雅、颂、赋、比、兴6个汉字，不能重复也不能遗漏。

第二步，分析推理：

根据题干信息可推出表格部分信息。

兴					
	颂				兴
风	赋	比	雅	兴	颂
雅	兴	颂	比	风	赋
	风		兴	颂	

根据数独规律，可将第三行与第四行填满，此时需结合排除法解题。根据第二列的“赋”，排除E选项。根据第三列的“比”，排除A选项。根据第六列的“颂”，排除C、D选项。

故正确答案为B选项。

172【答案】D

【解析】

第一步，梳理题干：

（1）小张家＞春熙路＞丰阳路＞学校；

（2）学校＞春阳路，且紧挨着；

（3）小张家＞春熙路＞奉春路；

（4）泰康路在学校的东边。

第二步，分析推理：

丰阳路未在学校的东边，和条件（1）矛盾；春熙路未在奉春路的东边，和条件（3）矛盾。因此，D选项是不可能的。

故正确答案为D选项。

173【答案】D

【解析】

第一步，梳理题干：

（1）今日销售7种菜中的5种；

（2）凤凰单丛、熟普、金骏眉至少选其2→陈皮白茶∧¬太平猴魁；

（3）太平猴魁∨鸭屎香单丛→¬凤凰单丛∨¬金骏眉∨¬碧螺春；

（4）¬陈皮白茶∀太平猴魁。

第二步，分析推理：

结合（4）（2）可推出，今日销售的茶叶种类必定有太平猴魁、碧螺春、鸭屎香单丛、陈皮白茶这四种；再结合（2）可推知，凤凰单丛、金骏眉至少有一种不销售；结合上述信息可推出，小王至少购买碧螺春、陈皮白茶中的其中一种。

故正确答案为D选项。

174【答案】C

【解析】

结合题干条件和表格已知信息可以推出：第2行第4列为"诚实"，排除E选项；第1行第2列为"宽容"，第3行第1列为"宽容"，排除A、B选项；第2行第1列为"创新"，排除D选项。

故正确答案为C选项。

175【答案】C

【解析】

第一步，梳理题干：

（1）¬甲∨¬戊→乙；

（2）乙∀丁→¬丙；

（3）甲∨丙→己。

第二步，分析推理：

根据题干数量要求可知，需要安排4人值班，那么有且仅有2人不值班；结合（3）可知，己不值班，则甲和丙都不值班，此时将会有3人不值班，不符合数量要求，所以己必定会值班。选项只列出了值班的3个人，所以此题需要代入选项验证。

第三步，验证选项：

A、B、D选项：此时己值班，可以满足题干值班要求。C选项：根据（3）可知己必须值班，再结合（2）可知丁也必须值班，此时人数超过4人，和题干数量要求矛盾。E选项：此时甲值班，可以满足题干值班要求。

故正确答案为C选项。

176【答案】B

【解析】

第一步，梳理题干：

（1）小刚和小强并排相邻；

（2）小华和小军相邻∨小华和小军相对而坐→小明5号；

（3）小明偶数位⟷小华偶数位。

第二步，分析推理：

根据（3）可知，若小明、小华2人都在偶数位坐着，结合（2）可推出，小明和小军是相对而坐的，小刚和小华是相对而坐的，5号位空着。

若小明、小华2人坐在奇数位，此时小明、小华、小刚占据1、3、5号位置，并且小明和小华不能同时占据1、3号位置；结合（2）可推出，小华只能选1号位、3号位坐，小明只能坐5号位。

故正确答案为 B 选项。

177 【答案】B

【解析】

第一步，梳理题干：

（1）¬乙→戊

（2）乙→（甲∧丙）∀（¬甲∧¬丙）；

（3）乙、丙、丁至少有 1 人不去爬山；

（4）甲、乙、丁至多有 1 人不去爬山。

第二步，验证选项：

B 选项：如果丙、丁都不去爬山，结合（4）可知，甲、乙都去爬山；由“乙去爬山”结合（2）可知，甲和丙应该状态一致，但是目前甲去爬山、丙不去爬山，矛盾，所以丙、丁都不去爬山是不可能的。

其他选项均与题干不矛盾，可能为真。

故正确答案为 B 选项。

178 【答案】C

【解析】

第一步，梳理题干：

（1）张三、李四、赵六至少有 2 人没有进入决赛；

（2）李四、王五、赵六至多有 2 人进入决赛；

（3）李四→张三∀¬王五。

问题要求我们判定哪项不可能成立，所以此题考虑选项代入验证。

第二步，验证选项：

A 选项：王五、赵六都进入决赛，根据（2）（1）可推知，张三没有进入决赛，李四没有进入决赛，和题干条件不矛盾，该项可能成立，排除。

B 选项：王五、赵六都没有进入决赛，若此时张三没有进入决赛，这种情况和题干条件不矛盾，该项可能成立，排除。

C 选项：李四、王五都进入决赛，结合（3）可推知，张三也必定进入决赛，这和（1）矛盾，所以该项不可能成立。

D 选项：李四、王五都没有进入决赛，若此时张三没有进入决赛，这种情况和题干条件不矛盾，该项可能成立，排除。

E 选项：李四进入决赛，王五没有进入决赛，结合（3）可推知，张三也没有进入决赛，与题干条件不矛盾，该项可能成立，排除。

故正确答案为 C 选项。

179 【答案】B

【解析】

第一步，梳理题干：

（1）甲不来自中国；

（2）乙不来自日本和美国；

（3）丙和丁不来自美国；

（4）戊不来自美国和日本；

（5）乙、戊来自同一个国家。

第二步，分析推理：

根据上述条件可得下表。

	中国	日本	美国	韩国
甲	×			
乙		×	×	
丙			×	
丁			×	
戊		×	×	

根据上表可知，甲一定来自美国。

由题干可得，来自本国的选手只有一名；结合（5）可得，乙、戊不可能来自中国，而根据表格可得，乙、戊来自韩国时满足题干条件。

故正确答案为B选项。

180 【答案】C

【解析】

第一步，梳理题干：

（1）$\neg O \vee \neg P = P \rightarrow \neg O$；

（2）$\neg O \vee \neg P \vee \neg Q \rightarrow M \wedge N$；

（3）M、N、R至少选其2→$O \vee Q$；

（4）$P \rightarrow \neg Q$。

第二步，分析推理：

由（1）可知，O、P至多一人参与此次审计任务；结合（2）可知，M、N必定参与此次审计任务；再结合（3）可知，$O \vee Q$为真。

故正确答案为C选项。

181 【答案】D

【解析】

第一步，梳理题干：

（1）司机（小白）在摄像正前面；

（2）装载行李（小刘）在第二排；

（3）（小红和璐璐）并排挨着坐；

（4）（小程）计划出游路线和游玩流程。

第二步，分析推理：

由（1）（2）可推知，小刘坐在后排但是不在司机的正后方；再由（3）可知，小程坐在前排，那么此时小刘必然坐在小程的正后方，小红和璐璐谁是摄像无法确定。座位情况如下表所示。

小白（司机）		小程（计划）
（摄像）		小刘（行李）

故正确答案为D选项。

182【答案】E

【解析】

第一步，梳理题干：

（1）李伟与王一多相邻∀刘枫与王一多相邻；

（2）赵四与钱照相对；

（3）李伟和陈朵不相邻，李伟和吴琦相对；

（4）刘枫在张建国左边并间隔一人。

第二步，分析推理：

根据（2）（3）可知，赵四和钱照相对而坐，李伟和吴琦相对而坐；结合题干信息和（1）可知，若王一多相邻而坐的是刘枫，此时张建国在他的右边第二个位置，此时相对的位置只剩一个，无法满足题干要求，所以王一多相邻而坐的是李伟。

情况①：李伟在王一多的左手边，结合（4）可推知，张建国坐在刘枫右边第二个位置，那么此时陈朵只能坐在张建国的对面，而赵四和钱照的具体位置无法确定。

情况②：李伟在王一多的右手边，结合（4）可推知，张建国坐在刘枫右边第二个位置，刘枫和李伟相邻而坐，那么此时陈朵只能坐在刘峰的对面，而赵四和钱照的具体位置无法确定。

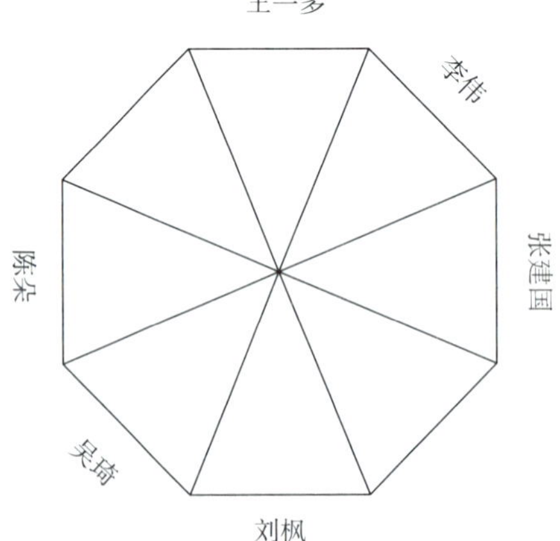

故正确答案为E选项。

183【答案】D

【解析】

第一步，梳理题干：

（1）王咪不喜欢英文诗歌，不创作相关的作品；

（2）创作剧本的人喜欢朗诵；

（3）柳青喜欢朗诵→柳青小说∀柳青英文诗歌；

（4）¬富贵创作英文诗歌→¬王咪喜欢小说。

第二步，分析推理：

根据题干信息和（1）（2）可推知，王咪不喜欢朗诵也不喜欢英文诗歌，王咪创作的也不是英文诗歌和剧本。

结合（2）（3）可知，假设柳青喜欢朗诵，则柳青要创作两个作品，和题干要求相冲突，所以柳青不喜欢朗诵。同时，他也不创作剧本。综上可知，王咪喜欢的是小说，创作的作品是小说。

结合（2）（4）可推知，富贵创作的作品是英文诗歌，那么他一定不喜欢朗诵。至此，可以确定乐乐喜欢的是朗诵，创作的作品是剧本。结合题干要求可知，除王咪以外其他三人喜欢的内容和创作的内容均不一致，那么柳青喜欢的是英文诗歌，创作的作品只能和朗诵相关，富贵喜欢的是剧本。列表如下。

	小说	朗诵	剧本	英文诗歌
喜欢文学的人	王咪	乐乐	富贵	柳青
作品的创作人	王咪	柳青	乐乐	富贵

故正确答案为D选项。

184【答案】D

【解析】

第一步，梳理题干：

（1）没有人连续三天值班。

（2）甲：周一、周三、周五。

（3）乙：周五、周六。

（4）丙：周六。

第二步，分析推理：

根据“每天搭档的两人均不同”可得，乙不在周一、三值班；结合（1）可得，乙不能在周四值班，只能在周二值班。故丙、丁在周四值班。

丙周六和乙搭档值班，故丙不会在周二的值班，故周二的值班人员为乙、丁；再由（1）可得，丁不在周三值班。故丁在周一值班，丙在周三值班。

综上可得如下表格。

	周一	周二	周三	周四	周五	周六
甲	√	×	√	×	√	×
乙	×	√	×	×	√	√
丙	×	×	√	√	×	√
丁	√	√	×	√	×	×

故正确答案为D选项。

185【答案】D

【解析】

根据题干信息可知，每人游玩了4个地方，每个地方4人游玩的顺序都不同，故本题类似于“数独”问题。根据文琴、朱敏说的话和题干的已知信息可推出，文琴第一个游玩婺源、朱敏最后一个游玩井冈山，小陆第三个游玩香格里拉；再结合徐昂说的话可推出，朱敏第一个游玩的地方不能是婺源、香格里拉、井冈山，那么只能是毕棚沟，徐昂第三个游玩的地方是毕棚沟。最终结果如下表所示。

	婺源	毕棚沟	香格里拉	井冈山
小陆	2	4	3	1
文琴	1	2	4	3
徐昂	4	3	1	2
朱敏	3	1	2	4

故正确答案为D选项。

186【答案】C

【解析】

观察题干信息，由（4）（3）入手分析。若（3）的前件为真，此时可知周六出题；结合（2）可知，周二要进行问题答疑；根据题干要求可知，这一天不可能再完成其他工作；此时由（4）逆否可推出，周二还要遛狗。显然这与推出的结论矛盾，所以周二不写教案和优化课程内容。

"周二不写教案"结合（4）（2）可推出，周二要出题、遛狗，周六要进行问题答疑；同时结合（1）可知，周天不可能进行线下授课，所以写教案、备课、优化课程内容都要在周四后完成。周六只完成一个项目，所以休息的两天是周一和周三，线下授课只能在周五完成。列表如下。

周一	周二	周三	周四	周五	周六	周天
	出题、遛狗		直播授课	线下授课	问题答疑	

故正确答案为C选项。

187【答案】C

【解析】

根据上述3人的调换信息可推出最终的调换位置信息，如下表。

	1	2	3	4	5
上排	白	红	绿	黄	蓝
下排	红	绿	黄	白	蓝

根据（1）（2）分析可知，第二次调换小球1、2号，颜色正确对应的是1、2号调换后其中的一个小球。结合（2）（3）分析可知，第三次调换的小球位置是在3、4位置中的一个；此时调换三次后的结果是3个颜色的小球上下对应，那么蓝色小球必定在5号盒子；再次结合（1）分析可知，第一次调整后的前四个盒子的小球颜色均不对应，最终1、3号可能对应红色、黄色，2、4号可能对应绿色、白色。

小球对应正确位置如下：

①红、黄、绿、白、蓝；

②白、绿、黄、红、蓝。

故正确答案为C选项。

188【答案】C

【解析】

第一步，梳理题干：

（1）1234→两个数字正确∧只有一个顺序正确；

（2）1357 →一个数字正确∧顺序不正确；

（3）9437 →所有数字均不正确；

（4）2869 →两个数字正确∧只有一个顺序正确；

（5）5672 →两个数字正确∧顺序均不正确。

第二步，分析推理：

由（3）可知，密码不包括 3、4、7、9 这四个数字；由（1）（2）可知，密码中有 1、2 并且 1 不是密码中的第一位，2 是第二位密码；根据（4）（5）可推知，6 是其中一位密码并且它是第三位密码；至此根据上述推理可知，还有一位密码是 0，它是第一位密码，那么 1 就是第四位密码。因此，密码是 0261。

故正确答案为 C 选项。

189【答案】D

【解析】

第一步，梳理题干：

（1）甲 3 张牌，乙 1 张牌，丙 1 张牌，丁 1 张牌，接下来丁抽甲的牌；

（2）甲的牌只有数字，一张是 9，另外两张也是奇数；

（3）乙的牌数字＞ 7；

（4）甲有一张牌的数字与丙相同，并且该张牌数字＜ 8；

（5）甲、乙、丙、丁四人的数字牌可以组合成两对牌；

（6）丁结束了这一局游戏，他的牌比丙大。

第二步，分析推理：

由（2）可知，甲手中的另外两张牌一定是 3、5、7 这三张中的其中两张；再结合（4）（6）可知：丙、丁各自持有的牌恰好和甲拥有的牌构成一对，那么丙拥有的牌是 3、5、7 中的任何一个，丁拥有的牌是 5、7、9 中的任何一个。

故正确答案为 D 选项。

190【答案】B

【解析】

第一步，梳理题干：

（1）每晚有一名护士值夜班，值夜班的人不能连续值两天夜班；

（2）乙这周值班 3 天；

（3）小王和小李猜错 3 个，小张猜对 3 个，小赵猜对 1 个。

第二步，分析推理：

每晚有一名护士值班，结合题目和条件（3）可知，这四人一共猜对了 12（4+4+3+1）个结果，总体有 28 个结果，对于以上猜测最多可以猜对 13 个；结合条件（1）（2）可知，星期日、星期五是乙值班，星期一至星期四值班的分别是甲、丙、乙、丙。

乙这周值班了 3 天且值夜班的人不能连续值两天，结合（3）可得，星期六不可能是乙值班，那么丁是星期六值班的人。甲、乙、丙、丁最终值班天数分别是 1 天、3 天、2 天、1 天

故正确答案为 B 选项。

191 【答案】E

【解析】

第一步，梳理题干：

（1）有3位同学是女生，4位同学是男生；

（2）有4位同学为大三学生，另3位同学年级为大二学生；

（3）赵义、孙智和张礼的年级相同，而钱仁、周廉的年级不相同；

（4）钱仁、李信与孙贤的性别相同，而赵义与周廉的性别不相同；

（5）只有一位大二的女生获得冠军。

第二步，分析推理：

结合（2）（3）可知，赵义、孙智和张礼为大三学生。

结合（1）（4）可知，钱仁、李信与孙贤的性别为男生。

由（5）可知，排除赵义、钱仁、孙智、李信、张礼、孙贤6位同学，获得冠军的是周廉。

故正确答案为E选项。

192 【答案】C

【解析】

第一步，梳理题干：

（1）8人运动小组，男性3人，踢足球3人；

（2）甲、丙、丁的运动项目相同，庚与辛的运动项目不同；

（3）戊、己、庚的性别相同、乙与丙的性别不同、甲与辛的性别不同。

第二步，分析推理：

结合（1）（2）可知：甲、丙、丁的运动项目为篮球。

结合（1）（3）可得：戊、己、庚的性别为女性。

故丁为男性。

故正确答案为C选项。

193 【答案】C

【解析】

第一步，梳理题干：

（1）小赵博士研究生∧小李博士研究生。

（2）小周、小武、小钱中有1人学历和其他2人不同。

（3）3人有专利、2人相关行业经验5年及以上。

（4）小李博士研究生→小郑硕士研究生。

（5）行业经验：小钱＝小孙＝小李。技术专利数：小孙＝小钱。

（6）录用一位博士研究生。

第二步，分析推理：

根据题干信息可知，最终待选人只有小赵、小钱、小孙、小李、小郑；博士研究生有小赵、小李，硕士研究生有小郑。

结合（3）（5）可知，小钱、小孙、小李的相关行业经验都不足5年，小赵和小郑有5年及以上的相关行业经验。

结合（6）可知，录用的人必须符合：博士研究生；有相关行业 5 年及以上的经验；有相关行业的技术专利至少 1 个。因此，录用的只可能是小赵。

故正确答案为 C 选项。

194【答案】C

【解析】

第一步，梳理题干：

（1）擅长舞蹈的座位间隔不同；

（2）擅长音乐的同学正面相对；

（3）甲与丁正面相对；

（4）丙与己都擅长唱歌或舞蹈；

（5）甲擅长书法。

第二步，分析推理：

由（1）可知，擅长舞蹈的同学间隔为：舞舞 XX 舞 X。

同时，由（2）可知，与擅长书法相对的同学是擅长舞蹈的；结合（3）（5）可知，甲擅长书法，丁擅长舞蹈；

此时 6 人还剩下 2 人擅长舞蹈、2 人擅长音乐；结合（4）可知；丙与己、乙与戊擅长的东西相同。

故正确答案为 C 选项。

195【答案】D

【解析】

第一步，梳理题干：

（1）绘画→刺绣 ∧ ¬ 麻将；

（2）书法→麻将 ∧ ¬ 广场舞。

第二步，分析推理：

观察题干信息（1）（2）可推出，绘画、麻将至少有一个不参加，书法、广场舞至少有一个不参加，根据题干知道有且仅有两个活动不参加，则刺绣必须参加。

故正确答案为 D 选项。

196【答案】D

【解析】

第一步，梳理题干：

（1）每人喜欢 2 种食材，每种食材只有 2 人喜欢；每人喜欢食材名称的第一个字与自己的姓氏均不相同；

（2）金鑫和蓝玉婷喜欢黄桃，且分别喜欢蓝莓和青椒中的一种；

（3）黄冠和白梦妍分别喜欢金针菇和白菜中的一种；

（4）没有人同时喜欢金针菇和青椒。

第二步，分析推理：

由（1）可知，金鑫不喜欢金针菇，蓝玉婷不喜欢蓝莓，黄冠不喜欢黄桃，青阳不喜欢青椒，白梦妍

不喜欢白菜。(a)

由（2）可知，金鑫和蓝玉婷喜欢黄桃，且分别喜欢蓝莓和青椒中的一种，那么金鑫和蓝玉婷不喜欢金针菇和白菜，且其他三人不喜欢黄桃。(b)

“蓝玉婷不喜欢金针菇、蓝莓、白菜，喜欢黄桃”结合（1）“每人喜欢 2 种食材”可知，蓝玉婷喜欢青椒；再结合（2）可知，金鑫喜欢蓝莓，不喜欢青椒。(c)

由（3）可知，黄冠和白梦妍分别喜欢金针菇和白菜中的一种；再结合（1）“每种食材只有 2 人喜欢”可知，青阳喜欢金针菇和白菜，那么青阳不喜欢蓝莓。(d)

由上述推理可知，金鑫、蓝玉婷、白梦妍都不喜欢白菜，青阳喜欢白菜；再结合（1）“每种食材只有 2 人喜欢”可知，黄冠喜欢白菜。(e)

由“黄冠喜欢白菜”结合（3）可知，白梦妍喜欢金针菇；再结合（4）可知，她不喜欢青椒。此时，白梦妍不喜欢黄桃、青椒、白菜，则喜欢蓝莓。(f)

此时，金针菇已有两人喜欢，则黄冠不喜欢金针菇。蓝莓也已有两人喜欢，则黄冠不喜欢蓝莓。综合可得，黄冠喜欢青椒。(g)

列表如下。

	金鑫	蓝玉婷	黄冠	青阳	白梦妍
金针菇	×（a）	×（b）	×（g）	√（d）	√（f）
蓝莓	√（c）	×（a）	×（g）	×（d）	√（f）
黄桃	√（b）	√（b）	×（a）	×（b）	×（b）
青椒	×（c）	√（c）	√（g）	×（a）	×（f）
白菜	×（b）	×（b）	√（e）	√（d）	×（a）

故正确答案为 D 选项。

197【答案】E

【解析】

观察题干信息发现，前三个顺序 3 人的意见均不一样，且后三个顺序 3 人的意见有 2 个重复；根据每个景点序号都只有一人的意见是正确的，可确定后三个顺序为大明湖、孔林、孔庙，前三个景点应该包含千佛山、孔府、趵突泉，只有 E 选项有千佛山、孔府、趵突泉同时出现。

故正确答案为 E 选项。

198【答案】D

【解析】

第一步，梳理题干：

（1）泰山 ∨ 黄山→武夷山 ∧ ¬ 延安；

（2）华山 ∨ 秦岭→泰山 ∧ ¬ 武夷山。

第二步，分析推理：

由（2）（1）传递可得：（3）华山 ∨ 秦岭→泰山 ∧ ¬ 武夷山→武夷山 ∧ ¬ 延安。

观察发现：如果选华山或秦岭，那么推出“¬ 武夷山”和“武夷山”，出现矛盾，说明既不能选华山也不能选秦岭；如果不选“武夷山”，那么此时可选的只有“延安”，不符合题干要求，所以“武夷山”必定选择。

故正确答案为 D 选项。

199【答案】D

【解析】

第一步，梳理题干：

（1）¬周三芒果千层→周三奶香提子；

（2）周二奶油小贝∀周六奶油小贝；

（3）某天会售卖巧克力慕斯蛋糕→第二天售卖巧克力薄脆饼干；

（4）樱花红丝绒蛋糕→一周内前三天中的某天；

（5）周五奶香提子。

第二步，分析推理：

（5）（1）结合得到周三售卖芒果千层；再由（3）（4）可知，巧克力慕斯蛋糕只能在周六售卖，周天售卖的是巧克力薄脆饼干；结合（2）可知，周二售卖的是奶油小贝；结合（4）可知，周一只能售卖樱花红丝绒蛋糕。综合可得，“半岛铁盒”只能在周四售卖。

故正确答案为D选项。

200【答案】C

【解析】

第一步，梳理题干：

（1）吴小斌审计学∨吴小斌应用统计学→宋小帅财务报表分析∧¬王小海审计学；

（2）¬宋小帅项目管理∨¬王小海项目管理→李小白财务报表分析∧吴小斌财务报表分析；

（3）宋小帅财务报表分析。

第二步，分析推理：

根据题干要求的每人选两门课，每门课有两人选，结合（3）（2）可推知，宋小帅选的是财务报表分析、项目管理，王小海选的是项目管理；项目管理选课人数已满，所以吴小斌必定会在审计学、应用统计学中至少选一门；结合（1）可得，王小海没选审计学。由“各人选修的课程均不完全相同”可得，王小海不选财务报表分析，选应用统计学。由“每个科目均有两人选修”以及“王小海和宋小帅均未选审计学”可得，李小白和吴小斌选审计学。

	财务报表分析	审计学	应用统计学	项目管理
李小白		√		×
宋小帅	√	×	×	√
王小海	×	×	√	√
吴小斌		√		×

故正确答案为C选项。

201【答案】B

【解析】

第一步，梳理题干：

（1）幻彩湖西∀碧泉谷西→星月山崖北∧雾海古林中；

（2）飞云瀑布、星月山崖南∨东→雾海古林东∧碧泉谷北；

（3）雾海古林、碧泉谷北∨中→幻彩湖东∧星月山崖南。

第二步，分析推理：

由“一进景区就能看到幻彩湖”以及“景区入口位于东边”可知，幻彩湖位于东边；结合（2）可知，飞云瀑布、星月山崖均不位于景区的东边、南边；再结合（3）可知，雾海古林、碧泉谷均不位于景区的北边、中部；结合（1）可知，碧泉谷不位于景区的西边。综合可得，碧泉谷不位于景区的东边、北边、中部、西边，则应位于景区的南边；雾海古林不位于景区的东边、北边、中部、南边，则应位于景区的西边。具体分析结果如下表。

	幻彩湖	星月山崖	碧泉谷	雾海古林	飞云瀑布
东	√	×（2）	×	×	×（2）
南	×	×（2）	√	×	×（2）
西	×	×	×（1）	√	×
北	×		×（3）	×（3）	
中	×		×（3）	×（3）	

故正确答案为B选项。

202【答案】B

【解析】

根据“乙与辛相邻而坐”和（1）可知，已坐在丁、辛的中间；再结合（3）可知，乙、丙相隔两个座位，那么这两人占据的位置长度将会是4个，此时不会空着相对的座位了，所以甲、庚无论如何是不会相对而坐的；再结合（2）可推出，丙和辛间隔一个位置，且不与戊相邻，那么此时戊和辛相对而坐，丙、丁相对而坐。

故正确答案为B选项。

203【答案】C

【解析】

第一步，梳理题干：

（1）今天开放文化展区，明天开放艺术展区，后天开放历史展区，并且任何一个展区连续开放2天的次数不超过一次；

（2）周四开放科技展区，周二不开放文化展区；

（3）明天不开放科技展区，周三或周五开放文化展区；

（4）除非历史展区或科技展区在明天开放，否则今天起的第四天要么开放文化展区，要么开放艺术展区。

根据（1）（2）（3）可知，今天是周四；由“今天是周四”可知，今天起的第四天是周天，这一天是闭馆的。结合（4）（3）可推出，周五开放历史展区；由“任意两天开放的展区不能完全相同”可知，周二必定开放科技展区，周六不开放艺术展区。列表如下。

	周二2	周三2	周四2	周五2	周六2
历史展区			×	√（4）（3）	√（1）
科技展区	√		√（2）	×（3）	
艺术展区			×	√（1）	×
文化展区	×（2）		√（1）	×	

故正确答案为C选项。

204【答案】D

【解析】

根据题干信息可知，M、N 不在同一组；结合（3）可知，若 T 不在第二组，那么 M、N 两人必须都在第二组，这显然与题干信息矛盾，所以 T 在第二组；再结合（2）可推出，S、P 都在第三组。

由（1）和“R 是第二组的成员”可得，第二组只有 2 名同学；进一步推出，三个小组的人数分布是 3、2、3；结合（4）可推出，O、Q 两人在第一组。

故正确答案为 D 选项。

205【答案】C

【解析】

根据题干信息可推出，三个鱼缸的鱼分布的数量可以是 2、3、3 或者 2、2、4。

鹦鹉鱼、非洲王子、蓝曼龙分别放在三个鱼缸当中，已知接吻鱼和孔雀鱼放在同一个鱼缸中，若接吻鱼和神仙鱼放在同一个鱼缸中；结合（3）可知，这三种鱼在只能和非洲王子放在同一个鱼缸中。

若接吻鱼和孔雀鱼放在同一个鱼缸中，神仙鱼和月光鱼放在同一个鱼缸中；结合（3）可推出，接吻鱼、孔雀鱼、非洲王子放在同一个鱼缸中，神仙鱼、月光鱼和蓝曼龙放在同一个鱼缸中，蓝魔鬼鱼和鹦鹉鱼放在同一个鱼缸中。

故正确答案为 C 选项。

206【答案】A

【解析】

根据题干信息可知，8 种药材要选 4 种；结合（4）可知，川芎、肉桂、熟地黄中至少有一种药材会被选中；结合（2）可推出，当归必选，黄芪、枸杞、白术这 3 种均不选；再结合（3）逆否可推出，熟地黄必定要选，剩余两种药材要在茯苓、川芎、肉桂中选；结合（1）可推出，剩余两种药材选的是川芎和肉桂。

故正确答案为 A 选项。

207【答案】D

【解析】

第一步，梳理题干：

（1）周一香煎带鱼 ∨ 鱼香肉丝→周三香煎带鱼 ∧ 周四梅菜扣肉；

（2）周二红烧茄子→周四梅菜扣肉 ∧ ¬ 周五西红柿炒鸡蛋；

（3）¬ 周二红烧茄子→周一鱼香肉丝 ∧ 红烧茄子；

（4）周四梅菜扣肉→周五西红柿炒鸡蛋 ∧ 红烧茄子；

（5）周三和周四做的菜相同。

第二步，分析推理：

由（3）（1）可得，¬ 周二红烧茄子→周一鱼香肉丝 ∧ 红烧茄子→周三香煎带鱼 ∧ 周四梅菜扣肉；由（2）可得，周二红烧茄子→周四梅菜扣肉 ∧ ¬ 周五西红柿炒鸡蛋；综合可得，周四必做梅菜扣肉；再结合（5）可推出，周三、周四必做梅菜扣肉；再由（4）可推出，周五做西红柿炒鸡蛋和红烧茄子。

根据（2）逆否可推出，周二不做红烧茄子；由（3）（1）（5）可推出，周一做鱼香肉丝和红烧茄子，周三、周四还做了香煎带鱼；再由“每天做其中 2 种菜，且每种菜每周只能做 2 次”可推出，周二做了鱼香肉丝和西红柿炒鸡蛋。

具体分析结果如下表。

	周一	周二	周三	周四	周五
鱼香肉丝	√	√	×	×	×
红烧茄子	√	×	×	×	√
梅菜扣肉	×	×	√	√	×
香煎带鱼	×	×	√	√	×
西红柿炒鸡蛋	×	√	×	×	√

故正确答案为 D 选项。

208 【答案】A

【解析】

第一步，梳理题干：

（1）小斌羽毛球∨自行车→小帅滑雪∧¬小方羽毛球；

（2）¬小帅游泳∨¬小海游泳→¬小白滑雪∧¬小斌滑雪；

（3）小方游泳∨滑雪→小方羽毛球。

第二步，分析推理：

根据题干要求的每人选 2 个项目，每个项目有 2~3 人选，结合（3）可推知，若小方不选羽毛球，则他只有一个项目可选，不符合要求，所以小方必选羽毛球；再结合（1）逆否可推知，小斌选的是滑雪、游泳；结合（2）逆否可推知，游泳还有小帅、小海选；结合“各人选择的项目均不完全相同”可推知，小帅和小海均不选滑雪。具体分析结果如下表。

	滑雪	羽毛球	自行车	游泳
小白				×
小帅	×			√
小海	×			√
小斌	√	×	×	√
小方		√		×

故正确答案为 A 选项。

209 【答案】C

【解析】

第一步，梳理题干：

（1）明传奇柏树∨杨树→宋词松树∧¬曹小说柏树；

（2）¬宋词桑树∨¬阮曲桑树→¬李诗松树∧¬明传奇松树；

（3）曹小说桑树∨松树→曹小说柏树；

（4）李诗柏树∧宋词柏树。

第二步，分析推理：

根据题干要求的每人选 2 种树，每种树有 2~3 人选，结合（3）可推知，若曹小说不选柏树，则他只有一种树可选，不符合要求，所以曹小说必选柏树；再结合（1）逆否可推知，明传奇选的是松树、桑树；

结合（2）逆否可推知，桑树还有宋词、阮曲选；结合（4）以及“各人选择的树木均不完全相同”可得出如下表格信息。

	松树	柏树 3	杨树	桑树 3
李诗		√		×
宋词	×	√	×	√
阮曲	×	×	√	√
明传奇	√	×	×	√
曹小说		√		×

故正确答案为 C 选项。

210 【答案】D

【解析】

根据题干信息分析，若牛肉和西兰花在同一组，此时南瓜只能和鱼肉一组，那么青菜和米饭必须和牛肉一组，此时牛肉所在的组一共有 4 样食物，不符合题干要求，所以牛肉是和南瓜搭配的，米饭、青菜、鱼肉在同一组，虾、紫薯、西兰花在同一组，牛肉、南瓜、芹菜在同一组。

故正确答案为 D 选项。

211 【答案】A

【解析】

第一步，梳理题干：

（1）李白、杜甫、王维、王之涣至多 2 人晋级；

（2）杜甫、白居易、王之涣至少 2 人晋级；

（3）杜甫→李白∀¬王之涣。

第二步，分析推理：

观察题干信息，发现杜甫被提及的次数最多，所以考虑从他入手分析。

如果杜甫晋级可推知，杜甫→¬李白∧¬王之涣→白居易。

如果杜甫没有晋级可推知，¬杜甫→白居易∧王维。无论杜甫晋级与否，白居易是必定会晋级的。

故正确答案为 A 选项。

212 【答案】C

【解析】

第一步，梳理题干：

（1）游泳→¬素描∧拉丁舞；

（2）拉丁舞→¬羽毛球∧¬钢琴∧硬笔书法；

（3）7 选 5。

第二步，分析推理：

（1）（2）传递可得：游泳→¬素描∧拉丁舞→¬羽毛球∧¬钢琴∧硬笔书法

根据题干条件可知，7 个项目中有 2 个项目不选。若选游泳，那么素描、羽毛球、钢琴都不选，不满足要求，所以游泳必定不选；若选拉丁舞，结合（2）推出，羽毛球、钢琴都不选，一共有三个不选，不满足题干要求，所以拉丁舞必定不选。综合可得，羽毛球、素描、硬笔书法、唱歌、钢琴均选。

故正确答案为C选项。

213【答案】E

【解析】

第一步，梳理题干：

（1）文化→科技∀艺术；

（2）体育→¬艺术；

（3）社会实践→科技；

（4）艺术→¬文化∧¬体育∧¬社会实践。

第二步，分析推理：

结合题干数量要求可知，若参加艺术，此时还能参加的领域只有一个可选，无法满足数量要求，故艺术领域必定不会参加；再结合（3）可推知，若科技领域不参加，那么将会有3个领域不参加，也无法满足题干的数量要求，所以科技领域必定要参加。因此，必定在文化领域、体育领域、社会实践领域中选择两个参加。

第三步，验证选项：

A选项：参加文化领域∧参加社会实践领域∧参加科技领域，由推出结论可知该项不一定为真，排除。

B选项：参加体育领域∨参加艺术领域，由推出结论可知该项不一定为真，排除。

C选项：参加科技领域∧参加社会实践领域，由推出结论可知该项不一定为真，排除。

D选项：参加文化领域∧参加艺术领域，由推出结论可知该项一定不为真，排除。

E选项：参加社会实践领域∨参加文化领域，由推出结论可知该项一定为真。

故正确答案为E选项。

214【答案】E

【解析】

第一步，梳理题干：

（1）汉字里的自然万象→配乐诗朗诵∧¬自然科学；

（2）数学在哪里→自然科学∧¬走遍中国；

（3）配乐诗朗诵∨汉字里的自然万象→数学在哪里。

第二步，分析推理：

（1）（3）（2）可传递推出：汉字里的自然万象→配乐诗朗诵∧¬自然科学→数学在哪里→自然科学∧¬走遍中国。显然，若选择“汉字里的自然万象”，会推出矛盾的情况，即自然科学既要选又不选，所以“汉字里的自然万象”必定不会选。

故正确答案为E选项。

215【答案】D

【解析】

第一步，梳理题干：

（1）李白、杜甫、王维、王之涣中有冠军；

（2）¬杜甫前三∨¬白居易前三∨¬王维前三→李白冠军∧¬王之涣前三；

（3）杜甫前三→王维前三∀¬王之涣前三；

（4）冠亚季军的姓氏各不相同。

第二步，分析推理：

若杜甫晋级前三，结合（3）（4）可推知，王维和王之涣必定都没晋级前三；再结合（2）可推知，李白是冠军。

若杜甫没有晋级前三，结合（2）可推知，李白是冠军。

综上，不论杜甫晋级前三与否，获得冠军的都是李白。

故正确答案为D选项。

216【答案】D

【解析】

第一步，梳理题干：

（1）吴小斌审计学∨应用统计学→宋小帅财务报表分析∧¬王小海审计学；

（2）¬宋小帅项目管理∨¬王小海项目管理→¬李小白财务报表分析∧¬吴小斌财务报表分析。

第二步，分析推理：

根据题干要求的每人选三门课，每门课有三人选，结合（2）可推知，选项目管理的人有宋小帅、王小海；结合（1）前件必为真可推知，宋小帅选了财务报表分析，王小海没选审计学。王小海选了财务报表分析、应用统计学、项目管理。由每门课有三人选可知，李小白、宋小帅、吴小斌选了审计学。因此，宋小帅选了财务报表分析、审计学、项目管理，没选应用统计学，则应用统计学被李小白、王小海、吴小斌选。具体分析结果如下表。

	财务报表分析	审计学	应用统计学	项目管理
李小白		√	√	
宋小帅	√	√	×	√
王小海	√	×	√	√
吴小斌		√	√	

故正确答案为D选项。

217【答案】B

【解析】

第一步，梳理题干：

（1）¬赵∨¬钱=赵→¬钱；

（2）钱→吴；

（3）李→周；

（4）赵∀李；

（5）赵→钱。

第二步，分析推理：

由（1）（5）结合二难推理可知，¬赵。“不选赵”结合（4）（3）可知，¬赵→李→周，所以选择有李、周，根据题干要求的5人中选3人，结合（2）可知，选择吴。因为如果选择钱，那么也要选择吴，与人数限制矛盾，所以不能选择钱，只能选择吴。

故正确答案为B选项。

218【答案】E

【解析】

第一步，梳理题干：

（1）甲选择五常大米∧菜籽油→乙选择菜籽油；

（2）乙选择菜籽油→乙¬选择水晶饼∧¬选择腊牛肉。

第二步，分析推理：

根据（1）（2）可得：甲选择五常大米∧菜籽油→乙选择菜籽油→乙¬选择水晶饼∧¬选择腊牛肉。

由题意可知，每个人选择的物品不完全相同。所以此时假设甲选择了五常大米和菜籽油，根据上述逻辑链条可得，乙也选择的是五常大米和菜籽油，与题意矛盾，所以可得：甲¬选择五常大米∨¬选择菜籽油。

故正确答案为E选项。

219【答案】C

【解析】

第一步，梳理题干：

（1）吴兴∨李江→¬赵好∧¬钱俪；

（2）¬钱俪→赵好∧孙瑜∧李江；

（3）钱俪∨吴兴→周浩；

（4）孙瑜∧李江→钱俪∧周浩。

第二步，分析推理：

假设（1）前件为真，则吴兴去或者李江去，那么赵好和钱俪都不去，结合（2）可知，如果钱俪不去，那么赵好会去，与假设产生矛盾，所以吴兴和李江都不去。

故正确答案为C选项。

220【答案】D

【解析】

第一步，梳理题干：

（1）每个城市都有2人去，没有人每个城市都去。

（2）可可：慈溪→丽水。

（3）杜泽、小莉：婺源→舟山。

（4）可可、小莉：丽水→舟山。

第二步，分析推理：

城市有4个，结合“每个城市都有2人去”可知，共有8（4×2）个匹配关系；再结合“没有人每个城市都去”可知，数量组合为3、3、2，即3人中有2人去3个城市，有1人去2个城市，具体谁只去2个城市，目前尚未明确。

假设可可不去舟山，结合（4）（2）可知，可可也不去慈溪和丽水，与每个人至少去2个城市矛盾，故可可一定去舟山。

假设小莉不去舟山，结合（3）（4）可知，小莉也不去婺源和丽水，与每个人至少去2个城市矛盾，故小莉一定也去舟山。

结合（1）中的“每个城市有2个人去”可知，杜泽没去舟山；由（3）可知，杜泽也没去婺源；进而推知杜泽是只去2个城市的人，去的城市分别是慈溪和丽水。由“杜泽没去婺源”结合（1）可知，去婺源的是可可和小莉；此时再结合（2）（1）可知，另一个去慈溪的是小莉，去丽水的是可可。

故正确答案为D选项。

221【答案】D

【解析】

第一步，梳理题干：

（1）每人只游玩其中的两个项目，任意两人游玩的项目不完全一样；

（2）豆豆¬雷神大摆锤∧¬穿越地平线；

（3）小贝¬海盗船∧¬无敌碰碰车；

（4）一飞冲天只有小泽玩。

第二步，分析推理：

由题干信息可得下表。

	海盗船	雷神大摆锤	无敌碰碰车	穿越地坪线	一飞冲天
豆豆	√	×	√	×	×
小贝	×	√	×	√	×
小泽					√
小凯					×

假设小凯不选“海盗船”，结合（1）可知，“雷神大摆锤”“穿越地坪钱”不能同时选，所以必定要选“无敌碰碰车”。

同理，假设小凯不选“雷神大摆锤”，结合（1）可知，“无敌碰碰车”“海盗船”不能同时选，必定要选“穿越地坪线”。

故正确答案为D选项。

222【答案】D

【解析】

第一步，梳理题干：

（1）丁和戊从没交接过；

（2）乙在子时→丙和己在乙后；

（3）甲在戊之前，甲前后都至少有两人；

（4）丙∨戊∨己子时之后≥2→丁在丑时；

（5）丁在甲之前。

第二步，分析推理：

观察题干信息发现，此题可从（3）着手分析，甲巡查前后至少有两人巡查，所以他巡查的时间只能是子时或丑时。

情况一：甲子时巡查，此时戊在他后边的时辰巡查；结合（1）可知丁在甲之前巡查；根据（4）可知丙、戊、己至少有2人在子时之前巡查，此时无法满足题干要求，所以这种情况不可能成立。

情况二：甲丑时巡查，根据（4）可知，丙、戊、己至多1人在子时之后巡查，所以戌、亥巡查的必定是丙、戊、己中的两人，此时乙只能在寅时或卯时巡查。

故正确答案为D选项。

223【答案】D

【解析】

第一步，梳理题干：

（1）绣球∨玫瑰→郁金香在区域③；

（2）¬蒲公英→向日葵∧绣球；

（3）蒲公英→玫瑰花∧其不与蒲公英相邻；

（4）向日葵∨木槿∨绣球≥2→睡莲∧水生鸢尾。

第二步，分析推理：

睡莲和水生鸢尾不可能都种植，结合（4）可知，向日葵、木槿、绣球最多种植其中一种；再结合（2）可得，种植蒲公英；此时再结合（3）（1）可推出，种植玫瑰，郁金香种植在区域③，那么蒲公英和玫瑰只能在区域①④中各选一个种植，此时知道向日葵、木槿、绣球中能且仅能选择一种植物种植。

故正确答案为D选项。

224【答案】D

【解析】

第一步，梳理题干：

（1）每位老师至少带一名研究生，至多带三名研究生；

（2）王盛带一个学生，陈诚只带男生，甲、丙、戊、庚4人是男生；

（3）选己→选戊；

（4）赵一鸣带丙→带戊；

（5）导师不能只带女生。

第二步，分析推理：

根据题干信息可知，王老师只带1名学生，陈老师只带男学生。

由（3）和题干信息可知，己和戊必须是同一个老师的学生，不然无法满足题干要求，他们跟的老师不能是王老师、陈老师；因此，如果赵老师带戊，那么一定也会带己。

故正确答案为D选项。

225【答案】B

【解析】

第一步，梳理题干：

（1）¬钱视觉∨¬赵室内→李室内∧张人因；

（2）¬张室内∨陈视觉→赵人因∧李人因；

（3）李＝陈；

（4）王＝刘。

第二步，分析推理：

观察发现，题干没有确定的信息，所以此题考虑用假设法分析。

假设（1）的前件为真，此时李选修的是“室内结构优化”，张选修的是“人因工效学”，否定了（2）的后件，推出张选修“室内结构优化”，和题干要求不符，故假设不成立，钱选修“视觉设计原理”，赵选修“室内结构优化”；再由（2）推出，张选修“室内结构优化”，陈不选修“视觉设计原理”。

根据题干要求可知，每门课至多3人选，那么最终情况是，只有一门课是有两人选，其余两门课是有三人选。由陈不选修“视觉设计原理”结合（3）可知，李和陈选修的必定是“人因工效学”；再由（4）知题干数量限制可推知，王和刘选修的是“视觉设计原理”。

故正确答案为B选项。

226【答案】A

【解析】

第一步，梳理题干：

（1）每个人只担任其中的一个部长，且每个部门的部长只有一个人担任；

（2）杜甫生活∨宣传→李白体育∨宣传；

（3）白居易生活∨文艺→王维文艺∨宣传；

（4）王维体育∀生活。

第二步，分析推理：

根据条件（4）可知，王维要么是体育部长，要么是生活部长。本题可以以此为突破口分情况讨论：

①假设王维是体育部长，结合条件（3）（2）得出：白居易只能是宣传部长，杜甫担任的是文艺部长，李白担任的是生活部长。

②假设王维是生活部长，结合条件（3）得出：白居易可能是宣传部长，也可能是体育部长。

a. 如果白居易是宣传部长，则杜甫不可能是生活部长和宣传部长，从而得出：杜甫可能是体育部长，也可能是文艺部长；李白可能是文艺部长，也可能是体育部长。

b. 如果白居易是体育部长，此时结合条件（2），如果否后，则李白不是宣传部长，则杜甫也不是宣传部长，此时宣传部长没有人担任，与题干要求矛盾，所以李白必须是宣传部长，由此推出杜甫是文艺部长。

此推理过程列表如下。

	王维	白居易	李白	杜甫
①	体育	宣传	生活	文艺
②	a. 生活	宣传	体育 / 文艺	文艺 / 体育
	b. 生活	体育	宣传	文艺

第三步，验证选项：

A选项：杜甫担任生活部长，白居易担任文艺部长，都不可能为真，此项一定为假，当选。

B选项：李白担任文艺部长，符合②a的情况，排除。

C选项：李白担任体育部长，符合②a的情况，排除。

D选项：王维担任体育部长，符合①的情况，排除。

E选项：白居易担任体育部长，符合②b的情况，排除。

故正确答案为A选项。

227【答案】D

【解析】

第一步，梳理题干：

（1）圆圆歌姬→佳玲乐师；

（2）¬艺苑词人→佳玲词人∧诗诗舞姬；

（3）艺苑词人→诗诗舞姬∧圆圆词人。

第二步，分析推理：

由（2）（3）结合二难推理模型得出：诗诗是舞姬。

由每人只选择一种身份，且每种身份对应其中的一人，结合"归谬"的思想和（3）可知：艺苑和圆圆不可能都是词人，所以艺苑不是词人。

由（2）可推知：佳玲是词人。

结合（1）可推知：佳玲词人→¬佳玲乐师→¬圆圆歌姬。所以，圆圆不是歌姬，而是乐师。

综上可得：佳玲是词人，艺苑是歌姬，诗诗是舞姬，圆圆是乐师。

故正确答案为D选项。

228【答案】A

【解析】

第一步，梳理题干：

（1）赵勇女巫∨赵勇猎人→张芳平民；

（2）¬吕伟狼人→张芳狼人∧王红预言家；

（3）¬赵勇猎人→¬李龙猎人；

（4）吕伟狼人→王红预言家∧赵勇狼人。

第二步，分析推理：

由（2）（4）结合二难推理模型得出：王红是预言家。

由每人只选择其中一种角色，且每个角色对应其中的一人，结合"归谬"的思想和（3）可知：吕伟和赵勇不可能都是狼人，所以吕伟不是狼人。

结合（2）（1）可推知：张芳是狼人，赵勇是平民。

再结合（3）肯前推肯后可知，¬李龙猎人；进一步推出，吕伟是猎人，李龙是女巫。

综上可得：张芳是狼人，王红是预言家，赵勇是平民，吕伟是猎人，李龙是女巫。

故正确答案为A选项。

229【答案】E

【解析】

第一步，梳理题干：

（1）丁网管→保洁未招到；

（2）乙成功→丙销售∧丁销售；

（3）¬乙成功→甲保洁∧丙销售。

第二步，分析推理：

由每人应聘一种岗位，每种岗位一人应聘，结合"归谬"的思想和（2）可知：丙和丁不可能都应聘销售，所以乙没有应聘成功。

由（3）可推知：甲应聘保洁，丙应聘销售。

结合（1）可推知：甲保洁→¬丁网管→丁物业，所以丁应聘物业。

综上可得：甲应聘保洁，乙没有应聘成功，丙应聘销售，丁应聘物业。

故正确答案为E选项。

230【答案】C

【解析】

第一步，梳理题干：

（1）甲不选酸辣土豆丝、宫保鸡丁、水煮肉片；

（2）乙和丁不选酸辣土豆丝、地三鲜、水煮肉片；

（3）丙选酸辣土豆丝→戊选锅包肉。

第二步，分析推理：

假设丙选酸辣土豆丝，则戊选锅包肉，宫保鸡丁肯定是被乙、丁中的一人选，剩余一人将无菜可选，这与题干信息矛盾，所以可推出丙不选酸辣土豆丝（4）；结合（1）（2）可推出，甲只能选地三鲜（5）；进而可推出，丙选水煮肉片（6），戊选酸辣土豆丝（7）。列表如下。

	甲	乙	丙	丁	戊
酸辣土豆丝	×（1）	×（2）	×（4）	×（2）	√（7）
锅包肉	×（5）		×（6）		×（2）
宫保鸡丁	×（1）		×（6）		×（2）
地三鲜	√（5）	×（2）	×（5）	×（2）	×（5）
水煮肉片	×（1）	×（2）	√（6）	×（2）	×（6）

故正确答案为C选项。

231【答案】D

【解析】

第一步，梳理题干：

（1）赵∨钱∨李；

（2）钱∨孙∨李∨周≥2；

（3）¬钱∨¬孙∨¬李≥2；

（4）赵→李。

第二步，分析推理：

题干无确定信息，选择从重复元素最多处入手。

假设李去，那么钱、孙不去，周去，赵不确定。

假设李不去，结合（4）得到赵不去，结合（1）得到钱必须去，再结合（3）得到孙不去，结合（2）得到周必须去。所以如果李不去，那么赵、孙不去，钱、周去。

所以周一定会去。

故正确答案为D选项。

232 【答案】C

【解析】

第一步，梳理题干：

（1）O ∨ P；

（2）¬P ∨ ¬Q；

（3）Q ∨ S；

（4）S → P ∧ R。

第二步，分析推理：

观察发现，本题无确定信息可使用，所以考虑用假设法分析。

观察发现，P 出现频次最高，由 P 入手假设。

若不选派 P 可推出，¬P → O ∧ ¬S → Q；再结合题干数量要求推知，R 一定要派。

若选派 P 可推出，P → ¬Q → S → R。

综上，无论选派 P 与否，R 必定要选派。

故正确答案为 C 选项。

233 【答案】B

【解析】

第一步，梳理题干：

（1）甲、乙不相邻，庚、丁不相邻，节目间隔数相同；

（2）丙、戊紧挨；

（3）丙在第五位→己在第三位；

（4）甲、乙间隔数为 1 ∨ 2→丙在第五位；

（5）丁在第二位，庚、己不在第七位。

第二步，分析推理：

假设丙在第五位，那么根据条件（3）可知，己在第三位，此时无法满足条件（1），所以丙不能在第五位。

结合条件（4）可得，甲、乙节目的间隔数不能为 1，也不能为 2，那么此时甲、乙节目的间隔数为 3 或 4，假设此时甲、乙节目的间隔数为 4，则庚和丁节目的间隔数也为 4 且庚在第七位，与题干条件（5）矛盾，所以甲、乙节目的间隔数只能为 3。

此时庚在第六位，若甲和乙分别在第一位和第五位，由（2）可得，丙、戊分别在第三位和第四位，但此时己只能在第七位，与题干条件（5）矛盾，故而甲、乙只能在第三位和第七位，则能得到己在第一位、丙在第四位、戊在第五位。

故正确答案为 B 选项。

234 【答案】B

【解析】

根据题干信息可知，这五人选修课程的数量是 3、3、2、2、2；结合（2）可知，丁、戊可选的课程只有国富论、生活中的经济学、西方音乐欣赏，若丁、戊选修了西方音乐欣赏，结合（3）（4）可推出，甲不选修国富论和量子力学，那么他必定要选修星期三的生活中的经济学，此时生活中的经济学还有 1 个名额，但丙、丁、戊均无法选修，只能乙选修生活中的经济学，显然这与（2）矛盾，故丁、戊均只选修了2门课，分别是生活中的经济学和国富论。

此时，选修西方音乐欣赏的人中必定有丙，甲、乙均选修了3门课，甲、乙选修的课有量子力学、化学与生活；再结合（3）可推出，甲必定选修西方音乐欣赏，那么乙选修了星期三的国富论。

故正确答案为B选项。

235【答案】B

【解析】

第一步，梳理题干：

（1）桃花岛→飞来峰∧¬灵隐寺；

（2）千岛湖∧六和塔→孤山∧¬灵隐寺；

（3）飞来峰∨西湖→灵隐寺∧桃花岛。

第二步，分析推理：

结合（1）（3）可知，桃花岛→飞来峰∧¬灵隐寺→灵隐寺∧桃花岛，产生矛盾，因此不去桃花岛；再结合（3）可知，不去飞来峰和西湖；再结合（2）可知，余下不去的景点必定在千岛湖、六和塔、灵隐寺之中，那么孤山必定会去。

故正确答案为B选项。

236【答案】C

【解析】

观察题干信息可知，若（1）的前件为真，结合（2）可推出，零食类样品既放在2号货架又放在1号货架，这与题干要求的“每种样品只放1个”相矛盾，所以清洁用品类放在1号货架，小型电子产品类放在2号货架。

若此时零食类、家居服装类均放在1号货架，结合（3）可推出，此时1号货架一共要放4种样品，这与题干条件相矛盾，所以玩具类放在2号货架，家电类放在1号货架，此时办公用品类和家居服装类只能放在3号货架。结果如下表所示。

1	2	3
清洁用品类 家电类	小型电子产品类 玩具类	办公用品类 家居服装类

故正确答案为C选项。

237【答案】E

【解析】

若（3）的前件为真，结合（3）（1）（2）可得，A∨¬C→E∀F→A∧B→¬E∧¬F，产生矛盾，因此得出¬A∧C；再结合（1）可得，¬D；再结合（2）可得，¬E∧¬F。此时已经有A、D、F、E不入选；结合题干要求在7人中选3人可得，B、C、G入选。

故正确答案为E选项。

238【答案】A

【解析】

第一步，梳理题干：

（1）程子贤、高思彤、余同尘、李清源至多有2人晋级；

（2）¬高思彤∨¬王怀宇∨¬余同尘→程子贤∧¬李清源；

（3）高思彤→程子贤∀¬李清源。

第二步，分析推理：

观察题干信息，高思彤被提及次数最多，所以考虑从她入手分析。

如果高思彤晋级，则高思彤→¬程子贤∧¬李清源→王怀宇∧余同尘；

如果高思彤没有晋级，则¬高思彤→程子贤∧¬李清源；由此可知，余下的王怀宇、余同尘必定晋级。

综上，不管高思彤是否晋级，王怀宇和余同尘必定晋级。

故正确答案为A选项。

239【答案】B

【解析】

第一步，梳理题干：

（1）每个人只担任其中的一个裁判，且每个项目的裁判只有一个人担任；

（2）李四跳远∨短跑→张三跳高∨短跑；

（3）王五跳远∨铅球→赵六铅球∨短跑；

（4）赵六跳高∀跳远；

（5）赵六跳高→张三短跑；

（6）张三铅球→李四铅球。

第二步，分析推理：

结合（6）（1）可归谬得出：（7）张三不可能是铅球裁判。

假设赵六跳高为真，则结合（3）得出，赵六跳高→王五¬跳远∧王五¬铅球→王五短跑，与（5）产生矛盾，因此赵六不可能是跳高裁判，从而结合（4）推出，赵六是跳远裁判。

赵六是跳远裁判，根据（3）得出，王五可能是短跑裁判，也可能是跳高裁判。

a. 如果王五是短跑裁判，结合（2）得出，李四可能是跳高裁判，也可能是铅球裁判，同样张三可能是铅球裁判，也可能是跳高裁判；再结合（7）"张三不是铅球裁判"得出，张三是跳高裁判，李四是铅球裁判。

b. 如果王五是跳高裁判，结合（7）"张三不是铅球裁判"得出，张三必须是短跑裁判，由此推出李四是铅球裁判。

此推理过程列表如下。

赵六	王五	张三	李四
a. 跳远	短跑	跳高	铅球
b. 跳远	跳高	短跑	铅球

所以赵六一定是跳远裁判，李四一定是铅球裁判。

故正确答案为B选项。

240【答案】C

【解析】

第一步，梳理题干：

（1）杨柳鲁大海∨杨柳鲁四凤→¬陈齐鲁大海；

（2）¬胡哥周朴园→陈齐周朴园∧王凯周冲；

（3）¬ 杨柳周朴园→李龙周冲 ∧ 王凯周萍；

（4）胡哥周朴园 ∨ 杨柳周朴园 =¬ 胡哥周朴园→杨柳周朴园 =¬ 杨柳周朴园→胡哥周朴园。

第二步，分析推理：

由（2）（4）以及“每人只选择其中一种角色，且每个角色对应其中的一人”，结合“归谬”的思想得出，胡哥是周朴园；进一步结合（3）可知，李龙是周冲，王凯是周萍；从而进一步推出，杨柳只能在鲁大海和鲁四凤中选其一；结合（1）可推知，陈齐不是鲁大海，陈齐是鲁四凤，所以杨柳是鲁大海。

综上可得：陈齐是鲁四凤，王凯是周萍，杨柳是鲁大海，胡哥是周朴园，李龙是周冲。

故正确答案为 C 选项。

241【答案】C

【解析】

第一步，梳理题干：

（1）海鲜大咖 ∨ ¬ 西红柿炒鸡蛋→海肠捞饭 ∧ ¬ 海参；

（2）鲍鱼 ∨ 鲅鱼饺子→海参 ∧ ¬ 西红柿炒鸡蛋。

第二步，分析推理：

由（2）（1）传递可得：（3）鲍鱼 ∨ 鲅鱼饺子→海参 ∧ ¬ 西红柿炒鸡蛋→海肠捞饭 ∧ ¬ 海参。

观察发现：如果选择鲍鱼或鲅鱼饺子，那么推出“海参”和“¬ 海参”，出现矛盾，说明既不能选鲍鱼也不能选鲅鱼饺子，排除 A、B、D、E 选项。

故正确答案为 C 选项。

242【答案】C

【解析】

第一步，梳理题干：

（1）《海底两万里》→《蒙学经典》∧ ¬《科学小百科》；

（2）《数学文化》→《科学小百科》∧ ¬《城里来了音乐家》；

（3）《蒙学经典》∨《海底两万里》→《数学文化》。

第二步，分析推理：

观察已知信息可知，（1）（3）（2）可传递推出：《海底两万里》→《蒙学经典》∧ ¬《科学小百科》→《数学文化》→《科学小百科》∧ ¬《城里来了音乐家》。显然，若选择《海底两万里》，此时会推出矛盾的情况，《科学小百科》既要选又不选，所以《海底两万里》必定不会选。

若不选《科学小百科》，根据（2）（3）可知，也不会选《数学文化》《蒙学经典》，此时不选的书就有 4 本，无法满足题干数量要求，所以《科学小百科》必选。

故正确答案为 C 选项。

243【答案】C

【解析】

第一步，梳理题干：

（1）周一短跑 ∨ 跳绳→周三短跑 ∧ 周四空竹；

（2）周二篮球→周四空竹 ∧ ¬ 周五踢毽子；

（3）¬ 周二篮球→周一跳绳。

第二步，分析推理：

由题干信息可知，每天选择其中一个项目，且每个项目每周只能选择一次；由（3）（1）可推出：¬周二篮球→周一跳绳→周三短跑∧周四空竹；再结合（2）可构成二难推理，最终推出周四必定选择空竹。

故正确答案为C选项。

244【答案】B

【解析】

根据题干信息分析可知，最终3人分到礼物的数量是2、3、3；结合（1）（3）分析，若文昊不选零食大礼包，那么他最终只能选一个礼物，无法满足题干数量要求，所以他必定选零食大礼包；同理如果文宇不选零食大礼包，那么他最终只能选一个礼物，也无法满足题干数量要求，所以他也必定选零食大礼包；那么文萱不会选零食大礼包，结合（2）可推出，文萱也不会选儿童运动手表，她是选择两个礼物的人，她选的礼物是巧克力和限量版绘本。

选儿童运动手表的人是文宇、文昊；结合（1）分析，此时若文昊再选巧克力，那么他将所有礼物都选了，不满足题干要求，所以文宇选择了巧克力，文昊选择了限量版绘本。

故正确答案为B选项。

245【答案】E

【解析】

第一步，梳理题干：

（1）甲、戊同组，分数不是6；

（2）丙组至少答错三个，己比辛所在的小组多答对一个；

（3）辛、丁一组→己组得6分。

第二步，分析推理：

由（1）（2）可知，甲、戊、丙、己、辛所在的小组得分不可能是6分，所以庚所在的小组必定是6分；同时根据（2）还可推知，己、辛分别所在的小组的得分是挨着的。那么甲、戊小组得分不可能是2分。

故正确答案为E选项。

246【答案】D

【解析】

第一步，梳理题干：

（1）甲、戊同组，分数不是6；

（2）丙组至少答错三个，己比辛所在的小组多答对一个；

（3）辛、丁一组→己组得6分。

第二步，分析推理：

由上题结论结合“乙所在小组最终得1分”可知，甲、戊小组得3分，庚小组得6分，己小组得2分，辛小组得1分；结合题干信息可推知，己和乙不可能在同一组，所以乙和辛是一组，丙和己是一组，丁和庚是一组。具体分析结论列表如下。

甲、戊	乙、辛	丙、己	丁、庚
3	1	2	6

故正确答案为D选项。

247 【答案】D

【解析】

第一步，梳理题干：

（1）小赵的第一本是小陈的第二本；

（2）小李的第一本是小陈的第三本；

（3）小陈的第一本是小王的第四本；

（4）小王的第三本是小陈的第二本；

（5）小李的第一本是《情绪的解析》，第二本是《梦的解析》。

第二步，分析推理：

根据（2）（5）可知，小陈读的第三本书是《情绪的解析》，那么小王不是第二本读《情绪的解析》，就是第四本读《情绪的解析》；再结合（3）可知，小陈第一本读的不是《情绪的解析》，所以小王第四本读的也不是《情绪的解析》，因此小王读的第二本书是《情绪的解析》，那么小赵是第四位读这本书的人。具体结果列表如下。

	《非暴力沟通》	《乌合之众》	《情绪的解析》	《梦的解析》
小李			1	2
小赵			4	
小王			2	
小陈			3	

故正确答案为D选项。

248 【答案】C

【解析】

第一步，梳理题干：

（1）小赵的第一本是小陈的第二本；

（2）小李的第一本是小陈的第三本；

（3）小陈的第一本是小王的第四本；

（4）小王的第三本是小陈的第二本；

（5）小李的第一本是《情绪的解析》，第二本是《梦的解析》；

（6）小赵的第二本是《乌合之众》。

第二步，分析推理：

根据（1）可知，小赵读的第一本书不可能是《梦的解析》《乌合之众》《情绪的解析》，所以他读的第一本书是《非暴力沟通》，小陈读的第二本书也是《非暴力沟通》；再结合（4）可推出，小王第三本读的是《非暴力沟通》，那么小李是第四位读这本书的人；再结合（5）可知，小李读的第三本书是《乌合之众》。小赵读的第一本书、第二本书、第四本书分别是《非暴力沟通》《乌合之众》《情绪的解析》，因此他读的第三本书是《梦的解析》。具体结果列表如下。

	《非暴力沟通》	《乌合之众》	《情绪的解析》	《梦的解析》
小李	4	3	1	2
小赵	1	2	4	3

续表

	《非暴力沟通》	《乌合之众》	《情绪的解析》	《梦的解析》
小王	3		2	
小陈	2		3	

故正确答案为 C 选项。

249 【答案】E

【解析】

第一步，梳理题干：

（1）丁星期一限行，戊星期二限行，乙昨天限行；

（2）从今天起，甲、丙这两辆车连续 4 天都不限行；

（3）戊后天可以出行；

（4）星期一到星期五每天恰有一辆车无法出行。

第二步，分析推理：

结合（1）（3）可推知，今天不是星期一、星期二、星期三、星期天。

假设今天是星期四，可知乙是星期三限行；结合（2）可知甲、丙一周内没有一天是限行的，此时无法满足题干，故今天不是星期四；同理，可分析出今天不是星期五；今日只能是星期六，乙星期五限行。列表如下。

	星期一	星期二	星期三	星期四	星期五	星期六	星期天
甲	√	√			√	√	√
乙	√	√	√	√	×	√	√
丙	√	√			√	√	√
丁	×	√	√	√	√	√	√
戊	√	×	√	√	√	√	√

故正确答案为 E 选项。

250 【答案】E

【解析】

第一步，梳理题干：

（1）丁星期一限行，戊星期二限行，乙昨天限行；

（2）从今天起，甲、丙这两辆车连续 4 天都不限行；

（3）戊后天可以出行；

（4）星期一到星期五每天恰有一辆车无法出行；

（5）甲一周内连续 3 天不限行→丙星期三不限行。

第二步，分析推理：

结合（5）可知，甲星期三限行，丙星期四限行。列表如下。

	星期一	星期二	星期三	星期四	星期五	星期六	星期天
甲	√	√	×	√	√	√	√
乙	√	√	√	√	×	√	√

续表

	星期一	星期二	星期三	星期四	星期五	星期六	星期天
丙	√	√	√	×	√	√	√
丁	×	√	√	√	√	√	√
戊	√	×	√	√	√	√	√

故正确答案为E选项。

251【答案】C

【解析】

第一步，梳理题干：

（1）人物传记对面是文化典藏；

（2）地质年刊和地方志不相邻；

（3）历史古籍和地方志不相邻。

第二步，分析推理：

根据题干信息可知，地方志和花鸟虫草注解是相邻的，继而推知地质年刊和历史古籍是相邻的。

故正确答案为C选项。

252【答案】B

【解析】

第一步，梳理题干：

（1）人物传记对面是文化典藏；

（2）地质年刊和地方志不相邻；

（3）历史古籍和地方志不相邻。

第二步，验证选项：

A选项：历史古籍对面不是地方志，则是花鸟虫草注解，无法确定历史古籍与人物传记的位置关系，排除。

B选项：文化典藏在花鸟虫草注解的左侧，花鸟虫草注解不和历史古籍相对，则和地质年刊相对，那么和文化典藏左边相邻的是历史古籍，是能够确定具体摆放位置的，具体如右图所示。

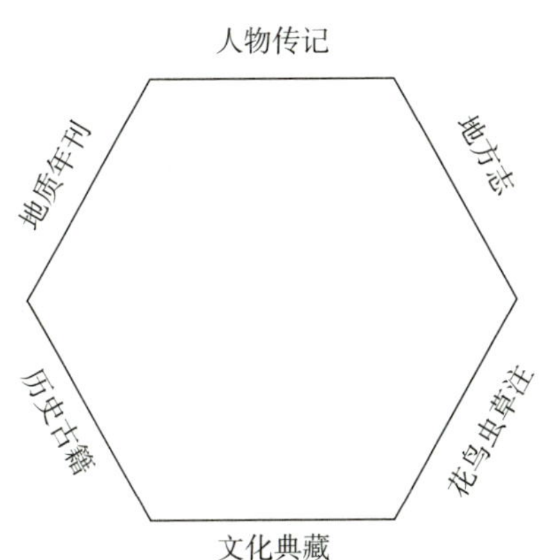

C选项：地质年刊相邻的是文化典藏，无法确定地方志和花鸟虫草注解的位置，排除。

D选项：花鸟虫草注解和人物传记不相邻，无法确定地质年刊和历史古籍的位置，排除。

E选项：地质年刊对面是地方志，无法确定地质年刊与人物传记的位置关系，排除。

故正确答案为B选项。

253【答案】A

【解析】

第一步，梳理题干：

（1）妇女主任丁∀妇女主任戊∀妇女主任己；

（2）丙、丁、戊至多1人入选；

（3）乙←→丙；

（4）乙村办公室主任→己村主任。

第二步，分析推理：

由（2）（3）结合可知，丙、丁、戊中有且仅有一人入选村干部。因为如果丙、丁、戊都不入选，那么结合（3）可知乙也不入选，此时7人中有4人不入选，与题干的数量条件矛盾，所以D选项可推知。

根据（3）分析，可以分两种情况进行讨论。①如果乙、丙入选了村干部。此时由（2）可知，丁和戊都不入选；再结合（1）可知，己必定当选妇女主任；此时要满足7选4，则甲、庚中一定有一人当选村干部。②如果乙、丙都不当选村干部，此时丁、戊中只有一人当选村干部，要满足7选4，则甲、庚、己三人必然当选村干部。

根据上述两种情况可知，己一定入选村干部，所以C选项可推出。甲和庚中至少一人入选村干部，所以B选项可推出。情况①一定有丙，情况②一定有庚，所以E选项可推出。

故正确答案为A选项。

254【答案】D

【解析】

第一步，梳理题干：

（1）妇女主任丁∀妇女主任戊∀妇女主任己；

（2）丙、丁、戊至多1人入选；

（3）乙←→丙；

（4）乙村办公室主任→己村主任；

（5）庚村支书。

第二步，验证选项：

复选项Ⅰ：若丙是村主任，结合（2）可知丁、戊不入选，结合（1）可知己是妇女主任，由（3）可知丙和乙会一起入选，所以乙只能是村办公室主任，与（4）矛盾，该项一定为假。

复选项Ⅱ：庚是村支书，所以甲一定不是村支书，该项一定为真。

复选项Ⅲ：若戊是妇女主任，此时乙、丙、丁不入选，符合题干要求，该项可能为真。

复选项Ⅳ：若乙是村主任，此时己是妇女主任，丙是村办公室主任，符合题干要求，该项可能为真。

故正确答案为D选项。

255【答案】C

【解析】

第一步，梳理题干：

（1）前三天售卖小吃的数量均不一样；

（2）豌杂小面＝虎皮鸡爪＝孜然烤肉＞甘梅茄盒（紧挨）；

（3）周四豌杂小面∨桂花米糕∨蛋包饭→周五秘制烤鸡∧炸年糕；

（4）蛋包饭＞甘梅茄盒。

第二步，分析推理：

根据（1）可得，周二至周四这三天售卖小吃的数量是1种、2种、3种，但是具体哪一天售卖几种尚无法断定，但可以确定周五售卖小吃的数量为2种。

根据（2）（3）分析可知，若周四售卖豌杂小面，则周五需要售卖甘梅茄盒、秘制烤鸡、炸年糕，与上述推理矛盾，所以周四不能售卖豌杂小面。

如果周二售卖豌杂小面，结合（2）（4）可得，周二需要售卖豌杂小面、虎皮鸡爪、孜然烤肉、蛋包饭四种小吃，与题干数量限制不符合，则周二不能售卖豌杂小面；根据（2）可得，周三售卖豌杂小面、虎皮鸡爪、孜然烤肉，周二售卖蛋包饭，周四售卖甘梅茄盒。

故正确答案为C选项。

256【答案】C

【解析】

第一步，梳理题干：

（1）前三天售卖小吃的数量均不一样；

（2）豌杂小面＝虎皮鸡爪＝孜然烤肉＞甘梅茄盒（紧挨）；

（3）周四豌杂小面∨桂花米糕∨蛋包饭→周五秘制烤鸡∧炸年糕；

（4）豌杂小面＞桂花米糕、蛋包饭。

第二步，分析推理：

根据（1）可得，周二至周四这三天售卖小吃的数量是1种、2种、3种，但是具体哪一天售卖几种尚无法断定，但可以确定周五售卖小吃的数量为2种。

根据（2）（3）分析可知，若周四售卖豌杂小面，则周五需要售卖甘梅茄盒、秘制烤鸡、炸年糕，与上述推理矛盾，所以周四不能售卖豌杂小面。

若周三售卖豌杂小面，根据（2）可得，周四售卖甘梅茄盒，此时周四最多还能售卖一种小吃，不论是售卖桂花米糕，还是售卖蛋包饭，周五必定要售卖3种小吃，所以桂花米糕、蛋包饭此时只能放在周五售卖，那么周四售卖秘制烤鸡、炸年糕中的一个即可，该情况可能为真。

若周二售卖豌杂小面，根据（2）可得，周三售卖甘梅茄盒，此时周三最多还能售卖一种小吃，若是桂花米糕或蛋包饭中的一个，周五必定售卖秘制烤鸡和炸年糕；若是秘制烤鸡、炸年糕中的一个，也符合题干要求，但是两者不可能同时售卖。

综上可得，豌杂小面可能在周二或周三售卖。

若周三售卖桂花米糕和蛋包饭，则豌杂小面无法在周二、周三售卖，无法满足题干要求。

故正确答案为C选项。

257【答案】D

【解析】

第一步，梳理题干：

（1）甲、戊均在偶数小组；

（2）乙、戊相邻→甲在第二组；

（3）丙＝丁∀丙、丁相邻；

（4）丁第一组∨第二组→丙第三组；

（5）辛、己相邻；

（6）甲、乙、丁、戊为男生，丙、己、庚、辛为女生；

（7）同性别的不能在同一组。

第二步，分析推理：

由（6）（7）可知，甲、乙、丁、戊分别坐在不同的小组；结合（1）可知，甲、戊在第二组和第四组。

假设戊在第二组，此时甲在第四组，肯定（2）的前件，进而可得甲在第二组，显然与假设信息矛盾，故甲在第二组，戊在第四组。

此时假设丁在第一组，根据（4）可得，丙在第三组，与（3）矛盾，所以丁只能在第三组，乙在第一组。具体结果列表如下。

第一组		第二组		第三组		第四组	
乙		甲		丁		戊	

故正确答案为D选项。

258【答案】D

【解析】

第一步，梳理题干：

（1）甲、戊均在偶数小组；

（2）乙、戊相邻→甲在第二组；

（3）丙＝丁∀丙、丁相邻；

（4）丁第一组∨第二组→丙第三组；

（5）辛、己相邻；

（6）甲、乙、丁、戊为男生，丙、己、庚、辛为女生；

（7）同性别的不能在同一组。

第二步，验证选项：

A选项：¬丙前两组→庚第四组，根据题干条件，无法确定丙是否在前两组以及庚的位置，该选项无法和题干信息联立，无法进一步确定这8人的座位，排除。

B选项：¬丙第二组→庚第一组，无法确定，理由同A选项，排除。

C选项：辛第二组→丙第四组，无确定信息，无法与题干建立联系，排除。

D选项：辛在第四组，那么结合（5）可知，己在第三组，丙只能在第二组，最后剩下的庚只能在第一组，此时所有人的座位情况均能确定，其他选项为真均无法确定所有人具体的位置信息。

E选项：戊、丙不相邻，则戊可能在第一组，也可能在第二组，无法与题干建立联系，排除。

故正确答案为D选项。

259【答案】D

【解析】

第一步，梳理题干：

（1）甲1；

（2）甲≠丙；

（3）乙＝丙；

（4）丁3→戊3；

（5）每组至少有1人。

由（5）（1）（2）（3）可知，此时甲在第一组，丙只能在第二组或第三组，乙、丙同组。

第二步，验证选项：

A选项：乙、丁在第三组，戊、丙此时也在第三组，那么此时第二组没有人了，所以该项不可能成立，排除。

B选项：此时丙、戊只能在第二组，那么乙也在第二组，结合（4）可知丁不在第三组，那么最终第三组没有人，不符合要求，所以该项不可能成立，排除。

C选项：丙、丁同在第三组，那么乙、戊此时也必定在第三组，那么第二组就会没有人，所以该项不可能成立，排除。

D选项：乙、戊都在第三组时，丙也在第三组，丁只能在第二组，可以满足题干要求，该项可能为真，正确。

E选项：根据题干可知，乙、丙是同一组的，若第一组是三人，那么必定是甲、丁、戊三人，但是此时余下的两组中必定有一组没有人，所以该项不可能成立，排除。

故正确答案为D选项。

260【答案】D

【解析】

第一步，梳理题干：

（1）甲1；

（2）甲≠丙；

（3）乙=丙；

（4）丁3→戊3；

（5）每组至少有1人。

第二步，验证选项：

A选项：丙在第二组，此时乙也在第二组，戊在第三组，但是无法确定丁所在的组，所以该项成立无法确定所有小组的成员情况，排除。

B选项：丁在第二组，此时无法确定戊所在的组，所以该项成立无法确定所有小组的成员情况，排除。

C选项：戊在第二组，此时无法确定丁所在的组，所以该项成立无法确定所有小组的成员情况，排除。

D选项：丁在第三组，那么戊必定也在第三组，此时乙、丙只能在第二组，该项成立可以确定所有小组的成员情况，符合。

E选项：同A选项等价，该项成立无法确定所有小组的成员情况，排除。

故正确答案为D选项。

261【答案】B

【解析】

第一步，梳理题干：

（1）两人喜欢打篮球，两人喜欢读三国，两人喜欢收集限量版邮票，两人喜欢吃烧烤；

（2）每人喜欢≤3；

（3）张德篮球∧赵翼篮球→张德烧烤∧赵翼烧烤；

（4）关云三国∧赵翼三国→关云烧烤∧赵翼烧烤；

（5）张德烧烤→张德邮票。

第二步，分析推理：

题干无确定信息，考虑采用“假设＋归谬”的方法解题。

假设（3）的前件为真，即张德篮球∧赵翼篮球，可得喜欢吃烧烤的是张德和赵翼；结合（5）可得，张德同时喜欢收集限量版邮票；结合（4）可知，张德喜欢读三国。至此张德所喜欢的东西有篮球、烧烤、邮票、三国，与（2）矛盾，所以假设前提不成立，则¬张德篮球∨¬赵翼篮球，由此可知喜欢打篮球的必定有关云。

故正确答案为B选项。

262【答案】B

【解析】

第一步，梳理题干：

（1）两人喜欢打篮球，两人喜欢读三国，两人喜欢收集限量版邮票，两人喜欢吃烧烤；

（2）每人喜欢≤3；

（3）张德篮球∧赵翼篮球→张德烧烤∧赵翼烧烤；

（4）关云三国∧赵翼三国→关云烧烤∧赵翼烧烤；

（5）张德烧烤→张德邮票；

（6）张德烧烤。

第二步，分析推理：

根据上一题得出的结论可知，关云喜欢打篮球；结合（6）（5）可知，张德喜欢吃烧烤和收集限量版邮票，那么（4）的后件此时必为假，推出张德还喜欢读三国，此时可以知道张德不可能再有其他爱好了，所以另一个喜欢打篮球的人是赵翼。

故正确答案为B选项。

263【答案】C

【解析】

第一步，梳理题干：

（1）④＞③；

（2）②＝③；

（3）④≠⑤；

（4）⑤＞①；

（5）第二天①→第四天只做一件事；

（6）第二天去游乐园∧做了3件事。

第二步，分析推理：

假设事件①和④在同一天完成，则根据（3）（2）（1）可知，这一天不能是第一天和第四天，这一天是第二天；根据（5）可推出，第四天只能完成一件事，那么第一天必然要完成3件事，此时不满足（1），所以若是①④在同一天，那么必然在第三天，那么事情②③只能第四天完成。

若不在同一天完成，那么①④⑤分别要在三天里完成，第二天要完成⑥，这一天只剩一件事能做了，所以这一天不可能做②③。

综上，第二天一定不会做事情②③。

故正确答案为C选项。

264【答案】D

【解析】

第一步，梳理题干：

（1）④>③；

（2）②=③；

（3）④≠⑤；

（4）⑤>①；

（5）第二天①→第四天只做一件事；

（6）①=④∧该天仅做①和④。

第二步，分析推理：

结合（1）（4）可知，做事情①和④的这一天不能是第一天和第四天，若这一天是第二天，那么结合（4）可知，第四天只做一件事，此时⑤只能在第一天做，②③只能在第三天做，此时不符合题干要求，所以①④只能是第三天做，则②③在第四天做，结合（6）可得，剩余两天做的事情数量是2件、3件，事情⑤在第一天或第二天做。

故正确答案为D选项。

265【答案】D

【解析】

第一步，梳理题干：

（1）每小时至少做一部分，至多做三部分，每部分均做一次，且在1小时内完成；

（2）④=⑤；

（3）②>③且紧挨；

（4）③④第二个小时。

根据（2）（4）可知：（5）第二个小时只做③④⑤三个部分。结合（3）可得：（6）②安排在第一个小时。由此可得：（7）①和⑥需要在第一个小时∨最后一个小时中做，但具体对应顺序不能确定。

第二步，验证选项：

A选项：与题干推理条件（7）矛盾，排除。

B选项：与题干推理条件（6）矛盾，排除。

C选项：与题干推理条件（7）矛盾，排除。

D选项：与题干推理条件不矛盾，正确。

E选项：与题干推理条件（5）矛盾，排除。

故正确答案为D选项。

266【答案】C

【解析】

第一步，梳理题干：

（1）每小时至少做一部分，至多做三部分，每部分均做一次，且在1小时内完成；

（2）④=⑤；

（3）②>③且紧挨；

（4）第二个小时仅做⑥等三部分。

第二步，分析推理：

题干已知信息较少，考虑采用“假设+归谬”的方式解题。

结合（2）（3）（4）可知，假设④⑤都在第二个小时，则第二个小时仅做④⑤⑥三部分，则②③无法紧挨，与（3）产生矛盾，则④⑤不在第二个小时。

假设④⑤都在第一个小时，结合（3）（4）可得：⑥②①在第二个小时，③在第三个小时。

假设④⑤都在第三个小时，结合（3）（4）可得：②在第一个小时，⑥③①在第二个小时。

故正确答案为C选项。

267【答案】E

【解析】

第一步，梳理题干：

（1）美术>科技；

（2）语文（科技）、_____、_____、_____、科技（语文）；

（3）音乐、_____、_____、数学；

（4）（外语）、语文、（外语）。

第二步，分析推理：

根据题干分析，考虑让音乐课和语文课尽量一个靠前，一个靠后。

假设音乐课在第一节、美术课在第二节、语文课在第七节，则数学课在第四节，科技课在第三节，外语课在第六节。

1	2	3	4	5	6	7
音乐课	美术课	科技课（2）		数学课（3）	外语课（4）	语文课

此时，音乐课和语文课中间最多相隔5节课。

故正确答案为E选项。

268【答案】B

【解析】

第一步，梳理题干：

（1）美术>科技；

（2）语文（科技）、_____、_____、_____、科技（语文）；

（3）音乐、_____、_____、数学；

（4）（外语）、语文、（外语）；

（5）体育课在第1节课。

第二步，分析推理：

根据（2）可知，语文课、科技课可能涉及的排序有两种可能：第3节和第7节，或者第2节和第6节，如下图所示。

1	2	3	4	5	6	7
体育课		科技课|语文课				语文课|科技课

1	2	3	4	5	6	7
体育课	科技课|语文课				语文课|科技课	

结合（3）可得：

1	2	3	4	5	6	7
体育课	音乐课	科技课|语文课		数学课		语文课|科技课

1	2	3	4	5	6	7
体育课	科技课|语文课		音乐课		语文课|科技课	数学课

再根据（1）可得，科技课必须放在后面，语文课在前面，这样美术课才有位置；再结合（4）排序出两种可能性。

1	2	3	4	5	6	7
体育课	音乐课	语文课	外语课	数学课	美术课	科技课

1	2	3	4	5	6	7
体育课	语文课	外语课	音乐课	美术课	科技课	数学课

此时只有B选项有可能成立。

故正确答案为B选项。

269【答案】C

【解析】

第一步，梳理题干：

（1）艺术类>漫画类；

（2）文学类（漫画类）、_____、_____、_____、漫画类（文学类）；

（3）科技类、_____、_____、外语类；

（4）（文学类）、生活类百科类、（文学类）。

本题要找可能为真的选项，故考虑代入选项排除与题干矛盾的选项。

第二步，验证选项：

A选项：科技类、_____、_____、_____、外语类，与题干条件（3）矛盾，排除。

B选项：漫画类>艺术类，与题干条件（1）矛盾，排除。

C选项：不与题干条件构成矛盾，为正确选项。

D选项：科技类、_____、外语类，与题干条件（3）矛盾，排除。

E选项：外语类>科技类，与题干条件（3）矛盾，排除。

故正确答案为C选项。

270【答案】B

【解析】

第一步，梳理题干：

（1）艺术类>漫画类；

（2）文学类（漫画类）、_____、_____、_____、漫画类（文学类）；

（3）科技类、_____、_____、外语类；

（4）（文学类）、生活类、（文学类）；

（5）古典书籍类在第1排。

第二步，分析推理：

根据题干条件（2），假设文学类和漫画类在第2排和第6排，由条件（1）可得，漫画类不能在第二排，则可以得到如下表格。

1	2	3	4	5	6	7
古典书籍类	文学类	生活百科类(4)	科技类（3）	艺术类（1）	漫画类	外语类（3）

根据题干条件（2），假设文学类和漫画类在第3排和第7排，则可以得到如下表格：

1	2	3	4	5	6	7
古典书籍类	科技类（3）	文学类	生活百科类(4)	外语类（3）	艺术类	漫画类

故正确答案为B选项。

271【答案】E

【解析】

第一步，梳理题干：

（1）每人选3本书，每本书至少2人选→7本书中有且只有一本有3人选择。

（2）婉迪《小猪唏哩呼噜》→¬安忆《数学在哪里》。

（3）淮宇和皓晴都选择类别相同→有一类书中的两本都被选。

（4）安忆:《数学在哪里》∧《数学文化》∧《颜色的战争》。

（5）佳宁:《数学在哪里》∧《数学文化》∧《颜色的战争》。

把（4）代入（2）否后推否前可知:（6）安忆《数学在哪里》→¬婉迪《小猪唏哩呼噜》。

再根据（4）（5）（6）可知:（7）《小猪唏哩呼噜》只能由淮宇和皓晴选择。

第二步，验证选项：

A选项：婉迪《小猪唏哩呼噜》∧《读读童谣和儿歌》，与题干条件（6）矛盾，排除。

B选项：佳宁《数学在哪里》∧《读读童谣和儿歌》，与题干条件（5）矛盾，排除。

C选项：假设淮宇选《数学在哪里》，那么皓晴也要选数学类的书；结合题干条件（4）（5）可得，数学类的两本书都至少有3人选择，与题干条件（1）“只有一本有3人选择”矛盾，排除。

D选项：安忆《读读童谣和儿歌》∧《恐龙帝国》，与题干条件（4）矛盾，排除。

E选项：皓晴《小猪唏哩呼噜》∧《读读童谣和儿歌》不与题干矛盾，正确。

故正确答案为E选项。

272【答案】C

【解析】

第一步，梳理题干：

（1）每人选3本书，每本书至少2人选→7本书中有且只有一本有3人选择。

（2）婉迪《小猪唏哩呼噜》→¬安忆《数学在哪里》。

（3）淮宇和皓晴都选择类别相同→有一类书中的两本都被选。

（4）安忆:《数学在哪里》∧《数学文化》∧《颜色的战争》。

（5）佳宁:《数学在哪里》∧《数学文化》∧《颜色的战争》。

第二步，分析推理：

把（4）代入（2）否后推否前可知:（6）安忆《数学在哪里》→¬婉迪《小猪唏哩呼噜》。

再根据（4）(5)（6）可知:（7）《小猪唏哩呼噜》只能由淮宇和皓晴选择。由问题所给的信息可知:（8）淮宇和皓晴都选了《读读童谣和儿歌》,

根据（7）(8）可以得出，科学类的两本书淮宇和皓晴必须每人选择其中一本，且两人选择不相同，此时婉迪必须选择科学类的两本书（9），所以婉迪一定会选《恐龙帝国》。

	婉迪	佳宁	淮宇	安忆	皓晴
《读读童谣和儿歌》		×（5）（1）	√（8）	×（4）（1）	√（8）
《小猪唏哩呼噜》	×（7）	×（5）（1）	√（7）	×（4）（1）	√（7）
《数学在哪里》		√（5）	×（4）（5）（3）	√（4）	×（4）（5）（3）
《数学文化》		√（5）	×（4）（5）（3）	√（4）	×（4）（5）（3）
《恐龙帝国》	√（9）	×（5）（1）		×（4）（1）	
《海洋世界》	√（9）	×（5）（1）		×（4）（1）	
《颜色的战争》		√（5）		√（4）	

故正确答案为 C 选项。

273【答案】E

【解析】

根据问题可知，有一道题仅有 2 人答对。若王和李均答对第三题，那么钱也答对第三题，那就不存在有一道题有 2 人答对，矛盾，所以第三题的答案不是 B。

根据表格可知，只有第四题有两人答对，即第四题的正确答案是 C；进一步得出，李答对的题目是第一题，答案为 C，因此钱还答对了第五题，答案为 D。列表如下。

答题者	第一题	第二题	第三题	第四题	第五题
张	¬A	¬B	¬A	¬B	¬A
王	B	D	B×	C√	E×
赵	¬D	¬A	¬A	¬B	¬E
李	C√	B×	B×	D	A×
钱	E	A×	B×	C√	D√

故正确答案为 E 选项。

274【答案】B

【解析】

根据问题可知，五道题中的四道题有正确答案；结合题干可知，五个人总共答对了四道题，则可以得到每道题目最多只能有一人答对。据此可知，第三题一定没有人答对，所以剩下的四道题目都有一人答对。

观察可知，第二题王的答案 D 正确；第四题李的答案 D 正确；第五题钱的答案 D 正确；根据钱答对两道题可得，第一题钱的答案 E 也正确。

故正确答案为 B 选项。

275 【答案】C

【解析】

第一步，梳理题干：

（1）乙和丁在锅包肉和宫保鸡丁中做选择；

（2）周五是水煮肉片，选的人不是戊；

（3）甲周二到店，周一推出地三鲜。

第二步，分析推理：

题干信息列表如下。

周一	周二	周三	周四	周五
	甲			非戊
地三鲜				水煮肉片

由题干信息可知周三、周四两天的菜是锅包肉和宫保鸡丁（顺序不定），乙和丁在周三、周四各选一天（顺序不定）。

戊只能周一到店，而丙周五到店。

故正确答案为 C 选项。

276 【答案】E

【解析】

第一步，梳理题干：

（1）乙和丁在锅包肉和宫保鸡丁中做选择；

（2）周五是水煮肉片，选的人不是戊；

（3）甲周二到店，周一推出地三鲜。

第二步，分析推理：

根据上题分析，宫保鸡丁只可能在周三、周四两天中选一天推出，所以周二送的菜不可能是宫保鸡丁。

故正确答案为 E 选项。

277 【答案】A

【解析】

第一步，梳理题干：

（1）李白冠军 $\vee$ 刘禹锡冠军 $\rightarrow \neg$ 杜甫亚军；

（2）$\neg$ 杜甫亚军 $\rightarrow \neg$ 王维季军 = 王维季军 $\rightarrow$ 杜甫亚军；

（3）刘禹锡人气奖 $\rightarrow$ 刘、王不相邻；

（4）王维与刘禹锡排名相邻。

第二步，分析推理：

由（4）“王维与刘禹锡排名相邻”结合（3）等价逆否可得：刘禹锡没有获得最佳人气奖。

故正确答案为 A 选项。

278 【答案】A

【解析】

第一步，梳理题干：

（1）李白冠军 ∨ 刘禹锡冠军→¬杜甫亚军；

（2）¬杜甫亚军→¬王维季军 = 王维季军→杜甫亚军；

（3）刘禹锡人气奖→刘、王不相邻；

（4）王维与刘禹锡排名相邻；

（5）季军是王维。

第二步，分析推理：

由（5）（2）等价逆否可得，亚军是杜甫；结合（1）等价逆否可得，冠军不是李白，也不是刘禹锡；所以可得冠军是白居易。

故正确答案为 A 选项。

279 【答案】A

【解析】

第一步，梳理题干：

（1）乙高级翻译 ∨ 丙高级翻译→¬乙英美文学选读 ∧ 丙英美文学选读；

（2）丁高级翻译→丙高等数学 ∧ 丁高等数学 ∧ 戊高等数学；

（3）甲、乙、丙≥2人选英美文学选读→甲马克思主义哲学 ∧ 乙马克思主义哲学 ∧ 丙马克思主义哲学。

第二步，分析推理：

由“甲和乙所选的课程均不相同”结合（3）逆否可得，甲、乙和丙中有0或1人选“英美文学选读”；每门课程都有3人选择，所以甲、乙和丙中有1人选“英美文学选读”，丁和戊均选“英美文学选读”。

由乙和丙不可能都选“英美文学选读”，结合（1）等价逆否可得，乙和丙都没有选“高级翻译”，所以甲、丁和戊选“高级翻译”；由丁选“高级翻译”，结合（2）可得，丙、丁和戊都选“高等数学”，甲和乙没选“高等数学”。

	英美文学选读	西方经济史	马克思主义哲学	高级翻译	高等数学
甲				√	×
乙				×	×
丙				×	√
丁	√			√	√
戊	√			√	√

故正确答案为 A 选项。

280 【答案】C

【解析】

第一步，梳理题干：

（1）乙高级翻译 ∨ 丙高级翻译→¬乙英美文学选读 ∧ 丙英美文学选读；

（2）丁高级翻译→丙高等数学 ∧ 丁高等数学 ∧ 戊高等数学；

（3）甲、乙、丙≥2人选英美文学选读→甲马克思主义哲学∧乙马克思主义哲学∧丙马克思主义哲学。

第二步，分析推理：

根据目前已知的情况，没有人选择全部课程，丁、戊要满足条件，则西方经济史、马克思主义哲学分别有一个不选；再由甲、乙所选的课程均不能相同，且要满足每门课程都恰好有3人选择，丙必须选西方经济史和马克思主义哲学。如下表所示。

	英美文学选读	西方经济史	马克思主义哲学	高级翻译	高等数学
甲				√	×
乙				×	×
丙		√	√	×	√
丁	√			√	√
戊	√			√	√

故正确答案为C选项。

281【答案】A

【解析】

第一步，梳理题干：

（1）乙高级翻译∨丙高级翻译→¬乙英美文学选读∧¬丙英美文学选读；

（2）丁高级翻译→丙高等数学∧丁高等数学∧戊高等数学；

（3）¬甲马克思主义哲学∨¬乙马克思主义哲学∨¬丙马克思主义哲学∨¬丁马克思主义哲学→甲、乙、丙、丁≥3人选“英美文学选读”。

第二步，分析推理：

结合（1）和（3）的逆否可得，甲、乙、丙和丁都选“马克思主义哲学”，因为每门课程都只有3人选择，推出矛盾，所以乙、丙都不选“高级翻译”，剩下三人一定选“高级翻译”，所以丁选“高级翻译”；再结合（2）肯前推肯后得出，丙、丁和戊均选“高等数学”，所以甲一定不选高等数学。如下表所示。

	英美文学选读	西方经济史	马克思主义哲学	高级翻译	高等数学
甲				√	×
乙				×	×
丙				×	√
丁				√	√
戊				√	√

故正确答案为A选项。

282【答案】D

【解析】

第一步，梳理题干：

（1）乙高级翻译∨丙高级翻译→¬乙英美文学选读∧¬丙英美文学选读；

（2）丁高级翻译→丙高等数学∧丁高等数学∧戊高等数学；

（3）¬甲马克思主义哲学∨¬乙马克思主义哲学∨¬丙马克思主义哲学∨¬丁马克思主义哲学→甲、

乙、丙、丁≥3人选“英美文学选读”。

第二步，分析推理：

根据上题可知，乙没有选“高级翻译”“高等数学”，则乙选“英美文学选读”“西方经济史”“马克思主义哲学”。根据每门课程都只有3人选择以及甲和丙都选了“英美文学选读”可知，丁和戊都不能选“英美文学选读”。如下表所示。

	英美文学选读	西方经济史	马克思哲学	高级翻译	高等数学
甲	√			√	×
乙	√	√	√	×	×
丙	√			×	√
丁	×			√	√
戊	×			√	√

没有任何两人的选课完全相同，丁和戊只能在“西方经济史”和“马克思主义哲学”中各选其一，不可能两个课程都选，所以D选项是不可能的。

故正确答案为D选项。

283【答案】B

【解析】

第一步，梳理题干：

（1）甲投白居易∨乙投白居易→丙投白居易；

（2）己投杜甫→乙投李白∧己投李白；

（3）丙投白居易∨戊投白居易→己投杜甫。

第二步，分析推理：

由（1）（2）（3）联立可得：（4）甲投白居易∨乙投白居易→丙投白居易→己投杜甫→乙投李白∧己投李白。

如果甲和乙都不投给白居易，则剩下四人中有三人投给白居易，也就是（3）中的前提成立，此时可得：（5）甲不投白居易∧乙不投白居易→丙投白居易∨戊投白居易→己投杜甫→乙投李白∧己投李白。

由（4）（5）结合二难推理公式可知：己投杜甫，乙投李白，己投李白。此时发现己已经投出了两票，不能再投给其他任何人了，若丙不投给白居易，此时将只有丁、戊能投票给他，与题干要求不相符，所以丙必定投给白居易。

综合（4）（5）可知，丙投票给白居易恒成立。

综上，一定成立的是：丙投白居易，己投杜甫，乙投李白，己投李白。

故正确答案为B选项。

284【答案】A

【解析】

第一步，梳理题干：

（1）甲投白居易∨乙投白居易→丙投白居易；

（2）己投杜甫→乙投李白∧己投李白；

（3）丙投白居易∨戊投白居易→己投杜甫；

（4）甲投杜甫∧乙投杜甫。

第二步，分析推理：

根据上题可知，乙投李白，丙投白居易，己投杜甫，己投李白；再结合（4）可知，所有的信息都能对应推出：

李白：乙、己。

杜甫：甲、乙、己。

白居易：丙、丁、戊。

故正确答案为A选项。

285【答案】E

【解析】

第一步，梳理题干：

（1）原来同一组别的词语不能在一组；

（2）平等≠文明，民主≠友善；

（3）诚信＝公正∨富强；

（4）文明＝敬业。

第二步，分析推理：

由（2）"平等"不能和"文明"在同一组和（4）"文明"必须与"敬业"在同一组可知，"平等"不能和"敬业"在同一组。

故正确答案为E选项。

286【答案】A

【解析】

第一步，梳理题干：

（1）原来同一组别的词语不能在一组；

（2）平等≠文明，民主≠友善；

（3）诚信＝公正∨富强；

（4）文明＝敬业。

第二步，分析推理：

由问题中的附加条件可知，"富强""自由""爱国"在同一组。

由（2）（4）可得，"文明""敬业"在同一组，且"平等"不在该组。

由（1）（3）可知，"诚信"和"公正"在同一组；再由（2）"民主"不能和"友善"在同一组可得，"民主"只能和"诚信""公正"在同一组，由此可推知，"和谐""友善"在同一组。列表如下。

1	①"富强"、②"自由"、③"爱国"
2	①"文明"、③"敬业"
3	①"民主"、②"公正"、③"诚信"
4	①"和谐"、③"友善"

故正确答案为A选项。

287【答案】A

【解析】

第一步，梳理题干：

（1）李白→王维∧¬张若虚；

（2）李白∨白居易→¬刘禹锡∀张若虚。

第二步，验证选项：

A 选项：白居易∧刘禹锡∧¬张若虚，与（2）矛盾。

B、C、D、E 选项：这四项均与题干不矛盾。

故正确答案为 A 选项。

288【答案】A

【解析】

第一步，梳理题干：

（1）李白→王维∧¬张若虚；

（2）李白∨白居易→¬刘禹锡∀张若虚；

（3）张若虚∧¬刘禹锡。

第二步，分析推理：

把（3）代入（2），由否后推否前可知，不提拔李白，也不提拔白居易，所以提拔的 3 人是王维、杜甫、张若虚，只有 A 选项符合。

故正确答案为 A 选项。

289【答案】A

【解析】

第一步，梳理题干：

（1）杜甫不在周一、周三、周四、周五；

（2）李白周一→白居易周三∧刘禹锡周五；

（3）¬张若虚周四∨¬刘禹锡周五→李白周一 =¬李白周一→张若虚周四∧刘禹锡周五；

（4）杜甫周二→张若虚周三。

第二步，分析推理：

观察可得，（2）（3）可构成“二难推理永真式”，由此推出：刘禹锡周五值班。

故正确答案为 A 选项。

290【答案】C

【解析】

第一步，梳理题干：

（1）杜甫不在周一、周三、周四、周五；

（2）李白周一→白居易周三∧刘禹锡周五；

（3）¬张若虚周四∨¬刘禹锡周五→李白周一 =¬李白周一→张若虚周四∧刘禹锡周五；

（4）杜甫周二→张若虚周三；

（5）王维周四。

第二步，分析推理：

结合（5）（3）等价逆否得出，李白周一；结合（2）可得，白居易周三∧刘禹锡周五。所以张若虚不可能是周三值班。

故正确答案为C选项。

291【答案】A

【解析】

第一步，梳理题干：

（1）两部科幻片在周四，其余6天每天放映的两部电影都属于不同类型；

（2）爱情片在周日上午；

（3）武侠片只与科幻片安排在同一天；

（4）武侠片不连续放映。

第二步，分析推理：

题干信息列表如下。

	一	二	三	四	五	六	日
上午				科幻			爱情
下午				科幻			

根据（3）（4）可以推出，武侠片只能从周一、周二、周三、周五、周六这5天中选择3天，并且不能连续，则只有两种选择性：①一三五；②一三六。所以不管选哪种，周一和周三一定有武侠片放映。

再根据（3）可得，三部武侠片同时对应三部科幻片，所以周一和周三一定也有科幻片放映。

故正确答案为A选项。

292【答案】B

【解析】

第一步，梳理题干：

（1）两部科幻片在周四，其余6天每天放映的两部电影都属于不同类型；

（2）爱情片在周日上午；

（3）武侠片只与科幻片安排在同一天；

（4）武侠片不连续放映。

第二步，分析推理：

根据题目可知，可以分别出现以下两种相对可能的放映顺序（周一到周六的上午和下午的影片可以互换）。

	一	二	三	四	五	六	日
上午	武侠	战争	武侠	科幻	科幻	战争	爱情
下午	科幻	警匪	科幻	科幻	武侠	警匪	警匪

	一	二	三	四	五	六	日
上午	武侠	战争	武侠	科幻	战争	科幻	爱情
下午	科幻	警匪	科幻	科幻	警匪	武侠	警匪

无论哪种情况，周日下午必然会放映警匪片。

故正确答案为B选项。

293 【答案】B

【解析】

第一步，梳理题干:

（1）粤菜→鲁菜；

（2）钱串→赵云；

（3）1位湘菜∧该位¬川菜；

（4）钱串苏菜→钱串湘菜；

（5）¬苏东珀湘菜→钱串湘菜。

第二步，分析推理:

由（2）和（3）可知，钱串未选择湘菜。(a)

由（4）可知，¬钱串湘菜→¬钱串苏菜。(b)

由（5）可知，¬钱串湘菜→苏东珀湘菜。(c)

由（3）可知，赵云未选择湘菜，苏东珀未选择川菜。(d)

由问题给出的“只有一位大厨选择川菜”和（2）可知，赵云选择川菜，钱串没有选择川菜。(e)

推理结果列表如下。

	鲁菜	川菜	粤菜	苏菜	湘菜	徽菜
赵云		√(e)			×(d)	
钱串		×(e)		×(b)	×(a)	
苏东珀		×(d)			√(c)	

故正确答案为B选项。

294 【答案】D

【解析】

第一步，梳理题干:

（1）粤菜→鲁菜；

（2）钱串→赵云；

（3）1位湘菜∧该位¬川菜；

（4）钱串苏菜→钱串湘菜；

（5）¬苏东珀湘菜→钱串湘菜。

第二步，分析推理:

已知钱串不选择苏菜和湘菜，又由（1）可知，如果钱串不选择鲁菜，那么也不选择粤菜，此时与题干条件“选择3个菜系”相矛盾，根据归谬的思想可知，钱串要选鲁菜。(f)

再结合（2）可知，赵云也要选择鲁菜。(g)

推理结果列表如下。

	鲁菜	川菜	粤菜	苏菜	湘菜	徽菜
赵云	√（g）				×（d）	
钱串	√（f）			×（b）	×（a）	
苏东珀		×（d）			√（c）	

故正确答案为D选项。

295【答案】C

【解析】

第一步，梳理题干：

（1）甲、乙正面相对；

（2）丙、戊既不相邻，也不相对；

（3）己=③

第二步，验证选项：

A选项：若丁在⑤号位置，则丙、戊可以选择在①、⑥任意位置，不能确定丙一定在①号位置。

B选项：若甲在④号位置，则乙在②号位置，其余三人位置不能确定。

C选项：若己在③号位置，则根据（1）可得，甲、乙二人占据了②④位置。此时根据（2）可得，丙、戊二人中有一人在①号位置。如果丙在①号位置，则戊和丁一定在⑤⑥两个相邻的位置，该项正确。

D选项：若丙在①号位置，则戊的位置不能确定。

E选项：若丁在①号位置，则丙、戊在⑤⑥号位置，二者相邻，和（2）矛盾，排除。

故正确答案为C选项。

296【答案】B

【解析】

第一步，梳理题干：

（1）甲、乙正面相对；

（2）丙、戊既不相邻，也不相对；

（3）己=⑤；

（4）甲、己间隔数=丁、戊间隔数。

第二步，分析推理：

若己在⑤号位置，则丙、戊中有一人在⑥号位置，根据“甲、己相隔的座位数与丁、戊相隔的座位数相同”可得，甲、己、丁、戊在同一排，即戊在⑥号位置，进一步得到，甲在③号位置，丁在④号位置，乙在①号位置，丙在②号位置。

故正确答案为B选项。

297【答案】C

【解析】

第一步，梳理题干：

（1）尔尔肉夹馍→山山溜肉段；

（2）¬尔尔葫芦头→东东钵仔糕；

（3）相同地方的特色菜不能被同一个厨师选择。

第二步，验证选项：

题干问可能为真的菜品＋厨师组合，故而采用代入选项排除法解题。

A 选项：尔尔肉夹馍 ∧ ¬ 山山溜肉段，与题干条件（1）矛盾，排除。

B 选项：¬ 尔尔葫芦头 ∧ ¬ 东东钵仔糕，与题干条件（2）矛盾，排除。

C 选项：与题干条件不矛盾，为正确选项。

D 选项：东东的选择与题干的前提条件“要从不同地方的特色菜中挑选两个”相矛盾，排除。

E 选项：¬ 尔尔葫芦头 ∧ ¬ 东东钵仔糕，与题干条件（2）矛盾，排除

故正确答案为 C 选项。

298【答案】E

【解析】

第一步，梳理题干：

（1）尔尔肉夹馍→山山溜肉段；

（2）¬ 尔尔葫芦头→东东钵仔糕；

（3）相同地方的特色菜不能被同一个厨师选择。

第二步，分析推理：

由尔尔选择溜肉段和白切鸡，结合（2）可得：东东选择钵仔糕。此时根据题意，肉夹馍和葫芦头不能由同一位厨师选择，那么肯定是东东和山山分别选择其中的一样菜品进行试菜，此时剩余的地三鲜就被山山选择了。

故正确答案为 E 选项。

299【答案】D

【解析】

第一步，梳理题干：

（1）丙 ∨ 戊武汉→丁西安；

（2）己杭州→丁杭州；

（3）戊成都→丙杭州 ∧ 丁杭州；

（4）西安仅有甲、乙。

第二步，分析推理：

每个城市至少 1 人，故结合（4）可知，丙、丁、戊、己来自成都、武汉、杭州，且恰有 2 人来自同一个城市，余下 2 人分别来自另外两个城市。

（4）结合（1）可知，丙、戊不来自武汉，故来自武汉的只能是丁或己。此时情况不定，观察到 D、E 选项为假言命题，故考虑选项代入。

D 选项：正确，若己来自成都，则武汉只余下丁。此时，结合（3）可知，戊不来自成都，因此，戊只能来自杭州。

E 选项：错误，若己来自武汉，则丙、丁均来自杭州也满足题干条件，故该项错误。

推理结果列表如下。

	武汉	成都	西安	杭州
甲	×	×	√（4）	×
乙	×	×	√（4）	×
丙	×（4）（1）		×	
丁	√	×	×	×
戊	×（4）（1）	×（3）	×	√
己	×	√	×	×

故正确答案为D选项。

300【答案】C

【解析】

第一步，梳理题干：

（1）丙∨戊武汉→丁西安；

（2）己杭州→丁杭州；

（3）戊成都→丙杭州∧丁杭州；

（4）西安仅有甲、乙；

（5）丙＝己。

第二步，分析推理：

根据上题可得，丙不来自武汉，己不来自杭州；根据条件（4）可得，丙、己不来自西安；根据条件（5）可得，丙和己均来自成都，则丁只能来自武汉。列表如下。

	武汉	成都	西安	杭州
甲	×	×	√（4）	×
乙	×	×	√（4）	×
丙	×（1）	√（5）	×	×
丁	√	×	×	×
戊	×（1）	×（3）	×	√
己	×	√（5）	×	×

故正确答案为C选项。

301【答案】E

【解析】

第一步，梳理题干：

（1）7人分组为，2、2、3；

（2）戊技术∧己技术；

（3）甲、乙、丙部门不同；

（4）丙＝庚→丁也在此部门。

第二步，分析推理：

由（2）（3）可得，戊、己和甲、乙、丙其中一人同时在技术部门。

假设丙、庚在同一个部门，则丁也在此部门，此时有一个部门不足2人，不符合（1），所以丙和庚不能在同一个部门。

故正确答案为E选项。

302【答案】D

【解析】

第一步，梳理题干：

（1）7人分组为，2、2、3；

（2）戊技术∧己技术；

（3）甲、乙、丙部门不同；

（4）丙=庚→丁也在此部门。

第二步，分析推理：

根据题干信息可知，乙被分配在技术部门，丁被分配在财务部门，则庚只能在行政部门，又因为庚和丙不能在同一个部门，则丙只能在财务部门。根据（3）可得，甲只能在行政部门。列表如下。

	财务	技术	行政
甲	×	×	√
乙	×	√	×
丙	√	×	×
丁	√	×	×
戊	×	√	×
己	×	√	×
庚	×	×	√

故正确答案为D选项。

303【答案】C

【解析】

第一步，梳理题干：

（1）¬甲第一时段∨¬丁第一时段∨¬己第一时段→乙第三时段∧丙第三时段；

（2）乙第三时段∨庚第三时段→乙和丙在不同的时段进行参观；

（3）每个时段至多3人。

第二步，分析推理：

题干并无确定信息，已知条件大多为假言命题，故考虑采取“假设+归谬”的解题方式。

假设条件（1）的前件为真，结合条件（1）（2）可得，¬甲第一时段∨¬丁第一时段∨¬己第乙时段→乙第三时段∧丙第三时段→乙和丙在不同时段参观，出现矛盾，则条件（1）的前件一定为假，所以甲、丁、己在第一时段参观。

故正确答案为C选项。

304【答案】E

【解析】

第一步，梳理题干：

（1）¬甲第一时段∨¬丁第一时段∨¬己第一时段→乙第三时段∧丙第三时段；

（2）乙第三时段∨庚第三时段→乙和丙在不同的时段进行参观；

（3）每个时段至多3人；

（4）第三时段结束活动∧乙第三时段。

第二步，分析推理：

根据条件（2）（4）可以得到，乙和丙在不同的时段进行参观，即丙不在第三时段进行参观；结合条件（1）可推知，甲、丁、己都在第一时段；再由每个时段至多有3人参观可知，丙在第二时段进行参观。

故正确答案为E选项。

305【答案】C

【解析】

第一步，梳理题干：

（1）每台主机外设数≥1，每台外设只能连接在一个主机上；

（2）¬c甲主机∧¬d甲主机→e连接在乙主机上；

（3）d连接于丙主机→乙仅与c外设相连。

第二步，验证选项：

A、E选项：与条件（2）矛盾，排除。

B、D选项：与条件（3）矛盾，排除。

C选项：符合题干条件，正确。

故正确答案为C选项。

306【答案】A

【解析】

第一步，梳理题干：

（1）每台主机外设数≥1，每台外只能连接在一个主机上；

（2）¬c甲主机∧¬d甲主机→e连接在乙主机上；

（3）d连接于丙主机→乙仅与c外设相连；

（4）乙主机连接了c、e两台外设。

第二步，分析推理：

根据条件（3）（4）可以得到，d外设没有和丙主机相连，那么d外设只能与甲主机相连，a、b两台外设的情况不能确定，若a、b两台外设都与甲主机相连，则丙主机没有外设相连，不符合题干条件，所以A选项是不可能发生的情况。

故正确答案为A选项。

307【答案】C

【解析】

第一步，梳理题干：

（1）7选5；

（2）A→B∧C；

（3）D→A∧E。

第二步，分析推理：

（2）（3）传递可得：（4）¬B ∨ ¬C → ¬A → ¬D。

由（1）可得，只需要淘汰两艘船即可。

此时假设（4）的前件为真，即 ¬B ∨ ¬C 为真，推出 ¬A ∧ ¬D，则至少淘汰 3 艘船，与（1）矛盾，所以 B、C 两船必须启动。

故正确答案为 C 选项。

308 【答案】B

【解析】

第一步，梳理题干：

（1）7 选 5；

（2）A → B ∧ C；

（3）D → A ∧ E；

（4）¬G。

第二步，分析推理：

（2）（3）传递可得：（5）¬B ∨ ¬C → ¬A → ¬D。

根据（4）可知，需要从剩下的 6 艘船中淘汰 1 艘。

由（3）可得，¬A ∨ ¬E → ¬D，与数量限制矛盾，所以 A、E 必须调派，B、C、D、F 四艘船需要调派其中的 3 艘。因此，D 和 F 至少调派一艘。

故正确答案为 B 选项。

309 【答案】B

【解析】

第一步，梳理题干：

（1）2（赵）+0（钱）+2（孙）+1（李）=5，即四人总体答对了 5 题次；

（2）第二题无人答对，第三题仅有一人答对，第四题至多两人答对。

第二步，分析推理：

若第一题不选 A，则至多答对题次情况为：1（第一题）+0（第二题）+1（第三题）+2=4。这不满足（1），所以第一题的正确答案为 A。

假设第四题选择 D，那么此时的答题情况为：3（第一题）+0（第二题）+1（第三题）+2（第四题）=6。这不符合题干条件限制，所以第四题的正确答案不是 D。

故正确答案为 B 选项。

310 【答案】A

【解析】

第一步，梳理题干：

（1）2（赵）+0（钱）+2（孙）+1（李）=5，即四人总体答对了 5 题次；

（2）第二题无人答对，第三题仅有一人答对，第四题至多两人答对；

（3）每道题的答案均不相同。

第二步，分析推理：

此时答题情况应该是：3（第一题）+0（第二题）+1（第三题）+1（第四题）=5。

第一题的正确答案为A，结合（1）可得，第四题只能选择C，第三题只能选择B；结合（3）可得，第二题只能选择D。这四道题的答案依次是：A、D、B、C。

故正确答案为A选项。

311【答案】C

【解析】

第一步，梳理题干：

（1）甲≠丙（从未一起上过课）；

（2）乙=戊；

（3）丁周五→丙周三晚∧戊周三晚；

（4）己周三→甲周一早∧戊周一早；

（5）没有人连续上两天课，没有人同一天上两节课；

（6）每次课程仅有2人参加。

第二步，分析推理：

根据条件（4）（2）（6）可得，己不在周三上课。假设此时乙、戊不在周三上课，则只有甲、丙、丁三人在周三有课，不符合题干数量限制，所以，乙、戊一定在周三有一节课。

结合条件（1）可知，甲、丙不可能同时在周三有课，所以丁一定在周三有一节课。

丙和戊不可能一起参加周三晚上的韩舞课，结合条件（3）可得，丁一定没在周五上课。

结合条件（5）可知，没有人连续上两天课，所以乙、戊参加了周五的爵士课，丁参加了周一的爵士课，则己参加了周二的锁舞课、周四的韩舞课。

推理结果如下表所示。

	周一	周二	周三	周四	周五
早	丁	×	（乙、戊）（丁）	己	×
晚	×	己	（丁）（乙、戊）	×	乙、戊

甲、丙的选课情况无法从已知条件判断。

故正确答案为C选项。

312【答案】B

【解析】

第一步，梳理题干：

（1）甲≠丙（从未一起上过课）；

（2）乙=戊；

（3）丁周五→丙周三晚∧戊周三晚；

（4）己周三→甲周一早∧戊周一早；

（5）没有人连续上两天课，没有人同一天上两节课；

（6）每次课程仅有2人参加。

第二步，分析推理：

根据题干可知，若甲、乙选择了两个不同的舞种，则乙、戊参加了周三的韩舞课，丁参加了周三的爵士课。

甲也选择了两个不同的舞种，则可得到甲选择了周二的锁舞课和周四的韩舞课，进一步得到丙选择了周一和周三早上的爵士课。

推理结果如下表所示。

	周一	周二	周三	周四	周五
早	爵士（丁、丙）	×	爵士（丁、丙）	韩舞（甲、己）	×
晚	×	锁舞（己、甲）	韩舞（乙、戊）	×	爵士（乙、戊）

故正确答案为 B 选项。

313【答案】E

【解析】

第一步，梳理题干：

（1）赵 + 钱 + 孙 = 13 道题；

（2）钱 =3 道。

由（1）（2）可得，赵 + 孙 = 10 道。

第二步，分析推理：

根据答题情况可知，赵 + 钱 + 孙 = 13 道题，此时假设第三道答案为“√”，则每道题至多有两人答对，三人总答对了 12 道题，不符合题干要求，故第三题答案一定为“×”，排除 A、C 选项。

根据赵 + 孙 = 10 道可知，第三题二人已经答对了 2 道，则其余 6 道题，二人需要答对 8 道才能满足题干条件。假设第一题的答案为 ×，则此时赵 + 钱至多答对 6 题，不符合题干要求，所以第一题答案一定为√。同理，第六题答案为√。

故正确答案为 E 选项。

314【答案】D

【解析】

第一步，梳理题干：

（1）赵 + 钱 + 孙 = 13 道题；

（2）钱 = 3 道。

由（1）（2）可得，赵 + 孙 = 10 道。

第二步，分析推理：

若此时第四题的答案为“√”，第七题的答案为“×”，则钱均未答对这两题；由上题结论可知，钱未答对第一题和第六题；结合（2）可得，钱答对第二题和第五题。

此次随堂小考的正确答案为：√√ × √ × √ ×。

故正确答案为 D 选项。

315【答案】B

【解析】

第一步，梳理题干：

（1）同一花色的牌面各不相邻；

（2）同一数字的牌面各不相邻。

第二步，验证选项：

题干问可能为真，故需要排除一定为假的选项。

A选项：②号位置放置黑桃8，⑤号位置放置红桃5，此时⑥号位置放什么花色的牌都不可能成立，该项不可能为真，排除。

B选项：①号位置放置黑桃8，⑧号位置放置红桃8，此时⑨号位置放的是方块5，④号位置放的是黑桃5，和题干信息不矛盾，故该项可能为真。

C选项：⑨号位置放置红桃8，④号位置放置黑桃5，此时⑧号位置放什么花色的牌都不可能成立，该项不可能为真，排除。

D选项：②号位置放置黑桃8，⑧号位置放置方块5。此时④号位置放的是黑桃8，不符合题干要求，该项不可能为真，排除。

E选项：⑥号位置放置黑桃8，⑧号位置放置方块8，题干已知⑦号位置放置的是黑桃10，若⑥号位置放置黑桃8，⑧号位置放置方块8，⑥⑦相邻，违反了条件（1），排除。

故正确答案为B选项。

316【答案】B

【解析】

第一步，梳理题干：

（1）同一颜色的牌面各不相邻；

（2）同一数字牌面各不相邻。

第二步，分析推理：

若①号位置放置的是黑桃8，⑥号位置放置的是红桃5，则②号位置只能放置方块8，⑧号位置放置红桃8，⑨号位置和④号位置分别放置方块5、黑桃5，⑤号位置放置的是方块10。

故正确答案为B选项。

317【答案】D

【解析】

第一步，梳理题干：

（1）同一天之内，¬上海青∨¬圆生菜；

（2）周二圆生菜∧周五圆生菜→周一油麦菜∧周二油麦菜；

（3）¬周一西红柿∨¬周二西红柿∨¬周三西红柿→周二、周四、周五至少两天上海青；

（4）周三有上海青，周四也有上海青。

第二步，分析推理：

假设条件（2）的前件为真，则可以得到周一、周二均有油麦菜，且根据条件（1）可得，周二、周五均没有上海青，否定了条件（3）的后件，则得到周一、二、三均有西红柿，此时周一和周二的菜品相同，不符合题干要求，所以条件（2）的前件一定为假，则周二不选择圆生菜或周五不选择圆生菜。

由条件（4）（1）可得，周三、周四不选择圆生菜；再结合“每种蔬菜至多使用3天”，则可以得到周一会使用圆生菜。

故正确答案为D选项。

318【答案】B

【解析】

第一步，梳理题干：

（1）同一天之内，¬上海青∨¬圆生菜；

（2）周二圆生菜∧周五圆生菜→周一油麦菜∧周二油麦菜；

（3）¬周一西红柿∨¬周二西红柿∨¬周三西红柿→周二、周四、周五至少两天上海青；

（4）周三有上海青，周四也有上海青。

第二步，分析推理：

由条件（4）以及"上海青不能连续3天使用"可得，则周二、周五均没有上海青，否定了条件（3）的后件，则可以得到周一、周二、周三均有西红柿。周五只能选择油麦菜和圆生菜。综合可得：周一使用西红柿和圆生菜，周二使用油麦菜和西红柿，周三使用西红柿和上海青，周四使用油麦菜和上海青，周五使用油麦菜和圆生菜。列表如下。

	油麦菜	西红柿	上海青	圆生菜
周一	×	√	×	√
周二	√	√	×	×
周三	×	√	√	×
周四	√	×	√	×
周五	√	×	×	√

故正确答案为B选项。

319【答案】D

【解析】

第一步，梳理题干：

题干信息列表如下。

	红	黄	蓝	绿
张	茉莉花茶	乌龙茶	红茶	绿茶
王	绿茶	红茶	茉莉花茶	乌龙茶
李	乌龙茶	红茶	茉莉花茶	绿茶
赵	绿茶	乌龙茶	红茶	茉莉花茶

第二步，分析推理：

观察表格可得，张和赵的黄色、蓝色箱子一样，红色和绿色不一样。张仅猜中了1个、赵猜中了2个，所以赵在红色或者绿色箱子中猜中了一个。

假设赵猜对了红色箱子，那么红色箱子中装有绿茶，则绿色箱子中，不能是绿茶、茉莉花茶、乌龙茶，只能是红茶，此时蓝色箱子中不能是红茶、茉莉花茶、绿茶，只能是乌龙茶，那么黄色箱子是茉莉花茶，不符合题干条件。因此，赵没猜对红色箱子，即赵一定猜对了绿色箱子，即绿色箱子中是茉莉花茶。

故正确答案为D选项。

320【答案】E

【解析】

第一步，梳理题干：

题干信息列表如下。

	红	黄	蓝	绿
张	茉莉花茶	乌龙茶	红茶	绿茶
王	绿茶	红茶	茉莉花茶	乌龙茶
李	乌龙茶	红茶	茉莉花茶	绿茶
赵	绿茶	乌龙茶	红茶	茉莉花茶

第二步，分析推理：

根据题干信息可知，李均未猜中。已知绿色箱子中装有茉莉花茶，那么红色箱子中不能是茉莉花茶、乌龙茶、绿茶，只能是红茶，则根据“张仅猜中了 1 个，赵猜中了 2 个”可得，黄色箱子中装有乌龙茶，蓝色箱子中装有绿茶。顺序为：红茶、乌龙茶、绿茶、茉莉花茶。

故正确答案为 E 选项。

321 【答案】D

【解析】

第一步，梳理题干：

（1）甲与己关于梧桐树中心对称；

（2）戊与梧桐树连成的直线和己与梧桐树连成的直线夹角为 90°→甲与乙关于梧桐树中心对称；

（3）乙与丙的位置相隔 2 人；

（4）戊与己位置相邻。

第二步，分析推理：

（1）（2）结合得到：（3）戊与梧桐树连成的直线和己与梧桐树连成的直线夹角不为 90°。

（3）（4）结合得到：戊与梧桐树连成的直线和己与梧桐树连成的直线夹角为 45°。

故正确答案为 D 选项。

322 【答案】C

【解析】

第一步，梳理题干：

题干信息如下图所示。

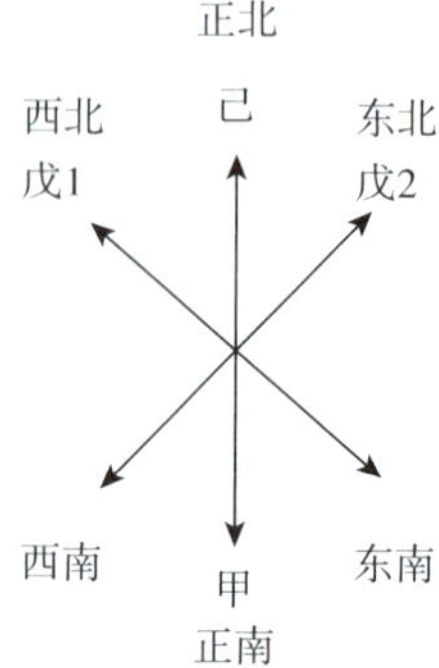

第二步，验证选项：

A 选项：若再知道丁的位置，也无法确定乙、丙的位置，排除。

B 选项：戊与己位置相邻，戊不可能在西南方向，排除。

C 选项：若戊在东北方向，则丁在西南方向，正确。

D 选项：若乙和甲相邻，那么会和戊相邻，排除。

E 选项：若丙不和甲相邻，那么会和丁相邻，排除。

故正确答案为 C 选项。

323 【答案】E

【解析】

第一步，梳理题干：

（1）紫球在第四个箱子→红球、橙球、黄球和绿球在第三个箱子；

（2）红球不在第三个箱子→黄球、绿球和青球在第二个箱子；

（3）青球不在第一个箱子→绿球、青球和蓝球在第四个箱子；

（4）每个箱子至少有一个球，至多有两个箱子只有一个球；

（5）大球、中球和小球分别可以占据一个箱子空间的 100%、50% 和 25%。

第二步，分析推理：

（3）（5）结合得到：（6）青球在第一个箱子。（2）（6）结合得到：（7）红球在第三个箱子。

（4）（6）（7）（1）结合得到：紫球不在第四个箱子。因此，紫球在第二个箱子。

故正确答案为 E 选项。

324 【答案】C

【解析】

第一步，梳理题干：

（1）青球在第一个箱子；

（2）红球、蓝球在第三个箱子；

（3）紫球在第二个箱子；

（4）每个箱子至少有一个球，至多有两个箱子只有一个球；

（5）一个箱子最多只能有两个球。

由（5）可知：（6）四个箱子中的球数为“1、2、2、2”。

第二步，验证选项：

A 选项：此时第一个箱子有三颗球，不符合题干要求，排除。

B 选项：橙球和黄球不在一个箱子→蓝球所在箱子至多有两个球，肯定条件后件，无法推理，排除。

C 选项：橙球和绿球不在一个箱子→至多有两个箱子有两个球，结合（6）可得，橙球和绿球在一个箱子且在第四个箱子，则黄球在第一个箱子，可以确定所有小球的具体位置，正确。

D 选项：橙球在第四个箱子→黄球在第一个箱子，无法确定所有小球的具体位置，排除。

E 选项：橙球在第四个箱子→绿球不在第二个箱子，结合（3）可得，橙球不在第四个箱子，但无法确定所有小球的具体位置，排除。

故正确答案为 C 选项。

325 【答案】C

【解析】

第一步，梳理题干：

（1）甲篮∨乙篮∨丙篮→己球类；

（2）丙球类∨己球类∨庚球类→乙游泳∧丁游泳∧己游泳；

（3）一人只会选择一个俱乐部，每个俱乐部的人数范围为 0~3 人。

第二步，分析推理：

假设（1）的前件为真，那么己球类为真，结合（2）可得，¬己球类，假设出现矛盾，则可得：¬甲篮∧¬乙篮∧¬丙篮。

故正确答案为 C 选项。

326【答案】E

【解析】

第一步，梳理题干：

（1）甲篮∨乙篮∨丙篮→己球类；

（2）丙球类∨己球类∨庚球类→乙游泳∧丁游泳∧己游泳；

（3）一人只会选择一个俱乐部，每个俱乐部的人数范围为 0~3 人；

（4）¬丁篮球∧¬戊篮球→¬己篮球∧¬庚篮球。

第二步，分析推理：

题干没有确定俱乐部的最少人数，因此有可能无人参加篮球俱乐部，无法得出关于参加篮球俱乐部人员的确定信息。

故正确答案为 E 选项。

327【答案】E

【解析】

第一步，梳理题干：

（1）周五值班的两人按人员排序（甲、乙、丙、丁、戊、己、庚）相邻；

（2）¬乙周二∨¬庚周二→丁周六∧戊周五；

（3）周六只有一个班次→丁周四∧甲周三；

（4）¬周一∧¬周三有两个班次→甲周二∧甲周五；

（5）没有人既在周二值班也在周五值班，但周二和周五都有两人值班。

第二步，分析推理：

7 人负责 9 个班次，则剩余两个班次。

题干未对每人负责的班次数量进行限制，所以剩余的两个班次可能由一人负责，则至多有 1 人只负责三个班次。

7 人均有值班，故至多有 6 人只负责一个班次，至多有 2 人负责两个班次。

故正确答案为 E 选项。

328【答案】C

【解析】

第一步，梳理题干：

（1）周五值班的两人按人员排序（甲、乙、丙、丁、戊、己、庚）相邻；

（2）¬乙周二∨¬庚周二→丁周六∧戊周五；

（3）周六只有一个班次→丁周四∧甲周三；

（4）¬周一∧¬周三有两个班次→甲周二∧甲周五；

（5）没有人既在周二值班也在周五值班，但周二和周五都有两人值班；

（6）周一∨周三有两个班次→该日负责人与周二相同；

（7）每人最多负责两个班次。

第二步，分析推理：

（4）（6）结合得到：周一∀周三负责人与周二相同。

6 天分布 9 个班次，且每日不会超过两个班次，故周四与周六只有一个班次，结合（3）得到，丁周四∧甲周三。

7 人负责 9 个班次，且 7 人均有值班，故丁不负责周六的班次；结合（2）得到，乙周二∧庚周二；故负责周一值班的人也是乙和庚。

此时剩余丙、戊、己，结合（1）得到，周五值班的是戊和己，周六值班的是丙。

故正确答案为 C 选项。

329 【答案】A

【解析】

第一步，梳理题干：

（1）¬张金做数学→李榜做英语∧王题做逻辑；

（2）李榜做英语→张金做数学；

（3）张金做数学→李榜擅长英语∧王题擅长逻辑。

第二步，分析推理：

结合（1）（2）可知，由张金不做数学可得张金做数学，显然这是矛盾的，所以推出张金做数学；再结合（3）可得，李榜擅长英语，王题擅长逻辑；再结合题干信息可知，张金擅长写作，赵铭擅长数学。

故正确答案为 A 选项。

330 【答案】D

【解析】

第一步，梳理题干：

（1）¬张金做数学→李榜做英语∧王题做逻辑；

（2）李榜做英语→张金做数学；

（3）张金做数学→李榜擅长英语∧王题擅长逻辑；

（4）赵铭做英语。

第二步，分析推理：

结合（1）（2）可知，由张金不做数学可得张金做数学，显然这是矛盾的，所以推出张金做数学；再结合（3）可得，李榜擅长英语，王题擅长逻辑；再结合题干信息可知，张金擅长写作，赵铭擅长数学；结合（4）可得如下表格。

	数学	逻辑	写作	英语
张金（做数学）			√	
李榜（做逻辑）				√
王题（做写作）		√		
赵铭（做英语）	√			

故正确答案为 D 选项。

331【答案】E

【解析】

第一步，梳理题干：

（1）每位教授最少 2 名、最多 3 名研究生入选；

（2）赵海 + 孙川 + 李智 = 7；

（3）赵海 ∨ 钱义有 2 名研究生入选→周武、吴仁、郑礼至多 1 人有 3 名研究生入选。

第二步，分析推理：

根据题干信息可知，一共有 4 人入选 3 名研究生，3 人入选 2 名研究生。

由（1）（2）（3）可知，如果赵海教授有 2 名研究生入选，则周武、吴仁、郑礼中至多有 1 位教授有 3 名研究生入选。此时钱义教授至少有 4 名研究生入选，这与（1）矛盾，所以赵海教授入选的研究生有 3 人。再结合（2）可得，孙川和李智教授入选的研究生都有 2 人。

如果钱义教授有 2 名研究生入选，此时周武、吴仁、郑礼中至多有 1 位教授有 3 名研究生入选，一共 16 名研究生入选，这与题干数量不相符，所以钱义教授入选的研究生有 3 人。

故正确答案为 E 选项。

332【答案】D

【解析】

第一步，梳理题干：

（1）每位教授最少 2 名、最多 3 名研究生入选；

（2）赵海 + 孙川 + 李智 = 7；

（3）赵海 ∨ 钱义有 2 名研究生入选→周武、吴仁、郑礼至多 1 人有 3 名研究生入选。

第二步，分析推理：

根据题干信息可知，一共有 4 人入选 3 名研究生，3 人入选 2 名研究生。

由（1）（2）（3）可知，如果赵海教授有 2 名研究生入选，则周武、吴仁、郑礼中至多有 1 位教授的研究生入选。此时钱义教授至少有 4 名研究生入选，这与（1）矛盾，所以赵海教授入选的研究生有 3 人。再结合（2）可得，孙川和李智教授入选的研究生都有 2 人。

如果钱义教授有 2 名研究生入选，此时周武、吴仁、郑礼中至多有 1 位教授有 3 名研究生入选，一共 16 名研究生入选，这与题干数量不相符，所以钱义教授入选的研究生有 3 人。

根据题干可知，钱义 + 周武 = 5 人，那么周武教授入选的研究生有 2 人，那么吴仁和郑礼教授入选的研究生均有 3 人。

故正确答案为 D 选项。

333【答案】A

【解析】

第一步，梳理题干：

（1）花花：提拉米苏 +（雪媚娘、椰蓉酥、提拉米苏、司康）。

（2）至多有一个人选的两块糕点是同一类别的。

（3）洋洋：雪媚娘 +（雪媚娘、提拉米苏、司康）。

（4）4 种糕点都有人选择，且 3 人的选择都不完全相同。

（5）¬ 月月司康→洋洋提拉米苏 ∧ 花花雪媚娘。

第二步，分析推理：

根据（4）可排除 B、D 选项；根据（5）可知，月月没选司康，推出洋洋选提拉米苏、花花选雪媚娘，可排除 C、E 选项。

故正确答案为 A 选项。

334【答案】B

【解析】

第一步，梳理题干：

（1）花花：提拉米苏 +（雪媚娘、椰蓉酥、提拉米苏、司康）。

（2）至多有一个人选的两块糕点是同一类别的。

（3）洋洋：雪媚娘 +（雪媚娘、提拉米苏、司康）。

（4）4 种糕点都有人选择，且 3 人的选择都不完全相同。

（5）¬ 月月司康→洋洋提拉米苏 ∧ 花花雪媚娘。

第二步，分析推理：

若月月没选司康，则花花的选择将会是提拉米苏、雪媚娘，洋洋的选择是雪媚娘、提拉米苏，此时无法满足（4）。

故正确答案为 B 选项。

335【答案】A

【解析】

第一步，梳理题干：

（1）花花：提拉米苏 +（雪媚娘、椰蓉酥、提拉米苏、司康）。

（2）没有人选的糕点会一样。

（3）洋洋雪媚娘 ∨ 洋洋提拉米苏→ ¬ 洋洋椰蓉酥。

（4）花花提拉米苏→洋洋椰蓉酥。

（5）¬ 月月司康→洋洋提拉米苏 ∧ 花花雪媚娘。

第二步，分析推理：

根据题干信息可得出如下表格。

	雪媚娘	椰蓉酥	提拉米苏	司康
花花			√（1）	
洋洋	×（3）	√（4）	×（3）	√
月月		×（2）		√（5）

结合题干要求，每个糕点都会被选到，所以花花和月月两人中至少有一个人选雪媚娘。

故正确答案为 A 选项。

336【答案】C

【解析】

第一步，梳理题干：

（1）花花：提拉米苏+（雪媚娘、椰蓉酥、提拉米苏、司康）。

（2）没有人选的糕点会一样。

（3）洋洋雪媚娘∨洋洋提拉米苏→¬洋洋椰蓉酥。

（4）花花提拉米苏→洋洋椰蓉酥。

（5）¬月月司康→洋洋提拉米苏∧花花雪媚娘。

第二步，分析推理：

根据题干信息可得出如下表格。

	雪媚娘	椰蓉酥	提拉米苏	司康
花花			√（1）	
洋洋	×（3）	√（4）	×（3）	√
月月		×（2）		√（5）

第三步，验证选项：

A选项：花花没选司康，无法确定她的另一个糕点选什么，排除。

B选项：洋洋没选提拉米苏，是题干条件推出的已知结论，无效条件，排除。

C选项：月月没选雪媚娘，可进一步推出月月选了提拉米苏，花花没选司康，花花选的另一个糕点必须是雪媚娘，该项满足。

D选项：洋洋选了司康，是题干条件推出的已知结论，无效条件，排除。

E选项：花花没选椰蓉酥，无法确定她另一个糕点选什么，排除。

故正确答案为C选项。

337【答案】B

【解析】

第一步，梳理题干：

（1）每种糕点都有两人选择；

（2）花花提拉米苏→洋洋提拉米苏；

（3）花花椰蓉酥→月月椰蓉酥；

（4）洋洋提拉米苏→洋洋椰蓉酥；

（5）椰蓉酥→司康。

第二步，分析推理：

结合（1）（3）可知，月月不选椰蓉酥，则花花不选椰蓉酥，那么此时只有一人选椰蓉酥，不符合要求，所以月月必选椰蓉酥。同理，结合（1）（2）（4）可得，洋洋必选椰蓉酥、提拉米苏；再结合（5）可得，洋洋选了椰蓉酥、提拉米苏、司康3种糕点。“月月选椰蓉酥”结合（5）可得，月月选司康。椰蓉酥和司康都有洋洋和月月两人选，则花花不选这两种糕点，花花选雪媚娘和提拉米苏。洋洋不选雪媚娘，花花选雪媚娘，因此月月选雪媚娘。具体分析结果如下表。

	雪媚娘	椰蓉酥	提拉米苏	司康
花花	√	×	√	×
洋洋	×	√	√	√
月月	√	√	×	√

故正确答案为 B 选项。

338 【答案】B

【解析】

第一步，梳理题干：

（1）每种糕点都有两人选择；

（2）花花提拉米苏→洋洋提拉米苏；

（3）花花椰蓉酥→月月椰蓉酥；

（4）洋洋提拉米苏→洋洋椰蓉酥；

（5）洋洋只选了两种糕点。

第二步，分析推理：

结合（1）（3）可知，月月不选椰蓉酥，则花花不选椰蓉酥，那么此时只有一人选椰蓉酥，不符合要求，所以月月必选椰蓉酥。同理，结合（1）（2）（4）可得，洋洋必选椰蓉酥、提拉米苏。

结合“每种糕点都有两人选择”可得，最终花花选的是雪媚娘、提拉米苏、司康，月月选的是雪媚娘、椰蓉酥、司康。具体分析结果如下表。

	雪媚娘	椰蓉酥	提拉米苏	司康
花花	√	×	√	√
洋洋	×	√	√	×
月月	√	√	×	√

故正确答案为 B 选项。

339 【答案】D

【解析】

第一步，梳理题干：

（1）甲火锅∨海鲜大咖∨臊子面→乙胡辣汤∧¬丙关中套餐；

（2）乙烤肉∨臊子面∨饺子宴→甲火锅∧¬乙胡辣汤；

（3）丙烤肉∨关中套餐∨饺子宴→甲胡辣汤∧乙臊子面；

（4）¬乙灌汤包∧¬乙关中套餐。

第二步，分析推理：

根据（3）（2）（1）传递可得，丙烤肉∨关中套餐∨饺子宴→甲胡辣汤∧乙臊子面→甲火锅∧¬乙胡辣汤→¬甲火锅∧¬甲海鲜大咖∧¬甲臊子面，则甲既选火锅，又不选火锅，自相矛盾，所以丙不选烤肉、关中套餐、饺子宴，乙不选烤肉、臊子面、饺子宴；每种美食都需有人选，所以甲选的是烤肉、关中套餐、饺子宴，其余的美食均不选；乙选的是火锅、海鲜大咖、胡辣汤，其余的均不选；剩下的臊子面、灌汤包丙必选。具体分析结果如下表。

火锅	烤肉	海鲜大咖	臊子面	胡辣汤	关中套餐	灌汤包	饺子宴
¬甲	¬丙、¬乙	¬甲	¬乙、¬甲	¬甲	¬丙、¬乙	¬乙、¬甲	¬丙、¬乙
乙	甲	乙	丙	乙	甲	丙	甲

故正确答案为 D 选项。

340【答案】E

【解析】

第一步，梳理题干：

（1）甲火锅∨海鲜大咖∨臊子面→乙胡辣汤∧¬丙关中套餐；

（2）乙烤肉∨臊子面∨饺子宴→甲火锅∧¬乙胡辣汤；

（3）丙烤肉∨关中套餐∨饺子宴→甲胡辣汤∧乙臊子面；

（4）¬乙灌汤包∧¬乙关中套餐。

第二步，分析推理：

根据（3）（2）（1）传递可得，丙烤肉∨关中套餐∨饺子宴→甲胡辣汤∧乙臊子面→甲火锅∧¬乙胡辣汤→¬甲火锅∧¬甲海鲜大咖∧¬甲臊子面，则甲既选火锅，又不选火锅，自相矛盾，所以丙不选烤肉、关中套餐、饺子宴，乙不选烤肉、臊子面、饺子宴；每种美食都需有人选，所以甲选的是烤肉、关中套餐、饺子宴，其余的美食均不选；乙选的是火锅、海鲜大咖、胡辣汤，其余的均不选；剩下的臊子面、灌汤包丙必选。结合题干可知，丙没有选火锅和海鲜大咖，那么丙第三个选的美食是胡辣汤。具体分析结果如下表。

火锅	烤肉	海鲜大咖	臊子面	胡辣汤	关中套餐	灌汤包	饺子宴
¬甲、¬丙	¬丙、¬乙	¬甲、¬丙	¬乙、¬甲	¬甲	¬丙、¬乙	¬乙、¬甲	¬丙、¬乙
乙	甲	乙	丙	乙、丙	甲	丙	甲

故正确答案为E选项。

341【答案】E

【解析】

第一步，梳理题干：

（1）吃粽子∨放纸鸢∨打马球→饮蒲酒∧赛龙舟；

（2）¬斗草∨¬打马球∨¬挂艾草→¬吃粽子∧¬跳钟馗∧¬饮雄黄酒；

（3）赛龙舟∨拜神祭祖∨饮朱砂酒→采草药∧¬打马球。

第二步，分析推理：

观察分析，根据（1）（3）（2）传递可得，吃粽子∨打马球→¬打马球∧¬吃粽子，与假设相矛盾，所以不吃粽子也不打马球，可排除A、B选项；再结合（2）可推知，不跳钟馗也不饮雄黄酒，可排除C、D选项。

故正确答案为E选项。

342【答案】A

【解析】

第一步，梳理题干：

（1）吃粽子∨放纸鸢∨打马球→饮蒲酒∧赛龙舟；

（2）¬斗草∨¬打马球∨¬挂艾草→¬吃粽子∧¬跳钟馗∧¬饮雄黄酒；

（3）赛龙舟∨拜神祭祖∨饮朱砂酒→采草药∧¬打马球；

（4）采草药∀¬饮雄黄酒。

第二步，分析推理：

观察分析，根据（1）（3）（2）传递可得，吃粽子∨打马球→¬打马球∧¬吃粽子，与假设相矛盾，所以不吃粽子也不打马球；再结合（2）可推知，不跳钟馗也不饮雄黄酒；结合（4）可推知，不采草药；再结合（3）（1）逆否推知，赛龙舟、拜神祭祖、饮朱砂酒、放纸鸢均不选。综合可得，学生选择挂艾草、饮蒲酒、斗草。

故正确答案为 A 选项。

343【答案】E

【解析】

第一步，梳理题干：

（1）甲铅球∨乙铅球∨丙铅球→丁铅球；

（2）丁铁饼→（乙标枪∧乙跳高）∧（己标枪∧己跳高）；

（3）戊铅球∨己铅球→丁铅球∧丁铁饼。

第二步，分析推理：

根据“每项比赛均有 2 人报名”和（1）（3）可知，丁不报名铅球，则甲、乙、丙、戊、己均不选铅球，此时没有人选铅球，因此，丁必定报名铅球。

结合题干数量要求，每项比赛均有 2 人报名，每人报 1 ~ 2 项比赛，那么报名的情况将会是，两人报 2 项比赛，其余人都报 1 项比赛。若此时丁报名铁饼，那么报两项比赛的人是乙、丁、己 3 人，不符合上述分析，所以丁一定不会报铁饼。

故正确答案为 E 选项。

344【答案】C

【解析】

第一步，梳理题干：

（1）甲铅球∨乙铅球∨丙铅球→丁铅球；

（2）丁铁饼→（乙标枪∧乙跳高）∧（己标枪∧己跳高）；

（3）戊铅球∨己铅球→丁铅球∧丁铁饼；

（4）乙只报铁饼∧丙只报铁饼。

第二步，分析推理：

根据“每项比赛均有 2 人报名”和（1）（3）可知，丁不报名铅球，则甲、乙、丙、戊、己均不选铅球，此时没有人选铅球，因此，丁必定报名铅球。

结合题干数量要求，每项比赛均有 2 人报名，每人报 1 ~ 2 项比赛，那么报名的情况将会是，两人报 2 项比赛，其余人都报 1 项比赛。若此时丁报名铁饼，那么报两项比赛的人是乙、丁、己 3 人，不符合上述分析，所以丁一定不会报铁饼；结合（3）逆否可推出，戊、己均不报名铅球，所以剩余的一个报铅球的人只能是甲。

故正确答案为 C 选项。

345【答案】A

【解析】

第一步，梳理题干：

（1）丁铅球→甲铅球∨乙铅球；

（2）丁铁饼→（乙标枪∧乙跳高）∧（己标枪∧己跳高）；

（3）戊铅球∨己铅球∨丙铅球→丁铅球∧丁跳高；

（4）甲＝乙，且只报一个项目。

第二步，分析推理：

根据“每项比赛均有2人报名”以及（1）（3）可知，甲和乙都不报名铅球，则丙、丁、戊、己均不选铅球，此时没有人选铅球，因此，甲和乙至少有一人报名铅球；结合（4）可知，甲、乙报名的唯一项目就是铅球。

故正确答案为A选项。

346【答案】B

【解析】

第一步，梳理题干：

（1）丁铅球→甲铅球∨乙铅球；

（2）丁铁饼→（乙标枪∧乙跳高）∧（己标枪∧己跳高）；

（3）戊铅球∨己铅球∨丙铅球→丁铅球∧丁跳高；

（4）甲＝乙，且只报一个项目；

（5）丙只报跳高∧丁只报跳高。

第二步，分析推理：

根据“每项比赛均有2人报名”以及（1）（3）可知，甲和乙都不报名铅球，则丙、丁、戊、己均不选铅球，此时没有人选铅球，因此，甲和乙至少有一人报名铅球；结合（4）可知，甲、乙报名的唯一项目就是铅球；结合（5）可推知，戊、己都报名了标枪和铁饼。

故正确答案为B选项。

347【答案】A

【解析】

第一步，梳理题干：

（1）6类书每类2本，4个部门每个部门发3本不同的书，任何两个部门发的书不完全相同；

（2）（甲∨乙）《周易》∨《老子》∨《孟子》→丁《尚书》∧丙《论语》；

（3）（甲∨乙）《诗经》∨《论语》→丙《周易》∧丁《老子》；

（4）丙《尚书》∧丁《论语》。

第二步，分析推理：

根据题干信息可推知，丁不发《尚书》，或丙不发《论语》，此时甲和乙发的书将会是3本一样的书，这不符合题干要求，所以丁必定发《尚书》，丙必定发《论语》；同理，若丁不发《老子》，或丙不发《周易》，此时甲、乙均不发《诗经》《论语》，甲和乙发的书也将会是3本一样的书，这不符合题干要求，所以丁必发《老子》，丙必发《周易》；结合（1）可得，丙未发放《诗经》《老子》《孟子》，丁未发放《周易》《诗经》《孟子》，则甲、乙都发放《诗经》《孟子》。具体分析结果如下表。

	《尚书》2	《周易》2	《诗经》2	《论语》2	《老子》2	《孟子》2
甲	×		√	×		√
乙	×		√	×		√

续表

	《尚书》2	《周易》2	《诗经》2	《论语》2	《老子》2	《孟子》2
丙	√（4）	√（3）	×	√（2）	×	×
丁	√（2）	×	×	√（4）	√（3）	×

故正确答案为 A 选项。

348【答案】D

【解析】

第一步，梳理题干：

（1）6 类书每类 2 本，4 个部门每个部门发 3 本不同的书，任何两个部门发的书不完全相同；

（2）（甲 ∨ 乙）《周易》∨《老子》∨《孟子》→丁《尚书》∧丙《论语》；

（3）（甲 ∨ 乙）《诗经》∨《论语》→丙《周易》∧丁《老子》；

（4）¬ 丁《老子》。

第二步，分析推理：

根据题干信息可推知，丁不发《尚书》，或丙不发《论语》，此时甲和乙发的书将会是 3 本一样的书，这不符合题干要求，所以丁必定发《尚书》，丙必定发《论语》。

结合（4）（3）可推出，甲、乙均不发《诗经》《论语》；结合上述推理结果可知，丙、丁发的书都有《诗经》《论语》；由“任何两个部门发的书不完全相同”可知，丙必定不会发《尚书》。具体分析结果如下表。

	《尚书》2	《周易》2	《诗经》2	《论语》2	《老子》2	《孟子》2
甲			×（4）（3）	×（4）（3）		
乙			×（4）（3）	×（4）（3）		
丙	×		√	√（2）		
丁	√（2）	×	√	√	×（4）	×

故正确答案为 D 选项。

349【答案】E

【解析】

第一步，梳理题干：

（1）甲（玫瑰花 + 玫瑰花 + 百合花 ∨ 向日葵 ∨ 小雏菊 ∨ 紫藤花），乙、丙、丁没有相同的两朵花；

（2）丁紫藤花；

（3）紫藤花≠黄色向日葵；

（4）任意两人所选的花均不完全相同。

第二步，验证选项：

题干确定信息较少，故考虑用代入选项排除的方式解题。

A 选项：乙、丙都选百合花，与题干条件不矛盾，该项可能成立。

B 选项：甲的花束中有玫瑰花和百合花，与题干条件不矛盾，该项可能成立。

C 选项：乙的花束中有向日葵和小雏菊，与题干条件不矛盾，该项可能成立。

D 选项：¬ 丁向日葵→丁百合花 ∧ 丁小雏菊，丁的花束中没有向日葵但有百合花和小雏菊这种情况与题干条件不矛盾，该项可能成立。

E选项：甲¬百合花∧¬小雏菊→丁百合花∧丁小雏菊，由题干可知，百合花和小雏菊是同一种颜色的花，不可能同时选中，所以该项必定为真。

故正确答案为E选项。

350【答案】A

【解析】

第一步，梳理题干：

（1）甲（玫瑰花+玫瑰花+百合花），乙、丙、丁没有相同的两朵花；

（2）丁紫藤花；

（3）紫藤花≠黄色向日葵；

（4）任意两人所选的花均不完全相同。

第二步，分析推理：

题干信息列表如下。

	甲	乙	丙	丁
红玫瑰花5	2（1）	√（1）	√（1）	√（1）
白百合花2	√（1）			
黄向日葵3	√	√	√	×（3）
白小雏菊2	×			
紫藤花1	×（2）	×（2）	×（2）	√（2）

根据（4）可知，乙、丙分别在白百合花和白小雏菊选了一个，那么丁必定会选白小雏菊。

故正确答案为A选项。

351【答案】A

【解析】

第一步，梳理题干：

（1）己≠丙；

（2）戊=丙→己=乙；

（3）庚=丁。

第二步，分析推理：

由（3）结合题干信息可知，乙、丁、庚在同一所学校，乙、己分别在两所学校中；结合（2）逆否可知，戊和丙不在同一所学校；结合（1）可知，戊和己在同一所学校，甲和丙在同一所学校。具体分析结果如下表。

乙、丁、庚	甲、丙	戊、己

故正确答案为A选项。

352【答案】B

【解析】

第一步，梳理题干：

（1）己≠丙；

（2）戊 = 丙→己 = 乙；

（3）庚 = 丁。

由（3）（1）可知，丁、庚在同一所学校，丙、己分别在两所学校中。

第二步，验证选项：

A 选项：丁和乙去清华大学，甲去复旦大学，此时可推出甲和丙在同一所学校，戊和己同在北京大学，庚、丁、乙在清华大学，该项可以完全确定录取结果，排除。

B 选项：庚和己去清华大学，丙去复旦大学，那么能够确定丁去清华大学，甲、乙、戊无法确定具体去哪个学校，该项无法完全确定录取结果。

C 选项：乙和丙去清华大学，庚去复旦大学，那么戊、己在同一所学校（北京大学），丁、庚去复旦大学，那么甲就在清华大学，该项可以完全确定录取结果，排除。

D 选项：乙和丙去北京大学，庚去复旦大学，那么丁去复旦大学，戊、己、甲去清华大学，该项可以完全确定录取结果，排除。

E 选项：己和甲去清华大学，乙去复旦大学，那么丙去复旦大学，丁、庚去北京大学，戊去清华大学，该项可以完全确定录取结果，排除。

故正确答案为 B 选项。

353 【答案】C

【解析】

根据题干信息可知，李明、张华任职单位不一样；结合（4）逆否可推出，陈磊没去云海市任职；再由（1）可推出，陈磊没去金山市任职；结合（1）（3）可推出，杨杰必定要去云海市、金山市中的一个城市任职，所以逆否可推出王芳、刘洋均去云海市任职，那么最终杨杰必定去金山市任职。

故正确答案为 C 选项。

354 【答案】A

【解析】

结合上题结论可知：王芳、刘洋均去云海市任职，杨杰去金山市任职，陈磊去星河市、翠屏市任职。

结合新增信息可知，王芳必定不去金山市任职，那么去金山市任职的必定有刘洋。

故正确答案为 A 选项。

355 【答案】D

【解析】

题干条件均无确定信息，故考虑从（3）的后件入手分析。若后件为假可推出，东仪路没有种植松树、柳树、槐树这三种树；结合（1）逆否可推出，南郭路种植了槐树、枫树、橡树，此时南郭路不会再种植松树，这与题干条件矛盾，假设不成立。故可得出西影路种植枫树、南郭路种植松树。

再结合（1）可知，南郭路在槐树、枫树、橡树中至多种植两种，进一步推出东仪路、西影路均种植槐树、枫树。任意两条主干道不能种植完全相同种类的树木，所以此时北辰一路必须种植松树；结合（2）逆否可推出，南郭路不会种植枫树、橡树，南郭路种植柳树、槐树。具体分析结果如下表。

	橡树	松树 3	柳树	槐树	枫树
东仪路 3				√（1）	√（1）
西影路 3				√（1）	√（3）

续表

	橡树	松树 3	柳树	槐树	枫树
南郭路 3	×（2）	√（3）	√	√	×（2）
北辰一路 3		√		×	

故正确答案为 D 选项。

356【答案】C

【解析】

根据“每条主干道都要种植不少于 2 种的树木”可知，这 5 种树木的种植数量分布是 3、3、2、2、2；结合上题推出信息可知，那么北辰一路种植的树木是橡树、松树、柳树。

故正确答案为C选项。

357【答案】C

【解析】

第一步，梳理题干：

（1）小王审张伟 ∨ 审刘军→小刘审李明；

（2）小程 ¬ 审刘军 ∨ ¬ 审陈磊→小张审王强；

（3）小张审李明 ∨ 审张伟 ∨ 审王强→小刘审刘军 ∧ 审陈磊；

（4）小刘审王强 ∨ 审陈磊→小王审李明 ∧ 审张伟。

第二步，分析推理：

由（3）（4）（1）联立可知，若（3）的前件为真，推出小刘只审讯了刘军、陈磊，但是他又要审讯李明，结果自相矛盾，故小张不会审讯李明、张伟、王强；再结合（2）逆否可推出，小程审讯的人有刘军和陈磊。对每个嫌疑人进行审讯的人员组合不完全一样，所以最终四人审讯的人数分布情况有两种可能：4、2、2、2 或者 3、3、2、2。再结合（1）分析，不论小王审讯 3 人还是 2 人，他必定要在张伟和王强之中审讯一人，进一步推出小刘要审讯李明。推理结果如下表所示。

	李明 2	张伟 2	王强 2	刘军 2	陈磊 2
小王				×	×
小刘	√（1）			×	×
小程				√（2）	√（2）
小张	×（3）	×（3）	×（3）	√	√

故正确答案为 C 选项。

358【答案】D

【解析】

利用上一题推出的结果，结合选项分析，D 选项成立时，结合（4）和数量限制可推出，小王审讯了李明、王强，小刘还审讯了张伟，小程还审讯张伟、王强，结果如下表所示。

	李明 2	张伟 2	王强 2	刘军 2	陈磊 2
小王	√	×	√	×	×
小刘	√（1）	√	×	×	×

续表

	李明 2	张伟 2	王强 2	刘军 2	陈磊 2
小程	×	√	√	√（2）	√（2）
小张	×（3）	×（3）	×（3）	√	√

故正确答案为 D 选项。

359【答案】E

【解析】

第一步，梳理题干：

（1）小姜评价 4 个研究设计 ∧ 每个人评价的研究不完全相同；

（2）小程评价《个体决策》∨《情绪对决策》→小云评价《框架模型》；

（3）小程至少评价《不确定情景》∨《框架模型》∨《情绪对决策》中的 2 个→小张 ∧ 小刘评价《个体从众》和《不确定情景》；

（4）小云 ¬ 评价《个体决策》∨ ¬ 评价《个体从众》→小姜评价《个体从众》∧《框架模型》；

（5）小张、小刘评价的研究均不一样。

第二步，分析推理：

根据题干信息分析可知，这五人评价研究的数量分布是 2、3、3、3、4；结合题干信息和（3）可推出，小程最终评价了 3 个研究，其中两个是《个体决策行为》《个体的从众行为》；再结合（2）可推出，小云评价了《框架模型下的群体决策倾向》。

小张和小刘评价的研究均不一样，所以这两人评价的研究总数是 5 个，此时可知《个体决策行为》《个体的从众行为》已经有 2 人评价，若小云把这两项研究都评价了，这与（1）相矛盾，所以小云至多评价一个；结合（4）可推出，小姜评价的研究有《个体的从众行为》和《框架模型下的群体决策倾向》，那么小云不可能评价《个体的从众行为》。推理结果列表如下。

	个体决策 3	个体从众 3	不确定情景 3	框架模型 3	情绪对决策 3
小姜		√（4）		√（4）	
小程	√（3）	√（3）		×	
小张					
小刘					
小云		×		√（2）	

故正确答案为 E 选项。

360【答案】A

【解析】

根据上题推理结果可知：小姜评价了《个体的从众行为》和《框架模型下的群体决策倾向》，小程评价了《个体决策行为》和《个体的从众行为》，小云评价了《框架模型下的群体决策倾向》但没有评价《个体的从众行为》。

根据小云没有评价《不确定情景下影响决策的因素》，结合每个研究均有 3 人评价，可推出小云评价了《个体决策行为》和《情绪对决策行为的影响》，此时《个体决策行为》已有 3 人评价了，小姜不可能评价该研究设计。

推理结果列表如下。

	个体决策 3	个体从众 3	不确定情景 3	框架模型 3	情绪对决策 3
小姜	×	√（4）	√	√（4）	√
小程	√（3）	√（3）	√	×	×
小张					
小刘					
小云	√	×	×	√（2）	√

故正确答案为 A 选项。

361【答案】C

【解析】

第一步，梳理题干：

（1）陈少明冠军∨刘江龙冠军→¬杜志章亚军；

（2）¬杜志章亚军→¬王宛如季军 = 王宛如季军→杜志章亚军；

（3）白志文冠军→白志文、王宛如相邻；

（4）王宛如季军→¬杜志章亚军。

第二步，分析推理：

由（2）（4）结合可得：王宛如不是季军。

故正确答案为 C 选项。

362【答案】C

【解析】

第一步，梳理题干：

（1）陈少明冠军∨刘江龙冠军→¬杜志章亚军；

（2）¬杜志章亚军→¬王宛如季军 = 王宛如季军→杜志章亚军；

（3）白志文冠军→白志文、王宛如相邻；

（4）王宛如季军→¬杜志章亚军。

第二步，分析推理：

由“亚军是杜志章”结合（1）等价逆否可得，冠军不是陈少明，也不是刘江龙，那么冠军要么是王宛如，要么是白志文。再根据（3）可知，如果白志文获得冠军，那么王宛如与他排名相邻，即王宛如获得亚军，与题目已知条件“亚军是杜志章”矛盾，所以白志文不能获得冠军，冠军只能是王宛如。

故正确答案为 C 选项。

363【答案】B

【解析】

第一步，梳理题干：

（1）张家睿冠军→¬王梓智亚军∧¬刘奕涵亚军；

（2）¬王梓智亚军→¬杨皓晴季军 = 杨皓晴季军→王梓智亚军；

（3）柯云涵、杨皓晴相邻→柯云涵亚军；

（4）杨皓晴季军→¬王梓智亚军；

（5）¬杨皓晴季军→要么王梓智冠军，要么张家睿冠军。

第二步，分析推理：

由（2）（4）结合可得，杨皓晴不是季军；再根据（5）可知，冠军要么是王梓智，要么是张家睿。如果冠军是王梓智，则亚军不可能是王梓智；根据（1）可知，如果冠军是张家睿，亚军就不是王梓智。所以，亚军一定不是王梓智。

故正确答案为 B 选项。

364【答案】D

【解析】

第一步，梳理题干：

（1）张家睿冠军→¬王梓智亚军∧¬刘奕涵亚军；

（2）¬王梓智亚军→¬杨皓晴季军＝杨皓晴季军→王梓智亚军；

（3）柯云涵、杨皓晴相邻→柯云涵亚军；

（4）杨皓晴季军→¬王梓智亚军；

（5）¬杨皓晴季军→要么王梓智冠军，要么张家睿冠军；

（6）季军是柯云涵。

第二步，分析推理：

由（6）（3）可得，柯云涵和杨皓晴不相邻，那么杨皓晴要么是冠军，要么是第五名；再结合“冠军只能在张家睿、王梓智中二选一”（上一题的思路）可知，杨皓晴不可能是冠军，从而可知杨皓晴只能是第五名。

故正确答案为 D 选项。

365【答案】C

【解析】

第一步，梳理题干：

（1）一班《彷徨》∧二班《彷徨》→一班《呐喊》∧二班《呐喊》；

（2）二班《而已集》∧四班《而已集》→二班《彷徨》∧四班《彷徨》；

（3）一班《呐喊》→一班《二心集》∧三班《二心集》；

（4）一班《彷徨》∧二班《彷徨》。

第二步，分析推理：

结合（4）（1）可推出，（5）一班、二班都分发了《呐喊》；再结合（3）可推出，（6）一班、三班都分发了《二心集》。

结合（4）（2）可推出二班、四班有一个班不分发《而已集》，因此三班必定分发《而已集》。

由（4）（5）（6）以及“每个班级都分发了三本不同的书”可知，四班分发了《朝花夕拾》《野草》《而已集》。推理结果列表如下。

	《呐喊》2	《彷徨》2	《朝花夕拾》2	《野草》2	《而已集》2	《二心集》2
一班	√（4）（1）	√（4）	×	×	×	√（3）
二班	√（4）（1）	√（4）			×	×
三班	×	×			√	√（3）
四班	×	×	√	√	√	×

故正确答案为C选项。

366【答案】C

【解析】

第一步，梳理题干：

（1）一班《彷徨》∧二班《彷徨》→一班《呐喊》∧二班《呐喊》；

（2）二班《而已集》∧四班《而已集》→二班《彷徨》∧四班《彷徨》；

（3）一班《呐喊》→一班《二心集》∧三班《二心集》；

（4）¬三班《彷徨》∧¬四班《彷徨》。

第二步，分析推理：

由（4）（1）可推出，一班、二班都分发了《呐喊》；再结合（3）可推出，一班、三班都分发了《二心集》；由（4）（2）逆否可推出，二班、四班至少有一个班没分发《而已集》，从而得出三班必定分发了《而已集》。具体分析结果如下表。

	《呐喊》2	《彷徨》2	《朝花夕拾》2	《野草》2	《而已集》2	《二心集》2
一班3	√（4）（1）	√	×	×	×	√（3）
二班3	√（4）（1）	√			×	×
三班3	×	×（4）			√（2）	√（3）
四班3	×	×（4）	√	√	√	×

故正确答案为C选项。

367【答案】E

【解析】

第一步，梳理题干：

（1）周珊≠李德，王纬＝赵妍；

（2）吴鑫＝李德∨刘猛＝吴鑫→周珊＝王纬；

（3）陈静＝赵妍。

第二步，分析推理：

由（3）（1）分析可知，王纬、赵妍、陈静在同一公司，并且他们不在米维公司；再结合（2）逆否可知，王纬和周珊不会在同一公司，所以吴鑫、李德不在同一公司，刘猛、吴鑫也不在同一公司；由（1）可知，周珊和李德不在同一公司。最终分组可确定的是，李德、刘猛在同一公司，吴鑫、周珊在同一公司。具体分析结果如下表。

王纬、赵妍、陈静	吴鑫、周珊	李德、刘猛

故正确答案为E选项。

368【答案】A

【解析】

第一步，梳理题干：

（1）周珊≠李德，王纬＝赵妍；

（2）吴鑫＝李德∨刘猛＝吴鑫→周珊＝王纬；

（3）陈静＝赵妍。

第二步，验证选项：

A选项：赵妍和王纬去白云公司，张翼去黑土公司，此时无法推出张翼和哪些人同一个公司，也无法确定剩余的人在哪个公司，该项无法完全确定聘用结果。

B选项：李德和刘猛去米维公司，张翼去了黑土公司，那么能够确定吴鑫、周珊和张翼去黑土公司，王纬、赵妍、陈静去白云公司，该项可以完全确定聘用结果，排除。

C选项：张翼没去白云公司，李德没去米维公司，那么吴鑫、周珊去米维公司，张翼、李德、刘猛去黑土公司，王纬、赵妍、陈静去白云公司，该项可以完全确定聘用结果，排除。

D选项：李德去黑土公司，那么王纬、赵妍、陈静去白云公司，吴鑫、周珊去米维公司，张翼、刘猛去黑土公司，该项可以完全确定聘用结果，排除。

E选项：刘猛去白云公司，那么李德、刘猛去的是白云公司，吴鑫、周珊去米维公司，王纬、赵妍、陈静去黑土公司，张翼去的是白云公司，该项可以完全确定聘用结果，排除。

故正确答案为A选项。

369【答案】D

【解析】

第一步，梳理题干：

（1）¬罗浩第一组∨¬白梦第一组；

（2）王石、白梦不在同一组；

（3）马芸第一组→李宏第一组；

（4）王石第二组。

第二步，分析推理：

由（4）（2）可得，白梦第一组；结合（1）可得，罗浩第二组。

故正确答案为D选项。

370【答案】E

【解析】

第一步，梳理题干：

（1）¬罗浩第一组∨¬白梦第一组；

（2）王石、白梦不在同一组；

（3）马芸第一组→李宏第一组；

（4）李宏和张兰在同一组。

第二步，分析推理：

假设李宏和张兰都在第二组，由（3）等价逆否可得，马芸在第二组，王石、白梦又是分别在第一和第二两组，此时就有马芸、李宏、张兰及王石和白梦其中之一，共4人在第二组，与题干中“每组有3个人”相矛盾，故可得李宏和张兰都在第一组，王石和白梦中只有一人在第一组，马芸和罗浩均在第二组。

故正确答案为E选项。

371 【答案】D

【解析】

第一步，梳理题干：

（1）甲蛋糕∨冰激凌∨坚果→丁奶茶∧戊烤鸭；

（2）乙蛋糕∨冰激凌∨坚果→丁奶茶∧戊烤鸭；

（3）甲草莓∨烤鸭→丙蛋糕∧戊冰激凌；

（4）乙草莓∨烤鸭→丙蛋糕∧戊冰激凌；

（5）奶茶＝丙。

第二步，分析推理：

由条件（5）可得，奶茶分给丙，不分给丁；结合条件（1）（2）否后推否前得出，蛋糕、冰激凌、坚果都不分给甲也都不分给乙；所以草莓、烤鸭至少有1份分给甲或乙，即肯定了条件（3）和（4）的前件，能推出肯后恒成立，即蛋糕分给丙同学且冰激凌分给戊同学。推理结果列表如下。

	奶茶	蛋糕	草莓	烤鸭	冰激凌	坚果
甲	×	×（1）			×（1）	×（1）
乙	×	×（2）			×（2）	×（2）
丙	√（5）	√（3）（4）				
丁						
戊					√（3）（4）	

根据上表可知，坚果只能分给丁。

故正确答案为D选项。

372 【答案】E

【解析】

第一步，梳理题干：

（1）甲蛋糕∨冰激凌∨坚果→丁奶茶∧戊烤鸭；

（2）乙蛋糕∨冰激凌∨坚果→丁奶茶∧戊烤鸭；

（3）甲草莓∨烤鸭→丙蛋糕∧戊冰激凌；

（4）乙草莓∨烤鸭→丙蛋糕∧戊冰激凌；

（5）冰激凌＝丁。

第二步，分析推理：

根据条件（5）可知，冰激凌不能给戊；结合条件（3）（4）否后推否前可得，草莓、烤鸭都不分给甲，也都不分给乙同学，所以蛋糕、坚果至少有1份分给甲或乙，即肯定了条件（1）或（2）的前件，能推出肯后恒成立，即奶茶分给丁同学且烤鸭分给戊同学。推理结果列表如下。

	奶茶	蛋糕	草莓	烤鸭	冰激凌	坚果
甲			×（3）	×（3）		
乙			×（4）	×（4）		
丙						
丁	√（1）				√（5）	
戊				√（1）		

根据上表可知，草莓不可能分给戊同学。

故正确答案为E选项。

373 【答案】B

【解析】

第一步，梳理题干：

（1）故宫2日∨5日→天安门3日；

（2）故宫4日∨6日→奥体公园5日；

（3）奥体公园3日。

第二步，分析推理：

由（3）结合（2）逆否可得，4日和6日都不游览故宫；由（3）结合（1）逆否可得，2日和5日都不游览故宫。所以，故宫在7日游览。

故正确答案为B选项。

374 【答案】C

【解析】

第一步，梳理题干：

（1）故宫2日∨5日→天安门3日；

（2）故宫4日∨6日→奥体公园5日；

（3）奥体公园3日；

（4）天坛既与颐和园相邻，又与天安门相邻。

第二步，分析推理：

目前已知奥体公园在3日游览、故宫在7日游览，结合天坛的游览日期在颐和园和天安门之间可知，天坛在5日游览，所以长城一定在2日游览。

故正确答案为C选项。

375 【答案】A

【解析】

第一步，梳理题干：

（1）李白→王维∧¬张若虚；

（2）杜甫∨白居易→¬刘禹锡。

题干问可能为真，故考虑用代入选项排除的解题思路。

第二步，验证选项：

A选项：与（1）（2）都不矛盾，正确。

B 选项：与（1）矛盾，排除。

C 选项：与（2）矛盾，排除。

D 选项：与（2）矛盾，排除。

E 选项：与（1）矛盾，排除。

故正确答案为 A 选项。

376【答案】E

【解析】

第一步，梳理题干：

（1）李白→王维∧¬张若虚；

（2）杜甫∨白居易→¬刘禹锡；

（3）李白∨刘禹锡。

第二步，分析推理：

由（1）可知，如果提拔李白，则提拔王维。

由（3）可知，如果不提拔李白，则提拔刘禹锡；再由（2）的等价逆否命题可推知：刘禹锡→¬杜甫∧¬白居易。此时已经有李白、杜甫、白居易三人不提拔，若再不提拔王维，则不提拔 4 人，与题干中“在 6 名候选人中提拔 3 人”矛盾，故一定会提拔王维。

综上，王维一定会被提拔。

故正确答案为 E 选项。

377【答案】D

【解析】

第一步，梳理题干：

（1）¬张全做数学→李榜擅长英语；

（2）¬张全做数学→李榜做英语；

（3）张全做数学→李榜擅长英语；

（4）张全做数学→王题擅长逻辑。

第二步，分析推理：

（1）（3）可构成二难推理结构，由（1）（3）可得，李榜擅长英语；再结合题干和（2）逆否可得，张全做数学；再结合（4）可得，王题擅长逻辑。具体分析结果如下表。

	数学	逻辑	写作	英语
张全（做数学）	×	×	√	×
李榜	×	×	×	√
王题	×	√	×	×
赵铭	√	×	×	×

故正确答案为 D 选项。

378【答案】A

【解析】

第一步，梳理题干：

（1）¬张金做数学→李榜擅长英语；

（2）¬张金做数学→李榜做英语；

（3）张金做数学→李榜擅长英语；

（4）张金做数学→王题擅长逻辑；

（5）赵铭做逻辑。

第二步，分析推理：

（1）（3）可构成二难推理结构，由（1）（3）可得，李榜擅长英语；再结合题干和（2）逆否可得，张金做数学；再结合（4）可得，王题擅长逻辑。

结合（5）可得，李榜做的是写作，那么王题做的是英语，具体分析结果如下表。

	数学	逻辑	写作	英语
张金（做数学）	×	×	√	×
李榜（做写作）	×	×	×	√
王题（做英语）	×	√	×	×
赵铭（做逻辑）	√	×	×	×

故正确答案为 A 选项。

379【答案】B

【解析】

第一步，梳理题干：

（1）（风云∧天马）人气奖∨综合奖→天马、星辉纪念奖∧综合奖；

（2）（天马∨宇珩）人气奖∨创意奖→天马、宇珩纪念奖∧综合奖；

（3）宇珩综合奖→风云、环宇获得的奖项均在纪念奖、人气奖、创意奖之中。

第二步，分析推理：

观察发现，（1）（2）的后件均为假，所以可推知：风云、天马均没有获得人气奖和综合奖，天马、宇珩均没有获得人气奖和创意奖。

至此，天马获得纪念奖和品质奖，风云可选的是在纪念奖、品质奖和创意奖之中，若风云获得纪念奖、创意奖，此时星辉、宇珩、环宇不会获得纪念奖。

5 家公司均有 2 个机器人获得奖项，所以宇珩必定获得品质奖和综合奖；再结合（3）可推出，风云获得的是纪念奖、创意奖，环宇获得的是人气奖、创意奖。所以，星辉获得人气奖和综合奖。具体分析结果如下表。

	纪念奖 2	人气奖 2	创意奖 2	品质奖 2	综合奖 2
风云 2	√（3）	×（1）	√（3）	×	×（1）
天马 2	√	×（1）	×（2）	√	×（1）
星辉 2	×	√	×	×	√
宇珩 2	×	×（2）	×（2）	√	√
环宇 2	×	√（3）	√（3）	×	×

故正确答案为 B 选项。

380【答案】D

【解析】

第一步，梳理题干：

(1)(风云∧天马)人气奖∨综合奖→天马、星辉纪念奖∧综合奖；

(2)(天马∨宇珩)人气奖∨创意奖→天马、宇珩纪念奖∧综合奖；

(3)宇珩综合奖→风云、环宇获得的奖项均在纪念奖、人气奖、创意奖之中；

(4)品质奖∧综合奖→有机会参加国际奖项的评选。

第二步，分析推理：

观察发现，(1)(2)的后件均为假，所以可推知：风云、天马均没有获得人气奖和综合奖，天马、宇珩均没有获得人气奖和创意奖。

至此，天马获得纪念奖和品质奖，风云可选的是在纪念奖、品质奖和创意奖之中，若风云获得纪念奖、创意奖，此时星辉、宇珩、环宇不会获得纪念奖。

5家公司均有2个机器人获得奖项，所以宇珩必定获得品质奖和综合奖；再结合(3)可推出，风云获得的是纪念奖、创意奖，环宇获得的是人气奖、创意奖。所以，星辉获得人气奖和综合奖。具体分析结果如下表。

	纪念奖2	人气奖2	创意奖2	品质奖2	综合奖2
风云2	√(3)	×(1)	√(3)	×	×(1)
天马2	√	×(1)	×(2)	√	×(1)
星辉2	×	√	×	×	√
宇珩2	×	×(2)	×(2)	√	√
环宇2	×	√(3)	√(3)	×	×

故正确答案为D选项。

381【答案】B

【解析】

根据(2)(3)可知，甲、乙、丙、戊均不在周六值班，那么只有丁在周六值班；再结合(4)可推出，乙在周三值班。

故正确答案为B选项。

382【答案】B

【解析】

根据(2)(3)可知，甲、乙、丙、戊均不在周六值班，那么只有丁在周六值班；再结合(4)可推出，乙在周三值班。

再结合(3)(5)可推知，丙不在周四值班，此时甲、丙、戊、丁均不在周四值班，那只有乙在周四值班。

故正确答案为B选项。

383【答案】A

【解析】

第一步，梳理题干：

(1)甲3→丁猪；

（2）¬丙羊∨庚猴→¬己蛇∧¬己虎；

（3）¬乙鸡∨¬乙狗→¬丁猪；

（4）¬己蛇∨¬己虎→甲3；

（5）乙鸡∧乙狗→丙羊。

第二步，分析推理：

根据题干信息可知，7人研究的动物数量分布是3、2、2、1、1、1、1。

由（2）（4）（1）（3）（5）联立可知，如果丙不研究羊，最终推出，丙研究羊，这与假设相矛盾，所以假设不成立，丙必定研究羊。

故正确答案为A选项。

384【答案】E

【解析】

第一步，梳理题干：

（1）甲3→丁猪；

（2）¬丙羊∨庚猴→¬己蛇∧¬己虎；

（3）¬乙鸡∨¬乙狗→¬丁猪；

（4）¬己蛇∨¬己虎→甲3；

（5）乙鸡∧乙狗→丙羊；

（6）甲鼠∧甲兔∧甲牛∧己虎∧己蛇。

第二步，分析推理：

结合已知信息和题干条件可推出：乙研究鸡和狗、丁研究猪、戊研究猴，庚研究马。

故正确答案为E选项。

385【答案】D

【解析】

第一步，梳理题干：

（1）动作片∨战争片→¬历史片；

（2）纪录片→历史片；

（3）悬疑片→战争片。

联立（3）（1）（2）可推出：悬疑片→战争片→¬历史片→¬纪录片。

第二步，分析推理：

根据上述推理可知，悬疑片、历史片不能安排在同一天，悬疑片、纪录片不能安排在同一天，战争片、历史片不能安排在同一天，战争片、纪录片不能安排在同一天。

故正确答案为D选项。

第三章　论证逻辑

专题四　削弱题

题型 01　削弱的基本思路

386【答案】A

【解析】

论据：维护劳动者权益在内的各种维权行为报告普遍地减少了。

论点：重组工会不会导致员工责任心减少，也不会导致维权行为的增长。

削弱上述论证，需要表明即使各种维权行为报告普遍地减少也无法说明维权行为是没增加的。

A 选项：该项表明是由于那些被侵权的员工自己不愿意去投诉，致使投诉的维权行为减少，只是统计数据未体现出来，实际上重组工会会导致这一系列的问题，该项可以削弱题干论证。

B 选项：该项指出统计的数据有滞后性，结果可能有所不同，具体是怎样的不同结果，观点不明确，无法削弱题干论证，排除。

C 选项：该项进行了比较，其他工会也进行了重组，最终导致维权行为是增加的，但是最关键的点是未标明这两个工会的情况是相似的，所以存在不当类比的嫌疑，无法削弱题干论证，排除。

D 选项：该项指出节省的钱比预期少，与题干论证话题不相关，排除。

E 选项：该项表明员工注重的点是工作感受而不是工会作用，无关选项，排除。

故正确答案为 A 选项。

387【答案】B

【解析】

论据：家电制造行业的收入份额从两年前的 70% 降到了今天的 55%，家电零部件供应商的收入份额从 10% 增加到 20%，服务公司的收入份额从 20% 上升到了 25%。

论点：经济整体下行的环境下，家电行业收入的确下降了。

削弱题干论证，只需表明根据这样的市场份额变化情况无法推出家电行业整体的收入下降了。

A 选项：题干不讨论“家电购买家庭数量”，和题干论证话题无关，排除。

B 选项：该项表明家电行业收入的变化是一个动态平衡的过程，家电制造公司下降的恰好是行业内其他人的收入增加的部分，整个行业收入并没有下降，削弱了李教授的观点。

C 选项：题干不关心行业收入份额变化的原因，这与题干论证无关，排除。

D 选项：该项表明家电库存在减少尤其是小家电的库存，这只能表明销量不错，无法说明行业收入具体是怎么的，无法削弱题干论证。

E 选项：该项表明了利润和行业收入的关系，与题干论证话题无关，排除。

故正确答案为 B 选项。

388【答案】C

【解析】

论据：遗骸附近有随葬的磨光小石斧，胸腹部有多枚穿孔螺壳，在遗址内还发现了用蚌壳或螺壳制作的装饰品，这种饰品一般在一端或两端穿孔，可供系挂，可能用作坠饰。

论点：在新石器时代的早期，人类的审美意识已开始萌动

削弱上述论证，需表明依据随葬的物品以及物品的制作方式等猜想，无法推出这是当时人们已经具有审美意识的结论，或者直接表明这些随葬品和其他事情相关；

A 选项：该项表明新石器时代的饰品“通常”是石器，并未表明只能是石器，蚌器也有可能被当作饰品，所以该项无法削弱题干论证。

B 选项：表明出土的饰品粗糙，题干并未讨论饰品的精细程度和审美意识的关系，无关选项，排除。

C 选项：该项指出饰品的作用是用来彰显地位，与审美意识无关，可以削弱题干论证。

D 选项：题干并未讨论饰品的大小和审美意识的关系，无关选项，排除。

E 选项：该项表明该遗址的发掘为诸多学科提供了重要信息，与题干论证无关，排除。

故正确答案为 C 选项。

389【答案】B

【解析】

论据：科技等诸多先进设施设备的广泛运用，显然极大地丰富了舞台的表现手段和艺术面貌，同时为人们带来全新的审美体验。

论点：戏剧艺术越来越倚重现代科技手段，演员不主动适应被科技元素构筑起来的表演空间，就会被时代所淘汰。

质疑上述推测，需要表明即使先进的科学技术带来了诸多好处，演员不适应被科技元素构筑的表演空间，也未必会被时代淘汰，或指出适应被科技元素构筑的表演空间和被时代淘汰没有必然的联系。

A 选项：该项并未具体表明适应被科技元素构筑的表演空间和被时代淘汰是否存在联系，无关选项，排除。

B 选项：表明戏剧需要人的情感和肢体语言来表达，即使不适应被科技元素构筑的表演空间，也不会被时代淘汰，直接反驳了结论，可以削弱题干论证。

C 选项：表示我们愿意用新科技，但是不能只用和滥用这些科技，讨论话题和题干论证无关，排除。

D 选项：表明要想完美运用新科技，艺术家必须具备高尚的美学情操和高超的艺术造诣，讨论话题和题干论证无关，排除。

E 选项：指出了戏剧广泛传播的原因，即科技以及现代拍摄技术和传播手段，无关话题，排除。

故正确答案为 B 选项。

390【答案】D

【解析】

论据：坚持良好作息时间的人和普通人相比，平均寿命不存在差异。

论点：良好的作息时间并不能让我们提高寿命，保持健康。

削弱上述论证，需要说明良好的作息时间可以让我们保持健康，提高寿命。

A 选项：偷换概念，作息规律不一定是良好的作息时间，无法削弱上述论证。

B 选项：相关度较弱，指出了良好的作息时间带给我们的好处，并未提及其与寿命的关系，排除。

C 选项：力度较弱，可以表明良好的作息有助于改善身体和气色，身体会比之前更好，但这里出现了程度词“有些”，所以削弱力度不足。

D 选项：反例削弱，该项指出了良好的作息时间对于提高寿命、保持健康是有作用的。

E 选项：无关选项，说明良好的作息时间没有任何门槛，与题干论证无关，排除。

故正确答案为 D 选项。

391 【答案】A

【解析】

论据：跑步作为一种简单易行的运动方式，被很多人视为减肥的首选。

论点：跑步并不是最有效的减肥方式。

削弱专家的观点，需要表明跑步在诸多减肥方法中的确是最有效的。

A 选项：该项明确指出，相比其他减肥方式，跑步是最有效的减肥方法，可以削弱专家观点。

B 选项：该项指出跑步减少体重的程度不明显，并未说明该方式的有效程度是不是最高的，故该项无法削弱，排除。

C 选项：该项表明跑步消耗的物质主要是糖分，并未说明该方式的有效程度是不是最高的，故该项无法削弱，排除。

D 选项：该项表明 HIIT 的燃脂效率高于跑步，支持了专家的观点，排除。

E 选项：该项表明跑步会导致一些关节磨损问题，与题干论证无关，排除。

故正确答案为 A 选项。

392 【答案】A

【解析】

论据：纸质书籍有助于儿童对故事的理解，电子书籍可以激发儿童的兴趣。

论点：若能同时进行纸质阅读和电子化阅读，就可以高效提高儿童的阅读能力。

削弱研究人员的观点，需表明同时进行这两种方式的阅读，并不能提高儿童的阅读能力。

A 选项：该项具体指出“某个儿童”用这两种方式阅读并未提高阅读能力。

B 选项：该项指明同时进行纸质阅读和电子化阅读，会导致儿童产生疲惫感，未表明是否能提高阅读能力，无关选项，排除。

C 选项：该项表明只进行纸质阅读可以提高儿童的阅读能力，间接说明了同时进行纸质阅读和电子化阅读也可以提高阅读能力，支持研究人员的观点，排除。

D 选项：该项讨论的是阅读能力和学习能力的关系，无关选项，排除。

E 选项：该项表明提高阅读能力的重点不是方式，而是具备热爱阅读的心，该项并未指明这两种方式是否可以提高阅读能力，故该项无法削弱研究人员的观点。

故正确答案为 A 选项。

393 【答案】B

【解析】

论据：“学生活动基金”的来源只有在校学生捐赠、学校配套资金、毕业学生捐赠三个。

论点：学校设立这些基金的初心都是给学生的活动提供帮助。

A 选项：该项表明基金账目清晰程度和使用对象的关系，和题干论证话题不一致，故该项无法削弱题干，排除。

B 选项：该项表明“学生活动基金”的来源还有政府的专项拨款，削弱了题干的论据。

C 选项：该项表明“学生活动基金”的不足情况，无关选项，排除。

D 选项：该项表明设立基金的初心，并不一定会被恪守，无关选项，排除。

E 选项：该项说明基金的用途还受管理者职业道德的影响，题干并未讨论基金用途的影响因素，无关选项，排除。

故正确答案为 B 选项。

394 【答案】D

【解析】

论据：《外层空间条约》使得太空在冷战期间是一块难得的净土，避免其遭受战争摧残，而且成功实现了无核化。

论点：《外层空间条约》对人类的意义非凡。

削弱上述论证，需表明《外层空间条约》并不是意义非凡的，即使太空无核化，也无法得出冷战期间大家都遵守它的结论。

A 选项：该项表明外层空间的资源丰富，无关选项，排除。

B 选项：该项讨论的是“太空探索的主导权”，无关选项，排除。

C 选项：该项表明《外层空间条约》的主导权的所属，并不能说明这个条约就不是意义非凡的，故该项无法削弱题干，排除。

D 选项：该项表明条约就是一张纸，对发动战争的国家没有实际约束，那么进一步说明这个条约是没有意义的，可以削弱题干。

E 选项：该项表明了一种设想，即“大家遵守条约，地球上的战争就少些”，并没有明确的态度，故该项无法削弱题干，排除。

故正确答案为 D 选项。

395 【答案】E

【解析】

论据：不同的人工智能系统不仅可以解决系统内的问题，还能互相协作。

论点：人工智能在现代社会和人类生活中的作用超乎想象。

削弱上述论证，需表明人工智能的作用并不是超乎想象的，它起到的作用仅仅是很小的一部分，或者指明人工智能有不好之处。

A 选项：该项表明了美国施行人工智能的目的，并未明确人工智能的作用大小以及是否有缺陷，故该项无法削弱题干。

B 选项：该项表明人工智能的家居对人类社会所起的作用越来越大，可以支持题干，排除。

C 选项：该项表明人工智能的协作过程容易出现问题，但是这并不能否定人工智能的作用，故该项无法削弱题干。

D 选项：该项表明人工智能结合大数据可以发挥更大的作用，指出了人工智能的优点，可以支持题干，排除。

E 选项：该项表明人工智能容易进化出反社会人格，对人类生存造成威胁，明确指出人工智能存在不好之处，可以削弱题干。

故正确答案为 E 选项。

396 【答案】D

【解析】

论据： 如果双胞胎从小处于不同的语言文化背景中，掌握的语言就会完全不同。

语言学家观点： 语言能力是天生就有的能力，存生一种天生的语言内核，通过自我慢慢发展，这种语言内核最后会“长”成我们所熟悉的一切语言能力。

削弱语言学家的观点，需表明语言能力并不是天生的，或者说即使是天生的能力也不会因此就随着自我发展起来。

A 选项：该项表明婴儿是通过模仿父母的方式学习语言，无法削弱语言学家的观点。

B 选项：该项表明语言是基因中早就预设有的，说明语言能力就是天生的，支持了语言学家的观点。

C 选项：该项表明动物经过训练后也能使用语言，只是表明语言后天也能习得，并不能说明其不是天生的，故该项无法削弱语言学家的观点。

D 选项：该项表明原始部落的居民在自我发展中没有形成语言能力，可以削弱语言学家的观点。

E 选项：该项表明语言内核存在问题没有定论，无法说明语言能力不会随着自我发展起来，故该项无法削弱语言学家的观点。

故正确答案为 D 选项。

397 【答案】D

【解析】

论据：“胡萝卜甲号”不仅对人体没有毒副作用，而且可以有效地提高人体的免疫力。

论点：“胡萝卜甲号”是有机食品。

A、B、C、E 选项：均未表明“胡萝卜甲号”在生长过程中是否使用了人工合成物质，无关选项，排除。

D 选项：该项指出“胡萝卜甲号”在生产过程中使用了化学肥料和一定量的农药，根据题干第一句话可知，“胡萝卜甲号”不是有机食品，故该项可以削弱题干论证。

故正确答案为 D 选项。

398 【答案】A

【解析】

论据： 临产孕妇的过敏反应会影响到体内的胎儿，春季花粉最为丰富，这个季节的过敏反应是一年中最强的。

论点： 大部分患有先天性过敏症的儿童应当出生在春季。

削弱上述论证，需表明先天性过敏症和具体出生的季节无关，即有论据无法得出结论。

A 选项：该项表明与先天性过敏症有关的免疫系统的发育在孕中期，和出生时间无关，该项可以削弱题干论证。

B 选项：该项讨论的是儿童在过敏症的患者中的占比，无关选项，排除。

C 选项：该项表明了过敏反应对孕妇的影响，并未讨论先天性过敏症和出生的季节的关系，无关选项，排除。

D 选项：该项表明了出生在夏天的患有过敏症的儿童具体的过敏源，无关选项，排除。

E 选项：该项表明怀孕造成孕妇变成过敏体质，无关选项，排除。

故正确答案为 A 选项。

399【答案】B

【解析】

论据：生物都是通过不断的自然选择和适应环境而进化来的，“过渡物种”是物种进化的关键环节，如果它们不存在，达尔文的自然选择理论也就无法解释生物的进化。

论点：“过渡物种”应该还是存在的。

削弱上述论证，可以直接指明论点无法得出，或者是论据不成立。

A 选项：该项讨论的是达尔文的理论的使用范围，无关选项，排除。

B 选项：该项直接表明达尔文的自然选择理论是错误的，削弱题干的论据。

C 选项：该项表明自然选择理论对生物科学的重要性，与题干论证无关，排除。

D 选项：该项指明生物进化的途径不只自然选择一种，也就是说明的确存在一些生物是通过自然选择而来的，进化中的“过渡物种”也是会存在的，支持题干论证。

E 选项：该项表明通过实验模拟得出存在其他形式生命的可能，无关选项，排除。

故正确答案为 B 选项。

400【答案】B

【解析】

论据：经历地球诞生后约 40 亿年的海洋环流运动，海洋已经均一化，构成表层海洋与深海的物质应是相同的。

专家观点：构成表层海洋和深海的物质并不相同。

削弱上述论证，可以直接指明论点无法得出，或者是论据不成立。

A 选项：该项表明海洋环流一直在变化着，无法削弱专家的观点。

B 选项：该项表明海洋物质构成由海洋扩散速度决定，表层海洋与深海的物质的扩散速度相同，也就说明表层海洋和深海的物质是相同的，可以削弱专家的观点。

C 选项：该项表明海洋成分不会因陨石冲击而发生显著变化，无关选项，排除。

D 选项：该项讨论的是表层海洋可能是生物活动的主要区域，并提及了表层海洋与深海的物理特性，与题干论证无关，排除。

E 选项：该项指明表层海洋生物和深海生物构成不同的原因，无关选项，排除。

故正确答案为 B 选项。

401【答案】B

【解析】

论据：科学家们通过对照实验得出服用维生素 C 的人感冒的次数和没有服用的人相比并没有明显减少。

论点：维生素 C 并不能有效预防感冒。

削弱上述论证，可以指出由该实验结果不足以得出结论，或者指明该实验可靠性存疑。

A 选项：该项指出服用维生素 C 和注射免疫蛋白预防感冒的作用一样，无法说明维生素 C 能有效预防感冒，故该项无法削弱题干。

B 选项：该项指出实验的结果存在问题，直接对题干的论据进行削弱，故该项可以削弱题干。

C 选项：该项提出一种设想，并未表明具体的态度，故该项无法削弱题干。

D 选项：该项指出了维生素 C 的多种作用，并未表明维生素 C 可以预防感冒，故该项无法削弱题干。

E 选项：该项表明维生素 C 能“加快感冒病人的恢复速度”，并不是预防感冒，与题干论证话题不一致，故该项无法削弱题干。

故正确答案为 B 选项。

402【答案】E

【解析】

论据：具备无人驾驶功能的汽车可以通过多种传感器、高级计算机系统进行数据处理和决策，从而提高交通效率。

论点：对该技术持有怀疑态度。

削弱上述论证，需表明该技术被证实或者有数据表明该技术是可靠的。

A 选项：该项表明无人驾驶技术不成熟，存在造价高昂等有待解决的问题，说明该技术是不可靠的，支持专家的观点，排除。

B 选项：该项指出了无人驾驶汽车的优点之一，仅凭这一点不足以说明该技术的可靠性好，故该项无法削弱专家的观点。

C 选项：该项指明某些复杂路段无人驾驶汽车的关键设备会失灵，说明无人驾驶技术可靠性不足，支持专家的观点，排除。

D 选项：该项讨论的是无人驾驶技术和振兴经济的联系，与题干论证无关，排除。

E 选项：该项表明无人驾驶技术做出的决策比大多数司机做出的决策更安全有效，说明该技术是可靠的，可以削弱专家的观点。

故正确答案为 E 选项。

403【答案】E

【解析】

论据：新型冠状病毒肺炎（COVID-19）大流行期间，出现质疑科学、否定科学的现象的缘由是政治、经济利益和社会价值观存在冲突，从而阻止科学在公共危机领域的应用。

论点：应当让科学家来管理专门负责处理公共危机的机构。

质疑专家的观点，需指出科学家的管理存在一些问题，无法使问题得到解决。

A 选项：该项指出一些科学家具有政治倾向或者与他人有利益关联，无法做到客观公正处理，但存在程度词“一些”，所以该项削弱力度较弱。

B 选项：该项指出“公众对气候变化的关注度提高”，与题干论证话题无关，排除。

C 选项：该项表明多数美国人是质疑和反对让科学家来解决 COVID-19 大流行带来的危机，该项表明某一类人的观点，这不能代表事实就是如此，所以该项无法质疑专家的观点。

D 选项：该项指出“科学系统”本身存在问题，致使某些科学家无法做到客观真实的断定，这无法否定所有的科学家，故该项无法质疑专家的观点。

E 选项：该项表明由特定群体来主导某些事，必然会出现偏见，无法给出客观公正的断定，可以质疑专家的观点。

故正确答案为E选项。

404【答案】C

【解析】

论据：生鲜电商通过建立供应商管理流程与绩效考核体系来解决成本问题。

论点：生鲜公司的供应商不愿意接受严格的绩效考核体系。

质疑专家的观点，可表明供应商愿意接受严格的绩效考核体系。

A选项：该项说明了降低生鲜电商的运营成本的好处，与题干讨论话题不一致，排除。

B选项：该项指出通过优化包装、减少包装材料的使用的方法来解决成本问题，并未提及"绩效考核体系"的方法，无关选项，排除。

C选项：该项表明绩效考核体系的激励政策到位，供应商是愿意接受的，直接反驳了专家的观点。

D选项：该项指出电商公司面临主要难题是控制运营成本，无关选项，排除。

E选项：该项表明人工智能技术可以减少库存积压，无关选项，排除。

故正确答案为C选项。

405【答案】C

【解析】

论据：电子书具有便捷性，越来越多的人选择电子阅读，纸质书的地位受到了挑战。

论点：改善传统书籍的触感设计，纸质书能为读者提供无可替代的阅读体验。

质疑专家的观点，可表明纸质书的触感设计并不是无可替代的，电子书也具有同样的体验。

A选项：该项比较的是两种不同书籍的环保程度，题干并未涉及相关话题，排除。

B选项：该项指出读者选择电子书的首要理由是便携、低成本，并未就"触感设计"这一话题进行讨论，排除。

C选项：该项表明电子书阅读器的触感体验已经赶上纸质书了，那么纸质书的阅读体验也并不是无可替代的，可以质疑专家的观点。

D选项：该项指出一些年轻读者对纸质书的触感设计感兴趣，这并不能说明纸质书的触感体验就是不可替代的，该项无法质疑专家的观点。

E选项：该项比较了电子书阅读和纸质书阅读对记忆力的影响，无关选项，排除。

故正确答案为C选项。

406【答案】C

【解析】

论据：印度尼西亚苏拉威西岛某洞穴的壁画中的具有神秘动物特征的人物形象被认为是精神思维和艺术创作的证据，同时研究发现这些图像的年代是43 900年至35 100年前。

论点：这一发现挑战了先前关于早期人类艺术创作主要起源于欧洲的观点。

A选项：该项只是指出壁画中的动物形象实际不存在，是艺术家虚构的，与题干论证无关，排除。

B选项：该项指出颠覆传统观点的考古造假事件近些年频发，但这并不能说明此次的考古发现也是现代人造价所为，无法反驳专家的观点，排除。

C选项：该项明确指出壁画中人物的神秘动物特征是自然侵蚀导致的，不存在所谓的人为艺术创作，可以反驳专家的观点。

D 选项：该项表明放射性衰变测量可能存在误差，但并未进一步表明测量数据偏大还是偏小，没有明确的具体的结果，所以无法反驳专家的观点，排除。

E 选项：该项观点表达不明确，并未给出确切的事实信息，所以无法反驳专家的观点，排除。

故正确答案为 C 选项。

407 【答案】D

【解析】

论据：网上出现以儿童喜欢的动画形象为外衣，传播暴力、恐怖、残酷、色情等不适内容的视频，相关部门开展深入监测和清查，相关网站也在开展自查和清理。

论点：相关部门和网站都过度紧张了，因为儿童的心理具有很强的可塑性，不会轻易受到这些视频的影响。

反驳学者的观点，可直接指出这样的视频会影响儿童的心理。

A 选项：该项表明监测和清查耗费人力和物力，与题干论证无关，排除。

B 选项：该项指出自查和清理行动会伤及没有不适内容的动画片，造成负面影响，并未提及视频和儿童心理可塑性的联系，与题干论证无关，排除。

C 选项：该项指出儿童需要通过打游戏等方式释放压力，与题干论证无关，排除。

D 选项：该项指出儿童具有模仿能力，他会对自己看到的内容进行模仿学习，继而养成自己的行为模式和价值观，这极大地影响了儿童的心理，可以反驳学者的观点。

E 选项：该项表明只要家长和学校进行正确引导，就不会让儿童形成不好的价值观，无法反驳学者的观点。

故正确答案为 D 选项。

408 【答案】C

【解析】

论据：环境中的有害化学物质和重金属等污染物会使儿童免疫系统出现问题，增加患病风险。

论点：环境污染和微生物会伤害儿童的免疫系统，应该让儿童尽可能待在完全清洁的环境中。

质疑专家的观点，可指明在完全清洁的环境中生活同样不利于儿童免疫系统的发育。

A 选项：这里举例说明使用洗碗机会增加儿童发生过敏的概率，与题干论证话题无关，排除。

B 选项：该项比较不同生活环境下的小鼠免疫力的强弱，但并没有特别指明小鼠的生理特性和儿童的生理特性相似，所以无法通过类比方式来反驳专家的观点，排除。

C 选项：该项表明免疫系统中扮演着重要角色的记忆性 CD8 阳性 T 细胞在完全清洁的环境中数量不足，这会造成机体的免疫力下降，增加患病风险，可以反驳专家的观点。

D 选项：该项比较生活在农村和城市环境中儿童患哮喘和过敏的概率，与题干论证话题不一致，排除。

E 选项：该项表明免疫系统需要和外界环境中的各种刺激接触，不然就可能导致免疫系统发育不完全，该项可以削弱专家观点，但出现了“可能”这一程度词，反驳力度弱于 C 选项。

故正确答案为 C 选项。

409【答案】A

【解析】

论据：“北京方案”通过采用单倍型移植技术，使几乎每个需要移植的患者都能找到供者。

论点：为了尽可能提高患者的生存率，传统的移植方案依然是首选方案。

反驳专家的观点，指出北京方案和传统方案在患者的生存率方面并没有差异即可。

A 选项：该项明确指出两种移植方案的 3 年无病生存率相当，可以反驳专家的观点。

B 选项：该项指出“北京方案”可以降低寻找供体的难度，但并未提及患者的生存率这个信息，无法反驳专家的观点。

C 选项：该项讨论的是“北京方案”的推广和应用的相关话题，与题干论证无关，排除。

D 选项：该项表明“北京方案”获得许多专家的一致好评，与题干论证无关，排除。

E 选项：该项指出了“北京方案”存在的一些不足之处，但并未就提高患者的生存率表明态度，无法反驳专家的观点。

故正确答案为 A 选项。

410【答案】B

【解析】

论据：速冻食品的生产和储藏过程严格控制温度，理论上可以限制微生物的活动，减少食品腐败变质的可能。

论点：若选择速冻食品作为主要食物来源，就既能享受原汁原味的食物，也不用担心食品变质问题。

质疑专家的观点，可指出即使速冻食品具备这些优点，食物变质的问题还是需要多留意。

A 选项：该项指出部分耐寒的微生物在低温环境下仍然可以存活，但是并未进一步说明这种微生物是否让食物腐败变质，所以无法质疑专家的观点。

B 选项：该项表明消费者容易忽视速冻食物的储藏温度，这会使得速冻食物变质风险增加，所以速冻食物的变质问题还是需要留意的，该项可以质疑专家的观点。

C 选项：该项讨论的是速冻食品并不能满足所有人的口味，与题干论证话题无关，排除。

D 选项：该项表明速冻食品在储存和运输的过程中严格控制温度的目的，与题干论证话题无关，排除。

E 选项：该项指出速冻食品在生产、运输和储存过程中严格控制温度并不适合所有地区，一些偏远地区无法达到这些要求，与题干论证话题无关，排除。

故正确答案为 B 选项。

411【答案】D

【解析】

论据：封控期间有些学生开始沉迷于网络游戏。

论点：沉迷于网络游戏的学生没有意识到学习的重要性，应该加强对他们的价值观教育。

质疑教授的观点，可指出不应该这样做的理由或说明这些学生沉迷于网络游戏并不是价值观问题导致的。

A 选项：该项指出玩网络游戏的一些好处，与题干论证话题无关，排除。

B 选项：该项表明还是有学生自控能力好，不会沉迷于网络游戏，并未说明学生沉迷于网络游戏的具体原因，该项无法质疑教授的观点。

C 选项：该项指出沉迷于网络游戏的学生人数占比非常小，并未指出他们沉迷于网络游戏的具体原因是不是价值观问题，该项无法质疑教授的观点。

D 选项：该项表明封锁控制让个体的一些需求得不到满足，才会导致他们沉迷于网络游戏，明确指出是心理、情感需要无法满足导致了这些学生的上瘾行为，可以质疑教授的观点。

E 选项：该项表明学校不能禁止学生玩网络游戏，这种行为并没有违反学生守则，与题干论证话题无关，该项无法质疑教授的观点。

故正确答案为 D 选项。

412【答案】A

【解析】

论据：高尿酸血症可能引发痛风、肾脏疾病等全身代谢性疾病，其典型症状有慢性疲劳、蛋白尿、肾结石、痛风等。

论点：身体没有出现高尿酸血症的典型症状，就不必担心高尿酸血症的问题。

质疑题干论证，可指出这些典型症状是疾病达到相当严重程度才会出现的，没有这些症状并不能说明身体不存在相关问题。

A 选项：该项明确指出高尿酸血症早期并没有症状显现，但是仍旧会损害身体，该项可以质疑题干论证。

B 选项：该项指出高尿酸血症的患病原因是摄入高嘌呤食物的饮食习惯，而很少有人有相关的饮食习惯，该项有支持的力度，排除。

C 选项：该项表明了降低体内尿酸的方法，用这样的方法可以有效降低患病风险，与题干论证无关，排除。

D 选项：该项指出了鸡蛋、乳制品对人体尿酸含量的影响非常小，与题干论证无关，排除。

E 选项：该项指出卫生部门建议定期检测尿酸含量，与题干论证话题无关，排除。

故正确答案为 A 选项。

413【答案】B

【解析】

论据：大量摄入胆固醇会对心血管造成不利影响，而人体对不同程度的胆固醇摄入量存在动态调节机制，能够适应胆固醇摄入量的波动。

论点：不必过分担心大量胆固醇的摄入对身体的影响。

质疑题干论证，可指出大量摄入胆固醇对身体存在危害或者不利影响。

A 选项：该项指出了我国成年居民胆固醇摄入的主要来源，与题干论证无关，排除。

B 选项：该项指出对于胆固醇敏感人群，摄入胆固醇过高会增加患心脑血管疾病的风险，该项可以质疑题干论证。

C 选项：该项表明健康的人每天至少摄入一个鸡蛋，与题干论证话题无关，排除。

D 选项：无关选项，该项只是指出很多人爱吃猪脑，但是，该项并未指出胆固醇是否会对身体造成伤害，故该项无法有效削弱题干。

E 选项：该项指出医学不断进步，健康的生活方式或许未来会被推翻，与题干论证话题无关，排除。

故正确答案为 B 选项。

414【答案】D

【解析】

论据: 在同声传译中，翻译员需要准确把握讲话的内容并且及时翻译，这需要使用一系列技巧，这些技巧背后的核心是预测能力。

论点: 因此，对于翻译员而言，只凭借预测能力就足以出色地完成工作。

质疑题干论证，可直接反驳论点。

A 选项：该项指出在同声传译中使用最多的是语言处理能力，但使用频次高并不能说明该能力对同声传译就极其重要，所以该项无法反驳题干的论证。

B 选项：该项指出即时记忆能力对翻译质量的影响程度比预测能力大，翻译质量的好与不好无法说明该能力重不重要，所以该项无法反驳题干论证。

C 选项：该项表明翻译员需要定期做心理咨询来提高情绪管理能力，以此来保证他们的翻译质量，并未比较情绪管理能力和预测能力的重要程度，该项无法反驳题干论证。

D 选项：该项指出过度依赖预测能力会影响翻译的准确性和效率，也就是说对于同声传译而言翻译的准确性和效率是最重要的，该项可以质疑题干的论证。

E 选项：该项指出分析能力、快速反应能力和预测能力一样重要，有支持题干论证的力度，排除。

故正确答案为 D 选项。

415【答案】D

【解析】

论据: 膳食纤维是人体必需的非能量营养素，对健康有诸多益处，但在现实生活中，很多人的膳食纤维摄入量远远低于每日推荐摄入量（25 克）。

论点: 只要平时保持健康的生活方式，即便膳食纤维的摄入量不达标，也不会对健康造成太大影响。

不能质疑题干论证，则选择支持题干论证或和题干论证无关的选项。

A 选项：该项明确表明膳食纤维的摄入不足，会导致患心血管疾病及某些类型癌症的风险增加，可以削弱题干论证。

B 选项：该项表明体育锻炼和良好的饮食习惯无法替代膳食纤维的作用，可以削弱题干论证。

C 选项：该项指出膳食纤维摄入不足会引起血糖控制不良、体重管理困难，其他健康生活方式是无法解决这些问题的，可以削弱题干论证。

D 选项：该项指出服用膳食纤维补充剂可补充膳食纤维摄入不足，那么日常摄入不达标也不会影响身体健康，支持题干论证。

E 选项：该项指出膳食纤维可以防止便秘和维持肠道健康，而其他健康生活方式在这方面的作用有限，无法替代膳食纤维的作用，可以削弱题干的论证。

故正确答案为 D 选项。

416【答案】D

【解析】

论据: X 光显微断层扫描和 3D 打印技术不仅避免了对珍贵化石的破坏，还提高了研究的精确度和直观性。

论点: 现代化的研究方式对于古生物学领域的研究越来越重要，从事古生物研究的专家和机构都应该尝试用“现代化的研究方式”研究古生物。

不能质疑专家的观点，则选择支持题干论证或和题干论证无关的选项。

A 选项：该项指出现代化的研究方式无法替代传统研究方法，传统研究方法在某些方面具有不可替代的价值，可以质疑专家的观点。

B 选项：该项指出现代化的研究方式得出的结论和传统研究方法存在差异，这不利于古生物研究，可以质疑专家的观点。

C 选项：该项指出现代化的研究方式会忽略原化石结构的细节问题，影响研究的准确性，可以质疑专家的观点。

D 选项：该项指出现代化的研究方式可以有效地保护珍贵化石资源，可以支持专家的观点。

E 选项：该项指出现代化的研究方式成本昂贵、技术复杂，这使得许多研究成果无法普及，可以质疑专家的观点。

故正确答案为 D 选项。

417 【答案】C

【解析】

论据：“诗体评语”的评价方式试图突破传统评价的局限，通过个性化的关注和情感的抚慰，激发学生的自信力、信任感和奋斗激情。

论点：“诗体评语”的评价方式值得大力推广。

不能质疑专家的观点，则可指出这种评价方式的优点或值得大力推广之处。

A 选项：该项指出过度的个性化评价让学生和家长对评价的客观性和公正性产生怀疑，无法达到激烈学生的目的，可以质疑专家的观点。

B 选项：该项指出“诗体评语”的评价方式会忽略对学生学业成绩和能力提升的指导，不利于学生发展，可以质疑专家的观点。

C 选项：该项指出“诗体评语”这种评价方式可以提高学生的学习动力和自我价值感，支持专家的观点。

D 选项：该项指出在传统教育观念较深的地区，家生和学生都倾向于直接明了地反馈学业成绩，个性化的评价缺乏实际教育意义，可以质疑专家的观点。

E 选项：该项指出“诗体评语”的评价方式的普及性、可操作性很难在差异化的教育环境中保证落实，可以质疑专家的观点。

故正确答案为 C 选项。

418 【答案】D

【解析】

论据：《给教师阅读建议》针对教师在阅读过程中可能遇到的阅读效率低等问题提出了一系列建议和解决方案。

论点：《给教师阅读建议》是一本对教师极具启发性的阅读指导书籍。

不能质疑专家的观点，可指出这本书对于教师而言具有指导意义。

A 选项：该项指出书中的方法并不能提高阅读能力，反而会让阅读过程变得烦琐，可以质疑专家的观点。

B 选项：该项表明书中方法对于部分教师而言难以去实践，无法得到实际的验证，那么这本书也就没有指导意义，可以质疑专家的观点。

C 选项：该项指出阅读成效取决于个人的阅读习惯和偏好，若不适应书中方法，那么该书就没有指导意义，可以质疑专家的观点。

D 选项：该项明确指出一些教师应用了书中的方法，解决了他们阅读效率低的问题，这说明该书具有指导意义，可以支持专家的观点。

E 选项：该项指出一些教师在长期的教学实践中感知到这些方法实际的效用并不像预期一样，解决问题并不容易，可以质疑专家的观点。

故正确答案为 D 选项。

419 【答案】D

【解析】

论据： 工业革命时期的快速变化带来了科学技术的进步，同样也带来了一系列社会问题，包括劳动条件的恶化和贫富差距的扩大，这最终激发了包括宪章运动在内的社会运动

论点： 工业革命实际上降低了人民的生活水平，也带来了更多的社会矛盾。

不能质疑专家的观点，则表明工业革命对人民生活的负面影响的确是更多。

A 选项：该项表明工业革命提高了社会生产效率，降低了社会动荡的风险，这是正面的影响，可以质疑专家的观点。

B 选项：该项指出工业革命促进了城市规划的优化和公共卫生水平的提高，这是提升人民生活水平的表现，可以质疑专家的观点。

C 选项：该项表明工业革命使得部分国家实现工业化，提高了居民的收入水平，可以质疑专家的观点。

D 选项：该项提到了科学技术进步的领域，但未提及人民生活水平和社会矛盾相关信息，无法质疑专家的观点。

E 选项：该项表明工业革命促进了公共教育体系的改革和发展，这是提升人民生活水平的一个方面，可以质疑专家的观点。

故正确答案为 D 选项。

420 【答案】B

【解析】

论据： 一些学习用具因引入一些科学概念而价格昂贵。

论点： 许多产品的实际使用效果不佳，家长应理性购买这些学习用具，避免被过度宣传所误导。

不能质疑专家的观点，可指出这些学习用具的确是存在过度宣传的问题。

A 选项：该项指出使用“符合人体工学”的学习桌椅能够有效预防颈椎和脊椎问题，说明这些学习用具并不存在过度宣传的问题，质疑专家的观点。

B 选项：该项表明这些宣称具有“特殊功能”的学习用具并未达到和宣传一样的效果，说明这些学习用具存在过度宣传的问题，可以支持专家的观点。

C 选项：该项指出一些高端学习用具的确可以达到好的效果，说明这些学习用具并未误导消费者，可以质疑专家的观点。

D 选项：该项指出护脊书包的确比普通书包更具有保护儿童脊椎的作用，并不存在过度宣传的问题，可以质疑专家的观点。

E选项：该项指出学习用具对于儿童学习具有积极的作用，与题干论证话题无关，相比较之下，B选项有支持力度，最不能质疑专家的观点。

故正确答案为B选项。

421【答案】D

【解析】

论据：AI结合数字病理的应用可有效节省人力和时间成本，提升病理诊断的质量和效率。

论点：AI的辅助不仅能减轻病理医生的工作负担，还能提高诊断的效率与可靠性。

不能质疑专家的观点，可指出AI的辅助的确可以提高诊断的效率和可靠性。

A选项：该项表明和经验丰富的医生比较，AI在复杂病例的诊断上和其有一定的差距，这说明AI的辅助并不能提高诊断的效率与可靠性，可以质疑专家的观点。

B选项：该项指出AI辅助诊断技术稳定性差，会在运行过程中突然出现程序错误而最终诊断错误，这会降低病情诊断的可靠性，可以质疑专家的观点。

C选项：该项表明需要花费大量时间和精力与AI磨合使其可以进行疾病诊断，这并不能提高工作的效率，反而增加了工作量，可以质疑专家的观点。

D选项：该项表明AI技术的引入可以显著提高工作效率，该项支持了专家的观点。

E选项：该项表明AI技术会削弱医生自身的诊断能力，不利于年轻医生的培养，可以质疑专家的观点。

故正确答案为D选项。

题型02 特殊模型的削弱

422【答案】C

【解析】

论据：产品质量为消费者考虑的主要因素，Z手机生产厂家进行更加时尚的外观设计，加大研发力度，提高手机质量，降低了产品价格。

论点：在进行一系列的努力之后，Z公司的手机销量一定会提升。

削弱上述论证，需指明提高产品质量不会增加手机的销量，或者指明销量是由其他因素影响的。

A选项：消费者对价格不敏感，那么调整价格是否能提高手机的销量未知，排除。

B选项：表明消费者购买手机是出于冲动，和题干提到的这些因素无关，未表明上述方法是否可能可以提高销量，该项无法削弱题干论证。

C选项：表明消费者从价格高低看手机质量的高低，该项成立让消费者认为Z公司的手机质量不怎么好，从而降低销量，可以削弱题干论证。

D选项：与“其他手机生产厂家”无关，排除。

E选项：质量不是影响销量的唯一因素，但也是影响因素之一，而题干说的是质量是主要因素，该项无法削弱题干论证。

故正确答案为C选项。

423【答案】D

【解析】

论据：85 ~ 100岁的人的大脑皮层神经活跃度明显要低于活到80岁以下的人。

论点：可以通过神经活跃度判断寿命，神经活跃度越低的人，寿命越长。

削弱上述论证，需表明无法通过神经活跃度的高低来判定一个人的寿命长短。

A 选项：题干不涉及科研团队成员年龄的相关话题，诉诸人身，排除。

B 选项："在认知上没有缺陷"的健康大脑和题干论证无关，排除。

C 选项：该项表明神经活跃度的高低的确和寿命长短有关，支持题干的论证，排除。

D 选项：直接表明神经活跃度和寿命是无关的，那么就无法依据神经活跃度的高低来判断寿命的长短，削弱了题干论证。

E 选项：该项指出影响寿命长短的原因有很多，有可能是其他原因导致的寿命长短问题，并不能证明无法用神经活跃度来判断个体的寿命，该项无法削弱题干论证。

故正确答案为 D 选项。

424【答案】D

【解析】

方法："特好吃"餐厅向用餐完毕 1 小时仍未离开的顾客收取一定的费用。

目的：该方案会使用餐完毕不离开的顾客数量大量减少。

削弱上述论证，需要表明该方法无法实施或方法无效。

A 选项：该项指出"收费"的方式无法达到减少顾客用餐完毕不离开现象的目的，这里"约束力"指代不明，故该项削弱力度不强。

B 选项：该项指出的是"个别"顾客的行为，无法削弱题干，排除。

C 选项：无关选项，题干不讨论顾客用餐完毕不离开的现象产生的原因。

D 选项：该项指出"收费"的方式无法达到减少用餐完毕不离开现象的目的，很有可能致使很多人愿意付钱占据位置不离开，会使用餐完毕不离开的人数增加，该项可以削弱题干论证。

E 选项：无关选项，题干不讨论与该餐厅环境相关的话题。

故正确答案为 D 选项。

425【答案】D

【解析】

题干论证：

由该节目收视率比同类节目高出 2%（因）得出该节目达到了当前同类节目的最高水准（果）。

削弱上述因果论证，可考虑割裂其因果联系，或指出因果倒置。

A 选项：无关选项，题干不讨论参与该节目的嘉宾如何评价该节目，排除。

B 选项：无关选项，题干不讨论观众的节目偏好，排除。

C 选项：该项指出，节目导演的微博存在几十万条批评该节目的评论，但并未指出该节目的好评有多少，且无法说明网友评价和节目水准之间存在必然的联系，排除。

D 选项：该项直接割裂了收视率和节目水准之间必然的因果关系，最强地削弱了题干论证。

E 选项：该项虽然指明收视率并不是判断节目水准的唯一标准，但收视率是判断节目水准的因素，无法削弱题干论证，排除。

故正确答案为 D 选项。

426【答案】B

【解析】

题干论证：

长时间玩网络游戏（因）导致了孩子的学习成绩下降（果）

削弱上述因果论证，需表明上述论证的因果之间没有联系，或者存在因果倒置的情况。

A 选项：他因削弱，“有些”的数量范围未知，力度较弱，排除。

B 选项：因果倒置，表明不是因为网络游戏导致了成绩下降，而是因为成绩下降才沉迷游戏，正确。

C、D、E 选项：无关选项，未涉及题干中“网络游戏”与“成绩下降”之间的因果关系，排除。

故正确答案为 B 选项。

427【答案】B

【解析】

论据：通过对照实验得出，新鲜“苦苦果实”可以抑制小白鼠对苦味的感受敏感度。

论点：只有新鲜的“苦苦果实”才能使小白鼠的味觉发生变化。

削弱科学家的观点，需表明通过该对照实验无法推出论点，或者直接表明不仅只有新鲜的“苦苦果实”可以让味觉发生变化。

A 选项：该项表明“苦苦果实”在人体上不适用，可能没有效果，削弱医生的推测，和科学家的观点无关，排除。

B 选项：该项表明由题干的实验结果得出的结论是不可信的，直接指明了使小白鼠的味觉发生变化不只有新鲜的“苦苦果实”，可以削弱科学家的观点。

C 选项：该项指出了实验对象的特点，表明小白鼠是常用的动物实验对象，无关选项，排除。

D 选项：该项表明这种“苦苦果实”对小白鼠健康无影响，和题干论证话题无关，排除。

E 选项：该项表明题干的实验是不可信的，削弱了论据的可信度，可以削弱科学家的观点。

B 选项直接削弱题干的论点，E 选项削弱的是论据，E 选项的力度较弱。

故正确答案为 B 选项。

428【答案】B

【解析】

张研究员：陨石撞击地球是导致恐龙灭绝的主要原因。

李研究员：恐龙灭绝的主要原因是长期的火山活动，导致了全球气候变暖。

质疑李研究员的观点，需指明主要原因不是长期火山活动形成的全球气候变暖。

A 选项：该项表明，陨石撞击太阳系外的行星，影响行星上的生物生存，该项没有明确这些行星和地球是否相似，所以无法类比，故无法削弱李研究员的观点。

B 选项：该项表明植物进化导致恐龙食物来源变化这一原因比火山活动带来的气候变化更能影响恐龙生存，也就是说恐龙灭绝的主要原因是食物来源的变化，可以削弱李研究员的观点。

C 选项：该项表明恐龙的灭绝受到多种因素的影响，并未否定主要原因是火山活动带来的气候变化，故无法削弱李研究员的观点。

D 选项：该项表明一个物种灭绝不影响其他物种生存，与题干论证无关，排除。

E 选项：该项表明不可能是陨石撞击地球导致恐龙灭绝，反驳了张研究员的观点，无法反驳李研究员的观点。

故正确答案为 B 选项。

429【答案】C

【解析】

论据：大脑的清洁机制主要是清洁大脑中的废物和毒素，有睡眠问题的人在深度睡眠期间，大脑的清洁机制活跃度更高。

论点：大脑的清洁机制过于活跃导致了睡眠问题。

削弱上述因果关系，可以割裂其因果联系，或者指出因果倒置等。

A 选项：该项表明可能是睡前玩手机、看各种短视频导致睡眠问题，另有他因，可以削弱题干论证。

B 选项：该项表明了研究团队的人的身份，和题干论证无关，排除。

C 选项：该项表明是睡眠问题导致了大脑的清洁机制活跃，而不是大脑的清洁机制活跃导致了睡眠问题，因果倒置，可以削弱题干论证。

D 选项：该项表明调查对象的人数在整体中的占比，但并未进一步说明这部分人是否不具备代表性，观点不明确，故该项无法削弱题干论证。

E 选项：该项表明大脑中的废物和毒素造成的危害是不可逆的，并未提及大脑的清洁机制和睡眠问题之间的关系，排除。

故正确答案为 C 选项。

430【答案】D

【解析】

论据：销售数据显示，插电式混合动力汽车的销量总体最高。

论点：消费者更愿意购买操作便捷的插电式混合动力汽车。

削弱题干的论证，只需表明无法根据汽车的销量情况来判断消费者购买意愿，或者指出消费者选择了插电式混合动力汽车有其他原因。

A、B 选项：这两项指出了插电式混合动力汽车的优点，与题干论证话题不相关，排除。

C 选项：该项既指出了增程式混合动力的优势，也指出了它的劣势，无法有效削弱题干，排除。

D 选项：该项表明是插电式混合动力汽车的售价较其他类型的车便宜，才导致了其销量高的结果，售价低才是消费者购买的直接原因，该项成立可以削弱题干论证。

E 选项：该项指出为了顺应时代发展，汽车厂商一定会研发更加适应市场的汽车，与题干论证无关，排除。

故正确答案为 D 选项。

431【答案】D

【解析】

论据：有的人在遇到意外脑创伤后，会拥有超出常人的艺术或才智方面的天赋。

论点：意外脑创伤是通向艺术殿堂的一扇窗。

削弱上述论证，需要针对上述论证的因果关系，可以割裂因果联系，指出因果倒置或者另有他因。

A 选项：题干不讨论学者综合征患者是否能成为艺术家，该项和题干的相关度不强，排除。

B 选项：无关选项，题干不涉及“内在的天才”的相关论证，排除。

C 选项：该项指明意外创伤可能导致大脑某些区域活动减弱及某些区域活动增强，从而导致表现出特殊才能，该项建立了题干结论的因果关系，在一定程度上支持了题干论证，排除。

D 选项：该项指出是个体的家族遗传导致自身具备艺术或才智方面的特殊才能，另有他因，该项可以削弱题干论证。

E 选项：无关选项，题干不讨论“非学者综合征患者”的群体，排除。

故正确答案为 D 选项。

432【答案】E

【解析】

论据：1/5 的人服用 G-U-M Rincinol 后产生了明显的副作用。

论点：应该禁止使用 G-U-M Rincinol 治疗口腔溃疡。

削弱上述观点，需指出因果无关或另有他因。

A 选项：题干未讨论口腔癌的相关话题，无关选项，排除。

B 选项：该项指出产生副作用的那些人可能以前从没有服用过该药物，支持了题干的因果关系，排除。

C 选项：题干讨论的是口腔溃疡患者服用该药物是否会产生副作用，和该项无关，排除。

D 选项：该项明确指出该药物是可以产生副作用的，支持了题干的论据，排除。

E 选项：该项指出只有胆固醇含量极高的患者才会出现副作用，这就意味着，不需要禁止使用 G-U-M Rincinol 治疗口腔溃疡。因此，该项削弱了题干，正确。

故正确答案为 E 选项。

433【答案】C

【解析】

论据（果）：人们越来越不愿意结婚，生育率也逐渐降低，初婚年龄也在增大。

论点（因）：年轻人只知道享乐，没有责任心。

削弱该论证，需表明越来越多的人不结婚不是因为没有责任心，或者指出是由其他原因导致的。

A、B、E 选项：无关选项，描述现实情况，未涉及不愿意结婚和生育的原因，排除。

C 选项：他因削弱，表明是因为年轻人有责任心，才会晚婚晚育，他们是对下一代负责任，正确。

D 选项：他因削弱，力度较弱，提出受教育的时间长导致留给婚姻的空间和时间变少，与 C 选项相比，C 选项直接驳斥了“不负责任”这一态度，而 D 选项的相关性较弱。

故正确答案为 C 选项。

434【答案】C

【解析】

论据：仅在 2020 年，美国环保署的环保项目投入资金就达到了 300 亿美元，在全球环保投入中排在第一。

论点：美国对环保工作高度重视。

削弱上述论证，需指明环保的工作的重视程度并不取决于环保资金投入，割裂两者之间的联系。

A 选项：该项表明 2022 年德国环保资金投入排第一，由于时间上的差异，该项无法质疑美国对环保工作的高度重视，故该项无法削弱题干论证。

B 选项：该项指出了将环保看作国家战略的好处，并未说明美国对环保工作的重视程度的高低，故该项无法削弱题干论证。

C 选项：该项表明环保资金投入的目的是在大选时获取更多的选票，而不是重视环保，该项可以削弱题干论证。

D 选项：该项表明了环保的重视程度和国家战略眼光的长远程度之间的联系，无关选项，排除。

E 选项：该项表明不重视环保，会承受环境恶化带来的恶果，无法说明美国对环保工作的重视程度的高低，故该项无法削弱题干论证。

故正确答案为 C 选项。

435 【答案】B

【解析】

论据：自 2010 年以来，全球范围内的可再生能源的使用量大幅度增长，尤其是在欧洲和北美地区。

论点：可再生能源的使用趋势对全球碳排放的减少起到了主导作用。

削弱上述专家的观点，需表明使用可再生能源导致的碳减排的量并不是占据大部分。

A 选项：该项表明可再生能源带来的好处，无关选项，排除。

B 选项：该项指出植树造林、退耕还林的减排量占比最高，那么植树造林、退耕还林才是对全球碳排放的减少起到主导作用的因素，该项可以反驳专家的观点。

C 选项：该项指明欧洲地区碳减排主要是依靠限制燃油车，该项无法反驳专家的观点。

D 选项：该项表明可再生能源并不能满足人类对能源的需求，无关选项，排除。

E 选项：碳排放量受到太阳辐射量的影响，和题干论证话题不一致，排除。

故正确答案为 B 选项。

436 【答案】D

【解析】

论据：全球气候变暖造成的干旱导致真菌等菌类大量死亡，从而导致植物死亡，引发了森林退化等现象。

论点：为了应对气候变暖带来的挑战，应当选择其他耐旱的菌类和植物共生。

削弱上述论证，需指明该方法也无法逆转这种植物死亡的现象，或者说明该方法在实际操作中无法实施。

A 选项：该项表明存在一些真菌比其他类型的菌类更耐旱，但未具体说明该方法能够应对气候变暖的挑战，故该项无法削弱题干。

B 选项：该项表明该方法可行是需要时间的，但未表明具体时间，所以观点不明确，该项无法削弱题干。

C 选项：该项表明和植物共生的真菌是一些动物的食物，没有这些真菌，动物就会因饥饿而死亡，与题干论证无关，排除。

D 选项：该项表明该方法无法达到最终的效果，耐旱的细菌无法适应气候变暖，可以削弱题干。

E 选项：该项表明该方法无法缓解气候变暖，而题干明确只是“应对挑战”，与题干论证话题不一致，排除。

故正确答案为 D 选项。

437 【答案】E

【解析】

方法：所有的公共车辆都一律用电能代替燃油，加快推进新能源汽车的普及。

目的：改善雾霾导致的大气污染问题，从而降低秋冬季节呼吸系统疾病的发病率。

削弱专家的提议，需表明该方法无效或者是方法不可行。

A 选项：无关选项，题干论证与购置成本无关，排除。

B 选项：无关选项，该项指出采用新能源车出行的货车司机会面临很大的困难，但这与改善污染无关，排除。

C 选项：相关度较弱，题干的主体是甲国，与乙国无关，主体不一致，排除。

D 选项：无关选项，与题干中的方法无关，无法削弱，排除。

E 选项：达不到目的，表明该方法施行后不仅不能改善大气污染反而加重了污染程度，正确。

故正确答案为 E 选项。

438【答案】B

【解析】

方法：统一黄河流域发展水平。

目的：有效解决黄河流域的生态问题。

削弱上述论证，需表明该方法无效或者是方法不可行。

A 选项：无关选项，题干论证与长江无关，排除。

B 选项：方法不可行，表明统一黄河流域发展水平的方法难以实现。此种削弱方法虽然不是第一思路，但在本题中属于"相对最优"的选择。

C 选项：该项强调的是为了保护黄河要坚持走绿色可持续的高质量发展之路，和题干中"统一黄河流域的发展水平"无关。

D 选项：该项强调的是长江保护法和黄河保护法的严格程度，和题干论证无关。

E 选项：该项讨论的是黄河流域的村民在经济发展的过程中对环境造成的破坏，但是和黄河流域的发展水平是否统一无关，排除。

故正确答案为 B 选项。

439【答案】D

【解析】

论据：生姜及生姜类产品是爱发人士关注的热点。

论点：涂抹生姜汁可促进血液循环，进而促进生发。

削弱上述论证，可指明涂抹生姜不能达到生发的目的。

A、B 选项：题干不讨论脱发产生的原因，该项和题干相关度不大，排除。

C 选项：该项明确指出，涂抹生姜汁可促进血液循环，支持了题干论证，排除。

D 选项：该项指出，涂抹生姜汁不仅达不到生发的目的，反而会导致脱发，所以该项削弱了题干论证，正确。

E 选项：虽指出涂抹生姜有一定的副作用，但它的确有护发的作用，支持了题干论证，排除。

故正确答案为 D 选项。

440【答案】C

【解析】

论据：动物听到高分贝的声音时会觉得自己正在遭受外界的威胁，从而导致应激反应的物质增多。

论点：每天让动物听高分贝的声音可以提高动物对外界威胁的警觉程度。

削弱专家的观点，需表明该方法无效，即这样做并不能提高动物的警觉程度。

A 选项：该项指出每天让动物听高分贝的声音会导致坏的结果，并未指出方法无效，故该项无法削弱专家的观点。

B 选项：该项表明动物回归野外前会定期给它们听高分贝的声音，这只是在阐述事实，并未指出方法无效，故该项无法削弱专家的观点。

C 选项：该项表明该方法不但达不到效果，反而会使得动物对威胁的反应迟缓，可以削弱专家的观点。

D 选项：该项表明察觉外界威胁的方式多样，和题干论证无关，排除。

E 选项：该项指出了肾上腺素的作用，和题干论证无关，排除。

故正确答案为 C 选项。

441 【答案】B

【解析】

目的：更好地应对全球变暖

方法：必须大力推广新能源汽车并尽量限制燃油汽车的生产和销售。

削弱题干论证，需要表明该方法不是必须实施的，指出方法的不必要性。

A 选项：该项表明全球变暖不解决会导致一系列问题，并未提及该方法的不必要性，排除。

B 选项：该项证明可再生能源已经能替代全球变暖的罪魁祸首——工业生产消耗的石油能源。这就意味着，即便不推广新能源汽车并限制燃油汽车的销售也可以解决全球变暖的问题。因此，该项能指出题干的方法是不必要的，最强地削弱了题干。

C 选项：该项比较“地下水污染”和“全球变暖”的严重程度，无关选项，排除。

D 选项：该项表明该方法会导致传统汽车行业遭受打击，指出方法有恶果，但未具体说明方法是不是必须实施的，故无法削弱题干，排除。

E 选项：该项表明任何方法都只能解决一时的问题，并没有表明该方法的不必要性，故无法削弱题干，排除。

故正确答案为 B 选项。

442 【答案】C

【解析】

论据：抗氧化酶对视力的保持非常重要，人体合成抗氧化酶的能力随年龄增长而下降，多种食物都含有大量的抗氧化酶。

论点：多吃含有抗氧化酶的食物可以保持视力不衰退。

削弱研究人员的观点，需指明多吃含有抗氧化酶的食物无法保持视力不衰退。

A 选项：该项通过动物对照实验得出抗氧化酶无法保持视力不衰退，但未明确该酶对动物和人的作用是否有差异，故该项无法削弱研究人员的观点。

B 选项：该项表明食用抗氧化酶的食物可以提高人体合成抗氧化酶的能力，那么食用该酶可以保持视力不衰退，可以支持研究人员的观点，排除。

C 选项：该项表明抗氧化酶进入人体后就会被分解成普通的氨基酸，无法起到保持视力不衰退的作用，方法无效，该项可以削弱研究人员的观点。

D 选项：该项表明其他方法可以恢复人体合成抗氧化酶的能力，并未指出题干的方法可行与否，排除。

E 选项：该项表明人的视力的影响因素多，抗氧化酶只是其中一个，但未指出题干的方法可行与否，排除。

故正确答案为 C 选项。

443【答案】C

【解析】

论据：绿茶中的抗氧化物质含量较低，根本无法预防糖尿病、心脏病和高血压等疾病。

论点：饮用绿茶可以有效地控制血糖水平，预防高血糖引发的各种疾病。

削弱专家的观点，可直接表明即使绿茶中含有抗氧化物质，饮用绿茶也无法控制血糖水平，预防高血糖引发的疾病。

A 选项：该项表明绿茶中的抗氧化物质对健康有作用，有助于健康不等于可以控制血糖水平，与题干讨论的话题不一致，故该项无法削弱题干，排除。

B 选项：该项论述的是绿茶名称的缘由，无关选项，排除。

C 选项：该项表明绿茶中能控制血糖的物质遇到水会失去作用，那么饮用绿茶必然不会起到控制血糖等相关作用，可以削弱题干。

D 选项：该项讨论的是“长期饮用绿茶来控制血糖”的观点存在争议，无关选项，排除。

E 选项：该项比较的是“减少高糖食物的摄入量”的方法比饮用绿茶的方法更好，与题干论证无关，排除。

故正确答案为 C 选项。

444【答案】C

【解析】

论据：有有氧运动习惯的人患有抑郁症的概率要比没有该习惯的人低 30%。

论点：为了降低大学生抑郁症的发病率，学校应该鼓励大学生多参与有氧锻炼。

质疑专家的建议，也就是要说明，鼓励大学生多参与有氧锻炼无法降低大学生抑郁症的发病率，或者是说明有氧锻炼和抑郁症的发病率无关，再或者是说明其他原因导致抑郁症的发病率高。

A 选项：该项表明，鼓励大学生参与有氧锻炼需要满足的前提是要有大量的运动场地，但是，该项无法说明有氧锻炼能否降低抑郁症的发病率，排除。

B 选项：无关选项，题干不讨论是否具备有氧锻炼的知识和锻炼是否易让人受损伤的论证话题，排除。

C 选项：该项表明，皮质激素的超量分泌导致抑郁症，和有氧锻炼无关，最强地削弱了专家的建议。

D 选项：该项表明参与有氧锻炼的不好之处，无法说明有氧运动无法降低抑郁症的发病率，排除。

E 选项：无关选项，有诉诸人身的逻辑错误，排除。

故正确答案为 C 选项。

445【答案】D

【解析】

论据：牛皮纸袋分解后会产生有毒气体，会对环境造成破坏。

论点：专家建议，超市和零售店应当停止使用牛皮纸袋，改用其他的包装。

削弱专家的建议，需指明该建议实施的不必要性。

A 选项：该项只是说明可降解的塑料袋会产生毒气，与牛皮纸袋无关，故该项无法削弱专家的建议。

B 选项：该项表明牛皮纸袋的加工工艺和原材料对产品最终破坏环境有影响，与题干论证话题不一致，排除。

C 选项：该项讨论的是包装方式的成本问题，无关选项，排除。

D 选项：该项表明牛皮纸袋分解后产生的有毒气体微弱，对环境没影响，进一步说明了专家建议是没必要实施的，故该项可以削弱专家的建议。

E 选项：该项表明牛皮纸袋的“生产过程”对环境无影响，不代表分解后没有，故该项无法削弱专家的建议。

故正确答案为 D 选项。

446【答案】D

【解析】

论据：刚搬到城市的新居民与在城市生活了 20 年的老居民相比，找到某大剧院所花费的时间没有明显差别。

论点：在城市中生活的时间越长对城市的熟悉程度未必就越高。

削弱上述论证，需表明通过新居民和老居民找某大剧院所花费的时间无差别这一结果得出论点是不合理的，即论据无法推出论点。

A 选项：该项表明城市的熟悉程度和生活时间无关，支持了题干的论点，排除。

B 选项：该项表明了题干调查对象在整体中的占比，但未具体表明这些调查对象是否具有代表性，故该项无法削弱题干论证，排除。

C 选项：题干论证与调查对象身份无关，无关选项，排除。

D 选项：该项表明该调查中涉及的建筑是很少人知晓的，很可能是大家都不知道去这些冷门地方的路线，削弱了题干的论据。

E 选项：该项表明对城市的熟悉程度和辨别方向的准确度之间的关系，与题干论证话题不一致，排除。

故正确答案为 D 选项。

447【答案】C

【解析】

论据：文科专业毕业生的就业率只有 70%。

论点：文科专业更不好找工作。

削弱上述论证，需指明在所有就业的人当中文科生的人数占比低于 70%，或者说明成功就业的人占总人数的比例低于 70%，是因为本来文科就业的人数占比就少，或成功就业的人本来就少。

A 选项：该项表明了文理科都有同样的能力，与题干论证无关，排除。

B 选项：该项比较的是 2023 年就业总人数和 10 年前的增长变化，与题干论证无关，排除。

C 选项：该项表明所有成功就业的人数占总人数的 68%，那么按理说文科就业率应该和 68% 比例一样，但是实际是 70%，说明文科生并不是不好找工作，可以削弱题干论证。

D 选项：与“理科毕业生”无关，专业除了文科、理科还有其他类别，无法推知文科就业人数的占比情况，故该项无法削弱题干论证，排除。

E 选项：该项表明毕业人数比 10 年前增加了 80%，但是毕业的人未必都就业了，故该项无法削弱题干论证，排除。

故正确答案为C选项。

448 【答案】D

【解析】

论据：科学家通过图像、短视频等视觉化手段与公众交流。

论点：这种方式可能会让信息过度简化，从而导致公众忽视了科学的复杂性。

质疑专家的观点，可表明这种方式不会让公众忽视科学的复杂性。

A选项：该项指出科学期刊通过数据向公众传达最新科学成果，与题干论证话题无关，排除。

B选项：该项表明公众对科学的兴趣点，与题干论证话题不一致，排除。

C选项：该项指出视觉化手段可能会误导公众对科学概念的理解，对专家的观点有一定的支持作用。

D选项：该项指出在科普时只要遵循由浅入深的原则设计内容，这样就不会让公众忽视科学的复杂性，可以质疑专家的观点。

E选项：该项指出科学家与公众互动的效果，与题干论证话题无关，排除。

故正确答案为D选项。

449 【答案】E

【解析】

论据：液态金属的独特导电性质和其在不同环境下导电性质的可变性，预示着它可能成为超越传统硅基半导体技术的重要材料。

论点：在不远的将来，液态金属会在计算机领域全面取代传统金属。

质疑专家的推测，可直接表明未来液态金属无法全面取代传统金属。

A选项：该项只是表明液态金属的应用价值，无法质疑专家的推测。

B选项：该项指出了液态金属存在的问题，影响其在计算设备中的应用，但是这里并未就取代传统金属做出明确的表态，无法质疑专家的推测。

C选项：该项表明液态金属目前还没有实现对传统硅基计算技术性能的实质性超越，这不表明未来不会超越，故无法质疑专家的推测。

D选项：该项表明科学界对液态金属的关注和研究热度，无法质疑专家的推测。

E选项：该项表明液态金属存在重大应用缺陷，容易导致主板被电流击穿，而传统金属就没有这样的问题，可以质疑专家的推测。

故正确答案为E选项。

450 【答案】B

【解析】

论据：大学生网络人格失范的主要表现包括人格面具的过度膨胀、阴影的过度释放和自信的缺失。

论点：可以通过荣格原型理论促进大学生对内在原型的认识和整合，从而构建更为健康的网络人格。

质疑专家的观点，可表明对荣格原型理论对于构建更为健康的网络人格的有效性存疑。

A选项：该项表明单纯的认识和区分可能不足以解决问题，没有直接指出荣格原型理论解决网络人格问题的有效性，无法质疑专家的观点。

B选项：该项表明荣格原型理论对于促进个体对内在原型的认识具有局限性，那么该理论对于构建更为健康的网络人格同样有局限性，可以质疑专家的观点。

C 选项：该项表明大学生的网络行为并不完全是失范的，没有指出荣格原型理论解决网络人格问题的有效性，无法质疑专家的观点。

D 选项：该项表明网络人格形成和表现受到多种因素影响，没有直接指出荣格原型理论解决网络人格问题的有效性，无法质疑专家的观点。

E 选项：该项说明网络人格失范现象有所减少这一事实，与题干论证话题无关，无法质疑专家的观点。

故正确答案为 B 选项。

451【答案】D

【解析】

论据：许多公司采取了多元化的网络营销战略，提升了其市场竞争力。

论点：采取这些战略是大势所趋，那些不能适应这一趋势的公司最终都会被市场所淘汰。

质疑专家的观点，可表明在市场中站稳脚跟和网络营销战略并没有决定性关系。

A 选项：该项表明多元化的网络营销战略的效果显著，可以提升公司的市场竞争力，可以支持题干的论据。

B 选项：该项表明网络软营销不仅没有提升竞争力，反而会导致客户流失，并没有否定这些战略不是大势所趋，无法质疑专家的观点。

C 选项：该项是在解释多元化的网络营销的本质和优点，与题干论证话题无关，排除。

D 选项：该项表明产品的质量和服务的是竞争力的本质，只有坚守这两点才能在市场中站稳脚跟，间接说明网络营销战略并不能决定一个公司的市场占有的稳定性，可以质疑专家的观点。

E 选项：该项表明一些公司不采用网络营销战略也能保持市场占有率的稳定，没有直接质疑网络营销战略对于站稳市场的必要性，无法质疑专家的观点。

故正确答案为 D 选项。

452【答案】E

【解析】

论据：在少儿出版物的获取上，成年消费者仍然偏好于传统渠道，例如实体书店，来选购和获取新书资讯。

论点：这种倾向可能是由成年消费者对于互联网渠道的信任度不足，或是对传统购书体验的偏好所导致的。

质疑专家的观点，需表明导致少年出版物消费者成年人居多不是对互联网渠道的不信任，也不是对传统购书体验的偏好的原因。

A 选项：该项解释了成年消费者选择实体书店的具体原因，并未指出少年出版物消费者成年人居多的具体原因，无法质疑专家的观点。

B 选项：该项只是表明实体书店少儿出版物销量的情况，与题干论证无关，无法质疑专家的观点。

C 选项：该项表明成年消费者也在使用数字渠道了解和讨论少儿出版物，没有质疑他们购买书籍时偏好传统渠道，无法质疑专家的观点。

D 选项：该项指出成年消费者对互联网渠道的接受度在提高，没有表明少年出版物消费者成年人居多的具体原因，无法质疑专家的观点。

E 选项：该项指出是由于成年人购书听取孩子的意见，而孩子容易受到导购的引导而购买传统的纸质书籍，表明少年出版物消费者成年人居多出于其他原因，可以质疑专家的观点。

故正确答案为 E 选项。

453 【答案】E

【解析】

论据：内容相同的视频，支持弹幕功能的版本也比不支持弹幕功能的版本播放量高出 120%，传播度高出 75%。

论点：弹幕视频的出现能满足青少年群体的表达和交流需求，从而提高视频的吸引力。

质疑专家的观点，需表明并不是弹幕视频的出现提高了视频的吸引力。

A 选项：该项表明弹幕视频的发展有助于提高视频的整体质量，从而提高视频吸引力，可以支持专家的观点。

B 选项：该项表明弹幕视频可以提高部分视频的吸引力，并没有否定弹幕视频的作用，对专家的观点有一定支持力度。

C 选项：该项讨论的是弹幕视频的版权问题，并未涉及吸引力相关话题，与题干论证无关，排除。

D 选项：该项讨论的是弹幕视频的管理和规范问题，与题干论证无关，排除。

E 选项：该项指出弹幕视频刺激了表达欲，但过多的弹幕可能会降低视频的观看体验，从而质疑其提高吸引力的效果，可以质疑专家的观点。

故正确答案为 E 选项。

454 【答案】A

【解析】

论据：2020 年情感类期刊点击率最高的 100 篇文章中，约有 60% 的文章涉及名人正能量的内容，45% 的文章紧跟社会热点，而超过 70% 的文章提供了某种形式的婚姻或恋爱指导。

论点：若情感类期刊的内容能继续围绕着这些内容深耕，就能进一步提高其点击率。

质疑专家的观点，可表明继续围绕着这些内容深耕并不一定能提高其点击率。

A 选项：该项指出了公众观念的变化，可能导致过去的研究结果不再适用，那么继续深耕情感类期刊，其点击率未必能提高，可以质疑专家的观点。

B 选项：该项表明情感类期刊内容的真实性和情感问题的实际复杂性，与题干论证无关，排除。

C 选项：该项指出新的信息传播方式出现后，情感类期刊的点击率受到更多因素的影响，但这并不能否定进行内容深耕就可以提高点击率，所以该项无法质疑专家的观点。

D 选项：该项提到了除情感、婚姻危机外的其他内容领域，这只能说明情感类期刊内容的多样性，无法反驳专家的观点。

E 选项：该项表明情感类期刊所面临的挑战，与题干论证话题无关，无法质疑专家的观点。

故正确答案为 A 选项。

455 【答案】D

【解析】

论据：某研究团队发现，摄入植食性食物时，某些植物中能对抗流感病毒的 miRNA 可以进入人体并且稳定存在，进而影响人类基因的表达。

论点：植食性食物也可以对人的健康产生积极影响。

A选项：该项表明植物miRNA的影响可能不如预期，但这不能否定其对人体健康的影响，无法质疑专家的观点。

B选项：该项指出该团队的研究对象单一，同时还提出问题，认为其他miRNA是否能在人体内稳定存在未知，这增加了不确定性，但没有直接否定植物miRNA对人体健康的影响，无法质疑专家的观点。

C选项：该项表明miRNA可能带来的负面影响，可以质疑专家的观点，但出现程度词"可能"，所以该项质疑力度较弱。

D选项：该项表明被植物miRNA影响的基因很快会被人体免疫系统迅速清除，这直接否定了植物miRNA对人体健康的积极影响，可以质疑专家的观点。

E选项：该项表明过去的研究都未能证明植物miRNA对人的影响，不能因为没有证据证明就否定其作用，故无法质疑专家的观点。

故正确答案为D选项。

456【答案】A

【解析】

论据：某研究团队研究后发现，某行星表面的一些区域显示出明显的颜色变化，而行星表面的颜色变化往往能反映其表面材料和风化历史等重要信息。

论点：行星表面颜色变化的主要因素是太空风造成的风化作用。

质疑科学家所做的结论，可表明行星表面颜色变化的主要因素不是风化作用。

A选项：该项指出行星表面颜色变化是陨石撞击形成的，间接说明行星表面颜色变化的主要因素不是风化作用，可以质疑科学家所做的结论。

B选项：该项指出其他可能影响行星表面颜色的因素，并未否定太空风造成风化作用这一因素，无法质疑科学家所做的结论。

C选项：该项类比其他行星情况，重要的是这里没有明确两个行星是否相似，无法质疑科学家所做的结论。

D选项：该项指出研究工具比较老旧，说明研究结果可能有误差，但这无法说明行星表面颜色变化不是风化作用造成的，无法质疑科学家所做的结论。

E选项：该项并未给出一个明确的结论，只是提出一种假设，无法质疑科学家所做的结论。

故正确答案为A选项。

457【答案】E

【解析】

论据：实验组的每名成员每天饮用三瓶能量饮料，对照组的成员每天只喝清水，实验组成员平均每天的睡眠时间比对照组低27%，深度睡眠的比例也要低12%。

论点：能量饮料中的咖啡因等成分可能是导致年轻人睡眠时长缩短和睡眠质量差的关键因素。

质疑题干论证，可表明导致年轻人睡眠时长缩短和睡眠质量差的关键因素不是能量饮料中的咖啡因等成分。

A选项：该项的讨论对象是"喜欢熬夜的打游戏的人"，这类人本就是睡眠时长缩短、睡眠质量差的，所以该项无法质疑题干论证。

B 选项：该项讨论的是深度睡眠比例和睡眠质量之间的关系，与题干论证话题不一致，排除。

C 选项：该项指出实验设计上存在问题，从而导致实验的可行度降低，可以质疑题干论证。

D 选项：该项表明能量饮料的其他成分对身体健康有益，与题干论证无关，排除。

E 选项：该项指出生活方式、压力水平和电子设备使用习惯是影响睡眠质量的决定性因素，可以质疑题干论证。

比较 C、E 选项，C 选项是对于论据的一个反驳，质疑力度弱于 E 选项。

故正确答案为E选项。

458 【答案】B

【解析】

论据：O 型血的人患十二指肠溃疡的概率是 A 型血人群的 1.43 倍，O 型血的人与 A 型血的人的红细胞表面糖链存在明显差异。

论点：红细胞表面糖链和十二指肠溃疡有关。

质疑研究人员的观点，可直接指出十二指肠溃疡和红细胞表面糖链并没有关系。

A 选项：该项只是对比另外的实验结果，无法得出红细胞表面糖链与十二指肠溃疡之间的关系，该项并未指明 AB 型血的人和 O 型血的人的生理特点是否存在差异，故无法质疑研究人员的观点。

B 选项：该项指出了实验对象存在的差异因素，这说明实验结果的差异很可能会是喜欢吃垃圾食品这一因素导致的，而不是红细胞表面糖链导致的，可以质疑研究人员的观点。

C 选项：该项表明生活习惯对消化系统疾病有影响，并未提及红细胞表面糖链与十二指肠溃疡之间的关系，无法质疑研究人员的观点。

D 选项：该项指出其他可能影响十二指肠溃疡的因素，没有直接质疑红细胞表面糖链与十二指肠溃疡之间的关系，无法质疑研究人员的观点。

E 选项：该项提出一个可能，但具体的结果是未知的，这不能否定红细胞表面的糖链与十二指肠溃疡之间的关系，无法质疑研究人员的观点。

故正确答案为 B 选项。

459 【答案】D

【解析】

论据：在刚果盆地，森林生态系统正面临严重的恶化，野生动物数量急剧下降，森林被过度砍伐等，非法狩猎活动增加导致许多物种濒临灭绝。

论点：为了应对这一危机，国际保护政策采取了将森林划分为保护区和伐木区的方法，通过限制当地土著的活动来恢复和保护森林生态系统。

质疑该保护政策的效果，可指出该方法不可行，或者方法会产生恶果。

A 选项：该项指出森林生态系统难凭自身能力恢复，并没有指出该方法无效，无法质疑政策的效果。

B 选项：该项指出政策的效果有限，没有提供足够的信息来直接质疑政策的有效性，所以无法质疑政策的效果。

C 选项：该项指出这个政策会对土著俾格米人产生不利的影响，并未说明该政策对于恢复和保护森林生态系统的效果，无法质疑政策的效果。

D 选项：该项指出如果限制土著俾格米人的活动反而会破坏森林生态系统，直接否定了政策的有效性，所以可以质疑政策的效果。

E 选项：该项指出土著俾格米人活动遵循可持续性，与题干论证话题无关，排除。

故正确答案为 D 选项。

460【答案】C

【解析】

论据：大学生分期购物平台可以让大学生通过分期付款的方式购买高端数码产品等他们喜欢但超出预算的商品。

论点：这种消费模式不仅满足了大学生对新鲜事物的追求，更在一定程度上培养了他们的财务管理能力。

质疑专家的观点，可表明这种消费模式无法培养他们的财务管理能力。

A 选项：该项讨论的是大学生对商品的新鲜感的问题，与题干论证无关，排除。

B 选项：该项指出分期购物平台会增加大学生的借贷风险，但并没有直接就分期购物模式对大学生财务管理能力的培养做反驳，所以无法反驳专家的观点。

C 选项：该项表明购买超出预算的商品就是财务管理能力不足的体现，可以质疑专家的观点。

D 选项：该项指出了大学生分期购买的商品的种类，多数是学习和生活中的必需品，与题干论证无关，排除。

E 选项：该项指出大学生购买超出消费能力的商品，但这不能直接说明分期购物模式与财务管理能力的关系，有一定的质疑力度，但是相比之下，C 选项更优。

故正确答案为 C 选项。

461【答案】A

【解析】

论据：当杂志的封面宣传了某项新的媒体技术时，往往就会伴随着公众信息消费偏好的转变。

论点：媒体行业应该关注该杂志的封面设计的变化，这样才能抓住公众信息消费偏好的转变。

质疑研究者的观点，可表明杂志的封面设计并不能反映出公众信息消费偏好。

A 选项：该项表明封面设计主要基于主编的艺术风格和个人兴趣，直接表明了封面设计并不能反映出公众信息消费偏好，可以质疑研究者的观点。

B 选项：该项指出大多数人抛弃了传统媒体，转向数字媒体，这与题干论证话题无关，排除。

C 选项：该项指出公众信息消费偏好会发生转变，但并未表明杂志的封面设计和公众信息消费偏好之间的关系，无法质疑研究者的观点。

D 选项：该项表明封面设计对杂志销量的影响，并不是对公众信息消费偏好的影响，无法质疑研究者的观点。

E 选项：该项指出影响公众信息消费偏好的其他因素，但并未表明杂志的封面设计和公众信息消费偏好之间的关系，无法质疑研究者的观点。

故正确答案为 A 选项。

462【答案】D

【解析】

论据：和那些从不在饮食中添加盐的人相比，偶尔在饮食中添加盐的人和经常在饮食中添加盐的人，患有Ⅱ型糖尿病风险的概率分别高出20%和39%。

论点：高盐摄入会引发糖尿病。

质疑教授的预测，可表明高盐摄入并不会引发糖尿病，或者指出是其他原因引发糖尿病。

A选项：该项表明肥胖是导致糖尿病的一个因素，但这无法否定高盐摄入是引发糖尿病的因素，无法质疑教授的预测。

B选项：该项表明患病风险受个体体质差异的影响，不同人群摄入相同的盐结果不同，该项并未表明具体是哪些疾病，故无法质疑教授的预测。

C选项：该项表明整体的饮食习惯是影响Ⅱ型糖尿病风险的主要因素，并未质疑高盐摄入和糖尿病之间的关系，无法质疑教授的预测。

D选项：该项表明实验中两组添加盐的人的总热量的摄入存在差异，这可能是导致两组患Ⅱ型糖尿病概率不同的原因，说明存在其他原因引发糖尿病，可以质疑教授的预测。

E选项：该项指出了研究的局限性，并未直接质疑高盐摄入和糖尿病之间的关系，无法质疑教授的预测。

故正确答案为D选项。

463【答案】B

【解析】

论据：每周蒸桑拿4～6次的人患痴呆症的风险比每周只洗1次的人低66%，经常蒸桑拿的人患有冠心病等心血管疾病的比例也更低。

论点：桑拿浴能对心血管系统产生积极影响，从而间接降低了患痴呆症的风险。

A选项：该项比较蒸桑拿和体育锻炼、健康饮食对降低和预防痴呆症的效果的大小，并未涉及它们对心血管系统的的作用，无法质疑研究人员的推测。

B选项：该项表明蒸桑拿的人中有心血管疾病的比例更低是因为有相关疾病的人都被限制入内，由统计的数据得出桑拿浴能对心血管系统产生积极影响的结论是有误的，可以质疑研究人员的推测。

C选项：该项指出了研究可能存在的局限性，这里只能质疑论据，无法质疑研究人员的推测。

D选项：该项指出其他可能影响结果的因素，但没有明确其他因素对结果的影响程度，故无法质疑研究人员的推测。

E选项：该项表明蒸桑拿可能不利于部分心血管病人，但并未明确其对患痴呆症的风险有何影响，无法质疑研究人员的推测。

故正确答案为B选项。

464【答案】D

【解析】

论据：大部分青光眼患者的体内都缺少维持神经功能的蛋白质，缺少这种蛋白质是人体内5种特殊基因发生了变异的迹象。

论点：检测这些基因是否发生了变异可以帮助人们及时预防青光眼。

质疑研究者的观点，直接表明检测基因并不能帮助人们预防青光眼。

A选项：该项表明那些特殊基因没有变异的人也患了青光眼，这能说明通过检测这些基因变异并不能预防青光眼，可以质疑专家的观点，但存在程度词“一些”，所以质疑力度较弱。

B 选项：该项表明青光眼可能是由遗传因素导致的，并没有直接反驳检测方法不可行，故无法质疑专家的观点。

C 选项：该项指出其他可能影响青光眼的因素，并没有直接反驳检测方法不可行，故无法质疑专家的观点。

D 选项：该项指出青光眼主要是由眼压过高导致的，间接说明检测基因的方法是无法起到作用的，可以质疑专家的观点。

E 选项：该项指出蛋白质合成的影响因素，并未涉及青光眼和这 5 种基因变异的关系，无法质疑专家的观点。

故正确答案为D选项。

465【答案】E

【解析】

论据：学生如果喜欢某位教师，他们会更加愿意接受该教师的教诲；幽默可以促进师生之间的深层连接，是建立良好师生关系的有效方式。

论点：幽默可以促进学生积极的行为改变，还能够提高学生成绩。

质疑专家的观点，可直接指出幽默并不能提高学生的学习成绩。

A 选项：该项表明过度使用幽默可能会影响学生的学习效率，这里讨论的是“过度使用幽默”，与题干论证话题不一致，排除。

B 选项：该项指出学生对教师的喜爱是多方面的，与题干论证话题无关，排除。

C 选项：该项表明在不同文化背景下，幽默并不是被所有学生所接受，该项并没有明确幽默是否可以提高学习成绩，无法质疑专家的观点。

D 选项：该项指出幽默运用效果存在个体差异，不是所有教师都会有效运用幽默，该项也没有明确幽默是否可以提高学习成绩，无法质疑专家的观点。

E 选项：该项明确指出教学效果取决于教师的教学方法和知识水平，也就是说，幽默并不能改善学生学习成绩，可以质疑专家观点。

故正确答案为 E 选项。

466【答案】C

【解析】

论据：研究人员观察到在多种肿瘤患者的尿液中，多胺浓度显著增加。

论点：多胺抑制剂可以用来治疗肿瘤。

质疑专家的观点，可直接表明多胺抑制剂无法达到治疗肿瘤的作用。

A 选项：该项指出多胺抑制剂临床效果未取得预期成功，但是由于多胺抑制剂具有抗肿瘤的活性，该项可以质疑专家的观点，但质疑力度较弱。

B 选项：该项指出多胺抑制剂在“寄生虫疾病”的治疗中取得成功，表现出多胺抑制剂功能的多样性，与题干论证无关，排除。

C 选项：该项指出肿瘤患者服用多胺抑制剂，但多胺抑制剂并未明显抑制肿瘤生长，说明该药物并不能用来治疗肿瘤，可以质疑专家的观点。

D 选项：该项指出多胺对不同种类的肿瘤的抑制效果也不同，对同类型的肿瘤也存在不同的效果，并未明确多胺抑制剂是否能用来治疗肿瘤，故无法质疑专家的观点。

E选项：该项表明多胺抑制剂在部分肿瘤的治疗中有部分效果，但对于其他类型肿瘤的作用机理不明，对专家的观点有一定支持作用。

故正确答案为C选项。

467【答案】B

【解析】

论据：某智能股份公司客户集中度较高，外销占比超过90%，且研发费用占比低于同行可比公司平均值。

论点：该智能股份公司极具竞争力，上市以后将会成一家值得投资的公司。

质疑教授的观点，可指出此类型公司的竞争力不能由客户的来源或销售类型决定。

A选项：该项表明该公司研发的新产品行业领先，可以提升市场影响力，可以支持教授的观点。

B选项：该项指出外销占比大的公司的特点就是客户过于集中，公司上市后存在业绩大变脸和大股东减持套现的风险，所以该公司上市后风险过大，不值得投资，可以质疑教授的观点。

C选项：该项指出题干中智能公司的竞争对手的业绩在下滑，这反而更能说明该公司值得投资了。因此，该项支持了题干，排除。

D选项：该项指出该公司存在制度上的风险，可能无法应对汇率波动对公司业绩的影响，可以质疑教授的观点，但有“可能”这一程度词，所以该项质疑力度较弱。

E选项：该项表明该公司研发效率高、产品竞争力强，具有强大的创新能力和市场竞争力，可以支持教授的观点。

故正确答案为B选项。

专题五 支持题

题型01 支持的基本思路

468【答案】D

【解析】

论据：研究团队成功绘制出猕猴大脑皮层的细胞类型分类树。

论点：灵长类动物相比其他物种有更高的认知和社会能力，有更大的大脑皮层和更多的细胞类型。

支持上述论证，只需表明由论据可以得出该论点。

A选项：指出猕猴和人类最为接近，并未和其他物种比较认知能力的高低问题，无法支持。

B选项：该项指出灵长类动物的神经元的分布特征，和题干论证不相关，排除。

C选项：该项指出灵长类动物的神经元细胞和人类的相关性，和题干论证不相关，排除。

D选项：该项指出灵长类动物的认知能力是所有物种中位居首位的，支持题干的结论。

E选项：该项指出该团队进行过人脑和老鼠大脑的跨物种研究比较，和题干论证话题不相关，排除。

故正确答案为D选项。

469【答案】B

【解析】

论据：气候变暖导致冰川消融、海平面上升，南极发现了“血雪”的罕见现象，这一现象出现是因为一种藻类生物的出现。

论点：南极的变暖问题已经不容忽视。

支持题干论证，需建立论据和论点的联系。

A 选项：题干未提及“绿雪”问题，和题干论证不相关，排除。

B 选项：该项表明造成“血雪”的藻类生物是生长在环境温和的地带，表明这一系列的环境问题的确和气候变暖是有关系的，可以支持题干论证。

C 选项：该项表明冰川融化会对人类的生命安全造成危害，但未表明这和气候变暖的关系，故无法支持题干论证。

D 选项：不注重环境治理，南极冰川将消失，并未建立论据和结论的联系，排除。

E 选项：表明生态系统受到影响致使全球变暖的问题更加严重，和题干论证无关，排除。

故正确答案为 B 选项。

470 【答案】B

【解析】

论据：火山爆发频繁发生，爆发时会释放出水蒸气和二氧化硫等物质，这些物质会和大气中的氧气和氮气发生反应，形成了气溶胶。

论点：一个冰冷而漫长的冰河时代正悄然降临

支持上述论点，需要建立起火山爆发后形成的气溶胶和冰河时代的联系。

A 选项：该项指出坦波拉火山爆发后形成的气溶胶致使之后几年都不会有夏天那样炎热的温度，该项存在以偏概全的嫌疑，仅凭一个火山的爆发后果得出结论，无法支持题干的论点。

B 选项：该项表明气溶胶会阻碍太阳光的辐射，那么地球温度便随之降低，建立起了火山爆发后形成的气溶胶和冰河时代的联系，可以支持题干的论点。

C 选项：该项是在解释气溶胶的成分以及来源，与题干论证话题无关，排除。

D 选项：该项表明“地球变暗”会导致的一系列后果，最后使得地球温度降低，与题干论证话题不一致，排除。

E 选项：该项表明地球变暗的主要原因是人类活动，讨论话题和题干不一致；其次一些人认为，存在诉诸大众的嫌疑，观点不可行，所以该项无法支持题干论证。

故正确答案为 B 选项。

471 【答案】D

【解析】

论据：体重对跑步速度的影响很大，即体重越轻，就跑得越快。

论点：降低体重无法提高跑步成绩。

支持上述论点，直接明确降低体重无法跑得更快，即跑得快和体重轻没关系，或者说降低体重不但无法跑得快，反而还会减慢你的跑步速度。

A 选项：该项在解释“跑步”是什么，无关选项，排除。

B 选项：这里解释了“瘦子”跑得快的缘由，和题干论证话题不相关，排除。

C 选项：该项表明跑得快不快的因素有四个，其中体重是影响跑得快的因素之一，但是不需要注意体重如何影响，该项并没有给出明确的态度，体重越重跑得快还是体重越轻跑得快，该项观点是不明确的，所以该项无法支持题干论证。

D 选项：该项表明体重太低，会导致骨头脆弱，这不利于提高跑步成绩，支持了题干的论点。

E 选项：该项表明跑步目的和关注体重之间的联系，无关选项。

故正确答案为 D 选项。

472【答案】E

【解析】

论据：不仅仅大学生追求稳定，中学生也都追求稳定。

结论：鼓励大学生做各种各样的尝试，不要因社会变化很快就求稳。

支持委员的观点，需指出尝试具有挑战性的事物对于大学生来说更有利，相比追求稳定更能让一个人发展得好。

A、B 选项：态度错误，给出了求稳的理由，排除。

C、D 选项：无关选项，未涉及大学生是否要求稳，排除。

E 选项：态度正确，相关性强，表明科创企业比公务员更好，正确。

故正确答案为 E 选项。

473【答案】C

【解析】

论据：研究表明，不同情绪状态下的个体所做出的决策结果是截然不同的。

论点：当我们做人生中的重大决定时一定要心平气和，不要被情绪左右。

支持题干的论点，则需要说明情绪状态对于做出正确的决策有着相当大的影响力，会左右我们对事情的理性判断。

A 选项：该项是对情绪做出的一个解释，并没有表明情绪和重大决策的相关性，排除。

B 选项：该项表明愤怒情绪会让我们无法准确判断事物的发展，产生悲观的预期，则表明愤怒情绪的确会影响我们的判断，可以支持。

C 选项：该项表明，个体处于情绪化状态下无法对事物做出一个理性认知和判断，明确表示情绪对事物的判断有着很大的影响，可以支持；该项有强力度词“重大”，故该项的支持作用比 B 选项更强，故 C 选项正确。

D 选项：无关选项，该项说明了导致情绪化的其他因素，排除。

E 选项：无关选项，并未说明情绪和重大决策之间的联系，排除。

故正确答案为 C 选项。

474【答案】A

【解析】

论据：《红楼梦》描述了封建制度下，豪门大户逐渐衰败的历程，其中描绘了贾宝玉的生活和他的两个最爱的女人——林黛玉和薛宝钗。

论点：《红楼梦》实际上是对封建社会的批判。

支持学者的观点，需表明小说描述的内容与批判封建社会存在联系。

A 选项：该项表明《红楼梦》描述豪门大户逐渐衰败就象征着是批判当时的封建社会，建立论据和论点的联系，可以支持学者的观点。

B 选项：该项表明封建制度是反人性的，并未建立起论据和论点的联系，排除。

C 选项：该项表明的是书中人物悲惨的结局，无关选项，排除。

D 选项：该项指明的是撰写这本书的人以及表达的主题思想等相关信息，与题干论证无关，排除。

E 选项：该项表明书中描绘宴会和聚会场景的情况，与题干论证无关，排除。

故正确答案为 A 选项。

475 【答案】B

【解析】

论据：从自动驾驶汽车到智能客服，人工智能都在逐步取代人类的一些工作。

论点：人工智能的发展其实正在威胁人类的就业。

支持专家的观点，需建立人工智能取代人类的工作和威胁就业之间的联系。

A 选项：该项表明人工智能的发展能创造出新的就业机会，这是有利于就业的，削弱了专家的观点。

B 选项：该项表明人工智能优点，是企业追求的完美“员工”，那么代替人类工作是完全有可能的，的确可能威胁人类就业，该项建立了论据和论点的联系，可以支持专家的观点。

C 选项：该项表明人工智能需要有人研发和维护，并未进一步表明人工智能不会给人类就业带来威胁，故该项无法支持专家的观点。

D 选项：该项表明了人工智能发展导致的贫富差距加大这一不好的结果，和题干论证无关，故该项无法支持专家的观点。

E 选项：该项表明人工智能的优势，无关选项，排除。

故正确答案为 B 选项。

476 【答案】A

【解析】

论据：社交媒体的普及使得人们更加关注自己的形象和声誉，年轻人在社交媒体上发布精心策划的照片和生活片段，以求得到他人的赞誉和关注。

论点：过度关注形象反映了当代年轻人对内心的成长和发展的忽视，也反映了他们对他人关注的渴望。

支持专家的观点，需表明过度关注自己的外在形象和关注自己内心的成长和发展之间存在择一的关系。

A 选项：该项表明人的精力有限，只能在内在或外在中选择一个，建立了论据和论点的联系，可以支持专家的观点。

B 选项：该项表明过度关注形象会导致自卑情绪，与题干论证话题无关，排除。

C 选项：该项表明过度关注形象的行为受到社会结构和潮流的影响，并未建立论据和论点的联系，故该项无法支持专家的观点。

D 选项：该项指明社交媒体的作用，无关选项，排除。

E 选项：该项指明，年轻人应该关注自己的内在，而非外在的形象，未说明关注外在形象是忽略了内在的成长，故该项无法支持专家的观点。

故正确答案为 A 选项。

477【答案】A

【解析】

论据：我国的主要发电方式是火力发电，而火力发电会产生大量的废气，因此，电动汽车会造成空气污染。

论点：电动汽车的确要比燃油汽车更加环保。

支持专家的观点，需要表明电动汽车使用的电能产生的废气比燃油汽车少。

A选项：该项表明火力发电产生的废气会进行无害化处理，而燃油汽车产生的尾气无法有效处理，进一步说明电动汽车使用的电能产生的废气不会比燃油汽车多，可以支持专家的观点。

B选项：该项讨论的是燃油汽车的废气排放的相关问题，并未和电动汽车做比较，故该项无法支持专家的观点。

C选项：该项表明风力发电和核电取得卓越成就，和题干论证无关，排除。

D选项：该项表明环保问题涉及诸多方面，不仅空气污染这一个，论证话题和题干不一致，排除。

E选项：该项表明电动汽车的电池达到使用寿命后的相关话题，与题干论证无关，排除。

故正确答案为A选项。

478【答案】C

【解析】

论据：传统液态电池具有续航短、充电速度慢等劣势。

论点：固态电池是动力电池的终极形态。

支持题干论证，只需说明固态电池具有哪些优点，传统液态电池具有哪些缺点即可。

A、D、E选项：这三项指出了固态电池的优点，可以支持题干论证。

B选项：该项指出了传统液态电池的缺点，可以支持题干论证。

C选项：该项指出固态电池的成本高，还面临着材料问题、产量问题等，无法支持题干论证。

故正确答案为C选项。

479【答案】B

【解析】

论据：对商品的在线评价作为消费者做出购买决策的重要参考，其态度倾向会显著影响消费者的购买意向。

论点：消费者应该更加关注商品的功能和质量是否满足自己的需求，而不是基于他人的评价就做出决策。

支持专家的观点，需建立商品的在线评价和商品的功能和质量满足消费者的需求之间的联系。

A选项：该项表明评价的内容详细程度和消费者决策倾向之间的联系，其中商品的实用性与商品的功能和质量不一致，该项无法支持专家的观点。

B选项：该项表明他人的评价过于主观，无法由这些评价得出商品是否满足自己的实际需求，直接建立论据和论点的联系，该项可以支持专家的观点。

C选项：该项指出评论越多消费者对商品就越难以做出选择，并未提及商品是否满足消费者的实际需求这一信息，该项无法支持专家的观点。

D选项：该项指出在线评价会误导消费者的判断，未提及商品的功能和质量和自身需求之间的联系，该项无法支持专家的观点。

E 选项：该项提及具体的事例，相信在线评价的女性购买的衣服不合身，可以建立论据和论点的联系，但具体事例存在偶然性，所以该项支持力度不如 B 选项。

故正确答案为 B 选项。

480 【答案】C

【解析】

论据：调整字体大小、颜色对比度、标识位置这些元素来提高老年人识别导视信息的能力，从而提升他们的地铁出行体验。

论点：仅改进导视系统不足以全面提升老年人乘坐地铁的体验，还需要从服务、设施等多方面进行综合改善。

支持学者的观点，需指出调整导视信息只是改善了一方面，要全面提升老年人乘坐地铁的体验还需要提升其他的方面。

A 选项：该项指出即便改善了导视系统，部分老年人出行还是存在困难，对题干论证有一定的削弱作用，排除。

B 选项：该项表明改进导视系统给老年人带来的便利和直接寻求工作人员帮助相差无几，并没有提及需要提升其他方面，该项无法支持学者的观点。

C 选项：该项指出一些老年人不坐地铁的根本原因在于地铁上没有足够的位置，这能说明调整地铁导视系统也无法提升他们的乘坐体验，故该项可以支持题干。虽然该项有弱化词“一些”，但是仅有该项可以支持题干，故该项正确。

D 选项：该项表明改进导视系统对老年人迷路有所改善，并未说明还需进一步改善其他方面来提升老年人乘坐地铁的体验，该项无法支持学者的观点。

E 选项：该项指出导视系统的改进耗费人力、物力、财力，不利于地铁公司的发展，与题干论证话题无关，排除。

故正确答案为 C 选项。

481 【答案】D

【解析】

论据：该人才引进测评模型包括医生基本胜任力、科室管理胜任力、专业胜任力等多个维度，旨在全面评价候选人的能力，以提高人才引进的质量和效率。

论点：现有的测评模型已经足够全面，无须引入该模型。

支持专家的观点，需指明现有的测评模型与新引入的测评模型的评估结果并不存在显著的差异，均能有效地评估出一个人的各方面能力。

A 选项：该项指出现有的测评模型评估出的人才能够很好地胜任现有的工作，并未指出不引进新的测评模型的原因，故无法支持专家的观点。

B 选项：该项指出新的测评模型使用后，医院的科室主任流动率仍旧高，与题干论证话题不一致，排除。

C 选项：该项指出缺乏操作新的测评模型的专业知识，新的测评模型的潜能无法完全发挥出来，并未说明新的测评模型的作用是否与现有的测评模型存在差异，故无法支持专家的观点。

D 选项：该项明确指出新的测评模型和现有的测评模型的评估结果不存在差异，也就是说新的测评模型的引进是没有必要的，可以支持专家的观点。

E 选项：该项指出新的测评模型的操作存在困难，并未指出新的测评模型引进的不必要性，无法支持专家的观点。

故正确答案为 D 选项。

482【答案】C

【解析】

论据：解决教育不公平的问题对于实现可持续发展目标具有至关重要的作用，报告中特别肯定了中国在教育变革方面做出的努力，如普及义务教育、提升教育质量、推动教育现代化等。

论点：中国为全球教育变革做出了巨大的贡献。

支持题干论证，可表明中国在教育方面的改革可以为全球教育改革提供解决方案或者经验借鉴。

A 选项：该项指出中国教育改革的内容以及相应内容的实施效果，并未针对教育不公平问题给出解决出方案，无法支持题干论证。

B 选项：该项表明中国教育科研的成果显著提升了中国在全球教育科研领域的地位和影响力，与题干论证无关，排除。

C 选项：该项表明中国为全球教育不公平问题提供了解决方案和经验借鉴,故该项可以支持题干论证。

D 选项：该项表明联合国教科文组织认可中国的贡献，教育理念广受好评，与题干论证无关，排除。

E 选项：该项指出中国做出的实际行动为全球教育专家和学者提供交流和合作的平台，与题干论证无关，排除。

故正确答案为 C 选项。

483【答案】C

【解析】

论据：使用 ATG-F 作为诱导治疗的方案，旨在通过单次大剂量治疗降低急性排异反应的发生率，从而减少长期免疫抑制剂的使用。

论点：ATG-F 诱导治疗方案的安全性存疑。

支持专家的观点，可表明 ATG-F 作为诱导治疗的方案在某些方面存在问题或者危害人体的健康。

A 选项：该项通过实验得出该治疗方案并没有出现副作用，同时又指出该实验的样本缺乏随机性，最终态度不明确，故无法支持专家的观点。

B 选项：该项只能说明 ATG-F 诱导治疗没有严重的副作用，这就意味着该治疗方案至多有一些轻微的副作用。因此，该项能说明 ATG-F 治疗方案是相对安全的，对专家的观点有削弱作用。

C 选项：该项表明接受 ATG-F 的治疗后，个体会出现免疫力下降、骨质疏松等问题，危害到了人体的健康，可以支持专家的观点。

D 选项：该项指出 ATG-F 诱导治疗对移植受者长期存活的影响不明确，无法确保其安全性，态度不明确，无法支持专家的观点。

E 选项：该项指出接受 ATG-F 诱导治疗的患者比未接受该治疗的患者的急性排异反应发生率低，但不能说明 ATG-F 诱导治疗方案就安全，无法支持专家的观点。

故正确答案为 C 选项。

484【答案】A

【解析】

论据：下调存款准备金率，搭配定向降息措施，向市场提供长期流动性约1万亿元，以此缓解市场流动性压力，降低融资成本，支持实体经济的发展。

论点：央行的一系列政策超出市场预期，是一项正确合理的决策。

支持专家的观点，需表明央行这一政策能够有效解决流动性压力，降低融资成本，支持实体经济发展等。

A选项：该项表明市场长期流动性充足可以解决融资成本的相关问题，说明央行这一决策是正确有效的，可以支持专家的观点。

B选项：该项指出政策的宣布引起了资本市场的积极反应，并未说明政策的合理性和有效性，故无法支持专家的观点。

C选项：该项表明降准幅度超出预期，存在积极意义，但这是专家所说的话，存在诉诸权威的嫌疑，无法支持专家的观点。

D选项：该项指出政策的目的是让资金到需要的地方去，并未说明政策的合理性和有效性，无法支持专家的观点。

E选项：该项指出市场永远缺乏流动性，并未提到央行政策的作用以及合理性，无法支持专家的观点。

故正确答案为A选项。

485【答案】A

【解析】

论据：随着医疗体系的改革，二级医院在城市医疗体系中正处于边缘化位置，国家和地方政府鼓励二级医院进行转型。

论点：对于二级医院而言，转型成康复医院和发展特色专科是正确合理的决定。

支持专家的观点，需指出二甲医院转型为专科的医院起诊疗人次向好的方面发展。

A选项：该项指出二级医院转型为康复医院，诊疗人次和住院人次都在往好的方面发展，可以支持专家的观点。

B选项：该项表明国家和地方政府通过资金和政策支持二级医院转型，但并未说明这样做是否合理，无法支持专家的观点。

C选项：该项指出二级医院的诊疗人次少的原因，即是患者更信任三级医院，与题干论证无关，排除。

D选项：该项指出转型会导致人才流失，专业医护人员转投其他医疗机构，加大了运营的压力，反驳专家的观点。

E选项：该项指出二级医院通过与高校和研究机构合作的方式也能改变二级医院诊疗人次少的问题，与题干论证无关，排除。

故正确答案为A选项。

486【答案】E

【解析】

论据：诺和诺德和礼来制药通过一系列战略行动积极扩展其在减重市场的影响力，不断推出创新产品和服务。

论点: 对需要减肥的人有实质性帮助。

支持专家的观点，需表明诺和诺德和礼来制药的战略的确可以帮助到减肥的人。

A 选项：该项针对的是 2 000 名肥胖老人做的调查，该样本不是随机样本，不具有代表性，故该项无法有效支持专家的观点。

B 选项：该项只能说明诺和诺德以及礼来制药为患者提供了优惠，但是不能说明他们能帮助减肥人群减肥，故该项无法有效支持专家的观点。

C 选项：该项指出有药企模仿进而推出自己的减肥药，加剧市场竞争，与题干论证话题无关，排除。

D 选项：该项指出这两家药企的产品价格昂贵，许多患者难以负担，因此无法给这些患者带来实质性的帮助，无法支持专家的观点。

E 选项：该项指出这两家药企引入了新的作用机制和治疗方法，帮助减肥的人更高效地的减肥，同时承受更小的副作用，可以支持专家的观点。

故正确答案为 E 选项。

487 【答案】C

【解析】

论据: 面对需求疲软、利润萎缩以及竞争压力，特斯拉不得不采取降价促销的措施以保持市场份额，特斯拉试图通过推出成本更低的车型以及加大研发投入来应对挑战。

论点: 尽管面临的是短期内的增长放缓，但这些努力对于特斯拉的长期发展而言是合理且必要的。

A 选项：该项只表明降价和推出低成本车型是车企常用的策略，并未表明这对特斯拉的长期发展是合理的、必要的，无法支持专家的评价。

B 选项：该项表明这种策略将会提高特斯拉的销量和市场份额，短期来看有利于特斯拉的发展，但这无法明确对未来有何作用，无法支持专家的评价。

C 选项：该项强调特斯拉所具备的优势，这为特斯拉未来的发展奠定了坚实的基础，这种优势显然是对未来的发展有着推动作用的，可以支持专家的评价。

D 选项：该项表明特斯拉的品牌影响力和消费者忠诚度依然强劲，并未提及特斯拉目前采取策略的相关信息，无法支持专家的评价。

E 选项：该项表明投资者对特斯拉持有信心，未提及特斯拉当前策略和其长期发展之间的关系，无法支持专家的评价。

故正确答案为 C 选项。

488 【答案】B

【解析】

论据: 国家金融监督管理总局公布了一系列金融支持措施。

论点: 这些金融支持措施对缓解市场供需矛盾、保障居民住房需求具有重要意义。

支持专家的观点，需表明这些金融支持措施在具体的方面确实有助于缓解市场供需矛盾、保障居民住房需求。

A 选项：该项指出居民对住房有需求，担心房价下跌而不敢购买，并未指出具体的措施是如何满足这些需求的，无法支持专家的观点。

B 选项：该项直接表明金融支持措施满足了居民的购房需求，确切地缓解了市场供需矛盾，可以支持专家的观点。

C 选项：该项表明金融支持措施无法解决这些问题，对缓解市场供需矛盾没有帮助，对专家的观点有质疑的力度。

D 选项：该项表明相关金融机构可能会影响金融支持措施的具体实施效果，并没有进一步说明该措施是不是有助于缓解矛盾，保障居民住房需求，无法支持专家的观点。

E 选项：该项指出金融措施存在未知的风险，与题干论证话题无关，排除。

故正确答案为 B 选项。

489 【答案】A

【解析】

论据：部分企业出现了内控不足和偏离主业等风险，为此，出台了多份规范经营及管理的政策，提出了提升注册门槛、完善主要发起人制度、强化业务监管等一系列措施。

论点：这一系列举措体现了国家金融监督管理总局对规范行业发展从而引导行业服务实体经济的决心。

支持专家的观点，需表明这些政策是如何规范和引导行业向实体经济服务的。

A 选项：该项表明金融租赁公司在监管政策的引导下，经营向直租业务倾斜，说明这些举措的确引导了企业向实体经济服务的意向，可以支持专家的观点。

B 选项：该项指出国家金融监督管理总局联合其他部门进行有效监督，并未说明这些举措有何作用，无法支持专家的观点。

C 选项：该项表明金融行业从业者对政策的认可，说明政策可以规范经营，但没有具体说明是如何引导他们的，对专家的观点支持力度较弱。

D 选项：该项表明政策受到认可，没有提及具体是如何引导行业向实体经济服务的，无法支持专家的观点。

E 选项：该项指出金融行业和实体经济的联系，未进一步说明具体措施的引导过程是怎样的，无法支持专家的观点。

故正确答案为 A 选项。

490 【答案】C

【解析】

论据：某平台通过发布《处方药品类管理规范》等措施，正式开放处方药销售，同时设置了严格的商家和医药产品准入规则，确保药品销售的合规性和安全性。

论点：该平台在医药电商领域起步虽晚，但通过谨慎的策略和规范的管理为整个行业树立了标杆，也必定能在该行业独占鳌头。

支持专家的观点，需建立起论据和论点之间的联系。

A 选项：该项指明平台通过严格准入规则避免了违规药品的销售，获得了消费者的信任，但并未说明这和行业标杆之间的联系，无法支持专家的观点。

B 选项：该项表明该平台的市场份额增长，但并没有直接说明这是谨慎的策略和规范的管理导致的，无法支持专家的观点。

C 选项：该项指出医药电商领域出现了违规销售问题，而该平台严格的准入规则，正好能解决这一问题，并且杜绝此类事件发生，间接说明了该平台严格的准入规则能起到规范行业行为的作用，可以支持专家的观点。

D 选项：该项表明该平台具有影响力，吸引了诸多连锁药店入驻，与题干论证无关，排除。

E 选项：该项表明平台的限制严格，并没有影响商家的积极性和用户的便利性，说明这一严格准入规则丝毫不影响行业的发展和消费者购买，与题干论证无关，排除。

故正确答案为 C 选项。

491【答案】E

【解析】

论据：将统计数据真实准确作为统计部门最重要的政绩，并采取一系列措施加强监管。

论点：国家近期所做的工作是维护宏观经济决策的科学性、推动经济社会健康发展的重要举措。

支持专家的观点，需表明维护宏观经济决策的科学性、推动经济社会健康发展离不开准确的数据统计。

A 选项：该项表明统计造假专项治理行动是有效果的，受到民众认可，与题干论证无关，排除。

B 选项：该项表明统计造假专项治理行动无用，数据统计仍存在造假的情况，并没有就行动的重要性给出明确观点，无法支持专家的观点。

C 选项：该项只是明确了统计造假行为的处罚对象，与题干论证无关，排除。

D 选项：该项表明统计部门虽面临压力，仍旧能严格遵守工作守则完成任务，与题干论证无关，排除。

E 选项：该项表明统计数据的质量最终能得到持续提升，进一步说明这一系列措施的重要性，可以支持专家的观点。

故正确答案为 E 选项。

492【答案】C

【解析】

论据：光伏行业经历了快速发展、需求高增长及内卷化现象，第四季度多家企业的业绩承压，暴露出行业波动加剧、新增订单放缓的征兆。

论点：光伏行业的发展依然面临着许多不确定性和挑战，企业在追求增长的同时也需加强风险管理和对市场的预判。

支持专家的观点，需表明这些发展缓慢的一系列问题都与风险管理、对市场的预判有关。

A 选项：该项指出行业内的波动是投资者失去信心引起的，没有表明这和企业的风险管理和市场预判有关，无法支持专家的观点。

B 选项：该项表明部分光伏企业积极应对行业波动，实现了稳定增长，没有涉及企业风险管理和市场预判相关问题，无法支持专家的观点。

C 选项：该项指出光伏企业没能及时预判市场需求变化，导致出现了一系列问题，这正好说明了，要想企业稳定发展就需要加强风险管理和对市场的预判，可以支持专家的观点。

D 选项：该项表明企业面临挑战时需要做的事情，并未指出这和风险管理以及市场预判有何关系，无法支持专家的观点。

E 选项：该项表明光伏企业通过其他的方法抵御了行业波动带来的负面影响，没有提及风险管理和市场预判，无法支持专家的观点。

故正确答案为 C 选项。

493【答案】A

【解析】

论据：在市场整体震荡的背景下，许多大型券商业绩明显下滑，而多家中小券商实现了利润翻倍。

论点：这种业绩的分化说明部分券商在积极适应市场变化、努力寻求业绩增长点。

支持专家的观点，需表明面对市场震荡，部分券商通过某些方式来增加自身的利润。

A 选项：该项表明中小券商通过调整业务结构，加大部分业务投入的方式，在市场震荡的环境下实现了利润翻倍，可以支持专家的观点。

B 选项：该项仅指出多数券商业绩波动的原因，并没有说明那些利润翻倍的券商是通过什么方式实现的，无法支持专家的观点。

C 选项：该项指出大型券商通过资本规模和渠道优势增强自身竞争力，同时加剧中小券商面临的竞争压力，与题干论证话题无关，排除。

D 选项：该项能说明一些券商在适应市场变化，并且业绩也增长了。但是该项有弱化词“一些”，故该项力度较弱，排除。

E 选项：该项表明中小券商通过加强风险管理控制了损失，没有提及适应市场变化和业绩增长的相关信息，无法支持专家的观点。

故正确答案为 A 选项。

494【答案】B

【解析】

论据：证监会持续加大对上市公司的监管力度，针对欺诈发行和信息披露违法违规行为实施严厉打击。

论点：证监会的这些措施是推动资本市场健康发展、增强投资者信心的关键。

支持专家的观点，需建立论据和论点之间的联系。

A 选项：该项解释了思创医惠公司违规行为被披露的原因，并不能说明证监会的这些措施的作用，无法支持专家的观点。

B 选项：该项表明不处理这些违法行为，资本市场就很难健康发展，投资者也很难有信心，建立了论据和论点的联系，可以支持专家的观点。

C 选项：该项表明一些公司主动纠正违法行为，恢复投资者的信心，而不是证监会的监管措施起了作用，无法支持专家的观点。

D 选项：该项表明证监会监管政策进一步完善，处罚力度加大，并未提及证监会措施和资本市场健康发展、增强投资者信心之间的联系，无法支持专家的观点。

E 选项：该项表明证监会能严格执法，资本市场就可以健康发展，投资者就会对其充满信心，没有提及具体的措施，所以该项无法支持专家的观点。

故正确答案为 B 选项。

495【答案】A

【解析】

论据：快递公司尝试通过直播带货、小程序导流等方式进入本地生活服务市场，助力公司提前扭亏为盈，但业务差异较大，电商业务效果也不理想。

论点：快递企业能否在本地生活服务领域取得成功，仍存在不确定性。

A 选项：该项表明快递企业的盈利能力需要时间来验证，说明的确是存在不确定性，可以支持专家的观点。

B 选项：该项说明快递公司在直播带货领域的尝试效果不佳，一定程度上说明了直播带货存在困难，但这只是一方面，无法反映出其在本地生活服务领域是否成功，无法支持专家的观点。

C 选项：该项表明快递公司在本地生活服务领域的盈利水平并未达到预期，但不能说明成功具有不确定性，无法支持专家的观点。

D 选项：该项表明快递公司在本地生活服务领域成功的可能性很小，无法支持专家的观点。

E 选项：该项表明快递公司在本地生活服务领域有一个很乐观的表现，可以质疑专家的观点。

故正确答案为 A 选项。

496 【答案】C

【解析】

论据：在经济增长放缓的背景下，政府正采取一系列措施以稳定就业并不断拓宽居民增收渠道。

论点：对于促进消费而言，政府这些举措是正确且合理的。

支持专家的观点，可指出政府采取这一系列措施是正确且合理的。

A 选项：该项表明政府采取一些具体措施提升了居民生活水平，但没有明确这些措施的合理性，无法支持专家的观点。

B 选项：该项表明一些重点群体的收入在稳步增长，并未进一步说明收入增加和促进消费之间有何必然联系，故无法支持专家的观点。

C 选项：该项指出收入的变化会对消费者的消费意愿产生影响，故该项能说明政府的措施是正确的，可以支持专家的观点。

D 选项：该项指明社会存在的现象以及政府处理这一问题的困难，并未提及政策的合理性，无法支持专家的观点。

E 选项：该项指出政府做一些事总归是好的，并没有直接表明政府采取一系列措施的正确性和合理性，无法支持专家的观点。

故正确答案为 C 选项。

497 【答案】D

【解析】

论据：OpenAI 由最初的开源理念逐渐转向封闭，而 Meta 则坚持开源策略，通过开放其 AI 技术和模型，赢得了业界的广泛赞誉。

论点：相比较于 OpenAI，Meta 对 AI 技术的普及和发展所做的贡献更大。

支持专家的观点，可指出 Meta 在 AI 技术的普及和发展方面的贡献优于 OpenAI。

A 选项：该项指明 OpenAI 的封闭策略对 AI 技术发展有负面影响，并没有比较其和 Meta 的贡献度，无法支持专家的观点。

B 选项：该项表明 Meta 的开源策略带来的积极影响，没有比较其和 OpenAI 的贡献大小，无法支持专家的观点。

C 选项：该项只是单方面指出 Meta 推动了 AI 技术的安全和伦理发展，并未提及 AI 技术的普及和发展，无法支持专家的观点。

D选项：该项指出一个普遍性的观点，间接说明Meta比OpenAI对AI技术更有帮助，一定程度上支持专家的观点。

E选项：该项表明OpenAI和Meta选择策略的差异原因，并未提及AI技术的普及和发展，无法支持专家的观点。

故正确答案为D选项。

498 【答案】B

【解析】

论据：随着消费者对健康和营养的日益重视，方便面市场正在经历一场深刻的变革，康师傅推出的“老母鸡汤面”和白象推出的“汤好喝”系列等高汤面产品，反映出方便面行业向健康化、高端化转型的趋势。

论点：面对激烈的市场竞争和消费者需求的多样化，方便面品牌需要更深入地了解消费者需求，不断创新产品和服务，优化营销策略，这样才能在竞争激烈的市场中获得持续的成功。

支持专家的观点，可表明现有的方便面产品无法满足消费者日益增加的需求。

A选项：该项表明消费者对方便面的健康需求在升级，目前的方便面无法满足消费者的需求，可以支持专家的观点。

B选项：该项指出大豫竹方便面主要销售干脆面，并深受好评，没有提及产品和服务的创新，无法支持专家的观点。

C选项：该项表明某品牌能抓住消费者的消费倾向，并据此创新产品，在市场竞争中脱颖而出，可以支持专家的观点。

D选项：该项直接指出方便面市场的同质化竞争加剧，创新不够，这进一步能说明了解消费者需求和产品创新的必要性，可以支持专家的观点。

E选项：该项指出品牌宣传和定位对于产品的重要性，可以支持专家的观点。

故正确答案为B选项。

499 【答案】B

【解析】

论据：政府的宏观调控措施，引发了资本市场的积极反应，该国股市指数集体上涨。

论点：这些货币政策手段可能难以根本解决经济增长放缓的问题。

支持专家的观点，可表明政府的宏观调控措施只能起到短期的缓解作用，根本问题无法得到解决。

A选项：该项表明股市指数上涨只能体现投资者的乐观预期，但经济增长放缓的问题并没有得到根本解决，可以支持专家的观点。

B选项：该项表明政府的政策有“可能”推动经济长期稳定增长，质疑了专家的观点。

C选项：该项表明政府的政策对长期经济增长的实际效果有限，进一步说明了经济增长放缓的问题并没有得到根本解决，可以支持专家的观点。

D选项：该项表明政府的政策需要配合结构性改革才能从根本上解决经济增长放缓的问题，可以支持专家的观点。

E选项：该项表明政府的措施可以降低融资成本，但是经济环境存在不确定性，部分企业和农户不愿贷款，经济增长放缓问题可能无法根本解决，可以支持专家的观点，但是力度较弱。

故正确答案为 B 选项。

500 【答案】C

【解析】

论据：某些青旅以及租房平台公开设定年龄限制，仅接待或接纳特定年龄段的人群。

论点：年龄歧视和限制在社会中普遍存在，并可能对个人的生活和工作机会产生影响。

支持专家的观点，可具体指出生活中的确存在歧视并且影响个人的生活和工作。

A 选项：该项指出招聘中存在年龄歧视和限制，年龄限制的确存在并且会影响我们的工作，可以支持专家的观点。

B 选项：该项指出年龄限制在实际生活中的确存在，详细说明了限制背后的偏见，可以支持专家的观点。

C 选项：该项表明人们对年龄隐私的尊重，并没有年龄歧视的问题，无法支持专家的观点。

D 选项：该项表明年龄歧视在生活中普遍存在，即使有人试图反驳，但也无法改变，可以支持专家的观点。

E 选项：该项表明公务员招聘中存在年龄歧视，可以支持专家的观点。

故正确答案为 C 选项。

501 【答案】A

【解析】

论据：全球科技行业面临着持续的裁员潮，即使 AI 概念股上涨，微软等公司股价达到新高，裁员问题仍旧是一个挥之不去的阴影。

论点：工作者将失业归咎于自己，过度强调了个体的责任，忽视了制度性问题在裁员潮中扮演的角色。

支持专家的观点，需表明失业不是个人因素导致的，而是外部环境因素导致的。

A 选项：该项指出个体可以通过更新技能来适应变化，直接表明了是个人因素导致的失业，更加强调个人问题的重要性，无法支持专家的观点。

B 选项：该项指出裁员是因为公司考虑利益更倾向于股东，而不是员工，可以支持专家的观点。

C 选项：该项指出企业为了转移责任而推动这一思潮，说明失业不是个人因素导致的，可以支持专家的观点。

D 选项：该项指出了个体在看待职业成功与否时，过于考虑内部因素，忽视了外部因素的影响，可以支持专家的观点。

E 选项：该项指出企业不愿意给员工提供在职培训导致员工技能未能胜任工作而被裁员，这是外部因素导致的，是公司制度的问题，故可以支持专家的观点。

故正确答案为 A 选项。

502 【答案】D

【解析】

论据：在全球经济增速放缓的背景下，2023 年山东省经济显著增长，这反映了山东在新旧动能转换、产业升级等方面的积极努力和显著成效。

论点：山东省的经济发展不仅依赖于传统重工业，而且在新兴产业和服务业等领域也取得了重要进展。

A 选项：该项表明山东省在新兴产业方面取得了重要进展，可以支持专家的观点。

B 选项：该项表明山东省积极转型，在外贸行业取得了一定的进展，可以支持专家的观点。

C 选项：该项指出山东省在新旧动能转换方面的努力，可以支持专家的观点。

D 选项：该项提及的是 2019 年的相关信息，讨论的是"公共投资的减少"和"经济增长动力的不足"，与题干论证话题不一致，无法支持专家的观点。

E 选项：该项表明烟台市的发展在山东省新旧动能转换方面的规划之中，可以支持专家的观点。

故正确答案为 D 选项。

题型 02 特殊模型的支持

503 【答案】E

【解析】

论据：人们可以通过语音控制开关灯、调节空调温度、播放音乐等，这极大地方便了人们的生活。

论点：智能家居将大幅度提高人们的生活质量。

支持专家的观点，需表明人们的生活质量受到生活便利性的影响，建立论据和论点的联系。

A 选项：该项表明闲时听音乐可以提高生活质量，并未建立论据和论点的联系，故该项无法支持专家的观点。

B 选项：该项表明智能家居可以提高人们的生活幸福程度，题干中未提及生活幸福程度，无关选项，排除。

C 选项：该项表明智能家居的价格下降方式，和题干论证无关，排除。

D 选项：该项表明智能家居有市场潜力，各公司纷纷投资研发，和题干论证无关，排除。

E 选项：该项表明生活质量的高低取决于生活的便利程度高低，建立论据和论点的联系，可以支持专家的观点。

故正确答案为 E 选项。

504 【答案】D

【解析】

论据：人工智能在医疗领域的应用越来越广泛。

论点：人工智能将在未来的医疗诊断中发挥重要作用，大幅度提高诊断的准确性和效率。

支持专家的观点，需表明人工智能在医疗领域的应用可以提高医疗诊断的准确性和效率，建立联系。

A 选项：该项表明人工智能在记忆和储存医疗案例的能力比一般医生更强，并未建立有效联系，故该项无法支持专家的观点。

B 选项：该项表明人工智能和医生联合诊断可以提高准确率，和题干论证话题不一致，排除。

C 选项：该项表明针对复杂和罕见疾病，人工智能的诊断效率更高，体现了人工智能的优势，与题干论证无关，排除；

D 选项：该项表明人工智能可以储存海量医疗数据，提高诊断的准确性和效率，可以支持专家的观点。

E 选项：该项表明人工智能存在误诊的可能，但这种可能是可以纠正的，与题干论证无关，排除。

故正确答案为 D 选项。

505【答案】C

【解析】

论据: AI 医疗技术的出现使得疾病诊断的准确率大幅度提高了。

论点: AI 医疗技术的出现将更有效地提高公众的健康水平。

支持专家的论证，需建立疾病诊断的准确率和公众健康水平之间的联系。

A 选项：该项表明 AI 医疗技术可以解决地区医疗条件差异问题，与题干论证话题无关，排除。

B 选项：该项表明 AI 医疗技术引入后，提高了肺癌患者的五年生存率，生存率和健康水平是不同概念，故该项无法支持专家的论证。

C 选项：该项表明疾病诊断的准确率是影响公众健康水平的一个因素，该项可以支持专家的论证。

D 选项：该项表明 AI 医疗技术可以预测疾病，无关选项，排除。

E 选项：该项表明未来有机会研发出低成本高算力的计算机，无关选项，排除。

故正确答案为 C 选项。

506【答案】D

【解析】

论据: 许多农村地区的学生由于网络条件限制，仍然习惯传统的课堂学习。

论点: 在线教育的迅速普及会把农村学生阻挡在教育资源之外，从而影响他们的学习效果和未来发展。

支持专家的论断，需表明即使在线教育普及也无法让农村地区的学生顺利地学习，享受优质的教育资源。

A 选项：该项表明，许多贫困地区短期内很难解决在线教育成本高昂的问题，但这并不代表未来也得不到解决，没有一个明确的态度，故该项无法支持专家的论断。

B 选项：该项说明有些学生只能通过传统的方式学习，能支持题干的观点。但是该项有弱化词“有些”，支持力度较弱。

C 选项：该项表明优质教育资源对于农村地区的学生来说很大程度影响他们获得生存的技能，强调了优质教育的重要性，但论证话题和题干不一致，故该项无法支持专家的论断。

D 选项：该项表明在线教育高昂的成本和对网速的要求是农村地区无法解决的问题，即使在线教育普及，对于农村地区的孩子来说，他们仍旧享受不到优质的教育资源，该项可以支持专家的论断。

E 选项：该项表明在线教育普及带来了负面影响，和题干论证无关，排除。

故正确答案为 D 选项。

507【答案】B

【解析】

论据: 阅读过程中，理解、剖析文字信息可以锻炼大脑的思维能力，了解人生经历和情感体验有助于提高情绪管理能力。

论点: 定期阅读可以提高人们的认知能力和情绪管理能力。

支持上述论证，需表明定期阅读和认知能力、情绪管理能力的因果联系。

A 选项：该项表明思维能力提高后的作用，并未建立其和定期阅读的联系，故该项无法支持题干论证。

B 选项：该项表明定期阅读可以改善人的认知能力和情绪管理能力，可以支持题干论证。

C 选项：该项指明在特定调查对象中，定期阅读有助于这类人认知能力、情绪管理能力的提高，建立题干论证所需的因果联系，但调查对象具有局限性，并不能代表所有人的情况，故该项无法支持题干论证。

D 选项：该项虽然指出定期阅读能让人获得对情绪进行管理的知识储备。但是，有情绪管理的知识不代表就能做好情绪管理，故该项无法有效支持题干，排除。

E 选项：该项表明人对外界刺激的反应模式相同，无关选项，排除。

故正确答案为B选项。

508 【答案】B

【解析】

论据：在现代社会，人口流动是常事，即使在落后的地区，人们往往也会去大城市生活和工作。

论点：许多人选择去大城市生活和工作是因为大城市比小城市机会多，也更加便利。

支持社会学家的观点，需表明多数人去大城市生活和工作大都是看中大城市机会多、便利等。

A 选项：该项对大城市和小城市的收支进行比较，大城市的收入涨幅足以覆盖高的生活成本，与题干论证无关，排除。

B 选项：该项表明大多数人选择某个城市是看这个城市机会的多少和生活便利程度，该项可以支持社会学家的观点。

C 选项：该项表明大多数人的三观受到社会结构的影响，有独立三观的只有极少数，与题干论证无关，排除。

D 选项：该项表明追求机会和便利生活是人之常情，无关选项，排除。

E 选项：该项表明在大城市工作的人，晚年都会回到家乡生活，无关选项，排除。

故正确答案为B选项。

509 【答案】C

【解析】

论据：试行远程工作制度的胖小星公司，其生产效率比其余子公司的平均生产效率更高。

论点：实行远程办公制度可以有效提高海大棉公司的生产效率。

支持题干论证，需指明事实上远程办公制度是可以让海大棉公司的生产效率提高的。

A 选项：该项表明了远程办公制度对于员工来说的优点，和题干论证无关，排除。

B 选项：该项表明了许多互联网公司也实行了这样的办公制度，效果显著，但未具体指出海大棉公司和这些公司之间的相似程度，故该项无法支持题干论证。

C 选项：该项表明远程办公制度是影响生产效率的因素，可以支持题干论证。

D 选项：该项比较的是胖小星的员工和其他子公司的员工的工作经验，与题干论证无关，排除。

E 选项：该项指明是由于生产效率高才让实行远程办公制度，因果倒置，可以削弱题干论证。

故正确答案为C选项。

510 【答案】B

【解析】

论据：甲城市居民习惯饮用烧开的自来水，乙城市居民习惯饮用纯净水，结果，乙城市的居民更容易出现一些缺乏微量元素而导致的疾病。

论点：习惯饮用纯净水导致了乙城市居民缺乏微量元素。

支持题干论证，需建立习惯饮用纯净水和缺乏微量元素之间的因果联系。

A 选项：该项表明这两个城市的居民数量基本一样，无关选项，排除。

B 选项：该项表明纯净水中的微量元素是被去除掉的，经常饮用纯净水很大概率会导致缺乏微量元素，建立了习惯饮用纯净水和缺乏微量元素之间的因果联系，可以支持题干论证。

C 选项：该项表明自来水中不会缺少微量元素，和题干论证无关，排除。

D 选项：该项表明补充微量元素的保健品销量好，无关选项，排除。

E 选项：该项表明缺乏微量元素会导致严重的后果，和题干论证话题不一致，排除。

故正确答案为 B 选项。

511 【答案】D

【解析】

论据：某研究团队发现了能穿透血脑屏障的病毒载体，它可以将药物直接送至靶向给药的细胞或组织。

论点：这对于脑部疾病的治疗将会有很大的进步。

支持题干论证，最核心的思路就是指出该研究成果对于治疗脑部疾病是很有帮助的，是有效的或者方法可行，其次是说明该方法对治疗患者来说没有副作用或者副作用很小。

A 选项：无关选项，题干没有涉及“苯巴比妥”物质的特性和脑部疾病治疗的关系，排除。

B 选项：无关选项，题干不涉及病毒载体进入大脑的路径，排除。

C 选项：无关选项，题干未提及碳酸酐酶Ⅳ，排除。

D 选项：该项说明这种运用病毒作为载体的治疗方案对于患者来说没有副作用，间接地说明该方法是可行的，所以可以支持题干论证。

E 选项：该项说明这类病毒载体的培养极为严格，没有说明其和治疗脑部疾病之间的关联，无法支持。

故正确答案为 D 选项。

512 【答案】E

【解析】

论据：临床试验发现，CRISPR 技术对癌细胞的扩散有抑制作用，并且被修饰的 T 细胞在体内存在长达半年以上。

论点：传统癌症治疗的困境将有所突破，CRISPR 技术能提高癌症治疗效果，为癌症治疗开辟了新途径。

支持题干论证，首先可表明实验发现的治疗方法在真正的治疗中是可以实施的，是有效的，其次可表明该方法对患者没有什么大的影响，不会加重病情。

A 选项：该项没有指出 CRISPR-LNP 对实验小鼠和人体的作用是一样的，所以该项不足以支持题干，排除。

B 选项：该项指出 CRISPR 基因编辑不会影响健康正常的细胞，也就是说该技术不会对人体有害，不会造成加重病情的问题，可以支持。

C 选项：无关选项，该项指出 CRISPR 系统的具体运作方式和优势，排除。

D 选项：无关选项，介绍 CRISPR-Cas 基因编辑技术是如何治疗癌症的，排除。

E 选项：该项表明该技术进行了人体试验，结果表现不错，被学生认可，也就说该方法是可以作为临床治疗方法的，可以支持。相比 B 选项，该项支持力度更强。

故正确答案为 E 选项。

513【答案】D

【解析】

论据：短视频可以灵活传达品牌形象及产品效果，并且可以极大调动用户的兴趣。

论点：企业广告用短视频方式呈现，更能吸引用户的目光，增加企业的收入。

支持题干论证，需建立起短视频作用和企业收入之间的联系。

A 选项：题干未提及“个性化宣传”，与题干论证无关，排除。

B 选项：该项表明不采用短视频方式也能保证企业的利润，对题干有削弱的作用。

C 选项：该项表明会有一部分人不喜欢动态的广告宣传，但是未表明这种方式能否带来利润，无法支持题干论证。

D 选项：该项表明短视频方式能带来的利润比静态广告带来的利润高，说明该方法的确可以增加企业收入，可以支持。

E 选项：该项表明使用短视频要掌握好力度，并未说明该方法是否能够增加企业收入，无法支持题干论证。

故正确答案为 D 选项。

514【答案】C

【解析】

方法：公交车司机在每次行驶前都要进行车辆检查。

目的：为了保证行驶安全，公交车司机必须执行该规定。

支持交警的观点，需表明执行该规定的必要性。

A 选项：该项表明存在一些维修人员会疏忽公交车的问题和故障，无法避免车祸的发生，进一步说明行驶前检查是很有必要的，但由于存在程度词“一些”，该项支持力度较弱。

B 选项：该项表明该规定可以排除故障和潜在的危险，并未表明规定实施的必要性，故该项无法支持交警的观点。

C 选项：该项表明即使有专业的维修人员检修，但还是避免不了车祸的发生，进一步说明行驶前检查是很有必要的，该项支持交警的观点。

D 选项：该项表明司机在行驶过程中要遵守交规，与题干论证无关，排除。

E 选项：该项表明实施该项规定会影响驾驶安全，削弱了交警的观点。

故正确答案为 C 选项。

515【答案】B

【解析】

论据：定期阅读，特别是定期阅读人文类或历史类的书籍，可以有效提高学生对社会的理解力。

论点：应当让学生定期阅读。

支持专家的观点，需建立定期阅读和对社会的理解力之间的联系。

A 选项：该项表明阅读时间会影响定期阅读的效果，与题干论证话题不一致，排除。

B 选项：该项表明定期阅读可以提高学生对社会的理解力，建立了论据和论点的有效联系，可以支持专家的观点。

C 选项：该项表明定期阅读有利于提高学生接触和理解社会的意愿，与题干论证话题不一致，排除。

D 选项：该项表明定期阅读对于理工科的学生并不是很有作用，无关选项，排除。

E 选项：该项表明增加定期阅读的时间，对于一部分学生有反作用，无关选项，排除。

故正确答案为 B 选项。

516【答案】A

【解析】

论据：那些音乐课程数量更多的学校学生的学习成绩反而更好，说明音乐教育其实可以提高学生的学习成绩。

论点：学校应该在课程中增加音乐教育的比重。

支持题干论证，需指明增加音乐教育的比重的有效性。

A 选项：该项表明音乐教育提高的注意力、记忆力是对于学习至关重要的能力，进一步说明音乐课是有效的，故该项可以支持题干论证。

B 选项：该项表明音乐课有利于学生更好地学习，支持题干的论据，并未指明增加音乐课比重的有效性，故该项无法支持题干论证。

C 选项：该项表明学生对音乐课、体育课这类副课更有兴趣，题干并未讨论兴趣程度和课程类别的关系，与题干论证无关，排除。

D 选项：该项表明减少副课的比重会起到反作用，而题干讨论的是“增加音乐课的比重”，与题干的论证话题不一致，排除。

E 选项：该项表明学生成绩的决定性因素是自身的学习习惯和进取心，并非课程体系，不能说明增加音乐教育的比重是有作用的，故该项无法支持题干论证。

故正确答案为 A 选项。

517【答案】C

【解析】

论据：坚果中含有大量的微量元素镁。

论点：为了预防心脏病，人们应当多吃坚果。

支持专家的观点，需指明多吃坚果可以补充微量元素镁来预防心脏病。

A 选项：欧米伽 -3 脂肪酸对心脏病的作用未必就是人们主观认为的那样，论据本身不成立，故该项无法对题干起到支持作用，排除。

B 选项：该项表明坚果中的营养元素对身体健康有益，这并不等价可以预防心脏病，故该项无法支持专家的观点。

C 选项：该项表明微量元素镁可以有效降低心脏病的发病率，所以多吃坚果是有效的，支持专家的观点。

D 选项：该项表明多吃坚果来预防心脏病的方法是可行的，但是要说明方法是必要的而不是可行的，故该项无法支持专家的观点。

E 选项：该项表明饮食对健康也有很大影响，无关选项，排除。

故正确答案为 C 选项。

518 【答案】D

【解析】

论据：某工厂为了满足市场需求，让员工加班加点提高产能，但由于员工的加班费较为高昂，该工厂的利润并没有增加。

论点：该工厂计划引入一条新的全自动生产线，在保证产能不变的基础上，提高利润。

支持上述计划，需要表明该计划是有效的，即可以在满足市场需求的同时提高利润。

A选项：该项表明该计划的实施是可行的，但是并未进一步说明该方法能够提高利润，故该项无法支持题干的计划。

B选项：该项表明全自动生产线有优化空间，还能进一步提高产能，并未说明该方法是有效的，故该项无法支持题干的计划。

C选项：该项指出自动化生产是趋势，它比人工更可靠，该项比较两者之间的优劣，与题干论证无关，排除。

D选项：该项表明引入新的全自动生产线，可以有效地降低成本，提高利润，故该项可以支持题干的计划。

E选项：该项表明全自动生产线的产能和利润是有关系的，并未进一步说明该计划是可以达到目的的，故该项无法支持题干的计划。

故正确答案为D选项。

519 【答案】A

【解析】

论据：经常玩棋类游戏可以提高人们的逻辑思维能力和策略规划能力。

论点：人们应当多玩棋类游戏。

支持题干论证，需指明应当多玩棋类游戏的有效性。

A选项：该项恰好表明玩棋类游戏可以显著提高对于人的逻辑思维能力和策略规划能力至关重要的人的神经的活跃程度以及不同神经元之间的协作能力，所以多玩棋类游戏对于提高这两种能力是有效的，故该项可以支持题干论证。

B选项：该项比较了玩棋类游戏的人和玩设计类游戏的人的思维缜密程度，并没有说明玩棋类游戏的有效性，故该项无法支持题干论证。

C选项：该项表明棋类游戏虽然没有带来任何好处，但也没有带来坏处，无关选项，排除。

D选项：该项指出解决复杂问题的时间长短可以反映出一个人综合能力的高低，无关选项，排除。

E选项：该项解释了那些玩游戏丧志的人为何这样，和题干论证无关，排除。

故正确答案为A选项。

520 【答案】D

【解析】

论据：每天坚持跑步的人在日常生活中感到的压力和焦虑的程度明显低于那些不常跑步的人。

论点：跑步可以有效地帮助人们减轻压力和焦虑。

支持研究者的观点，需表明跑步和减轻压力和焦虑的因果联系。

A选项：该项表明跑步的人和不跑步的人感到的压力和焦虑的程度不同是因为生活习惯不同，该项成立可以削弱研究者的观点，排除。

B 选项：该项表明跑步的人声称跑步是最佳减压方式，有诉诸大众的嫌疑，故该项无法支持研究者的观点。

C、E 选项：这两项表明跑步的确可以减少压力和焦虑，但存在“有些、一部分”这些程度词，故这两项支持力度较弱。

D 选项：该项表明，跑步的人和不跑步的人面临的压力是相同的，排除了面临的压力不同而导致研究结果的差异，该项可以支持研究者的观点。

故正确答案为 D 选项。

521 【答案】B

【解析】

论据：每天坐着的时间超过 8 小时的人的健康水平不如那些每天坐着的时间不超过 4 小时的人。

论点：减少坐着的时间可以有效提高人的健康水平。

支持研究人员的观点，需指出坐着的时间长短和健康水平的高低之间存在因果联系。

A 选项：该项表明很有可能是其他不良的生活习惯导致了健康水平低于坐着的时间不超过 4 小时的人，可以削弱研究人员的观点。

B 选项：该项表明每天坐 6 个小时左右人的健康水平比每天坐着不超过 4 小时的人更差，进一步说明长时间坐着会导致身体的健康水平降低，可以支持研究人员的观点。

C 选项：该项表明长期久坐会导致身体的颈椎、腰椎出现一些问题，这里需要明确一下颈椎、腰椎的问题与健康水平不等价，故该项无法支持研究人员的观点。

D 选项：该项指出研究人员是医疗健康领域的专家，有诉诸权威的嫌疑，故该项无法支持研究人员的观点。

E 选项：题干论证与调查人数多少无关，无关选项，排除。

故正确答案为 B 选项。

522 【答案】D

【解析】

论据：考古学家可以对比研究同一时期不同文明以及不同时期同一文明的遗址和遗物，进而梳理出同一个文明的演化历史。

论点：古生物学家认为通过研究不同时期同一个生物的化石，可以重现这个物种的演化历史。

支持古生物学家的观点，需表明研究文明演化的这种推演方法是可以被用到研究物种演化中，说明该方法的可行性。

A 选项：该项表明技术进步，可以发掘出不同时期的生物化石，并未说明题干的方法是否可行，故该项无法支持古生物学家的观点。

B 选项：该项表明需要人类研究的古生物还有许多，无关选项，排除。

C 选项：该项表明该方法没办法梳理清楚文明的演化历史，削弱了题干的论据，排除。

D 选项：该项表明题干提及的方法在其他领域也是可以使用的，说明该方法是可行的，可以支持古生物学家的观点。

E 选项：该项表明研究古生物的首要任务是研究清楚古生物的演化历史，无关选项，排除。

故正确答案为D选项。

523【答案】B

【解析】

论据：乐观的人往往会获得更好的机会，越乐观的人职业生涯的发展就越顺利。

论点：乐观有助于职业发展。

支持心理学家的观点，需建立拥有好机会和职业发展的联系。

A选项：该项表明研究助手是心理学领域的专家，有诉诸权威的嫌疑，故该项无法支持心理学家的观点。

B选项：该项表明机会是影响职业发展的重要因素，建立了题干所需的联系，故该项可以支持心理学家的观点。

C选项：该项表明同年级的学生学习能力无差别，和题干论证无关，排除。

D选项：该项表明看起来乐观的人，都有很强的抗压能力，与题干论证无关，排除。

E选项：该项表明小时候的经历影响一个人长大后的心态，论证话题和题干无关，排除。

故正确答案为B选项。

524【答案】C

【解析】

论据：在教育中应用人工智能技术可以以极低的成本实现"千人千面"的个性化教育。

论点：随着这项技术的发展，未来的教育将会变得更加公平。

支持专家的观点，需指明人工智能技术可以减小不同地区的教育资源差异。

A选项：该项解释了没有给学生提供优质教育资源的原因是经济困难，无关选项，排除。

B选项：该项表明人工智能有助于提高教师的教学能力，无关选项，排除。

C选项：该项表明人工智能具备的优势就是让教育欠发达的地区也能享受到优质的教育资源，这样能够逐步缩小各地区之间的教育资源的差距，该项可以支持专家的观点。

D选项：该项表明，教师不能顺畅地使用人工智能进行教学，以至于抵触使用人工智能，该项无法支持支持专家的观点。

E选项：该项解释了学生对学习不感兴趣的原因，与题干论证无关，排除。

故正确答案为C选项。

525【答案】E

【解析】

论据：该市的公共交通乘客数量和自行车使用者数量都比十年前有了大幅度的增长。

论点：绿色出行的政策施行很成功。

支持题干论证，需表明乘坐公共交通的乘客数量和自行车的使用者数量是政策实施的效果体现。

A选项：该项表明乘公共交通和使用自行车出行可以减少空气污染，和题干论证话题无关，排除。

B选项：该项表明大家都认同绿色出行的理念，但未建立公共交通乘客数量、自行车使用者数量和政策的联系，故该项无法支持题干论证。

C选项：该项表明绿色出行政策受好评，被当作典例推广，未建立公共交通乘客数量、自行车使用者数量和政策的联系，故该项无法支持题干论证。

D选项：该项表明绿色出行政策可以促使一些私家车主乘坐公共交通出行，但没有建立论据和论点的联系，故该项无法支持题干论证。

E 选项：该项表明公共交通和自行车的使用者数量越多说明绿色出行的政策越成功，建立了论据和论点的联系，可以支持题干论证。

故正确答案为 E 选项。

526【答案】E

【解析】

论据：浏览是收集观点和信息把知识作为独立单元输入大脑，是一种线性策略；做笔记是阅读时构建层次清晰的架构，是结构策略。

论点：与单纯的浏览相比，做笔记能够取得更优的阅读效果。

支持题干论证，需说明做笔记这种结构策略是目前最优的阅读方法，能达到最佳的效果。

A 选项：该项表明我们应该怎么去读书，并未建立结构策略和阅读效果的联系，排除。

B 选项：该项指明一本书所包含内容的占比情况，无关选项，排除。

C 选项：该项表明思维导图式笔记的优点，并未建立结构策略和阅读效果的联系，排除。

D 选项：该项讨论的是“精读”对于阅读的帮助，话题和题干不相关，排除。

E 选项：该项明确指出阅读效果是由总结的架构决定的，建立了结构策略和阅读效果的联系，可以支持。

故正确答案为 E 选项。

527【答案】C

【解析】

论据：任何乐队的成功往往依赖于其主唱的表现，谁的乐器演奏水平最差就让谁当主唱，小李有许多粉丝追捧他。

论点：小李是“星辉”乐队的主唱。

支持音乐评论家的观点，需要建立论据和论点之间的联系。

A 选项：该项表明小李是该乐队的灵魂人物，并不能说明他就是主唱，故该项无法支持音乐评论家的观点。

B 选项：该项表明明星有名气后会向别人传递自己对人生、艺术的理解，和题干论证无关，排除。

C 选项：该项表明小李是乐队中乐器演奏相对最差的一个，该项建立了论据和论点的联系，可以支持音乐评论家的观点。

D 选项：该项表明有许多粉丝追捧是乐队主唱的必要条件，并不是充分条件，故该项无法支持音乐评论家的观点。

E 选项：该项只能表明小李受到粉丝的欢迎，并不能说明他就是乐队的主唱，没有建立论据和论点的联系，故该项无法支持音乐评论家的观点。

故正确答案为 C 选项。

528【答案】A

【解析】

论据：“糖尿病危机”是指人们过度依赖高糖食品，运动不足、生活压力大等导致的糖尿病发病率上升。

论点：现代生活方式和饮食习惯导致了“糖尿病危机”现象。

支持专家的观点，需指明现代生活方式和饮食习惯会导致人们过度依赖高糖食品或压力大，运动不足的问题。

A 选项：该项直接表明现代生活方式导致人们更依赖高糖食品，建立了论据和论点的联系，可以支持专家的观点。

B 选项：该项表明现代人更加注重饮食健康，无关选项，排除。

C 选项：该项表明医疗技术进步提高了糖尿病患者的生活质量和健康水平，并未建立现代生活方式和“糖尿病危机”的联系，故该项无法支持专家的观点。

D 选项：政府大力宣传健康的生活方式和饮食习惯，无关选项，排除。

E 选项：该项讨论的是糖尿病人的并发症会导致死亡，与题干论证话题不一致，排除。

故正确答案为 A 选项。

529 【答案】B

【解析】

论据：如今人们的主要娱乐方式是使用一些电子产品，许多人习惯于每天拿智能设备刷抖音、看小红书。

论点：长时间观看电子设备，眼睛会受到蓝光的刺激，这是导致近视率上升的重要因素。

支持题干论证，需表明多数人近视是长时间观看电子设备导致的。

A 选项：该项表明长时间观看电子设备会导致视觉疲劳同时无法得到缓解，并未进一步说明近视和长时间观看电子设备的关系，故该项无法支持题干论证。

B 选项：该项表明蓝光中的短波损伤了人眼底的黄斑区，从而使得视力有所损伤，出现近视，建立近视和长时间观看电子设备的联系，故该项可以支持题干论证。

C 选项：该项表明可以通过补充叶黄素，多看绿色植物等方式保护眼睛，无关选项，排除。

D 选项：该项表明近视趋势明显，小学一、二年级的学生很多都开始戴眼镜了，并未建立论据和论点的联系，故该项无法支持题干论证。

E 选项：该项表明人们使用电子设备的时间变得越来越长，这种现象无法短期内改变，并未建立近视和长时间观看电子设备的联系，故该项无法支持题干论证。

故正确答案为 B 选项。

530 【答案】D

【解析】

论据：鸡蛋和红薯的早餐组合能够提供足够的蛋白质和纤维素。

论点：早餐选择鸡蛋和红薯的组合能够对减肥起到辅助作用。

支持题干论证，需说明足够的蛋白质和纤维素可以达到辅助减肥的作用。

A 选项：该项表明摄入足够多的蛋白质和纤维素可以预防疾病，无关选项，排除。

B 选项：该项表明人的体重会影响人对食物的选择，无关选项，排除。

C 选项：该项比较了鸡蛋和红薯与其他食物中的蛋白质、纤维素含量的高低，无关选项，排除。

D 选项：该项表明鸡蛋和红薯组合的早餐设置可以起到辅助减肥的作用，可以支持题干论证。

E 选项：该项解释了与纤维素相关的特点，与题干论证无关，排除。

故正确答案为 D 选项。

531【答案】B

【解析】

论据：空气污染会导致人的呼吸道黏膜衰退。

论点：人在受污染的空气中生活，将会患上各种各样的呼吸道疾病。

支持专家的观点，需表明呼吸道黏膜衰退是导致患上呼吸道疾病的原因。

A 选项：该项比较呼吸道黏膜在不同空气中的衰退程度，支持了题干的论据。

B 选项：该项表明是呼吸道黏膜衰退导致了人们患上呼吸道疾病，支持题干论证。

C 选项：该项表明提出呼吸道具有适应性这些观点的人被批评，与题干论证无关，排除。

D 选项：该项表明了呼吸道疾病对人们生活的影响程度，无关选项，排除。

E 选项：该项指明人对环境的适应能力有限，与题干论证话题无关，排除。

故正确答案为 B 选项。

532【答案】C

【解析】

论据："环保出行计划"是鼓励市民出行时优先选择公共交通而不是私家车，该计划推出一年后，该城市的空气质量有了明显改善。

论点：环保出行计划已经有效地改善了该市的空气质量。

支持政府官员的观点，需表明空气质量改善的原因就是"环保出行计划"。

A 选项：该项指出毗邻城市也实施了"环保出行计划"，其空气质量也得到有效改善，但并未点明这两个城市是相似的，故该项无法支持官员的观点。

B 选项：该项表明空气质量改善使得居民更加支持这项计划，该项无法支持官员的观点。

C 选项：该项表明交通工具的尾气是空气污染的主要源头，而公共交通的尾气排放比私家车少，说明实施"环保出行计划"后，空气质量必然会得到改善，进一步说明该计划的确是空气质量改善的原因，可以支持官员的观点。

D 选项：该项表明该计划得到了有效的实施，无法说明"环保出行计划"就是空气质量变好的原因，故该项无法支持官员的观点。

E 选项：该项表明该计划不会对经济发展有什么影响，与题干论证无关，排除。

故正确答案为 C 选项。

533【答案】B

【解析】

论据：在 2022 年填报高考志愿的考生中，有 70% 选择理科的考生高考数学超过了 120 分。

论点：数学学得越好的人越可能选择理科。

支持题干论证，需表明在所有的考生中，数学超过 120 分的人占比是低于 70% 的。

A 选项：该项表明能否学好数学和天赋以及后天的努力是相关的，无关选项，排除。

B 选项：该项表明在所有考生中数学成绩没超过 120 分的人占 70%，也就是说数学超过 120 分的人的占比是 30%，低于 70%，故该项可以支持题干论证。

C 选项：该项表明数学是所有学科的基础，干什么都要学好数学，无关选项，排除。

D 选项：该项指出文科的学习难度不比理科简单，无关选项，排除。

E 选项：该项表明在所有考生中，数学超过 120 分的人的占比是 68%，低于 70%，故该项可以支持题干论证。

比较 B、E 选项，E 项的占比较为接近 70%，B 选项的占比是远远低于 70% 的，所以 B 选项作为支持的选项最合适。

故正确答案为 B 选项。

534【答案】E

【解析】

论据：宇航员在太空旅行要付出巨大代价，而且充满了危险。

论点：机器人越来越有能力，应该派遣机器人到月球和火星。

支持题干论证，需表明机器人派遣到月球和火星的前提是具备的，或者说明机器人能够代替宇航员完成太空旅行等任务。

A 选项：该项表明派遣机器人到太空的前提都具备了，也就是说这个方法是可以实现的，可以支持题干论证。

B、C、D 选项：这三项指出机器人较之宇航员有优势，指出该方法比其他方法更优，那么应该采用该方法，可以支持题干论证。

E 选项：表明存在一些人喜欢太空冒险，甚至愿意出资赞助太空旅行，与题干论证无关，排除。

故正确答案为 E 选项。

535【答案】A

【解析】

论据：氧化乐果对斑马鱼具有明显的毒性作用，能够影响其生理和生化指标；斑马鱼还对氧化乐果有较强的生物富集能力

论点：可以用斑马鱼来评估氧化乐果对水环境的污染程度。

支持科学家的建议，可指出该建议是可行的。

A 选项：该项指出氧化乐果能影响斑马鱼的神经传导功能，可以通过观察鱼的活动程度来判定水环境的污染程度，表明了该建议是可行的，可以支持科学家的建议。

B 选项：该项表明斑马鱼对氧化乐果的生物富集系数的具体数据，并未表明建议的可行与否，无法支持科学家的建议。

C 选项：该项指出任何生命自身都有一定程度的解毒能力，与题干论证无关，排除。

D 选项：该项比较斑马鱼和大鼠对有毒物质的敏感程度，并未就建议可行性给出明确态度，无法支持科学家的建议。

E 选项：该项指出斑马鱼与其他物种对有毒物质的敏感性存在不同的可能，并未说明利用斑马鱼来评估水环境的污染程度，无法支持科学家的建议。

故正确答案为 A 选项。

536【答案】D

【解析】

论据：新型冠状病毒肺炎（COVID-19）大流行期间，调查表明约三分之一的人遭受了严重的心理困扰。

论点：必须尽快建立心理健康支持系统，来应对类似的全球性公共卫生危机。

支持专家的观点，需指明建立心理健康支持系统，对于应对全球性公共卫生危机需要这样做。

A 选项：该项表明表现出心理弹性的人未来也可能受到心理问题的困扰，与题干论证话题无关，排除。

B 选项：该项表明疫情期间公众对心理健康支持的需求大，并未指出建立心理健康支持系统的必要性，无法支持专家的观点。

C 选项：该项指出大多数人通过体育锻炼来调整心态，成功应对此次的危机，并未指出建立心理健康支持系统的必要性，无法支持专家的观点。

D 选项：该项指出未来极有可能再次爆发类似的全球性公共卫生危机，为应对这种危机建立心理健康支持系统是很有必要的，可以支持专家的观点。

E 选项：该项表明虚拟社交活动对于保持心理健康没有任何帮助，与题干论证话题无关，排除。

故正确答案为 D 选项。

537 【答案】A

【解析】

论据：每年我国居民消费水平的名义增长率为 1.8% 左右，这反映了我国居民消费心态的转变。

论点：我国居民消费水平的增长主要得益于城镇化率的明显提升。

支持专家的观点，需建立居民消费水平和城镇化率之间的因果联系。

A 选项：该项表明城镇化可以推动居民的消费观向享受型转变，进而提高了居民的消费水平，该项可以支持专家的观点。

B 选项：该项通过某市的调查表明，城镇化率和居民消费水平存在一定联系，但仅凭一个城市的实例不足得出全国居民消费水平也和城镇化率有因果联系，故无法支持专家的观点。

C 选项：该项仅指出城镇化率会提高居民的收入水平，但是并未指出会提高居民的消费水平。因此，该项无法有效支持题干，排除。

D 选项：该项指出居民消费倾向和社会变化等因素无关，该项可以反驳专家的观点。

E 选项：该项指出农村地区的消费水平也在不断增长，与题干论证无关，排除。

故正确答案为 A 选项。

538 【答案】B

【解析】

论据：近期的调查发现一些地方出现了资本“跑路”、涉农项目烂尾等问题，导致土地流转出现纠纷，农民利益受损。

论点：为了确保资本下乡真正为乡村振兴服务，必须通过政策的引导和监督，确保资本的投入能够真正利于农村的可持续发展。

支持题干论证，需指明政策的引导和监督对于乡村振兴的重要性，或者说明必须这样做的原因。

A 选项：该项表明政策的引导和监督可以避免风险，确保资本下乡真正服务于乡村振兴，这表达的是这样做带来的好处，并未说明必须这样做的理由，故该项无法支持题干论证。

B 选项：该项指出若是缺乏政策的引导和监督，资本会为了追求短期利润而忽视原本的目的，让农民利益得不到保证，不利于乡村的可持续发展，说明政策的引导和监督对于乡村振兴是很有必要的，可以支持题干论证。

C 选项：该项表明农民参与资本下乡项目，可以直接获得技术支持和资金投入，增加收入，并未提及政策的引导和监督。

D选项：该项态度不明确，没有具体说明投资风险是否能控制在可控范围之内，也未提及政策的引导和监督，与题干论证无关，排除。

E选项：该项指出其他方法可以降低资本下乡带来的风险，保护农民免受市场价格波动带来的损失，与题干论证话题无关，排除。

故正确答案为B选项。

539【答案】C

【解析】

论据：中国人民银行宣布下调存款准备金率0.5个百分点，向市场提供长期流动性约1万亿元，资本在市场上，核电板块在A股市场上掀起了新一轮的上涨行情。

论点：核电板块的上涨与国家宏观政策和货币政策的支持密切相关。

支持专家的观点，需指明核电板块上涨的原因和银行下调存款准备金率、向市场提供长期流动性资金存在联系。

A选项：该项指出核电作为清洁能源，其发展受全球能源转型的推动，与题干论证无关，排除。

B选项：该项表明核电技术取得重大突破，可以在降低运营成本的同时提升发电量，与题干论证无关，排除。

C选项：该项表明中国人民银行下调存款准备金率等一系列政策增强了核电板块投资者的信心，表明这两者之间存在联系，可以支持专家的观点。

D选项：该项指出我国核电产业的产能稳步增长，与题干论证无关，排除。

E选项：该项指出国务院常务会议和中国人民银行的政策直接影响了投资者的预期，促进了股价上涨，并未明确指出是题干中的两项政策促进核电板块在A股市场上涨，故该项无法支持专家的观点。

故正确答案为C选项。

540【答案】D

【解析】

论据：随着“专精特新”政策的实施，中小企业得到了关注和支持，在业务扩展和市场需求增加的背景下，出现了企业资金需求增加的问题。

论点：这一问题的出现主要是因为中小科技企业在快速发展的过程中对市场占有率的追求。

支持专家的观点，需表明企业资金需求增加和市场占有率之间存在因果联系。

A选项：该项表明企业为了应对市场的波动，增加了资金的需求，并未与市场占有率建立联系，无法支持专家的观点。

B选项：该项指出企业资金需求增加，地方政府和投资机构抢夺优质企业，与题干论证无关，排除。

C选项：该项指明政策实施后增加了企业市场空间，进一步让企业关注长期发展，与题干论证话题无关，排除。

D选项：该项表明市场空间和企业资金之间存在联系，想要进一步扩大市场空间，必定要增加相应资金需求。

E选项：该项指出政策实施后市场竞争增大，部分企业体验到了市场需求不足而导致的残酷竞争，并未提及企业资金需求增加和市场占有率的关系，与题干论证无关，排除。

故正确答案为D选项。

541 【答案】A

【解析】

论据:《生物安全法案》尚未生效颁布并且未形成最终版本，但是药明康德及相关CRO板块公司在美股市场的股价仍然出现了大幅下跌。

论点: 股价下跌是市场对《生物安全法案》草案内容的过度反应导致的。

支持该公司的观点，可指出影响该公司股价的其他因素，在股价下跌前后都不存在任何差异。

A选项：该项指出该公司业务发展稳健，收入和利润是增长的，也就是说不存在其他原因导致股价下跌，可以支持该公司的观点。

B选项：该项比较该公司的股票下跌幅度和美国本土生物企业的股票下跌幅度，该公司远超美国本土生物企业，与题干论证话题无关，排除。

C选项：该项表明该公司股价下跌最初的原因不是《生物安全法案》草案的提及，但这不能否定《生物安全法案》草案的提及是致使股价下跌的原因之一，故无法支持该公司的观点。

D选项：该项表明许多医药公司被列入美国“未核实清单”而后有移除这个事实，与题干论证无关，排除。

E选项：该项提及了药明康德的竞争对手的股价也出现下跌情况，并未说明是何原因致使药明康德的股价下跌，故无法支持该公司的观点。

故正确答案为A选项。

542 【答案】A

【解析】

论据: 由于严峻的行业形势和市场需求低迷，和辉光电公司一直处于亏损状态。

论点: 为了尽快扭亏为盈，应该调整公司的战略方向。

支持高管的观点，可指出调整公司战略方向的方法是有效的，或者可行的。

A选项：该项通过指出另一家和和辉光电相似的公司调整战略的方向后大幅赢利，说明调整战略方向的方法是有效的，可以达到扭亏为盈的目的，可以支持高管的观点。

B选项：该项指出通过转型的方法可以实现扭亏为盈，但并未说明调整战略方向是否有效，故无法支持高管的观点。

C选项：该项讨论的是丰富和优化产品结构的优缺点，与题干论证无关，排除。

D选项：该项表明和辉光电有足够的资金保证自己不会破产，与题干论证话题无关，排除。

E选项：该项指出调整战略是企业发展的常态，是提高管理的有效手段，并未提及与扭亏为盈相关的信息，无法支持高管的观点。

故正确答案为A选项。

543 【答案】D

【解析】

论据: 随着经济增长放缓、人口红利消失，政府对房地产市场的严格调控，广州市房地产市场出现了成交量下滑、房价波动以及开发商资金链紧张等一系列问题。

论点: 广州市政府调整了限购政策，可以有效稳定市场供给，从而释放中高收入群体的改善型需求。

支持专家的观点，可表明该政策可以有效解决广州市房地产出现的一系列问题。

A 选项：该项表明该政策可能会导致高端住宅和别墅的价格上涨，只起到微小的作用，无法支持专家的观点。

B 选项：该项表明降价促销无法改善中心区域大户型新房的成交情况，与题干论证话题不一致，排除。

C 选项：该项表明房企转战小面积精品户型的开发，与题干论证话题无关，排除。

D 选项：该项表明政策实施后有效提高了中心区大户型新房的成交量，可以支持专家的观点

E 选项：该项表明房地产开发商存在困难，无法开发新楼盘，与题干论证话题无关，排除。

故正确答案为 D 选项。

544 【答案】D

【解析】

论据：随着品牌咖啡店数量的激增和低价竞争的加剧，一些咖啡品牌通过联名合作和价格战来吸引消费者，以期在竞争中脱颖而出。

论点：提升咖啡品质才是促进咖啡行业健康发展的根本之道。

支持专家的观点，可指明商品质量才是从竞争中脱颖而出并维持行业健康发展的根本。

A 选项：该项指出低价策略的确不会留住顾客，无法适应行业的长期发展，并未提及咖啡品质相关信息，无法支持专家的观点。

B 选项：该项表明联名合作短期内的确可以提升曝光度，但是对于提升销售额的作用有限，并未提及咖啡品质相关信息，无法支持专家的观点。

C 选项：该项表明咖啡的品质佳能给消费者心里留下好的感觉，并未进一步说明其对咖啡行业的作用，支持的力度有限。

D 选项：该项表明最终能让消费者满意的因素还是咖啡的品质，咖啡品质是竞争中脱颖而出的根本之道，可以支持专家的观点。

E 选项：该项表明低价策略和联名合作使得购买咖啡的消费者复购率低，表明这不是长期发展的有效策略，并未提及咖啡品质相关信息，无法支持专家的观点。

相比较之下，D 选项的支持力度更强。

故正确答案为 D 选项。

545 【答案】D

【解析】

论据：印度作为拥有庞大人口和高科技人才回家，政府和企业家都积极加大对人工智能领域的投入。

论点：印度可以在人工智能领域取得重大突破。

支持题干论证，可指明印度政府和企业家的投入的确可以让印度在人工智能领域有所突破。

A 选项：该项指出印度具有优势和劣势的行业，与题干论证无关，排除。

B 选项：该项表明印度在教育方面的成绩和在全球 IT 和技术服务行业中的作用，与题干论证无关，排除。

C 选项：该项指出印度政府采取了财政措施，专门支持本土人工智能创新和技术研发的企业，但并未说明在该领域有重大的突破，无法支持题干论证。

D 选项：该项指出印度人工智能创新企业研究出来了新型大语言模型，并且超越了现有的领先技术，

这足以说明印度在人工智能领域会取得重大突破，可以支持题干论证。

E选项：该项表明全球资本对印度的生成式人工智能技术的研发和应用项目有兴趣，但这并不能说明其在人工智能领域有所突破，故无法支持题干论证。

故正确答案为D选项。

546 【答案】B

【解析】

论据：为了应对全球经济发展停滞等趋势，香港金融管理局开展多元化的全球资产配置策略。

论点：香港金融管理局能带领香港成功应对股市波动，保证居民的收入不受全球经济低迷的影响。

支持专家的观点，需表明香港金融管理局的策略可以应对或解决这两大问题。

A选项：该项表明过去采用相同策略的投资基金有一个好的发展和收益，但这并不能说明同样的策略在不同时代会有相同的效果，故该项无法支持专家的观点。

B选项：该项表明香港金融管理局的策略成功了，应对股市波动的同时还为香港的常住人口带来收益，可以支持专家的观点。

C选项：该项通过几位投资者的亲身经历，指出多元化的全球资产配置策略能有效规避风险并获益，但仅凭个别事例无法说明该策略的有效性，故该项无法支持专家的观点。

D选项：该项指出全球资产多元配置是投资者最青睐的策略之一，并未提及香港金融管理局的策略是否有效，无法支持专家的观点。

E选项：该项表明没有采取全球资产多元配置策略的投资组合波动性强，无法说明该策略对于应对股市波动的效果，无法支持专家的观点。

故正确答案为B选项。

547 【答案】C

【解析】

论据：迈瑞医疗计划收购惠泰医疗，此次收购能完善迈瑞医疗在心血管医疗设备领域的产品线。

论点：迈瑞医疗未来在心血管医疗设备领域的市场份额和盈利能力预计将显著增长。

支持分析师的观点，可表明迈瑞医疗收购惠泰医疗前在心血管医疗设备领域占据的市场份额不可观，或者指出其盈利能力不足。

A选项：该项表明受疫情影响，对心血管医疗设备的需求大幅上升，并未指出这对于迈瑞医疗是有利的，故无法支持分析师的观点。

B选项：该项表明迈瑞医疗收购惠泰医疗的目的是扩大生产线和市场份额，并未说明这样做能不能达到目的，另外惠泰医疗的市场份额未必很大，故无法支持分析师的观点。

C选项：该项表明收购前自身的产品线不完善，盈利能力受限，收购正好解决生产线不足的问题，进而提升市场份额和盈利能力，可以支持分析师的观点。

D选项：该项指出迈瑞医疗无法有效整合资源和技术，导致创新和扩张速度低于预期，该项对分析师的观点有削弱力度。

E选项：该项表明迈瑞医疗的销售地区广和销售能力强，并未说明并购和未来盈利的程度之间的关系。

故正确答案为C选项。

专题六　假设题

题型 01　假设的基本思路

548 【答案】E

【解析】

论据：那些心脏病发病率不高的国家或者有完善的医疗保健系统，或者其居民有健康的生活方式。

论点：在不久的将来，X 国心脏病的发病率会有实质性的下降。

专家的论证必须保证，在未来 X 国必然会或者具备完善的医疗保健系统，或者其居民有健康的生活方式。

A、B 选项：这两项均表明的是“目前”的情况，心脏病的发病率高的原因或许是这些，但无法说明未来心脏病的发病率会下降，故这两项均不是题干论证成立的假设。

C 选项：该项表明 X 国在未来有完善的医疗保健系统，可以保证心脏病的发病率下降，但该项不是必须假设的，因为有健康的生活方式也可以保证心脏病的发病率下降，该项不是题干所需的必要假设。

D 选项：该项表明未来将有降低心脏病发病的药物或保健品被研发出来，但和论据并不相关，故该项不是题干所需的假设。

E 选项：该项明确指出在未来 X 国完善的医疗保健系统、健康的生活方式至少具备一样，那么心脏病的发病率会有下降的可能，故该项是题干论证成立的假设。

故正确答案为 E 选项。

549 【答案】A

【解析】

论据：服用这种抗抑郁药物可能会导致患者失眠。

论点：完全不必担忧这种抗抑郁药物的副作用。

上述论证成立，需要建立副作用和失眠的联系。

A 选项：该项指明这种药物的主要副作用就是失眠，直接建立了论据和论点的联系，该项可以作为题干论证的假设。

B 选项：题干论证并未涉及和其他药物副作用的比较，无关选项，排除。

C 选项：该项指出药物的治疗效果远大于副作用，无法使得题干论证成立，故该项不是题干所需的假设。

D 选项：该项表明患者意识到药物副作用的严重程度和医生清晰叙述药物副作用的联系，与题干论证话题无关，排除。

E 选项：该项指出这种副作用有方法可以解决，并不能说明一点也不用担心，无法使得题干论证成立，故该项不是题干所需的假设。

故正确答案为 A 选项。

550 【答案】B

【解析】

论据：课堂教育鼓励相互交流、以语言发展为中心、娱乐是达到时目的的手段；电视则鼓励孤独、依赖不断变换的视觉形象，娱乐是目的本身。

论点： 电视节目不能起到教育作用。

论据指出了课堂教育和电视多个维度的差异性，由此得出最终的论点。

要使得上述论证成立，需要指明具有差异的两种方式是不可能起到相同的影响作用的。

A 选项：该项表明课堂应该是一个让人感到有乐趣的场景，和题干论证无关，排除。

B 选项：该项表明只有在和学校和课堂相似的环境中才能起到教育作用，电视节目的确和学校、课堂的环境不同，该项是题干所需的假设。

C 选项：该项指出电视教育的优点，和题干论证不相关，排除。

D 选项：题干强调的是，和课堂环境不同→无法起到教育作用；而该项 = 和课堂环境相似→可以起到教育作用，故该项和题干的论证方向不一致，排除。

E 选项：该项表明电视节目作为学习工具还有其他的优势，但是其他优势具体是如何和学校、课堂有差异未知，该项无法支持题干论证，排除。

故正确答案为 B 选项。

551 【答案】C

【解析】

论据： 学业有问题的学生，花在学习上的时间太少，花在运动项目上的时间太多。

论点： 禁止有学业问题的学生参加运动项目，这样就可以让他们取得好成绩。

要使得教导主任的决定奏效，也就是说学习上花的时间长短可以直接影响学习成绩的好坏，只需保证禁止参加运动项目后，留出的时间被大家用来学习而不是干其他的事情即可。

A 选项：该项讨论的是没有学业问题的学生，和题干无关，排除。

B 选项：该项讨论的是“不存在学业问题的学生”,题干讨论的是有学业问题的学生,论证主体不一致，排除。

C 选项：该项表明被节省出来的时间会有一部分被学生利用来学习，该项是题干所需的假设。

D 选项：该项表明参加运动项目会影响学习成绩，建立了论据和论点的联系，但是题干是说运动项目占据了学习时间，间接导致了学习成绩不好，该项支持力度过强，不是题干所需的必要假设，排除。

E 选项：该项表明没有得到科学证明，但它们之间是否有关系未知，诉诸无知，排除。

故正确答案为 C 选项。

552 【答案】E

【解析】

论据： 政府提供了免费的公共交通服务，会有很多人因为无须支付费用而随意乘坐公共交通工具。

论点： 这种政策可能会导致公共交通的过度拥挤。

要使得城市规划专家的论证成立，需建立提供免费的公共交通服务和公共交通过度拥挤的联系。

A 选项：该项提及的是公共交通工具的运营成本相关话题，与题干论证无关，排除。

B 选项：该项指明过度拥挤会导致交通事故率提高，讨论话题与题干不一致，排除。

C 选项：该项表明乘客选择交通工具的依据，并未建立政策实施和交通过度拥挤的联系，故该项不是城市规划专家论证所需的假设。

D 选项：该项表明有些人可以步行而不使用公共交通工具，会减小交通的压力，进而缓解交通过度拥挤的问题，有一定的削弱力度。

E 选项：该项表明，施行免费政策后，公共交通的载客能力不变，那么可能激增的公共交通出行人数，会使得公共交通的车次及班次增加，加大了交通的拥挤程度，该项可以作为城市规划专家论证所需的假设。

故正确答案为 E 选项。

553【答案】E

【解析】

论据：宇宙中一切物体之间都存在引力，那么宇宙应该是在收缩而非膨胀。但科学家的观测发现，宇宙一直在加速膨胀。

论点：宇宙中存在暗能量，这种能量推动了宇宙膨胀。

科学家的论证成立，必须表明宇宙中必定存在某个因素致使宇宙膨胀，建立起宇宙中存在暗能量和宇宙膨胀的联系。

A 选项：该项可以说明宇宙膨胀是由暗能量导致的，但“唯一”程度过强，该项有过度假设的嫌疑，故该项不是科学家论证成立的必要假设。

B 选项：该项指明暗能量无法被观测到，与题干论证无关，排除。

C 选项：该项只是表明未来宇宙会继续膨胀，并未给出具体的依据，故该项不是科学家论证成立的假设。

D 选项：该项表明暗能量只有让宇宙加速膨胀这一个作用，有过度假设的嫌疑，故该项不是科学家论证成立的必要假设。

E 选项：该项表明已知的能量无法使得宇宙加速膨胀，间接说明暗能量是导致宇宙膨胀的一个因素，故该项是科学家论证成立的假设。

故正确答案为 E 选项。

554【答案】C

【解析】

论据：成绩只能反映学生们的学习能力，但无法反映学生们的创造力和批判性思维。

论点：学习成绩不能完全反映学生的智力水平。

教育专家的论证成立，需表明智力水平是学习能力、创造力和批判性思维综合的表现，不单取决于学习能力。

复选项Ⅰ：该项表明记忆能力强弱和智力水平高低无关，说明学习能力无法反映出智力水平，对题干有削弱的力度，故该项不是题干依赖的假设。

复选项Ⅱ：该项表明学习成绩可以反映出学习能力，并未提及学习能力和智力水平的关系，故该项不是题干依赖的假设。

复选项Ⅲ：该项表明创造力和批判性思维和智力水平是相关的，故该项是题干依赖的假设。

故正确答案为 C 选项。

555【答案】A

【解析】

论据：宁德时代与滴滴出行达成战略合作，利用滴滴出行的网约车场景，为广大新能源车辆提供高效的换电服务。

论点：通过此次合作，宁德时代能推动换电型新能源汽车的普及。

要使得上述论证成立，需指出此次的合作战略能够极大地解决新能源汽车换电需求的问题。

A 选项：该项指出滴滴的用户数量能够满足换电站的使用频次、经济效益，该项说明普及换电型新能源汽车的市场需求是能够满足的，该项是题干成立的前提。

B 选项：该项比较宁德时代和其他企业的换电技术和服务，并未说明战略合作事项和新能源汽车之间的联系，无法成为题干论证成立的假设，排除。

C 选项：该项指出新能源汽车中换电服务比充电服务更受欢迎，并未说明战略合作事项和新能源汽车之间的联系，无法成为题干论证成立的假设，排除。

D 选项：该项在比较网约车市场和私人用车市场的新能源汽车的使用率，和题干无关，排除。

E 选项：该项指出换电式电车有利于提高滴滴公司的利润率，并未提及新能源汽车的普及问题，无法成为题干论证成立的假设，排除。

故正确答案为 A 选项。

556【答案】D

【解析】

论据：保险业寿险的保费增速超过 10%，人身险公司的表现首次超过了财产险公司。

论点：人身险公司的表现反超财产险公司说明公众对风险的认知增强了，说明公交更加认可“人身安全先于财产安全”的观点。

A 选项：该项指出人身险产品保费增加是顺应市场的结果，而并不是人们的安全意识增强了，该项无法成为题干论证成立的假设。

B 选项：该项指出人们人身安全提高的原因，并未比较其和财产安全的优先级，该项无法成为题干论证成立的假设。

C 选项：该项只是阐述人身险产品未来的发展趋势，与题干论证话题无关，排除。

D 选项：该项指出以往有一些人会优先考虑财产安全，该项成立说明寿险的保费增速增长的确说明现在的人们更加注重人身安全，该项是题干论证成立的假设。

E 选项：该项表明保险行业的增长不会被未来的经济波动所影响，与题干论证话题无关，排除。

故正确答案为 D 选项。

557【答案】D

【解析】

论据：2023 年的中国市场，除了科技创新、人口老龄化带来部分机会，大多数领域的股票投资都在下降。而在债券投资方面，反而变得对投资者更有吸引力。

论点：在债券投资、股票投资这两个领域都还存在大量机会，但相对保守的中国投资者们未来还是会更倾向于债券投资。

要使得上述论证成立，需表明中国保守的投资者们看重收益的同时，更看重投资的低风险性。

A 选项：该项进行股票和债券的收益、风险的比较，直接表明了保守的投资者们可能会更倾向于选择债券投资，直接支持了题干论证。

B 选项：该项仅仅是在重复题干论据中的信息，无法成为题干论证成立的假设。

C 选项：该项在比较债券投资和股票投资的收益率，而题干中的“保守的投资者”更加侧重于对风险的厌恶，故该项不是题干的假设。

D 选项：该项指出债券投资的风险比股票投资低，对于一些保守的投资者而言更看重风险低的债券投资，但存在“有时”这个弱程度词，相比 A 项支持力度弱。

E 选项：题干并未涉及美联储政策对中国境内的投资市场的影响，故排除该项。

故正确答案为 D 选项。

558【答案】A

【解析】

论据：《繁花》能够引起广泛的共鸣，与观众产生了前所未有的互动，吸引了大批观众；而其导演生涯早期的作品《阿飞正传》的观众反应是分化的，部分观众对其表达方式感到不适应。

论点：王家卫导演在试图理解观众需求并拉近与观众的距离，这也是他在保持个人风格的同时寻求与大众艺术接轨的尝试。

要使得上述影评家的观点成立，需建立论据和论点之间的联系。

A 选项：该项表明王家卫导演在保持个人风格的同时尝试调整作品以便更好地满足观众的需求，正好建立两部作品的导演风格和影评家观点的联系，可以作为影评家的观点成立的假设。

B 选项：该项指出观众对导演接受程度是基于导演的知名度，并未涉及影评家关于王家卫导演风格调整与观众需求关系的观点，排除。

C 选项：该项指出了王家卫导演两部作品之间的区别，但没有涉及王家卫是如何在保持个人风格的同时调整作品以满足观众需求，无法作为影评家的观点成立的假设。

D 选项：该项表明导演与观众有效沟通和互动在大众艺术成功中的重要性，这里并未提及影评家关于王家卫导演风格调整与观众需求关系的观点，无法作为影评家的观点成立的假设。

E 选项：该项中的“对艺术本质的理解和运用”和题干论证无关，排除。

故正确答案为 A 选项。

559【答案】B

【解析】

论据：近期多地均放开了限购政策，并且银行在进一步调低房贷按揭利率。

论点：中国房地产市场有望迎来软着陆。

要使得上述论证成立，需建立论据和论点的联系。

A 选项：该项表明相关政策的调整和交易量存在联系，没有说明这和房地产市场软着陆有何关系，排除。

B 选项：该项表明限购政策和银行按揭利率是决定房地产市场软着陆的主要依据，该项是题干论证成立的假设。

C 选项：该项表明广州市近期发布的政策能快速消化商品房的库存，与题干论证话题无关，排除。

D 选项：该项只提及了房地产市场长期健康发展和房企缩表和房价稳定的预期的关系，并未提及房地产市场软着相关信息，排除。

E 选项：该项指明综合融资和市值管理能力对于低迷市场中的房企十分重要，与题干论证无关，排除。

故正确答案为 B 选项。

560【答案】A

【解析】

论据: 两名民警因购买仿真玩具气枪被以非法买卖枪支罪定罪处罚，但鉴定人对玩具气枪的先后两次鉴定结果不一样，法院最终维持原判。

论点: 两名民警对两次鉴定结果的差异和最终的法律裁决感到困惑。

要使两名民警产生困惑，需表明最终裁决结果和涉案玩具气枪鉴定标准的联系。

A 选项：该项指明涉及技术鉴定的刑事案件，鉴定结果要保持一致，而题干先后两次鉴定结果不一致却维持原判，不得不让人产生困惑，该项是致使两位民警产生困惑的前提。

B 选项：该项指明我国并没有相关法律区分玩具气枪和非法枪支，与题干论证话题无关，无法成为民警产生困惑的前提。

C 选项：该项“取反代入”题干论证，不考虑被告人的初衷，此时判定结果仍旧会让两位民警产生困惑，故该项不是题干结论成立的必要假设。

D 选项：该项指出公职人员不能从重处理，而题干中并未明确刑事处理的轻重程度，该项与题干论证话题不一致，排除。

E 选项：该项成立，则判决结果应当有利于两名民警，然而民警的困惑并不在于疑点的处理，而在于他们的行为为何被认定为非法买卖枪支罪以及鉴定结果的不一致，所以该项不是题干结论成立必须假设的。

故正确答案为 A 选项。

561【答案】A

【解析】

论据: 有人提前规划并攒足积蓄提前“退休”；有人多次裸辞后，希望找到一份稳定工作；有人因身体原因被迫辞职反而生活得更加充实。

论点: 这些年轻人的故事反映了当代年轻人面对职场压力时对于探索新的生活轨迹的勇气。

要使上述论证成立，需表明这些人所做出的决定或行为都是在探索新的生活轨迹的表现。

A 选项：该项指出裸辞是人们探索新的生活方向的机会，该项正好建立了论据和论点的联系，可以成为题干论证成立的假设。

B、C、D、E 选项：这四项均未提及裸辞和探索新生活的联系，都无法成为题干论证成立的假设。

故正确答案为 A 选项。

562【答案】C

【解析】

论据: 某小区物业禁止新能源汽车进入小区地面停放，要求所有机动车都停到地下车库，但这一措施未考虑到地下车库缺乏充电设施，导致新能源汽车业主面临充电难题。

论点: 该小区的物业仅仅考虑到了消防责任，但并未考虑到对业主的责任。

要使得记者的论证成立，需建立论据和论点的联系。

A 选项：该项表明了新能源汽车业主的充电偏好，与题干的论证话题无关，排除。

B 选项：该项指出安装新能源充电桩程序复杂，物业不愿协助业主办理，并未说明物业的决定和对业主的责任之间的联系，该项无法成为记者论证成立的前提。

C 选项：该项表明小区物业有责任为业主服务，而不是把业主当作管理对象，该项成立说明小区物业的决定并未尽到为业主服务的责任，可以成为记者论证成立的前提。

D 选项：该项指出新能源汽车在任意小区的占比情况，与题干论证话题无关，排除。

E 选项：该项指出小区具备应对地下车库火情的能力，与题干论证话题无关，排除。

故正确答案为 C 选项。

题型 02　特殊模型的假设

563【答案】D

【解析】

论据：保持传统的生活方式的村民们，他们的平均寿命比周围的城市居民要高。

论点：传统的生活方式对人们的健康有利。

要使得上述论证成立，需要保证除了生活方式存在差异，在其他方面上，保持传统生活方式的村庄和周围的城市并没有其他差异。

A 选项：该项讨论的是“传统的健康水平”和“平均寿命”的联系，和题干论证话题不一致，排除。

B 选项：该项指出不利于健康的因素，并未指出两个不同生活方式的地区是否存在差异，故该项无法作为题干论证成立的假设。

C 选项：该项指出平均寿命可以用来衡量健康水平，但其是唯一指标，支持力度太强，故该项不是题干论证成立所需的必要假设。

D 选项：该项排除了医疗条件这一因素，间接说明了是传统的生活方式导致村民平均寿命高，故该项是题干论证成立所需的假设。

E 选项：该项指出因果倒置，是意识到了健康的重要性导致选择了传统的生活方式，削弱了题干论证。

故正确答案为 D 选项。

564【答案】E

【解析】

论据：开发商拆除建筑时，祭祀抵抗侵略而牺牲的英雄的祠堂被保留了下来。

论点：开发商还是尊重抵抗侵略的历史的。

要使得上述论证成立，需要保证保留祠堂的这种行为正是因为尊重抵抗侵略的历史才有的，建立尊重历史和保留祠堂的联系。

A 选项：该项指明开发商开发景区的唯一目的，和题干论证无关，排除。

B 选项：该项表明山村建筑情况让游客不满，无关选项，排除。

C 选项：该项讨论的是尊重历史和来山村旅游之间的联系，与题干论证话题不一致，排除。

D 选项：该项指出是因为村民的极力反对才使得祠堂得以留存，削弱题干论证。

E 选项：该项建立了尊重历史和保留祠堂之间的联系，故该项是题干论证成立的假设。

故正确答案为 E 选项。

565【答案】C

【解析】

论据：为了能不断推陈出新创造新菜肴。

论点：应该在厨师的培训课程中增加尝试食材搭配的环节，让厨师有机会尝试新的食材组合。

要使得专家的论证成立，需保证这样做的必要条件是成立的，即增加食材搭配环节是厨师创造新菜肴必有的习惯。

A 选项：该项表明培训收取的学费可以覆盖厨师尝试新的食材搭配的成本，与题干论证话题无关，排除。

B 选项：题干的论证只需要假设尝试新的食材组合对厨师创造新菜肴有影响即可，不需要假设其是“最常用的方法”，故该项有过度假设的嫌疑，排除。

C 选项：该项表明具备创新能力是创造新菜肴的必要条件，说明增加食材搭配这一环节是很有必要的，故该项是题干论证成立所需的假设。

D 选项：该项指出一些厨师没有搭配新的食材的习惯，并未建立增加食材搭配环节和创造新菜肴的联系，该项不是题干论证成立所需的假设。

E 选项：尝试搭配新的食材的习惯会影响厨师的创新能力，但并未进一步说明尝试搭配新的食材的习惯对于创造新菜肴是必须具备的，故该项不是题干论证成立所需的假设。

故正确答案为 C 选项。

566【答案】B

【解析】

论据：通过使用可再生能源，减少碳排放来解决全球变暖的问题，但这需要大量的前期投入，只有发达国家才具备足够的资源支撑这些投入。

论点：全球变暖问题将很快得到解决。

要使得专家的论证成立，需建立论据和论点的联系。

A 选项：发展中国家受到资助，是否可以进一步解决全球变暖的问题，态度不明确，故该项不是专家论证成立的假设。

B 选项：该项表明全球的碳排放大部分来自发达国家，既然发达国家具备治理的能力，那么该问题会得到有效解决，故该项是专家论证成立的假设。

C 选项：该项进一步解释全球变暖是碳排放造成的环境问题，无关选项，排除。

D 选项：该项只能说明发展中国家碳减排技术发展缓慢，对于解决全球变暖问题的帮助大小并未说明，故该项无法成为专家论证成立的假设。

E 选项：该项表明使用可再生能源是碳减排最好的方法，并未说明全球变暖问题是否会被解决，故该项无法成为专家论证成立的假设。

故正确答案为 B 选项。

567【答案】A

【解析】

论据：人们没有足够的动力去回收垃圾。

论点：政府应该为回收垃圾提供一定的物质奖励，鼓励人们回收垃圾。

要使得李先生的看法成立，必须保证这种方法是有效的，或者说明除此之外别无他法。

A 选项：该项表明这种方法可以提高人们回收垃圾的动力，指出方法有效，该项是李先生的看法所依赖的假设。

B 选项：该项指出政府有义务这样做，与题干论证无关，排除。

C 选项：该项比较鼓励大家回收垃圾付出的物质奖励和主动回收垃圾带来的收益，并未进一步说明人们会不会因收益多而回收垃圾，故该项不足以成为李先生的看法所依赖的假设。

D 选项：该项表明回收垃圾带来的好处，与题干论证话题无关，排除。

E 选项：该项讨论的是回收垃圾的范围，无关选项，排除。

故正确答案为 A 选项。

568【答案】B

【解析】

论据：人工智能创作的艺术作品都是通过既定的规则生成的。

论点：人工智能无法像人类那样创作艺术。

要使得艺术家的论证成立，需保证人类创作艺术作品靠的不是既定的规则，是人工智能无法具备的能力。

A 选项：题干并未讨论对于艺术的追求和狂热，无关选项，排除。

B 选项：该项成立，说明人工智能无法像人类这样创造作品，该项是题干成立的假设。

C 选项：该项说明人工智能不可能具备灵感，这只能说明人工智能无法利用灵感来创作，但题干并未提及人类创作艺术作品靠的是灵感，虽然该项可以使得题干论证成立，但是该项不是必须前提，属于过度假设。

D 选项：该项复述题干的论据，排除。

E 选项：该项指出人工智能无法突破所有领域，与题干论证话题不一致，排除。

故正确答案为 B 选项。

569【答案】A

【解析】

论据：狗的睡眠主要经历两种阶段，即非快速眼动睡眠和快速眼动睡眠。非快速眼动睡眠阶段主要用来让大脑休息，快速眼动睡眠阶段，大脑产生高频电波且眼睛快速闪动。

论点：狗和人类一样，睡眠时会做梦。

要想得出狗也会做梦的结论，需要建立起做梦和快速眼动睡眠阶段及其特征之间的联系。

A 选项：该项直接表明做梦是发生在快速眼动睡眠阶段的，直接建立联系，该项是题干所需的前提。

B 选项：该项指出狗和人有许多共同的生物特征，题干并未说那些人的生物特征和做梦相关，所以该项不能建立联系，排除。

C 选项：该项指明狗也会出现相同的脑电波模式，并未具体说明是高频电波，无法建立联系，排除。

D 选项：该项指出快速眼动睡眠阶段的作用，和题干的论证无关，排除。

E 选项：该项指出狗做梦都会发出哼哼的声音，以表达情绪，与题干论证无关，排除。

故正确答案为 A 选项。

570【答案】C

【解析】

论据：防蓝光眼镜可以阻挡电子设备屏幕所发射出的蓝光。

论点：可以用防蓝光眼镜防止长时间使用电子设备造成的视力下降。

要使得王医生的结论成立，需指明眼睛长时间处在蓝光照射下，会让视力下降，进而说明戴防蓝光眼镜是有效的。

A 选项：该项表明是使用电子设备的时间长影响视力，故该项不是王医生的结论所依赖的假设。

B 选项：该项讨论的是防蓝光眼镜的成本，与题干论证无关，排除。

C 选项：该项表明是电子屏幕的蓝光导致的视力下降，这是题干论证所需的因果联系，故该项是王医生的结论所依赖的假设。

D 选项：该项表明防蓝光眼镜可以做成近视镜，与题干论证无关，排除。

E 选项：该项表明使用电子设备的环境和视力下降是有联系的，与题干论证话题不一致，排除。

故正确答案为 C 选项。

571 【答案】B

【解析】

论据： 城市居民的平均寿命比乡村居民的平均寿命要长。

论点： 城市生活比乡村生活更健康。

要使得研究者的结论成立，需要表明某地区的生活健康水平，可以通过该地区的平均寿命来判定。

A 选项：该项指出有助于延长寿命的因素，并未提及和平均寿命相关的信息，故该项不是题干结论成立的假设。

B 选项：该项明确指出平均寿命可以用来衡量健康水平，故该项是题干结论成立的假设。

C 选项：该项比较的是医疗保健知识相关话题，与题干论证无关，排除。

D 选项：该项指出城市居民有经济条件做医疗保健，并未提及和平均寿命相关的信息，故该项不是题干结论成立的假设。

E 选项：某专家的观点，不能作为合适的论据，该项有诉诸权威的嫌疑，该项不是题干结论成立的假设。

故正确答案为 B 选项。

572 【答案】A

【解析】

论据： 蔬菜中含有大量的膳食纤维，可以帮助降低胆固醇。

论点： 增加蔬菜和水果的摄入量可以帮助人们降低患心脏病的风险。

要想专家的论断成立，需要表明胆固醇升高会增加患心脏病的风险。

A 选项：该项直接表明患心脏病的风险和胆固醇含量呈正相关，故该项是专家论断成立的假设。

B 选项：该项表明的是自由基含量和患心脏病的风险的关系，和题干论证话题不一致，故该项不是专家论断成立的假设。

C 选项：该项表明蔬菜中的膳食纤维足以满足人体需求，与题干论证无关，排除。

D 选项：该项指明食用肉类无法降低人患心脏病的风险，并不能说明多吃蔬菜就可以降低人患心脏病的风险，故该项无法成为专家论证成立的假设。

E 选项：题干论证不关心食用蔬菜和水果的副作用，故该项和题干论证无关，排除。

故正确答案为 A 选项。

573 【答案】D

【解析】

论据： 大学期间至少参加过一门艺术课程的学生在参加工作后，他们的工作成果更可能被同行认可。

论点：大学应该鼓励所有的学生都至少选修一门艺术课程，以提高他们的创新能力。

要使得研究者的论证成立，需保证创新能力和工作成果被认可之间存在因果联系。

A 选项：该项表明参加艺术课程有助于提高学习成绩，无关选项，排除。

B 选项：该项表明艺术课程可以带来灵感，有助于做好工作，但没有提及其和工作成果被同行认可的联系，故该项无法成为研究者论证成立的假设。

C 选项：该项表明参加音乐课程有助于提高人的创新能力，没有建立起题干所需的因果联系，故该项无法成为研究者论证成立的假设。

D 选项：该项表明工作成果被认可和创新能力之间的联系，该项可以成为研究者论证成立的假设。

E 选项：该项指明参加艺术课程的人和没参加艺术课程的人的创新能力的差异，并没有进一步说明创新能力和工作成果被认可之间的联系，故该项无法成为研究者论证成立的假设。

故正确答案为 D 选项。

574 【答案】C

【解析】

论据：2022 年，食用野生菌菇中毒者在医院急诊室就诊的次数增加比率超过了 25%。

论点：2022 年，野生菌菇的食用在增加。

要使得题干结论成立，需表明野生菌菇中毒就诊的比率和食用野生菌菇的量是有联系的。

A 选项：该项表明食用野生菌菇而就诊的人不会危及生命，和题干论证无关，排除。

B 选项：该项表明食用野生菌菇和就诊率之间存在联系，但无法说明就诊的比率和食用野生菌菇的量之间的关系，无法支持题干论证，排除。

C 选项：该项表明中毒就诊的次数和食用野生菌菇发生率是固定的比例，即就诊率高食用野生菌菇的人的数量也是高的，该项是题干论证所需的假设。

D 选项：题干并未提及"食用野生菌菇的宣传告示"相关话题，无关选项，排除。

E 选项：该项表明食用野生菌菇的人不知道自己为什么到急诊室来，和题干论证无关，排除。

故正确答案为 C 选项。

575 【答案】A

【解析】

论据：美国限制中国在全球科技竞争中的发展，限制美国企业向中国出口关键半导体技术、软件和设备，禁止中国科技公司进入美国市场。

论点：美国的制裁可能加速而非减缓中国追求高水平科技自主的步伐。

要使得上述观点成立，可指出即使受到一系列制裁，中国也存在其他的发展动力。

A 选项：该项表明中国自身实力强，即使被制裁，也能够凭借自身实力不断发展和自主创新，该项是上述观点成立的假设。

B 选项：该项表明美国继续加大对我国科技行业的制裁，无法说明中国的高科技水平会加速发展，该项无法成为上述观点的假设。

C 选项：该项表明若中国镓和锗这些稀有金属的出口，则极大影响全球的半导体行业，并未提及中国的高科技水平发展情况，与题干论证无关，排除。

D 选项：该项指出国际社会支持中国的立场，并未就中国的高科技水平会加速发展做出说明，该项无法成为上述观点的假设。

E 选项：该项讨论的是未来全球半导体产业发展的依赖对象，与题干论证无关，排除。

故正确答案为 A 选项。

576【答案】B

【解析】

论据：某航班机务人员未取下前起落架的安全销致使飞机前起落架无法正常收回，机组不得不决定返航。

论点：此时返航事故发生的主要原因是机务的操作手册有问题，使得机务人员无法完成飞机起飞前的准备工作。

要使得专家的推测成立，需指出安全销未拔出的确是操作手册有问题，或者机务人员都是严格按照操作手册执行的。

A 选项：该项表明绕机检查可以避免安全销未取下的情况发生，并未指出此次事故的主要原因是什么，故该项不是专家推测成立的假设。

B 选项：该项表明不是飞机自身的设计缺陷导致的此次返航事故，故该项可以作为专家推测成立的假设。

C 选项：该项并未指出此时事故的具体原因，该项不是专家推测成立的假设。

D 选项：该项指出相关人员之间的沟通和协作机制存在缺陷，并未具体说明这和此次事故的关系，该项不是专家推测成立的假设。

E 选项：该项讨论的是起落架安全销的设计应考虑的问题，与题干论证话题无关，排除。

故正确答案为 B 选项。

577【答案】A

【解析】

论据：网络欺凌严重影响了被欺凌青少年的心理健康和社会适应能力。

论点：应当实施全面的网络素养教育和心理健康教育来帮助受网络欺凌影响的学生恢复自信和建立健康的社交关系。

要使得上述论证成立，需指出应当这样做的理由。

A 选项：该项指出全面实施网络素养教育和心理健康教育，可以减少网络欺凌事件发生，从根源上解决问题，该项成立可以使得专家的建议成立，故该项是题干成立的假设。

B 选项：该项比较家庭和学校实施上述两种教育的优势，并未给出应当这样做的理由，故该项不是题干成立的假设，排除。

C 选项：该项讨论的是“国家完善相关法律法规”和“网络欺凌”的话题，与题干话题不一致，排除。

D 选项：该项解释了网络欺凌的本质原因是欺凌者法律意识淡薄，被欺凌者缺乏网络素养和心理健康知识，与题干论证无关，排除。

E 选项：该项讨论的是家长参与网络素养教育的作用，与题干论证无关，排除。

故正确答案为 A 选项。

专题七　分析题

题型 01　分析论证结构题

578 【答案】D

【解析】

①中关键词：今吾子有栾武子。②中关键词：以免于难。③中关键词：及桓子，宜及于难。④中关键词：昔栾武子，以正晋国。⑤中关键词：而赖武之德，以没其身。

①④是今从昔延伸，故④在前、①在后，排除 B、C、E 选项。

⑤中“而”表转折，与④语义冲突，排除 A 选项。

故正确答案为 D 选项。

579 【答案】B

【解析】

分析题干信息可知，①支持②，③支持④，⑤支持⑥；而②和⑤都围绕“社会责任感、创造能力”进行阐述，对于⑥都有支持，但是两句话之间并没有相互支持的作用，排除 A、D 选项。

④和⑤两句话都有提到“品德”，但是两句话之间并没有相互支持的关系，排除 C、E 选项。

故正确答案为 B 选项。

580 【答案】A

【解析】

①这里是在说战争是人们讨厌的，所以不会宣扬它，对其他四句话起不到支持作用，排除 B、E 选项。

④这里是在说喜欢杀人的人不会被天下人认同，赞许，⑤是在说喜欢杀人的人得意于一时，却无法长久，两句话之间并没有相互支持的作用，排除 C 选项。②是对喜欢杀人的人的描述，⑤明确说了这些人是因为有人赏赐才杀人，可以用来证明②。

故正确答案为 A 选项。

581 【答案】C

【解析】

分析题干信息可知，显然①是作为总结性的结论的；③可以作为有力的论据支持观点②，⑤可以作为有力论据支持结论④。

故正确答案为 C 选项。

582 【答案】C

【解析】

分析题干信息可知，③和④是并列的关系，没有相互支持的作用，排除 A 选项；⑤显然是一个结论性观点，涉及数据管理相关话题，而只有③也提及数据管理，所以③对于⑤有支持的作用，排除 D、E 选项；①在说明数据的重要性，②在说明数据分析和数据挖掘的作用，两者之间并没有相互支持的作用，排除 B 选项。

故正确答案为 C 选项。

题型 02 分析争论焦点题

583【答案】C

【解析】

小李: 脱发是由营养不均衡导致的。

小程: 脱发是身体代谢变差，头皮分泌的脂性物质过多堵塞了毛囊致使毛囊受损导致的。

仔细分析上述两人的对话可知，两人讨论的话题最终是导致脱发的真正原因。

故正确答案为 C 选项。

584【答案】D

【解析】

张先生: 续集是骗钱行为并且没有创新。

王先生: 续集是观众倾向且彰显影片思想。

二人共同提到是否应该拍续集，D 选项正确；A、B、C 选项略显片面，不足以概括两人争论的话题；题干并未提及拍续集利弊大小关系，排除 E 选项。

故正确答案为 D 选项。

585【答案】B

【解析】

张先生认为以成败论英雄太过片面并且功利，而王先生认为该观点有足够的现实意义。

二人共同提到的是关于“以成败论英雄”这一观点，A、C、D、E 选项是该观点的部分论证，略显片面。

故正确答案为 B 选项。

586【答案】D

【解析】

李先生: 砍伐森林的危害程度比污染河流要严重。

王女士: 不同意李先生的观点，河流污染造成的环境问题也无法恢复。

结合两人讨论的核心话题分析，两人是在争论砍伐森林和污染河流的危害程度的比较。需注意，两人并未比较砍伐森林和污染河流对环境、人类的影响，B、C 选项具有迷惑性。

故正确答案为 D 选项。

587【答案】C

【解析】

王教授: 电影是否成功应该以其艺术价值来衡量，而非票房。

赵研究员: 他认为票房是衡量一部电影成功与否的重要指标。

两人争论的话题是关于成功电影衡量的标准，所以 C 选项概括得很准确；A、B 选项只能概括其中一人的观点，题干也并未体现唯一标准。

故正确答案为 C 选项。

题型 03　分析逻辑谬误题

588【答案】C

【解析】

论据：90% 考会计硕士（MPAcc）的同学不了解逻辑，小张也不了解逻辑。

论点：小张考 MPAcc。

上述论证默认了不懂逻辑是只有考 MPAcc 的人才会具备的，但是事实并非如此，考其他专业的人也可能不懂逻辑，所以，有 90% 考 MPAcc 的同学不懂逻辑，无法保证在不懂逻辑的人中，考 MPAcc 的人也是占到了 90%。如下图所示。

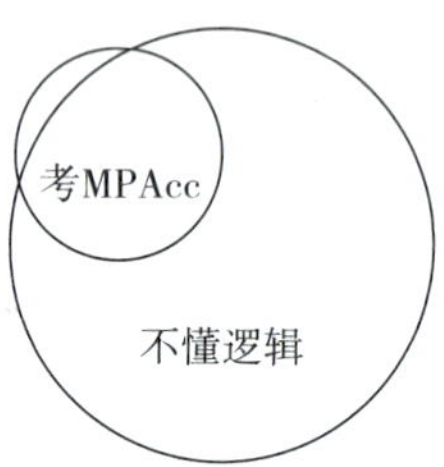

故正确答案为 C 选项。

589【答案】D

【解析】

论据：秋天有收获→未来一年内大家都不会面临饥荒威胁。

论点：考古发现，某城市某年秋天遇到蝗灾（秋天无收获）→城市灭亡的原因是接下来的那年遭遇了饥荒。

题干得出结论的方式是否定前提条件，而与之对应的必要条件也不会存在，这不符合推理的逻辑。

故正确答案为 D 选项。

590【答案】E

【解析】

某公司：引入人工智能机器人会影响课程的质量。

员工：反驳的依据是人工智能具备工作时间长、成本低的特点。

该员工的反驳并没有直面问题，而是给出和论证话题无关的信息，属于无效反驳。

故正确答案为 E 选项。

591【答案】C

【解析】

论据：政府在市中心区域投入大量资金，安装了成百上千的监控摄像头，这一时期的市中心的犯罪率显著下降。

论点：有人认为监控摄像头有助于降低犯罪率，可以预防犯罪。

题干论证只考虑了监控摄像头的影响，而忽略了其他可能导致犯罪率下降的因素。

故正确答案为 C 选项。

592【答案】C

【解析】

反对方：现有设施检修不及时，若是建新篮球场，不及时维修的现象还会加剧，所以不应该新建。

支持方：其他小区休闲娱乐设施众多，为了提升居民生活质量，应该建新篮球场。

根据双方论证可知，支持方围绕的话题是“提升生活质量应不应该建新篮球场”，而反对方论证的话题是“设施的检修是否会改善”，支持方通过转移话题的方式来反驳反对方。

故正确答案为C选项。

题型04　分析论证方法题

593【答案】B

【解析】

题干首先给出一个普遍性的结论“企业的成功完全取决于其领导者的能力和决策”，之后论述中的一个例子印证了这个结论是不可靠的，前述论证方式就是通过给出一个反例反驳了一个普遍性的结论。

故正确答案为B选项。

594【答案】A

【解析】

题干首先给出一个普遍性的结论“晚睡会让人更有创造力”，并指出导致人们更有创造力的原因是“晚睡”。

而后一项心理学研究证实了导致人们更具有创造力的原因是夜晚能获得更宁静、无打扰的环境，指出另有他因，来反驳上述结论原来的原因。

故正确答案为A选项。

595【答案】D

【解析】

正方：吃辣椒有利于提高人的免疫力的依据是那些爱吃辣椒的人的免疫力比平常人都高。

反方：正方结论不成立的理由是，吃辣椒不是原因，而是结果，正是由于自身免疫力高，不担心吃辣椒带来的负面作用，才会爱吃辣椒，明确指出正方的解释存在因果倒置的逻辑错误。

故正确答案为D选项。

596【答案】C

【解析】

小王由保护环境十分重要得出学校应该增加环保教育的课程的结论；小李并未直接反驳结论不成立，而是运用过相同的论证方式得出，交通安全、健康饮食、个人理财也十分重要，也需要增加相应课程的结论，然而该结论是无法实现的，间接说明小王的观点是不可行的。

故正确答案为C选项。

597【答案】D

【解析】

题干采用排除的方法得出结论，当存在多种可能的情况时，排除必然为假的，剩余的情况大概率是符合事实的。

故正确答案为D选项。

题型 05　分析结构相似题

598【答案】B

【解析】

第一步，梳理题干：

A 都 B，有的 A 非 C，因为，B 不一定 C。

选项的推理结构和题干的推理结构一致即可。

第二步，验证选项：

A 选项：A 都 B，A 都 C，因为，B 可以 C，和题干的推理结构不一致，排除。

B 选项：A 都 B，有些 A 非 C，因为，B 不一定 C，和题干的推理结构一致，正确。

C 选项：A 都 B，A 都 C，因此，有些 C 是 B，与题干的推理结构不一致，排除。

D 选项：A 都 B，有的 A 可能 C，因为，B 不一定非 C，与题干的推理结构不一致，排除。

E 选项：A 都 B，B 都 C，因此，A 都 C，与题干的推理结构不一致，排除。

故正确答案为 B 选项。

599【答案】D

【解析】

第一步，梳理题干：

保护自然资源（A）→产权清晰、权责明确（B），所有权边界模糊、产权不清、权责不明（¬A）→所有者权益得不到保护（¬C），所以，保护自然资源（A）→让所有者的相关权益落实保护（C）。

第二步，验证选项：

A 选项：A → B，B → C，所以，A → C，与题干推理不一致，排除。

B 选项：A → B，¬A → C ∧ D，所以，C → D，与题干推理不一致，排除。

C 选项：A → B，C → A，所以，B → D，与题干推理不一致，排除。

D 选项：A → B，¬A → ¬C，所以，A → C，与题干推理一致，正确。

E 选项：A → B ∧ C，所以，A，与题干推理不一致，排除。

故正确答案为 D 选项。

600【答案】A

【解析】

第一步，梳理题干：

A → B（1），A → C ∧ D（2），A → E ∧ F（3）。

第二步，验证选项：

A 选项：中国清代的行宫御苑（A）是慈禧太后挪用海军经费修建（B）的。全园（A）划分为宫廷区（C）和苑林区（D）两部分，行宫御苑（A）有休息留驻（E）、政治中心（F）的作用，与题干论述形式一致，正确。

B 选项：栖岩寺（A）是隋皇室礼佛（B）的场所。栖岩寺（A）不仅是山西地区佛教文化传播影响研究的实例（C），也是晋南地区佛塔建筑形制、工艺演变及各代审美艺术变化的珍贵遗存（D），（A）是建筑科学、建筑技术研究的珍贵实物资料（E），（3）处出现错误，排除。

C 选项：说到汉代建筑的特征（A），必不可少的是作为中国建筑三大部分之一的阶基（B）。不仅如此，汉代（C）也是斗拱（D）之形式形成之时，但在转角处的处理（E），似尚未获圆满之解决法（¬F），至于后世以拱身之大小定建筑物全身比例之标准，则遗物之中尚无痕迹可寻也（¬G），(2)(3)处出现主体和肯否形式错误，排除。

D选项：西域都护府（A）标志着新疆正式纳入中国版图（B），（A）对维护国家统一（B）、促进中华民族共同体的形成（C）以及维护西域地区的社会稳定和经济发展（D）发挥了重要作用，与题干论述形式不相似，排除。

E选项：颐和园（A）是中国清朝时期的皇家园林（B），（A）以浙江杭州西湖为蓝本（C），汲取江南园林的设计手法（D）而建成，（A）因此也被誉为“皇家园林博物馆”（E），与题干论述形式不相似，排除。

故正确答案为A选项。

601 【答案】C

【解析】

第一步，梳理题干：

甲：¬A → B。

乙：C → ¬A。

第二步，验证选项：

A选项：乙为“且”的关系，而不是推理关系，与题干结构不相似，排除。

B选项：甲为，不争取（¬A）→不会得到（¬B）；乙为，不想要（¬C）→不会得到（¬B），与题干结构不相似，排除。

C选项：甲为，不难受（¬A）→吃好喝好（B）；乙为，休息好（C）→不难受（¬A），与题干逻辑关系一致，正确。

D选项：甲为，克服不了（¬A）→想放弃（B）；乙为，不想浪费（¬C）→放弃（D），与题干结构不相似，排除。

E选项：甲为“且”的关系，而不是推理关系，与题干结构不相似，排除。

故正确答案为C选项。

602 【答案】D

【解析】

第一步，梳理题干：

当初说：A → B，C → ¬B。现在却是：C → B，A → ¬B。

第二步，验证选项：

A、B、C、E选项：未出现B和¬B这种结构，排除。

D选项：当初说，金玉（A）→其外（B），败絮（C）→其中（¬B）；现在却是，败絮（C）→其外（B），金玉（A）→其中（¬B）。该项与题干推理结构一致，正确。

故正确答案为D选项。

603 【答案】C

【解析】

第一步，梳理题干：

（1）A ∧ ¬B → C。

（2）¬A ∧ B → D。

第二步，验证选项：

A 选项：把正直的人提拔上来 ∧ 使他们位居不正直的人之上→则民服，把不正直的人提拔上来 ∧ 使他们位居正直的人之上→则民不服，肯否形式错误，排除。

B 选项：德行高尚的人→正道广泛交友 ∧ 不互相勾结，品德低下的人→互相勾结 ∧ 不顾道义，与题干结构不一致，排除。

C 选项：可以说的话 ∧ 不与之说→失去了信任；不可以说的话 ∧ 与之说→这就说错话了，与题干结构一致，正确。

D 选项：道之以政 ∧ 齐之以刑→民免 ∧ 无耻，道之以德 ∧ 齐之以礼→有耻 ∧ 格，与题干结构不一致，排除。

E 选项：礼→与其奢也 ∧ 宁俭，丧→与其易也 ∧ 宁戚，与题干结构不一致，排除。

故正确答案为 C 选项。

604 【答案】B

【解析】

第一步，梳理题干：

题干所犯的逻辑错误是集合体性质混淆，第一个“研究生”具体指小李这一个人，是非集合概念，第二个“研究生”指研究生这个群体，是集合概念。

第二步，验证选项：

A 选项：该项的推理结构和题干不一致，排除。

B 选项：花花喜欢吃苹果，并不能说明这个基地的熊猫喜欢吃苹果，花花这个熊猫仅仅是一个熊猫个体，它所具备的特质并不一定是该基地的熊猫所具备的，两个“熊猫”概念不一致，与题干漏洞相似，正确。

C 选项：该项的推理结构和题干一致，但是该项的逻辑错误是推不出，和题干漏洞不相似，排除。

D 选项：该项是一个正确的三段论，没有逻辑漏洞，排除。

E 选项：中国小伙→勤奋，王小明→中国小伙，所以王小明→勤奋，是正确的三段论，排除。

故正确答案为 B 选项。

605 【答案】E

【解析】

第一步，梳理题干：

没有发烧（¬A）→不是流感（¬B），嗓子发炎（C）→发烧（A），所以嗓子发炎（C）→流感（B）。

第二步，验证选项：

A 选项：人生有价值（A）→反省（B），成长（C）→有价值的人生（A），所以反省（B）→成长（C）。该项与题干推理结构不一致，排除。

B 选项：违法犯罪行为（A）→受到管制（B），受到管制的行为（B）→违背公序良俗（C），所以有的违反了公序良俗的行为（C）→受到管制（B）。该项与题干推理结构不一致，排除。

C 选项：福建人（A）→不是北方人（¬B），哈尔滨人（C）→北方人（B），所以哈尔滨人（C）→不是福建人（¬A）。该项与题干推理结构不一致，排除。

D选项：不是道德高尚的人（¬A）→不会无私奉献（¬B），卑鄙的人（C）→谋取私利（D），所以无私奉献（B）→不会谋取私利（¬D）。该项与题干推理结构不一致，排除。

E选项：犯罪行为（¬A）→违法行为（¬B），违反了《道路交通安全法》的行为（C）→不是犯罪行为（A），所以违反了《道路交通安全法》（C）→不是违法行为（B）。该项与题干的推理一致，且得到了与事实相矛盾的结论，这意味着题干论证是不成立的。

故正确答案为E选项。

606【答案】A

【解析】

第一步，梳理题干：

题干研究人员采用的论证方法是“求异法”。

第二步，验证选项：

A选项，该项采用的是求异法，对比不同条件下的差异结果得出的结论，正确。

B选项，该项采用的是归纳论证，观察一系列具体的实例，从中找出共性或者规律，然后推断出一种普遍的结论，排除。

C选项，该项采用的是“假言推理”的论证方式，结论是基于“戴口罩可以防止新型冠状病毒肺炎的传播”是有效的这一假设，和题干论证方法不一致，排除。

D选项，该项采用的归纳论证，而且是不当归纳，得出的结论是不正确的，排除。

E选项，该项采用的是“假言推理”的论证方式，排除。

故正确答案为A选项。

607【答案】B

【解析】

第一步，梳理题干：

题干运用实验对照的方法，得出午休时参加瑜伽课程可以提高工作效率的结论。

第二步，验证选项：

A选项：该项同比对照两类学生的学习成绩，得出住校可以提高学习成绩的结论，但其中最关键的就是没有明确这两类学生除作息方式外，其他因素保持相同，故该项运用的不是实验对照的论证方法，排除。

B选项：该项对照两类人的身体状况改善情况，得出吃这种保健品可以改善人的身体状况的结论，和题干论证方法相似。

C选项：该项没有进行对照实验，故论证方法和题干不相似，排除。

D选项：该项通过排除不可能的因素，最终得出导致成绩明显提高的必定是某种秘密武器，运用的是剩余法，与题干论证方法不相似，排除。

E选项：该项没有设置对照实验，故该项的论证方法和题干不相似，排除。

故正确答案为B选项。

608【答案】C

【解析】

第一步，梳理题干：

有的A→¬（B∧C），D→B∧C，因此，有的A→¬D。

第二步，验证选项：

A 选项：有的 A →¬（B ∧ C），B ∧ C → D，因此，有的 A →¬D，与题干论证结构不相似，排除。

B 选项：有的 A →¬（B ∧ C），D → B ∨ C，因此，有的 A →¬D，与题干论证结构不相似，排除。

C 选项：有的 A →¬（B ∧ C），D → B ∧ C，因此，有的 A →¬D，与题干论证结构相似。

D 选项：有的 A →¬（B ∧ C），D → B ∧ C，因此，有的 A →¬E，需要注意“想赢得比赛的”的否定是“不想赢得比赛”而不是“无法赢得比赛”，概念表达存在差异，所以该项和题干论证结构不相似。

E 选项：有的 A →¬（B ∧ C），B ∨ C → D，因此，有的 A →¬D，与题干论证结构不相似，排除。

故正确答案为 C 选项。

609【答案】C

【解析】

第一步，梳理题干：

A 不一定 B，C 认为自己是 B，因此，C 非 A。

第二步，验证选项：

A 选项：A 不一定 B，C 是 B，因此，C 非 A，注意题干是自认为自己具备某种特征，该项是既定的事实，不是自认为的结论，和题干不一致，排除。

B、E 选项：这两项的论点是肯定形式，而题干的论点是否定形式，故排除这两项。

C 选项：A 不一定 B，C 感觉自己是 B，因此，C 非 A，和题干论证结构一致，正确。

D 选项：A 不一定 B，C 是 A，因此，C 非 B，和题干论证结构不一致，排除。

故正确答案为 C 选项。

610【答案】D

【解析】

第一步，梳理题干：

A → B，有的 A →可能不 C，因为不是 B →必然 C。

要求论证方式最为相似的选项，首先观察选项的结论和结构以及肯否形式。

第二步，验证选项：

A、B、C、E 选项：这四项的结论均不含模态词“必然”，因此和题干论证结构不一致，排除。

D 选项：A → B，有的 A →不必然 C（可能不 C），因为不是 B →必然 C，和题干论证结构一致，正确。

故正确答案为 D 选项。

611【答案】A

【解析】

第一步，梳理题干：

A 本质是 B，A 是 C →失去本质，因此，A 不应该 C。

第二步，验证选项：

A 选项：A 本质是 B，A 是 C →失去本质，因此，A 不应该 C，和题干论证结构一致。

B、D 选项：这两项结论的结构和题干结论的结构不一致，排除。

C 选项：A 本质是 B，A 是 C →不一定 B，因此，A 不应该 C，和题干论证结构不一致，排除。

E 选项：A 是 B，C →非 A，因此，写作不应该 C，和题干论证结构不一致，排除。

故正确答案为 A 选项。

612 【答案】E

【解析】

第一步，梳理题干：

A ∨ B →可能 C，因此，D 是 C ∧ ¬B →一定 A。

观察选项，首先比较选项和题干结论的结构以及肯否形式的一致性。

第二步，验证选项：

A 选项：该项结论的肯否形式和题干不一致，排除。

B 选项：该项论据的模态词为“一定”，而题干论据的模态词为“可能”，排除。

C、D 选项：该项论据的前件为“且”，而题干论据的前件为“或”，排除。

E 选项：A ∨ B →可能 C，因此，D 是 C ∧ ¬B →一定 A，和题干论证结构一致。

故正确答案为 E 选项。

613 【答案】C

【解析】

第一步，梳理题干：

A 是 B，因为，B → C ∨ D。

第二步，验证选项：

A 选项：A 是 B，因为，C ∨ D → B，和题干论证结构不一致，排除。

B 选项：该项结论中的“缺一不可”表示的是且的形式，和题干论证结构不一致。

C 选项：A 是 B，因为，B → C ∨ D，和题干论证结构一致。

D 选项：该项结论中的“二者必居其一”表示的是要么的形式，与题干论证结构不一致。

E 选项：A 是 B，因为，C ∧ D → B，和题干论证结构不一致，排除。

故正确答案为 C 选项。

614 【答案】B

【解析】

第一步，梳理题干：

A → B，B 包含 C，因此 A 包含 C。

第二步，验证选项：

A、C、D、E 选项：这四项的论证结构均是 A → B，B 包含 C，因此 A 包含 C。

B 选项：A → B，B → C，因此 A → C，其中论据中的电视剧“都”需要演员来表演，表述结构和题干不一致。

故正确答案为 B 选项。

615 【答案】C

【解析】

第一步，梳理题干：

完全成功和彻底失败是互为反对关系的结论。

第二步，验证选项：

A 选项：该项的论证方法是“模棱两可”，与题干论证不相似。

B 选项：该项的结论的是“自相矛盾”的，与题干论证不相似。

C 选项：获得全部市场份额和失去全部市场份额，这两个结论互为反对关系，与题干论证相似。

D 选项：该项的结论互为下反对关系，与题干论证不相似。

E 选项：不可能拿到冠军与不必然拿不到冠军互为矛盾关系，与题干论证不相似。

故正确答案为 C 选项。

616【答案】D

【解析】

第一步，梳理题干：

题干论证存在的逻辑错误是诉诸权威，张教授是近代史专家，但他的观点未必都是正确的，所以他的观点不足以反驳李先生的观点。

第二步，验证选项：

A、C、E 选项：这三项犯的逻辑错误均是“诉诸人身”。

B 选项：该项犯的逻辑错误是人身攻击，认为律师都会为自己的利益考虑。

D 选项：该项犯的逻辑错误是诉诸权威，认为张老师不是医生和健康专家，所以不认同他的话。

故正确答案为 D 选项。

617【答案】D

【解析】

要说明题干论证不成立，需要运用和题干相同的论证结构得出荒谬的结论。

A、E 选项的论证结构和题干一致，但其结论是正确的，无法说明题干论证不成立，排除；B、C 选项的论证结构和题干不一致，排除；D 选项的论证结构和题干一致，但是得出的结论是荒谬的，可以说明题干论证不成立。

故正确答案为 D 选项。

618【答案】C

【解析】

第一步，梳理题干：

$A \to B$，$C \to \neg A$，因此，$C \to \neg B$。

要说明题干论证不成立，需找出论证结构一致，但得出的结论荒谬的选项。

第二步，验证选项：

A、B、D 选项：这三项结论的是肯定形式，而题干结论为否定形式，排除。

C 选项：$A \to B$，$C \to \neg A$，因此，$C \to \neg B$，论证结构和题干一致，但是“蜻蜓不会飞”这一结论显然是荒谬的，可以说明题干论证不成立。

E 选项：$A \to \neg B$，$A \to \neg C$，因此，$B \to \neg C$，和题干论证结构不一致，排除。

故正确答案为 C 选项。

619【答案】A

【解析】

第一步，梳理题干：

A ∧ B → C，然而，D ∧ A ∧ B → 可能 ¬C。

第二步，验证选项：

A 选项：A ∧ B → C，然而，D ∧ A ∧ B → 可能 ¬C，与题干推理结构一致。

B 选项：A ∧ B → C，但是，D ∧ A ∧ B → 可能 E，与题干推理结构不相似，排除。

C 选项：A ∨ B → C，但是，D ∧ A ∧ B → 可能 ¬E，与题干推理结构不相似，排除。

D 选项：A ∧ B → C，然而，D ∧ A ∧ B → 可能 ¬E，与题干推理结构不相似，排除。

E 选项：A ∧ B → C，然而，D ∧ A ∧ B → 可能 E，与题干推理结构不相似，排除。

故正确答案为 A 选项。

620 【答案】A

【解析】

第一步，梳理题干：

A → B ∧ C，因此，¬B ∨ ¬C → 可能 ¬A。

第二步，验证选项：

A 选项：A → B ∧ C，因此，¬B ∨ ¬C → ¬A，与题干推理结构相似。

B 选项：A → B ∧ C，因此，¬B ∧ ¬C → 可能 ¬D，与题干推理结构不相似，排除。

C 选项：A → B ∧ C，因此，¬B ∨ ¬C → 可能 D，与题干推理结构不相似，排除。

D 选项：A → B ∧ C，因此，B ∧ ¬C → ¬D，与题干推理结构不相似，排除。

E 选项：A → B ∧ C，因此，D ∧ E → 可能 F，与题干推理结构不相似，排除。

故正确答案为 A 选项。

621 【答案】C

【解析】

第一步，梳理题干：

A ∧ B → C，因此，感觉 ¬C ∧ A → ¬B。

第二步，验证选项：

A 选项：A ∧ B → C，因此，¬C ∧ A → ¬B，与题干推理结构不相似，排除。

B 选项：A ∧ B → C，因此，C → A ∧ B，与题干推理结构不相似，排除。

C 选项：A ∧ B → C，因此，感觉 ¬C ∧ A → ¬B，与题干推理结构相似。

D 选项：A ∨ B → C，因此，¬C ∧ ¬A → ¬B，与题干推理结构不相似，排除。

E 选项：A ∧ B → C，因此，A ∧ ¬B → ¬C，与题干推理结构不相似，排除。

故正确答案为 C 选项。

622 【答案】E

【解析】

第一步，梳理题干：

A ∧ B → C ∧ D，因此，C ∧ 不认为 D → ¬A ∨ ¬B。

第二步，验证选项：

A 选项：A ∧ B → C ∧ D，因此，¬C ∧ D → ¬A ∧ ¬B，与题干推理结构不相似，排除。

B 选项：A ∧ B → C，因此，¬C → ¬A ∨ ¬B，与题干推理结构不相似，排除。

C 选项：A ∧ B → C，因此，C → A ∧ B，与题干推理结构不相似，排除。

D 选项：A → B ∧ C，因此，B ∧ ¬C → ¬A，与题干推理结构不相似，排除。

E 选项：A ∧ B → C ∧ D，因此，不认为 D ∧ C → ¬A ∨ ¬B，与题干推理结构相似。

故正确答案为 E 选项。

623 【答案】B

【解析】

第一步，梳理题干：

题干通过对照实验，得出新型抗生素可有效对抗细菌感染。

第二步，验证选项：

A 选项：该项对照实验的对象不是相同年龄的人，与题干论证方式不相似，排除。

B 选项：该项比较植物在不同环境中种植的生长速度差异，与题干论证方式相似。

C 选项：该项调查并没有设置实验组、对照组进行比对，与题干论证方式不相似，排除。

D 选项：该项存在实验组和对照组，但是没有明确实验组和对照组之间是否相同或者处于相同的水平，与题干论证方式不相似，排除。

E 选项：该项论证是通过对比不同对象的差异性来做出推断的，而题干论证是通过对相同对象进行不同的实验来做出推断的，该项与题干论证方式不相似，排除。

故正确答案为 B 选项。

624 【答案】A

【解析】

第一步，梳理题干：

题干论证中乙没有直接反驳甲的观点，而是通过指出一个可能存在的反例反驳甲的观点。

第二步，验证选项：

A 选项：该项中乙指出夜晚学习存在能集中注意力的优势，并没有直接反驳甲的观点，而是提出一个相反的可能情况，与题干反驳方式相似。

B 选项：该项中乙同意甲的观点，只是指出冬天的景色很差以及冬天特有的运动，并未进行反驳，排除。

C 选项：该项中乙认同甲的观点，同时他提出科技产品带来好处，与题干反驳方式不相似，排除。

D 选项：该项中甲并未给出任何观点，而乙也并未针对甲的提问做出回答，与题干反驳方式不相似，排除。

E 选项：该项中乙通过指出电动汽车的优点来反驳甲的观点，与题干反驳方式不相似，排除。

故正确答案为 A 选项。

625 【答案】B

【解析】

第一步，梳理题干：

每个单一经济体在全球经济中所占比重都相对较小，因此，单一经济体在全球经济中所占的比重计较小。

题干的论据和论点表达的意思基本是一致的，没有其他的论据来佐证，所以题干犯的逻辑错误是“循环论证”。

第二步，验证选项：

A、D 选项：这两项都是通过个体所具备的特征推断出个体所在的整体也具备这一特征，存在的逻辑错误是“合成谬误”，与题干论证错误不一致，排除。

B 选项：该项论据和论点所表达的意思相差无几，存在的逻辑错误是“循环论证”，与题干论证错误一致。

C 选项：该项通过举证个体可以通过努力改善学习成绩，推及教育系统是公平的，存在的逻辑错误是“以偏概全”，与题干论证错误不一致，排除。

E 选项：该项通过指出个体保护环境的力量微弱，得出个体行为改变对保护环境无关紧要，存在的逻辑错误是“以偏概全”，与题干论证错误不一致，排除。

故正确答案为 B 选项。

626【答案】D

【解析】

第一步，梳理题干：

题干认为李博士建议的饮食方案和医生建议的方案不一致，所以不认同李博士的观点，存在诉诸权威的逻辑错误。

第二步，验证选项：

A 选项：该项认为王某建议学校减少学生的作业量是出于对自己孩子的考虑，存在诉诸情感的逻辑错误，与题干论证错误不一致，排除。

B 选项：该项指出员工反对午间健身计划的理由是他们觉得工作已经很累了，需要午休，但是这不能直接说明午间健身计划不合理，解决疲劳问题不只有午休这一种方式，该项存在诉诸情感的逻辑错误，与题干论证错误不一致，排除。

C 选项：该项中居民的不满有客观的理由，和题干不同，故排除该项。

D 选项：该项表明反对者仅仅因为运动员给出了不同的建议，就怀疑专家的建议，存在诉诸权威的逻辑错误，与题干论证错误一致。

E 选项：该项指出居民否定的原因仅仅是成本共摊，而忽略了小区居民还考虑到了其他的原因，该项存在忽略他因的逻辑错误，与题干论证错误不一致，排除。

故正确答案为 D 选项。

627【答案】B

【解析】

正方观点：公共图书馆有价值，它能提供大量的书籍、资料和服务，对教育和发展至关重要。

反方观点：公共图书馆没有价值，已经过时了，大多数的信息和资料均可以在互联网上免费获得。

反方所犯的逻辑错误是忽略他因，没有充分考虑到公共图书馆的多元功能和价值，仅凭信息和资料可以在互联网上免费获取就否定公共图书馆的价值。

A 选项：该项通过类比的论证方式论证其观点，忽略了类比双方是否具有可比性，所犯的逻辑错误是类比不当，与题干论证逻辑错误不一致，排除。

B 选项：该项指出监控可以减少犯罪行为，但是这仅仅是其中一个因素，减少犯罪并不是只能通过这一个方式去解决，该项所犯的逻辑错误是忽略他因，与题干论证逻辑错误一致。

C 选项：该项通过个别案例推理整个专业的毕业生都是如此，所犯的逻辑错误是以偏概全，与题干论证逻辑错误不一致，排除。

D 选项：该项以全球最顶尖的公司为出发点，推断出该公司的员工必然也有超凡的创新思维，所犯的逻辑错误是分解谬误，与题干论证逻辑错误不一致，排除。

E 选项：该项指出没有证据证明鬼魂不存在，所以鬼魂是存在的，所犯的逻辑错误是诉诸无知，与题干论证逻辑错误不一致，排除。

故正确答案为B选项。

题型06　分析论证有效性

628【答案】D

【解析】

要评价专家的观点，那么对该问题做出肯定与否定的回答，分别能对专家的观点进行支持或反驳。

A 选项：相关，如果毕业生还有其他选择，就说明不需要改革。

B 选项：相关，因为相同的就业权对应届生就业选择起到了直接影响。

C 选项：相关，如果有相关措施，则不需要改革。

D 选项：不相关，题干不讨论10年前和现今人数对比的问题。

E 选项：相关，如果不能通过改革实现良性改变，那么专家的提议无意义。

故正确答案为D选项。

629【答案】E

【解析】

论据：在晚上学习的人往往学习效率比较高。

论点：晚上学习有助于提高学习效率。

要完整地论证一个因素会不会导致另一个因素的变化，需要通过做严格的对照实验来进行验证，指出不同时间点进行学习能导致学习效率存在显著差异，所以最关键的问题就是需要调查不同时间学习的人学习效率会不会有所不同。

故正确答案为E选项。

630【答案】C

【解析】

论据：许多习惯在晚上学习的人考研的成功率为60%。

论点：晚上学习有助于考研。

要评价专家的观点，那么对该问题做肯定与否定的回答，分别能对专家的观点进行支持或反驳。

那么就需要知道在所有考研的人中，考研成功或考研失败的人占比究竟是多少，要和题干的考研成功率做比较，大于或等于60%，则说明晚上学习对考研并没有什么帮助，若是小于60%，则说明晚上学习对考研是有帮助的。

故正确答案为C选项。

631【答案】B

【解析】

论据：2022年，全世界因为户外运动而死亡的人数就超过了100万，而平均每年死于狂犬病的人不足 2 000 人。

论点：被猫犬抓伤、咬伤没必要打狂犬疫苗。

题干通过比较不同方式死亡的具体人数的多少得出了没必要打狂犬疫苗，夸大了狂犬病的危害性的结论，其中有不足之处。比较危害性我们应该关注相应死亡因素导致的人数具体占比情况，而不是绝对人数。占比大说明危害性大，占比小说明危害性相对不大。故我们应该关注参与户外运动的总人数和被猫犬抓伤、咬伤的总人数。

故正确答案为 B 选项。

632【答案】E

【解析】

论据：2022 年，年轻导演执导的电影上映比例为 35%，2012 年这一比例是 20%。

论点：上映电影中，年轻导演执导的电影占比显著增长。

题干论证讨论的是年轻导演执导的电影在上映电影中的占比情况，依据的是 2022 年、2012 年两年的占比，若知道所有电影中年轻导演执导电影的占比，对题干论点是有一定评价作用的。如果在历年所有电影中年轻导演执导电影的占比很少，比如在 10% 左右，那么对题干论证有支持的作用；反之，占比很多的话，比如达到了 40%，对题干论证就有削弱的作用。

故正确答案为 E 选项。

专题八 解释题

题型 01 解释现象题

633【答案】D

【解析】

现象：土拨鼠不具备辨别有毒植物的能力，

结论：土拨鼠无法在草原生态系统中生存下来。

根据题干背景信息可知，土拨鼠不是食草动物，在草原生态系统中生存下来的物种必须是食草动物、食肉动物中的一种，如果土拨鼠不是食肉动物，那么它一定不能在草原生态系统中生存，所以 D 选项成立最好地解释了题干。

故正确答案为 D 选项。

634【答案】D

【解析】

现象：品尝完全相同的食物时，若人处于精神疲劳的状态，就觉得食物味道一般；若人处于情绪不佳状态，就觉得食物味道较差。

解释上述差异性，只需说明人的味觉体验是受到个体情绪状态影响的。

A 选项：该项表明人的味觉体验受到食物味道、精神状态和情绪的影响，可以解释题干中的现象，排除。

B 选项：该项表明精神疲劳会放大食物中的涩味，使得味觉感觉到较差，说明精神疲劳状态会影响人的味觉，可以解释，排除。

C 选项：该项直接表明情绪会影响味觉体验，可以解释，排除。

D 选项：该项表明味觉体验取决于对食物的期待程度，并没解释味觉体验和精神状态、情绪的联系，故该项无法解释上述现象。

E 选项：该项表明精神状态会影响一个人味觉体验，可以解释，排除。

故正确答案为 D 选项。

635【答案】A

【解析】

现象：绿化良好区域比缺乏绿化区域的居民心血管疾病的发病率显著低。

解释上述现象，需要找出一个合理的原因，说明它们导致心血管疾病的发病率的不同。

A 选项：该项指出绿化好让人们有更多的户外活动，积极地参与体育锻炼，保持一个健康身体，可以解释题干的现象。

B 选项：该项仅仅指出绿化好的地区人口密度低、人均住房面积大，无法解释题干的现象。

C 选项：该项表明的是生病后的情况，和题干所说的发病率无关。

D 选项：该项表明绿化好的地区氧气含量多，这与心血管疾病的发病率并无关联，无法解释题干的现象。

E 选项：该项讨论的是绿化好和房价的关系，无法解释题干的现象。

故正确答案为 A 选项。

636【答案】A

【解析】

现象：青少年周末的睡眠时间明显长于上学期间，成年人工作日和周末的睡眠时间差异非常小。

解释上述现象，需指出青少年和成年人在某些因素上导致的睡眠差异。

A 选项：该项表明青少年和成年人的生物钟都有各自的模式，不同的睡眠模式导致了这两类人的周末睡眠时间的差异，可以解释上述现象。

B、C、D、E 选项：这四项都只单方面地指出导致青少年或者成年人睡眠时间的差异，没有在差异的现象上给出共同的原因来解释，所以均无法解释上述现象。

故正确答案为 A 选项。

637【答案】D

【解析】

现象：私人电动滑板车使用率显著增加，公共自行车的使用率却相应地有所下降。

解释上述现象，可表明私人电动滑板车的使用和公共自行车的使用在某方面存在一定的联系。

A 选项：该项指出私人电动滑板车的优势，让人们有理由选择这种方式，但是并未指出使用私人电动滑板车和公共自行车使用存在的某种联系，无法解释题干现象。

B 选项：基于环保因素，电动滑板车比小汽车更好，并未和公共自行车做比较，无法解释题干现象。

C 选项：该项指出公共自行车出行的不足之处，并未进一步说明其和私人电动滑板车的联系，无法解释题干现象。

D 选项：该项指出这两种出行方式的通勤场景都是相同的，但由于私人电动滑板车更便捷，灵活，所以选择私人电动滑板车出行的人多，必然会导致选择公共自行车出行的人减少，可以解释题干现象。

E 选项：该项仅仅描述的是交通运输部门的推荐，但这不意味着居民会接受交通运输部门的推荐，故该项无法解释题干。

故正确答案为D选项。

638【答案】B

【解析】

现象：降水量高的区域植被的覆盖率往往也比降水量低的区域要高得多。

解释上述现象，可指出降水量和植被覆盖率之间的联系。

A选项：该项说明沙漠地区植被少的原因，并未指出植被覆盖率和降水量的联系，无法解释题干现象。

B选项：该项表明高降水量可以为植物提供充足水分，有助于其生长和繁殖，可以解释题干现象。

C选项：该项表明生物多样性可以提高植被覆盖率，并未提及降水量，无法解释题干现象。

D、E选项：这两项表明土壤肥沃程度、土壤中的营养物质有助于植物生长和繁殖，并未提及降水量，无法解释题干现象。

故正确答案为B选项。

639【答案】C

【解析】

实验结果：空气污染的浓度会影响植物的光合作用效率。

解释上述实验结果，可指出影响光合作用效率变化的具体因素。

A选项：该项指出空气污染影响植物的生长，并未指出空气污染影响光合作用效率的原因，无法解释实验结果。

B选项：该项表明光合作用可以通过新陈代谢抵御空气污染，无法解释实验结果。

C选项：该项指出叶绿体影响光合作用，空气污染浓度越高，叶绿体破坏越严重，自然光合作用效率降低，可以解释实验结果。

D选项：该项表明即使污染浓度低，长期处于其中也会降低光合作用效率，无法解释实验结果。

E选项：该项指出植被覆盖率和空气质量的关系，无法解释实验结果。

故正确答案为C选项。

640【答案】D

【解析】

现象：全球的平均气温升高，帝王蝶的种群数量出现了明显的下降。

解释上述现象，需指出温度和帝王蝶种群数量具体的联系。

A选项：该项表明帝王蝶幼虫对温度敏感，温度过高，帝王蝶幼虫的存活率会下降，可以解释题干现象。

B选项：该项指出温度会影响帝王蝶赖以生存的花蜜，进而影响帝王蝶的生存，可以解释题干现象。

C选项：该项表明帝王蝶的食物随着温度身高而逐渐消失，这致使种群数量在减少，可以解释题干现象。

D选项：该项指出农药的使用导致帝王蝶的食物逐渐消失，并未提及温度和帝王蝶种群数量的关系，无法解释题干现象。

E选项：该项指出帝王蝶栖息地随着温度升高而逐渐缩小，栖息地范围减少，不少迁徙的帝王蝶在路途中死亡，可以解释题干现象。

故正确答案为D选项。

题型 02　解释矛盾题

641【答案】B

【解析】

现象：儿童游乐场的设施都不能移动和使用，但是人气爆棚。

解释上述现象，需说明人气爆棚必定是由其他的原因导致的。

A 选项：部分人不知道游乐设施无法使用，不能解释为何人气依然火爆，排除。

B 选项：该项解释说游乐场实际上是艺术品，人气之所以火爆，很可能大家都是来欣赏艺术品而不是来游玩的，可以解释上述现象。

C 选项：该项指明有些固定设施是恶作剧的道具，并未给出人气火爆的理由，无法解释，排除。

D 选项：该项表明游乐场火爆说明很多人有猎奇心态，"猎奇心态"是人气爆棚的结论，并不能作为人气爆棚的一个原因，所以该项无法解释，排除。

E 选项：该项阐述了游乐场的意义，并不能解释为何人气爆棚，排除。

故正确答案为 B 选项。

642【答案】C

【解析】

现象：图书馆到市中心的公共交通班次少，导致很多人错过图书馆的开放时间，公共交通公司增加图书馆与市中心之间的公共交通班次后仍旧有许多人错过图书馆的开放时间。

从现象可分析出增加公共交通班次并不能减少错过图书馆的开放时间的现象，需要表明不是增加公共交通班次的方法无效，有可能是别的因素导致了这种现象还存在。

A 选项：图书馆的开放时间有调整并不能解释为何错过开放时间的人还是有，按理来说公共交通班次增加错过的概率会变得很小，该项无法解释清楚题干现象，排除。

B 选项：该项表明去图书馆的方式发生了变化，无法解释题干现象，排除。

C 选项：该项表明是公共交通班次增加导致了经常性堵车，促使一些乘公共交通的人错过了图书馆的开放时间，可以解释题干现象。

D 选项：该项表明去图书馆的方式发生了变化，既然改成自驾或乘坐出租车，可以根据图书馆的开放时间出行，那么错过图书馆的开放时间的现象应该没有了，无法解释题干现象，排除。

E 选项：该项比较的是出行费用的高低，无法解释题干现象，排除。

故正确答案为 C 选项。

643【答案】C

【解析】

现象：一只猫喜欢吃冻干，另一只猫喜欢罐头，随着年龄增长，吃冻干的猫心脏有问题，而吃罐头的猫心脏健康。

解释上述现象，题干通过这两只猫吃的食物差异得出心脏健康状况的差异，说明很有可能是因为食物的差异导致吃冻干的猫心脏有问题。

A 选项：这里表明宠物医生的建议，并没解释为何吃冻干的猫的心脏有问题，排除。

B 选项：该项指明饮食习惯和生活作息的关系，和需要解释的现象无关，排除。

C 选项：该项表明冻干中有添加剂，而罐头没有，是添加剂导致猫心脏出现了问题，可以解释。

D 选项：该项表明的是猫吃的食物的种类和主人收入水平的关系，和需要解释的现象无关，排除。

E 选项：该项指出“纯种猫”容易出现心脏问题，而题干并未提及小李养的猫的品种相关信息，故该项无法解释题干现象，排除。

故正确答案为 C 选项。

644【答案】A

【解析】

矛盾现象：某城市的平均收入仅仅下降了 3.2%，而 IT 行业的从业者收入下降了 18%，金融行业的从业者收入下降了 26.4%。

解释上述矛盾的数据需说明，IT 行业、金融行业下降的部分被其他行业上升的比例所抵消，这样才使得平均收入下降只有 3.2%。

A 选项：该项指出外卖等服务行业人员的收入上涨了，很有可能该行业上涨收入幅度抵消了 IT 行业、金融行业下降的幅度，使得最终平均值很小，该项可以解释该矛盾现象。

B 选项：该项表明行业收入的变化情况存在差异，但是为何平均收入下降得如此少，并未给出充足的理由，排除。

C 选项：该项表明 IT 行业的从业者收入下降和他们的生活质量之间的联系，与题干需要解释的矛盾无关，排除。

D 选项：该项表明物价指数和居民的幸福指数之间的联系，与题干需要解释的矛盾无关，排除。

E 选项：该项解释的是平均收入下降的原因，并未具体给出 IT 行业、金融行业下降占比和平均占比差异的原因，排除。

故正确答案为 A 选项。

645【答案】D

【解析】

矛盾现象：花大量时间学习数学和花少量时间学习数学的同学最终成绩差不多；但是认真学习数学的同学都说，长时间的学习数学的确可以提高数学成绩。

解释上述矛盾现象，需说明花大量时间学习数学的同学本来成绩就差，而花少量时间学习数学的同学成绩还不错，长时间的学习数学提高了他们的数学成绩，那么最终大家成绩都提高到差不多一样的水平了。

A 选项：该项表明花长时间学习数学的同学本就基础差，因为长时间的学习数学把他们的数学成绩提高到和花少量时间学习数学的同学差不多一样的水平了，可以解释，排除。

B 选项：该项表明长时间的学习数学和成绩提高并不呈正相关，学习时间太长反而不利于提高成绩，可以解释，排除。

C 选项：该项指明那些学习数学时间短的人是因为本就基础好，所以不用花太多时间学习，可以解释，排除。

D 选项：该项表明比较学习成绩高低，数学成绩差不多的话，大家最终看的是英语学得好不好，与题干讨论现象无关，故该项无法解释。

E 选项：该项表明花少量时间学习数学的同学，注重学习方法，这使得他们和花大量时间学习数学的同学成绩相差无几，可以解释，排除。

故正确答案为 D 选项。

646【答案】E

【解析】

矛盾现象：新的环保法规要求塑料制造商生产必须使用新的、更环保的原料，事实上仍有一些塑料制造商继续使用旧的、对环境造成更大影响的原料。

解释上述行为，需要给出塑料制造商无视法规的合理理由。

A选项：该项表明法规从发布到实施需要时间过渡，但是并未明确表明过渡时间多长，所以该项解释力度较弱。

B选项：该项表明制造商考虑投入成本大，不忍亏本而继续使用旧原料，但存在程度词“有些”，该项解释力度较弱。

C选项：该项是对法规的作用和实施对象范围的阐述，并未给出合理解释，排除。

D选项：该项表明环保问题是全球关注问题，有些国家没有出台相关法律法规，无关选项，排除。

E选项：该项表明制造商存在“侥幸心理”，铤而走险，继续使用旧原料，该项可以解释矛盾现象。

相比之下，E选项的解释力度优于A、B选项。

故正确答案为E选项。

647【答案】D

【解析】

矛盾现象：某些昆虫的数量通常会随着植物生长的减缓而增加，但是该地区经历极端干旱后，该地区的植物生长速度减缓，但这些昆虫的数量并没有随之增加，反而减少了。

解释上述矛盾现象，可以指出是其他某种原因导致了昆虫的数量减少。

A选项：该项表明该昆虫的食物来源之一由于干旱而死亡了，不能由此说明这是昆虫数量减少的原因，只是食物来源之一没了，并不一定导致数量减少，故该项无法解释，排除。

B选项：该项表明该地区出现昆虫的天敌，没有指出天敌与昆虫的具体数量相比较是多还是少，所以无法判断其对该昆虫种群数量具体的影响情况，故该项无法解释，排除。

C选项：该项表明该地区生态环境复杂，影响昆虫数量的因素很多，但是没有进一步说明对该昆虫的影响如何，故该项无法解释，排除。

D选项：该项表明这种昆虫赖以生存的土壤环境受到破坏，势必会导致昆虫数量减少，该项可以解释。

E选项：该项表明干旱导致捕食该昆虫的动物有所减少，并未进一步说明减少到什么程度，故该项无法解释，排除。

故正确答案为D选项。

648【答案】C

【解析】

矛盾现象：北极熊生存环境变化导致北极熊捕食次数有所减少，但其平均体重并没有显著下降。

解释上述不合理现象，可指出北极熊捕食摄入的能量不低于它生存所消耗的能量。

A选项：该项表明存在一些北极熊调整捕食对象，选一些高脂肪含量的动物为食，但存在程度词“有些”，所以该项解释力度较弱。

B选项：该项表明北极熊的食物链变得多样化，但并未解释为何北极熊的体重没有变化，无法解释题干矛盾现象。

C 选项：该项指出由于活动范围减少，需要的能量也自然降低，摄入减少并不会使得体重下降，可以解释题干矛盾现象。

D 选项：该项解释了为何北极熊的捕食次数减少，并未给出体重不变的事实依据，无法解释题干矛盾现象。

E 选项：该项表明北极熊适应了新的生存环境，有新的生存策略，并未解释题干矛盾现象。

故正确答案为 C 选项。

649 【答案】C

【解析】

矛盾现象：市政府新建了大量公园和健身设施，但是居民参与体育锻炼的平均次数反而下降，肥胖率也在不断提高。

A 选项：该项讨论的是市民的娱乐方式，和题干无关。

B 选项：该项指出有些居民没有便利的运动设施可用，可以解释题干矛盾现象，但是该项有弱化词“一些”，故该项力度较弱。

C 选项：该项指出是生活节奏快和生活压力大导致该市居民没时间锻炼并且暴饮暴食，这既可以解释为何居民体育锻炼的平均次数在下降，也能解释为何居民的肥胖率在增加。

D 选项：该项强调的是市民对健身设施的看法，和题干关系不大；而且该项有弱化词“一些”，力度较弱。

E 选项：该项指出部分市民不知道如何有效利用这些运动设施，可以解释题干矛盾现象，但是该项有弱化词“一些”，故该项力度不如 C 选项。

故正确答案为 C 选项。

650 【答案】B

【解析】

矛盾现象：公开曝光落马官员被抓捕时的画面可以震慑官员。但是，贪污腐败现象仍然屡禁不止。

A 选项：该项表明公开曝光抓捕现场是为了增强反腐信心，并未解释为何贪污腐败现象屡禁不止，无法解释题干矛盾现象。

B 选项：该项表明公开曝光贪污腐败行为，这是反贪反腐的其中一个策略，单靠这一点是无法根除贪污腐败的，可以解释题干矛盾现象。

C 选项：这里指出公开曝光行为还需要结合制度建设和文化教育才能形成好的反腐氛围，并未解释为贪污腐败仍旧存在，无法解释题干矛盾现象。

D 选项：该项从官员的角度解释了公开曝光的局限性，但并未全面解释贪污腐败现象屡禁不止的原因，无法解释题干矛盾现象。

E 选项：该项指出这种“曝光行为”可能会让腐败人员产生侥幸心理，继续腐败，存在程度词“可能”，所以该项解释力度较弱。

故正确答案为 B 选项。

651 【答案】A

【解析】

现象：大学建立家长群的趋势在蔓延，这似乎违背了大学教育鼓励学生独立的初衷。

解释高校的决定，可以指出建立家长群是出于关心、安全或者其他原因。

A 选项：该项指出建立家长群的目的是帮助家长更好地理解大学教育的目标和方法，避免家长过度干预孩子学习和生活，可以解释高校的决定。

B 选项：该项表明建群的目的是让学生家长在竞争激烈的社会中寻找到心理安慰，和鼓励学生独立没有关系，无法解释高校的决定。

C 选项：该项表明这样做的确是削弱了学生的独立性，无法解释高校的决定，反而加剧这样做的不合理性。

D 选项：该项指出家长群的作用是了解学生学业和成绩，并不能让学生更加的独立自主，无法解释高校的决定。

E 选项：该项表明家长群可以为学生提供必要的支持和指导，但这是违背独立的初衷的，无法解释高校的决定。

故正确答案为 A 选项。

652【答案】A

【解析】

矛盾现象：美国及其盟国等加大对中国半导体设备、人工智能芯片的出口管制，限制我国相关技术的发展，但到 2027 年，我国成熟制程领域的产能占全球比重预计将高达 39%。

解释上述矛盾现象，可指出是其他原因使得我国成熟制程领域产能占比遥遥领先。

A 选项：该项表明我国政府资金和奖励政策的支持，使得我国产能扩张得到保障，可以解释题干的矛盾现象。

B 选项：该项表明我国自力更生，实现了一些关键技术的突破，但这不足以解释为何产能大幅扩张并且占据全球的优势地位，无法解释题干的矛盾现象。

C 选项：该项只表明在成熟制程领域，可利用现有技术实现产能扩张，并不能说明在整个半导体产能方面扩张的结果，故该项解释力度不如 A 选项。

D 选项：该项只表明在成熟制程领域可以通过绕过出口管制实现关键设备和技术的供应，无法进一步说明整个半导体产能扩张的结果，无法解释题干的矛盾现象。

E 选项：该项指出中国半导体市场最大，对世界半导体有着举足轻重的影响，无法解释题干的矛盾现象。

故正确答案为 A 选项。

653【答案】A

【解析】

现象：犯罪嫌疑人汤姆在法庭第三次提审他时以“在医院接受治疗”为由缺席，但法庭并未采取强制措施。

解释上述现象，指出汤姆这一行为的合法性、合理性即可。

A 选项：该项明确指出了法律保护每个公民的合法权利，也包括犯罪嫌疑人，法律有明确条文规定，可以解释题干的矛盾现象。

B 选项：该项指出犯罪嫌疑人的犯罪过程，无法解释题干的矛盾现象。

C 选项：该项指出犯罪嫌疑人缺席提审的缘由，并不能解释为何法庭不实施强制措施，无法解释题干的矛盾现象。

D 选项：该项表明犯罪嫌疑人缺席行为背后的心理状态，无法解释题干的矛盾现象。

E 选项：该项指出法律中有延后提审的规定，但是题干并未明确犯罪嫌疑人神志问题，无法确定是否适用此条文，无法解释题干的矛盾现象。

故正确答案为A选项。

654 【答案】D

【解析】

现象：中国书店的数量显著增加，但是单店售出去的书平均下来比发达国家低40%。

A选项：该项解释了实体书销量下降的原因，并未说明中国书店数量增加与售书量低之间的矛盾，无法解释题干的矛盾现象。

B选项：该项表明书店的业务重心已经转移到文创产品的销售，并未说明中国书店数量增加与售书量低之间的矛盾，无法解释题干的矛盾现象。

C选项：该项能说明为何发达国家卖出去的书更多，无法说明我国书店多书却卖得少的现象，无法解释题干的矛盾现象。

D选项：该项给出了另一个原因来解释为何销售书量相对较低，人们更倾向于网购，这导致了纸质书的销量下降，可以解释题干的矛盾现象。

E选项：该项指出书店的书更新较慢，读者关注的最新内容无法从书店购买到，这使得潜在客源流失，但是无法解释为何书卖得少，无法解释题干的矛盾现象。

故正确答案为D选项。

655 【答案】E

【解析】

现象：新开了地铁线路不仅没有减轻道路交通拥堵，还使得某些区域的交通拥堵情况更加恶化。

A选项：该项指出地铁沿线新开了商场，使得人流量增加，从而让该区域的交通变得拥堵，可以解释题干的矛盾现象。

B选项：该项指出新地铁开通要在相应道路进行长时间的施工和调整，致使地铁沿线的区域交通暂时拥堵，可以解释题干的矛盾现象。

C选项：该项指出公共汽车班线多数被取消，使得人们不得不骑行、打车出行，间接增加交通拥堵的情况，可以解释题干的矛盾现象。

D选项：该项指出地铁设计存在缺陷，不仅没有减少私家车出行，反而增加了私家车出行，进而增加了交通拥堵的程度，可以解释题干的矛盾现象。

E选项：该项指出公众出行需求很大，地铁管理方不得不增加车次，但并不能解释某些区域的交通拥堵情况更加严重的事实，无法解释题干的矛盾现象。

故正确答案为E选项。

专题九 推论题

题型01 概括结论题

656 【答案】A

【解析】

题干通过举两个事例来说明生物可以通过改变环境来促进自身生存。①植物根系释放出特定化学物质，改变土壤的化学性质，利于自身吸收养分；②蜜蜂传粉行为不仅有助于获得食物，还促进了植物繁殖，它的存在和活动对维持植物多样性和生态平衡有重要作用。结论重点是在说蜜蜂的作用。

A 选项：该项可以由题干的信息推出，正确。

B 选项：题干说的是“蜜蜂的存在和活动”对维持植物多样性有作用，而非“蜜蜂的传粉行为”，该项无法从题干推出，排除。

C 选项：题干仅给出蜜蜂这一个昆虫的事例，并未对比其他昆虫，故该项无法从题干推出，排除。

D、E 选项：这两项不是题干想表达的主要观点，排除。

故正确答案为 A 选项。

657【答案】C

【解析】

由互联网的特点“信息的快速传播和广泛共享”得出互联网是重要工具，也是“信息时代”的标志。

互联网的普及对生活产生了深远的影响

A 选项：题干仅给出“快速传播”是互联网的特点，并没有明确其和广泛应用的关系，该项无法由题干信息推出，排除。

B 选项：题干只能推出“互联网”是“信息时代”的标志,并不能推出所有具备“快速传播和广泛共享”特征的工具都是信息时代的标志，该项过度推理，排除。

C 选项：可以推出，互联网就是符合这样条件的工具，正确。

D 选项：无法由题干信息推出，题干并未明确快速地传播的工具和对生活产生重要影响有必然联系，该项过度推理，排除。

E 选项：广泛共享的工具和“信息时代”的标志之间没有必然的逻辑推理关系，排除。

故正确答案为 C 选项。

658【答案】D

【解析】

题干信息表明是无法入睡、睡眠质量不佳才会通过玩手机来消遣时间，睡前玩手机会导致视力损害。

A 选项：该项讨论的是玩手机对人的视力的损害，和题干的论点无关。

B 选项：题干表明“许多人”，选项扩大范围，排除。

C 选项：题干表明褪黑素分泌不足会导致入睡困难，至于其他人体激素分泌会不会对睡眠质量造成影响，无从得知，排除。

D 选项：该项准确地描述了题干的论点，故该项正确。

E 选项：无法由题干信息得知，排除。

故正确答案为D选项。

659【答案】E

【解析】

根据题干信息可以知晓，过度提高税率会导致人民消费能力下降，从而影响经济增长。

A 选项：题干并未指明调整税率的时间信息，该项无法得出，排除。

B 选项：适当提高税率有利于增加财政收入，而过度提高税率就会影响经济增长，结论错误，排除。

C 选项：题干表明提高税率可以增加财政收入，并没有具体说明达到怎样的程度就是合适的，该项过度推理，排除。

D 选项：题干说明，过度提高税率可能导致不好的结果，并未确切指明提高税收的决策依据就是经济增长和人民的负担，该项属于过度推理，排除。

E 选项：该项可以推出，题干明确指出并非所有增加税收的政策都对政府有利，正确。

故正确答案为 E 选项。

660 【答案】D

【解析】

由题干信息知晓，A 市发展旅游业必须修建高速公路的原因是这是吸引游客的关键措施，考虑多数来 A 市的游客的出行方式是自驾游。

A、B 选项：仅凭 A 市这一个例子无法说明自驾游的旅游方式是流行的，以及吸引外来游客发展旅游业的关键措施，这两项无法得出，排除。

C 选项：该项可以由题干信息得出，但由于题干讨论的核心问题是发展旅游业的必备条件的相关问题，该项无法准确概括主题，排除。

D 选项：题干明确指出 A 市发展旅游必须修建高速公路，说明修建高速公路是 A 市旅游业发展的必要途径，没有它就发展不了旅游业，该项可以得出。

E 选项：修建高速公路只是发展旅游业的必要条件，而非充分条件，所以该项无法推出，排除。

故正确答案为 D 选项。

661 【答案】E

【解析】

题干信息：

（1）捐款总额为 300 万元；

（2）教育企业占捐款总额的 75%，民营企业占 20%；

（3）捐款企业的创始人 85% 均为毕业于该高校的优秀学子。

根据题干信息可知，（1）不一定为真，民营企业中可能会包含部分的教育企业，所以不一定只有 15 万元的捐款金额并非来自教育企业和民营企业。

（2）不一定为真，根据题干信息（3）可得，题干所涉及的是捐款企业中的创始人 85% 为优秀学子，而非捐款金额中的 85%。

（3）不一定为真，题干信息（2）是对于捐款总额的概括，题干信息（3）是对捐款企业的人描述，这二者并不能混为一谈。

（4）一定为假，根据题干可得，捐款总额所涉及的企业至多为：75%（教育企业）+20%（民营企业）=95%，故一定有其他类型的企业捐款。

故正确答案为 E 选项。

662 【答案】E

【解析】

根据题干信息可进一步推知：选择继续升学的高中毕业生中选择理工科专业的学生占所有高中毕业生的 60%，选择文科或其他专业的学生占所有高中毕业生的 20%，具体信息如下表。

继续升学读理工科专业	继续升学读文科或其他专业	就业或创业
60%	20%	20%

A 选项：就业或创业的人占 20%，故该项结论错误，排除。

B 选项：继续升学选择文科或其他专业的人占 20%，但是并未具体明确文科人数的占比，故该项无法得出，排除。

C 选项：根据上表可知，并未具体明确理科、工科、文科以及其他学科人数的占比，故该项无法得出，排除。

D 选项：选择理工科专业的人占 60%，故该项结论错误，排除。

E 选项：根据上表可知，选择文科或其他专业人占 20%，等于就业或创业人数占比，故该项正确。

故正确答案为 E 选项。

663 【答案】D

【解析】

根据题干可知，气候条件恶劣程度和飞机失事概率成正相关，飞机失事的概率越高，配备黑匣子的意义越大。

A 选项：题干只能知道恶劣气候条件是飞机失事的相关因素，该项无法得出，排除。

B 选项：题干并未明确飞机失事的主要原因，该项无法得出，排除。

C 选项：题干并未比较在什么气候条件下实施黑匣子规定的效果显著，该项无法得出，排除。

D 选项：气候条件越恶劣，飞机失事的概率越高，那么配备黑匣子的意义越大，该项可以得出。

E 选项：题干只是明确了配备黑匣子的意义和飞机失事存在相关性，并不具备必然的推理关系，所以该项无法得出，排除。

故正确答案为 D 选项。

664 【答案】A

【解析】

由题干信息可知，“技术进步”需要有人来研究技术，这就创造了更多的新的就业机会。

A 选项：该项可以由题干信息推出，正确。

B 选项：题干并未提及创造新的就业机会的唯一途径，故该项无法得出，排除。

C 选项：就业机会和技术进步没有必然的推理逻辑，题干只是表明两者具有相关性，故该项无法得出，排除。

D 选项：该项观点无法由题干信息推出，并非所有岗位都是如此，故该项无法得出，排除。

E 选项：题干只讨论“技术进步”可以提供新的就业机会，至于其他创造就业机会的途径题干并未涉及，故该项无法得出，排除。

故正确答案为 A 选项。

665 【答案】E

【解析】

根据题干信息可推知，自动化技术的普及代替许多传统人力岗位，但并未完全取代；而失业的人难以适应新技术的要求，导致失业人数在增加；失业人员缺乏新的技能，所以无法满足市场劳动力需求。

A 选项：传统岗位消失的“主要原因”无法由题干信息得出，排除。

B 选项：题干只表明存在这种失业的现象，并不是所有的科技进步都会导致失业人数增加，故该项无法得出，排除。

C 选项：题干并未涉及社会不稳定相关话题，故该项无法得出，排除。

D 选项：题干只是表明自动化技术的普及代替许多传统人力岗位，并不是完全取代某个岗位的所有人，故该项无法得出，排除。

E 选项：该项正确，题干信息足以说明自动化技术普及导致了大量人失业，反而增加了失业人数。

故正确答案为 E 选项。

666 【答案】C

【解析】

题干信息：

（1）公司所有数据泄露事件都是员工疏忽导致的；

（2）这种疏忽包括将敏感信息发送给错误的收件人，或者将重要文件带离办公室而未妥善保管；

（3）员工的疏忽是无法避免的。

A 选项：根据（1）可知，现有的数据泄露事件都是员工疏忽导致的，并不能得出以后的数据泄露事件不会由系统漏洞引起，故该项无法得出，排除。

B 选项：题干并未比较员工疏忽和系统安全之间的复杂程度，故该项无法得出，排除。

C 选项：该项可以由（1）（3）推知，员工疏忽是导致数据泄露的原因之一，这种原因不能消除，所以数据泄露的问题必然还会发生，正确。

D 选项：题干并未指出为防止数据泄露采取的某些安全措施是可行或不可行的，故该项无法得出，排除。

E 选项：题干并未明确防止数据泄露应该采取的行动，故该项无法得出，排除。

故正确答案为 C 选项。

667 【答案】D

【解析】

题干实验是要说明早上喝水有利于减肥，有利于保持体重稳定。

A 选项：该项表明喝水是导致减肥效果更好和保持体重稳定的一个原因，但题干只是表明两者是相关的，并非具有因果关系，故该项得不出，排除。

B 选项：题干并未具体说明喝水组与对照组在饮食方面有所不同，故该项得不出，排除。

C 选项：题干只是表明不喝水的人出现体重反弹的概率更大，并没有表明二者之间有因果关系，故该项无法得出，排除。

D 选项：该项可以由题干对照实验结果得出，正确。

E 选项：题干只通过对照实验得出，喝水是有利于保持体重稳定的方式，并未比较喝水和其他方式的优劣，故该项得不出，排除。

故正确答案为 D 选项。

668 【答案】B

【解析】

黄金的价值主要由黄金的纯度和颜色决定，稀有度和流通性以及是否具有历史或文化价值也是影响黄金价格的因素。

A、C 选项：黄金制品的价格不仅取决于金质的价值，还有其颜色和纯度，故这两项结论均不正确，排除。

B 选项：根据题干可以推出该项，正确。

D 选项：题干明确了“颜色越鲜艳、越接近纯黄色，价值就越高”，结论错误，排除。

E 选项：题干表明黄金是被广泛用于珠宝制作，并未表明是人们喜欢的珠宝材质，该项无法由题干信息得出，排除。

故正确答案为 B 选项。

669 【答案】C

【解析】

题干信息：

（1）中国采取精准扶贫计划、加强农村基础设施建设、推动农业现代化等方法让 7 亿多人脱贫；

（2）卢旺达通过提供教育和医疗服务、促进农业发展、改善基础设施等，减少了 38% 的贫困人口。

A 选项：题干只给出了卢旺达这一个国家的贫困人口变化比例，无法做出比较，故该项结论无法推出，排除。

B 选项：题干只能明确卢旺达提供了教育和医疗服务，但具体谁最有效，并未给出具体数据，故该项结论无法推出，排除。

C 选项：该项结论可以由（1）得出，正确。

D 选项：理由同 A 项类似，题干只给出中国贫困人口减少的具体数值，并未给出其他国家的数据做比较，故该项结论无法推出，排除。

E 选项：题干给出了中国贫困人口减少数量的绝对数值以及卢旺达降低的贫困人口比例，无法知道具体减少的人口数量，无法做大小比较，故该项结论无法推出，排除。

故正确答案为 C 选项。

670 【答案】E

【解析】

A 选项：根据丁同学的成绩可判定该项不一定正确，排除。

B 选项：观察题干信息可知，至多有一人有两门成绩为中，该项必然错误，排除。

C 选项：根据甲同学的成绩可判定该项不一定正确，排除。

D 选项：根据丁同学的成绩可判定该项不一定正确，排除。

E 选项：观察题干可知，该项逻辑推理符合题干已知信息，正确。

故正确答案为 E 选项。

671 【答案】E

【解析】

由题干信息可知：2022 年，全球碳排放量比前一年下降了 3.5%，发达国家下降了 4.2%，发展中国家下降了 2.1%。

根据上述这些信息，我们只能得出和数值比例相关的结论信息，所以排除 A、B、C 选项。进一步分析，选项比较的是发达国家和发展中国家的碳排放总量。设 2021 年发展中国家碳排放总量为 m，若发达国家碳排放总量是其 2 倍，那就是 $2m$。

2022 年的数值分别可以算出，最终 2022 年全球碳排放总量是 $2.895m$，相比去年降低了 3.5%，和题干数据一致。列表如下。

	全球碳排放总量	发展中国家碳排放总量	发达国家碳排放总量
2021 年	$3m$	$1m$	$2m$
2022 年	$2.895m$	$0.979m$	$1.916m$

故正确答案为 E 选项。

【此题，逆向利用选项信息验证分析更为简单】

672【答案】C

【解析】

题干中提到 GPT-4 作为闭源模型在服务能力和安全性上较开源模型有优势，这暗示了不同人工智能模型不仅在服务能力方面可能存在差异，而且在安全性方面也可能存在差异。

故正确答案为 C 选项。

673【答案】C

【解析】

根据题干可知，A 电池结合了各项先进技术，其具备的特点是电池能量密度和磷酸铁锂电池相当，具备很好的抗寒性，成为高纬度、高寒地区储能电池的首选，这说明具备抗寒性是高纬度、高寒地区储蓄电池的必要条件。

故正确答案为 C 选项。

674【答案】D

【解析】

根据题干信息分析，快递行业标准与法规的实施会对一些快递企业造成影响，原本的企业拿服务换取业务量的方式将会被改变，从而增加了这些快递企业的运营成本，所以 D 选项可以由前述信息得出。

题干并未比较我国快递行业和其他国家的快递行业，排除 B 选项；也未提及送货上门、顾客体验等相关信息，排除 A、C 选项；题干并未说明快递服务智能化已经席卷整个快递行业，这只是一种发展趋势，排除 E 选项。

故正确答案为 D 选项。

675【答案】B

【解析】

题干论述的信息是关于解决问题的关键，其中信任是解决诸多问题的基础，举例指出在财务领域中出现的信任问题的表现，题干都是在围绕“信任是解决诸多问题的基础”来论述的。B 选项概括的主旨最为准确；C、D、E 选项均是描述既定的事实，而题干并未给出这些信息；A 选项将对象范围扩大，题干表明的是对于多数问题而言。

故正确答案为 B 选项。

题型 02 数字推理题

676【答案】D

【解析】

2021 年的九九表如下。

2021 年 12 月 22 日至 2021 年 12 月 30 日	一九
2021 年 12 月 31 日至 2022 年 1 月 8 日	二九
2022 年 1 月 9 日至 2022 年 1 月 17 日	三九
2022 年 1 月 18 日至 2022 年 1 月 26 日	四九
2022 年 1 月 27 日至 2022 年 2 月 4 日	五九
2022 年 2 月 5 日至 2022 年 2 月 13 日	六九
2022 年 2 月 14 日至 2022 年 2 月 22 日	七九
2022 年 2 月 23 日至 2022 年 3 月 3 日	八九
2022 年 3 月 4 日至 2022 年 3 月 12 日	九九

故正确答案为 D 选项。

677 【答案】D

【解析】

根据条件（1）可得，甲在第一轮获得的分数为 5 分或 4 分。由条件（2）可知，甲和乙在第二轮结束后的总积分为 9 分，若甲第一轮的分数为 4 分，则乙至多为 3 分，第二轮比赛乙需要达到 6 分才能得到 9 分的总积分，但每轮比赛至多可以获得 5 分，故甲第一轮的分数为 5 分。

根据条件（2）可得，第二轮比赛结束后的积分情况为，甲 + 丙＞乙 + 丁，则可得丙＞丁，由此可得第一轮被淘汰的是戊，第二轮被淘汰的是丁。

故正确答案为 D 选项。

678 【答案】E

【解析】

题干信息：

（1）甲医院人均工资＜乙医院人均工资；

（2）甲医院合同工人均工资＞乙医院合同工人均工资；

（3）编制工人均工资＞合同工人均工资。

根据题干的比值大小关系无法推断出具体的总工资、总人数的大小关系，所以排除 A、B 选项。

根据（1）（2）分析得出，乙医院的编制工的工资极其高，或者乙医院的编制工的人数极其少，这样才能保证乙医院整体的人均工资是大于甲医院的，那么乙医院的编制工人均工资必然高于甲医院，或者乙医院编制工的人数占比是低于甲医院的。

故正确答案为 E 选项。